2026 중등 임용고시 대비

직지 김민응 임용윤리 ④

도덕 교과교육론

김민응 편저

교육사랑연수원

직강·인강
G스쿨

CONTENTS
차 례

제1장 도덕발달심리학 및 도덕교육이론 ·· 7

  01 발달심리학과 도덕심리학 ·· 8
  02 프로이트 ··· 17
  03 에릭슨 ··· 24
  04 행동주의 학습이론 ··· 30
  05 밴두라 ··· 34
  06 피아제 ··· 47
      1. 인지적 구성주의 ··· 47
      2. 인지발달론 ··· 50
      3. 도덕성 발달이론 ··· 52
  07 콜버그 ··· 58
      1. 콜버그 도덕심리학의 메티윤리적 가정 ··· 58
      2. 도덕성 발달 이론 ··· 63
      3. 도덕 교육 방법론 ··· 72
  08 레스트 ··· 80
  09 나바에츠 ··· 89
  10 튜리엘 ··· 98
  11 길리건 ··· 105
  12 나딩스 ··· 115
  13 호프만 ··· 129
  14 피터스 ··· 143
  15 인격교육론의 특징과 유형 ·· 149
      1. 인격교육론의 이론적 특징 ··· 149
      2. 인격교육의 유형 ··· 156

16 리코나 ·· 159
    1. 도덕성 발달이론 ·· 159
    2. 통합적 인격 교육론 ··· 164
17 '덕 윤리'와 '덕 교육' ·· 171
    1. '덕 윤리학'이란 ·· 171
    2. 덕 교육론 ·· 175
18 프랑케나 ·· 180
19 뒤르켐 ·· 185
20 공동체주의 도덕교육론 ·· 191
    1. 공동체주의의 이론적 특성 ·· 191
    2. 공동체주의 도덕교육론 ·· 200
21 구성주의 도덕교육론 ·· 203
    1. 개인적 구성주의 ·· 203
    2. 사회적 구성주의 ·· 208
22 도덕적 자아/정체성 이론 ·· 220
    1. 데이먼의 도덕적 자아 이론 ··· 221
    2. 블라지의 도덕적 정체성 이론 ··· 225
23 사회 정서 학습 ·· 230
24 윌슨 ··· 233
25 도덕적 지능 이론 ·· 240
26 커센바움 ·· 244
27 하이트 ·· 247
28 니산 ··· 259

제2장 도덕·윤리 교수학습 방법이론 · 267

01 협동학습 · 268
02 역할 채택과 역할 놀이 · 282
    1. 역할 채택의 교육적 의의 · 282
    2. 역할 놀이 모형 · 289
03 도덕적 딜레마 접근법 · 294
04 콘스탄츠 딜레마 접근법 · 301
05 가치명료화 접근법 · 307
06 가치갈등 접근법 · 315
07 가치분석 접근법 · 318
08 개념분석 접근법 · 324
09 배려 수업 모형 · 327
10 내러티브 접근법과 '도덕적 이야기' 수업 모형 · 330
11 봉사활동학습 접근법 · 335
12 경험 학습 모형 · 338
13 고려 모형 · 340
14 사회행위 접근법 · 346
15 ICT 활용 학습방법 · 351
16 프로젝트 접근법 · 352
17 논쟁수업 접근법 · 358

제3장 도덕·윤리과 평가 ······ 365
01 교육과정의 평가지침 ······ 366
02 수행평가 ······ 369

★ 철저한 개념이해식 강의

김민응 임용윤리

PART 01
도덕발달심리학 및 도덕교육이론

01 발달심리학과 도덕심리학

CHAPTER

오늘날의 도덕교육은 '도덕심리학'과 밀접한 관련 속에서 전개된다. 도덕심리학(moral psychology)은 '인간의 도덕적 또는 비도덕적인 행위와 관련된 요인과 심리적 메커니즘, 그리고 도덕 발달에 대해 연구하는 학문이다. 도덕심리학의 목표는 도덕적 인지·정서·행동 간의 복잡한 심리적 메커니즘을 이해함으로써 우리가 도덕적인 문제들에 대해 어떻게 판단하고 어떻게 행동해야 하는지에 대한 윤리학적이고 교육학적 함의를 제시하는 것인데, 이러한 도덕심리학은 또한 인간의 성장과 발달에 관한 이론, 즉 '발달심리학'에 기초한다.

1. 발달심리학이란?

(1) 발달심리학의 목표

발달이란 인간의 수정에서 죽음에 이르기까지 전 생애 동안에 연령의 증가와 함께 일어나는 모든 변화과정을 의미하는 것으로서, 이러한 발달의 변화 양상과 과정은 대부분 순서가 있으며, 특정한 양식을 나타냄과 동시에 지속성이 있는 것이 특징이다. 그리고 이러한 발달의 범주에는 신체적 변화뿐만 아니라 심리적 변화도 모두 포함된다.

발달심리학이란 이러한 인간의 발달을 연구하는 학문으로서 연령이 증가하면서 어떠한 변화가 일어나는지, 왜 그러한 변화가 일어나는지를 연구한다. 그리고 발달의 변화에서 개인에 따라 차이가 나타나는 부분은 어떠한 것이며, 그 개인차의 원인도 밝혀내고자 한다. 따라서 발달심리학의 구체적인 학문적인 목표는 첫째, 연령에 따른 발달의 변화를 객관적으로 기술하는 것이다. 예를 들어, 아기가 어느 시기부터 기기 시작하며 어떠한 양상으로 변화 발달하여 가는지를 기술한다. 또 출생 후 사회적 능력은 얼마나 되며 영아기 이후에는 어떻게 발달하는지 등을 정확히 기술한다. 다시 말해서 각 연령단계에서 나타나는 평균적인 발달과정을 밝히는 것이다.

두 번째는, 첫째 목표에서 밝힌 발달의 변화에 대하여 왜 그런 발달이 일어나는지를 설명하는 것이다. 구체적으로 아동은 연령이 증가하면서 기억능력이 향상되고 사용하는 어휘 수가 증가하며 점차 논리적인 사고능력을 갖게 된다. 이와 같은 발달에 대해 그 원인은 무엇이고, 그와 같은 변화가 어떻게 일어나는가 등을 설명하는 것이다.

세 번째는 첫째, 둘째의 목표에서 연령에 따른 평균적인 발달과정을 기술하고 그 원인 설명을 기초로 개인의 발달수준을 진단하고 건전하고 바람직한 방향으로의 발달을 위하여 적절한 환경을 마련하는 것이다.

발달에 지장을 주는 바람직하지 않은 원인을 찾을 수 있다면 발달과정에서 그 원인을 통제,

조절할 수 있을 것이다. 더 나아가서 발달심리학에서 밝혀진 발달의 일반적인 경향을 기초로 연령별로 발달규준을 정할 수 있음으로써 이 일반적 발달규준에 비추어 한 아동의 발달수준을 진단하고 평가할 수 있다. 또 발달수준을 알고 이를 기반으로 했을 때 비로소 발달수준에 맞는 적절한 교육방법을 적용할 수 있다.

(2) 발달이론의 변천

과학적인 발달연구가 시작된 20세기 초기에는 현상기술적 접근과 규준적 자료작성이 연구의 중심이 되어 아동의 신체적 발달과 심리적 발달의 발달순서 및 규준적 발달변화를 찾고자 하였다. 그러나 1920년대 전후해서 발달특성을 기술하는 것만이 아니라 발달과정을 설명하는 발달이론이 나타나기 시작하였다.

행동주의 학습 이론을 발달연구에 적용한 것이 그 중의 하나이다. 학습이론은 발달현상에 대한 기술보다는 발달변화에 대한 설명에 더 관심을 두었다. 학습을 행동변화의 중요한 기제로 보고 아무리 복잡한 행동일지라도 같은 학습원리에 의해 설명될 수 있다는 점을 아동발달에 적용시켜 발달 이론으로 설명하려 하였다.

이즈음에 정신분석학자들도 인간발달을 이해하는 데 도움이 되는 발달 이론을 제시하였다. 특히, 정신분석학은 인간발달에서 초기 경험을 강조하여 발달에서도 정신분석학의 심리역동적 과정을 중요시하였다. 그러나 1950년대 후반에 들어서면서 유럽에서 1920년경부터 제시된 인지발달에 관한 피아제(Piaget)의 연구와 이론이 미국에서 재평가되기 시작했고 촘스키(Chomsky) 등의 언어발달 이론이 종래의 학습이론적 설명을 비판함에 따라 새로운 이론의 모색이 시작되었다.

이러한 변화 속에서 1960년대 들어서면서 인지발달에 대한 관심이 커졌고 이때부터 발달을 보는 관점도 점차 학습 이론적 입장에서 인지발달 이론적 입장으로 변화해 갔다. 그러나 이러한 인지발달의 이론적 모델은 1960~1970년대 초기까지만 해도 주로 피아제 이론이 주축을 이루었으나 점차 정보처리 이론이 인지발달연구에서도 이론적 모델로 자리를 잡아갔다. 따라서 현재 정보처리 이론은 전반적인 발달연구에 영향을 미쳐 지각, 기억, 사고, 지능 및 문제해결 등의 인지발달 분야뿐 아니라 사회성, 정서 및 인성발달에서도 정보처리 이론의 영향이 커지기 시작했다.

또 최근에는 아동발달에서 실험실 연구만으로 환경의 영향을 가늠할 수 없다고 하면서 자연상황의 맥락을 강조한 브론펜브렌너(BronfenBrenner)가 생태학적 이론을 제시하고 있다. 자연상황을 중요시하는 또 다른 이론인 동물행동학 이론은 진화론적 견해로 생물학적 뿌리를 갖고 있는 종 특유의 행동을 발견하고 이 행동과 관련된 환경 내의 유발자극을 자연상황에서 찾고자 하였다. 이 이론은 1970년대에 와서 인간에 적용되기 시작하였고 이 이론을 근간으로 현재 활발한 연구가 이루어지고 있는 대표적 연구 분야가 '애착'이다.

이후 현대 발달심리학에서는 비교문화연구가 이루어지면서 비고츠키(Vygotsky)의 사회문화적 이론이 소개되기 시작하였다. 이 이론은 사회적 상호작용을 통해서 아동은 그 문화 내의 사고 및 행동양식을 배운다고 하여 인지발달을 사회적으로 매개된 과정으로 생각하였다.

이와 같이 주요 이론의 흐름이 변화해 왔으나 현재까지 발달현상 전반을 설명할 수 있는 하나의 종합된 이론은 없어서 연구영역에 따라서 적용되는 이론이 다르다. 즉, 각 이론으로 설명될 수 있는 영역이 한정되어 있어 한 이론으로 인간발달 전체를 설명하기는 현재로선 불가능하다.

따라서 현대 발달심리학에서는 여러 발달이론이 공존하고 있다고 볼 수 있으며 발달이론들은 상호보완적 관계 속에서 이해되어야 할 것이다.

2. 인간발달과 관련된 발달심리학의 쟁점들

홀(Hall 1846~1924)이 처음 발달에 대한 과학적 접근을 시작한 이후 현재까지 발달에 대하여 끊임없이 논란이 되어온 기본주제들이 있는데, 이러한 주제들은 학설이나 이론에 따라 주장하는 바가 다를 수 있다.

첫째는 발달이 능동적인가, 수동적인가의 문제이다.

발달의 변화는 주어진 환경에 의해서 또는 아동 자신이 갖고 태어난 내적 특성에 의해서 자동적으로 또는 수동적으로 일어나는 것이라고 믿는 견해가 있어 왔다. 이러한 견해와는 반대로 발달이란 수동적인 과정이 아니라 아동의 내적 특성과 환경에 의한 제한이 있다 하더라도 아동 스스로 능동적으로 만들어 가는 과정이라는 주장 또한 있어 왔다.

둘째는 발달과정이 연속적인가, 불연속적인가의 문제이다.

발달과정이 조금씩 점진적으로 변화하는 연속적인 과정인지 아니면 갑작스럽게 매우 다른 변화가 이루어지는 불연속적인 과정인지에 대해서도 오랜 동안 논란이 되어왔다.

연속적이라고 보는 입장에서는 새로운 능력이나 기술 또는 지식이 비교적 일정하게 점차적으로 쌓인다고 보면서 발달의 앞단계의 행동과 연관이 있다고 본다. 반면 불연속적이라고 보는 입장에서는 발달시기에 따라서는 변화가 거의 없는 시기와 변화가 급격하게 이루어지는 시기가 있으며 앞 단계의 발달과는 비교적 독립적으로 이후의 발달이 이루어진다고 본다.

셋째는 발달이 성숙에 의한 변화인가, 학습에 의한 변화인가의 문제이다.

성숙이란 유전적으로 결정된 방향으로 발달해 가는 것을 뜻한다. 경험이나 연습 등 학습과는 비교적 무관한 발달의 변화이다. 반면에 학습은 환경에서의 경험을 통해서 일어나는 과정이다. 따라서 성숙은 유전에, 학습은 환경에 그 원천을 두고 있다.

아동의 성장과 발달에서 그 원인이 성숙에 있는 것인지 또는 학습에 있는 것인지를 밝히기는 쉽지 않다. 학습과 성숙은 거의 모든 상황에서 상호작용하기 때문에 아동의 발달과정에서 그들 효과를 분리시키거나 상대적 영향을 평가해 내기가 어렵다. 확실히 태내발달이나 신경계의 발달은 학습보다는 성숙과정에 의존하고, 반대로 운동신경이나 인지능력의 발달에는 성숙과 학습 두 가지 모두 중요한 역할을 한다.

쟁점1	인간은 자신의 발달과 관련하여 수동적인가 능동적인가?
쟁점2	발달의 과정은 연속적(양적 변화)인가, 비연속적(질적 차이)[1]인가?
쟁점3	발달은 선천적(본성적, 자연적) 결과인가, 후천적(환경적, 양육) 산물인가?

---

[1] 비연속적 과정에서 급속한 변화, 즉 새로운 기능 수준으로의 상승을 의미하는 용어가 "단계"이다.

3. 인간발달과 도덕발달의 상관성

관점	인간발달 패러다임	도덕발달 패러다임
경험주의적	행동주의 (Behaviorism)[2]	사회학습 이론 (行)
유기체적 (단계 개념)	성숙주의 (Maturationism)	정신분석 이론 (情)
	구성주의 (Constructivism)	인지발달 이론 (知)

(1) 유기체적 관점의 특징

① 인간발달을 목적론적(이미 설정된 최종상태를 향하는 목표지향적 운동)으로 이해한다.
② 발달이란 양적 변화를 이르는 것이 아니라 질적 변화를 의미하는 것으로, '비가역적'이다.
③ 질적인 변화를 '단계'라 한다.
④ 단계의 순서는 불연속적이며 양상은 '보편적'이다.

(2) 도덕발달 세 가지 패러다임의 특징

① 인간발달에 대한 세 가지 패러다임, 즉 행동주의·성숙주의·구성주의는 도덕발달에 대한 세 가지 패러다임, 즉 사회학습·정신분석·인지발달 이론의 개념적 틀을 형성하는데 영향을 미쳤다.

② 도덕성(혹은 인격)이란 인지(知)·정서(情)·행동(行) (혹은 도덕적 사고·도덕적 감정·도덕적 행동)의 세 요소로 구성된다고 보는데, 인지발달론자들은 주로 도덕적 추론이라는 사고 영역을, 정신분석학적 심리학자들은 죄의식, 수치심, 자존감 등의 감정 영역을, 사회학습론자들은 유혹에의 저항, 공격 성향, 이타적 혹은 친사회적 행동 등과 같은 행동적 영역을 주로 연구한다.

③ 도덕발달과 관련된 세 가지 패러다임의 특징들을 비교, 설명하자면 다음과 같다.

질 문	사회학습 이론 (밴두라)	인지발달 이론 (콜버그)	정신분석 이론 (프로이드)
도덕성이란 무엇인가?	사회적 기대에 부합하는 도덕적 행동, 학습된 가치 및 이론에 대한 순응, 욕망을 억제하는 자기 통제	철학적으로 만족스러운 '정의론'과 이에 부합하는 행위	죄의식을 생산하는 계발된 초자아

---

[2] 인간발달을 주로 조건 형성과 학습과정의 결과라고 보는 이론으로서, 행동이 심성을 구성한다는 신조를 표방한다. 따라서 행동주의에 의하면, 어떤 심성을 지닌다는 것은 일정한 행동성향을 갖는다는 것을 의미한다.

덕은 하나인가?	아니다. 덕목의 보따리이다. (bag of virtues)	그렇다. 정의가 그것이다.	아니다. 기준(standard)과 이상(ideals)의 보따리
도덕성 가운데 어떤 측면을 가장 강조하는가?	도덕적 행위	도덕적 판단 (사고)	도덕적 감정 (특히 죄의식)
인간은 합리적인가?	비합리적	합리적	비합리적
어떤 철학적 전통 위에 서 있는가?	쾌락주의, 경험론	플라톤, 칸트 철학	쾌락주의, 신실증주의
중심적인 개념은?	모델 강화 (Model reinforcement)와 학습	인지 단계, 자아 강도 (ego-strength), 발달	초자아, 동일시, 이드, 오이디푸스 콤플렉스
인간의 본성과 사회의 도덕적 요구 간에 발생하는 충돌의 정도는?	정도가 지나친 자기 통제는 고통스러울 수 있다.	크지 않다. 도덕성은 인간의 인지적 능력으로부터 자연스럽게 나온다.	극단적인 초자아(사회의 도덕적 요구)와 이드(인간의 본성)는 끊임없는 충돌 상태에 있다.
왜 도덕적으로 일탈하는 사람이 있는가?	일탈적 본보기들이 잘못된 강화를 조장한다.	인습 이전 단계. 적은 사회적 경험. 역할 채택 기회의 부족.	오이디푸스 콤플렉스의 부재, 초자아의 결핍, 불충분한 내면화. 부모들이 사랑과 엄격성을 부적절한 결합의 형태로 보여줄 경우
도덕성은 사회에 따라 상대적인가? 도덕적 기준의 기본 원천은 무엇인가?	상대적이다. 사회가 그 원천이다.	상대적이지 않다. 인간은 자신의 도덕철학을 세운다.	상대적이다. 부모의 가치와 기준이 원천이다.
자녀를 도덕적으로 키우기 위해 부모는 어떻게 해야 하는가?	좋은 모델이 되어야 한다. 올바른 모델 강화 프로그램을 적용해야 한다. 자기 통제를 가르쳐야 한다.	자녀들을 가족회의에 참여 시키고 의견을 교환토록 한다. 자녀들의 행동이 타인에게 미칠 영향을 지적하고 그에 따른 책임감을 강조해야 한다. 또래 집단 아이들과 어울릴 수 있는 기회를 제공해야 한다.	자녀를 대함에 있어 사랑과 엄격함의 조화가 중요하다.
덕은 직접적으로 가르칠 수 있는가?	그렇다.	아니다.	그렇다.

4. 인간발달의 3가지 패러다임

(1) 행동주의

① 행동주의는 인간행동에 환경의 영향력을 강조한다.
: 행동주의는 환경적 요소를 강조함과 아울러, 발달에 있어서 급격한 변화를 의미하는 단계 개념을 부정하는데 단계적 발달 개념을 이론가들의 자의적 편이성의 결과물로 이해한다.

② 행동주의는 경험론적 인식론에 기초한다.
: 행동주의는, 인간은 '백지상태(tabula rasa)'로 태어난다는 경험론적 입장을 취하는데 이러한 입장에 따르면 실재는 인간의 외부에 선험적으로 존재한다. 또한 행동주의는 인간의 사고는 기계처럼 작동하며 환경이 에너지나 정보를 주입하면 유기체는 그에 따라 예측 가능한 방식으로 행위 한다고 믿는다.

③ 행동주의에 따르면, 인간은 주어진 환경에 반응하는 수동적 존재이다.
: 행동주의자에 의하면 "인간은 자신의 환경에 노출되는 방식에 의해 독특하게 성장한다." (랑거Langer) 즉, 인간발달 과정에서 인간의 사고는 일차적으로 인상(impression)을 통해 실재의 모사(copy)를 내면화함으로써 시작되며 이후 이러한 모사를 기초로 한 관념의 연합이 발생하며, 실제 세계에서의 장기간 노출로 다양한 이미지를 갖게 된다. 그리고 이러한 관념의 연합은 특정한 행위의 반복을 통해 강화된다. 따라서 인간 발달이란 행위(경험)의 양적인 축적으로 일어나는 것이다.

행동주의에 따르면 개인의 발달을 촉진하고 행동을 예측하기 위해서는 과거의 반응 방식을 파악하고 현재의 환경적 조건을 적절히 통제해야만 한다. 이처럼 행동주의자의 목적은 인간의 행동에 대한 예측과 통제이다. 따라서 교사는 부적절한 행위를 소거하고 적절한 행위를 강화할 수 있도록 환경적 결정인자들을 발견하려고 노력해야 한다.

(2) 성숙주의

① 성숙주의는 인간의 발달을 단계적인 것으로 이해한다.
: 성숙주의는 인간 사고의 발달을 동식물의 물리적 성장과 흡사하게 유전적으로 미리 정해진 단계(prepatterned stages)의 발현으로 설명한다. 성숙주의에 의하면 아동들은 자신들이 알 필요가 있는 것들을, 특정한 정보나 지식 획득을 위한 규칙이나 구조의 형태로 미리 머릿속에 선천적으로 가지고 태어난다. 그리고 인간들이 그 발달과정에 있어서, 많은 점에서 서로 유사한 이유는 인간이 공통적으로 가지고 있는 "종유전(species heredity)"이나 성숙 청사진(innate maturational schedule)이 인생의 같은 시점에서 동일한 발달 변화를 경험하기 때문이다. 그리고 이처럼 유전적으로 예정된 발달 단계를 의미하는 '성숙'은 또한 문제해결력, 타인의 사고나 감정에 대한 이해력의 증가와 같은 심리적 변화의 부분적인 원인이 된다.

② 성숙주의에 의하면 인간발달의 계기는 인간 내부에 존재한다.
: 성숙주의자들에 의하면 개인의 발달에 환경이 영향을 미치는 바도 있지만 근본적으로 발달은 존재 내재적인 문제로서 발달의 개인차는 선천적으로 타고나는 것이다. 따라서 교육은 아동

들의 외적 행동 보다는 내면적 본성에 더 주목해야만 한다. 즉, 교사는 아동들이 과거의 경험을 재생시키고 어떤 충돌을 통해 풀어가도록 도와야하며, 아동들에게 타고난 능력 및 본성을 충분히 표현할 수 있도록, 자기표현을 충분히 도와주는 것이 목표이다.
③ 성숙주의는 자유가 성장을 이끈다는 가정을 수용한다.
: 성숙주의자에게 자유는 발달의 장애물을 제거하고, 자아 발견 및 자기이해를 가능하게 하는 여건을 제공함을 의미한다. 따라서 성숙주의 도덕교육은 선택의 자유와 자신이 선택한 삶의 방향에 대한 책임감을 강조한다.

(3) 구성주의

① 구성주의는 유기체 및 환경과의 변증법적 종합을 추구한다.
② 구성주의자에게 인간은 능동적이며, 인간의 정신은 반대적 생각이나 입장과의 대면을 통해 재조직화될 수 있다.
③ 또한 인간은 본성적으로 자신의 경험을 자신이 살고 있는 세계의 맥락 속에서 이해하려고 하는 구조화 경향을 지닌다. 즉, 인간에게 앎의 과정이란 유기체와 환경 간의 상호작용 속에서 일어난다. 따라서 지식은 환경 내에서의 경험을 통해 개인에 의해 능동적으로 구성된다. 그러므로 실재란 경험에 의해 구성되어지는 것이며 경험 주체와 세계 간의 관계를 나타낸다.

5. 도덕발달의 3가지 패러다임

(1) 정신분석학적 도덕심리학

: 정신분석학적 도덕심리학은 프로이트(Sigmund Freud)에 의해 창시되었으며, 인간과 도덕성에 대한 기본적인 관점은 다음과 같다.
① 프로이트에 의하면 인간은 쾌락을 추구하고 고통을 회피하는 존재로서 본질적으로 통제가 필요하며 비합리적 충동에 의해 움직여지는 존재로 이해된다.
② 도덕이란 해당 사회에서 지배적인 행위 규범을 의미하며 이러한 행위 규범은 사회적 전통과 관습, 지배적 가치, 생활양식, 문화 등으로부터 비롯된 것으로 이해된다.
③ 도덕적 인간이란 이미 형성된 도덕규범을 수용하고 충실히 실천해가는 사람으로 이해한다.
④ 따라서 도덕성도 인간 외부에서 부여된 사회적 금지와 허용의 체계를 내면화하고 그에 기초해 행동하려는 개인 내부의 심리적 성향으로 규정된다.
⑤ 정신분석학적 도덕심리학에서 이해하는 건전한 인격은 이처럼 해당 사회의 요구와 기대에 따라 행위하며, 그 사회의 규범과 질서에 조화롭게 적응하며 살아가는 인간을 의미한다. 즉, 사회적 도덕규범에 대한 적응이라는 측면이 강조되는 반면에 비판적 이성이나 주체성, 합리적 도덕성으로의 발전 가능성 등은 소홀히 하는 단점이 있다.

(2) 행동주의 도덕심리학

① 행동주의 도덕심리학에서 이해하는 인간은 '자신이 아닌 다른 어떤 힘'에 의해 통제되는 존재이다. 다만 정신분석학이 그 힘을 '내부'에 존재하는 것(초자아, 양심)으로 이해한 반면, 행동주의 심리학자들은 그것이 '외부', 환경 특히 사회적 환경에 있다고 본다. 여기서 사회적 환경이란 가족에서부터 소속집단, 사회 계층, 제도, 문화 등을 망라하는 포괄적 개념이다. 그리고 행동주의는 인간 본성이 백지상태에서 시작되며, 인간의 성격, 욕구, 가치, 도덕 등 인성을 형성하는 모든 것은 외적 환경에 대한 후천적 경험의 소산으로 이해한다.
② 도덕이란 인간의 외부에 존재하는 전통, 관습, 가치, 행위규범 등을 의미하는 것으로 이해하며, 그러한 규범의 정당성에 대해서는 별다른 관심을 보이지 않는다.
③ 도덕성이란 사회적으로 규정된 가치 및 행위규범을 내면화하여 충실히 실천하는 성향으로 이해한다.
④ 도덕적 인간이란 사회의 지배적 행위규범을 내면화하여 그 사회가 요구하고 기대하는 행동을 실천하며 살아가는 인간으로 규정한다.
⑤ 행동주의 도덕심리학은 정신분석학적 도덕심리학과 마찬가지로 과학적인 이론의 토대 위에서 도덕성 형성 및 발달을 설명함으로써 도덕교육의 여건 조성과 실제적인 방법론 구축에 공헌한 바가 크다. 즉, 인간을 현실적, 과학적으로 파악하여 현실 도덕규범에 적응하는 인간의 육성을 중시하고 성장 초기의 도덕사회화의 중요성을 역설하는 점에 있어서는 장점이라 할 수 있다. 하지만 관습과 규범에 대한 비판과 개혁, 합리적 발전 가능성을 소홀히 하고, 인간의 도덕적 성장에 있어 외적 환경 못지않게 중요한 역할을 하는 내적 발달 능력을 무시하는 오류를 범한다.

(3) 인지발달론적 도덕심리학

① 인간과 도덕성에 대한 기본관점
: 인지발달론은 정신분석학이나 행동주의와 달리 인간을 주체적인 존재로 본다. 즉, 무의식적 내적 충동이나 외적 환경에 의해 통제되는 존재가 아니라, 스스로 환경을 창조하는 능동적 존재로 인식한다. 또한 쾌락의 원리에 지배되는 이기적 수준의 동기에 의해 움직이는 것이 아니라 이타적이고 타인을 고려하는 정의, 우애, 동정심, 용기, 책임감 등과 같은 보다 높은 원리적 삶을 추구한다고 본다. 그리고 이러한 개인은 주체적인 내적 능력을 가지고 환경과의 상호작용적 경험을 통해 자기 발전을 이루어가는 존재로서 도덕발달에 있어서 스스로를 조직화하는 자기 구성적 존재이기도 하다. 요컨대 인간은 환경에 영향을 받을 뿐만 아니라 환경에도 영향을 주는 존재, 즉 환경에 일방적으로 종속되거나 환경으로부터 단절된 존재가 아니라 상호작용 속에서 스스로를 발전시켜가는 존재이다.

　인지발달론자에게 도덕은 인간의 외부에 존재하면서 행위를 외적·타율적으로 규율하는 것이 아니라, 인간의 내부로부터 반성적인 검토를 거쳐 자율적으로 채택된 규범의 체계이다. 즉, 도덕은 비판적, 반성적 사고를 거쳐 선택되고 받아들여진 행위의 준거로 이해되기에, 도덕성은 도덕적 삶과 관련하여 정당한 근거를 사고하고 판단하는 능력, 즉 도덕적 사고, 판단 능력으로 규정된다. 따라서 도덕적 인간이란 사회가 규정한 가치와 행위를 잘 따라하는 인간이 아니라 자기반성을 거쳐 보다 높은 원리들에 일치하는 행위를 스스로 판단하고 실천하는 인간으로 이해한다. 그리고 도덕성의 발달이란 인지 발달의 일부분으로서 지적 발달과 관련된다. 즉, 인지발달론자에게 도덕성 발달에 있어서 가장 중요한 것은 도덕에 대한 높은 지적 이해와 판단력이며, 이러한 지적 능력의 발달이 정의적, 행동적 측면과도 상관성을 지닌다고 이해한다.

② 인지적 발달이론의 일반적 특성
   ㈎ 주요인물 : Piaget, Kohlberg, Baldwin 등
   ㈏ 도덕성에 있어서 핵심적 요소는 이성(적 능력)이다.
   ㈐ 도덕적 행위에 있어 결정적 요소는 '도덕판단'이다.
   ㈑ 도덕적 추론의 관점에서 도덕성을 연구한다.
   ㈒ 인지발달을 도덕발달로 이해한다.

③ 발달 '단계'에 대한 기본적 가정
   ㈎ 질적인 차이
      : 발달의 각 단계는 이전 단계와 도덕적 문제를 추론함에 있어서 질적인 차이를 보인다.
   ㈏ 불변적 계열 (invariant sequence)
      : 발달 단계들은 연속적 순서를 따른다. 하지만 문화적 요인들이 이러한 발달과정을 촉진, 지연, 정지시킬 수는 있으나 순서를 바꾸지는 못한다. 즉, 도덕적 추론 단계에 있어서 '퇴행'이란 없다.
   ㈐ 구조화된 전체 (structured whole)
      : 발달의 각 단계는 일종의 사고방식을 뜻하는 것으로서 다양한 문제들을 해결하기 위해 사용되는 심층의 사고구조를 의미한다. 그리고 이러한 단계는 인접한 다른 단계에서도 관찰될 수 있지만 일반적으로는 단지 하나의 단일한 지배적 단계에 기초해서 나타난다.
   ㈑ 위계적 통합체 (hierachical integrity)
      : 발달단계들은 이전단계를 통합시키면서 발전한다. 즉, 단계들은 문제 해결에 있어서 보다 공정하고 적절하다는 의미에서 이전단계보다 더 낫다. 이처럼 "단계"란 도덕적 개념이 아니라, 도덕적 문제를 해결하는데 사용되는 "관점"을 의미하는 것으로서 도덕적 추론은 단계가 올라갈수록 '도덕'이라는 본질에 가까워진다.

④ 단계 모형
   ㈎ 경성구조 단계 : Piaget, Kohlberg
      : 도덕적 문제들을 해결하는데 동원되는 논리적 추론이나 도덕적 판단 과정은 질적으로 차이나는 단계적 순서를 밟는다. 그리고 이러한 단계적 순차성은 보편적인 현상으로서 비교문화적으로도 검증된다. 이처럼 단계에 따라 펼쳐지는 행위에는 항상적인 형식이 있고, 이러한 형식은 자아의 각기 다른 경험과 상황, 기능에 걸쳐 일관되게 나타난다. 그리고 이전 단계는 이후 단계에 의해 더 적절하게 재조직되고 대체된다.
   ㈏ 연성구조 단계 : Gilligan, Gibbs
      : 이들은 발달 단계는 인정하지만 그 내용에 정서적이고 반성적인 특성들을 포함시킨다. 즉, 발달의 핵심은 적절한 추론을 통해 도덕적 문제를 해결하는 차원을 넘어 그러한 문제들이 자신의 삶에 어떤 의미를 지니며, 나아가 인간의 삶이란 어떤 의미를 지니는 지에 대한 자기반성과 전인격적 '의미부여'의 차원에 있다는 것이다.

02 프로이트
CHAPTER

1. 인성의 구조

: 프로이트는 인성이 원자아(id), 자아(ego), 초자아(super ego)라는 세 부분으로 구성된다고 보면서, 이 세 요소의 조화와 균형이 성숙한 인성의 징표이며, 이러한 조화와 균형을 통해 개인은 적절한 욕구 만족과 바람직한 사회적 관계를 형성해가면서 환경과의 무리 없는 상호작용을 이루어 간다고 주장했다.[3]

(1) 원자아 (id)

① 원자아란 본능적이고 동물적인 욕구와 충동의 총체를 가리킨다.
② 원자아는 인간 무의식 속에 자리하고 있으며 정신적 에너지의 근원이 된다.
③ 원자아라는 정신적 에너지는 일정한 한계도 없으며 지극히 유동적이고, 논리와 시간의 영역 밖에서 작동한다.
④ 원자아는 외부 자극에 의해 야기된 긴장의 해소와 욕구의 즉각적인 만족을 추구하며, '쾌락 원리'에 의해 움직인다. 따라서 원자아의 활동은 세계에 대한 합리적 고려나 도덕적 고려를 동반하지 않는다.

(2) 자아 (ego)

① 자아는 물리적·사회적 환경에 대한 명확한 의식적 자각을 통해 환경이 부과하는 기회와 제한 내에서 원자아의 요구를 만족시키는 현실적인 방법을 제공하는 인성의 요소이다.
② 자아는 의식 속에서 활동하며 인식, 기억, 추론, 행위 규율 등의 형태로 나타난다. 즉, 자아는 현실을 정확히 지각하고 과거에 비슷한 상황에서 무슨 일이 일어났는지를 검토하며, 이에 비추어 미래에 대한 현실적인 계획을 수립하면서 그것을 위해 행동을 지연시키고 규율하는 기능을 한다. 프로이트는 자아의 이러한 기능을 '이차적 과정(이차 과정 사고)'이라 한다. 결국, 인성의 에너지는 '원자아'로부터 나오지만 그 에너지를 일정한 방향으로 향하도록 조정하는 것

---

[3] 프로이트에게 인간의 본성은 무의식 영역에 존재하는 반사회적 충동, 즉 성적 충동과 공격 충동에 의해 움직이는 이기적이고 부도덕하며 반사회적이고 비합리적인 존재이다. 따라서 자유의지, 자발성, 책임, 자기 결정 등과 같은 개념들은 인간의 본성에 부적절한 개념이다. 그리고 프로이트에게 이러한 인간본성과 직접적으로 관련된 '무의식'이란 의식으로부터 벗어나 의식적 자각이 불가능한 영역으로서, 성적·공격적 충동뿐만 아니라 초자아가 내재되어 있는 정신의 한 부분이다.

이 '자아'의 기능이다.
③ 자아는 발생한 욕구를 만족시키는 현실적 대상이 나타날 때까지 원자아로부터 오는 본능적·원초적 에너지의 방출을 지연시키는 것을 목적으로 하는 '현실 원리'에 따라 작용한다.
④ 자아는 아동에게 최초의 도덕감, 곧 사회적 관계를 규율하는 규칙과 관습에 관한 인지와 사회의 규칙 및 관습을 파괴하는 행동에 부과되는 벌칙 등에 관한 자각을 제공하는 주체이다.

(3) 초자아 (super ego)

① 초자아는 인성 가운데 가장 나중에 발달하지만, 무의식 속에서 작동하는 인성의 도덕적 부분으로서, 허용과 금지의 내면화된 체계, 즉 도덕적 명령을 인성 '내부에서' 분출하는 동인 혹은 기제이다.
② 이처럼 초자아는 양심이라는 도덕 개념에 상응하는 것으로서 비도적적 행동을 억제하고 도덕적 행위로 선도하는 역할을 하는데, '양심'과 '자아이상'이라는 두 개의 하위 체계로 구성된다.
③ 이러한 초자아는 부모나 그 밖의 여러 사회화 기관들로부터 나오는 시인, 칭찬, 비난, 처벌 등의 금지와 허용이 반복되는 과정 속에서 사회적 가치나, 억제적이고 금지적 기준이 내면화된 것으로서, 다음과 같은 특징을 지닌다.
  (가) 초자아는 사회적으로 비난받을 만한 원자아의 충동을 완벽하게 제지하고자 한다.
  (나) 초자아는 합리적 고려보다는 도덕적 고려를 하도록 강요한다.
  (다) 초자아는 우리로 하여금 우리의 생각이나 말이나 행위에 있어서 절대적인 완벽함을 추구하도록 요구한다.

2. 도덕성의 형성과 발달

(1) '도덕성 발달'과 관련된 프로이트의 주요 입장

① 프로이트에게 인간의 도덕성 발달에 있어서 중요한 역할을 수행하는 것은 인지적·이성적·이타적 요인들이 아니라 정의적(情誼的)·비합리적·이기적 충동이다.
② 비합리적·반사회적·비도덕적 본성을 지닌 개인의 도덕성 발달은 주로 부모의 훈육을 통해 사회의 기대 사항과 규범적 요구 사항들을 내면화함으로써 이루어진다.
③ 도덕성 발달을 위한 적정 시기는 생후 2~5세 무렵인데, 이 시기에 부모의 강한 영향 아래 도덕적인 것과 비도덕적인 것에 대한 태도가 내면화되기 때문이다.
④ 도덕성 발달은 선천적인 본능적 욕구와 사회의 기대 사이의 갈등에서 생겨나는 정서적 갈등 경험에서 비롯된다.
⑤ 이러한 정서적 갈등과 그로 인한 고통을 통해 도덕적인 사람이 되는 것은 개인보다 사회에 더 도움이 된다.

(2) 도덕과 도덕성의 의미

① 프로이트에게 '도덕'이란 사회의 전통과 관습, 지배적 가치, 생활양식, 문화 등에서 유래하는 그 사회의 지배적인 행위 규범을 의미한다. 이처럼 도덕은 인간의 내부로부터 반성적 검토를 거쳐 나오기 이전에 이미 그 사회에 존재하고 있는 것으로서, 프로이트에게는 그러한 도덕의 정당성 여부는 문제시되지 않는다.

② 따라서 프로이트에게 '도덕성'이란, 인간의 외부에서 부여된 사회적 금지와 허용의 체계를 내면화하고 그것에 기초하여 바람직한 행동을 하려는 개인 내부의 심리적 성향인 것이다.

(3) 도덕성과 '초자아'의 형성 : 동일시와 내면화

프로이트는 도덕성의 형성을 '동일시'와 '내면화' 등을 통해 초자아가 성립되는 과정으로 설명한다. 여기서 남성의 경우는 오이디푸스 콤플렉스(Oedipus complex)의 극복과정이, 여성의 경우는 일렉트라 콤플렉스(Electra complex)의 극복과정이 중요하게 관련된다.

남아(男兒)의 경우는 어머니에 대한 애정과 연정이 아버지를 경쟁자이자 적대자로 인식하면서 제거의 충동까지 느끼지만 아버지의 현실적인 힘에 부딪혀 좌절감을 느끼면서 거세에 대한 불안과 공포감마저 느끼고 항복을 선언하게 된다. 이 과정에서 남아는 아버지에 대한 적대감과 경쟁이 억압되게 된다. 따라서 초자아는 이러한 억압된 정신 에너지의 소산이라고도 할 수 있다.

이때 아동은 어머니에 대한 애정을 억압하는 대신 그에 대한 보상으로 아버지의 훌륭한 점을 받아들여 자신도 아버지와 같은 존재가 되고자 하는데 이것을 '동일시'라고 한다. 그리고 이러한 동일시 과정에서 아버지가 제시하는 금지와 허용의 체계, 즉 사회적 규범을 수용하여 자신의 행위를 규율하는 준거로 삼는 것을 '내면화'라 한다. 결국 프로이트에게 도덕성의 형성은 억압, 동일시, 내면화라는 메커니즘을 통해 일어난다.

(4) 인간의 발달과 단계

프로이트에게 도덕성의 발달은 인간의 심리적·성적 욕구의 발달과 관련되기에 쾌락추구의 욕구와 연관된 일련의 단계를 거치게 되는데, 각 단계는 신체 부위와 관련되면서 전 단계가 다음 단계의 기초가 된다. 프로이트는 이러한 심리적·성적 발달 단계를 5과정으로 설명한다.

단계	특징
① 구강기	○ 생후 2세 정도의 유아기까지 이어지는 과정이다. 심리적·성적 욕구는 입에 집중되며 먹기, 빨기, 씹기, 물기, 삼키기 등을 통해 쾌락의 충족을 경험하는 시기이다. ○ 이 시기에 먹는 일과 관련하여 그 경험이 고통스럽거나 불규칙적이거나 예측 불가능한 상태가 반복되면 유아는 사회적 세계에 대해 부정적 이미지를 형성하게 될 수도 있다. ○ 이 시기의 양육 경험이 성인이 되어서도 의존성, 수용성, 관대함, 비판성, 언어적 공격성 등에 영향을 미칠 수 있다.

② 항문기	○ 구강기가 끝나는 2세쯤부터 시작된다. ○ 쾌락 욕구는 배설기관을 중심으로 집중된다. ○ 용변을 바로 보는 훈련은 배설과 관련된 운동을 시간과 장소를 분별하여 자신의 의지로 통제하는 법을 배운다는 의미를 지니는 것으로서, 본능적 쾌락 추구를 제한하고 최초로 사회적 규범에 순응하는 법을 배우는 중요한 계기가 된다. ○ 이 과정에서 부모와 어린 아이 사이에 규범의 제시와 수용, 욕구와 의지의 충돌 및 해소 등과 관련된 중요한 상호작용이 일어난다. ○ 권위, 사회적 인습과 요구 등에 대한 태도와 관련하여 중요한 영향을 미친다. ○ 청결함, 질서, 솔선수범, 창의적 성격 등도 항문기 훈련과정에 그 기초가 형성된다.
③ 남근기	○ 4세경부터 시작된다. ○ 욕구의 관심은 성적(性的) 기관에 집중된다. ○ 오이디푸스 콤플렉스의 극복 과정이 이 단계에서 일어난다. 즉, 어머니에 대한 연정과 현실화될 수 없음에 대한 자각, 아버지에 의한 거세 위험을 피하기 위하여 무의식적 동일시를 통해 아버지와 같은 사람이 되고자 한다. 이는 본능적 충동과 악의 유혹에 대한 도덕적 승리를 의미한다. ○ 동일시를 통한 초자아의 형성은 사회의 도덕규범을 수용하여 자기를 규율하는 존재로 거듭남을 의미한다. ○ 동일시 과정의 성공은 아이들의 자아 개념과 도덕성 발달에 결정적인 영향을 미친다.
④ 잠복기	○ 6~12세경까지 기간이다. ○ 오이디푸스 콤플렉스의 극복 과정을 거친 뒤 성적 관심을 잠복시키면서, 사회적으로 시인되는 행동들을 더 많이 수용하고 초자아 형성을 통한 도덕성 발달에로 한층 더 나아간다. ○ 도덕적 가치와 규범을 부모 이외의 사람들로부터 왕성하게 배우면서 사회적 규범과 법질서를 따르고자 하는 의식을 발달시킨다. ○ 이성간의 애정보다 동성간의 우정에 더욱 강하게 집착하는 특징을 보이며, 성역할에 따르는 가치 규준과 행위 양식을 익혀가게 된다.
⑤ 성기기	○ 12세 이후 사춘기 기간이다. ○ 성적욕구와 다양한 본능적 충동들이 다시 살아남으로써 심한 정서적 혼돈과 방황을 경험하는 기간이다. ○ 성적 욕구는 이미 사회화 과정을 통해 형성된 가치관과 초자아의 강화로 순치되고 정련된 형태로 나타난다. 동시에 육체적 만족과 함께 정신적 만족을 취하려는 경향도 나타난다. ○ 이타적 성향과 자아의식도 발전하며 사회적 접촉이 넓어짐으로써 사회성도 폭넓게 향상한다.

(5) 도덕성 발달의 요인

도덕성 개념에 대한 프로이트의 설명은 인간 도덕성이 발달하는 데 있어서 유전적인 요소와 환경적인 요소가 다음과 같은 방식으로 중요하게 기여함을 함축한다.

① 유전적 요소 : 유전은 본능, 단계의 계열성, 사회의 가치를 인성 속에 통합할 수 있는 잠재력이라는 세 가지 방식을 통해 도덕성 발달에 영향을 준다.

② 환경적 요소 : 환경적 요소는 도덕적 모델과 도덕적 가치의 제공, 개인의 적응 시도를 충족시켜 주는 기회의 제공, 리비도 에너지를 적절히 투입할 기회의 제공을 통해 도덕성 발달에 영향을 준다.

3. 도덕성과 초자아

: 프로이드 도덕심리학에서 도덕성의 기초는 위에서 살펴본 바와 같이 동일시와 내면화를 통한 '초자아'의 형성인데, 그에게 초자아는 다음과 같은 특성을 지닌다.

(1) 초자아의 구성 요소

: 초자아는 '양심'과 '자아 이상'으로 구성되며 각각 다음과 같은 역할을 담당한다.

초자아 super ego	
양심	부모와의 동일시를 통해 부모가 지닌 '부정적(금기적)' 도덕적 규준을 내면화함으로써 형성되는 것으로서, 사회가 금지하는 것에 대한 규준을 통해 비도덕적 충동과 행동을 스스로 억제하는 역할을 한다.
자아 이상	이 또한 부모와의 동일시를 통해 부모가 지닌 '긍정적' 도덕적 규준을 내면화함으로써 형성되는 것으로서, 사회에서 해야만 하는 것에 대한 규준을 통해 도덕적 행위를 유도하는 역할을 한다.

(2) 초자아의 기능과 도덕성의 본질

프로이트에 의하면 초자아는 자신이 부과하는 도덕적 규준을 위반할 경우 일종의 내적 처벌인 죄책감이라는 도덕적 정서를 발생시키고, 준수할 경우 내적 보상인 자긍심이나 과시 감정 같은 도덕적 정서를 발생시킨다. 즉, 이러한 감정과 정서를 통해 개인의 행동을 통제하는 것이 초자아의 기능이다.

따라서 이러한 점에서 볼 때, 도덕성의 본질은 죄책감이나 자긍심 같은 도덕적 정서이고, 그러한 정서나 감정이 도덕성의 성숙 정도를 판별하는 기준이 된다.

4. 프로이트 정신분석학의 도덕교육적 원리

(1) 정신분석학은 교육에 있어서, 아동기가 인격 형성에 미치는 중요성을 일깨우고 아동들에게 그들의 발달 특성에 맞는 교육의 필요성을 각성시킨다.

(2) 인간의 도덕성 형성은 동물적 본성을 순화시키고 길들이는 과정으로서, 그 역할과 책임은 가정의 부모로부터 시작하여 학교, 종교 기관, 그 밖의 여러 사회교육 기관들 즉 사회화 기관들에게 부여되어 있다.

(3) 정신분석학이 이해하는 도덕성은 원자아의 비합리적이고 충동적인 힘을 규제하는 내적 자제력을 의미한다. 따라서 도덕성을 길러주는 도덕교육이란 이러한 내적 자제력의 형성과 습득에 도움이 되는 방법을 강구하는 것이다.

(4) 내적 자제력 형성을 위한 중요한 방법으로는 정당한 권위에 의한 외적 압력이다. 여기서 권위란 신뢰와 존경을 바탕으로 수용되는 우월한 힘을 의미하는 것으로서 위협적이고 물리적인 힘의 행사와는 거리가 멀다.

(5) 초자아는 양심과 같은 것으로서 양심의 기능은 죄책감과 같은 자기 징벌 형식의 내부의 심판자이다. 이러한 초자아는 동일시와 내면화라는 기제를 통해 형성된다. 그리고 동일시는 의미 있다고 여기는 인물의 태도, 행동, 인성 등을 닮는 것을 의미하며, 내면화란 그러한 인물들이 제시하는 행위 규범이나 가치들을 수용하여 행동과 판단의 준거로 삼는 현상을 말한다. 따라서 초자아의 형성과 관련해서도 부모, 교사, 학교 공동체 등 직접적인 권위 대상들이 건전한 동일시의 표본으로 역할 해야 함을 강조한다.

(6) 건전한 자아 형성을 위해서는 '자아 이상'의 육성이 필요하다. 프로이트에 의하면 원자아, 자아, 초자아라는 인성의 세 요소는 상호 갈등하고 충돌한다. 이 때 초자아는 원자아에 대한 금기만이 아니라, 자아가 현실원리에 따라 정당화하는 것에 대해서도 죄책감을 부여하기도 한다. 인성의 세 요소들의 이러한 갈등 속에서 이를 규율하고 조화시킴으로써 바람직한 방향으로 나아가려고 노력하는 것이 바로 자아이다.

정신분석학의 목적이 이러한 무의식적 갈등과 비합리적 충동을 의식의 지표로 끌어오려 자아를 강화시키는 것이라는 견해가 있을 정도로 자아의 발달은 도덕적 인격 성장에 핵심이다. 또한 정신분석학은 인성발달에 비합리적 힘들의 중요성을 보여준다. 하지만 이를 바탕으로 그러한 힘들을 극복하는 데 있어서 실천 이성의 합리적이고 정상적인 발달의 중요성을 아울러 강조한다. 즉, 무의식적·비합리적 요소를 극복할 수 있는 이성적 힘으로 정신의 합리적 부분인 자아의 건전한 발달을 강조하는 것이다.

그리고 이를 위해 요구하는 것이 긍정적인 자아 이상(ego-ideal)의 육성이다. 자아 이상이란 바람직한 자기 모습, 이루고자 소망하는 자기 모습에 대한 이상적 이미지를 말한다. 양심이나 죄책감을 통한 자기 금지가 자아 형성의 소극적 방식이라면, 자아 이상의 제시는 적극적으로 선행과 선의지를 증진시키고자 하는 내부의 격려자 역할을 하는 도덕성의 적극적 측면을 의미한다. 따라서 도덕성 발달에 있어서는 양심·죄책감뿐만 아니라 자아 이상도 필요하다. 전자가 규범준수와 보수성의 토대가 된다면 후자는 기존 질서의 개혁과 진보성의 바탕을 이룬다.

결국 정신분석학적 도덕심리학은 도덕적 인격 형성에 있어서 올바른 '양심', 합리적 이성으로서의 '자아', 건전한 '자아 이상'을 균형 있게 육성할 필요가 있음을 강조한다.

(7) 정신분석학은 이러한 육성을 위한 교육적 방법으로 3가지를 제시한다.
① 건전한 자아 발달을 위한 적절한 환경의 조성이 있어야 하는데, 자아 발전을 자극하고 고무할 수 있는 어느 정도의 역경이 필요하다. 원자아의 욕구가 현실의 벽에 막혔을 때, 이러한 문제를 해결하기 위한 노력과 경험들 속에서 자아는 등장하고 성숙하기 때문이다. 따라서 욕구와 만족 사이에 아무런 괴리가 없고 삶에 어떠한 곤란함도 없다면 자아의 발달도 그만큼 건전하게 성장하기 어렵다.
② 자아를 위한 합리적 이성의 육성은 이해와 설득을 통해 이루어져야 한다. 합리적 이성은 훈계, 체벌 등의 강제적 주입이 아니라 이해를 통한 설득을 필요로 하기 때문이다.
③ 자아 이상의 육성과 관련해서는 '사랑'의 교육이 필요하다. 도덕적 인간으로 형성되는 과정이 거세 공포와 욕망의 포기라는 상처와 희생의 산물이다. 더 큰 도덕적 자아를 형성하기 위해서는 이러한 상처를 달래주고 일으켜 세워 도약할 수 있는 힘이 필요하게 되는데 그 힘이 사랑의 힘이다. 따라서 교사는 사랑과 관용, 칭찬 등을 학생 지도의 중요원리로 삼을 필요가 있다.

5. 프로이트 도덕심리학의 문제점

(1) 프로이트는 사회에 이미 형성되어 있는 도덕규범을 당연시함으로서 도덕에 대한 철학적 접근을 소홀히 하고 있다.
(2) 프로이트는 사회적 적응만을 정신 건강의 척도로서 중시한 나머지 인간의 비판적 이성과 주체성, 합리적 도덕성으로의 발전 가능성을 간과하고 있다.
(3) 프로이트는 사회적 혹은 환경적 조건들에서의 변화의 측면보다 무의식적 감정의 측면에서 도덕성 발달을 설명하는데 이처럼 인간의 무의식을 다루어야 한다는 것은 도덕교육적 접근을 어렵게 만드는 요인이 된다.
(4) 프로이트 이론은 정상적인 발달을 보이는 학생들을 대상으로 그들의 도덕성을 발달시키기 위한 교육적 전략 수립을 위한 구체적 방법을 제시하지 못한다. 왜냐하면 프로이트의 이론이 주로 비정상적인 사람에 대한 연구 결과에 근거하여 형성된 것이기 때문이다.
(5) 프로이트는 인간의 도덕성이 오이디푸스 콤플렉스나 엘렉트라 콤플렉스를 통해 거의 완성된다는 입장을 제시하는데 이는 이후 도덕성 발달 과정과 관련된 교육적 접근의 중요성을 간과하게 만드는 경향이 있다.

03 에릭슨
CHAPTER

1. 인간관

(1) '원자아'를 중시했던 프로이트와는 달리, 에릭슨은 '자아'를 인간 행동과 기능의 기초로서 중시하고, 그것을 성격의 자율적 구조로 정의한다.
(2) 프로이트가 무의식적 동기를 강조함으로써 인간의 비합리성을 부각시킨 반면, 에릭슨은 인간의 합리적 측면을 중시한다.
(3) 삶에서 경험하는 개인적·사회적 갈등이나 위기를 인간성장을 위한 긍정적 요인으로 인식한다.

2. 인간발달론

: 에릭슨의 심리사회적 발달 이론(psycho social development theory)은 성숙의 점성원칙(epigenetic principle 後成說)에 의거해 인생주기(life cycle)를 8개의 발달단계로 나누고, 각 단계에는 사회 환경이 각 개인에게 어떠한 정신적인 요구를 나타낸다고 가정하고 있다. 이러한 사회적 요구에 적응하기 위해서 개인 내에 생기는 심리적 긴장상태가 심리 사회적(psycho-social) 위기라는 것인데, 그 주요 내용은 다음과 같다.

(1) 인간은 전 생애에 걸쳐 단계적으로 발달한다. 각 단계는 새로운 정보·감정·행동 등이 이전의 것들과 통합되는 구조적인 재조직화를 나타내며, 그러한 단계들은 시기별로 구분 가능하지만, 심리적으로는 상호의존적이다.
(2) 인간발달은 성숙의 점성원칙(epigenetic principle)에 의해 지배된다. 성숙의 점성원칙에 의하면, 각 발달단계는 그것이 우세하게 출현하는 최적의 시기가 있고, 각 단계마다 그것에 해당하는 신체기관이나 신체 운동에 따른 지대가 있으며, 단계 특유의 수행 방식이 존재하는데, 이 모든 단계가 계획대로 전개될 때 완전한 기능을 발휘하는 성격이 형성된다는 것이다.
(3) 인간발달은 생물학적 성숙과정에서 부여되는 욕구와 일상생활에서 직면하는 사회의 요구 간의 상호작용에서 비롯되는 심리사회적 위기의 해결과 통합을 통해 이루어진다. 즉, 인간발달에 선천적인 생물학적 요소와 환경적 요소가 기초가 되는 것은 사실이나 전적으로 결정적인 요소는 아니다. 인간은 경험을 통합하고 조직화함으로써 자신의 심리적 발달을 주도해나가는 능력을 지닌다. 이 과정에서 경험하는 심리사회적 위기들은 자신에게 주어진 환경과 세계를 극복하고 성장으로 유도하는 긍정적인 요인으로 작용할 수 있다.

(4) 개인이 심리사회적 위기를 성공적으로 극복하게 되면, 소위 '자아의 힘'이라는 심리사회적 능력 혹은 덕(도덕적 힘)을 갖추게 된다. 이러한 덕의 종류에는 희망, 의지, 목표, 능력, 충실, 사랑, 배려, 지혜 등이 있으며, 이것들은 상호의존적이다. 그리고 이러한 덕의 출현은 도덕발달의 3가지 주기 내에서 일어나는데, 3가지 주기란 ❶ 아동기의 '도덕적 학습', ❷ 청소년기의 '윤리적 혹은 이데올로기적 실험', ❸ 성인기의 '윤리적 통합'을 말한다.

3. 심리사회적 발달 8단계

: 인간에게는 미리 정해진 8개의 발달 단계가 있는데, 모든 사람들은 유전적 기질을 바탕으로 사회적 환경과 상호작용하면서 한 단계씩 거친다. 각 단계를 성공적으로 완수하면 정상적이고 건강한 개인으로 발달해 나갈 수 있지만, 어느 단계에서 실패하면 그 단계와 관련한 정신적 결함을 갖고 살아가게 된다. 이때 발달 단계에 따라 발달 과업이 정해져 있고, 이를 해결하여 그 핵심적 가치를 달성했는지의 여부에 따라 발달 정도를 판단할 수 있다. 프로이트의 정신분석은 초기 아동기에 부모와의 경험을 가장 중요한 상호작용으로 보지만, 에릭슨의 이론은 그보다 넓은 사회적 경험들, 가족 외의 사람들과 맺는 인간관계의 경험들도 자아의 발달에 중요한 영향을 미친다고 했는데 이는 두 이론의 가장 큰 차이점이다.

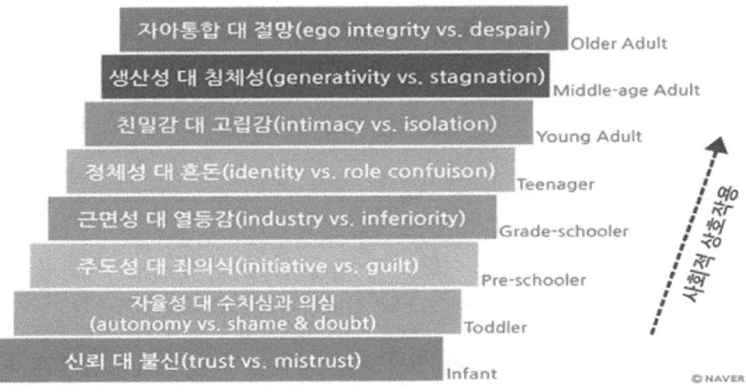

〈에릭슨의 심리사회적 발달 단계〉

	시기	심리사회적 위기		덕	악덕
1	유아기 (0~1)	신뢰	불신	희망	탐식
2	전기 아동기 (2~3)	자율성	수치심, 회의감	의지	분노
3	놀이기 (4~5)	주도성	죄의식	목표	탐욕
4	학령기 (6~11)	근면성(자신감)	열등감	능력	시기
5	청소년기 (12~20)	정체성	역할 혼돈	충실	자만심
6	초기 성년기 (21~34)	친밀감	고립감	사랑	정욕
7	성년기 (35~60)	생산성	침체성	배려	무관심
8	노년기 (61~죽음)	자아 통합	절망	지혜	우울

(1) 유아기

: 8단계 중 첫 번째 단계는 생후 1년 사이에 경험하는 '신뢰 대 불신(trust vs. mistrust)' 시기다. 이 시기에 아기가 원하는 것을 일관되게 얻고 욕구를 만족스럽게 충족하며 자신이 안전한 곳에서 살아가고 있음을 경험하면, 이 세상을 살 만한 곳이라 신뢰하게 된다. 에릭슨은 인간의 가장 밑바탕에서 버팀목이 되어주는 덕목을 '신뢰'라고 본다.

심리사회적 위기	신뢰 VS 불신
덕 : **희망** (전(前)도덕적 자아 강도)	희망이란 부모와 유아 사이의 관계에서 발생하는 세계에 대한 유아의 신뢰와 불신이 균형을 이룰 때 형성되는 것으로, 존재의 시작을 표시하는 어두운 충동·격분에도 불구하고 열렬한 소망을 성취하려고 하는 영속적인 신념을 의미한다. '희망'은 사람이 부정적 힘에 의해 압도당할 것이라는 공포 없이 세계에서 살 수 있게 하는 덕이며, 세상 속에서 자신의 소망을 달성할 수 있으리라는 지속적인 믿음으로서, 유아에게 세상에 대한 안정감을 부여하고 성인이 된 후에는 정체감의 기본이 되는 덕이기도 하다.
특징	세상에 대한 예측성과 유아를 둘러싼 환경에 영향을 미치는 유아 자신의 능력에 대한 기본적 신뢰감을 발달시키는 것이 이 시기의 과제이다.

(2) 전기(前期) 아동기

: 두 번째는 '자율성 대 수치심과 의심(autonomy vs. shame & doubt)'이다. 이제 걸음마를 시작하고 세상을 탐색해 나가는 2세경의 발달 과제다. 환경에 대해 자유롭게 탐색하고 충분히 경험하여 성취감을 느끼면 자율성이 생기지만, 이때 부모가 지나치게 통제하고 혼내거나 겁주면 수치심과 의심(회의감)을 갖는다.

심리사회적 위기	자율성 VS 수치심, 의심(회의감) 상반된 충동 중에서 어떤 것을 자율적으로 선택하려는 아동을 부모가 규제 또는 통제라는 과정에서 생겨나는 심리사회적 위기이다.
덕 : **의지**	의지란 자율성을 드러내고자 하는 아동에 대한 부모의 통제와 허용의 균형을 통해 형성되는 것으로서, 전기 아동기에 피할 수 없는 수치심(타인의 눈에 좋게 보이지 않는다고 생각할 때 갖는 느낌)과 회의감(타인에 의해 통제받지 않을 만큼 자신이 강한 존재가 아니라는 느낌)의 경험에도 불구하고 자기 제약과 자유선택을 시행하는 지속적인 결심을 말한다. 이는 이후 삶에서 충동을 통제할 수 있는 능력으로서, 이후의 전체적인 삶에 있어서 법과 규칙의 수용을 위해 필수 불가결한 것이기도 하다.

(3) 놀이기

: 3~5세경에는 '주도성 대 죄의식(initiative vs guilt)'의 시기가 온다. 프로이트의 오이디푸스기와 겹치는 시기로, 또래들과 경쟁하고 자기가 원하는 것을 적극적으로 주장하는 동안 아이의 주도성이 길러진다.

심리사회적 위기	주도성(솔선) VS 죄책감(죄의식) 새로운 것을 자율적으로 추구하고자 하며, 새로 습득한 인지 기술을 통해 주변 세상을 다루고자 하는 신체적·정신적으로 더욱 성숙해진 아동들은 목표 달성을 위해 공격적이고 조정적인 방법을 사용하게 되는데, 이로 인해 아동들은 죄의식이나 죄책감을 가지게 된다.
덕 : **목표**	목표란 현실과의 씨름을 통해 계발되는 덕으로서, 유아적 환상의 좌절·죄책감·처벌에 대한 두려움 등에 의해서도 억제되지 않는, 가치 있는 목표들을 마음에 그리고 추구할 수 있는 용기, 즉 아동의 환상을 파괴하거나 벌의 공포에 사로잡히는 것과 같은 방해를 받지 않고 가치 있는 목표를 추구하는 용기를 의미한다.
특징	도덕성 출현 시기

(4) 학령기

: 다음 단계인 '근면성 대 열등감(industry vs. inferiority)'의 시기는 초등학교에 입학하는 학령기 연령대로, 이때부터는 열심히 노력하는 것을 통해 성취감을 맛보기 시작한다. 그리고 자기가 노력한 만큼의 결과를 얻지 못하면 주변 또래집단에 비해 뒤떨어진다고 느끼게 되어 열등감이 생긴다.

심리사회적 위기	근면성(자신감) VS 열등감
덕 : **능력**	능력이란 열등감에 의해 손상되지 않는 과제들의 완수에 있어서 재치와 지능의 자유로운 행사, 혹은 열등감에 의해 해를 입지 않는 일의 달성에 있어 기능과 지성의 자유로운 행사로서, 이후의 삶에 있어서 작업 기능을 위한 토대가 되는 덕이다.
특징	자아 성장을 위한 결정적인 시기

(5) 청소년기

: 청소년기에 접어들면 '정체성 대 혼돈(identity vs. role confusion)'의 시기가 온다. 내가 누구인지, 또 사회에서 어떤 역할을 할 수 있는지에 대한 개념을 형성하면 건강한 정체성이 만들어지지만, 이를 해내지 못하면 혼돈의 심리 상태에 빠져서 모든 것을 부정하거나 정서적으로 큰 괴로움을 겪는다.

에릭슨은 특히 이 시기에 주요한 두 가지 과제가 있다고 말했다. 하나는 자신이 어느 집단에 속하여 그 집단의 책임과 의무를 완수하는 '소속감(commitment)'이고, 다른 하나는 가족의 울타리 밖에서 새로운 것을 찾아보려고 시도하는 '탐색(exploration)'이다. 이 두 가지를 모두 잘 해내면 성공적인 정체성을 형성하는데, 만일 소속감만 있고 탐색할 용기가 없으면 '정체성의 조기 마감(foreclosure)'이 일어난다.

심리사회적 위기	정체성 VS 역할 혼돈(정체성 혼란)
덕 : **충실**	가치 체계의 필연적인 모순에도 불구하고 자유로이 서약한 충성심을 유지할 수 있는 능력 혹은 가치 체계의 모순에도 불구하고 나아가기로 서약한 충성의 지속
특징	이 시기 청소년들은 점증하는 자신들의 성욕을 도덕적 용어 속에서 처리함으로써, 성적인 성숙과 성적 정체성을 확립한다. 성적인 성숙은 성적인 유기체와 성적 욕구의 통합, 사랑과 성욕의 통합, 성적·생식적·작업 생산적 유형의 조정을 포함한다. 자아 정체성 형성에 있어서 가장 중요한 도덕적 요소는 자신들을 내맡길 수 있는 개인적 이데올로기나 신념 체계를 설정하는 것이다. 이와 관련한 결단을 회피하고자 할 때 청소년들은 심리적 유예를 경험하거나 역할 혼돈 상태에 빠지게 된다.

(6) 초기(初期) 성년기

: 여섯 번째 단계가 20~40세 사이의 초기 성인기로 '친밀감 대 고립감(intimacy vs. isolation)'의 시기다. 이 단계는 가족이 아닌 이성이나 친구와의 관계를 얼마나 친밀한 사회적 관계로 만들 수 있는지가 중요한 임무다. 적절한 친밀감을 형성할 수 있어야 결혼하여 가정을 이루거나 직업을 갖고 사회적 정체성을 만들 수 있다. 이를 성취하지 못하면 자신의 삶이 고립되어 있다고 느끼며 강한 우울감에 빠질 수 있다.

심리사회적 위기	친밀감 VS 고립감(소외감)
덕 : **사랑**	사랑이란 분열된 기능 속에 내재하는 적의를 영구히 억누르는 헌신의 상호성, 혹은 기능 분담에 대한 적개심을 극복한 영원한 헌신의 상호 관계를 의미한다. 정체성과 충실성을 전제로 하여 형성되며, 개인들 간의 친밀감을 확장시킴으로써 윤리적 관심의 토대가 되는 덕이기도 하다.
특징	참된 윤리감이 발달하는 시기이자, 타인과 자신의 정체성을 통합하여 친밀감을 나눌 수 있는 관계 형성이 주요한 과제로 등장한다.

(7) 성년기

: 일곱 번째 단계는 중년기로 '생산성 대 침체성(generativity vs. stagnation)'의 시기다. 자기가 직접 성취하는 것보다 이제는 후배들에게 도움을 주면서 성취감을 느끼고, 이를 통해 후배들의 감사를 받는 것이 중요해지는 시기다. 이때 자기가 물려줄 만한 것이 하나도 없다고 느끼면 침체에 빠진다.

심리사회적 위기	생산성 VS 침체감
덕 : **배려**	배려란 자신의 전체적인 생활이 협소한 자아를 넘어 확대되어 사랑을 필요로 하는 모든 사람들을 포함하게 될 때 형성되는 덕이다. 그것은 베풂이자 전수이며 자기 것을 넘겨주는 것에 대해 감수할 수 있는 능력을 의미하는 것이기도 하다.

(8) 노년기

: 마지막이 노년기로 '자아통합 대 절망(ego integrity vs. despair)'의 시기다. 이제는 인생을 정리하고 돌아보면서 삶의 의미에 대해 음미하고 이해하려는 노력이 중요하다. 이 단계를 잘 넘긴 사람은 삶의 통찰과 지혜를 얻는다.

심리사회적 위기	자아 통합 VS 절망(혐오감)
덕 : **지혜**	지혜란 삶 그 자체에 대한 초연한 관심, 혹은 죽음에 직면하는 가운데서의 생 그것에 대한 객관적 관조로서, 그동안 축적된 지식과 경험을 보다 더 차원 높은 인생철학으로 통합하는 기능을 수행한다.

이상과 같이, 에릭슨의 심리사회적 발달 이론은 행동과 발달의 생물학적·본능적 근거를 제시했을 뿐 아니라, 인간이란 존재는 결국 사회적 존재이고 사회적 환경에 적응해 나가기 위한 개인의 노력이 정신세계의 발달과 건강한 자아를 만드는 데 중요한 역할을 한다고 주장했다는 점에서 의미를 갖는다. 더욱이 성인기 이후에도 인간은 죽을 때까지 매번 새로운 발달 과제를 갖는다는 점에서, 모든 인생주기를 포괄적으로 설명해 낼 수 있는 실용적이고 유용한 이론이라는 평가를 받는다. 또한 프로이트의 정신분석이론이 '유아기의 트라우마'로 인한 발달의 결함을 정신병리의 주요 원인으로 봤기에 현재와 미래를 탐색하기보다 살아온 과거를 재탐색하고 재구성하는 데 집중했다면, 에릭슨의 이론은 현재 당면한 인생의 큰 과제를 평가하고 더 나아가 앞으로 풀어야 할 숙제를 제시한다는 점에서 미래적 지향점을 가진다.

04 행동주의 학습이론

CHAPTER

1. 조건화와 강화

인간발달과 관련하여 '학습 이론적 접근'은 아동이 태어났을 때 백지상태와 같다는 로크(Locke)의 경험주의 철학과 맥을 같이 한다. 이 접근에서는 환경 속에서 경험이 쌓여 인간발달이 이루어진다고 주장한다. 학습 이론적 접근은 전통적 '행동주의'와 현대의 '사회학습이론'으로 대별할 수 있다.

행동주의(behaviorism)[4] 이론은 미국의 왓슨(Watson 1878~1958)에 의해 시작되었다. 왓슨은 심리학을 객관적이고 과학적인 학문으로 만들려면 눈에 보이지 않는 마음속의 과정보다는 직접 관찰 가능한 자극과 반응으로 나타나는 외적인 행동만을 다루어야 한다고 주장하였다. 또한 이러한 외적 자극과 관찰될 수 있는 반응 간의 연합이 쌓여 습관이 형성되는 것을 인간발달로 보았다.

그는 학습기제로 러시아의 생리학자의 파블로프(Pavlov)가 제안한 동물을 대상으로 했던 조건형성에 관심을 가졌다. 무조건 자극인 음식물을 개에게 주면 개는 자동적인 무조건 반응인 침을 분비한다. 이때 파블로프는 음식을 주면서 종소리를 들려주는 것을 여러 번 되풀이하였더니 종소리만 듣고도 침을 분비한다는 것을 발견하였다. 이러한 현상을 고전적 조건형성이라 한다. 처음에는 침을 분비하는 반응과는 전혀 무관하였던 종소리가 조건형성 후에는 조건자극이 되어 침 분비 반응을 하게 된다. 따라서 파블로프의 조건형성은 중립적인 자극이었던 종소리와 같은 조건자극을 음식물과 같은 무조건 자극과 거의 같은 시기에 되풀이 제시함으로써 조건자극이 무조건 자극이 유발하였던 무조건 반응을 하게 되는 것을 가리킨다. 이러한 반응을 조건반응이라 하였다.

왓슨은 이러한 고전적 조건형성 원리를 아동행동에 적용하였다. 11개월 된 영아에게 아기를 놀라게 하는 큰 소리를 들려 줄 때마다 공포와는 무관한 자극이었던 흰쥐를 여러 번 함께 보여주었더니 처음에는 흰쥐를 만지려 했던 영아가 흰쥐를 보면 무서워하며 머리를 돌리고 울기 시작하였다. 이러한 연구결과를 기초로 왓슨은 아동발달은 환경에 의존되므로 부모나 아동 주위의 성인은 자극과 반응의 연합을 계획적으로 통제함으로써 아동을 어떠한 방향으로든 키울 수 있다고 믿었다.

스키너(Skinner)는 '환경결정론'을 받아들이면서 왓슨의 이론과는 다른 '조작적 조건형성(operant conditioning)[5]' 이론을 제창하였다. 조작적 조건형성의 기본적인 원리는 여러 가지

---
[4] 왓슨이 주장한 이론으로서 인간발달을 주로 조건 형성과 학습과정의 결과라고 보는 이론
[5] 행동에 뒤따르는 강화나 벌에 의해서 그 행동의 학습 가능성을 변화시키는 학습 유형

행동 중에서 만족스러운 상태로 이끄는 행동은 되풀이되고 고통상태를 유발하는 반응은 되풀이 되지 않는다는 '강화(reinforcement)[6]'의 원리를 기초로 하고 있다. 스키너는 지렛대를 누르면 자동적으로 먹이가 나오도록 상자를 제작해놓았는데, 그 상자 안에서 배고픈 쥐가 먹이를 찾다가 우연히 지렛대를 눌러서 그 결과로 먹이를 먹을 수 있게 되면, 그 쥐가 지렛대를 누르는 횟수가 증가하는 것을 관찰하였다. 이러한 실험을 통해서 스키너는, 스스로 어떤 반응을 했을 때 그 반응이 긍정적인 결과를 가져오면 그 이후에 그 반응이 나타날 확률이 높아지는 것을 '강화의 원리'라 하였다. 그는 아동의 행동은 행동에 뒤따르는 여러 종류의 강화물인 음식이나 마실 것은 물론 칭찬, 미소, 새로운 장난감 등에 의해 증가될 수 있고, 또 벌(punishment)[7]을 받는 것으로 야단을 맞거나 특권을 빼앗기거나 부모가 인정해 주지 않는 것, 자기 방에 혼자 남겨지는 것 같은 방법에 의해 바람직하지 않은 행동은 감소시킬 수 있다고 보았다. 스키너의 이러한 조작적 조건형성 원리는 아동심리학의 학습원리로서 광범위하게 적용되어 있다.

> **참고**
>
> **스키너 : 인간관과 도덕교육 방법론**
> ① 인간관 : 인간은 백지상태로 태어나 환경에 의해 완전히 통제되는 존재로서, 욕구, 가치, 도덕성 등 개인의 인성을 형성하는 모든 것들은 환경 속에서의 경험의 소산이다. 따라서 자율적 인간과 같은 개념은 성립할 수 없다.
> ② 도덕교육관 : 즉각적인 강화와 처벌의 사용을 통한 도덕적 행동의 강화와 비도덕적 행동의 제거

2. 강화와 처벌

(1) 강화 (reinforcement)

조작적 조건화의 가장 핵심 개념은 '강화'로서, 유기체가 원하는 것을 제공해 원하는 행동을 이끌어내는 것을 말한다. 이때 '고전적 조건화'와 다르게 사람들은 자신이 한 행동의 결과, 즉 제공되는 강화가 자신에게 얼마나 유용한지를 바탕으로 행동을 계속할지, 혹은 하지 않을지를 결정하게 된다. 따라서 '조작적 조건화' 과정은 유기체가 능동적으로 반응하는 과정이라고 할 수 있다. 이러한 강화는 크게 정적 강화(positive reinforcement)와 부적 강화(negative reinforcement)로 나뉜다. 정적 강화는 유기체가 선호하는 자극을 제시해 바람직한 행동을 이끌어내는 과정인 반면, 부적 강화의 경우 유기체가 혐오하는 자극을 제거해 바람직한 행동을 이끌어내는 과정이라고 할 수 있다. 예를 들어, 숙제를 하면 칭찬을 해주는 것은 정적 강화에 해당하는 반면 숙제를 하면 청소를 하지 않아도 되는 것은 부적 강화에 해당한다고 할 수 있다.

---

[6] 어떤 행동이 일어날 확률을 증가시키는 행동의 결과
[7] 어떠한 행동이 일어날 확률을 억제하거나 줄이는 행동의 결과

(2) 처벌 (punishment)

부적 강화는, 강화 대상자가 혐오하는 자극을 제거해 바람직한 행동의 발생 빈도를 높이는 것인 반면, 처벌은 강화 대상자의 바람직하지 않은 행동을 억제한다는 측면에서 차이가 있다. 이러한 처벌에도 정적 처벌과 부적 처벌이 있다. 정적 처벌의 경우 강화 대상자가 혐오하는 자극을 제시(야단이나 체벌)해 바람직하지 않은 행동을 억제하는 방식인 반면, 부적 처벌은 강화 대상자가 선호하는 자극을 제거(용돈 감소)해 바람직하지 않은 행동을 억제하는 방식에 해당한다.

강화	정적	선호 자극 제시	행동 촉진
	부적	혐오 자극 제거	
처벌	정적	혐오 자극 제시	행동 억제
	부적	선호 자극 제거	

참고

모델링과 사회학습이론

스키너의 학습 이론은 근본적으로 강화 또는 처벌을 매개로 하는 자극과 반응의 결합에 기초한다. 이에 반해 밴두라 (A. Bandura)는 강화나 처벌이 아닌 모범적인 행동에 대한 모방을 통해서도 학습이 이루어짐을 강조한다. 조건화 이론이 수동적 반응을 강조하는데 비해 밴두라는 인간의 내적인 인지적 특성과 능동성을 환경적 변수들과 함께 고려한다.

행동주의 심리학의 범주에 속하면서도 관찰과 모방, 인지적 특성에 의한 학습을 강조하는 이러한 이론을 사회학습이론 (Social Learning Theory) 이라 부른다. 사회학습 이론에 의하면 도덕적 행동의 학습과 도덕성의 발달은 관찰과 모방, 동일시에 의해서도 가능하다.

습득되는 내용이 특정 행동이나 동작 등 불연속적 반응의 재생일 경우를 모방이라하고, 습득된 내용이 모델의 행태, 상징적 표상, 동기, 가치, 이상, 양심 등일 때 동일시라 부른다. 인간은 다른 사람들의 말보다 그들의 행동을 보고 배우는 경우가 더 흔하다. 모델의 행위에 대해서도 그 행위에 긍정적 강화가 주어질수록, 모델의 지위가 존경과 신뢰의 대상이 되는 정도가 높을수록, 그 반대 경우보다 더 잘 모방된다.

이러한 관찰과 모방에 의한 학습과정은 인지적 매개가 중요한 역할을 한다. 즉 단순히 모델을 관찰만 하는 것이 아니라 그에 대한 의미를 인지적으로 파악하여 의식적으로 수용할 때 학습이 일어난다.

3. 행동주의 학습이론의 도덕교육에 대한 입장과 문제점

(1) 도덕교육(도덕적 학습)에 대한 기본 입장

행동주의 학습이론이 이해하는 도덕교육의 본질은 사회가 바람직하다고 보는 특정 행동을 다양한 강화와 처벌의 방법을 활용하여 조형하는 것이다. 즉, 도덕 교육이란 모든 인간 행동에 대하여 사회적 통제를 가할 수 있는 행동 수정 기술의 사용이다.

이러한 점에서 볼 때, 도덕교육을 받은 도덕적 사람이란 자신이 속해 있는 사회의 존속을 위해 최상의 것이라고 여겨지는 것에 순응하도록 자신의 행동을 조형하고 통제하는 사람이며, 그러한 사람의 도덕성은 강화와 처벌을 통해 학습된 현상이다.

(2) 문제점

인간의 행동이 전적으로 환경의 영향력에 의해서 결정된다고 보는 행동주의 학습이론은 학습자를 수동적인 존재로 간주하여 도덕교육 과정에서 학습자의 역할을 피동적인 위치에 둠으로써 도덕교육이라는 복잡한 현상을 단순화시키는 오류를 범하고 있다.

또한 행동주의 학습이론은 어떤 문화권이나 사회가 가진 도덕의 정당성을 문제 삼지 않고, 그것을 있는 그대로 수용하는 오류를 범하고 있다.

이와 함께 행동주의 학습이론은 도덕적 기준을 사회에 따라 우연히 설정되는 것으로 봄으로써, 도덕적 상대주의를 조장하는 문제점을 지닌다.

05 밴두라

CHAPTER

1. 사회학습이론의 일반적 특징

(1) 행동주의 학습이론과의 관계

　사회학습이론(Social Learning Theory)은 행동주의 학습이론에서 발전했지만, 행동주의 학습이론에 정신분석학과 인지발달론의 입장을 수정, 결합하여 형성된 학습이론이다. 사회학습이론에서 도덕적 행위는 여타의 사회적 행동들이 그러하듯 강화·처벌·모델링·관찰학습 등을 통해 학습되어진다. 하지만 사회학습이론은 행동주의 학습이론과는 달리 인간의 능동적인 인지적 기능이 행동의 학습에 기여한다는 점을 인정한다.

(2) 도덕 개념

　： 　사회학습이론이 이해하는 '도덕'이란 자신이 속한 사회에 이미 존재하고 있는 도덕규범이다. 따라서 그것은 사회·문화적으로 상대적일 수밖에 없다.

(3) 도덕성 개념

　： 사회학습이론이 이해하는 '도덕성'이란 사회·문화적 규준들의 내면화를 통해 형성된 내적인 자기규제(통제) 메커니즘이다.

(4) 도덕성의 발달

　： 사회학습이론에서 도덕성 발달이란 사회의 도덕규범에 순응하려는 행동적·정서적 능력의 성숙을 의미한다. 또한 도덕성은 개인이 점진적으로 자신의 가치와 행동 양식을 축적하고 정제해 가는 과정을 거쳐 발달하는 것이지 단계적이나 계단식으로 발달하는 것이 아니다. 따라서 도덕성의 발달은 전생에 걸쳐 이루어지게 되는데, 사회 환경은 인간이 본받아야 할 모델을 끝없이 제공해 주고, 도덕적 만남들은 지속적으로 개인의 가치와 행동에 영향을 미치기 때문이다.

2. 상호결정론

전통적 행동주의는 환경결정론적 관점에서 아동들을 환경의 수동적 수용자로 간주하지만 밴두라는 이러한 관점에 이의를 제기한다. 밴두라에 의하면 아동들은 자신들의 발달에 결정적 영향을 미칠 사회적 모델들을 자유롭게 선택할 수 있으며 모델에 대한 관찰과 모방과정에 능동적으로 반응한다. 이처럼 인간발달은 능동적인 개인과 그 사람의 행동, 그리고 환경 사이의 상호작용을 통해 이루어진다.

도덕적 행동 역시 다른 사회적 행동이 학습되는 것과 마찬가지 방식으로 강화와 처벌의 조작, 모델링과 관찰학습 등을 통해 학습되어 진다.

밴두라의 이러한 상호결정론은 합리적이고 능동적인 인간관을 함축한다. 즉, 인간은 환경에 의해 전적으로 결정되는 존재가 아니라, 인지적 선견 능력을 활용하여 외부 환경의 영향을 관찰·분석하여 행동의 결과를 예견하고, 그것에 따라 행동함으로써 환경을 조작하는 합리적이고 능동적인 존재이다. 또한 인간은 자기 규제 과정에서 자신의 도덕적 기준에 의거하여 자신의 행동과 그 행동이 일어나는 조건을 검토·평가하고, 그 결과를 고려하여 자신의 행위를 스스로 규제한다는 면에서, 이 역시 합리적이고 능동적인 존재인 것이다.

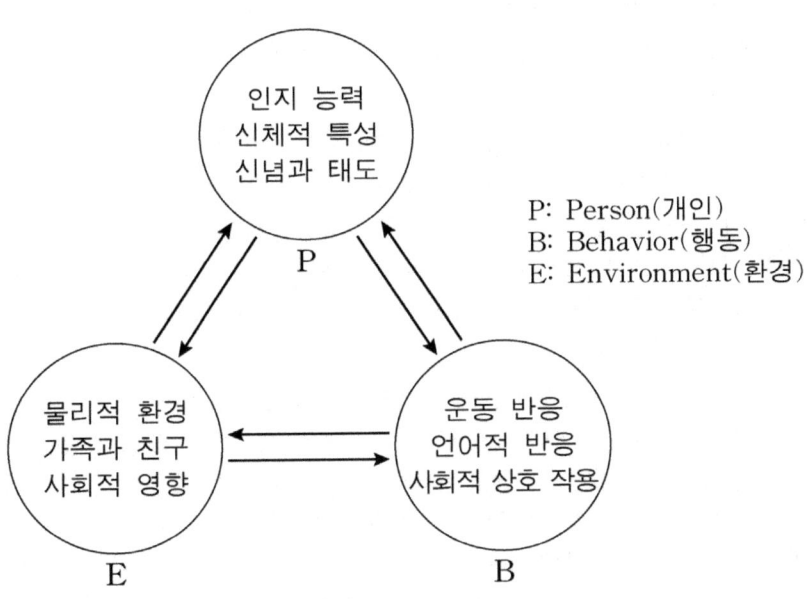

> **참고**

밴두라 : 사회학습이론에서 사회인지이론으로의 발전

밴두라(A. Bandura)는 인간의 행동이 개인과 환경 어느 한쪽의 일방적인 영향을 받는 것이 아니라, 개인(P), 행동(B), 환경(E)이라는 세 요인 간의 복잡한 상호작용에 의해 결정된다고 보는 입장이다. 그는 전통적인 행동주의 관점, 즉 자극과 반응의 인과 관계만으로 인간의 행동을 설명하는 것이나, 반대로 내적 과정만으로 도덕적 행동을 설명하는 인지주의 관점에도 한계가 있다고 비판하였다. 밴두라는 대신, 개인, 행동, 환경의 세 가지 요소가 상호 작용하며 도덕적 행동을 촉발하는 상호결정론의 관점을 취하였다.

밴두라의 이론에 따르면, 사회적 동물인 인간은 복잡한 사회적 환경에 노출되어 다른 사람들의 행동을 관찰하고 모방함으로써 새로운 행동을 학습한다. 개인은 강화되는 사태에 대해 주의를 기울이는 반면, 강화되지 않는 사태에 대해서는 무시하는 경향이 있다. 이러한 관점에서 보면, 개인의 행동은 그의 인지와 사회 환경이 상호작용하여 결정된다는 것이다. 밴두라는 이를 체계화하여 사회학습이론(social learning theory)으로 발전시켰는데, 이론의 명칭에서도 나타나는 것처럼 그는 초기 인간의 행동에 영향을 주는 요인으로 개인의 인지보다는 사회라는 환경에 보다 주목했다. 이는 그의 이론이 대표적인 환경결정론의 입장을 취하고 있는 행동주의 학습이론의 한계, 즉 인간의 행동을 지나치게 결정론적이고 기계론적으로 바라본다는 한계에 주목하면서 시작되었기 때문에 환경이 인간 행동에 미치는 영향에 큰 관심을 가졌던 것에서 기인한 것으로 보인다. 밴두라는 행동주의 학습이론을 비판하고 그것의 한계에 주목하는 입장이었지만 인간의 행동에 대한 환경의 영향을 과소평가할 수 없다는 입장이었기 때문에 그의 이론이 사회학습이론으로 불리면서 사회라는 커다란 환경을 학습의 주요한 장(場)으로 인식했다는 점은 당연하다고 할 수 있을 것이다.

밴두라는 이후 사회학습이론을 체계화하면서 개인 요인에 더욱 주목하게 되는데, 인간의 인지(cognition)가 행동을 결정하는 주요 원인으로 작용한다고 보았기 때문이다. 인간의 사고를 담당하는 인지과정이 인간의 행동을 조절할 수 없다고 본다면 복잡한 인간의 행동을 논리적으로 설명할 수가 없다고 본 것이다. 때문에 인간의 인지과정이 환경과 인간 행동을 어떻게 연결하고, 각 변인들의 상호작용에 어떻게 기능하는지에 대해 보다 관심을 기울이게 되면서 그의 이론은 사회인지이론(social cognitive theory)으로 발전하게 된다.

사회인지이론에서는 대표적인 교육방법으로 관찰학습(observational learning)을 제시한다. 모델링으로 대표되는 관찰학습은 교육의 역사에 서 매우 오랜 전통을 가진 방법이라 할 수 있는데, 고대 그리스에서부터 교육이란 학생들에게 최선의 모델을 제시하고, 학생들은 모델의 훌륭한 특성을 관찰하고 본받을 수 있도록 하는 것이라고 보았다. 이처럼 관찰학습은 가장 기본적이면서도 효과적인 교육방법으로 인식되어왔는데, 이는 인간, 특히 어린 학생일수록 타인의 행위를 모방하려 한다는 자연적 경향성을 지녔다고 생각했기 때문이다. 이러한 전통적 가정은 오늘날 이탈리아의 신경심리학자 리촐라티(G. Rizzolatti)가 1990년대 원숭이 연구를 통해 발견한 '거울 뉴런'(mirror neuron)을 통해 신경학적으로 증명되었다고 볼 수 있다. 거울 뉴런을 통해 인간은 타인을 모방하거나 공감할 수 있으며, 더 나아가 타인의 활동과 언어를 관찰하여 학습할 수 있다.

이러한 관찰학습은 주의집중(attention), 파지(retention), 행위산출(behavioral production), 동기화(motivation)의 4단계로 이루어진다. 첫 번째 주의집중 과정은 관찰 대상인 모델에 주의와 관심을 기울이는 과정으로 모델의 여러 행동 중 자신이 학습하고자 하는 특정 행동을 선택적으로 관찰하는 것이다. 두 번째 파지 과정은 모델에 대한 관찰 내용을 상징화하여 일정 기간 기억하고 유지하는 과정이다. 세 번째 행동 산출 과정은 모델의 행동을 관찰한 결과를 토대로 학습자가 그러한 행동을 수행해보는 과정이다. 네 번째 동기화 과정은 자신이 수행한 행동에 대한 피드백을 통해 관찰하고 학습한 행동을 자신의 일관된 행동 양식으로 이어지도록 강화하는 과정이다. 이러한 강화를 통해 학습자는 모델과 같은 긍정적인 평가를 받을 수 있다는 기대를 갖게 되며, 학습한 행동을 일상에서 지속적으로 실천할 수 있는 동기를 획득하게 된다. 때문에 관찰학습 과정에서 학습자가 모델의 훌륭한 행동을 관찰하지 못했거나, 관찰을 했지만 제대로 파지하지 못했거나, 파지한 것을 행동으로 산출하지 못했거나, 학습자가 적절한 강화를 받지 못하여 동기화에 실패하는 경우에는 학습이 일어나지 않게 된다. 이처럼 도덕적 행동을 학습함에 있어서 개인의 인지와 도덕적 환경은 상호작용하면서 공동 결정요인으로 작용한다는 것이 사회인지이론의 관점이라 할 수 있다.

3. 자기조절(self-regulation)

(1) 도덕성의 정의

: 밴두라에게 도덕성이란 아동들이 성인들에 의해 표현된 가치들을 자신의 것으로 내면화하거나, 통합시킨 결과로서 발달하는 내적인 자기통제 혹은 '자기조절의 메커니즘'이다.

(2) 자기조절 메커니즘의 2가지 방식

자기존중 (자기 존중감)	도덕규범의 준수에 따른 내적 자기 보상
자기제재 (자기 비판적 감정)	도덕규범의 위반에 따른 내적 자기 처벌(self-sanction)

밴두라에 의하면, 자신의 행위기준을 위반한 행위는 장차 일어날 수도 있는 사회적 비난과 처벌에 대한 두려움과 자기제재를 불러일으켜서 그 사람이 처벌받을 때까지 지속된다. 그런데 처벌은 위반과 그에 따른 사회적 반향에 대한 두려움과 고통을 종식시키며, 나아가 타인의 승인을 회복시키는 경향이 있다. 따라서 자기처벌적 반응은 사고(思考)에 의해서 생겨난 고통을 경감시키고, 외부적 처벌을 완화시켜주기 때문에 지속된다. 비난받을 만한 도의적 행위에 대해 자신을 비판하고 경시함으로써 사람들은 과거의 행동에 대해 스스로 더 이상 고통을 주지 않는다. (위반→내적고통→처벌→고통의 경감)

요컨대 자기 처벌은 실제적 처벌보다 더 고통스럽고 지속적인 사고(思考)에 의한 고통과 두려움을 감소시키는 기능을 하며, 단순한 죄책감의 표현이 아닌 궁극적으로는 타인의 승인과 격려를 얻기 위한 것이다. 결국 도덕적 인간은 자기 존중감 때문에 도덕적 행위를 하며, 자기 비판감 때문에 비도덕적 행위를 삼간다고 할 수 있다.

(3) '자기조절'의 하위기능(혹은 구성과정)과 '도덕적 자아'의 특징

자기 조절의 메카니즘	
자기관찰 / 자기 모니터링 (self-observation / self-monitoring)	행동에 대한 자기 감시
자기판단 (self-judgment)	개인적 기준과 환경 상황을 고려한 견지에서의 행동에 대한 판단
자기반응 (self-reaction)	정서적인 자기 반응

밴두라에 의하면, 전통적으로 도덕심리학은 도덕적 행위는 간과하고 도덕적 추론의 형식적인 성격에만 관심을 기울여왔다. 하지만 도덕적 행동에 대한 온전한 이론은 도덕적 지식과 추론을 도덕적 행위와 결부시키지 않으면 안 된다. 밴두라의 도덕적 자아에 대한 사회인지이론에서는, 도덕적 추론이 자기조절의 메커니즘을 통해 도덕적 행동과 결부된다.

도덕적 자아의 발달에 있어서 개개인은 행위에 대한 지침이나 그 행위를 금지하는 것으로 기능하는 옳고 그름의 기준을 채택한다. 이러한 자기조절적 과정에서 사람들은 자신의 행동과 그 행동이 일어나는 조건을 검토하고, 자신의 도덕적 기준에 의거하여 그 행동과 조건을 평가하며, 환경을 파악하고, 결과를 고려하여 자신의 행위를 조절한다. 사람들은 만족과 자존감을 가져다주는 일을 행한다. 사람들은 비도덕적 행위가 자기모멸감을 유발할 것이기에 자신의 도덕적 기준을 위반하는 행위를 삼간다. 즉 자기처벌과 자기제재(self-sanction)는 내적인 기준에 부합하게 행위하도록 한다. 도덕성에 대한 자기규제는 합리주의적 이론가들이 강변하는 것처럼 전적으로 심리내부의 문제가 아니다. 밴두라의 사회인지이론은 도덕성 발달에 대한 상호결정론적 관점을 채택한다. 이에 따르면 도덕적 행위란 인지적, 정서적, 사회적 영향의 호혜적 상호작용의 산물이다.

> **참고**
>
> **자기조절 과정에서 '도덕적 추론'의 역할**
>
> 도덕적 추론은 자기조절의 메커니즘을 통해서 도덕적 행동과 결부된다. 도덕적 자아의 발달에 있어서 개개인은 행위에 대한 지침이나 그 행위를 금지하는 것으로 기능하는 옳고 그름의 기준을 채택한다. 이러한 자기 조절적 과정에서 사람들은 자신의 행동과 그 행동이 일어나는 조건을 검토하고, 자신의 도덕적 기준에 의거하여 그 행동과 조건을 평가하며, 환경을 파악하고, 결과를 고려하여 자신의 행위를 규제한다.

(4) 자기조절 도덕성의 '통합적' 특성

: 자기조절 메커니즘으로서의 도덕성은 인지·행동·정의적 측면이 통합되어 있는 도덕성이다. 자기가 인식하는 도덕적 가치와 기준으로 스스로를 규율한다는 면에서 인지적이요, 처벌받을 위험이 없는 곳에서도 스스로에 대한 통제를 유지한다는 면에서 행동적이며, 자기 존중감이나 자기 죄책감 등을 포함한다는 점에서 정의적이다.

> 도덕적 자아의 발달 과정에서 개개인은 행위에 대한 지침이나 그 행위를 금지하는 것으로 기능하는 옳고 그름의 기준을 채택한다. 이러한 자기규제의 과정에서 사람들은 자신의 행동과 그 행동이 일어나는 조건을 검토하고, 자신의 도덕적 기준에 의거하여 그 행동과 조건을 평가하며, 환경을 파악하고 결과를 고려하여 행동한다.[8]

4. 도덕적 이탈

: 밴두라에 의하면 개인의 도덕적 기준은 그 사람의 행위를 일관되고 고정된 방식으로 규제하지 않는다. 즉, 도덕적 기준에 의한 자기처벌과 제재는 선별적으로 활성화되며, 그 결과 비난받을 만한 행위에 대한 자기제재로부터의 이탈을 허용한다. 그래서 동일한 도덕적 기준을 가지고 있는 사람의 경우에서도 상이한 행동의 양상이 나타나게 되는 것이다.

밴두라에게 '도덕적 이탈'이란 비윤리적 행위를 합리화시키는 과정을 통해 도덕적 자기규제력을 상실해버리는 현상을 말하는 것으로서, 자신의 비윤리적인 행위를 용납하는 일종의 도덕적 자기기만이라 할 수 있다. 이러한 도덕적 이탈 상태에서는 자기규제 메커니즘이 제대로 작동하지 않기 때문에, 개인은 자신의 비윤리적인 행위를 합리화하고, 자신의 책임을 최소화하고, 자신의 행위로 인해 발생하는 잠재적 희생자를 고려하지 않는 모습을 보인다. 따라서 도덕적 이탈의 정도가 높을수록 개인은 자신의 비윤리적 행위에 대해 낮은 죄책감을 느낀다.

(1) 도덕적 정당화

유해한 행위를 사회적으로 가치 있고 도덕적인 목적에 기여하는 것으로 용인하는 것을 말한다. 이를 통해 개인은 타인에게 고통을 가하면서도 자신을 도덕적 행위자로 간주하게 된다.

예를 들어 식민 지배는 몽매한 자들의 계몽으로, 침략전쟁을 종교적 신념과 연관 지어 악마를 무찌르는 일종의 성전(聖戰)으로 묘사하는 것 등을 말하는데, 이는 자기비난으로부터 면제될 수 있기 위해 침략과 살인의 도덕성을 인지적으로 재규정하는 것이다.

---

[8] 자기규제에 있어서 인지적 측면과 관련된 도덕적 추론의 역할

(2) 완곡한 표현

완곡한 언어의 사용을 통해 유해한 행위를 존경할 만한 것으로 만듦으로써 개인적 책임을 경감시키는 것을 의미한다. 예를 들어 민간인 폭격 피해를 '부수적 피해'로, 교사의 폭력을 '사랑의 매'로 표현하는 것 등을 말한다.

(3) 유리한 비교

행위의 평가 방식은 무엇과 비교되는가에 따라 영향을 받기에, 대조의 원리(contrast principle)에 의하여 비난받을 만한 행위를 의로운 행위로 간주하는 것을 말한다.

예를 들어 테러행위를 동족들이 겪고 있는 학대행위들과 비교하여 자신들의 행위를 순교 행위로 간주하는 경우가 대표적인 사례인데, 대조되는 잔악한 행위가 극렬하면 할수록 자기 자신의 파괴적이고 비난받을 만한 행위는 자애로운 것으로 보일 수 있다. 가령 베트남 전쟁 시 미군의 대량파괴 행위는 공산주의 치하에 예속된 민중의 처참한 사태와의 비교를 통해 대수롭지 않은 것으로 간주되기도 하였다.

이와 같은 유리한 비교는 공리주의적 기준에 의한 도덕적 정당화에 상당부분 의존하는데, 공리주의적 관점에서 위와 같은 폭력의 사용을 도덕적으로 용인할 수 있는 판단의 준거는 다음과 같다. 첫째, 비폭력적 대안이 목표하는 변화를 달성하는 데 비효과적이다. 둘째, 공리주의적 분석은 하나의 유해한 행위는 보다 큰 고통을 막아줄 수 있다고 확신한다(이중효과의 원칙9)). 하지만 이와 같은 공리주의적 계산법은 구체적인 적용에 있어서 미래의 불확실성과 인간 판단의 편견 등으로 인해 장기적인 손익 계산을 신뢰하기 어렵다.

(4) 책임의 전가

자신이 행한 해로운 행위의 책임을 타인에게 전가하여 그 행위에 대한 자신의 능동적 역할을 최소화하는 것을 의미한다.

예를 들어 군인들이 명령권자에게 책임을 미루는 경우를 말한다.

(5) 책임의 분산

유해한 행위에 대한 책임의 분산을 통해 행위의 주체를 모호하게 하여 자기규제력을 약화시키는 것을 말한다. 책임이 분업을 통해 분산되면 분화된 임무는 그 자체로 무해한 것으로 보이게 된다. 사람들은 그들이 하고 있는 임무가 어떤 의미를 지니고 있는가보다는 세분화된 구체적인 임무에만 관심을 기울이기 때문이다. 이러한 예로는 유대인 학살 과정에 참여하는 일련의 공무원들의 경우를 들 수 있다.

집단 의사 결정 또한 사려 깊은 사람일지라도 비인간적으로 행위하게 하는 관행이다. 모든 사람에게 책임의 소재가 있는 것에 대해서는 어느 누구도 실제로 책임을 느끼지 못하기 때문이다.

익명성이 보장되는 집단행동 또한 도덕적 통제력을 약화시키는데, 사람들은 자신의 행위에 대해 개별적으로 책임을 져야 할 때보다 집단적인 책임 하에서 더욱 잔인하게 행위한다.

---

9) '이중효과의 원칙'이란 보다 큰 악을 피하기 위해 보다 작은 악이 정당화될 수 있다는 것을 의미하는데, 이 때 작은 악의 수행은 직접적으로 의도된 것이 아니라 단지 부수적인 결과이어야만 한다.

(6) 결과에 대한 무시나 왜곡

행위의 결과를 무시, 최소화, 왜곡하여 자기 행위의 결과에 대한 자기 제재에서 벗어나는 것을 말한다. 타인에게 끼친 고통이 가시적이지 않고, 파괴적인 행위의 결과가 상당 기간 후에 나타나는 경우에는 결과에 대한 무시나 왜곡을 통해 유해한 행위를 하기가 훨씬 더 용이하다.

예를 들어 타국에서 벌어지는 침략전쟁에 찬성한 후, 그 뒤에 벌어지는 일들에 대해서는 무시하는 경우가 대표적이다.

(7) 비인간화

도덕적 이탈 행위의 마지막 단계는 피해자에게 작용한다. 도덕적인 자기비난의 강도는 다른 사람을 바라보는 방식에 의존한다. 다른 사람을 인간적으로 바라보는 것은 공감적인 반응을 촉진시킨다. 인간미 넘치는 사람을 개인적 가책과 자기비난도 없이 학대하기는 어렵다.

잔악한 행위에 대한 자기비난은 피해자에게서 인간적 특질을 제거함으로써 이탈되거나 둔감하게 될 수 있다. 이처럼 피해자에게서 인간적 특질을 제거함으로써 자기비난에서 벗어나고자 하는 전략은 일본이 식민지인들을 대상으로 한 인체실험 과정에서 피실험자들을 '마루타(통나무)'라고 불렀던 사례나, 미국 서부개척 시 백인들이 인디언을 '야만인'으로 간주하는 행위 등에서 볼 수 있다.

※ 도덕적 자기제재가 선택적으로 활성화되고, 해로운 행위로부터 이탈되는 메커니즘

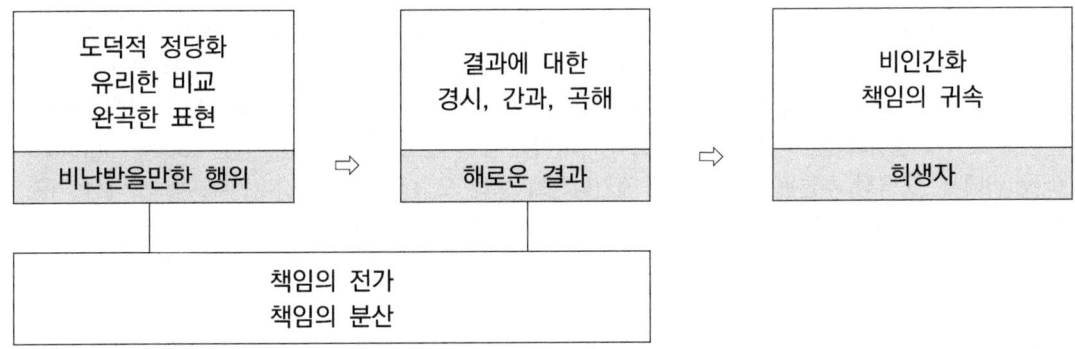

> **참고**

자기조절 메카니즘과 도덕적 이탈의 관계

추상적으로 평가할 때 대부분의 사람은 유덕하다. '도덕적 이탈(moral disengagement)'은 특정한 상황 혹은 사회의 조직적이고 권위적인 시스템으로부터 발생한다. 사회의 이념적 지향은 도덕적 정당화, 사회적 제재, 사회 취약계층에 대한 대응 등에 영향을 미친다. 그러나 사람들은 시스템의 산물이자 창조자이다. 따라서 사람들은 사회 시스템을 바꿀 수 있다.

반두라에 따르면, 도덕적 행동은 "감정을 배제한 추상적인 추론보다는 자기반응적 자아"에 영향을 받는다. 그리고 여기서 자기조절(self-regulation) 메카니즘이 작동하게 된다. 하지만 불행하게도 도덕적 자기제재(self-sanction)가 비인간적 행위로부터 선택적으로 작용하지 않을 수도 있다. 반두라는 자신의 '도덕적 이탈' 이론을 통행 도덕적 행동 실패로 나아가는 메카니즘을 설명한다.

반두라는 도덕적 행동의 실행에 있어서 선택적인 도덕적 이탈의 문제를 다룬다. 반두라의 '도덕적 이탈' 개념은 도덕적 기준(moral standards)이 특정 상황에서 자신에게 적용되지 않는다는 것을 스스로 확신시키는 과정을 의미한다. 이것은 도덕적 반응을 비인간적인 행위와 분리하고 자기비난의 메카니즘을 무력화함으로써 이루어진다. 따라서 도덕적 이탈은 행동이나 도덕적 기준을 변경하지 않고 파괴적인 행동을 도덕적으로 수용 가능한 것으로 인지적으로 재구성하거나 리프레이밍(reframing)하는 과정을 포함한다.

전통적인 도덕 심리학이 도덕적 행위는 간과하고 추론의 형식에만 관심을 기울였지만, 반두라에 의하면 인간다운 행위는 도덕적인 추론 이상의 것을 포함한다. 왜냐하면 반두라가 관찰한 바에 따르면 도덕적 추론 단계가 높아진다는 것은 다양한 도덕적 곤경에 대한 정당화 수준이 본질적으로 높아진다는 것을 의미한다. 즉 도덕적 추론의 성숙도가 높다고 해서 반드시 인간적 행동으로 이어질 것이라 예측하기 어렵다는 것이다. 왜냐하면 정당화는 도덕적 수준과 관계없이 인간적 활동이나 비인간적 활동 모두에 적용되기 때문이다. 그 예로 반두라는 도덕적 이탈과 관련한 사례들 속에서 정의(正義)라는 이름으로 비인간적인 수단들이 정당화되는 것을 제시했었다. 따라서 온전한 도덕적 행동 이론은 도덕적 지식과 추론을 도덕적 행위와 결부시켜야 한다. 도덕적 자아에 대한 반두라의 사회인지이론(social cognitive theory)에서, 도덕적 추론은 자기조절의 메카니즘을 통해 도덕적 행동과 결부된다. 즉 도덕적 기준 및 자기제재와 결합된 자기조절 메카니즘은 도덕적 추론을 행동으로 변환하고 결과적으로 도덕적 행위로 나아가게 된다. 그리고 도덕적 행위가 기반하고 있는 이 자기조절 시스템에서는 세 가지 주요 하위 기능이 작동한다.

첫 번째 하위 기능은 자신의 행동에 대한 '자기 모니터링(self-monitoring)'이며, 이는 행동을 통제하는 초기 단계이다. 다음으로 "행동은 내적인 기준과 상황적 환경에 따라 행동을 평가하는 판단 기능(a judgmental function)을 통해 자기반응(self-reaction)을 일으킨다." 즉 사람들은 다양한 행동 선택에 따른 긍·부정적 자기반응을 예상함으로써 자신의 도덕적 기준에 따라 행동하게 된다. 따라서 판단 메카니즘과 자기반응 메카니즘이 두 번째와 세 번째 하위 기능을 구성한다.

일반적으로 도덕적 기준은 좋은 행동을 위한 지침과 나쁜 행동을 억제하는 역할을 하기 위해 채택된다. 내면화된 통제력이 발달하면 사람들은 자신에게 적용하는 기준에 따라 자신의 행동을 규제하게 되고, 이는 자기만족과 자존감을 갖게 한다. 또한 사람들은 자기비난을 피하기 위해 도덕적 기준에 위배되는 행동을 자제한다. 따라서 자기제재는 이러한 내적인 도덕적 기준에 따라 행동을 유지하고 비인간적인 행동을 규제하는 데 중요한 역할을 한다. 그러나 도덕적 기준은 자기조절 메카니즘이 활성화되었을 때만 행동의 확고한 내적 조절자 역할을 하며, 다양한 사회적, 심리적 과정이 자기제재의 활성화를 방해하는 경우가 때때로 발생하게 된다. 이로 인해 자기제재와 내적인 도덕적 통제를 선택적으로 활성화하게 되면, 동일한 도덕적 기준이 주어지더라도 상이한 방식으로 행동할 수 있게 된다.

'도덕적 이탈'에서 작동하는 인지 메커니즘은 독립적으로 작동하기보다는 사회 구조적 맥락과 상호 연결되어 사람들의 일상생활에서 비인간적인 행위를 조장하게 되는데, 반두라가 이렇게 보는 이유는 도덕성 발달에 대한 (개인, 행위, 환경 간) 상호결정론적 관점을 채택하고 있는 사회인지이론의 경우, 도덕적 행위를 인지적, 정서적, 사회적 영향 간 상호작용의 산물로 간주하기 때문이다.

도덕적 이탈에 대한 8가지 메커니즘 가운데 3가지(도덕적 정당화, 유리한 비교, 완곡한 표현)는 '비난할만한 또는 해로운 행위'를 가치 있거나 자신에게 유리하거나 완곡한 형태로 바꾼다. 책임의 전가와 분산은 이것을 활용하여 해로운 행위에 대한 책임과 책무를 감소시킴을 의미한다. '결과에 대한 축소·무시·왜곡'은 자신의 행동이 어떤 '해로운 결과'를 유발한다는 사실을 축소(최소화), 무시, 왜곡하거나 심지어 반박하는 것이다. 비인간화, 비난의 귀인은 피해자에게 가해진 해로움에 대해 '피해자'를 비인간화하거나 비난하는 것을 포함한다.

자기조절 메커니즘이 제대로 작동하기 위해서는 '인지적, 메타인지적, 동기적(motivational) 기능'이 통합적으로 작용해야 한다는 입장을 반두라가 취하기에, 이를 도적적 이탈에 적용한다면, 도덕적 이탈 예방에 관련된 인지적, 메타인지적, 동기적 기능을 통합적으로 길러서 자기조절 메커니즘을 행상시켜야 한다고 대답할 것이다.

"전 생애 인지 발달 연구의 주요 진전 중 하나는 자기조절 학습의 메커니즘에 관한 것이다. 메타인지 이론가들은 적절한 전략을 선택하고, 자신의 이해와 지식 상태를 점검하며, 자신의 결함을 수정하고, 인지 전력의 유용성을 인식하는 측면에서 자기조절의 유용성을 다루어왔다. 사회인지이론은 이러한 자기조절의 인지적, 메타인지적, 동기적 메커니즘을 통합한다."

5. 자아 효능감

(1) 자아 효능감(self-efficacy)의 의미

자기규제 능력이 효과적으로 발휘되기 위해서는 자아 효능감이 필요하다. 자아 효능감이란 인지적·정서적·행동적 하위 기능들이 효과적으로 잘 배합되어 나타나는 생성적인 능력으로서, 특정상황에서 바람직한 효과를 산출하는 행동이 요구될 때, 그것을 성공적으로 수행할 수 있다는 자신의 행동 능력에 대한 개인의 믿음이다. 이러한 자아 효능감이 강할수록 인내력도 강하고 자신의 도덕적 기준을 위반하려는 압력에 더욱 잘 저항한다.

(2) 자아 효능감의 4가지 원천

성취 경험	목표를 달성하기 위한 시도에서 비롯한 성공과 실패에 대한 과거 경험
대리경험(모델링)	타인의 성공과 실패에 대한 간접 경험
언어적 설득	타인으로부터 어떤 과제를 숙달할 수 있는지 없는지에 관해 듣는 것
생리적 및 정서적 상태	자기의 신체적 능력, 강도, 기능 장애에 대한 취약성을 판단하는 데서 생겨나는 생리적 및 정서적 상태

6. 관찰학습

(1) 관찰학습 (observation learning)의 특징

밴두라는 학습이 직접적인 경험을 통하여 일어날 수도 있지만 타인의 행동을 관찰하는 것에 의해서도 학습이 일어날 수 있음을 강조하며, 이러한 사회적 반응들을 관찰학습 또는 모델링이라 부른다.

즉, 관찰학습이란 직접적 행동이 아니라 타인의 행동에 대한 관찰을 통한 행동의 학습으로서, 모델이 자신에게 부여하는 의미를 파악하여 그것을 의식적으로 수용하는 인지 기능의 작용을 매개로 해서 일어나는 행동의 학습이다.

(2) 모델링에 영향을 주는 3가지 요인

모델 특성	모델의 행위 결과가 좋은 보상을 받을 때, 즉 ㈎ 모델의 행위에 긍정적 강화가 주어질수록, ㈏ 모델의 지위가 매력적이고 존경과 신뢰의 대상이 되는 정도가 높을수록, ㈐ 모델의 성(性)이 관찰자와 같을 때 더 잘 모방된다.
관찰자 특성	관찰자가 자존감이나 자신감이 낮을수록, 타인에 대해 의존적일수록, 이전에 동조 행동을 통해 보상받은 경험이 있는 사람일수록 모방 가능성이 높다.
보상 결과	모델의 행위 결과가 처벌을 받지 않는 경우일수록 그 반대 경우보다 더 잘 모방된다.

(3) 모델링 효과의 3가지 유형

금지-허용 효과	이미 알고 있는 행위를 억제 또는 강화하는 효과
유도 효과	관찰자의 잠재적 반응을 유도하는 효과
모델링 효과	새로운 행위를 습득하는 효과

(4) 관찰학습의 4가지 과정

주의집중 (attentional)과정	모델의 행동에 주의를 집중하여 정확히 지각하는 과정
파지 (retentional)과정	모델의 행동을 상징적 형태로 기억 속에 표상해 두는 과정으로 모델의 행동은 주로 심상이나 언어적 부호화를 통해 파지된다.
운동 재생 (reproduction) 과정	관찰된 행동을 실제로 수행하는 것으로서, 이 과정에서 자아 효능감이 큰 영향력을 발휘한다.
강화 또는 동기화 (motivational) 과정	습득된 행동들이 실제 상황에서 재현되도록 동기를 형성하는 과정이다. 관찰학습에서 이 과정이 요청되는 이유는 행동의 학습과 수행은 구분되기 때문이다.

(5) 강화 : 대리강화와 자기강화

관찰학습에서 행동의 학습과 수행은 구분된다. 즉 학습된 행동이 저절로 수행되는 것은 아니다. 강화란 미래 행위를 야기하는 것과 관련하여 어떤 생각을 하게 하는 것으로서 행동을 증강시키는 결과를 가져오는 영향력 또는 미래 결과를 합리적으로 예견하는데 사용되는 정보의 원천을 의미한다. 관찰학습에서 특징적인 것은 직접 강화가 아닌 대리 강화와 자기 강화이다.

대리 강화	모델이 적절한 행동에 대해 강화를 받을 때 이것을 본 관찰자가 자신이 직접 강화를 받지 않았음에도 불구하고 모델의 행동과 동일한 행동을 자주 수행하는 것을 말한다.
자기 강화	자기 스스로 수행 기준을 개발하고, 자신의 수행에 대해 스스로 보상 또는 비판을 가하는 가운데 의식적으로 만들어지는 것을 말한다.

7. 사회학습이론에 대한 평가

(1) 도덕교육을 위한 시사점

① 도덕적 행위의 학습에 있어서 직접적인 교육방법보다 부모, 교사, 또래 집단의 영향력을 중시한다.
② 교사와 부모 같은 모델들은 도덕적 기준의 제시를 넘어 직접적 실천을 통해 학생들로 하여금 모델링 효과를 극대화 시켜야 함을 암시한다.
③ 도덕성 발달 연구는 추론과 판단만이 아니라 행동적 수행도 주목해야 함을 강조한다.

(2) 문제점

① 아동기 도덕적 행동의 학습과정을 설명하는 데는 유용하나 보다 복잡한 학습이 이루어지는 청소년, 성인기의 도덕 발달을 설명하는 데는 큰 도움이 되지 않는다.
② 관찰학습이론은 아동들이 어떻게 해서 학습하게 되는가 하는 문제에 관심을 갖고 각 단계에서 어떠한 상태에 있는가 하는 문제에는 관심을 소홀히 하기에 아동 발달에 대한 설명으로는 부족하다.
③ 도덕성 발달을 사회화로 단순화시킨다.
④ 도덕성 발달에 있어 감정, 의도, 동기, 도덕적 추론의 중요성에 대한 설명이 부족하다.

06 피아제

CHAPTER

1장 인지적 구성주의

1. 인식론의 구분

합리주의	○ 지식은 이성의 선천적인 사고능력과 본유관념 등에 기초한다. 따라서 이성이 발견하는 자명한 기본 원리(공리)로부터 구체적인 지식을 이끌어 내는 연역적 탐구방법을 강조한다.
경험주의	○ 지식은 경험(감각적 경험과 그에 대한 반성적 숙고)로부터 나온다. 따라서 직접적 경험의 방법, 즉 대상에 대한 관찰과 실험, 사실의 수집과 비교, 분석, 종합, 해석 등을 중시하며 귀납적 탐구방법을 강조한다.
구성주의	○ 지식은 인간에 의해 창조 내지 구성되는 것이다. ○ 칸트 : 지식은 경험으로부터 출발하지만 인간 내부의 선험적 요소들, 즉 고유한 구조(범주)들로 인해 가능하다. 감성은 감각과 경험을 통해 실재를 지각하고, 오성은 지각된 내용들에 범주를 부여하여 의미를 만들어내며, 이성은 초경험적인 것들을 사유한다. 즉 인간의 인식은 객관적 세계를 모사, 반영하는 것이 아니라 능동적 정신작용을 가함으로써 인식 대상을 구성한다.

2. 피아제의 인지적 구성주의

피아제는 지식이 주체가 단순히 실재를 단순히 모사·반영하는 것이 아니라, 주체가 환경과의 상호작용 속에서 능동적으로 구성한 것이라는 점을 '발생론적 인식론'에 기초하여 논증한다. '인식론'이란 인간의 지식·인식의 근원과 본질, 타당성 등을 탐구하는 학문이고, '발생론'이란 사실이나 사물의 기원을 밝히고 그것의 인과적 발생과 발달을 탐구하는 학문이다. 즉, 피아제의 발생적 인식론이란 인식·지식의 기원과 본질을 인간 발달과 관련하여 경험적으로 밝히고자 하는 것으로서 유아로부터 청소년기에 걸쳐 지식과 인지발달이 어떻게 이루어지는지를 탐구하게 된다.

이러한 피아제의 인식론을 칸트와 비교하자면 지식이 주체에 의해 능동적으로 구성된다는 점에 대해서는 칸트와 일치하나, 지식 획득의 범주가 선천적으로 주어져 있다는 점에 대해서는 칸트에 반대한다. 피아제는 인간의 지식 형성 능력은 환경과의 상호작용을 통해 부단히 형성되고 재구성된다고 보기 때문이다.

피아제는 구조기능주의 관점을 자신의 '인지발달론'에도 적용한다. 구조기능주의란 사회나 유기체는 일정한 기능이나 역할을 수행하는 부분들로 이루어진 구조를 형성하면서 자체 생존이나 존속을 추구해간다고 보는 이론이다. 그리고 여기서의 구조란 저마다 고유한 기능들을 지닌 부분들의 결합을 의미한다. 피아제는 인간의 지적활동 역시 생물학적 활동의 한 형태, 즉 유기체가 환경에 적응하고 경험을 조직하는 전체 과정의 일부분으로 이해한다. 따라서 신체가 구조를 이루고서 일정한 기능을 수행하듯이 인간의 지적활동이나 인지능력도 구조를 이루고 기능을 수행한다고 보았다.

3. 인지 구조와 기능

: 피아제는 인지능력의 구조를 도식이라 부르고, 그 기능은 환경에의 적응이라 보았다.

유기체	인지능력 (지적활동)	
구조	도식(圖式) schemes	
기능	적응 adaptation	동화 assimilation
		조절 accommodation
		평형 equilibrium

(1) 도식 (schemes/schema)

도식이란 인간이 지닌 인지 구조이다. 생물이 환경에 적응하면서 환경을 조직하는데 필요한 구조를 갖추는 것과 마찬가지로, 인간의 정신 또한 환경에 적응하면서 그것을 다루고 처리하고 조직하는 구조를 가지는 바 이것이 피아제가 말하는 도식이다. 따라서 도식은 인간이 가지고 태어나는 것이 아니라, 환경과의 접촉 속에서 반복되는 행동과 경험으로부터 형성되는 것이다.

피아제에 의하면, 도식은 사고뿐만 아니라 행동에도 관련된다. 도식은 개개인이 가지고 있는 사고의 구조, 사고방식을 의미하며 또한 반복적 행동유형을 의미한다. 따라서 도식은 사고와 행동 모두와 관련되는 개념이다. 즉, 도식은 어떤 개념이나 범주와 같이 인간이 어떤 사물이나 현상을 보고 그 의미와 특성을 인식하고 공통된 특성에 따라 분류·조직·해석·판단·평가하고 그에 따라 행동하는 지적 구조로서의 기능을 수행하는 것을 말한다.

또한 이러한 도식은 고정불변의 것이 아니라 변화되고 발전한다. 그래서 보다 높은 수준의 도식에 의해 보다 나은 사고와 행동이(바꾸어 말하면 환경에의 보다 나은 적응이) 가능해지는 것이다. 어른들의 도식은 아이들의 단순하고 적은 도식들로부터 자극과 지식, 정보와 경험들이 누적되면서 수효도 많아지고 분화된 것이 통합을 거치면서 보다 복잡화된 연계조직망을 갖추고 보다 세밀화 되고 정교화 되고 확대되어진 것이다.

(2) 적응 (adaptation)

인지능력의 기능은 적응이다. 적응이란 유기체가 환경의 요구에 대처하거나 환경의 압력을 적절히 처리함으로써 자신의 생존을 지속시켜 가는 것을 말하는데, 여기에는 통상 동화, 조절, 평형의 기능이 포함된다.

① 동화 (assimilation)

동화란 환경으로부터 오는 새로운 자극이나 지각, 지식, 정보, 경험 등을 기존의 도식이나 행동양식에 부합되게 하거나 통합하는 인지과정을 말한다. '말(馬)'만 보던 유목민들이 기린을 처음 접하면 자연스럽게 목이 긴 '말'이라는 도식 안에서 인식하려는 것과 같은 것이다.

② 조절 (accommodation)

환경으로부터 오는 자극이나 경험이 기존의 도식에 항상 일치하는 것은 아니다. 기존의 도식으로 이해하는 데 실패하면 기존의 도식을 수정하든가, 새로운 도식을 만들어 내게 되는데 이러한 경우를 조절이라 한다. 즉, 조절이란 새로운 도식의 창출이나 기존 도식의 변형을 이르는 말이다.

동화는 기존 도식이 확대되고 풍부해지는 것으로서 양적인 변화·성장이라면, 조절은 기존 도식의 변화나 새로운 도식의 등장을 의미하기에 질적인 변화·성장이다. 따라서 인지구조, 즉 사고방식과 행동양식의 진정한 발달은 '조절'에 의해 이루어진다.

③ 평형 (equilibrium)[10]

동화와 조절은 상호 연계되고 복합적으로 발생한다. 개인이 동화만 하고 조절을 못하면 소수의 커다란 도식만을 발달시켜 사물이나 사건들의 미묘한 차이점들을 인식하지 못하게 되고, 조절만 하고 동화를 못하게 되면 작은 도식들은 풍부히 가지지만 그들 사이의 유사성을 찾아 일반화시킬 수 없게 된다. 이러한 난점을 극복하기 위해 동화와 조절이 상호 연계되고 보완적으로 일어나 균형을 유지하게 되는데 이를 평형화라 부른다.

결국 '적응'이란 것은 동화와 조절의 상보적 자기규제를 통해 평형화를 이루는 과정이다. 동화와 조절 사이의 불균형은 어떻게든 균형의 상태를 지향하게 되는데 이는 모든 유기체의 생득적 본능이다. 자신의 항상성(homeostasis)과 균형상태의 유지는 유기체의 생존과 직결되기 때문이다.

요컨대 인지 구조는 지속적인 동화·조절·평형화를 통해 지속적으로 성장하고 발달하는 것인데, 이때의 발달이란 사고방식이나 행동양식이 보다 정교화되고 양적으로나 질적으로 높은 수준으로 재구성되고 성숙된다는 것을 의미한다.

---

[10] 인간에게는 질서와 체계를 유지하려는 본능적이고 선천적인 욕구가 있는데 피아제는 이러한 욕구를 평형에 대한 욕구라고 불렀다. 인간의 인지구조가 변화하는 것은 유기체가 자기조절을 통한 평형화를 유지하고자하는 경향이 있기 때문이라는 것이다. 모든 유기체는 그의 환경과 상호작용을 통한 균형을 추구하는데, 평형이란 새로운 상황에서 일관성과 안전성을 이루려는 시도로서 동화와 조절의 과정을 통해 이루어진다는 것이다.

2장 인지발달론

1. 피아제 인지발달의 일반적 특징

(1) 피아제는 도덕발달을 지적발달과 관련하여 탐구한다. 즉 도덕성을 도덕적 판단 능력으로 이해하고 도덕성 발달을 지적 발달 이론의 한 부분으로 다룬다.
(2) 인간 지적능력은 연령에 따라 상이한 구조를 지닌 연속적이며 계열적인 단계를 거친다고 본다. 따라서 아동들은 감각운동기(0~2세), 전조작기(2~7세), 구체적 조작기(7~11세), 형식적 조작기(11~15세) 4단계를 통과하게 되는데, 개인별로 통과하는 속도에는 차이가 있을지언정 단계의 계열성 자체는 동일하게 발생한다.
(3) 인지[11] 발달이란 인지구조의 질적 변화 과정을 의미하며, 각각의 인지 발달 단계는 구조화된 전체로서 각각 고유한 속성을 지닌다.
(4) 인지발달의 각 단계는 전 단계의 인지구조를 개선, 발전시킨 것이다. 즉, 인지발달단계에서 전 단계는 바로 다음 단계의 토대가 되면서 분화와 통합을 거쳐 다음 단계에 결합한다. 따라서 높은 단계는 전 단계의 인지 구조와 지적 능력, 사고 구조·방식·행위 양식·도식을 변형시키고 개선, 발전시킨 것이다.
(5) 이러한 인지구조 자체는 형식적 조작기에서 끝나지만 인지내용과 기능은 계속해서 변화, 발달한다.

2. 인지 발달 단계

(1) 감각운동기 (sensory-motor stage) : 0~2세

이 시기에는 의식, 사고, 지적활동, 행동 등이 감각적 경험이나 신체적 운동(활동)에 제한되거나 의존되어 있다.

보기, 빨기, 잡기, 밀기와 같은 감각운동적 조절에 의해 인지능력이 이루어지는 단계이다. 태어날 때 생물학적으로 부여된 단순한 반사기능은 감각운동기 동안에 물건을 빠는 등의 여러 가지 신체적 활동을 통해 다양한 감각운동 도식으로 변화되어 마침내는 의도적이며 체계적인 인지적 행동으로 발달해 나가게 된다. 유아는 처음에는 반사행동으로 움직이다가, 적응반응을 반복하게 되고 그 후에는 의도적인 행동을 하며 2세 경에 이르러서는 환경에 대한 표상능력이 발달하여 시행착오적 행동을 하지 않고 문제를 해결하는 식으로 발달한다.

---

[11] '인지'란 지각한 내용을 여러 가지 방법으로 변형하고 부호화하여 기억 속에 저장한 다음, 그것을 사용할 경우 인출하는 정신 과정을 말한다. 피아제의 인지발달론에 의하면, 인간은 능동적으로 환경과 상호작용하는 존재이다. 즉, 인간이 환경에 영향을 미치는 한편 환경 또한 인간에게 영향을 준다. 인간과 환경은 어느 하나가 다른 것에 종속되는 것이 아니라 상호작용하는 가운데 궁극적으로 인간의 발전에 공헌하게 된다.

이 시기에는 인식의 수준이 매우 자기중심적이어서 사물에 대한 대상항구성도 이 단계의 나중에 나타난다. 이러한 감각운동적 행동을 통한 환경과 사물에 대한 지각이 점차 발전하여 인지적 발달을 진화시킨다.

(2) 전조작기 (pre-operational stage) : 2~7세

현저한 지적 발달이 일어나는데 감각적·운동적 인지 양식이 개념적·상징적 양식으로 진화하게 된다. 즉, 사물, 현상, 경험을 대함에 있어 내적으로 표상할 수 있게 되어 아동들이 드디어 사고를 할 수 있게 됨을 의미한다.

이 단계는 완전한 지적사고를 하기 이전의 단계로서 직관적, 자기중심적 사고에 의해 도식을 구성해 나가는 단계이다. 여기서 아동은 정신적 표상에 의한 사고가 가능하나 아직 개념적 조작 능력이 충분히 발달하지 못한 불완전한 발달 단계, 즉 언어의 습득으로 언어 이외의 다양한 상징적 능력도 발달하게 되었지만 개념의 형성은 충실하지 못한 단계이다.

또한 언어의 발달과 행동의 사회화가 일어난다. 언어의 발달은 개념 발달의 수단으로 기능하고 사고의 확장을 가능하게 하는데, 행동의 사회화란 규칙성을 갖는 게임놀이 등을 수행하면서 사회적 대화와 규칙의 공동 준수, 협동적 행동들을 익히게 된다. 하지만 논리적 사고를 제약하는 자기중심성, 중심화, 비변환성, 비가역성 등의 특징도 나타난다.

자기중심성	타인의 역할이나 견해를 고려할 줄 모르고 자신의 생각이 옳고 논리정연하다고 생각하며, 자신의 사고에 대해 반성할 줄 모른다.
중심화	경험 대상들을 여러 관점에서 살피지 못하고 한 가지 측면에서만 매달려 보려한다. 이러한 경향은 아동들로 하여금 사물, 현상, 경험들의 피상적 측면만을 동화하도록 하는 경향성을 갖게 한다.
비변환성	대상의 변환에 유의하지 못한다. 즉 사건을 지각함에 있어 처음과 끝만을 바라보고 과정을 살피지 못함으로써 논리적 추론이 아닌 비약적인 사고를 하게 만든다.
비가역성	거꾸로 되돌릴 줄 모른다. 현재의 조건이나 상태를 과거의 그것들로 되돌려 사고할 줄 모른다. 사물과 사건의 드러난 현상만을 보고 판단하는 수준에 머물게 만든다.

(3) 구체적 조작기 (concrete operational stage) : 7~11세

구체적 조작기란 구체적인 것과 관련하여 사고와 행동의 조작이 일어나는 단계를 말한다. 그리고 조작이란 행동의 구조화된 전체 체계의 형태로 존재하고 기능하는 사고와 행위의 형식이나 구조를 의미한다.

아동들이 지각에 지배되지 않고 논리적 조작을 할 수 있게 됨을 의미한다. 즉, 어떤 문제에 부딪혀서 지각적 판단에 의거하지 않고 지적이고 논리적 판단과 결정에 의해 문제해결을 도모하게 된다.

이제 아동들은 지각의 중심화 경향에 벗어나 변환을 추구할 수도 있고 조작의 가역성도 알게 되며 조작 능력도 발달시켜 자기중심성에서도 벗어나 타인의 견해를 고려하고 사회적 소통도 할 줄 알게 된다. 이에 따라 협동적이고 민주적인 상호작용과 공정한 규칙 준수의 성향도 발달시켜 참된 의미의 사회적 존재로 나아간다.

하지만 여전히 미흡한 점은 모든 사고와 행동이 구체적인 것과의 관계 속에서 원활히 작동한다는 점이다. 즉 조작 대상이 구체적이고 직접적 경험 대상에만 머물러 추상적 관념들을 다루는 데는 한계를 보인다.

(4) 형식적 조작기 (formal operational stage) : 11~15세

이 시기는 가장 성숙한 인지적 조작 능력과 고도의 형식적 지적 구조를 획득하는 단계이다. 추상적, 순논리적, 순이론적 차원에서의 조작적 사고가 가능하여 사고의 능력과 폭이 현저히 확대된다. 그래서 가설을 세워 검증할 수 있는 사고 능력과 원리를 다양한 상황에 적용할 수도 있다. 이러한 형식적 조작기에 이르면 청소년들도 어른과 같은 수준의 사고 구조를 획득한다. 하지만 사고 능력과 사고 내용 자체가 성인과 동일한 것은 아니다. 사고 내용과 기능은 끊임없이 개선, 발전되어 가기 때문이다.

3장 도덕성 발달이론

1. 피아제의 도덕성 개념

(1) '도덕적 추론 능력'으로서의 도덕성

피아제에게 도덕성이란 특정한 문화의 규범과 가치가 직접 내면화된 것이 아니라, 옳고 그름에 관한 판단, 즉 어떤 규칙을 근거로 행동을 결정할 것인지를 판단하는 능력인 '도덕적 추론 능력'이다.

피아제에게 성숙한 도덕성의 본질은 동료와의 상호작용에서 관점의 교환을 통해 이루어지는 이상적인 평형 상태로 규정되는 '정의 혹은 공정'이다. 그래서 도덕적 추론의 일차적인 양식은 정의(正義) 정향적이다.

(2) 인지발달과 도덕성 발달

피아제에 의하면 인간의 인지 발달에는 분명히 구별되는 사고의 단계가 존재하며 그것은 구성되고 또 발달한다. 그리고 여기서 단계란 사고 양식 또는 문제를 이해하고 해결하는 형식을 의미한다. 이러한 인지발달과 마찬가지로 도덕적 추론과 판단에도 도덕적 문제를 해결하는 일정한 사고 형식과 사고의 구조가 존재한다. 즉, 도덕판단에도 단계가 존재한다.

피아제의 도덕 단계들은 위계화되어 있으며 불변의 계열을 지닌다. 위계화란 단계에 높고 낮음의 차별성이 존재함을 의미하고, 불변적 계열성이란 단계에는 퇴행이나 비약이 없으며 반드시 순차적으로 발달함을 의미한다.

> **참고**
>
> **도덕적 개념들의 발달 양상**
>
> : 피아제는 도덕과 관련된 세 가지 개념 즉 규칙·책임감·정의와 관련하여 아동들의 도덕 발달 양상을 관찰하였다.
>
> ① 규칙
>
> 어린 아동들은 규칙을 외부에서 주어진 절대적이고 신성불가침한 것으로 이해하는데 이러한 태도는 구체적 조작기에 들어가는 7세부터 변하기 시작하여 규칙의 상대성을 인식하게 되고 10세 이후부터는 규칙의 상대성, 임의성과 함께 변동가능성도 인식하게 된다.
>
> 이러한 변화를 가능하게 하는 중요한 계기는 가역적 사고이다. 가역적 사고를 통해 규칙의 임의성과 상대성만을 인식하는 것이 아니라 타인과 입장을 바꿔 생각할 수 있는 상호성의 자각이 일어나게 된다. 이는 자기중심성에 벗어나 타인에 대한 배려로 나아가는 도덕적 출발로 도덕성에 있어서는 대단히 중요한 의미를 지닌다.
>
> ② 책임감
>
> 어린 아동일수록 행위의 결과에 초점을 맞춰 도덕적 책임을 보려는데 비해, 나이가 들어가게 되면서 주관적 의도나 동기의 문제도 고려하면서 책임을 판단하려는 경향을 보인다.
>
> ③ 정의(正義)
>
> 어린 아동일수록 부정의(不正義)한 행동에 대해서는 보복성이 강한 처벌과 권위자의 재량을 인정하는 반면에 나이 든 아동일수록 처벌은 잘못한 행위에 알맞게 (권위자의 재량이 아니라 누구에게나 공정하게) 주어져야 한다고 생각한다.12) (내재적13), 보복적 정의관 → 분배적, 평등적 정의관)
>
> 이것은 나이가 들수록 권위자의 권위에 의존하기 보다는 공정성에 더 비중을 두는 도덕 판단 양상을 보인다는 것이다. 그리고 공정성에 대해서도 아동들이 획일적인 것으로 이해하는 데 비해, 나이든 아동들은 동기와 의도, 정상 참작 등 여러 요소들을 고려하는 보다 유연하고 균형 있는 평등과 공정함을 추구하려 한다.

2. 도덕성 발달 단계

피아제는 아동들의 도덕성이 크게는 강제적 또는 타율적 도덕성(a morality of constraint or heteronomy)과 협동적 또는 자율적 도덕성(a morality of cooperation or autonomy)로 구분된다고 보았으며, 전자로부터 후자로 발전해 간다고 주장했다.

---

12) "어머니 설거지를 돕다가 컵 15개를 깨뜨린 아이와, 어머니 몰래 과자를 훔치다가 컵 1개를 깨뜨린 아이 가운데 누가 더 나쁜가?"에 대한 질문에 대해 내재적, 보복적 정의관은 전자를, 분배적, 평등적 정의관은 후자를 지적하게 된다.

13) 내재적 정의관(immanent justice)이란 권위로부터 나온 규칙들은 어떤 식으로든 보존되고 준수되어야만 하는 것으로서 그 준수여부를 자의적으로 해석할 수 없다는 견해를 말한다.

(1) 전 도덕 단계

규칙에 대한 이해나 관심이 없는 단계 (4세 이전)

(2) 강제적/타율적 도덕성 단계

피아제에 의하면 6~10세경의 아동들은 강제적/타율적 도덕성 단계로 접어들면서 규칙에 대한 강한 존중감을 보이게 된다. 강제적 도덕성은 타율성과 일방적 존중의 개념으로 특징지워지며, 여러 가지 미성숙한 도덕 개념과 관련된다. 그 결과 도덕적 실재주의(moral realism), 객관적 책임, 내재적 정의 개념 등을 지니게 된다.

무엇보다 도덕적 실재주의는 어린 아동의 사고에 있어 기본적인 특징인데, 도덕적 실재주의란 도덕적 의무를 자신에 대한 외적인 그 무엇으로, 상황에 관계없이 절대적으로 복종해야 하는 것으로 간주하는 경향을 말한다. 그러므로 실재주의는 심리적이고 내적인 것과 물리적이고 외적인 것, 즉 주체와 객체를 구별할 수 없는 자기중심성(egocentrism)을 드러낸다. 내재적 정의(immanent justice)는 이러한 도덕적 실재주의로부터 파생된 개념이다. 내재적 정의란 도덕 규칙이 자연의 힘 안에 내재되어 있어서, 어른들이나 다른 사람들이 나쁜 행동을 알아차리지 못해도 물리적인 자연세계가 자동적으로 벌을 줄 것이라는 믿음을 의미한다. 어른들로부터 "하늘은 속일 수 없어, 언젠간 반드시 천벌을 받고 말거야"라는 식의 이야기를 듣고 자란 아이들은 넘어져 다치게 된 것을 마치 천벌을 받아 그런 것으로 생각한다. 이렇게 해서 아이들은 자연현상에 어른이 벌을 주는 것과 같은 힘이 존재한다고 생각한다.

도덕적 실재주의는 세 가지 특징을 지닌다. 첫째, 도덕적 의무는 타율적이다. 규칙과 성인이 명령한 모든 것에 대해 순순히 복종하는 것이 선(善)이다. 그리고 그러한 규칙의 정당성은 문제삼지 않는다. 둘째, 복종해야 하는 것은 법이나 규칙의 정신이 아니라 법의 구체적인 조문이다. 셋째, 행위들은 동기나 의도가 아닌 객관적인 결과나 규칙에 대한 정확한 순응정도에 의해 판단된다. 예를 들어 "어머니 설거지를 돕다가 컵 15개를 깨뜨린 아이와, 어머니 몰래 과자를 훔치다가 컵 1개를 깨뜨린 아이 가운데 누가 더 나쁜가?"에 대한 질문에 대해 나이 어린 도덕적 실재주의자들은 전자를 더 나쁘다고 본다. 이처럼 도덕적 실재주의자들은 객관적 책임(objective responsibility)을 중요하게 생각하고, 이들에게는 주관적 의도가 아닌 객관적 결과가 도덕적 책임의 정도를 결정한다.

내재적 정의 개념, 그리고 보다 일반적으로는 도덕적 실재주의는 자아중심성이 반영된 것이지만, 성인의 강제와 벌의 습관에 의해 길러진다. 성인의 명령이란 아이들에게는 변하지 않는 외적인 것이다. 밤에는 잠을 자고, 아침에는 일어나 세수하라는 규칙은 밤에는 해가 지고 아침에는 해가 뜨는 현상과도 같은 것이다.

그러나 이러한 실재주의적 사고는 상호존중과 상호성의 관계로 옮겨가면서 쇠퇴하게 된다. 평등 관계와 호혜적 상호작용은 아동이 다른 사람의 관점을 취해보고 비교할 수 있도록 한다. 그리고 나서 아동은 의도와 동기의 중요성을 알게 된다. 행동을 칭찬할 때도 아이들은 주관적 책임을 선호하게 된다. 내재적 정의는 사회적 정의로 대체된다. 그리고 이렇게 강제적 도덕성은 협동적 도덕성으로 대체되어 간다.

(3) 협동적/자율적 도덕성

피아제에 의하면 10~11세경의 아동들은 협동적 도덕성 내지는 자율적 도덕성 단계에 도달한다. 이때에 아이들은 사회적 규칙들이 얼마든지 도전 받을 수 있는 것이며, 나아가 사람들의 동의에 의해 얼마든지 변경될 수 있는, 자의적 합의 사항(arbitrary agreement)임을 깨닫게 된다. 아이들은 사람들의 필요에 따라서 규칙들이 위반되어질 수도 있음을 알게 된다. 따라서 환자의 사활이 걸린 응급 사태 속에서 과속운전을 한 사람은 비록 교통법규를 위반했을지라도 죄를 졌거나 부도덕한 사람이라고 생각하지 않는다. 이제 옳고 그름은 행위 자체의 객관적 결과보다는 행위자의 의도에 비추어서 판단되어 지는 것이다.

피아제는 성인과 아동 간에 자연적으로 형성된 일방적 존중 및 구속으로부터 아동들을 자유롭게 하는 것으로서 자율성, 상호 존중 그리고 협력을 강조했다. 아동들은 인지발달과 함께 규칙에 대한 이해가 변화함에 따라 역할 채택 능력에도 변화가 생긴다. 타인들의 관점에 대한 의식이 증가함에 따라 아동들의 '자기중심주의'는 차츰 감소한다. 이제 아동들은 토론과 협력의 어떤 규칙들에 동의하고 호혜성(reciprocity)에 근거하여 동료들과 협력하게 된다. 협력은 결국 외재적인 동기에 의한 의무를 대체하면서 새로운 도덕성을 이끈다. 순종은 호혜성과 상호 존중에 의해 대체된다. 이렇듯 강제에 의한 도덕이 협동의 도덕으로, 자기중심주의가 공정과 평등 지향성으로 변환되어 가는 가운데, 타율적 도덕성은 호혜성의 규준에 대한 수용에 의해 생겨나는 선(善)에 대한 의식인 자율적 도덕성에 의해 대체된다.

참고

도덕발달 4단계 (2단계의 세분화)

타율적 도덕성과 자율적 도덕성 두 개의 단계를 좀 더 세분화 한 것이 도덕발달 4단계이다.

즉 ①과②는 타율적 단계에, ③과④는 자율적 단계에 해당한다.

① 자기중심적 단계 egocentric stage
- 아동은 가역적 인식능력의 제한으로 자기입장과 타인의 입장을 구별하지 못하고 모든 것을 자기중심적으로 처리한다.
- 도덕법칙과 자연법칙을 혼동하는 동시에 도덕법칙이 외부사물처럼 실재한다고 보는 도덕적 사실주의(실재론) 정향을 나타낸다.

② 권위주의 단계 authoritarian stage
- 도덕 판단이 권위에 전적으로 복종하는 관점에서 이루어진다. 모든 규칙과 규제는 외부에서 부과되는 것이며, 그것을 부과하는 절대적 권위가 존재하는 것으로 인식한다.
- 타인과의 관계는 권위에 대한 일방적 존경으로 특징지어진다. 즉 사회적 관계를 권위적 존재에 대한 존경과 복종의 관계로 인식하며, 권위를 지닌 규칙이나 규제를 따르는 행위는 옳고 그 반대되는 행위는 그른 것으로 판단한다.
- 권위적 존재의 명령 이행은 선(善)이 되며 자기 의지대로 행위 하는 일은 악(惡)으로 인식한다.

③ 호혜성의 단계 reciprocal stage

- 인간 사이의 협력과 조화로운 삶이 도덕 판단의 중요한 기준으로 등장한다.
- 규칙의 변동 가능성을 인식하고, 규칙을 준수하는 이유가 모두의 조화와 행복에 있음을 깨닫는다.
- 따라서 도덕규칙은 사회에서 창조된 것이며 그것을 존중하는 이유는 사회적 안전과 조화로운 삶이라고 이해한다.
- 아동들의 조작적 사고 능력의 발달은 도덕적 삶에도 적용되어 도덕규칙을 모든 이들을 동등하게 대우하고자 하는 호혜성의 표현으로 인식하게 된다.
- 선악 판단의 기준이 사회적 평등을 기본 원리로 하는 상호 존중의 정신에 바탕을 두는 방향으로 발전하게 된다.

④ 공정의 단계 stage of equity

- 이타성과 사회에 대한 사랑을 중심으로 인간 사이의 진정한 평등의 추구라는 관점에서 도덕적 판단을 내리게 된다.
- 호혜성의 단계에서도 평등의 관념이 출현하지만 그것이 정의나 공정성에 기반한 형식적 관계의 성격이 강했다면 이 단계에서의 평등은 공감적 연민(compassion)을 바탕으로 하는 도덕 관계이다.
- 사회적 합의의 산물인 규칙을 엄격히 적용하기 보다는 상황적 요인을 살피려 노력한다. 즉 획일적 평등보다는 개인들이 처한 특수한 상황을 살피면서 권리의 평등을 다루려 한다.
- 이 단계의 도덕적 자율성은 도덕적 창의성과 관련된다. 즉 도덕 판단이 개인의 내면적 동기와 이상, 그리고 외부의 상황적 요인까지 고려하면서 가장 합당한 준칙을 찾고자 한다는 점에서 진정한 의미의 도덕적 자율성과 창의성을 발휘하는 것이 이 단계의 두드러진 특징이다.

3. 도덕성 발달 요인

피아제에 의하면 아동의 도덕성 발달에 있어서 중요한 역할을 하는 것은 인지적 성숙과 사회적 경험이다.

(1) 인지적 성숙

인지적 성숙은 자기중심성의 저하와 역할채택 기능의 발달을 가져온다. 즉, 인지 발달과 더불어 규칙에 대한 이해가 변화함에 따라 아동의 역할채택 능력에도 변화가 생긴다. 타인의 관점에 대한 의식이 증가함에 따라 아동의 자기중심주의는 차츰 감소하게 된다. 그렇게 되면 아동은 토론과 협력을 통해 어떤 규칙에 동의하고, 호혜성에 근거하여 동료들과 협력하게 된다. 협력은 외재적인 동기에 의한 의무를 대체하면서 새로운 도덕성, 즉 협동적 도덕성을 이끈다. 그리고 순종은 호혜성과 상호 존중으로 대체된다. 이러한 점에서 볼 때, 자기중심성의 저하와 역할채택 기능의 발달은 도덕성 발달의 핵심적인 지표라 할 수 있다.

(2) 사회적 경험 (또래 간 상호작용)

사회적 경험 혹은 사회적 상호작용은 '또래 간 상호작용'을 의미한다. 또래 간 상호작용은 세 측면에서 아동의 도덕성 발달에 기여한다.

첫째, 평등한 또래 관계에서의 새로운 경험과 성인의 정신에 자신을 종속시키려는 이전의 경향성 사이에서 발생하는 비평형은 강제적 도덕성으로 나타나는 이전의 낡은 인지적 평형을 파괴하고 평등한 사람들 간의 협동에 근거하여 도덕적 가치를 재구조화하거나 재평형화하도록 촉진한다.

둘째, 또래 간 상호작용은 아동을 적응해야 하는 여러 관점들에 직면하게 함으로써 아동이 사회적으로 자기중심적인 정신 구도에서 벗어날 수 있게 해준다.

셋째, 또래 간 상호작용은 아동이 타인을 이해하고, 나아가 타인에 의하여 자신이 이해되는 것을 배우기 위하여 자신의 자아와 타인을 분리시켜 놓고 있는 경계선을 발견하도록 하는데 도움을 준다.

4. 피아제 도덕발달론의 도덕교육적 함의

(1) 피아제의 이론은 타인의 관점에 대한 이해의 증가가 아동들로 하여금 강제적 도덕성으로부터 협력 및 상호 존중의 도덕성으로 옮겨가게 만든다고 역설한다. 또한 피아제 이론에 의하면 아동들의 초기 경험들이 도덕성의 인지적 구성에 심대한 영향을 미치는 만큼, 다양한 도덕교육 프로그램이 아동들의 초기 도덕적 이해력에 기초하여 제공되어야 한다.

(2) 피아제는 아동들이 내적인 자기조절을 계발하고 타인들의 관점을 고려할 수 있는 능력을 발달시키려면, 불필요한 외적 통제를 제한해야만 한다고 강조한다. 강제성은 결국 순응성, 저항, 계산적 사고를 조장할 수 있기에, 복종의 도덕성을 통해 타인의 규칙들을 따르는 것은 결코 도덕적 인격을 대표하는 자율적 도덕성으로의 전환에 필요한 반성적 사고를 유도하지 않는다.

(3) 교사들이 학생들의 지적 발달과 인지적 도덕성의 성장을 도울 수 있는 길은 인지적인 충돌, 즉 비평형을 촉진하고, 그들 자신의 방식대로 평형 상태에 도달하도록 허용하는 분위기를 제공하는 것이다. 구성주의적 교사의 중요한 책무 중의 하나는 무엇이 학생들에게 인지적인 갈등 내지는 비평형을 제공할 수 있고, 어떠한 방법을 활용하여 이를 안내해야 할 것인가를 인식하는 것이다. 인지적 충돌을 유발하는 교사의 질문, 동료 학생들과의 지적인 대면(상호 작용 및 협력), 충격적인 사건들의 활용 등은 모두 비평형을 일으킬 수 있는 좋은 방법들이다.

07 콜버그

CHAPTER

1장 콜버그 도덕심리학의 메타윤리적 가정

: 콜버그14)에 의하면 도덕심리학은 심리학적 탐구 이전에 도덕에 대한 메타윤리적 가정을 필요로 한다. 왜냐하면 도덕심리학에서 다루는 '도덕'과 관련된 근본적인 질문, 즉 도덕성이란 무엇인가, 도덕은 상대적인가 보편적인가 등의 물음들은 메타윤리적 질문들이기 때문이다. 그래서 콜버그는 다음과 같은 메타윤리적 가정들을 자신의 도덕심리학의 기초로 삼고 있다.

(1) 가치관련성의 가정 : 가치중립성 반대

: 통상 심리학자들은 비과학적인 것은 무의미한 것이라는 논리실증주의자들의 실증주의적 방법에 따라 도덕성 연구에 접근한다. 그래서 그들은 일상적인 도덕언어들을 비과학적인 것으로 간주하는 경향이 있다. 과학적인 방법으로 도덕성을 연구하기 위해서는 '선하다, 옳다'와 같은 도덕 용어들을 과학적 용어, 즉 가치중립적인 용어로 변환시킨다. 하지만 이러한 주장과는 대조적으로 콜버그는 도덕성의 개념 자체가 도덕적으로 중립적일 수 없다는 가치관련성(value relevance)을 주장한다.15)

(2) 현상주의16)의 가정 : '정신분석학이나 행동주의' 반대

현상주의(phenomenalism) 가정에 따르면, 도덕행동과 관련된 도덕 '판단과 추론'은 일상적

---

14) 콜버그는 자신의 이론을 플라톤의 덕론, 칸트의 범주론, 피아제의 인지발달론, 듀이의 진보주의 교육관, 롤즈의 사회정의론 등에 기초하여 전개한다.
15) 도덕성을 외적규범을 내면화하는 가운데 '타율적'도덕성 혹은 '자율적'도덕성으로 특성화할 수 있다. 하지만 콜버그에 의하면 이러한 도덕성들은 무엇이 더 바람직한 것인지 판단 대상이다. 그는 자신의 도덕성 발달 단계를 구분하며 더 높은 단계가 더 도덕적임을 분명히 하고 있다.⑩
16) 현대의 분석철학 맥락에서는 명제 검증의 기반을 감각소여(sense-data) 언어에서 구하는 입장이 〈현상주의〉라고 불리며, 그것을 사물 언어에서 구하는 〈물리주의〉와 대립한다. 〈물리주의〉는 물리학의 언어가 과학의 보편적 언어라는 주장. 즉, 사회과학을 포함한 모든 과학적 언어는 관찰 가능한 사물의 특성들을 가리키는 술어(述語)로 구성되어 있고, 심리적-정신적 현상을 가리키는 말들도 궁극적으로는 물리적 언어로 설명될 수 있다는 과학적 경험주의의 주장이다. 물리주의가 심리학에 적용된 것이 바로 행동주의(behaviorism)이다. 관찰에 의해서 확인된 대상이나 특성만이 의미 있는 것이라고 전제한다. 이러한 현상주의에 따르면 도덕적 행위는 도덕 원리에 의해 동기화된 행위로 이해된다.

인 도덕언어를 사용하는 의식적인 과정이다. 이 가정은 콜버그를 정신분석학자나 행동주의자들과 구별시켜 준다. 정신분석학자는 도덕적 동기가 무의식적인 죄책감에서 나온 것인지, 혹은 처벌적인 초자아의 질책을 피하기 위한 요구로부터 나온 것인지에 관심을 갖는다. 행동주의자들은 외현적인 행동이나, 이러한 행동이 행위자 자신이나 타인에게 미치는 외현적인 결과를 보아야만 도덕적 행동을 타당하게 설명할 수 있다고 가정한다. 하지만 콜버그는 이와는 대조적으로, 어떤 행동의 도덕적 성격에 대한 판단은 행위자의 동기와(행동주의 반대) 그의 의식적인 도덕적 판단(정신분석학 반대)에 달려있다는 관점을 취한다. 즉, 도덕행동의 본질이 무의식적이라는 정신분석학이나 도덕적 행동을 평가하기 위해서는 결과를 보아야 한다는 행동주의의 가정과는 다르다. 무의식적 동기를 강조하는 정신분석학이나, 행위자의 동기보다 겉으로 드러나는 결과만을 강조하는 행동주의의 가정에 따르면, 우리는 비도덕적으로 보이는 그 어떤 행위에도 책임을 물을 수 없을 것이다. 어떤 행위의 도덕적 성격에 대한 판단은 행위자의 동기와 그가 내린 도덕 판단에 달려있기 때문이다. 콜버그에 의하면 도덕행동은 의식적인 도덕판단에 의해 지배되는 행동이다. 도덕행동과 도덕발달에 대한 연구는 행동 속에 표현되어 있는 동기와 도덕적 의미의 구조를 고려해야만 한다.

(3) 보편주의 가정 : 문화·윤리적 상대주의 반대

보편주의(universalism)의 가정은, 도덕발달이란 어느 문화에서나 발견되는 몇 가지 공통특성을 지니고 있기에, 가치상대적인 방식으로 규정되지 않음을 의미한다. 헤어뿐만 아니라 하버마스와 같은 도덕철학자들은 도덕 판단을 내릴 때는 보편화하려는 의도가 있다고 가정했다. 콜버그에 따르면, 개인의 도덕추론의 발달은 좀더 주관적이고 문화적으로 특수한 습관이나 신념으로부터 계속해서 보편화 가능한 도덕원리로 분화되어 나가는 과정이다. 도덕적 행동과 관습이 문화에 따라 다른 것처럼 보여도, 그러한 문화적 차이의 기저에는 보편적인 도덕 판단이나 도덕적 가치가 존재한다는 것이다.

(4) 처방주의(지시주의)의 가정 : 기술주의와 자연주의 반대

처방주의(prescriptivism)란 단순히 사람들이 어떤 것을 할 수도 있다는 것이 아니라 어떤 것을 마땅히 해야만 한다는 생각이다. 이러한 개념은 도덕보편화 가능성의 이상과도 통한다. 스키너 같은 심리학자들은 자연주의의 오류를 범하는데, 그들은 인간의 본질, 인간의 가치, 인간의 욕망이란 무엇인가에 대한 심리적인 진술로부터 그러한 것들이 어떠해야만 하는가에 대한 당위적 진술을 도출하기 때문이다. 이렇게 사실적 진술로부터 당위적 진술을 도출하면, 바라는 것과 바람직한 것 간의 구별을 간과하게 된다. 콜버그는 이러한 자연주의에 반대하고 헤어의 입장에 동조한다. 도덕 판단이나 도덕 언어는 기술적인 것이 아니라 규범적인 것이다. 즉, 도덕 판단은 어떤 행위를 명령·지시하는 것이며, 그 행위를 의무적으로 이행하게 하는 규범적인 요소가 부가되어 있다는 것이다.

(5) 인지주의의 가정 : 정서주의 반대

인지주의(cognitivism) 혹은 합리주의(rationalism)란, 도덕 판단이 정서적 진술로 환원될 수 없다는 것이다. 정서주의자들과 같이, 도덕 판단이 단지 감정의 표현이라면, 이러한 판단이 과연 옳거나 그른 것인지 따지기 어렵게 된다. 판단의 옳고 그름은 제공된 이유에 따라 달라지는데, 정서주의자들은 판단의 한 측면으로서 합리성을 무시하기 때문이다. 물론 도덕과 관련이 있는 정서나 감정이 도덕발달의 일부분인 것은 사실이지만, 도덕상황에 대한 감정의 표현과 기술을 그 상황에 대한 도덕 판단과 구별하는 것이 중요하다. 도덕적 상황에서 드러내는 행위자의 감정과 그 상황에 대한 도덕 판단은 구별되어야 한다. 그렇게 표현된 감정을 통해 우리는 그 행위자의 정서나 자아발달에 대한 정보는 얻을 수 있지만, 도덕발달에 수준에 대해서는 직접적으로 아무것도 알 수가 없다. 콜버그에 의하면 도덕 판단 속에서 동원되는 도덕적 추론들은 인지적이며 합리적이다.

(6) 형식주의의 가정 : 도덕 판단을 내용에 입각해 정의하는 것에 대한 반대

형식주의(formalism)란 도덕 판단들이 내려지는 실제적인 문제들(실질적 내용)에 대한 동의 여부와 상관없이, 도덕 판단에는 정의하거나 동의할 수 있는 형식적(formal) 특성이 있다는 의미이다. 콜버그는 이런 이유에서 구조(형식)와 내용을 구분하며, '무엇을 사고하느냐'(내용)가 아니라 '어떻게 사고하느냐'(형식)를 강조한다. 도덕 판단에서 관심을 기울여야 하는 것은 도덕 판단의 내용이 아니라 그러한 결정의 기저를 이루고 있는 이론적 근거, 사고 구조(thought structure), 즉 결정 내용을 정당화하는 '이유'이다.

(7) 원리성에 대한 가정 : 맥락적 상대주의(contextual relativism)와 행위이론 반대

원리성(principledness)의 가정은, 도덕 판단이란 보편적 규칙과 원리의 적용에 기초를 두고 있으며, 단순히 특정 행동을 평가하는 것은 아니라는 것을 의미한다. 콜버그는 인간존중의 원리라든가 정의의 원리 등과 같은 적절한 도덕원리에 근거한 도덕 판단에 관심을 두고 있는 것이지, 구체적이고 특수하며 다양한 상황에서 어떻게 행동해야 하는가를 강조하는 것이 아니다. 의 관심사인 것이지, 구체적이고 특수한 행위들이 도덕판단의 주제인 것은 아니다.

(8) 구성주의에 대한 가정 : 경험론이나 선험론 반대

구성주의(constructivism)의 가정은 도덕판단이나 도덕원리를 사회적 상호작용을 통해 발생되는 인간의 구성물로 이해한다. 그것은 선험적으로 주어진 명제도 아니며 경험될 수 있는 사실들을 토대로 일반화한 것도 아니다. 이러한 견해는 피아제의 중심적 가정인 구성주의로부터 도출된 것이다. 피아제의 구성주의 가정이란 정신구조는 선험적·생물학적·선천적으로 획득된 것이 아니라 경험을 동화하고 조절함으로써 획득되는 능동적인 구성물이라는 것이다.

(9) '정의(正義)'의 우선성의 가정

정의의 우선성(primacy of justice), 즉 도덕 영역에서 가장 중요한 가치가 정의라는 가정은 위의 가정들로부터 필연적으로 도출되는 가정이다. 콜버그의 이론은 롤즈의 입장과 마찬가지로, 정의를 원리화된 도덕성으로 간주하고 사회나 개인에게 있어 최고의 덕목으로 가정한다. 무엇이 정의를 그처럼 최고의 덕목으로 간주하게 만드는가? 정의란 개인들 간 갈등을 가장 잘 해결하는 방법이자 상충하는 이해관계를 공평하게 해결하는 방법이다. 그리고 그것은 공평성에 근거하여 원리화된 방식으로 재화와 권리를 분배하는 것이며, 협동으로 인한 '이익과 부담'(권리와 의무)을 공평하게 배분하는 방법이다. 이러한 정의(正義)가 콜버그의 첫 번째 관심사임에 틀림없다. 왜냐하면, 우리는 타인과 상호작용하면서 실제로 발생할 수밖에 없는 갈등 상황 속에서 살아가고 있기 때문이다. 특히 콜버그의 철학이론에서는 가역성(reversibility)이라는 준거가 정의의 궁극적 준거라고 강조한다. 가역성이란 도덕적 조작들 주에서 정의구조가 갖는 속성으로서, 그 속성으로 인해 구조는 모든 관련된 사람들의 관점들로부터 받아들일 만하고 정의로운 방식으로 딜레마에 대한 해결책을 구성할 수 있다. 최상의 수준에서 작용하는 도덕추론의 가역성은 모든 개인들에게 공정하고 균형 잡힌 해결책이 나타날 때까지 그 상황에 있는 다른 모든 사람의 입장을 체계적으로 채택해 볼 것을 요구하는 개념이다. 이처럼 콜버그에게 정의란 상호성 및 권리와 의무의 배분에 있어서 공정성을 본질로 삼는 것으로서, 그것은 도덕성의 이상이자 모든 덕의 이상형, 즉 모든 덕을 산출하는 형식적 원리이다.

> 정의의 가장 근본적인 원리는 그 사람이 누구인가에 상관없이 모든 사람들의 주장을 동등하게 다루는 것이다.
> 덕은 풍토나 환경에 관계없이 언제나 똑같은 이상적 형식으로 존재한다. 이상적 형식의 이름은 정의(正義)이다. 선(善)은 하나이며 선의 지식(知識)이 곧 덕(德)이다. 덕의 가르침은 답을 주는 것이 아니라 질문을 제기하고 그 길을 보여주는 것이다. 도덕교육은 사람들을 보다 높은 곳으로 이끄는 일이지, 전에 없던 지식을 마음속에 집어넣는 것이 아니다.

> **참고**

콜버그의 '정의(Justice)' 개념

콜버그에 따르면, '정의'는 갈등 상황에서 옳은 것이 무엇인지를 결정하는 도덕 원리, 판단의 근거를 의미하기 때문에 '각 단계가 정의감을 가진다'는 주장이 성립한다. 이러한 콜버그의 생각은, 어린 아이라 할지라도 자기 나름의 논리와 생각을 가지고 있다는 것을 의미한다. 다만, 모든 단계에서 '정의'가 나타난다는 콜버그의 주장은 낮은 단계의 아동에 비해 높은 단계의 아동이 도덕적으로 더 적절한 정의 원리에 따라 도덕적인 판단을 내린다는 사실을 전제하고 있다.

콜버그는 낮은 단계의 정의감을 설명하기 위해 단계2에 이른 자기 아들을 예로 들고 있다. 콜버그의 아들은 물건을 훔치지 말아야 할 이유를 경찰이 있기 때문이라고 대답하는데 이것이 그 아들에 있어서는 '정의'가 된다. 만일 그의 아들이 단계3의 수준이었다면, '부모의 인정을 받기 위해' 혹은 '착한 소년으로 인정받기 위해 훔치지 말아야 한다'고 답했을 것이다.

낮은 단계에서의 정의 개념은 그보다 높은 단계의 정의 개념에 비하여 도덕적으로 부적절하다. 따라서 낮은 단계의 사고를 하는 사람은 도덕적인 갈등 상황에서 자신의 도덕적 사고로는 해결할 수 없는 문제에 부딪히고 이러한 갈등을 해결하기 위해 고민하게 된다. 그리고 이러한 갈등의 과정에서 보다 적절한 이유 혹은 보다 나은 해결책을 제시하는 다음 단계에 노출되면 "현재 자신의 해결보다 더 좋고 더 일관성 있는 다른 해결이 있다는 각성을 통해 다음 단계로 이행해 간다." 따라서 콜버그는 학생이 도덕적인 갈등을 통해 자신이 처해 있는 단계보다 더 높은 단계에로 도덕적 사고 수준을 높이는 것이 도덕교육의 목표라고 생각했던 것이다. 그리고 낮은 단계보다 높은 단계가 더 적절한 정의 개념을 가지고 도덕적 갈등을 해결하기 때문에, 도덕 발달의 최고 단계인 단계6의 정의는 규범적인 기준에 비추어 보아 가장 타당한 도덕판단을 형성한다고 보았다. 또한 도덕 발달 단계들은 위계적인 구조를 이루고 있으므로 단계6은 도덕성 발달의 최종 목표가 된다.

아울러 콜버그는 단계6의 정의(正義)에 대해 다양한 방식으로 설명하고 있는데, '도덕 원리 중에 가장 우선적이며 궁극적인 원리가 정의'라고 설명하기도 하고 '상호성과 평등에 의해 조정되는 권리와 의무의 배분'이라고 설명하기도 하고 '평등하고 보편적인 인권의 문제'라고 설명하기도 한다. 콜버그가 내린 다양한 정의 개념을 종합하면, '인간의 존엄성을 바탕으로 도덕적인 상황을 평등과 상호성에 의해서 권리와 의무를 조정하여 당사자들의 반성적 평형의 상태에 이르도록 안내의 역할을 하는 도덕원리'라고 정의 내릴 수 있을 것이다.

2장 도덕성 발달 이론

1. 도덕성과 도덕판단 능력

(1) 도덕

: 콜버그에게 도덕은 단순한 인습적 규범들이 아니라 그러한 규범들이 인간 내면의 반성적, 비판적 검토, 즉 합리적인 도덕 판단을 거쳐 받아들여진 것을 의미한다.

(2) 도덕성 : 도덕적 추론을 통한 판단 능력

: 도덕이 합리적 도덕 판단을 거쳐 받아들여진 것이라면, 도덕성이란 도덕적 사태들에 대하여, 합리적 추론을 통해 비판하고 검토할 수 있는 도덕적 판단 능력을 의미한다. 다시 말해서 도덕성이란 도덕적 갈등 사태를 해결하는 도덕적 추론 능력이라고 할 수 있다. 좀더 구체적으로 말해서 콜버그에게 도덕성이란 정의의 원리를 가지고 합리적으로 추론하고 그러한 추론의 결과에 입각하여 행동하는 능력이다. 따라서 콜버그에게 도덕성은 인지적이고 합리적인 성격만을 갖는다.

(3) 도덕성의 발달

: 콜버그에 의하면 도덕적 추론과 판단 능력은 발달하는데, 콜버그는 도덕성 발달 양상을 연구하기 위해 여러 딜레마들을 제시하고 그에 대한 반응을 관찰하였으며 그 결과로 도덕성의 발달을 3수준 6단계로 구분하여 제시하고 있다.

> **참고**
>
> **하인즈의 딜레마**
>
> 콜버그는 10, 13, 16세 백인 중산층 소년들을 대상으로 일군의 도덕 딜레마들의 해결을 요구하는 질문을 제시하는 방법을 통하여 피아제 도덕발달 이론을 정교하게 다듬었다. 사용된 딜레마들 가운데 가장 널리 알려진 딜레마는 하인즈 딜레마인데 내용은 다음과 같다.
>
> 유럽에서 한 부인이 몹쓸 병으로 거의 죽어가고 있었다. 그 병은 일종의 암이었다. 의사들이 보기에 그녀의 병을 고칠 수 있는 약은 단 한 가지였다. 그것은 일종의 라듐이었는데 같은 도시에 살고 있는 한 제약사가 최근에 발견한 것이었다. 그 약을 만드는 데에는 많은 돈이 들었다. 그런데 약제사는 그 약의 생산가에 열 배가 되는 값을 매겼다. 즉, 그는 그 라듐을 만드는 데 200불을 들였는데, 적은 분량의 약에 2000불의 약값을 매겼던 것이다. 병든 여인의 남편 하인즈는 돈을 구하기 위해 자신이 아는 모든 사람들을 찾아다녔지만 그 약 값의 절반밖에 안 되는 1000불만 구할 수 있었다. 하인즈는 약제사를 찾아가 자신의 아내가 죽어가고 있으니 약을 좀 싸게 팔거나 외상으로 해줄 것을 간청하였다. 그러나 약제사는 "안 되오, 나는 그 약을 개발해 내었소. 그리고 그 약으로 큰돈을 벌 작정이오."라고 말했다. 하인즈는 절망에 빠지게 되었다. 그리하여 그는 아내의 약을 훔치기 위해 약제사의 가게에 침입하기로 마음먹었다. 과연 하인즈는 약을 훔쳐야만 했는가?
>
> 이러한 질문에 대한 피험자들의 반응을 분석해내는 데 있어서 콜버그는 피험자들의 결정 내용보다는 오히려 그러한 결정의 기저를 이루고 있는 이론적 근거 혹은 사고 구조, 즉 결정 내용을 정당화하는 '이유'에 더 많은 관심을 기울였고 이러한 사고 구조에 근거하여 도덕성의 발달 단계를 구분하였다.

2. 도덕성의 단계적 발달 : 3수준 6단계

수준	단계
인습 이전	❶ 처벌과 복종
	❷ 도구적 상대주의
인습	❸ 착한아이
	❹ 사회 유지
인습 이후	❺ 사회계약적
	❻ 보편원리

(1) 인습 이전 수준 (Pre-conventional Level)[17]

: 문화적으로 부여된 선악규정이나 행위규칙에 따라 행동한다. 그러한 규정이나 규칙에 대한 해석은 행위의 물리적, 쾌락적 결과(처벌, 보상, 호의의 교환)나 그러한 규정을 제시하는 사람의 물리적 힘과 관련지어 이루어진다.

---

[17] 콜버그는 인습이전 수준을 '구체적인 개인주의적 관점'으로, 인습수준을 '사회구성원적 관점'으로, 이습이후 수준을 '사회에 선행하는(prior-to-society) 관점'으로 규정하기도 하였다.

① 1단계 : 처벌과 복종의 정향
  ㈎ 처벌과 복종의 단계 혹은 '타율적 도덕성'의 단계
  ㈏ 옳음 : 처벌을 피하고, 사람과 재산에 신체적·물리적 손상을 입히지 않고, 규칙과 권위에 충실하게 복종하는 것.
  ㈐ 규칙을 지키는 이유 혹은 옳은 행위를 하는 이유 : 처벌의 회피, 권위자의 우월한 힘
  ㈑ 사회적 조망 : 자기 중심점 관점. 타인의 이해관계가 자신의 이해관계와 다르다는 것을 인정하지 않음으로써 타인의 이해관계를 고려하지 않음. 권위자의 조망과 자신의 조망을 혼동함.

② 2단계 : 도구적 상대주의자의 정향
  ㈎ 순진한 이기주의의 단계, 개인의 도구적 목적과 교환의 단계, 개인주의적이고 도구주의적 도덕성 단계.
  ㈏ 옳음 : 자신의 욕구와 이따금 타인의 욕구를 도구적으로 만족시키는 것. 구체적인 교환에 있어서 공정한 거래를 하는 것.
  ㈐ 규칙을 지키는 이유 혹은 옳은 행위를 하는 이유 : 다른 사람도 그 나름의 이해관계를 가지고 있다는 것을 인정해야만 살아갈 수 있는 세상에서 자신의 욕구와 이해관계에 충실하기 위해서.
  ㈑ 정의 : "만일 네가 나를 도와준다면 나도 너를 도와줄 것이다"라는 원리에 의거한 평등한 교환, 거래, 협약.
  ㈒ 사회적 조망 : 구체적인 개인주의적 조망. 모든 사람은 추구해야 할 자신의 이익이 있으며, 그러한 이익 간의 갈등이 유발될 경우 옳은 것은 상대적이고, 이익 갈등은 각자에게 똑같이 부여되는 공평함을 통해 조정될 수 있다는 의식.

(2) 인습 수준 (Conventional Level)
: 결과와는 무관하게 개인이 속한 가족, 집단, 국가의 기대를 충족시키는 것이 그 자체로서 가치 있는 것으로 간주된다. 개인적 기대와 사회질서에 동조하는 태도가 등장하며 사회질서에 충성을 다하고 그것을 지지하고 정당화하면서 사회질서 속에 있는 사람들이나 집단과 자신을 동일시하기까지 한다.

① 3단계 : 사람들 상호간의 동조성 또는 '착한 아이' 정향
  ㈎ 착한 소년·소녀 단계, 개인 상호간의 기대·관계·동조의 단계, 개인 상호 관계의 규범 도덕성 단계.
  ㈏ 옳음 : 자신과 가까운 사람들이 기대하는 역할을 훌륭히 해내는 것, 동반자로서의 충성을 지키기 위해 다른 사람들과 그들의 감정에 관심을 보이는 것.
  ㈐ 옳은 행위 : 다른 사람을 즐겁게 해 주고 그 사람의 승인을 얻어 낼 수 있는 행위.
  ㈑ 규칙을 지키는 이유 혹은 옳은 행위를 하는 이유 : 자신과 타인이 보기에 착한 사람이 되려는 욕구, 타인에 대한 배려, 황금률에 대한 믿음, 전형적인 착한 행동을 가능하게 하는 규칙과 권위의 유지.

⑷ 정의 : 단순한 산술적 평등 교환의 의미를 넘어서서 관계나 기대나 만족과 의무의 감정을 유지하는 것으로서의 상호성.
⑸ 사회적 조망 : 인간관계 속에서의 개인적 조망. 인식된 공유된 감정, 협약, 기대가 개인의 이익보다 우선한다는 의식. 구체적인 황금률에 따라 다른 사람의 입장이 되어보고 서로의 관점을 관련시킴. 일반화된 체제의 조망은 아직 고려되지 않음.

② 4단계 : 사회 유지의 정향
⑴ 권위와 사회 질서 유지의 단계, 사회 체제 및 양심 유지의 단계, 사회 체제의 도덕성 단계
⑵ 옳음 : 사회에서 자신의 의무를 다하고, 사회 질서를 지키며, 사회·집단·제도에 공헌하는 것.
⑶ 옳은 행위 : 사회적 의무를 수행하고, 권위에 경의를 표하며, 기존 사회 질서를 유지하고자 하는 행위.
⑷ 규칙을 지키는 이유 혹은 옳은 행위를 하는 이유 : 사회 체제를 유지하기 위해 사회적 의무를 수행함으로써 자기 존경 혹은 양심을 보존하기 위해서.
⑸ 사회적 조망 : 대인관계적 합의와 구별되는 사회적 조망. 이 단계의 사람은 역할과 규칙을 규정하는 사회 체계적인 관점을 취하며, 사회 체제 속에서 차지하는 자신의 위치에 의거하여 관계들을 숙고함.

(3) 인습 이후, 자율적 또는 원리적 수준 (Post-conventional, Autonomous or Principled Level)[18]
: 도덕적 가치와 원리들을 규정하려는 노력이 등장한다. 도덕적 가치와 원리들은 그것들을 가지고 있는 집단이나 사람들의 권위와는 무관하게, 그리고 그러한 집단들과 자신을 동일시하는 것과도 무관하게, 그 자체로서 타당성과 적용성을 갖는 것으로 이해한다.

① 5단계 : 사회계약적 정향
⑴ 계약적 법률 존중의 단계. 권리 우선과 사회계약 또는 공리성의 단계. 인권과 사회복지의 도덕성 단계. 사회계약, 개인적, 민주적으로 인정된 법률의 도덕성 단계.
⑵ 옳음 : 사회의 합법적 계약과 비상대적인 가치인 인간의 기본권을 지지하는 것.
⑶ 옳은 행위 : 일반적인 인간의 기본권에 준해 성립되고, 전 사회가 동의할만한 것인지 비판적으로 검토하는 가운데 형성된 표준에 의해 옳은 것으로 규정된 행위.
⑷ 규칙을 지키는 이유 혹은 옳은 행위를 하는 이유 : 모든 사람의 권리와 복지를 보호하기 위해서 사회계약을 통해 제정된 법에 복종하고자 하는 의무감. 이 단계에서 법에 대한 관점은 사회적 유용성에 대한 합리적 결론, 즉 '최대다수의 최대행복'에 기초해 있으며, 5단계는 4단계처럼 사회 질서의 유지라는 관점에서 법을 고정시키기보다는 사회적 유용성에 대한 합리적 숙고에 따라 얼마든지 법이 변경될 수 있음을 인정한다. 또한 법적 영역 밖에서는

---

[18] 5, 6단계에서는 도덕원리 도는 도덕적 이상을 사용하여 상호호혜적인 관계 속에서 도덕적 문제를 해결하려 하는데, 5단계는 '사회계약의 원리'로, 6단계에서는 '보편적인 정의 원리'로 특징지어진다. 이에 비해 3, 4단계의 인습수준에서는 사회적 질서와 조화를 유지하기 위해 필요한 도덕규범이나 법이 도덕적 관점을 형성한다. 그리고 1, 2단계에서는 자신의 관점으로 남을 이해하며, 자신에게 가장 이익이 되는 것(보상을 받고, 처벌을 피하게 해주는 것)이 옳다고 생각하고 그것에 근거하여 도덕적인 결정을 한다.

가족, 우정, 신뢰, 직무 등에서 자유롭게 맺은 계약이 의무를 지우는 구속 요소가 된다.
㈐ 사회적 조망 : 사회 선행적 조망. 이는 사회에 대한 애착과 계약에 선행하는 가치와 권리를 합리적으로 인식하는 합리적 개인의 관점. 이 단계의 사람은 합의, 계약, 객관적인 공정성, 합당한 절차와 같은 형식적 기제에 근거해서 관점들을 통합함. 그는 도덕적·법적 관점을 고려하며, 때때로 그것들이 갈등하고 통합하는 데도 어려움이 있다는 것을 인식함.

② 6단계 : 보편적·윤리적 원리의 지향
㈎ 양심 또는 원리의 단계. 보편적 도덕원리의 단계. 보편화 가능한 일반 윤리의 원리의 도덕성 단계. 개인적 양심의 원칙에 의한 도덕성 단계.
㈏ 옳음 : 개인이 스스로 선택한 그리고 논리적 포괄성과 보편성 및 일관성을 지닌 윤리적 원리에 따라 내려지는 양심의 결단에 따르는 것. 여기서 도덕원리란 보편적인 원리들, 즉 정의의 원리나 평등한 권리와 인간 존엄성에 대한 존중의 원리 등을 의미함.
㈐ 규칙을 지키는 이유 혹은 옳은 행위를 하는 이유 : 보편적 도덕원리의 타당성에 대한 합리적 존재로서의 믿음과 그 원리에 대한 개인적 죄책감.
㈑ 사회적 조망 : 사회적 조화에 기인한 도덕적 조망. 이는 도덕성의 본질과 인간은 그 자체로 목적이며 그렇게 대우받아야 한다고 인식하는 합리적인 인간의 관점.

수준	단계	옳은 것	옳은 이유	사회적 관점의 단계
인습 이전 수준	1단계: 타율적 도덕성	규칙준수는 처벌을 회피하기 위해서이다. 사람과 재산에 대한 물리적 피해는 그른 것이다.	처벌회피와 권위자의 힘에 따르는 것이 옳은 것이다.	자기중심적 관점 : 타인의 이익을 고려하지 않으며, 자신과 타인의 관점을 관련시키지 못하고, 행위의 심리적 측면보다 물리적 이해에 관심을 보인다. 권위자의 관점과 자신의 관점이 혼재한다.
	2단계: 개인주의 및 도구주의 도덕성	규칙은 이익이 있을 때만 준수한다. 옳은 것은 자신의 이익, 필요를 만족시키는 것이다. 옳은 것은 공정하고 동등한 교환이나 동의를 의미한다.	자신뿐 아니라 모든 사람이 자기 이익을 위해 행동한다고 인식하며, 자신의 이익과 필요에 따른다.	구체적인 개인주의적 관점 : 모든 사람은 추구해야할 자신의 이익이 있으며, 이러한 이익간의 갈등이 유발될 경우 옳은 것은 상대적인 것이라고 생각한다.

인습 수준	3단계: 대인관계의 규범적 도덕성	자신의 역할기대에 따라 살아간다. '착한 사람'이 되는 것은 중요한 일이며, 선한 동기를 가지고 타인에게 관심을 보이는 것이 옳은 것이다. 또한 신뢰, 충성, 감사의 마음과 같은 상호적인 인간관계를 유지하려는 것을 의미하기도 한다.	자신과 타인이 보기에 착한 사람이 되려는 욕구, 타인에 대한 배려, 황금률에 대한 믿음, 전형적인 착한 행동을 가능하게 하는 규칙과 권위를 유지하려 한다.	인간관계 속에서의 개인적 관점 : 개인의 이익을 우선시하고 타인과의 공유된 느낌, 합의, 기대를 인식한다. 황금률에 따라 다른 소년의 입장이 되어보고 서로의 관점을 관련시키나 아직까지 일반화된 사회체제적인 관점을 고려하지는 못한다.
	4단계: 사회체제의 도덕성	현실적인 의무를 실행한다. 옳은 것은 사회, 집단, 제도에 기여하는 행동을 말한다.	전체로서의 제도를 유지하고 체제 붕괴를 피하려면, 모든 사람들이 정해진 의무에 충실해야 한다.	대인관계적 합의와 구별되는 사회적 관점 : 사회체제적인 관점을 취하며 이 체제가 역할과 규칙을 규정한다. 사회체제 속에서의 자신의 입장에 따라 개인적인 관계를 고려한다.
인습 이후 수준	5단계: 인권과 사회복지의 도덕성	다양한 가치들과 의견들이 있다는 것을 알게 되며, 대부분의 가치와 규칙이 자신이 소속한 집단과 다르다는 것을 인식한다. 이런 상대적 규칙들은 사회계약이기 때문에 항상 공평성이 유지되어야 한다. 생명과 자유와 같은 절대적 가치와 권리는 어떤 사회에서든지 지지되어야 한다.	사회계약에 의해서 모든 사람의 복지와 권리를 보호하기 위해서 법을 제정한다. 법과 의무에 대한 생각은 유용성에 대한 합리적 결론, 즉 최대다수의 최대 행복에 기초해 있다.	사회에 선행하는 관점 : 사회에 대한 애착과 계약에 선행하는 가치와 권리를 인식하는 개인의 관점을 말한다. 합의, 계약, 객관적인 공평성, 권리행사 과정의 공식적인 기제에 근거해서 관점들을 통합한다. 도덕적, 법적 관점을 고려하며 때때로 그것들이 갈등하고 통합하는 데도 어려움이 있다는 것을 알게 된다.
	6단계: 보편화 가능하고 가역적·규범적·일반적인 윤리적 원리의 도덕성	스스로 선택한 윤리적 원리에 따른다. 특정 법이나 사회적 합의는 원리에 근거하기 때문에 타당화 된다. 만약 법이 이런 원리를 위반하면 법이 아니라 원리에 일치하는 행동을 한다. 원리들은 정의의 보편적인 원리이자, 개인들이 지니는 평등한 인권과 인간의 존엄성에 대한 존중을 의미한다.	보편적인 도덕원리를 타당화하기 위해 합리적인 인간의 존재를 믿고, 보편적인 도덕원리에 대한 개인적인 책임을 느낀다.	사회적 조화에 기인한 도덕적 관점 : 도덕성의 본질과 인간은 그 자체로 목적이며 그렇게 대우받아야 한다고 인식하는 합리적인 인간의 관점이다.

> **참고**
>
> **콜버그 6 단계의 발달적 특성**
>
> ① 인습 이전 수준에서 사회와 도덕을 보는 시각은 '개인 중심'의 관점에 한정된다. 즉, 자기의 이익과 욕구의 만족이 옳음과 선을 판단하는 일차적 준거가 된다. 따라서 단계 1에서는 가역적 사고를 바탕으로 하는 조작의 능력이 결핍되어 있다. 단지 벌을 피하기 위해 도덕규범을 따르며, 그 규범의 근원인 권위적 존재에 대한 무조건적 존경과 복종을 특징으로 한다.
>
> ② 단계 2부터 조작적 사고가 발현된다. 즉 도덕적 문제와 관련된 상호성이 등장한다. 하지만 그 상호성은 자기 이익이나 쾌락의 추구를 바탕으로 한 이익의 대등한 교환을 본질로 하는 것이다.
>
> ③ 인습 수준에서는 인간 사이의 조화로운 관계를 기준으로 하여 세계를 바라보는 '사회 중심'의 관점이 등장한다. 이 수준에서의 도덕성은 가정이나 소속 집단 또는 사회 체제 등과 같은 구체적인 유대관계를 중시하는 관점에 기초하게 되는데, 단계 3의 도덕성은 잘 아는 사람들의 기대와 관점에 일치하는 것을 옳다고 보고 행동하는 특성을 보인다.
>
> ④ 단계 4는 잘 모르는 사람들까지 포함한 보다 넓은 사회 체제의 유지와 존속에 관심을 보인다.
>
> ⑤ 인습 이후 수준에서는 도덕 판단이 보편적 도덕원리에 바탕을 두고 이루어진다는 점에서 '원리 중심'의 관점을 나타낸다. 인습 수준에서는 규범이나 법을 준수하는 데 일차적 관심이 있었다면, 인습 이후 수준에서는 규범이나 법을 도덕적으로 만드는 원리가 무엇인가에 관심을 둔다. 따라서 이 수준은 비판적이고 반성적이며 합리적인 사고나 형식적 조작 등과 관계를 맺는다. 이때, 단계 5는 사회계약적이고 민주적인 원리를 중시한다. 하지만 그 원리의 도덕적 토대는 공리주의이며 여전히 구체적인 인간관계에 얽매어 있어 완전한 원리 중심의 단계는 아니다.
>
> ⑥ 단계 6은 구체적 인간관계나 사회적 합의와는 무관하게 보편적 도덕원리와 가치들에 근거하여 판단하고 행위 하는 수준이다. 이러한 단계 6은 이론적으로는 가정되지만 경험적으로는 충분하게 입증되지 못했다.

3. 콜버그 발달이론의 특징

(1) 콜버그에게 도덕성의 발달이란, 정의(正義)나 옳고·그름을 이해하는 방식이 변화하고 이동하는 것을 의미하는데, 그 변화의 양상은 '단계'라는 질적인 변화를 의미한다.

(2) 콜버그의 도덕성 발달 단계는 위계화되어 있고 보편적이며 불변적인 계열을 이룬다. 즉, 도덕성은 낮은 단계로부터 높은 단계로 상향 발전하며, 단계의 비약·생략·퇴행은 불가능하다. 불변의 계열을 이루는 이유는 각 단계가 불변의 계열성을 이루고 있는 인지적 능력의 발달에 의존해 있기 때문이다. 또한 후속 단계는 선행 단계로부터 나오는 것이며 동시에 선행 단계를 대체하는 것이기에 높은 도덕적 추론 단계에 도달한 사람은 이전 단계로 퇴행하지 않는다. 개인에게 영향을 미치는 문화적 요인은 도덕성 발달을 촉진 또는 저지할 수도 있고 멈추게 할 수도 있지만 그 발달 순서만큼은 변경하지는 못한다.

(3) 이러한 도덕성 발달은 분화와 통합을 통해 이루어진다. 즉, 단계가 올라갈수록 사고 능력은 보다 세분화, 전문화되고(분화), 그 이전 단계의 도덕적 사고 능력을 포함하면서도 분화된 사고 체계를 보다 더 잘 질서지우고 조직화한다(통합). 그래서 보다 높은 단계는 보다 더 안정적이고 평형화되어 있으며, 도덕적 문제에 직면했을 때 더 많은 관련 요소를 조직적이고도 체계적으로 고려할 수 있다.

(4) 도덕성 발달 단계들은 그 자체로 하나의 완성된 구조, '구조화된 전체'이다. 즉 개인이 그 안에서 자신의 사고를 조직하는 도덕적 논리를 갖춘 구조화된 사고 체계 혹은 추론 양식이다. 질적으로 다른 도덕적 추론의 양식은 각기 다른 완성된 구조의 존재를 의미한다. 각각의 양식의 내적인 논리가 질적으로 서로 다리기 때문에, 어떤 하나의 양식은 어떤 주어진 시점의 개인의 사고에서 지배적인 것으로 가정된다.

(5) 이처럼 각각의 도덕성 발달 단계는 도덕적 문제를 해결하기 위해 사용되는 하나의 관점이다. 높은 단계일수록 더 넓고 더 많은 도덕적 변수나 측면들을 고려하게 된다. 따라서 높은 단계일수록 더욱 도덕적이다. 달리 말해서 높은 단계의 도덕 판단이 낮은 단계의 것보다 더욱 적절하며, 그래서 최고의 단계가 도덕적 이상을 나타낸다.

4. 도덕 판단과 행위의 관계

(1) 도덕 단계와 인지 능력 사이의 상관성 문제

인지능력이 높다고 해서 모두 도덕적 사고나 판단 능력이 높게 나타나는 것은 아니다. 성인들 가운데 50%가 형식적 조작 능력을 보였지만, 이 가운데 원리적 도덕 단계의 추론 능력을 보인 사람들은 10%였다. 따라서 지적 능력의 성숙이 도덕적 사고와 판단의 필요조건은 되지만 충분조건은 아니다. 즉, 지적으로 우수한 학생들이 높은 도덕성에 이르고 지적으로 낮다고 모두 낮은 도덕성을 갖는 것은 아니다. 이는 도덕적 성숙에는 지적 성숙 그 이상의 다른 어떤 도덕적 능력들의 성숙이 필요함을 함축한다. 인지 능력의 성숙은 물리적 세계에 대한 조작 능력의 성숙으로도 가능하지만, 도덕적 성숙에는 사회적 세계에서 역할 채택의 능력과 관련되는 관점 원리(principle of perspective)의 조작과 도덕 판단 경험의 축적이 필요하다. (Reimer)

(2) 도덕적 사고 · 판단 능력과 도덕적 행동 사이의 상관성

인지발달심리학 분야에서 수행된 여러 연구들은 도덕발달 단계가 높을수록 그에 일치하는 도덕적 행위 경향도 높다는 사실을 보여준다. 즉, 도덕적 사고와 판단의 성숙이 도덕적 행동과 밀접한 관계가 있다는 것이다. 콜버그와 캔디의 연구 또한 높은 도덕성 단계(인습이후 수준)에 이를수록 의무 판단과 책임 판단 사이의 일치성은 높아지며 그런 만큼 도덕적 사고와 판단에 따른 행위 가능성은 더 증대된다고 주장한다.

콜버그 · 캔디 (Kohlberg & Candee) 모형

| 도덕 판단 ⇨ 의무 판단 ⇨ 책임 판단 ⇨ 도덕적 행위 |

도덕적 사고와 행위의 관계를 보여주는 콜버그·캔디 모형은 도덕적 사고가 구체적인 도덕 사태와 관련된 의무 판단과 책임 판단을 매개로 도덕적 행위 산출에 영향을 줌을 보여준다.

여기서 의무 판단이란 도덕적 사태에서 무엇이 도덕적으로 이상적이며 무엇을 해야 할 것인지에 대한 판단을 말하고(이러한 판단은 전형적으로 규칙이나 원리로부터 나온다), 책임 판단이란 의무 판단에 따라 행동할 책임의 수용 여부를 지각하는 것을 의미한다.

결국 콜버그와 캔디 모형에 의하면, 도덕성 발달 단계가 높을수록 올바른 도덕적 행동을 의무로 선택할 가능성이 높아지고, 책임 판단도 증가할 가능성이 높다고 보았다.

3장 도덕 교육 방법론

1. 전기 입장 : 도덕 딜레마 토론법

(1) 도덕교육의 목적 : 자율적 도덕 행위자의 육성

도덕교육의 목적은 학생이 도덕적 추론 발달을 통해 자율적인 도덕적 행위자가 되도록 도와주는 것이다. 이러한 도덕교육의 목적 달성을 위한 최선의 방법으로 콜버그는 도덕 딜레마 토론을 제안한다. 그것은 학생들의 도덕성을 발달시키기 위해서 가상적인 도덕 딜레마를 가지고 교실에서 토론하는 것이다. 도덕적 딜레마 토론은 도덕적 문제 사태와 관련하여 동료들 사이에서 문제 사태에 관한 불일치와 논쟁을 불러일으키고, 이러한 과정 속에서 자신들의 도덕단계보다 한 단계 높은 도덕적 추론 양식을 접해 보도록 함으로써 갈등과 불일치를 해결하는 데 학생들 스스로 능동적일 수 있도록 자극을 가하는 상황을 조성한다. 이는 어른이 정답을 제시하고 그에 잘 맞는 행동을 하도록 강화하는 전통적 방식과는 분명히 대조되는 방식이라 할 수 있다.

(2) 도덕 딜레마 토론의 방법

① 학생들을 순수한 도덕적 갈등과 불일치를 나타내고 있는 문제 상황, 달리 말해서 학생들에게 인지적 비평형을 유발시키는 논쟁적인 도덕적 딜레마를 제시한다.
② 도덕 딜레마는 학생들의 발달 수준과 능력을 고려하여 제시한다.
③ 갈등을 일으키는 도덕적 견해들이 개방적으로 비교될 수 있는 대화의 분위기를 창출한다. 이를 위해 개방적이고 지적인 도전감을 불러일으킬 수 있는 소크라테스적 탐구 방법을 활용한다.
④ 블래트 효과에 기반하여 학생들을 현재의 수준에 비해 한 단계 높은 수준의 추론에 접하게 한다. 이를 위해 서로 다른 도덕성 발달 단계에 있는 학생들로 학급을 구성한다.
⑤ 교사는 학생이 내린 도덕적 판단의 의미를 정확히 이해할 수 있어야 하며, 학생들이 동료들의 주장에 대해 논평을 하고, 반대 의견을 제시해 보도록 고무시켜 주는 대화 촉진자의 역할을 수행해야 한다. 대화 촉진자로서 교사는 인지 갈등을 조성하고 역할 채택의 기회를 부여함으로써 학생들의 도덕성 발달 단계가 상향 이동할 수 있도록 해야 한다.

> **참고**
>
> **블래트 효과**
>
> 콜버그에 따르면 도덕성 발달은 도덕 딜레마에 직면하여 발생하는 인지적 비평형화가 인접한 바로 위 단계의 도덕적 사고를 하는 사람들의 견해를 접합으로써 인지적 평형화를 이루면서 이루어진다. 이때 중요한 것이 블래트 효과이다. 블래트 효과란 학생들의 현재 발달 단계보다 하나 높은 단계에서 도덕 해결책을 논의하게 함으로써 한 단계 높은 단계의 사고를 획득할 수 있다는 것이다. 이를 '+1 전략'이라고도 한다. +1 전략이 효과가 있는 이유는 아동의 도덕적 추론에 비평형적 요소, 즉 인지적 갈등을 가져옴으로써 아동은 더 평형화되고 다음 단계에 나타나는 도덕적 태세를 취하도록 동기화되기 때문이다.

> **참고**
>
> **콜버그 단계 발달과 '역할 채택' 능력의 관계**
>
> 높은 단계로의 사고 구조의 재조직화는 자아와 사회에 대한 개념에 있어서 인지 구조적 변형을 가져오는데, 역할 채택 능력이 보다 더 성숙하게 된다. 역할 채택(role-taking)이란 자기 행위를 타인의 입장에서 생각해 보는 능력을 말한다. 즉, 역할 채택의 인지구조적 변형 및 성숙이란 상호성과 평등성을 내용으로 하는 정의(正義) 개념이 발달하여 타인의 복지에 대한 관심과 고려가 확대됨을 의미한다.
>
> 높은 단계일수록 도덕적이라 함은 도덕적 사고와 판단이 '원리'에 준거한 사고와 판단으로 나아간다는 말이다. 여기서 원리란 행위 선택 이유들의 준거가 되는 것이고, 역할 채택의 인지적 조작 형식을 가리키는 것이어서, 높은 단계일수록 타인의 입장을 공감적으로 이해하고 감정이입적으로 생각하며, 자신이 준거하고자 하는 규범이 그것에 의해 영향 받을 모든 사람들에게 수용될 수 있는 것인지의 여부, 즉 규범의 보편화가능성에 입각해 사고와 판단을 하려고 한다.

2. 후기 입장 : 정의 공동체 접근법

(1) 제시 배경

: 여러 실험을 통해 집단의 도덕적 분위기(집단의 규범, 집단의 의사 결정 과정, 공동체 의식 등)가 도덕적 사고와 행동에 결정적 영향력을 행사함을 확인하고, 정의로운 사고 및 행동과 정의로운 공동체가 불가분의 관계에 있음을 인정하게 되었다.

(2) 전기(前期) 입장과의 차이점

① 학교 도덕교육의 실제 목표는 인습 이후 수준이 아니라 4단계에 이르게 하는 것이다.
② 도덕교육을 함에 있어서 형식에 해당하는 도덕적 사고 구조뿐만 아니라 내용으로서의 도덕적 가치나 규범도 강조되어야 한다.
③ 도덕교육 방법으로 실생활 문제를 다루는 것이 가상적 딜레마보다 더 효과적이므로 이를 적극적으로 활용해야 한다.

④ 교화 혹은 주입을 도덕교육의 방법으로 활용할 필요가 있다.19)
⑤ 도덕교육에 있어서 도덕 판단이나 도덕적 추론보다는 도덕적 행동 자체를 더욱 중시해야 한다.
⑥ 도덕적 사고의 실제적 적용을 학습할 수 있는 학교 환경과 그곳에서의 활동을 중시해야 한다.
⑦ 교사는 단순히 촉진자가 아니라 창도자의 역할을 수행해야 한다.

(3) 정의공동체(Just Community) 접근법의 성격

① 정의공동체 접근법은 정의와 공동체의 균형 및 조화를 이루려는 시도로서 학생 개개인의 권리를 보호하고 그들의 도덕적 성장을 증진시키기 위해 공동체의 강력한 호소력을 도덕교육에 도입하려는 시도이다. 정의공동체 접근법에서의 정의의 측면은 프로그램의 민주적 절차와 제도, 도덕적 토론, 공정성과 권리 및 의무에 대한 고려에서 구체화되고, 공동체의 측면은 보다 이상적인 형태의 학교 사회를 만들고자 하는 시도로 구체화된다.
② 정의공동체 접근법은 도덕 딜레마 토론과 의사소통을 포함하면서도 이를 넘어 사회적 참여와 역할 채택의 경험 기회를 부여하여 도덕성 발달을 자극하고 촉진하는 일을 중심으로 삼는다.
③ 정의공동체 접근법은 도덕 문제 해결자로서의 개인적 능력의 발전을 넘어 공동체 차원에서의 토론과 민주적 의사 결정, 그리고 도덕적 동기화와 행동화를 도모하고자 한다.

집단 차원에서의 토론과 민주적 의사결정이 도덕적 동기화와 행동화에 기여한다. 즉, 학생들 스스로의 의사결정에 의해 공동체를 민주적으로 운영하는 경험을 통해, 학생들은 자신의 공동체 문제에 대한 관심과 책임 의식을 증대시키고 공동체 내의 규범을 형성하는데 참여하며 이를 준수하는 태도를 향상시킬 뿐만 아니라 정의로운 공동체적 삶에 필요한 도덕적 사고와 판단 능력도 아울러 발달시켜 나간다. 이처럼 정의공동체접근은 '참여민주주의'의 원리에 실행되는 지지적인 환경 속에서 도덕적 문제들에 관한 후론에 학생들을 연루시키는 일을 핵심으로 하고 있는 것이다.

(4) 정의공동체 접근법의 도덕교육의 목표

① 도덕적 토론의 참여를 통해 학생들의 도덕적 추론 능력을 고양한다.
② 집단의 결속이나 공동체의 형성과 민주적인 규칙 제정을 통해 도덕적인 문화를 창조한다.
③ 학생과 교사 모두가 도덕적 제도와 결정에 따라서 행동할 수 있는 환경을 마련한다.

(5) 잠재적 교육과정(latent curriculum)의 의도적 설정

정의공동체 접근법에서 교육과정에 대한 관심은 주로 잠재적 교육과정의 의도적 설정 문제에 집중된다. 즉, 정의공동체 접근법은 추상적이고 사변적 차원에서 형성된 도덕적 이해와 사고는 실제적 삶의 세계와 접목되고 체험되지 않으면 공허할 수 있음을 시사한다. 따라서 최선의 도덕교육은 실체적 체험을 통해 배우는 것임을 의미한다.

또한 정의공동체 접근법은 도덕성 향상을 위해서는 사회적 맥락과 집단 또는 공동체라는 요소를 중시해야 함을 강조한다. 도덕적 사고와 행동은 사회적, 집단적 맥락에서 발생하며, 이러한

---

19) 교화 혹은 주입과 관련하여 콜버그는 덕목을 교훈적 방식을 통해 직접적으로 가르치고자 하는 것에 대해서는 전기와 마찬가지로 명백히 반대한다. 다만 콜버그가 말하는 주입은 전기에 그가 비판했던 의미의 주입이 아니라 지지의 의미를 가진 용어이다. 즉, 교사가 특정 내용을 지지 또는 옹호하는 접근인 것이다.

맥락은 개인의 도덕성 발달에 심대한 영향을 미친다. 즉 개인의 정의로운 사고와 행동은 집단적 조건에 의해 제약되기 마련이다. 따라서 그 집단이나 공동체의 규범과 구조들의 도덕적 수준이 높아질 때 개인의 도덕성 또한 높아질 수 있다.

이러한 측면에서 콜버그의 정의공동체 접근법은 학교 공동체의 도덕적 분위기와 잠재적 교육과정[20]을 중시하게 된다.

요컨대 도덕성 형성과 발달을 위해서는 학생들의 도덕적 사고·판단의 능력을 진보시키는 일과 그 집단 또는 공동체의 규범, 제도, 구조 등과 같은 환경을 재구조화하는 일이 상호 관련 속에서 도모될 필요가 있다는 것이다.

(6) 정의공동체의 제도적 구조

정의공동체는 교사들과 학생들이 함께 제정한 규칙들이 존재한다. 그리고 모든 구성원들이 자발적으로 학교의 제반 일에 참여한다. 정의공동체의 주요한 제도적 구성요소들에는 의제위원회, 조언자 집단, 공동체 회의, 규율 혹은 공정위원회 등이 있다.

제도	구성원 수	과업
의제위원회	8~12명의 학생들과 1명의 교사	○ 토론을 위한 의제 상정 및 공동체 회의에 의제 제출 ○ 공동체 회의를 위해 의원 소집
조언자 집단	20~25명의 학생들과 1명의 교사나 조언자	○ 개인적 문제를 토론하기 위한 신뢰성 있는 분위기 창조 ○ 제안·해결책을 산출하기 위해 공동체가 직면하고 있는 문제들에 관한 도덕적 토론
공동체 회의	○ 모든 학생·교사의 참여 ○ 1~2명의 학생 의장, 1명의 의장 보조 교사 ○ 평등한 구성원으로서 1인 1투표제	○ 도덕적 토론 : 이 토론의 목적은 공동체를 형성하는 방식으로 공정하게 문제를 해결 하는 것. 구성원들에게 인지적 혼란 내지는 비평형을 유발시키는 것. 구성원들 사이에서 공감대를 만드는 것. 토론되는 문제와 관련 있는 정의와 공동체의 기저에 있는 규범을 공고히 하는 것 등이다. ○ 민주주의를 통한 문제의 해결 ○ 규칙 제정 ○ 위원회 결정들에 관한 호소
규율 혹은 공정위원회	10~12명의 학생과 1명의 교사	○ 규칙 위반 및 대인 갈등 사례에 대한 공청회 ○ 제재 가하기 ○ 결정 과정에서 구성원 모두에 의한 역할 채택에 초점을 맞춤

---

[20] 학교에서는 의도하고 계획 세운 바 없으나 학교생활을 하는 동안에, (학교의 물리적 조건(책상, 의자의 치수, 교실 공간, 시설 등), 제도 및 행정적 조직(학년 조직, 담임 배치, 연구 수업 등의 행정적 절차), 사회적 및 심리적 상황(교사와 학생의 상호작용, 학생간 상호작용 등) 등을 통해) 은연중에 가지게 되는 경험으로서 바람직한 것뿐만 아니라 바람직하지 못한 것도 배울 수 있다. 이러한 잠재적 교육과정은 주로 학생들의 태도·가치관·신념과 관련되는 정의적(情誼的) 측면에 영향을 주며, 학교의 문화풍토, 교사의 인격적 감화를 중시한다.

(7) 정의공동체에서 도덕적 옹호자로서의 교사역할

콜버그는 정의공동체 접근으로 전환하면서, 내용에 대한 교육의 필요성과 함께 특정한 가치의 옹호자로서의 교사의 역할이 필요하다는 것을 함께 주장하였다. 여기에서 쟁점이 되는 것은 교사가 특정한 가치나 내용을 옹호하려고 할 때 생길 수 있는 교화의 문제이다.

콜버그는 도덕교육에서 교화의 문제는 도니(Doeney)와 켈리(Kelley)가 제시한 교육내용·교육방법·교육의도라는 세 가지 관점에서 판단해야 한다고 주장한다. 내용에 있어서 합리적 합의에 도달할 수 있는 내용이어야 하고, 방법적 측면에서는 교사의 권위를 사용하기보다는 교사 자신이 수용할 수 있는 이성에 호소해서 도덕적 가치를 옹호해야 하며, 그 의도에 있어서도 학생들을 자율적인 도덕 행위자로서 존중하는 태도에 기초해서 가치를 옹호하는 것은 정당하다고 주장한다. 또한 이러한 관점에서 보자면, 학교 또는 교실은 반드시 참여 민주주의를 확립할 필요성이 있는 것이다.

이처럼 교사가 학생들과 동등한 공동체 성원으로서의 권리와 책임을 갖고, 자신의 우월한 지위나 권력에 기초한 권위가 아니라 집단 전체의 이익이나 집단의 규범, 동의에 근거해서 특정한 가치나 내용을 옹호할 경우, 그는 교화의 위험성에서 벗어날 수 있을 것이다.

> **참고**
>
> **정의공동체에서 도덕적 옹호자로서의 교사역할**
>
> 콜버그는 가상적 딜레마 토론에서 정의공동체 접근으로 전환하면서, 내용에 대한 교육의 필요성과 함께 특정한 가치의 옹호자로서의 교사의 역할이 필요하다는 것을 함께 주장하였다. 도덕교사는 가상적 딜레마 토론에서의 촉진자, 피아제가 주장한 나이 많은 협력자 그 이상의 역할 즉 특정한 도덕적 내용을 옹호할 수 있는 옹호자의 역할을 해야 한다. 즉, 교사는 학생들이 딜레마에 대한 토론과정에서 학생들 사이의 도덕적 토론을 촉진해주고, 집단 전체에게 최상이 이익이 될 수 있는 특정한 가치를 옹호함으로써 의사 결정 과정을 이끌어 갈 수 있다. 이러한 옹호자로서의 관점에서 볼 때, 실제로 학교 안에서 절도 사건이나 타인의 권리에 대한 부당한 침해 사건이 일어났을 경우, 교사는 단순히 그 문제에 대한 토론을 통해 도덕발달 단계를 촉진하는 것을 뛰어 넘어, 절도나 타인의 권리를 침해하는 것이 나쁜 이유는 무엇이고, 왜 그러한 행동을 해서는 안 되는가에 대한 올바른 대답이 무엇인지에 대해 가르치고 옹호해주면서 그 의사결정 과정을 지도해줄 수 있어야 한다.
>
> 여기에서 쟁점이 되는 것은 교사가 특정한 가치나 내용을 옹호하려고 할 때 생길 수 있는 교화의 문제이다. 콜버그는 도덕교육에서 교화의 문제는 도니(Doeney)와 켈리(Kelley)가 제시한 다음과 같은 세 가지 관점에서 판단해야 한다고 주장한다. 즉, 교육 내용, 교육 방법, 교육 의도를 보고 판단해야 한다는 것이다. 예를 들어 다위니즘은 그 내용을 입증할 수 있기 때문에 교화가 아니지만 창조론은 그 내용을 입증할 수 없기 때문에 교화라는 것이다. 이러한 관점에서 볼 때, 정의의 원리는 그 내용에 있어서 미국 독립 선언서에 표현된 평등권과 같이 합리적 합의에 도달할 수 있는 내용을 나타내고 있다. 방법적 측면에서는 교사의 권위를 사용하기보다는 교사 자신이 수용할 수 있는 이성에 호소해서 정의를 도덕적으로 옹호하고 있다. 그 의도에 있어서도 학생들을 자율적인 도덕 행위자로서 존중하는 태도에 기초해서 정의를 옹호하고 있기 때문에, 그 내용, 방법, 의도를 고려해볼 때, 정의를 옹호하는 것은 정당하다고 주장한다. 콜버그는 이러한 관점에서 철학적으로 옹호하는 것이 교화가 되는 것을 예방할 수 있는 방법은 학교 또는 교실에서 참여 민주주의를 확립하는 것이라고 주장한다.
>
> 이처럼 교사가 학생들과 동등한 공동체 성원으로서의 권리와 책임을 갖고, 자신의 우월한 지위나 권력에 기초한 권위가 아니라 집단 전체의 이익이나 집단의 규범, 동의에 근거해서 특정한 가치나 내용을 옹호할 경우, 그는 교화의 위험성에서 벗어날 수 있을 것이다. 물론 이 경우에도 교화로 흐르지 않기 위해서는, 교사가 옹호하는 도덕적 지식이나 가치에 대한 학생들의 비판적인 숙고나 비판이 보장될 수 있어야 하고, 그에 대한 도전이 허용될 수 있어야 한다.

3. 콜버그 이론에 대한 비판

(1) 레스트(Rest) : '구조화된 전체' 모형에 대한 비판

① 콜버그 단계 모형이 도덕발달의 복잡성을 포착하기에는 너무 단순하다.
② 레스트는 보다 복합적인 단계 모형을 제시하면서 단계의 변화를 '보다 낮은' 단계가 감소하고 '보다 높은' 단계가 증가하는 식의 반응 분포가 이동하는 것으로 설명한다.

(2) 스웨더(Shweder)[21] : 콜버그의 절대주의 비판

콜버그는 인습이후 단계의 도덕적 추론과 판단의 형식이 특정 문화와 관계없이 유사하다는 것을 실제로 입증하지 못했다.

(3) 심슨(Simpson)

: 심슨은 콜버그의 단계가 문화적으로 보편적일 필요도 없으며, 실제로도 그렇지 않다고 비판하며 경험적 근거와 철학적 근거를 제시한다.

① 경험적 근거
  ㈎ 비교문화 연구에서 어떤 문화에서는 3,4단계 이상의 추론이 발견되지 않았다.
  ㈏ 비교문화 연구에서 어떤 문화에서는 단계 발달 순서상 퇴행 현상이 발견 되었다.
  ㈐ 어떤 문화에서 발견되는 인습이후 추론의 지체나 부재 현상은 도덕적 능력 차이가 아니라 연구자의 해당 문화에 대한 '미(未)이해'를 반영한다.

② 철학적 근거
  ㈎ 콜버그의 보편적 원리 탐구는 현대 서구 사회의 이데올로기를 반영한 편파적이고 제한적인 것이다.
  ㈏ 콜버그의 보편성은 '도덕적 우월성'의 등위를 매기는 특정 내용을 내포하기에 문제가 많다.

(4) 설리번(Sullivan)

: 콜버그의 관점은 이데올로기적이고 구조주의적 토대에 입각하기에 인간에 대한 도덕적 이해를 불가능하게 만든다.

① 콜버그 이론은 자유주의 이데올로기의 한 예에 불과하다. 즉 사회계약, 개인의 권리, 합리적 인간이라는 이상을 반영하고 있다.
② 콜버그 이론은 구조주의적 특성으로 인해 사고와 행동, 형식과 내용을 이분하면서 더 추상적인 것이 더 도덕적인 것으로 오해하고 있다.

---

21) 미국 시카고대학 문화인류학자이자 문화심리학자인 리처드 스웨더는 1990년에 발표한 연구에서 전 세계의 도덕 체계를 두루 살핀 끝에 도덕관념은 단순히 이성적 숙고의 결과가 아니며 문명의 고유한 성격에서 비롯된 문화적 경험과 기반 위에 형성된 특유의 문화적 심리의 산물이라고 주장했다. 그의 연구에 따르면, 도덕은 ① 개인 자율성(autonomy)의 윤리, ② 공동체(community)의 윤리, ③ 신성함(divinity)의 윤리 등 3가지 차원으로 구성되어 있다. 개인 자율성의 윤리는 개인주의 사회에서 나타나는 지배적 윤리로, 사람들이 저마다의 욕구·필요·애호를 지닌 자율적 개인이라는 전제하에 개인의 권리와 자유, 개인 간 형평과 정의를 중시한다. 공동체의 윤리는 사람이란 가족·팀·회사·군대·부족·나라 등 자신보다 큰 실체의 구성원이라는 전제하에 공동체의 통합을 위해 의무·위계질서·공경·명성·애국심 등을 중시한다. 신성함의 윤리는 인간은 신의 자식이며, 따라서 그에 맞는 행동을 보여주어야 한다는 전제하에 거룩함과 죄악, 순결과 오염, 고결과 타락 등의 도덕적 개념을 중시한다.

(5) 길리건(Gilligan)

: 도덕성에 관한 여성적 특성을 간과하고 왜곡하고 있다.

① 여성의 추론 능력을 낮은 단계로 간주하고 도덕적 결함이 있다고 잘못 특징지었다.
② 콜버그의 도덕성은 남성 중심적이고 남성 편향적이다.

즉 콜버그의 상위 단계는 남성 편향의 가치를 반영하는 바, 정의·이성·개인성·추상성·고립 등의 가치들이 그것이다. 상대적으로 관계유지나 관심과 같은 전통적인 여성의 배려는 평가 절하된다.

③ 콜버그가 제시하는 도덕 딜레마 역시 편향적 특성을 드러낸다.

즉 적절하지 않은 주제와 상황에 대한 정보의 결여, 권리 간의 갈등으로 구성되는 딜레마들은 정의(正義) 추론에는 적절할지라도 대인관계적, 배려적 추론에는 부적절하다.

④ 콜버그 이론에서 함축하는 도덕성 발달에서의 성차는 편견에 불과하다.

08 레스트

CHAPTER

1. 신콜버그주의

: 레스트(J. Rest), 나바에즈(D. Narvaez), 비보와(M. Bebeau), 토마(S. Yhoma) 등은 스스로를 신콜버그주의자로 자처하면서 콜버그의 이론 및 방법상의 핵심적인 아이디어들을 계승하면서도 콜버그적 접근에 대한 몇 가지 수정들을 가한다.

(1) 콜버그적 관점의 계승

① 신콜버그 학파 역시 콜버그처럼 도덕성 연구에 있어서 인지(cognition)의 중요성을 강조한다. 콜버그는 감정이나 행동보다 도덕적 추론 능력이 개인의 도덕성을 분명하게 드러내준다고 이해했으며 신콜버그 학파도 마찬가지로, 어떤 이의 도덕적 행동을 이해하기 위해서는 그가 사회적 경험을 어떻게 이해하고 있는가를 알아야 한다는 점에서 인지의 중요성을 강조한다.
② 권리, 의무, 정의, 사회질서와 같은 도덕성의 기본적 범주들은 개인에 의해 구성된다고 이해한다. 즉, 개인을 그가 속한 문화의 이데올로기를 수동적으로 수용하는 존재로서가 아니라 자율적으로 그 의미를 구성해 가는 존재로 인식한다.
③ 시간의 경과에 따른 발달적 변화, 인지적 향상에 주목한다. 신콜버그 학파 역시 규범윤리학적 관점에서 보다 적절한 것으로서의 인지적 "향상(advance)"에 대해 논의한다.
④ 청소년기 및 성인기의 특징을 인습적 사고에서 인습 이후의 사고로의 전환으로 본다. 그리고 이러한 전환은 단순한 사회적 규범의 유지라는 관점으로부터 규칙, 법, 제도 등의 사회 체제를 통해 어떻게 개인들이 상호 협력적 관계를 형성할 수 있는가에 대한 관점으로 이행함을 의미한다.

(2) 거시적 도덕성과 미시적 도덕성의 구분

① 신콜버그 학파는 경제학에서 처럼 거시적 도덕성과 미시적 도덕성을 구분하는데, 거시적 도덕성(macro-morality)이란 사회적 수준에서 협동이 가능하도록 하는 공식적인 사회 구조, 즉 사회 체제에 관련된다. 여기서는 친숙한 사람이 아닌 잘 모르는 사람, 경쟁자, 다양한 민족과 종교들 간의 상호 관계에 초점을 맞춘다.
거시적 도덕성의 대표적인 예로는 표현의 자유, 권리와 책임, 종교의 자유, 교육기회의 균등 등의 문제들이며 거시적 도덕성의 핵심적인 개념은 사회 정의와 공평성이다.

② 미시적 도덕성(micro-morality)은 일상적인 삶에서 타인들과의 관계 형성에 관련된다. 일상적으로 상호작용하는 친숙한 사람들에 대한 배려, 도움, 예의 등이 대표적인 예이다. 그리고 미시적 도덕성에서는 책임감과 공감적 태도 등이 핵심 개념이다.

③ 거시적 · 미시적 도덕성 구분이 콜버그 이론에 대해 지니는 함축
: 콜버그의 단계적 계열성은 친밀한 관계성보다, 추상적이고 공정한 원리만을 강조한다. 즉, 상호조화를 추구하는 3단계는 공정한 원리를 추구하는 6단계보다 미숙한 상태로 그려진다. 그런데 신콜버그주의에 의하면 이러한 현상은 콜버그가 거시적 도덕성을 강조한 결과이다. 즉, 낯선 사람간의 협력을 구축하기 위한 조건은 불편부당성과 공유된 이상에 따라 행위 하는 것이다. 판사에게 정실이 아닌 공정성이 요구되고 의료보호 체계에서 장기 기증의 수혜자를 결정할 때도 공정성의 원리가 요구되는 것과 마찬가지다. 하지만 인간관계를 형성하는 데 있어서 거시적 · 미시적 도덕성은 모두 중요하다. 따라서 양자 간에 긴밀한 상호 연결성이 존재하지만, 동시에 심각한 긴장이 존재하는 것도 사실이다. 신콜버그주의자들은 콜버그 이론이 미시적 도덕성 문제에 미흡한 것은 사실이라고 인정하면서도, 사회적 협력 체계의 형성을 위해서는 공정성이나 일반화 가능한 규범의 중요성을 강조할 수밖에 없다고 봄으로써 거시적 도덕성의 차원을 보다 더 강조한다.

2. 도덕적 인지구조에 대한 콜버그와의 차이점

: 도덕성 발달이론의 기본적인 관점은 공유하면서도 콜버그와 신콜버그 학파 사이에는 도덕 판단의 인지적 구조에 대한 구체적인 관점에서는 차이점을 드러낸다. 단계 발달과 관련하여 레스트는 다음과 같은 점에서 콜버그와 다소 차이를 보인다.

도덕판단의 인지구조 및 도덕성 발달단계에 대한 이해	
콜버그	레스트
○ 특정 발달단계에 있는 사람은 상황의 차이에도 불구하고 일관된 수준의 도덕판단을 한다. ○ 각 도덕성 발달단계는 구조화된 전체성을 갖는다. ○ 도덕성 발달단계는 보편적이고 항상적이며 한 번에 한 단계씩만 상승한다. ○ 원칙상 사람은 하나의 발달 단계에 속하며, 둘 이상의 발달 단계에 동시에 속할 수 없다. ○ 다음 발달단계로의 상승은 점진적인 것이 아니라 급격한 질적 변화이다.	○ 인지구조의 변환은 급격히 일어나는 것이 아니라 점진적으로 일어난다. 점진적이란 다음 단계의 사고 형태가 출현할 빈도가 확률적으로 증가함을 의미한다. 즉 도덕적 사고의 발달은 낮은 단계의 사고가 줄어들고 높은 단계의 사고가 증가하는 것이기에, 인지구조(발달단계)의 차이는 출현 빈도의 양적인 차이로 이해되어야 한다. ○ 사람들은 동일한 과제나 상황에서도 서로 다른 도덕 판단을 한다. 즉 사람들의 도덕판단은 고정된 것이 아니라 유동적이다. 이는 사람이 어느 한 순간에 하나의 발달단계에만 속한 것이 아니라 여러 단계에 중첩되어 있음을 증명하는 것이다. ○ 사람들은 '자신이 속한 단계나 바로 다음 단계'를 선호하는 것이 아니라, '자신이 이해하는 최고 단계'를 선호하며, 자신의 발달 순서상의 보다 높은 수준의 진술을 선호한다.

3. 도덕적 인지구조에 대한 '도식' 발달 모형

: 레스트는 DIT(Defining Issues Test : 도덕판단 표준검사[22])를 통한 경험적 자료를 분석하면서 '단계'라는 용어 대신 피아제의 '도식' 개념을 사용하면서 피험자들의 발달 도식을 3가지로 제시한다.[23]

(1) 도식의 의미

레스트가 사용한 도식(schema)이란 아동이 자신의 경험적 활동을 통해 조직화한 행동 양식, 또는 유기체가 가지고 있는 이해의 틀이다.[24] 레스트가 콜버그의 '단계' 대신 '도식' 개념을 사용한 이유는 도덕성 발달에 대한 콜버그와 신콜버그 학파의 다음과 같은 입장 차이 때문이다.

① 신콜버그학파는 인지 구조들을 조작, 즉 콜버그의 정의(正義) 조작(justice operation)과 같은 측면에서 정의(定義)하지 않는다.
② 신콜버그학파는 도덕성 발달을 콜버그처럼 계단식 발달이 아닌 분포도의 이동으로 본다.
③ 신콜버그 학파는 도덕성 발달 단계의 보편성을 선험적으로 가정하지 않고, 경험적 관찰을 통해 통문화적 유사성만이 존재한다고 본다. 즉 도식이 지니는 범문화적 일치에 대해 경험적 의문을 제기하는 것이다.
④ 신콜버그학파는 콜버그가 내용을 근본적으로 무시하고 사유 구조만을 측정 대상으로 삼았던 것과는 달리, 사회적 제도와 역할 체계에 대한 인식을 측정 대상으로 삼는다.

(2) 도식의 발달

① 개인적 이익 도식 (personal interest schema)

개인적 이익 도식을 가진 행위자는 도덕적 의사결정을 내림에 있어서 사회적 차원에서의 협력 관계에는 무관심하고, 행위 결과가 가져올 개인적 이해타산을 중시한다. 또한 이 행위자는 혈연

---

[22] 레스트가 도덕성을 측정하기 위해 고안한 방법으로서, 학생들에게 도덕적 딜레마를 담고 있는 6개의 다른 이야기들에 대해 응답하게 하는 선택형 도구이다.
[23] 콜버그 이론에서 도덕적 판단력 발달은 더 복잡한 추론, 덜 자아 중심적인 관점 채택, 더 넓은 도덕성 정의로 단계가 상승하는 것이다. 레스트와 나바에츠는 나이와 무관하게 도덕적 문제를 여러 가지 방식으로 사고한다는 점에서 도덕적 발달을 더 정교한 도덕적 스키마(schema)로 진보하는 것으로 본다. 즉 개인 이익 중심의 스키마, 사회질서 유지에 대한 도덕적 의무 중심의 규범 유지 스키마, 그리고 윤리적 접근뿐 아니라 많은 다른 철학적 전통을 포괄하는 사고로서 도덕적 의무는 공유한 이상에 근거하고 특정한 사람의 편을 들지 않으며 철저한 검토를 받는다는 신념이 중심인 인습 이후 스키마로 상향 이동하는 것으로 설명한다. 스키마는 개인이 새로운 상황과 정보를 접할 때 사용하는 삶의 사건을 둘러싸고 조직된 지식의 망이다. DIT는 다른 발달지점의 사람들이 도덕적 딜레마를 다르게 해석하고, 딜레마의 핵심 쟁점을 다르게 정의하고, 옳고 그름의 직관을 소유한다고 가정한다.
[24] 신콜버그학파가 말하는 도식은 구조화된 전체로서의 형식적 사유 체계가 아니라 개인이 인생을 살아가면서 경험한 것에 토대를 두고, 새롭게 유입되는 정보를 이해하는데 기여하는 일종의 "지식의 그물망(a network of knowledge)"이다. 그런데 그것은 "맥락적(contextual)"이며, "자동적(automatic), 덜 반성적(less reflective)"이며, "암묵적(tacit)" 수준에서도 작동할 수 있는 것으로서, 세계에 대한 일반적 내용의 표상이라 할 수 있다. 따라서 신콜버그학파는 이러한 도식 개념에 입각하여 인지 구조의 발달을 내용의 측면에서 설명한다.

및 정실적 관계를 지닌 사람들에 대한 배려와 관심을 갖는다. 그러므로 개인적 이익 도식은 콜버그의 2·3단계적 특징(도구적·착한아이 정향)을 포함하는데, 신콜버그 학파는 DIT를 통한 경험적 자료에 기초해 볼 때 콜버그의 2·3단계는 도덕적 사고의 가장 일차적인 형태로 고려되며 단일한 요인으로 통합될 수 있다고 본다.

② 규범 유지 도식 (maintaining norms schema)
규범 유지 도식은 콜버그 4단계(사회유지)에 해당하는 것으로, 도덕성은 확립된 사회 질서를 유지하는 것으로 이해된다. 이 도식을 습득한다는 것은 인습적 사고자들에게 사회 질서의 유지를 위한 도덕적 필요의 의미를 제공한다는 것을 의미한다. 달리 말하면, "도식이 '나는 우리의 전체 사회를 위해 옳다는 것을 안다'라는 도덕적 확신감을 제공하며, 그럼으로써 인습적 사고자들의 특수한 열정에 연료를 공급해 준다." 이러한 도식 소유자는 오직 법에 의해 규정된 행위만을 올바른 행위로 간주한다. 왜냐하면 이 도식에서 법은 도덕적 의미의 질서와 연관된 것으로 받아들여지며, 따라서 더 이상의 도덕적 정당화를 필요로 하지 않는 것으로 간주되기 때문이다.

③ 인습 이후 도식 (post-conventional schema)
인습 이후 도식을 소유한 사람은 인간의 권리와 의무가 사회적 협력을 조직하기 위한 공유 가능한 이상에 기초한다고 본다. 그리고 인간의 권리와 의무가 논리적 일관성에 관한 논쟁과 검증, 공동체의 경험, 받아들여진 관습과의 일치성에 열려 있다고 생각한다.[25]

신콜버그 학파는 콜버그와는 달리, 인습 이후의 도덕성에 대한 정의를 칸트나 롤즈 류의 어느 하나의 도덕 철학적 측면에서 규정하지 않는다. 대부분의 현대도덕 철학자들 또한 인습 이후의 특성을 지닌다고 보기 때문이다. 즉, 도덕성 발달의 최고 높은 수준을 어떤 새로운 도덕철학 이론으로 제안하지 않음으로써 콜버그의 단계 개념 정의보다 훨씬 더 광범위한 정의(定義)를 허용한다.

---

[25] 이러한 관점에서 레스트는 인습 이후 도식에 적절하지 않은 도덕이론들로 정서주의, 니체, 근본주의적 종교적 관점에 기초한 윤리적 접근법을 든다. 정서주의는 도덕성을 단순히 개인적인 승인이나 불승인의 표현에 불과하다고 주장한다는 점에서 부적절하며, 니체는 협력을 약자들이 강자를 누리기 위한 나쁜 이상이자 계획으로 간주한다는 점에서 부적절하다.

4. 도덕적 행위의 '4구성요소 모형'

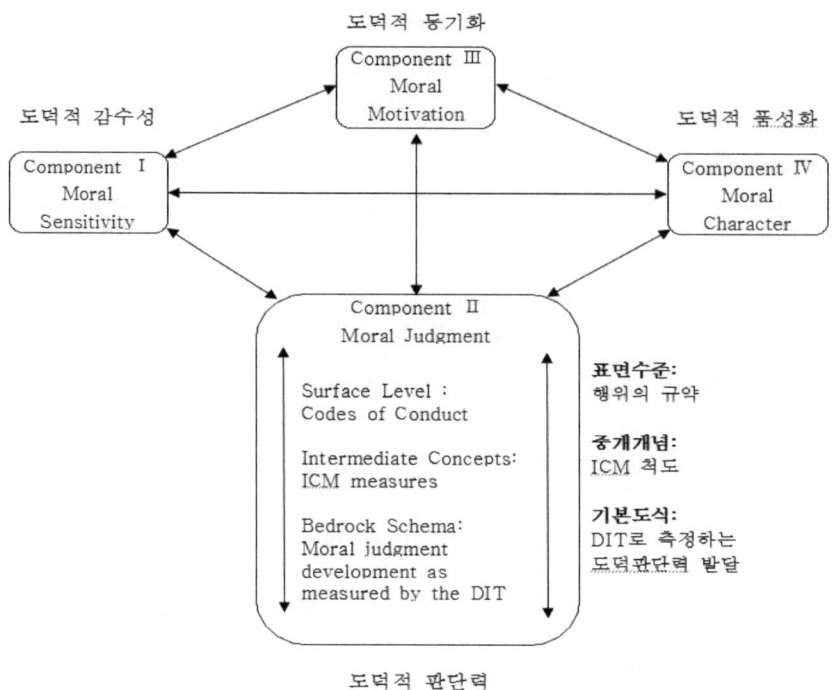

(1) 4구성 요소 모형(the Four Component Model)의 의미와 특징

: 심리학은 전통적으로 도덕성을 인지, 정서, 행동이라는 세 가지 차원으로 분석해왔다. 이에 따라 정신분석가들은 정서를, 행동주의자들이나 사회학습 이론가들은 행동을, 인지발달이론가들은 사고(思考)를 연구해왔다. 그리고 각각의 영역들은 독립된 발달 경로를 가지고 있는 것으로 가정된다. 하지만 도덕적 행위에는 행동과 감정과 사고가 복잡하게 상호 연관되어 있다고 보는 것이 상식적이다. 그렇다면 도덕성을 어떻게 분석할 수 있을까? 레스트는 도덕적 행위의 표출 과정을 4구성 요소 모형으로 설명한다. 즉, 도덕적 행위를 산출하는 데는 최소한 네 가지 과정들이 존재한다는 것이다. 이러한 4구성 요소의 특징은 다음과 같다.

① 4구성 요소의 궁극적인 관심은 도덕적 인지가 아니라 도덕적 행위이다. 따라서 4구성 요소 모형은 도덕적 행위의 표출을 하나의 틀 속에서 포괄적으로 설명하기 위하여, 도덕성을 연구하는 전통적인 세 이론인 인지발달론과 행동주의 및 사회학습이론 그리고 정신분석학을 종합하려는 이론적 틀로서 기능한다.

② 4구성 요소들은 도덕적 행동의 표출 과정에 내재된 심리적 과정으로서, 특정한 덕목들이 아니라 도덕적 상황에서 사람들이 보이는 반응에 대한 주요한 분석 요소들이다.

③ 4구성 요소들은 심리적 과정이기는 하나 논리적으로만 계열적 과정을 이룰 뿐, 실제적으로는 상호작용하는 요소들이다. 따라서 네 가지 요소들 중, 하나 이상에 문제가 발생하면 행위 산출에 실패하게 된다.

④ 4구성 요소 모형에서의 네 가지 심리적 과정은 서로 단선적인 관련을 지니는 것이 아니다. 비록 한 가지 과정이 다른 과정과 상호작용하며 영향을 미치기는 하지만 이들 네 요소는 각각 별개의 과정이다. 따라서 한 구성요소에서 대단한 재능을 보이는 사람이 다른 구성요소에서는 그렇지 않을 가능성이 얼마든지 있다.

⑤ 4구성요소 과정들은 인지-정서적 상호작용들로 이루어진다. 정서가 완전히 없는 인지란 없으며 인지적 측면이 전적으로 결여된 도덕적 정서도 없다. 따라서 도덕행동을 촉진시켜 주는 정서와 인지로부터 분리된 도덕행동은 없음을 전제로 하기 때문이다.

(2) 4구성 요소

① 제1요소 : 도덕적 민감성 (moral sensitivity)
- 특정 상황에 도덕적으로 반응하기 위해서는 상황과 관련된 정보에 민감해야하고 다양한 가능한 행동들을 구성적으로 상상해야만 한다.
- 이러한 과정에서 가장 필요한 것은 공감 능력이다.
- 도덕적 민감성은 어떤 상황을 도덕적인 문제 상황으로 인지하고, 그 상황에서 가능한 행동들이 관련된 사람들에 어떤 영향을 미칠지를 상상해 본다는 측면에서 정의(情誼)와 인지 모두의 점진적 발달과 관련 있다.

② 제2요소 : 도덕적 판단 (moral judgment)
- 1과정에서 확인한 가능한 행동들 가운데서 도덕적으로 옳고 그른 행위는 어떤 것인지를 판단하는 과정이다.
- 가능한 행위들 가운데서 과연 도덕법칙이 필요로 하는 행위는 무엇인지를 평가하는 것으로서, 도덕적 민감성에다 사회적 규준과 도덕원리를 통합시킬 것을 요구하는 것이다.
- 4구성요소 모형에서 '도덕 판단'은 도덕성의 전부가 아닌 일부로 간주된다.[26] 즉 도덕 판단 능력은 도덕적 문제들에 대한 민감성이나 실행 능력과는 별개로 취급되는 것이다. 따라서 도덕적 판단은 어떤 가치들이 도덕적 가치보다 우선하는지와 관련된 제3요소와 관련해서도 아무것도 말해 주지 않는다.

③ 제3요소 : 도덕적 동기화 (moral motivation)
- 도덕적 선택은 개인이 추구하는 수많은 가치들 가운데서, 도덕적으로 요구되는 특정한 가치를 선택하는 것을 의미한다. 따라서 그렇게 선택된 도덕적 가치는 그 개인이 지닌 여타의 다른 (쾌락, 지위, 승진 등의 다양한 경제적, 종교적, 사회적) 가치들과 충돌할 수도 있다.

---

[26] 레스트 4구성요소 모형은 도덕적 판단을 행동 표출로 가능케 하는 네 가지 심리적 구성 요소들 가운데 하나로만 간주한다는 점에서 도덕적 사고와 행동 간의 관계 설정에 있어서 콜버그 모형보다 더 진전된 것으로 평가받고 있다.

- 이 때 다른 가치 대신 도덕적 가치를 우선시하는 것을 도덕적 동기화라 한다.

④ 제4요소 : 도덕적 품성 및 실행력[27] (moral character, implementation)
- 4요소는 위험하고 예기치 않은 곤경에 빠졌을 때 필요하다. 즉, 이것은 방심과 다른 온갖 유혹들에 저항할 것을 요구한다.
- 도덕적 선택이 행동으로 표출되기 위해서는 인내, 용기, 굳은 의지 등의 품성적(character) 특성이 요구된다.
- 이러한 특성들은 일상적으로 자아강도(self-strength) 나 자기조절(self-regulation)과 관련된 품성적 특성들이다.
- 레스트의 도덕적 품성 구성개념

대항목	소항목	설 명
인내 (절제-만족 지연 능력)	인지적 전략	어떤 방해 및 유혹에도 원하는 일을 지속하기 위해서, 목적 대상에 대한 인지의 전환을 통해 자기 조절을 개선하거나 변화시키는 기술.[28]
	자기 조절	자신의 감정과 욕구를 통제하고 만족을 보류하며, 행동을 적절하게 조절하는 능력.
자아강도	용기	도덕적인 의견을 표해야 할 때, 확고하게 자신의 도덕적 견해와 의지를 표현하는 것. 또한 이 경우에 신체적 손상이나 죽음의 위험에 대항하는 행동.
	자아효능감	자신이 도덕적 문제에 당면했을 때 잘 해결해 왔다는 느낌, 성공경험, 대리경험이 필요함. 자신이 도덕적 문제에 당면했을 때 앞으로도 잘 해 나갈 것이라는 기대 및 긍정적 평가. 자신의 능력에 대한 타인의 인정이나 승인.
수행기술	사회적 기술	도움이 필요한 사람에게 접근하여 돕기 위한 사회적 기술. 갈등해결에 관련된 인지적 판단능력, 전략 구성 능력.
	의사소통 능력	도덕행위를 위해 자기의 판단, 느낌, 의견에 대해 공손하고, 의미 있게 주장을 할 수 있는 능력.

---

[27] "도덕적 실행에 직접적으로 간여하는 심리적 힘과 수행기술"
[28] 동일한 문제 상황이라도 그것을 어떻게 해석하고 범주화시키느냐에 따라서 자신의 만족을 잘 조절할 수 있다. 가령 솜사탕을 달콤함을 주는 것으로 이해하는가, 당뇨를 유발하는 것으로 이해하는가에 따라 그에 대한 유혹에 저항하는 힘은 달라진다.

5. 도덕교육에 주는 시사점

(1) 도덕성 발달에 대한 레스트의 '복합 모형'에 따르면 사람들은 몇 가지 도덕적 도식들을 동시에 사용할 수 있음을 의미한다. 따라서 도덕성 평가에서 중요한 점은 피험자가 어느 단계에 속한 것이냐가 아니라, 특정 조건 속에서 피험자는 얼마나 다양한 사고구조(도식)를 활용하는가이다. 또한 도덕성의 발달은 '낮은 단계의 사용에서부터 높은 단계의 사고구조를 사용'하는 것으로 이동하는 것이다.

(2) 레스트의 '4구성요소 모형'에 따르면 도덕행동은 최소한 4개 정도의 과정들을 요구한다. 즉, 도덕성은 단순한 공감능력이나 정의(正義) 개념의 인식, 이타적인 사람이 되기 위한 유전적 성향이나 모델에 대한 모방 가운데 하나로만 설명될 수 없다. 도덕 행동이 도덕교육의 최종 목표라면 네 가지 요소 모두를 다루어야만 한다. 즉, 4구성 요소 모형은 직선적 계열성을 의미하지 않는다. 그것은 단지 도덕적 행동이 표출되는 과정에 거쳐야 할 과정을 분석한 개념적 틀로서는 논리적 계열성을 지니나 실제로는 각 구성 요소들 사이의 복잡한 상호작용 속에서 행동이 표출되는 것이기 때문이다. 이처럼 도덕성의 4구성 요소는 비선형적(nonlinear)이다. 즉, 도덕적 동기화는 도덕적 민감성에 영향을 미치고 도덕적 품성은 도덕적 판단에 영향을 미칠 수 있다는 것이다. 비윤리적 행동이 구성 요소 중 하나가 부족한 결과로 나타나며 어떤 요소의 역량이 다른 요소의 역량을 보장하지 않는다면, 윤리 교사는 도덕성 각 구성 요소를 독립적인 능력으로 다루는 윤리교육 프로그램을 설계하고 실행해야 한다.

(3) 레스트의 4구성요소 모형이 도덕적 사고와 정서의 영역을 도덕적 행동 영역과 통합했다는 점에서 이론적 의미가 크다.

구성요소 (대표적 인물)	인지-정의적 상호작용
도덕적 민감성 (마더 테레사)	사람이 다른 사람으로부터 어떻게 영향을 받고 그들에게 공감, 혐오감 등을 느끼는지에 대한 추론을 한다.
도덕적 판단 (솔로몬 왕)	추상적이고 논리적인 그리고 개인적인 의견에 바탕을 둔 가치의 측면들 모두가 도덕적인 의미 체계를 구성하는 데 포함되며 도덕적 이상은 인지와 정의적 요소 모두로 구성된다.
도덕적 동기화 (돈키호테)	다양한 목표들의 상대적인 유용성에 대해 계산한다. 이 과정에서 감정은 전망에 영향을 미치며 인식에 대한 방어적인 왜곡이 일어나기도 하고, 공감은 결정을 강요하고, 사회적인 이해는 목표에 대한 선택을 동기화한다.
도덕적 품성 및 실행력 (모세)	목표에 대한 인지적 변형에 의해서 영향을 받은 과제에 대한 지속성이다.

(4) 레스트의 4구성 요소는 도덕교육에 있어서도 통합 교육적 특징을 보인다.

4구성 요소	관련 이론	도덕교육 방법
도덕적 민감성	○ 호프만의 공감이론, ○ 셸먼의 입장 채택 이론	입장 채택
도덕적 판단	○ 피아제, 콜버그의 인지발달론	도덕 딜레마 토론
도덕적 동기화	○ 에치오니의 공동체주의이론, ○ 밴두라의 사회학습이론	봉사 활동 학습
도덕적 품성 및 실행력	○ 미쉘의 자아강도와 자기규제 ○ 위인, 라이언, 리코나의 인격교육 이론	전통적 인격교육

09 나바에츠

CHAPTER

1. '통합적 윤리 교육(IEE)' 모형

나바에츠는 콜버그적 전통을 비판적으로 계승하면서도 뇌 과학과 신경 생물학, 진화론, 심리학, 인지과학 등으로부터 산출된 도덕성에 관한 연구 성과를 활용하여 학제적 연구를 실행한다. 그 결과 암묵적이고 자동적인 인지 과정의 특성, 도덕적 덕과 인격의 중요성, 사회적 직관주의자들이 주장하는 '감정에 기초한 직관'의 중요성, 도덕성에 대한 뇌 과학 및 신경 생물학 연구들이 밝혀 주는 도덕적 기능의 메커니즘, 불교 명상 및 긍정 심리학[29], 뇌 과학과 인지과학 등에 기초한 '마음 챙김 도덕성' 등으로 도덕성 문제를 폭넓게 다루고 있다. 그리고 이를 바탕으로 도덕교육과 관련해서는 도덕적 추론과 도덕적 덕, 이성과 직관 등이 통합된 '도덕적 전문성 모형' 혹은 '통합적 윤리 교육 모형'을 강조한다.

통합적 윤리 교육 모형은 기본적으로 도덕적인 존재로서 기능하기 위해 필요한 기술들에 대해 설명한다. 즉, 그것은 도덕적 인격에 대해 기술이라는 개념으로 접근하면서, 인간의 최선의 기능을 위해 필요한 기술들을 갖추도록 하는 교육적 노력에 초점을 맞추고 있다. 이러한 통합적 윤리 교육 모형은 학생들의 도덕적 전문성을 형성하고 신장시키는 것, 즉 학생들을 도덕적 전문가로 양성하기 위한 기술 계발을 목표로 한다. 따라서 그것은 도덕적 전문가가 갖추어야 할 특성 및 자질을 논하고, 이것을 신장하기 위한 교육적 처방에 대해 논의한다.

2. 도덕적 전문가와 기술

나바에츠의 주장에 의하면 '포괄적인 도덕발달 이론'은 개인과 집단에 있어 '성숙한 (혹은 최적의) 도덕적 기능'에 대한 설명과 성숙에 도달하기 위한 처방 등을 제공해야만 한다. 그리고 나바에츠에게 성숙한 도덕적 기능은 다양한 기술과 능력으로 구성되며, 그러한 기술과 능력을 지닌 사람은 '도덕적 전문가'이다.

---

[29] 긍정심리학을 창시한 Seligman에 의하면, 긍정심리학은 개인과 가정, 공동체의 번영 flourishing을 가능하게 하는 요인들을 발견하여 그것을 증진시키고자 하는 것을 목표로 삼는 인간의 최적 기능 수행에 관한 과학적 연구이다. 긍정심리학은 행복 eudaimonia, 안녕well-being, 번영과 같은 인간 삶의 긍정적 측면에 관한 하나의 과학으로서, 개인과 공동체의 번영을 가능하게 하는 강점과 미덕뿐만이 아니라 신체적·정신적·사회적·정서적 안녕과 연관된 최적의 기능 수행에 관한 학문적 탐구이다. 요컨대 긍정심리학은 행복에 대한 과학적 탐구를 지향하는 20세기 말에 등장한 새로운 심리학이다.

칸트에게 있어서, 습관에 의존하거나 수동적으로 사회규범을 따르는 도덕적 행동은 유사 도덕에 불과하다. 반면에 나바에츠는 현상주의(phenomenalism; 도덕적 행위는 도덕 원리에 의해 동기화된 행위라고 보는 것)를 비판하면서 칸트와 콜버그류의 도덕에 대한 협소한 정의(즉 이성적 숙고에 따른 행위)는 일상적 도덕을 설명하지 못하기 때문에, 숙고적 추론뿐만 아니라, 암묵적인 자동화 수준에서 활성화되는 도덕적 '스키마'에 의한 일상적인 도덕적 행동 또한 강조한다. 이러한 주장을 바탕으로 나바에츠는 도덕교육의 과제는 윤리적 추론 능력을 포함한 일련의 윤리적 기술들을 익히고(가능하면 '체화'하고), '직관'을 형성하여 자동화 수준에서 신속하고 정확하게 문제를 해결할 수 있는 '윤리적 전문가'가 되도록 하는 데 있다고 강조한다. 그리고 이러한 윤리적 전문가 육성은 일련의 다양한 윤리적 기술에 대한 전문적 훈련과 잘 구조화된 환경 조성을 통해서 가능하다고 주장한다. 즉 전문성 발달을 돕기 위해서는 학생들의 도덕적 직관 형성을 촉진시키기 위한 잘 구조화된 '환경'(예: 풍부한 역할 모델 제공 및 배려적, 지지적 분위기 조성 등)과, 도덕적 문제해결을 위한 사고(추론) 기술과 같은 윤리적 기술들에 대한 전문적 훈련을 모두 제공해야 한다는 것이다.

이런 입장을 바탕으로 나바에츠는 도덕적 인간이 되도록 돕기 위한 학습, 즉 도덕교육의 대표적인 두 가지 접근법(전통적인 인격교육과 합리적 도덕교육)이 지니는 '직관'과 '추론'을 동등한 파트너 관계로 설정한 '전문성 발달(expertise development)' 개념을 제시한다. 전문성을 지닌 전문가는 몇 가지 핵심적인 측면에서 초보자와 구별된다. 그들은 더 풍부하고 조직화된 지식을 가지고 있다. 이러한 지식에는 선언적(declarative) 혹은 명시적(explicit), 절차적(procedual) 혹은 암묵적(implicit), 그리고 조건적 지식(conditional knowledge)이 포함된다.30) 간단히 말해서, 전문가들은 문제해결을 위해 어떤 지식에 접근해야 하고, 어떤 절차에 따라 적용해야 하며, 이런 지식들을 언제, 왜 적용해야 하는가를 알고 있다. 그들은 초보자들이 보지 못하는 필요(necessity)를 파악하고 전체적인 상황이나 큰 그림에 주목하면서 세상을 다르게 지각한다. 또한 전문가들은 명시적 지식뿐만 아니라 고도로 발달된 직관을 가지고 있고, 자신들이 가진 자아감은 높은 자기효능감으로 연결되어 있으며, 자신의 전문성 영역에서 탁월성을 향해 동기화가 이뤄지는 특징이 있다.

나바에츠가 내린 '전문성(expertise)'에 대한 공식적인 정의는 '실천과 행위에서 분명하게 드러나는 숙련된 그리고 깊은 이해'이다. 즉 그녀가 강조하는 전문성이란 단순히 기술적(technical) 역량이나 지적 능력을 지칭하는 것이 아니라, '행위로 옮길 수 있는 일련의 능력들(a set of capacities)'이다. 도덕적 차원에서 보자면, 그것은 덕을 행위로 표출시키기 위해 자기 내부의 모든 시스템이 함께 작용할 수 있도록 일체의 능력을 동원력으로 활용하는 것이다.

나바에츠는 윤리적 전문가라면 도덕적 행위를 위해 중요한 적어도 네 개의 과정, 즉 윤리적 민감성, 윤리적 판단, 윤리적 동기화 혹은 초점, 윤리적 행동 중 하나 혹은 그 이상에서 선언적, 절차적, 조건적 지식을 총체적으로 활용할 수 있다고 본다.31) 윤리적 민감성 요소에서

---

30) 선언적 지식이란 '무엇이 어떻다는 지식(knowing what....)'이고, 절차적 지식은 '무엇을 어떻게 할 것인가(knowing how...)'와 같은 방법에 관한 지식이다. 조건적 지식은 선언적 지식과 절차적 지식을 언제 그리고 왜 적용해야 할지에 대한 지식이다.
31) 이 말은 각 구성요소별로 전문가가 될 수 있다는 것을 의미하지만(예: 윤리적 민감성 전문가), 진정한 윤리적 전문가는 이 네 가지 구성요소 모두를 포괄하는 전문가이어야 한다는 것을 의미한다.

의 전문가는 도덕적 상황의 성격과 자신이 수행할 수 있는 역할을 신속하고 정확하게 알아차린다. 윤리적 판단 요소에서의 전문가는 의무와 결과에 대해 추론하고 자신의 윤리 규칙들을 복잡한 문제해결을 위해 적용한다. 윤리적 초점 요소에서의 전문가는 윤리적 목표를 우선시하고 헌신하도록 이끄는 자기조절 능력과 도덕적 자아정체성을 계발한다. 윤리적 행동 요소에서의 전문가는 자신의 정신을 계속해서 도덕 목표에 초점을 맞추는 방법을 알고 행동 계획을 한 단계씩 적용해 나간다. 그들은 타인의 복지와 행복을 위해 용기 있게 개입할 수 있다. 결론적으로, 도덕적 탁월성을 가진 전문가는 도덕적 삶과 행동에 대한 잘 조직화된 지식, 고도로 발달한 지각 기술, 깊은 도덕적 욕구, 고도로 자동화된 반응 체계를 갖고 있다. 달리 말하자면, (무엇이 선인지를 아는 풍부하고 잘 조직화된) 도덕적 지혜와 (그 선을 적절한 시점에 적절한 절차를 통해 행동으로 수행하는 방법적 지식으로서의) 실천적 지혜를 모두 겸비하고 있다.

한편, 나바에츠는 바람직한 행위 산출을 위해 필요한 네 개의 요소별로 각각 7개의 상위기술과 그 상위기술 각각에 관련되는 3개의 하위기술들을 제시하고 있는데, 이러한 윤리적 기술들은 개인의 성품 형성뿐만 아니라 타인과의 관계 형성과 유지, 나아가 공동체의 번영을 촉진시킬 수 있는 윤리적 시민으로서의 자질 배양을 위해서 필수적인 것들을 포함하고 있다.

바람직한 행위 산출을 위한 구성요소별 윤리적 기술			
윤리적 민감성	윤리적 판단	윤리적동기화/초점	윤리적 행동
관련된 사람, 취해야할 조치, 발생할 수 있는 가능한 반응 및 결과 등을 결정할 때 상황에 대해 공감적으로 해석하는 것. 특히 윤리적 동기화와 윤리적 판단의 영향을 받음.	문제 상황에서 여러 가지 가능한 행동에 대해 추론하고 어떤 행동이 가장 윤리적인지 판단하는 것. 특히 윤리적 민감성 및 동기화의 영향을 받음.	다른 목표와 필요보다 윤리적 행동을 우선시하는 것. 특히 윤리적 민감성의 영향을 받음.	윤리적 행동을 수행하는 방법을 알고 장애물과 어려움에도 불구하고 수행하는 것.

3. 삼층 윤리 이론

삼층 윤리 이론(Triune Ethics Theory : TET)[32]은 윤리적 동기의 원천을 제안하기 위한 것으로서, 인간 도덕성의 근저에 자리하고 있으며, 인간 진화에서 생물학적 성향으로부터 나타난 세 가지 정향을 가리킨다.

즉, 개인과 집단의 삶에서 나타나는 안전, 관여, 상상이라는 세 가지 윤리는 뇌의 진화적 지층으로부터 구성된 것으로서, 비록 생물학적 성향에서 나온 것이지만 세 가지 동기적 정향은 경험에 의해서도 상당 부분 형성될 수 있다.

---

[32] 나바에츠의 삼층 윤리 이론은 그 토대이론인 '삼층 두뇌 이론'이 과학적 타당성을 결여하고 있다는 비판에 직면해 있기도 하다.

삼층 윤리	안전 윤리	벙커 안전
		월플라워 안전
	관여 윤리	관여 평온
		관여 불안
	상상 윤리	유리된 상상
		악덕한 상상
		공동체적 상상

(1) 안전 윤리 (Ethics of Security)

 안전 윤리는 안전, 그리고 개인적 혹은 내집단 지배를 통한 자기 보존에 초점을 맞춘다. 이러한 윤리는 자기-관심화된 두뇌와 신체 체계에 자리하고 있기에, 자신과 내집단의 안전을 우선시하는 행동들이 도덕적인 것으로 판단된다. 여기서는 자기보호, 신분상승, 내집단에 대한 충성 등을 특히 강조한다.

 여기에는 벙커 안전(bunker security)과 월플라워 안전(wallflower security)이 포함되는데, 벙커 안전은 물리적 혹은 심리적 자아를 보호하기 위해 사용되는 방어적 공격성으로서 안전 윤리의 외향적 형태를 말하고, 월플라워 안전은 권위에 대해 수동적이고, 정서적으로 위축된 반응을 취하는 경향으로서 안전 윤리의 내향적 형태를 의미한다.

(2) 관여 윤리 (Ethics of Engagement)

 관여 윤리는 배려 관계와 사회적 유대를 통해 다른 사람들과의 면대면의 정서적 우호 관계를 지향한다. 이것은 타인에 대한 친밀함으로 이끄는 정서 시스템을 수반한다.

 여기에는 '관여 평온'과 '관여 불안'이 포함되는데, '관여 평온'이란 이기적인 자기 이익 추구가 최소화하면서 사랑·배려·애착과 타인과 더불어 '매 순간을 사는 존재'에 초점을 맞추는 것인데 비해, '관여 불안'은 공감이 강하지만 자기 규제적 시스템이 약할 때 나타날 수 있는 것으로서 타인에 대한 과도한 애착이나 배려로 인해 마음이 불편한 상태를 의미한다.

(3) 상상 윤리 (Ethics of Imagination)

 상상 윤리는 이성적 추론·숙고 능력을 발휘한 결과 이루어지는 지금-여기에 있지 않은 사람들에 대한 관심과 배려를 의미한다. 이러한 상상 윤리가 가능하기 위해서는 인간의 생물학적 본능의 범위를 넘어 자신의 관심 및 연대감의 범위를 확장시켜 주는 상상이라는 이성을 활용한 인위적 노력이 필요하다.

 여기에는 '유리된 상상'과 '악덕한 상상'과 '공동체적 상상'이 포함된다. 유리된 상상은 마음이 '지금-여기'의 존재와 정서로부터 분리될 때 생기는 것을 말하는데 친사회적 감정과 분리됨으로써, 원리나 규칙에 의거하여 도덕 판단을 내리게 되어 지적으로 편향될 수 있다. 따라서 도덕적 문제 사태에 대한 상황 맥락적 이해는 사라지고 원리나 규칙, 단편적 지식들로 추상화되는 문제가 발생하게 된다.

악덕한 상상은 유리된 상상 속에 분노나 공격성의 개입이 이루어질 때 나타나는 것으로서 무엇이 옳다고 생각될 경우 다른 사람들을 희생시켜서라도 어떤 목표를 추구하고자 할 때, 다른 사람보다 우월감을 가질 때, 현재보다는 미래에 과도하게 초점을 맞출 때, 지금 여기에 함께 있는 사람에게 정서적으로 관여할 수 있는 능력인 도덕적 관계 능력이 부족할 때 흔히 일어난다.

공동체적 상상은 자신과 지금-여기 함께 있지 않은 타인들과도 연결되어 있다는 연대감을 갖는 능력을 말한다. 공동체적 상상은 자신의 친사회적 행동이 어떤 결과를 가져올 지에 대한 현실적인 예측 능력과 풍부한 사회적 경험을 결합해 준다.

(4) 삼층 윤리학의 특징

① 콜버그가 하향식 접근, 즉 숙고적 추론과 같이 도덕원리로부터 출발하여 도덕 문제로 나아가는 접근 방식을 취하는 것과는 대조적으로 나바에츠의 삼층 윤리는 경험에 의해 형성되는 도덕적 성향의 상향적 구축에 초점을 맞춘다.

② 나바에츠는 삼층 윤리가 정서적 동기화에 초점을 맞춘다 하더라도 콜버그 단계 이론이 삼층 윤리학을 통해 재배열 된 것이라고 말한다. 즉, 안전 윤리는 자기 보존에 주목하는 것으로서 콜버그 1·2단계와 유사하며, 관여 윤리는 착한 소년, 소녀를 지향하는 3단계에, 상상 윤리는 5·6단계에 상응한다고 할 수 있다.

우리의 숙고적 이성과 상상의 원천이 되는 것이 상상 윤리이다. 이것은 직관 및 본능에 대응하는 것으로서 이를 통해 '하지 않을 자유 (free won't)', 즉 편견과 같이 자동적으로 반응하는 것을 멈추고 본능을 따르지 않을 수도 있다. 아울러 상상 윤리는 여기 함께 있지 않는 사람들을 상상하고 즉각적인 관계들을 넘어서 확장할 수 있는 공동체 의식을 위한 수단을 제공하기도 한다.

③ 나바에츠는 세 가지 윤리가 저마다 연결 가능한 덕들을 가지고 있다고 주장한다.
 ㈎ 안전 윤리에는 충성과 용기가,
 ㈏ 관여 윤리에는 연민과 자기희생이,
 ㈐ 상상 윤리에는 열린 마음과 절차적 정의 등이 해당된다는 것이다.

④ 나바에츠는 관여와 상상 윤리가 최대한 기능하고 안전 윤리는 평온할 때, 인간이 가장 도덕적일 수 있다고 제안한다. 여기서 도덕적 기능의 보다 높은 수준인 관여와 상상 윤리는 초기 양육에 의존하며, 어린 시절의 양육 방식과 삶의 경험으로부터 형성된 어떤 윤리를 향한 기질적 경향성은 개인행동에 있어 상황의 힘과 상호작용하게 된다.

4. 마음 챙김 도덕 : 삼층 윤리 이론의 확장

나바에츠의 삼층 윤리 이론에서 가장 모범적인 도덕적 정향은 '공동체적 상상'과 '관여'가 결합된 상태인 '마음 챙김 도덕(mindful morality)[33]'이다.

마음 챙김 도덕은 좌뇌와 우뇌, 직관과 의식적 이성, 정서와 추상화가 조화를 이루는 상태이다. 상호 주관성 및 타인에 대한 공감(관여 윤리)과 경험에 기초한 추상화 능력(공동체적 상상)의 사용이 결합된 것으로서 한마디로 도덕적 지혜라 부를만한 것이다. 이러한 마음 챙김 도덕은 성급한 행동으로부터 벗어나게 하거나 충동을 제지할 수 있는 능력, 즉 '하지 않을 자유'를 통해 충동에 맞설 수 있게 해준다.

또한 마음 챙김 도덕은 '지금-여기' 정향이면서 매 순간 충만한 정서적 존재성과 반응성을 강조하는 '관여적 평화'와 도덕적 문제 해결을 위해 좌뇌의 추상화 능력을 활용함과 동시에, 타인에 대한 정서적 연결감을 유지할 수 있는 능력(우뇌의 관여)인 '공동체적 상상'이 모두 포함된다.

'마음 챙김'은 건강 증진, 활력적이며 탄력 회복성을 가진 자아 형성, 행복과 친사회적 행위, 자동적인 사고(automatic thinking)의 변경 및 직관의 수정, 인지 행동 치료와 같은 심리 치료를 포함해서 많은 종류의 긍정적 효과를 가져 온다고 보고되어 왔다. 마음 챙김은 매 순간 정서적으로 그리고 주의집중해서 깨어 있는 상태에 머무르는 것이고, 명상과 기도 등을 통해 실천될 수 있다.

5. 나바에츠 도덕교육론의 특성

(1) 나바에츠는 인격발달과 교육에 대한 전문성 모형, 즉 통합적 윤리 교육 모형을 제시하고 있는데 이러한 모형의 핵심은 통합적 윤리 교육 구조로서 개인 행복과 공동체 번영, 합리적 도덕 교육과 전통적 인격교육 관점들을 인지과학적 관점과 결합시키는 것으로서, 학생들의 도덕적 기술을 전문가 수준으로 교육하는 것을 목표로 한다. 즉, 통합적 윤리 교육 모형은 학생들의 도덕적 전문성을 형성하고 신장시켜, 도덕적 전문가로 양성하기 위한 기술 계발을 목표로 한다. 따라서 그것은 도덕적 전문가가 갖추어야 할 특성 및 자질들을 논하고, 이를 신장하기 위한 교육적 처방에 대해 논의한다.

---

[33] 불교에서 마음 챙김(守意)은 여섯 가지 감각 기관의 문을 지키는 문지기에 비유된다. 마음 챙김을 발생시키는 직접적인 원인은 관찰 대상에 대한 강하고 분명한 알아차림 및 몸, 마음, 느낌, 법에 대한 마음 챙김을 확고히 하는 것이다. 최근 들어 마음 챙김은 종교적 의미를 벗어나 심리학적 구성 개념으로 다양하게 정의되고 있다. 이 분야의 대표적 선구자인 카밧진(Kabat-Zinn)은 마음 챙김을 '순간 순간 주의(主意)의 장에서 일어나는 생각이나 감정 및 감각을 있는 그대로 인정하고 수용하면서, 비판단적이고 현재 중심적으로 또렷하게 알아차리는 것'이라고 했다. 마틴(Martin)은 주의가 특정한 견해에 집착함 없이 조용하고 유연할 때 일어나는 심리적 자유의 상태를 마음 챙김으로 정의했다. 배어(Baer)는 마음 챙김을 내적, 외적 자극의 흐름이 일어나는 대로 비판단적으로 관찰하는 것으로 보았다. 티즈데일(Teasdale) 등은 생각과 감정을 현실의 반영이 아닌 내적인 정신적 사건으로 자각하는 능력 혹은 자기 자신을 생각과 감정에서 분리하여 거리를 두는 능력을 마음 챙김으로 개념화했다.

(2) 전문성 모형에 의하면 인격은 높은 수준의 전문성을 양성할 수 있는 일련의 기술들(skills)로 구성되어 있다. 이는 덕의 함양 목표나 성과를 광범위한 의미의 테크네(techne)로 표현하는 고대의 덕 개념과도 상통하는 것으로서, 이러한 기술들은 성공적인 숙련공, 정치가, 정의로운 사람에 의해 입증된 노하우(know-how)의 유형이다. 이러한 노하우나 전문성은 단순한 도구적 지식 그 이상이다.

(3) 나바에츠가 말하는 전문성이란 실천과 행위에서 분명하게 드러나는 정련되고 깊이 있는 이해를 의미한다. 즉, 단순히 기술적 역량이나 지적 능력을 칭하는 것이 아니라 덕을 행위로 표출시키기 위해 목표 지향적 방식으로 모든 시스템이 함께 작용할 수 있도록 일체의 능력을 동력원으로 활용하는 것이다.

(4) 도덕적 전문가가 알아야 하는 지식에는 도덕적 상황을 어떻게 인식하고 개념화할 것인가, 도덕적 추론을 제대로 하기 위해서는 어떻게 해야 하는가, 정체성을 자신의 윤리와 어떻게 연결할 것인가, 어떻게 윤리적 결정을 실행으로 옮길 것인가 등이 포함된다.

(5) 나바에츠에 의하면, 교사들은 교실의 정서적 분위기와 교사-학생 관계를 모니터링하면서 학생들이 안전하게 보살핌을 받고 있다고 느끼도록 해야 한다. 그리고 협동학습과 상호이익을 위한 협동적 팀워크를 구축해야만 한다.

(6) 나바에츠는 레스트의 '4구성요소 모형'에 근거하여 좋은 인격을 가진 사람이 지닌 특징적인 기술들을 설명한다. 그리고 이러한 기술들은 레스트가 심리적으로 구분한 과정들, 즉 도덕적 민감성, 도덕적 판단, 도덕적 동기화 (초점), 도덕적 실행력들을 확장시킨다고 주장한다.

4과정	좋은 인격을 구성하는 기술들
윤리적 민감성	① 감정 표현 이해: 감정 확인과 표현, 감정 조절, 노여움과 공격성 다스리기 ② 타인의 관점 채택: 대안적 관점 채택, 문화적 관점 채택, 정의(正義)관점 ③ 타인과 관계 형성: 타인과 관계 맺기, 배려를 나타내기, 친구가 되기 ④ 다양성에 반응하기: 집단과 개인차 속에서 일하기, 다양성 인식하기, 다문화적으로 되기 ⑤ 사회적 편견 통제: 편견 진단, 편견 극복, 관용 가르치기 ⑥ 상황 해석하기: 일어나고 있는 일이 어떤 일인지 규정하기, 도덕적으로 인식하기, 창의적으로 대응하기 ⑦ 효과적인 의사소통: 말하고 듣기, 말하지 않고 다른 방식으로 의사소통하기, 의사소통 모니터하기
윤리적 판단	① 윤리적 문제 이해: 정보 수집, 문제 분류, 윤리적 문제 분석 ② 규칙 사용과 판단 준거 확인하기: 규칙 특징화하기, 규칙을 분별하여 적용하기, 규칙의 다양성 판단하기 ③ 일반적으로 추론하기: 객관적으로 추론하기, 건전한 추론 사용하기, 추론의 함정 피하기 ④ 윤리적으로 추론하기: 관점들 판단하기, 표준과 이상에 대해 추론하기, 행동과 결과에 대해 추론하기 ⑤ 결과 이해하기: 자신의 환경 선택하기, 결과 예측하기, 결과에 대응하기 ⑥ 과정과 결과에 대해 깊이 생각해 보기: 목표와 수단에 대해 추론하기, 올바르게 선택하기, 과정을 재구성하기 ⑦ 맞서서 극복하고 쾌활함을 되찾기: 긍정적인 추론 적용, 실망과 실패를 다루기, 회복 방법 개발하기
윤리적 동기화 혹은 초점 (focus)	① 타인 존중하기: 예의 갖추기, 공격적이지 않기, 존경 나타내기 ② 양심 개발: 자제하기, 영향력 관리하기, 명예롭게 되기 ③ 책임감 있게 행동하기: 의무 이행하기, 훌륭한 담당자 되기, 훌륭한 세계시민이 되기 ④ 공동체의 일원 되기: 협동하기, 자원 공유하기, 지혜 함양하기 ⑤ 삶의 의미 찾기: 자신에게 집중하기, 헌신적 태도 기르기, 경이로움 함양하기 ⑥ 전통과 제도에 가치 부여하기: 전통을 명확히 알고 가치있게 여기기, 사회구조 이해하기, 민주주의 실천하기 ⑦ 윤리적 정체성과 자기 통합성 개발하기: 좋은 가치를 선택하기, 자신의 정체성 형성하기, 자신의 잠재력에 도달하기
윤리적 행동	① 갈등과 문제 해결: 관계 문제 해결하기, 협상하기, 개선하기 ② 공손하게 주장하기: 인간의 욕구에 주목하기, 주장 기술 형성하기, 공손한 수사법 사용하기 ③ 지도자로서 솔선수범하기: 지도자 되기, 타인을 위해 그리고 타인과 함께 솔선수범하기, 타인의 조언자 되기 ④ 결정 실행 계획: 전략적으로 사고하기, 성공적으로 수행하기, 자원의 사용을 결정하기 ⑤ 용기 계발하기: 두려움 다스리기, 압력 견뎌내기, 변화와 불확실성 다스리기 ⑥ 참을성 기르기: 확고부동, 장애 극복하기, 능력 형성하기 ⑦ 열심히 일하기: 달성 가능한 목표 세우기, 시간 관리하기, 자기 삶을 책임지기

참고

'통합적 윤리 교육 모형'과 도덕교육적 시사점

: 통합적 윤리교육 모형은 5단계로 이루어져 있다.

단계1	각각의 학생들과 배려관계 형성하기
단계2	성취와 윤리적 인격을 지향하는 지지적 풍토 조성하기
단계3	초보자에게 전문가로 나아가는 교수법을 활용하여 교과 교육과정 및 교과 외 활동 전체에 걸쳐 윤리적 기술 가르치기
단계4	학생들의 자기-저자의식과 자기조절능력 촉진시키기
단계5	공동체 기능 회복하기 : 자산형성 공동체와 협응된 발달시스템

① 도덕적 추론에 주목한 콜버그의 기획은 여전히 중요하지만, 의도적 숙고를 통한 의사 결정은 모든 도덕적 기능을 설명하는데 있어 충분치 못하다.

② 통합적 윤리 교육 모형은 인지와 정서, 도덕적 추론과 도덕적 덕, 숙고적 추론과 직관 등이 통합된 도덕적 기술을 체계적으로 제시하고 있는데, 이는 인지·정의·행동이라는 삼분법적 접근 논리를 경계하는 것이라 할 수 있다.

③ 우리나라 도덕교육이 지금까지 도덕적 지식과 도덕적 행위의 정당성을 강조해 온 반면, 삶의 목적, 성찰과 수행, 삶의 기술, 체화를 소홀히 다뤄온 측면이 있다고 했을 때, 지식과 행위 두 가지 측면 간의 통합과 조화를 추구하면서 동시에 후자(삶의 목적에 비추어 그러한 삶을 살아갈 수 있는 노하우와 기술) 또한 보완할 필요성이 있다.

④ 도덕적 전문성을 기르기 위해 필요한 기술들을 중심으로 구성된 통합적 윤리 교육 모형은 전통적 인격교육과 합리적 도덕교육, 도덕적 덕과 도덕적 추론, 덕과 의무 등이 통합된 형태로서, 개인의 바람직한 품성 형성뿐만 아니라, 다원주의적 민주주의에서 요구되는 도덕적 시민성 형성 모두를 추구해야 하는 우리나라의 도덕과 교육에 중요한 시사점을 제공한다. 즉 나바에츠의 모형은 개인의 성품 형성과 공동체 구성원으로서의 도덕적 시민성 형성을 통합한 하나의 모형으로서, 도덕 교과의 하위 목표들 간에 그리고 내용 영역들 간에 상호 긴밀성과 일관성을 높이는 데 기여할 수 있다.

10 튜리엘

CHAPTER

1. 콜버그에 대한 비판

인식의 구조나 사고의 구조는 관련되는 지식이 속한 영역과 내용의 특수성에 의해 상이한 모습을 가진다. 예를 들어 논리학, 수학, 물리학 등의 지식은 서로 구분되는 영역의 지식이기에 그러한 지식을 파악하는 인식의 구조 또한 달라지게 된다.

자연과학의 영역들이 구분되듯이 사회적 지식 또한 영역이 구분된다. 즉, 사회적 및 도덕적 판단은 서로 구별되는 개념적 영역들을 지닌다. 튜리엘에 의하면 사회적 지식은 도덕적 영역, 사회인습적 영역, 개인적 영역으로 구분되며, 서로 다른 각 영역은 저마다 특수한 사유의 구조 혹은 인지 구조를 지니며, 그에 따라 사회적 경험들도 상이한 방식으로 구조화된다.

또한 이 세 가지 영역은 도덕성 발달의 초기 단계부터 각기 상이한 경로를 따라 발달하며, 성장한 이후에도 각기 독립된 영역으로 남아 계속 공존한다.

하지만 콜버그는 이러한 사실을 무시하고 사회적 지식의 모든 영역에 적용되는 동일한 사유 구조가 존재한다고 주장한다. 그에 의하면 도덕성 발달 단계들은 각각이 완성된 하나의 사유체계로서 특정 시점에 존재하는 사람이 처한 모든 사회적 영역에 무차별적으로 적용되는 사유 구조임을 의미한다. 콜버그는 이를 '구조적 전체'라고 부른다. 이러한 관점에서 콜버그는 도덕적·사회인습적·개인적 영역을 구분하지 않고 도덕성 발달 단계를 3수준 6단계라는 하나의 전체 구조 속에 통합한다. 하지만 이는 논리학, 수학, 물리학을 하나의 인식 구조 아래 하나의 학문으로 통합하려는 시도처럼 잘못된 입장이다.

2. 사회적 지식의 3가지 영역

: 튜리엘에 의하면 사회적 지식의 영역은 도덕적 영역(복지, 정의, 권리 등에 대한 관심), 사회인습적 영역(사회 조직의 원활하고 효율적인 기능에 필요한 사회적 통일성과 규율성에 대한 이해), 개인적 영역(사회적 규제 영역 밖의 개인적 선택)으로 구분된다. 이 세 영역은 도덕성 발달의 초기단계부터 각기 서로 다른 경로를 따라 발달하며, 성장한 이후에도 각기 서로 독립된 영역으로 남아 공존하게 된다. 한마디로 말해서 아동은 사회적 관계에 대해 추론하는 방식을 이 세 가지 영역별로 다르게 발달시킨다. 그리고 튜리엘은 세 가지 영역들의 특징을 다음과 같이 설명한다.

(1) 도덕적 영역 (moral domain)

① 도덕은 신성하고 보편적이며, 처방적이고, 합의나 복종에 의해 변경할 수 없으며, 행동의 내재적 측면을 강조한다.
② 도덕적 의무, 도덕 원리는 비개인적이며 보편적으로 적용되는 규범적 요구 사항으로서 사회제도나 인습과는 별개로 존재하는 것이다. 그러므로 어떠한 행위자도 도덕적 의무를 회피하기 위해 사회적 인습에 의지할 수 없다.
③ 도덕적 영역에서 지식의 기반은 생명의 가치, 정의, 인간 고유의 권리와 존엄성, 분배의 공정성, 책임감 등과 같이 시대사회적 맥락에 따라 변화하지 않는 보다 근원적이고 본질적인 내재적 가치 개념들이다.
④ 도덕적 영역에서의 판단 준거는 일반화 가능성, 의무, 불변성, 규칙과 권위적 제재로부터의 독립성 등이다.
⑤ 도덕적 영역에서의 도덕 판단은 타인의 해로움이나 복지, 공정성, 권리와 의무에 대한 관심을 포함하여 타인들을 위한 행동의 본래적 결과에 의해 정당화된다. 즉, 살인 행위가 비도덕적 행위인 이유는 그것을 금하는 사회적 규칙이나 인습 때문이 아니라 그 행위 자체가 희생자들에게 미칠 결과에 대한 지각으로부터 도출된다. 따라서 인습과는 달리 도덕은 임의적이지 않고 행동에 내재한 요소들로부터 나온다.

(2) 사회인습적 영역 (social-conventional domain)

① 사회적 인습은 사회제도 내부에서의 개인들의 상호작용을 조정하는 역할을 하면서, 사회 구성원들의 행동적 단일성을 강조한다. 예를 들어 식사 방식이나, 성역할과 같은 인습들은 사회체계에 의해 결정된 사회적 행위들로써 임의적이고 구성원들의 합의에 의해 동일성을 유지하는 것들이다. 이는 개인들의 안정적 상호작용을 조정하는 것으로서 사회적 조직화를 목표로 한다.
② 사회적 인습들은 일반적으로 개인들의 합의와 동의에 의해 형성되고 변경된다. 따라서 사회적 인습은 상대적이고 자의적이며 임의적인 것이다.
③ 사회인습적 영역에서의 지식의 기반은 '사회 체제'에 대한 개념이다.
④ 사회인습적 영역에서의 판단 준거는 상황의존성, 변화가능성, 규칙과 권위에의 의존성 등을 포함한다. 즉, 사회인습적 영역에서의 판단은 권위, 규제, 질서 유지 등에 의해 정당화된다.
⑤ 사회적 인습과 관련된 행동은 도덕적 영역 내의 행동들보다 덜 심각한 영향을 초래한다.

(3) 개인적 영역 (personal domain)

① 개인적 영역에서의 행동은 도덕적 관심이나 사회적 규율과 무관한 문제로 간주되는 행동들을 의미한다.
② 여기서 행동은 각 개인의 개인적 선호에 의해 규율되는 것들이다.
③ 도덕적 영역에 속한 행동은 객관적이고 보편적인 것인 반면, 사회적 인습이나 개인적 영역의 행동은 문화적 차이가 존재한다.

(4) 3가지 영역에서의 '발달'의 의미

영역	발달의 의미
도덕적	사람들이 공정하다고 생각하는 것을 개념화하는 방식의 변화와 타인의 복지에 대한 도덕적 관심으로부터 나오는 의무 개념의 변화를 의미한다.
사회인습적	사회 구성원 간에 예측할 수 있는 행동 패턴을 구조화하는데 있어서 인습적 규범이 어떤 역할을 하는가에 대한 이해의 변화를 의미한다.
개인적	개인적 선택에 대한 역할 통제 개념에서의 변화를 의미한다.

(5) 도덕과 인습의 구분 : 주요 도덕교육론들에 대한 비판

전통적 인격교육과 인지발달론 모두 사회적 지식의 영역구분을 간과함으로써 한계를 드러낸다. 전통적 도덕교육론자들(전통적 인격교육론자들)은 도덕과 인습을 구분하지 않은 채, 도덕적 가치가 사회에 의해 수립된다고 주장한다. 그 결과 도덕을 포함한 모든 가치들이 인격교육을 통해 아동들에게 심어주어야 할 인습과 관습의 문제로 다루어진다.

콜버그의 인지발달론도 도덕과 인습의 개념이 혼재되어 있다. 튜리엘의 주장에 따르면 인습적 도덕성은 인습 이후의 도덕성보다 선행하는 것이 아니라 단지 별개의 발달적 경로이다. 즉 사회적 인습에 대한 생각은 도덕성에 대한 사고와 구분된다.

> 피아제와 콜버그 모두 사회 체제의 인습에 대한 순응의 상태로부터 자율적이고 원리화된 도덕적 추론의 상태로 발달이 진행된다고 보았지만…….인습은 사회적 상호 작용을 통해 도덕과 무관한 측면이 개인의 인지 구조에 개념화되는 것이고, 이는 정의(正義) 개념의 발달과는 구분되는 것이다.

튜리엘은 도덕과 인습을 구분한다. 사회적 인습은 대체(변화) 가능하지만 도덕적 행동은 불가하다. 사회적 인습은 권위자, 관습, 집단의 동의 등에 의해 결정되지만 도덕적 행동은 그렇지 않다. 도덕적 영역의 위반은 사회적 인습 영역의 위반보다 더 심각한 것으로 인식된다.

하지만 튜리엘도 콜버그식 도덕교육, 즉 학생의 발달 수준을 고려하고 토론 같은 반성적 교육방법을 활용하는 것이 영역이론에도 적절한 것으로 평가한다.

3. 사회인습적 추론 단계

(1) 콜버그 단계이론에 대한 대안적 관점에서 튜리엘은 영역 내에서의 추론의 발달, 즉 각 영역 내의 발달을 탐색한다. 이 가운데 사회인습적 추론의 경우는 7단계의 발달 순서로 설명한다.
(2) 인습에 대한 아동의 이해는 긍정과 부정의 수준을 따라 진행되는 특징을 보이는데 이는 피아제식의 모델이라 할 수 있다. 부정의 단계들은 상위 단계로의 이행을 위한 비평형의 시기로 묘사되기 때문이다.
(3) 비평형이란 개인이 사회조직이나 인습에 대해서, 현재 자신이 지닌 사고방식을 적용하는데

있어서 모순·불일치·갈등을 경험할 때 일어나는데 자신의 사고의 적절성을 다시 평가하고 특정 인습을 부정하게 만든다. 결국 부정 단계의 비평형은 사회 인습에 대한 새로운 인식을 가능케 한다. 그리고 긍·부정의 변증법적 이행은 인습적 개념의 구성과 재구성이 반복됨을 의미한다.

(4) 사회인습적 추론 7단계

단계	연령	특 징
1	6~7	아동은 인습을 통일된 행동(인습적 규칙에 의해 규제되는 전형적인 형태의 행동)으로 이해한다.
2	8~9	인습을 사회적 통일성으로 이해하는 1단계 부정. 인습적 행동은 자의적이며 "모든 사람이 그렇게 한다"는 사실이 인습 개념을 유지하기에는 불충분하다.
3	10~11	인습은 사회질서 유지 기능을 지닌 규칙 체계를 공고히 해준다. 비록 규칙들이 임의적이고 변화 가능한 것이라 해도 권위 있는 사람들에 의해 기대될 수 있는 것이기에 인습을 따른다.
4	12~13	인습을 규칙으로 이해하는 3단계 부정. 인습이란 단지 사회적 기대에 불과하다고 여긴다.
5	14~16	인습은 고정된 역할과 위계조직으로 특징 지워지는 사회체제내의 규범이다.
6	17~18	규범이 사회체제 유지에 도움이 된다는 5단계 부정. 인습이란 단지 습관인 사용으로 부호화된 사회 기준들에 불과한 것이다.
7	19~25	인습은 사회적 상호작용을 용이하게 하는 기능을 지닌 공유된 지식이다.

4. 영역 혼합에 대한 사회적 추론

: 영역이론은 도덕적 영역·사회인습적 영역·개인적 영역 내에서 아동들이 어떻게 추론하는가를 규명하고자 하지만, 영역이 불분명한 사회적 상황들을 다루는 데는 어려움을 느낀다. 영역이 불분명한 세 가지 유형의 사회적 상황들은 2차적 현상(second-order phenomena)·영역 혼합(domain mixture)·문제의 모호성(ambiguous issue)을 말한다.

유형	의미	사례
2차적 현상	인습을 위반하는 행동이 2차적으로 도덕적 함의를 가지는 경우를 의미한다.	남자가 치마를 입는 것과 같은 단순한 인습의 위반이 주위 사람들의 공분을 불러일으켜 타인들의 복리에 악영향을 미치는 경우
영역 혼합	어떤 사회적 상황이 하나 이상의 영역에 관련되는 구성요소를 지니는 경우를 의미한다.	자신의 용돈으로 기아 난민을 도울지(도덕적 영역) 친구의 생일선물을 사줄지(개인적 영역) 선택해야 하는 경우
문제의 모호성	어느 한 사회적 영역으로 명확하게 분류하기 어렵다고 지각하는 사회적 상황들을 의미한다.	살인이나 강도같이 도덕적 영역의 문제는 법 규정과 무관하게 나쁘다고 판단하지만, 낙태나 동성애나 포르노 등의 문제들은 애매호한 문제들이어서 나쁘다고 판단하면서도 불법적인 것은 아니라거나, 개인적 결정에 맡겨야 한다고 판단하는 경향이 있다.

5. 규칙과 권위

튜리엘은 피아제 등에 의해 정립된 발달 개념을 바탕으로 도덕성에 대한 '사회적 구성 개념'을 반대한다.

사회적 구성 개념에 따르면 도덕성은 한 사회의 역사에 의해 그 사회의 전통을 통해 구성되는 것이며, 개인들은 문화적 맥락 내에서 (수동적으로) 자신들의 사회화에 의해 그 도덕성을 구현한다. 하지만 튜리엘이 동의하는 발달적 관점에 따르면 아동들은 자신들에게 전수된 도덕을 수용만 하는 것이 아니라, 자신들을 둘러싸고 있는 세계에 대한 도덕적·사회적 이해들을 발생 또는 구성한다. 따라서 도덕적 판단은 문화적 규범들의 단순한 반영이 아니라 사회적 문제에 대한 해결을 수반하는 것이다.

사회적 구성 개념에 따르면 아동은 권위자로부터 문화적 규칙과 규범을 전수받음으로써 도덕적 지식을 습득하지만, 영역이론적 관점에서 아동은 자신의 경험들을 통하여 규칙과 권위에 대한 (사회인습적) 지식을 발달시킬 뿐만 아니라 도덕성에 관한 지식도 능동적으로 구성한다. 이 과정에서 규칙과 권위는 아동들에게 서로 구분되어 평가된다.

아동은 권위자의 지시에 따라 도덕 판단을 하기 보다는 '권위자의 지시의 도덕적 적합성'에 관한 그들 나름의 추론을 토대로 '권위(와 규칙) 그 자체'를 평가하고 판단한다. 결국 튜리엘에 의하면 한 문화의 가치체계는 단순히 권위를 통해 전달되는 것이 아니다.

6. 영역이론에 대한 비판

(1) 튜리엘의 영역이론에 대해서 레스트는, 인습과 도덕은 복잡하게 상호 관련되어 있어서 독립된 영역으로 범주화할 수 없다고 비판한다. 또한 어떤 행동이 타인의 복지에 영향을 미칠 때 도덕적 함의를 지닌다는 튜리엘의 정의 역시 협소하다고 비판한다. 왜냐하면 한 사람의 복지는 사회나 역사적 맥락에 의해 자의적이고 상대적으로 정의된다는 점에서 인습적 문제가 될 수도 있기 때문이다.

(2) 콜버그는 도덕 영역의 범주에 관계된 주장은 철학적 분석에 근거하고 경험적 증거로 확증되어야 하는데 영역이론은 도덕영역을 축소하기 위한 철학적 정당화도 결여되어 있을 뿐 아니라 사회인습적 추론 단계를 지지할 만한 경험적 증거도 찾아볼 수 없다고 비판한다.

(3) 덕 윤리학의 입장에서 도덕성은 사회인습과 구별되는 것이 아니라 오히려 특수한 윤리적 전통에 의해 정의되는 특수한 도덕성을 의미한다. 영역구분은 이러한 윤리적 전통 관점에서는 중요한 것이 아니다. 또한 덕 윤리학에서 개인적 영역은 이미 도덕적 영역이다. 개인의 선택은 단지 행위자 본인에게만 영향을 미치는 경우라도 '인품 integrity[34])'을 갖춘 훌륭한 삶'에 관한 개인적인 견해에 대해 주관적인 구속력을 갖기 때문이다.

7. 도덕교육적 시사점

: 도덕과 인습의 특성이 본질적으로 다른 영역이고 도덕성 발달에 이 두 가지가 상호작용하며 영향을 미친다는 점은 다양한 면에서 교육적 함의를 지닌다.

(1) 무엇보다 도덕교육의 목적은 학생들에게 복합적인 사회 문제의 다면적 요소를 파악하는 능력을 길러주고, 도덕적인 문제와 도덕과 무관한 문제들을 통합하고 조정하는 태도를 길러 주는 것이며, 영역 간의 혼합이 발생할 때 통합적 조정 능력을 갖추게 하는 것이다.

(2) 교사는 사회적 인습이 도덕의 하위영역이 아니라 독특한 가치 차원을 구성한다는 점을 인식해야한다. 즉 교사는 도덕수업에서 활용하는 사회적 문제의 도덕적 성격과 인습적 성격을 면밀히 분석하고 정확히 이해할 수 있어야 한다.
(예를 들어, 학생들의 복장에 관한 규정을 논의하는 것은 도덕적 논의로서는 부적합하며, 어려움에 처한 사람을 돕기 위한 도둑질은 옳은가에 관한 논의는 사회적 인습에 대한 이해를 촉구하기 위한 논의 주제로는 어울리지 않는다.)

---

34) integrity는 '흠이 없는 온전함'과 '도덕적 건전성(moral soundness)'을 의미한다. 도덕적 해이의 반대 개념으로서, 단순한 정직이 아닌 자신의 내적인 신념, 가치, 원칙에 부합하는 진실함을 의미하기도 하다.

(3) 도덕 판단은 현재의 문화적 관행이나 사회인습과 불일치 또는 충돌할 수 있으며, 이런 경우 도덕적 영역이 우선시되어야 한다. 왜냐하면 불평등, 권리의 침해, 자유의 제한 등을 포함하는 사회적 인습들은 도덕적 관점에서 비판되어져야만 하기 때문이다.

(4) 영역이론은 전통적인 인격교육적 관점과 인지발달적 관점에서 나온 방법들을 통합적으로 활용할 것을 함축한다. 즉, 교사는 도덕적 발달이 전통적인 인격교육적 방법(문학작품의 활용 등) 뿐만 아니라, 도덕적 토론이나 도덕적 문제해결을 통해 촉진됨을 인식해야한다. 이 과정에서 토론은 가상적이기 보다는 실제적인 사건에 의해 더욱 진지해질 수 있다고 보며, 도덕적 토론에 도덕적 귀감을 활용할 수도 있다고 본다. 도덕적 귀감을 통해 학생들은 자연스럽게 역할 모델을 접할 수 있다.

(5) 아동은 성인에 의해 전수되는 것에 의해서뿐만 아니라, 그들 스스로가 자신들이 직접 경험하는 일들과 사회적 관계들에 대해 추론함으로써 자신들을 둘러싸고 있는 세계에 대한 도덕적·사회적 이해를 구성하는 능동적 존재이다. 그러한 아동은 권위자의 지시에 의거하여 도덕판단을 하기보다는 권위자의 지시의 도덕적 적합성에 관한 그들 나름의 추론을 토대로 권위에 대하여 서로 다른 판단을 한다. 나아가 아동은 단순히 권위자로서의 성인에 대한 복종을 지향하지 않고, 권위자의 다양한 속성과 사회적 맥락에 대한 고려를 바탕으로 권위의 적법성에 대한 차별적인 판단을 한다. 이처럼 도덕적 가치 체계는 권위를 통해 다음 세대에 전달되는 것이 아니다. 그러므로 도덕교사는 전형적인 도덕사회론의 입장, 즉 개인이 문화적·사회적 상황 내에서 사회화를 통해 도덕성을 갖추게 된다는 입장을 견지한 채 도덕교육에 임해서는 안 된다.

11 길리건
CHAPTER

1. '배려윤리'와 '정의(正義)윤리'의 일반적 차이점

	배려윤리	정의윤리
도덕적 문제의 원인	책임간의 갈등	권리간의 갈등
갈등해결 방법	맥락적, 서사적(narrative)인 사고방식과 포함의 방법	형식적, 추상적 사고방식을 통해 요구들 간의 균형을 유지하는 공정성의 방법
자아 인식	거미줄 같은 관계의 망을 통해 연결된 애착의 상호 의존적 자아	분리된 개별적, 자율적 자아
도덕발달의 중심요소	책임과 인간관계에 대한 이해의 폭을 넓힘	권리와 규칙에 대한 이해의 폭을 넓힘
강조점	상호의존성, 의사소통, 책임을 고려하며 관계를 유지하는 것	의무, 책무, 원리를 고려하면서 독립을 유지하는 것
정체성 위협	개인화, 분리 상황에서 정체감의 위협을 우려	친밀감에서 정체감의 위협을 우려
도덕적 명령형식	곤경에 빠진 사람을 외면하지 말라	타인을 부당하게 대우하지 말라

> **참고**
>
> **배려윤리와 도덕교육**
>
> 배려윤리는 인간 사이의 상호의존성·연결·관계성을 중시하며 서로에 대한 관심과 보살핌을 바탕으로 책임감 있게 반응하는 자세를 강조한다. 이러한 입장은 자유주의적 개인주의 사회체제 아래에서 서로의 이익과 권리만을 주장하며 분열되고 파편화되어가는 현대사회에 대한 비판적 성찰에서 대두되는 중요한 동향 가운데 하나라 할 수 있다.
>
> 배려윤리는 정의와 권리, 분리와 독립, 자율과 경쟁 등의 관점을 남성 중심의 윤리관에 국한되는 것으로 간주하며 여성중심의 윤리관, 즉 인간은 본질적으로 상호 연결된 체 관계적 삶을 사는 존재이며 따라서 서로에게 애착을 갖고 서로의 기대와 필요에 책임 있게 반응하며, 서로 사랑하고 보살피는 것이 정의와 권리 중심의 삶 이상으로 중요하다고 역설한다. 이러한 맥락에서 배려윤리학은 도덕교육에 있어서도 도덕적 사고와 추론, 도덕판단과 합리적 의사결정 중심의 교육에 변화를 가져올 것을 촉구한다.

> 길리건은 최초로 배려윤리에 관한 도덕심리학적 접근을 시도하면서 남성의 도덕이라 할 수 있는 정의(justice)와 권리(right) 외에 여성의 도덕이라 할 수 있는 배려(caring)와 책임(responsibility)의 도덕이 존재함을 밝히고, 정의(正義)지향적 도덕성과 배려지향적 도덕성의 상호보완성을 강조한다. 나딩스는 길리건의 성과를 계승, 보완하면서 배려에 대한 윤리학적 토대를 마련하고 도덕교육에 필요한 이론과 실제를 제공한다.

2. 길리건 '배려윤리론'의 특징

(1) '정의 중심 윤리'에 대한 비판과 '배려 중심 윤리'의 강조

길리건은 남성 위주의 도덕 및 도덕발달 이론이 하나의 이데올로기, 즉 왜곡된 신념으로서의 허위의식일 수 있음을 시사하면서 여성들에게 특유한 도덕 및 도덕발달 이론을 전개한다.

콜버그에게 있어 도덕성은 도덕판단의 내용이 아니라 도덕판단의 형식과 관련하여 규정되며, 그러한 도덕성은 또한 단계적 구조를 이루고서 각 단계마다 도덕적 추론과 판단의 특이한 관점과 원리적 근거를 가지고 있으며, 단계의 위계적 발달은 분화와 통합 그리고 평형화를 수반하는 것으로 설명된다.

또한 콜버그는 원리적 도덕성의 핵심을 정의(正義)로 규정한다. 그리고 정의는 상호성 또는 호혜성 및 권리와 의무의 배분에 있어서 공정성을 내용으로 한다. 결국 도덕적으로 최고로 성숙한 6단계에 이른 도덕적 자율인은 인간의 존엄과 정의, 공정성과 평등을 도덕원리로 채택하는 사람으로 묘사된다.

길리건에 따르면 여성이 준거하는 도덕의 내용이나 도덕발달은 남성과 다르다. 여성은 도덕적 문제를 인간관계 속에서 배려와 책임의 문제로 구성한다. 정의(正義)로서의 도덕은 도덕발달을 평등과 상호성의 논리와 연관 짓는데 비해, 배려의 윤리는 도덕발달을 책임과 인간관계에 대한 이해 속에서 도덕적 사고의 변화와 관련짓는다.[35]

남성들은 권리와 개인의 자율성을 더 강조하지만 여성은 이를 이차적인 것으로 보는 경향이 있다. 왜냐하면 여성은 도덕판단이 요청되는 상황에 더 주의를 기울이기 때문이다. 또한 여성은 의사결정에 관련되어 있는 사람들과의 사회적 연결망이 어떻게 영향을 받는지 더 알고 싶어 한다. 남성과 여성의 이러한 차이점은 도덕적 문제를 인식하는데도 영향을 주는데 여성은 '무엇이 정의로운가' 보다는 '어떻게 반응해야 하는가'를 더 중시하게 된다.

---

[35] 콜버그 도덕발달에서 상호성(호혜성)은 이기적 수준에서 조건적 호혜성에서부터 출발하여 공리적 수준을 거쳐 모두의 인격적 가치와 권리를 평등하게 존중하는 단계로 나아간다. 그리고 모두의 권리를 존중한다는 것은 보편적인 원리에 따라 행위함을 의미한다. 이때 원리에 따른 의무는 권리를 지닌 사람들의 정당한 요구와 관련되는 것으로서 쌍무적인 의미의 상호성을 전제한다. 하지만 배려윤리에서 책임은 부모의 양육의 책임과 의무처럼 누군가의 권리와 관련되는 것이 아닌 일방향적인 것이며, 배려에서 강조하는 상호성은 배려받는 사람의 감사 반응이 배려하는 이의 자아정체성과 자아효능감으로 기여한다는 의미의 상호성인 것이지 동등한 배려로 보은함을 의미하지 않는다.(불평등성) Ⓜ

(2) '도덕성'에 대한 길리건과 콜버그의 차이점 (by, M. Brabeck)

구 분	배려와 책임 도덕성 (길리건)	정의의 도덕성 (콜버그)
근본적 도덕명령	비폭력/배려	정의
도덕성의 요소들	관계들 자기와 타인에 대한 책임 배려 조화 동정심 이기심/자기희생	개별성의 존귀함 자기와 타인에 대한 권리 공정 상호성 존경 규칙/법칙성
도덕적 갈등의 본질	조화와 관계에 대한 위협	갈등하는 권리들
도덕적 의무의 결정 요인	관계들	원리들
갈등 해결의 인지적 과정	귀납적 사고	형식적/연역적 사고
도덕행위자로서의 자아에 대한 관점	연결된, 애착적인 자아	분리된, 개별화된 자아
정서의 역할	배려와 동정심을 동기화해 줌	구성요소가 안됨
철학적 정향	현상학적 (맥락상황적 상대주의)	합리적 (보편적 정의의 원리)
도덕성 발달 단계	개인의 생존 → 제1과도기 (이기심에서 책임감으로) 2. 자기희생과 사회적 동조 → 제2과도기 (선함에서 진실로) 3. 비폭력의 도덕성	1. 처벌과 복종 2. 도구적 교환 3. 인간 상호간의 동조 4. 사회체계와 양심의 유지 5. 선험적 권리와 사회계약 6. 보편적인 윤리적 원리들

(3) '도덕성 발달'에 대한 길리건과 콜버그의 차이점 (블럼)

① 도덕적 자아의 특성

길리건에게 도덕적 자아는 근본적으로 '어떤 위치를 잡고 있는 것'으로서, '특수화된 것'이지만 콜버그에게 도덕적 행위자는 특수화된 자아로부터 분리되어, 도덕적 입장(the moral point of view)이라 불리는 초연한 입장에 서서 판단하는 사람이다. 따라서 길리건이 제기하는 배려로서의 도덕성은 어떤 특수한 행위자가 그와 어떤 특수한 관계를 맺고 있는 사람들에 대한 염려와 배려라고 할 수 있다. 즉 '공정성으로서의 정의'가 다른 사람들을 매우 피상적(thinly)으로 보고 있는 반면에, 배려는 다른 사람들을 매우 심층적이고도 두텁게(thickly) 보고 있다.

② 도덕적 행위에 있어서 특수성의 문제

길리건에게 있어서 도덕적 주체와 타인들은 어떤 특수한 관계에 놓여져 있다. 자아가 그렇듯 주체에게 타인들은 특수화된 타인들인 것이다. 콜버그도 도덕적 주체와 타인들 사이에 특수성이 존재한다는 것을 인정하지만, 그러한 특수성을 도덕성 자체와 관련된다고 보지 않고 단지 개인적 태도와 감정으로만 파악했다. 하지만 길리건은 도덕적 행위자는 타인을 특수한 개인으로 이해해야만 할뿐만 아니라, 그러한 특수성을 고려하지 못하는 도덕적 행위는 불완전하다고 주장한다.

③ 도덕적 행위에 있어서 '타인에 대한 이해'의 문제

길리건은 도덕적 행위를 하는데 있어서 행위와 관련된 특수한 타인들에 대한 지식을 획득하는 것이 매우 어려운 일이며 특별한 도덕적 능력을 필요로 한다고 이해한다. 타인들의 욕구, 이익, 복리를 이해하는 것 그리고 행위자 자신과 타인과의 관계를 이해하는 일 등은 배려·감정이입·동정심·감정적 민감성 등을 통해 알 수 있는 타인에 대한 하나의 입장을 요구하는 것이다. 그것은 타인들이 나 자신과는 중요한 방식에서 다르며, 그들은 그들 나름의 권리에 의해 존재하고 있다는 것을 파악할 수 있는 능력을 포함한다. 따라서 그러한 능력은 단순히 내가 그러한 위치에 있다면 어떻게 느낄 것인지를 생각해보는 단순한 투사와는 분명히 다른 것이다. 콜버그 역시 역할 채택 능력에 대한 강조를 통해 타인의 입장에 대한 이해를 강조하기는 하지만, 그것은 타인에 대한 특수한 도덕적 입장까지를 요구하는 것은 아닌, 즉 행위자에 의한 상상적 경험의 문제에 불과한 것이다.

④ 도덕적 자아의 '자율성'에 대한 문제

길리건은 콜버그의 자율적 자아 개념에 반대한다. 콜버그는 칸트의 논리를 따라서 도덕성을, 개별적인 합리적 존재들이 스스로 법칙을 세우고 자신의 이성에 의해 만들어진 원리나 규칙에 자율적으로 따르는 문제로 이해했다. 반면에 길리건은 도덕행위자를 어떤 유대와 관계들(부모, 자녀, 친구, 동료 등)에 의해 한정된 행위를 하는 사람들로 묘사하고 있다. 더욱이 이러한 관계들은 상황에 따라 변하고, 어떤 관계들은 행위자 스스로가 만들어 놓는 것도 아니다. 따라서 길리건에게 도덕적 행위자는 완전한 자율적 존재라기보다는 어떤 관계나 유대에 의해 구속을 받고 있는 존재(encumbered self)라고 할 수 있다. 그리고 그러한 구속은 도덕 행위자와 특별한 관계를 맺고 있는 타인들이다.

⑤ 도덕적 행위에 있어서 '정서'의 역할

콜버그에게 행위 원리에 대한 도덕적 추론 양식은 형식적 합리성만을 포함한다. 정서는 도덕적 행위의 기원과 동기화(motivation)모두에 있어서 이차적 역할만을 수행한다. 하지만 길리건에게 도덕성은 인지, 정서, 행위가 상호 관련되어 있다. 무엇을 해야 할지를 아는 것은 타인들을 인지하는 것인데, 그러한 인지에는 감정이 반드시 포함될 수밖에 없다. 즉 배려의 행위는 감정과 이해를 표현하고 있다는 것이다.

⑥ 도덕적 행위의 '객관성'에 대한 문제

콜버그에게 행위의 원리는 보편적인 것이지만, 길리건은 한 개인에게 적합한 행동이 필연적으로 보편적이라는 사실을 거부한다. 하지만 이것이 개인적 주관주의나 상대주의를 옹호한다는 것을 의미하는 것은 아니다. 왜냐하면 길리건은 배려나 책임감의 개념들이 비주관적인 기준들을 제공해 주는 것으로 보기 때문이다. 그것은 특정한 개인이 자신이 놓여진 상황에서 취할 수 있는 적절한 행동에 대한 기준인 것으로서 행위자의 주관적이고 자의적인 판단에 따라 그 어떤 행위들도 용인되는 것은 아니다. 하지만 그러한 기준 역할을 하는 배려나 책임감의 개념들이 그 상황에서 모든 사람들에게 필연적으로 옳은 행동이 무엇인지를 제시하는 것도 아니다. 그래서 길리건은 콜버그처럼 '보편적'이라는 용어보다 '반응의 <u>적절성</u>'이라는 용어를 선호한다.

⑦ 도덕적 행위에 있어서 '원리'와 '관계'의 문제

길리건에게 도덕성은 사람들 사이의 구체적인 연관성(관계)에 대한 느낌과 직접적인 반응에 그 토대를 두는 것으로서, 도덕적 행위와 그 원리에 대한 신념보다 더 우선하며 중요한 것이다. 따라서 도덕적 행동은 특정한 사람들에 대한 그러한 연관성을 표현하고 지속시키는 것을 의미한다. 반면에 콜버그의 도덕적 관심은 도덕적으로 옳은 행위와 원리에 있으며, 타인들에 대한 도덕적 반응은 그러한 원리를 지지하는 것에 의해 매개되어지는 것이라고 할 수 있다.

(4) 배려윤리의 여성 심리학적 기초

길리건에 따르면 인성과 도덕발달에 있어 남성과 여성들이 차이를 보이는 이유는 어린 시절부터 인간관계에 대해 서로 다른 경험을 하기 때문이다.

① 유년기

일반적으로 여성들이 아동들을 돌보고 양육하는 사회적 환경 속에서 여아는 자신을 여성으로 인식하는 과정에서 어머니와 비슷하다고 느끼며 정체감을 형성하고 애착관계의 경험을 자신 속에 융화시켜가면서, 타인과의 관계와 연결 속에서 자신을 규정짓는다.

남아들은 자신을 남성적인 존재로 규정짓는 과정에서 자신을 어머니로부터 분리시키고 초기의 사랑과 공감적 유대감을 줄여가게 되며 더욱 개인화(individuation)되고 분화(differentiation)되는 방향으로 인성과 정체성을 형성하게 된다.

따라서 어린 시절부터 남성의 발달에는 분리가 핵심이 되고 그 성정체성은 독립, 개인화 등과 관련되는데 비해 여성은 관계와 연결이 핵심이 되고 성정체성도 타인과의 공감, 애착, 친밀성 등과 관련되게 된다.

② 중기 아동기

아동들의 놀이 특성 및 놀이와 관련된 규범 이해 속에서도 유년기의 양성 차이는 여전히 이어진다. 남아들은 갈등과 분쟁 해결함에 있어 규칙을 법적인 관점에서 적용, 운영하는 데 능하고 공정한 절차를 발달시키는 데 비해 여아들은 소위 법적 감각이 현저히 낮은 것으로 보이며, 규칙에 대해 실용주의적인 태도를 취하면서 보다 관대하고 예외를 인정하는 경향을 보인다.

이러한 현상은 여아들이 그들 나름대로의 특유한 도덕을 발달시키려하기 때문이다. 여아들은 친밀한 소규모 집단을 구성하여 놀면서 경쟁적이기보다는 협동적이고 독립적이기보다는 상호 의존적, 의사소통적이며, 추상적·형식적·일반적인 인간관계보다는 구체적·실질적·특수적 인간관계의 도덕을 발달시킨다.

남아들은 미드(George Herbert Mead)가 말하는 일반화된 타자(the generalized other)의 역할을 습득하는데 비해 여아들은 특수한 타자(the particular other)의 역할에 필요한 감정이입(empathy)과 감수성을 발달시킨다. 청년기에 이르는 동안 남성들의 정체성은 세계와의 관계를 통해 형성되고 여성들의 정체성은 타인들과의 친밀성의 관계를 통해 발달한다.

③ 청년기

여성은 청년기에 이르러 복잡하고도 문제가 많은 시기를 맞는데, 남성들 위주로 짜여진 사회구조와 문화 속에서 세속적 의미의 여성다움과 성인다움 사이에서 충돌을 경험하게 된다. 이 과정에서 자신들의 진정한 목소리를 잃어버리거나 의식적으로 억제하면서 스스로를 부정하거나 상실하는 아픔을 겪는다.

길리건은 이러한 과정을 '분열 내지 균열'의 경험으로 설명하는데, 이는 남성들만 여성들을 제외시키는 것이 아니라 여성들 또한 자기 자신을 제외시키는 것으로서 남성들에게서 일어나는 분리의 과정이 여성들에게는 내적인 분열 또는 심리적 균열로 귀결되는 단절의 과정이라 할 수 있다.

이 과정에서 여성들은 남성 위주의 사회적 압력에 매몰되는 여성, 단순히 세속적 의미의 착한 여자에 머물러 버리는 여성, 세속적 의미의 여자다움과 참된 의미의 주체적인 여자로서의 자아를 조화시켜 진정한 성숙을 이루는 여성 등 다양한 갈래의 발달 형태를 보인다.

길리건은 여성들의 진정한 발달과 성숙을 이루려면 남성 위주의 사회구조와 문화 속에서 여성들의 참된 자아와 위상을 찾고 자신들의 능력을 펼치면서 새로운 세상을 창조할 수 있는 여성들의 능동적인 참여와 활동을 통한 사회 변화를 이루어 나가야 한다고 주장한다.

(5) '연결과 관계'로서의 윤리

길리건은 콜버그가 사용했던 '하인즈 딜레마'를 사용해 남녀 도덕성의 차이점을 입증하려 한다. 하인즈 딜레마 속에서 제이크(Jake)는 그 딜레마를 인간관계와 관련된 일종의 수학 문제처럼 보고 논리의 힘에 준거하여 이성적으로 해결하려 한다. 하지만 에이미(Amy)는 하인즈와 아내와 약사 사이의 관계의 맥락에서 그 문제를 파악한다. 제이크의 도덕 세계가 논리와 법의 체계로써 비인격성의 세계로 구성되어 있다면, 에이미의 그것은 상호관계와 그 속에서의 의사소통 그리고 개별적이고 구체적인 인격성의 세계로 나타난다. 또한 제이크에게 도덕적 갈등은 권리와 이익의 다툼이고, 그 해결은 정의(正義)의 원리에 의한 논리적 추론에 의해 이루어지는 것이라면, 에이미에게 도덕적 갈등은 상호관계의 단절에서 발생하는 것이고 그 해결은 타인에 대한 온정적 배려와 타인의 복지에 대한 책임 그리고 의사소통으로 이룰 수 있는 것이다.

이를 통해 길리건은 '남성적 도덕'과 '여성적 도덕' 사이의 차이점을 규명한다. 남성의 도덕 개념은 정의와 권리의 언어로 구성되는 데 여성의 그것은 배려와 책임이다. 또한 남성의 도덕 갈등 해결 양식은 위계화된 기준과 논리적 연역, 대안들의 서열화 그리고 분리적·독립적 개인의 숙고에 바탕을 두는 데 비해 여성의 그것은 온정과 의사소통, 상호 연계성의 인간관계에 기초한다.

길리건이 관찰한 바에 의하면 남성들은 인생 중기에 이르러서야 친밀성·인간관계·배려의 중요성을 깨닫지만 여성들은 처음부터 그 중요성을 알고 실천한다. 더욱이 남성들 위주로 짜여진 세상에서 여성들은 양육자, 보호자, 보조자, 인간관계의 연계망을 짜가는 사람 등의 역할을 수행하면서도 남성들로부터는 저급하고 열등한 약점을 지닌 도덕성을 지닌 것으로 왜곡되어 왔다.

(6) '배려(보살핌)와 책임'으로서의 윤리

콜버그는 여성들이 대체로 도덕발달 3단계의 수준에 속하는 것으로 보았다. 그리고 인간 상호관계 속에서 도덕을 이해하며, 타인을 돕고 그들을 기쁘게 해주는 것을 선(善)으로 인식하는 이러한 수준은 미숙한 발달 단계로서 어떤 결함이 있는 것처럼 이해한다.

하지만 길리건은 콜버그의 여성 도덕 발달에 관한 판단과 해석이 잘못되었음을 지적하면서, 남성의 도덕이 정의와 권리, 논리적 추론과 규칙을 지향하는 데 비해 여성의 도덕은 온정적 배려와 책임, 의사소통과 관계를 지향하는데 이는 정의와 권리 그 이상으로 소중한 도덕적 가치와 의미를 지닌다고 역설한다.

그러면서 길리건은 여성의 도덕성이 지니는 특징을 다음과 같이 설명한다.

① 여성들은 인간관계라는 관련성 속에서 자신들을 규정지을 뿐만 아니라 타인들을 돌보는 능력과의 관련 속에서 자신들을 판단한다.
② 여성의 도덕성은 권리보다 책임을, 분리보다는 연결을, 개개인의 독립보다는 상호관계를 우선시 한다.
③ 여성에게 도덕적 문제는 권리들의 충돌이 아니라 책임들 사이의 갈등에서 비롯되는 것이며, 이를 해결하기 위해서는 형식적이고 추상적이기보다는 맥락적(contextual)이고 대화적(narrative)인 사고양식을 필요로 한다.

3. 배려도덕성의 발달 : 3수준 2과도기

배려의 도덕성 발달 단계	
제 1 수준	자기생존과 이기성
제 1 과도기	이기심 → 책임감
제 2 수준	책임과 희생
제 2 과도기	선함 → 진실
제 3 수준	비폭력적 배려

(1) 제1수준 (자기생존과 이기성)
- 자기중심성과 자기 이익 지향성이 주된 특징이다.
- 관심이 매우 실용적이며 자기 생존을 가장 우선시한다.
- 해야만 한다(should)와 하고자 한다(would) 사이에 구분도 없어서 자신이 원하는 것이 곧 선이고 도덕이라고 인식한다.

(2) 제1과도기 (이기심에서 책임감으로의 이행)
- 자기 관점이 이기적이라고 비판하는 관점이 나타나는데 이는 자아와 타인 사이의 연결에 대한 새로운 이해가 이루어지고 있음을 나타내는 것으로서 근본적으로는 책임의 개념에 바탕을 둔다.
- 이기심과 책임이라는 개념이 처음으로 대립하는 단계이다.
- 자기 이익에 대해 의미 규정을 다시 하는 가운데 자아에 대한 관점을 세우려 한다.
- 타인에 대한 애착 또는 연결이 첫 번째 과도기에서의 주요 문제로 등장한다.
- 당위와 원하는 것 사이의 차이점을 인식하고 때로는 당위가 원하는 것에 우선해야만 한다는 관점이 나타난다.
- 자기중심성에 비해 보다 성숙되고 분화된 자아개념을 지니고 타인에 대한 관심까지 고려하고자 한다.

(3) 제2수준 (책임과 자기희생)
- 인습적 의미에서의 선함과 타인에 대한 책임을 동일시하는 특징을 보인다.
- 선(善)이란 타인에 대한 배려와 같은 것으로 인식한다.
- 책임의 개념이 보다 정교화 되어서 자신에게 의존하는 사람과 자신보다 열등한 사람들을 보살피고자 하는 모성적 도덕성과 결합되어 나타난다.
- 모성적 도덕성이란 타인의 기쁨을 위해 자신의 바람과 욕구를 희생하는 것을 의미한다.
- 결국 2수준으로의 전환적 발달이란 이기심에서 자기희생적인 배려로서의 책임감의 등장이다.
- 이는 사회적 참여가 점차적으로 확대되면서 수반되는 것이다. 즉, 이 시기에는 기존 사회규범과 기대에 부응하고 동조하는 것이 도덕적이라고 인식하게 되는데, 사회규범 자체가 전통적으로 자기희생과 배려를 여성들의 덕성으로 간주하기에 자기희생적 배려를 선한 것으로 간주하게 된 것이다.
- 문제는 여성이 자기 자신은 배려의 대상에서 제외한다는 점에 있다. 즉 자기 희생과 자신의 이익을 타인의 이익보다 낮은 것으로 간주함으로써 자신의 가치를 배제시킨다는 점에 있어서 진정성에서의 결함과 불평등을 야기하게 된다.

(4) 제2과도기 (선함에서 진실로 : 동조로부터 새로운 내적판단으로의 이행)

- 인습적 의미에서의 순응을 배려와 동일시하였던 점, 자아와 타인 사이의 불평등이라는 비논리성을 전제로 했던 점 등을 반성한다.
- 사회적 순응과 동조에 의거하여 사고하던 정향이 내적 성찰에 의해 판단하는 방향으로 변화된다.
- 외적인 관계 속에서 자아 인식과 책임감 수용을 결정해왔던 이전과는 달리, 자신의 내면과 관련 속에서 결정하려 한다.
- 이는 선함(goodness)으로부터 진실함(truth)으로의 이행이라 할 수 있다.
- 타인의 필요와 그들에 대한 책임을 다하고자 하는 선함은, 자신에 대해서도 배려하고 책임지는 것이 솔직하고 진실되며 공정하기까지 하다는 내적 판단을 거쳐 새로운 선함과 책임감의 개념으로 발전하다.
- 즉 배려와 책임의 개념이 자신의 필요와 요구까지 포괄하는 수준으로 확대되는 것이다.

(5) 제3수준 (비폭력적 배려와 책임)

- 배려를 구성하는데 있어서 새로운 고려가 등장한다. 즉, 이기심과 책임감 사이에 조화를 이루는 방식을 발견하게 된다.
- 타인과 자신에게 해를 끼치지 않고 모두에게 고통을 최소할 수 있는 길을 모색하는 가운데, 여성의 전통적 덕목이었던 자기희생과 자기부정이 일종의 해로움을 끼치는 힘으로 작용된다는 점에서 이를 비도덕적 인습으로 간주하고 거부한다.
- 여성 스스로가 도덕판단과 의사결정에 있어 적극적이고 정당한 참여자가 되고자하며, 자신의 독립적 권리를 의식하고 주장하는 한편 타인들에 대한 책임 또한 동등하게 고려한다.
- 해로움을 가하는 것을 반대하면서 비폭력을 모든 도덕판단과 행위를 규율하는 도덕원리로 고양시킴으로써 여성은 자신과 타인 사이의 도덕적 평등을 주장하면서 양자 모두를 배려의 도덕 영역에 포함시킨다.
- 인간관계의 역동성에 초점이 맞춰지고 자아와 타인 사이의 상호 연계성에 대한 새로운 이해를 통해 이기성과 책임 사이의 긴장 관계를 해소하게 된다. 이에 따라 배려는 보편적 의무요 도덕원리가 되며 인습적 수준의 해석에서 벗어나 도덕적 문제에 대해 책임감 있게 결정하도록 하는 자기 선택의 원리가 된다.
- 3수준에서는 여성들의 자아에 대한 변화된 관점도 등장한다. 즉, 인습적 기대와 요구에 순응하는 희생적이고 자기부정적이며 봉사적 삶에 함몰된 자아가 아니라 반성적 자기성찰에 기초하여 재구성된 진정한 자기능력감과 자기존중감의 자아가 그것이다. 이러한 새로운 자아관에 입각하여 배려와 책임의 개념 또한 새롭게 구성된다.

4. 길리건 배려윤리론에 대한 비판

(1) 배려 윤리 그 자체에 제기되는 문제

① 배려윤리의 구체적인 내용이 무엇인지 불명확하다. 따라서 도덕적 문제들에 대한 명확하고도 적절한 판단이 어렵다.
② 배려 이외의 다른 도덕 영역이 배제될 가능성이 있다.
③ 특수한 맥락적 상황 및 그에 의거한 판단을 중시하는 관계로 윤리적 상대주의로 흐를 가능성이 있다.

(2) 성별에 따른 상이한 도덕성의 존재에 대한 의문

성차에 따라 서로 다른 도덕성을 발달시킨다고 보기는 어렵다. 따라서 길리건의 연구는 성차보다 성역할 정체성 측면에서 이해할 필요가 있다. 성차보다는 성역할 정체감에 따라 서로 구별되는 도덕적 성향이 나타난다는 주장은 얼마든지 수용가능하기 때문이다. 즉 남성적 성역할 정체감이 높을수록 정의의 도덕적 성향을 보이고 여성적 성역할 정체감이 높을수록 배려의 도덕적 성향을 더 많이 보이는 경향이 있다는 것이다.

(3) 인지발달론적 한계

길리건의 '배려 도덕성 발달론'은 콜버그의 도덕성 발달론과 맥을 같이 하며 구성되었기에 기본적으로 '인지적 도덕발달론'의 틀을 벗어나지 못하고 있다는 점도 한계로 지적된다.

(4) 배려의 도덕성 발달단계에 대한 콜버그의 비판

① 정의는 배려의 필수조건이지만 그 역은 성립하지 않는다.
② 정의와 배려는 다른 두 도덕적 정향으로 존재하는 것이 아니라 최상의 도덕성 발달 단계인 6단계에서 통합된다.

12 나딩스
CHAPTER

1. 나딩스 배려윤리의 특징

(1) 여성주의적 관점

나딩스는 자신의 배려윤리가 여성주의적 관점에서 비롯되는 실천윤리라고 규정한다. 기존의 윤리학이 무의식적으로 남성적 관점에 기초하여 기술되어져왔기에 이제는 의식적으로 여성적 관점에서의 윤리학이 기술되어져야 하고 여성의 경험에 의거한 윤리 및 도덕발달이 논해져야만 한다고 주장한다.

배려의 탐구는 도덕문제에 대한 하나의 대안으로서의 여성주의적 접근을 확립하기 위한 시도이다. 기존의 윤리학은 도덕원리의 수립과 그에 따른 논리적 추론에 집중하면서 주로 아버지의 언어 속에서 원리와 법칙, 전제와 논리적 정당화[36], 공정성과 정의 등과의 관련에만 관심을 보이는데, 이러한 윤리학은 궁극적으로 싸움과 죽임, 폭력, 만행 그리고 모든 종류의 정신적 고통을 수반하며 파멸로 흘러가게 된다. 이에 대한 대안이 곧 배려 윤리인 것이다.

여성이 남성보다 배려의 윤리에 적합한데, 이는 어머니-자식 사이의 심리학적 구조의 결과이다. 따라서 배려의 윤리는 어머니의 윤리라 할 수 있으며, 전통적 의미의 여성성 즉 수용성, 관계성, 반응성에 바탕을 두고 원리와 도덕적 추론이 아닌 '도덕적 태도'나 '선에 대한 열망'으로부터 시작하는 윤리라 할 수 있다.

(2) 추상적 원리와 정당화의 거부

나딩스에 의하면 도덕문제를 원리와 논증으로 보는 관점은 도덕문제를 수학적, 형식적 방식으로 해결할 수 있다고 보는 관점인데 이는 도덕적 문제 상황들이 새롭고 중첩적이고 복합적일 경우 도움이 되질 못한다. 원리를 전제하는 것은 원리가 아닌 쪽을 상정하게 만들면서 인간 사이를 분리(分離)하게 만드는 기능을 수행한다. 나아가 정확한 원리를 자신만이 가지고 있다는 생각 속에서 자신만이 옳다는 신념과 다른 쪽은 무가치한 것으로 그리고 자신과 다른 존재로 취급하게 만드는 위험성을 내포한다.

배려윤리는 윤리적 행위들을 안내하는 원리나 규칙들을 거부한다. 윤리적 배려는 규칙이나 원리에 의거하는 것이 아니라 '이상적 자아'의 발달에 의존하는 것, 배려하고 배려 받은 자신의 기

---

[36] 나딩스는 전제에서 출발해서 자신의 관점을 정당화하고 결론을 이끌어내는 방식과는 달리 서사적인 방식을 지지한다.

억 속에서 발달해 온 자아에 의존한다. 이에 비해 종래의 윤리학은 "나는 왜 도덕적이어야만 하는가" 그리고 "어떤 행위가 도덕적인가"에 대해 원리와 논증을 통해 정당화하려 한다. 하지만 도덕적 언어는 사실적 언어들과 같은 방식으로 정당화되는 것이 아니다. 그것은 도덕적 관점 또는 도덕적 태도(자연적 배려 위에서 정초된 합리적 태도)로부터 나오는 것이다. 그리고 그러한 도덕적 관점은 정당화의 문제가 아니다. 중요한 것은 '어떤 관점이 정당한가'가 아니라 '어떻게 다른 사람을 도덕적으로 만나는가' 하는 점이다. 즉 배려윤리에서 중요한 것은 배려에 필요한 행위를 정당화하는 것이 아니라 그러한 행위를 행하는 것이다.

(3) 보편성의 거부 (구체성·현실성·상황성·실천성의 강조)

배려윤리는 윤리의 성립 조건으로서의 '보편화 가능성'을 거부한다. 배려윤리는 '도덕판단이나 그러한 판단이 의무로 지정한 행위들'이 아니라 '타인들과의 도덕적 관계'에 관심을 두며, 나아가 인간들 사이의 만남이 지니는 독특성과 도덕적 만남에 포함된 주관적 경험 등을 근거로 인간관계의 보편성을 부정한다. 그러나 배려윤리가 윤리적 상대주의의 문제를 지니지 않는다고 주장하는데, 그 근거를 배려하는 태도의 보편성에서 찾는다. 즉 어린 시절 배려 받은 기억과 성장과정 속에서 배려의 태도가 보편적으로 자리한다고 전제한다.

나딩스의 배려윤리는 추상적 원리·정당화·보편성을 거부하면서 자연스럽게 도덕적 삶의 구체성·현실성·상황성·실천성 등을 강조하게 된다. (구체적 상황에 대한 강조) 즉 배려의 행위는 '타인의 원함과 욕구가 그가 놓인 구체적인 문제 상황의 객관적 요소들 모두와 관련을 맺으면서 이루어진다'는 점을 전제한다. 그리고 배려는 고정된 규칙에 의한 행위가 아니라 관심과 고려로부터 행하는 것이며, 배려하는 사람으로서 행위 하는 것은 구체적인 상황에서 특정한 사람에 대해 특별한 고려를 가지고 행위 하는 것이다.

이러한 배려윤리의 특성은 그 근거를 여성들의 도덕적 문제해결 경험과 태도에서 찾을 수 있다. 여성들은 가상적 도덕 딜레마에 부딪혀 도덕원리를 위계적으로 배치하고 논리에 의해 결론을 이끌어내는 것이 아니라 그 상황에 대한 보다 많은 정보를 요구하고 실제적 도덕 상황과 거의 같은 모습을 알아보기를 원한다. 또한 여성들은 그 상황에 관계된 참여자들과 대화를 나누고 그들의 느낌을 수용하고자 한다. 그리하여 결국 결정은 실제적이고 구체적인 상황 속에서 이루어지게 된다. 이처럼 여성들은 도덕 문제에 접근할 때 자신을 가능한 한 구체적인 상황에 위치시키고, 선택에 대해 개인적 책임이 있는 것으로 가정하는 특성을 보인다. 즉 여성들 스스로가 배려하는 사람의 입장에서 도덕 문제를 해결하려 노력하는 경향을 보인다.

이러한 배려의 입장과 태도는 기억들과 느낌, 능력 등의 복합적 구조로부터 활성화되는 것이며 이러한 배려에 기초한 도덕적 의사결정 과정은 추상화가 아닌 구체화의 과정을 필요로 한다.

(4) 자연주의적 윤리 (이성보다 감정의 중시)

자연주의 윤리란 도덕의 근원과 정당화를 인간의 자연적 성향, 심리적 기원 등에서 찾고자 하는 입장이다. 즉 '가치'를 인간 경험이나 자연 현상으로부터 끌어내고자 하며 도덕적 삶을 과학적으로 규명하고자 하는 관점을 취한다.

나딩스의 윤리가 자연주의적 윤리로서의 성격을 지닌다는 것은, '인간은 인간 존재로서의 배려하고 배려받기를 원한다는 사실'에 배려윤리를 정초시키려 하기 때문이다. 즉, 나딩스는 윤리가 인간의 공통된 욕구와 감정, 인식에 기초해야한다고 보면서, 인간에게는 배려하려고 하는 자연적 성향이 있는데 이는 모든 인간에게 보편적으로 볼 수 있다고 주장한다. 이처럼 배려윤리는 자연주의 성향으로 인간의 감정을 중시하는 방향으로 나아간다.

또한 나딩스는 오늘날의 윤리학이 이성 위주의 접근을 취하는 것은 남성적 특성을 나타내는 것이라 비판한다. 그리고 도덕원리와 도덕적 추론에 중점을 둔 이성적 윤리는 인간의 실제적 활동 영역과 그러한 활동 속에 내재한 감정, 느낌 등과 같은 정의적 측면의 요소들을 무시하고 단순한 토론 내지 논쟁 위주로 흘러가게 된다. 이에 대한 대안은 윤리적 행위들을 인간의 정서적 반응에서 발원되는 것으로 보고자 하는 배려윤리에서 찾아야 한다. 그리고 배려윤리는 여성들이 지니는 근본적인 감정들 즉 감응성, 관계성, 반응성에 기초한다.

(5) '연결'과 '관계'의 강조

나딩스는 길리건과 마찬가지로 '인간관계'와 '연결'에 도덕적으로 중요한 의미를 부여한다. 배려는 여성들의 성장과 삶의 경험을 대표하는 것으로서, 여성은 인간관계의 맥락 속에서 자신을 규정지을 뿐만 아니라 배려를 하는 자신들의 능력과 관련하여 스스로를 판단한다.

나당스에게 '관계'는 존재론적 기초이며 '배려'는 윤리적 기초가 된다. 관계가 존재론적 기초라 함은 인간의 만남과 정서적 반응이 인간 존재의 가장 기본적인 사실임을 의미한다. 배려 관계에 있는 사람들은 서로에게 공헌해야만 한다. 따라서 배려에는 상호성이 매우 중요하다. 배려받는 사람이 배려자에 대해 직접적으로 반응하면서 기쁨 또는 행복의 증대를 가져오는 것이 상호성이다. 상호성이 존재하지 않을 경우 연결은 무너지며 따라서 배려는 일어나지 않게 된다.

나딩스 배려윤리에서 '기쁨 joy'은 관계를 현실화하는 데 있어서 중요한 역할을 한다. 즉, 기쁨은 인간의 기본적인 정서이자, 배려가 수용됨으로 해서 나오는 특별한 감정으로서 배려하는 사람에 대한 중요한 보상이 된다.

또한 나딩스는 배려는 덕이 아니라고 강조한다. 윤리적 행동의 근원으로서 '윤리적 이상'의 중요성을 강조한다는 점에서 나딩스 역시 덕윤리를 옹호하는 입장이라 할 수 있다. 그러나 배려가 추상적으로 범주화되는 덕의 목록에 들어가는 것을 반대한다. 배려의 본질은 어디까지나 관계 속에서 찾아져야 한다고 보기 때문이다. 즉, 배려윤리는 배려를 개인적인 덕목이 아니라 '관계 상태' 또는 '관계의 질'로 규정한다.

하지만 배려를 덕과 관련짓는 것은 우리를 내면으로 향하게 하고 사람들 사이의 연결과 교류를 간접적인 것으로 만든다는 점에서 나딩스는 배려를 덕으로 보는 데 반대한다. 즉, '배려하는 사람의 윤리적 이상'에 의해 묘사되는 덕은 나와 다른 사람의 관계 속에서 실현되어야 한다.

이처럼 '배려는 덕이 아니라'는 주장은 배려를 덕성으로 상정할 경우 관계성이 소홀히 되거나 훼손될 것에 대한 우려와 더불어 덕목주입식 도덕교육의 가능성도 방지하고자 하는 의도에서 나온 것이다.

> 배려의 윤리가 덕 윤리로 여겨져서는 안 된다. 주어진 상황 속에서 배려를 하는 사람들은 분명히 덕을 실행하고 있는 것이다. 그러나 만약 그들이 그들 나름의 인격이나 덕에만 집중한다면, 배려의 수혜자 혹은 피배려자들은 소외되는 것을 느낄 수도 있다. 그러한 경우에 있어서 배려의 수혜자들은 더 이상 관심의 대상이 되지 않는다. 오히려 참을성 있고, 관대하고, 쾌활한 것과 같은 덕이 관심의 초점이 되고, 배려의 관계 자체가 위험에 처하게 된다.

2. 나딩스 배려윤리의 내용

(1) 배려의 의미

나딩스는 배려의 의미를 관계적인 것으로 정의한다. 즉 배려 관계는 두 존재 사이의 연결 또는 만남으로 규정된다.

> 배려는 자기 자신의 준거체제로부터 나와 다른 사람의 그것으로 들어가는 것을 의미한다. 우리가 배려를 할 때 우리는 다른 사람의 관점과 그의 객관적 필요와 그가 우리에게 기대하는 것을 고려하는 것이다. 배려하는 사람으로서의 우리의 주의력과 정신적 전념은 우리 자신에게가 아니라 '배려받는 자'에게 주어지는 것이다. 우리는 우리 자신을 위해 무엇인가를 성취하기 위해 배려의 행동을 하는 것이 아니라 '배려받는 자'를 보호하거나 그의 복지를 증진하기 위해 배려의 행동을 하는 것이다. '배려자'는 '배려받는 자'의 복지를 욕구하며 그의 복지를 증진하기 위해 행동한다.

(2) '배려자'와 '배려받는 자'

: 배려 관계는 '배려자(the one-caring)'와 '배려받는 자(the cared-for)'로 구성된다. 양자는 적절하게 서로에게 공헌해야만 하며 진정한 배려관계를 위해서는 다음과 같은 것들이 요구된다.

① '배려자'에게는 '전념(몰두)(engrossment)'과 '동기적 전이(motivational displacement)'의 의식 상태 내지 태도가 필요하다. 전념이란 '배려받는 자'와 느낌을 같이 하고 그에 대해 관심을 가지며 주의를 기울이는 것, 배려받는 자를 배려하는 사람 속으로 받아들이는 것을 의미한다. 동기적 전이란 배려자의 동기적 에너지가 배려받는 자에게로 흘러가는 것으로서, 배려자의 동기가 배려받는 사람과 함께 공유되는 것을 말한다.

② '배려받는 자'에게는 감수(reception), 인식(recognition), 반응(response)등의 의식 상태 내지 태도가 필요하다. 배려받는 자가 배려자의 배려를 수용하고 인식하고 인정하며 반응할 때 배려가 성립되고 증대되며, 배려받는 자의 이러한 태도가 결여되어 있을 때 배려는 형식적인 것이 된다.

③ 배려자와 배려받는 자 사이에는 상호성이 존재해야 한다. 즉, 배려자의 배려가 배려받는 자에게 수용되고 반응되어질 때 배려는 완성된다. 따라서 멀리 떨어져 있거나 잘 모르는 사람, 배려에 대한 응답을 할 수 없는 동식물 등에 대해서는 직접적인 배려의 의무를 인정하기 어렵게 된다.

④ 대신 나딩스는 배려의 '동심원(circle)'과 '사슬(chain)'이라는 관념을 통해 배려의 대상을 넓혀 나간다. 배려의 동심원에서 중심에 가까운 사람들일수록 친밀성과 배려의 정도가 높아지고 멀수록 낮아진다. 그리고 배려의 사슬을 통해 잘 모르는 사람이나 멀리 떨어져 있는 사람에게까지 배려가 연결될 수 있다. 하지만 이러한 설명은 애매한 점이 있을 뿐만 아니라 윤리적 의무를 직접적인 관계와 배려의 완성 가능성에 국한시킨다는 비판을 받는다.

(3) 자연적 배려와 윤리적 배려

: 나딩스는 배려윤리의 뿌리를 흄의 도덕감 이론에서 찾는다. 흄에게 도덕의 근원은 감정, 즉 자연이 모든 종에게 보편적으로 부여한 감정이다. 나딩스는 흄이 말하는 이러한 감정이 자연적 배려의 감정과 윤리적 배려의 감정이라는 두 가지로 구성된다고 이해한다.

① 자연적 배려(natural caring)

자연적 배려란 다른 사람을 위해 무엇인가를 자연적으로 하기 원하고 그에 따라 어떤 보살핌의 행동을 하는 경우를 말하는 것으로 전형적인 예는 어머니가 자식에 대해 취하는 보살핌의 행동이다. 즉, 자연적 배려 행위는 타인을 배려하고자 하는 자연스런 감정에 의해 동기화된 행위이지, 의무감에서 기인하는 윤리적 노력의 산물이 아니다. 따라서 자연적 배려에서의 당위란 의무의 인식이 아니라 일종의 정념 혹은 경향성으로 나타난다.

② 윤리적 배려(ethical caring)

윤리적 배려란 자연적 배려의 기억에 대응하여 일어나는 배려의 감정을 말한다. 우리가 타인의 곤란한 처지를 보고 우리 자신의 이기심과 갈등하면서도 배려하고 배려 받았던 최상의 순간을 기억함으로써 '배려해야만 한다'는 감정을 느낄 때, 이러한 감정을 윤리적 배려라 한다. 이처럼 윤리적 배려는 자연적 배려와는 달리 타인에 대해 느끼는 의무감에 대한 응답에서 나오는 것이다. 즉, 자연적 배려가 윤리적 노력을 필요로 하지 않는데 비해, 윤리적 배려는 도덕적이고자 하는 노력을 필요로 하는 것으로서 '의무'로 다가온다.

이러한 윤리적 배려의 감정은 배려하고 배려 받았던 최상의 기억들에 의해 유지되고 촉진되기에, 그러한 경험에 대해 숙고하면서 배려의 태도를 가지고 다른 사람에게 반응하기 위해 전념할 때 발달한다.

③ 자연적 배려와 윤리적 배려의 관계

나딩스는 윤리적 배려가 어떤 노력을 필요로 하는 것이라 해서 자연적 배려보다 우월하다고 볼 수 없다고 주장한다. 이는 옳은 행위는 사람의 감정이 아니라 의무의 인식에 기초하여 행위하는 것이며, 이런 의미에서 윤리적 행위는 자연적 행위보다 우월하다고 보는 칸트와 견해를 달리하는 것이다.
　나딩스에게 윤리적 배려는 어디까지나 자연적 배려에 의존하는 것이기에 자연적 배려보다 우월한 것이 될 수 없으며, 자연적 배려는 다른 사람을 직접적으로 위하고자 하는 본원적 감정이고 윤리적 배려는 본원적 감정을 유지하고자 하는 자아에 기초하는 것이기에 자연적 배려는 더 근원적인 것으로 간주된다.

> 관계윤리, 곧 배려윤리는 자연적 배려에 근거를 두고 있고 자연적 배려에 의존한다. 감정을 멀리하고 의무감에서 항상 행동해야 한다는 칸트의 입장과는 정반대로 배려의 관점에서 행동하는 사람은 의식적으로 자연적 배려를 유지하기 위하여 의무감에 호소한다. 그러므로 더 우월한 상태는 바로 자연적 배려의 상태인 것이다. 왜냐하면 자연적 배려의 상태는 배려자 뿐만 아니라 피배려자에게도 힘을 실어 주는 관계로서 훨씬 더 효과적이기 때문이다. 윤리적 배려는 자연적 배려에 예속되는 것이다. 자연적 배려는 윤리적 배려의 근원이자 최종 종착점이기 때문에 어머니와 자녀의 관계를 배려의 전형으로 사용하는 것이 더욱 합리적이다.

(4) 윤리적 이상

: 배려윤리는 규칙이나 원리가 아닌 '자아(自我)와 이상(理想)'에 기초한다. 즉, 행위의 동기와 의지 및 실천과 관련하여 윤리적 자아(ethical self)와 윤리적 이상(ethical ideal)이 중요한 위치를 지닌다.

① 윤리적 자아
　윤리적 자아란 실제적 자아와 이상적 자아 사이의 능동적 관계로 규정된다. 즉, 그것은 관계성에 대한 근본적 인식으로부터 태어나는 것이며, 나를 다른 사람과 자연적으로 연결해 주며, 다른 사람을 통해 나를 나 자신에게 재연결해 주는 것이다.
　또한 윤리적 자아는 다른 사람에 대한 배려가 실패할 때 나를 지탱해 주는 것이며, '배려하지 않는 자아'를 '배려하는 자아'로 넘어가게 해주는 것이다.

② 윤리적 이상
　윤리적 이상이란 최선의 자아에 대한 관점을 말한다. 즉, 친밀한 사람들뿐만 아니라 낯선 타인들에게까지도 배려의 감정을 생겨나게 하는 것으로서, 배려하는 사람이 자기 자신을 배려하는 자로서 유지하고 강화하기 위해서 노력하는 최고의 자아상, 즉 최선의 자아에 대한 관점을 말한다.
　이처럼 윤리적 이상은 배려하고 배려받는 우리들 자신의 최선의 모습을 가리키는 것으로서 두 가지 감정으로부터 비롯되는데 서로에 대한 공감적 '동정심'과 '배려를 유지하고 고양하려는 열망'이 그것이다.
　또한 배려 그 자체와 그것을 유지, 고양하려 애쓰는 윤리적 이상은 행동의 동기와 에너지를 제공한다. 즉, 윤리적 이상은 다른 사람들을 도덕적으로 만나고자 애쓸 때 이를 안내하는 역할을 한다. 나딩스에 따르면, 우리는 우리 행위를 지도할 절대적 원리들을 가지고 있지 않기에 우리가 의존해야 하는 것은 윤리적 이상의 본질과 힘이다. 자연적 배려가 일어나지 않을 경우 배려하고

자 하는 동기적 에너지는 자신의 윤리적 이상을 지향하는 마음에서 나온다. 그리고 이러한 '윤리적 이상을 증진하는 것이 도덕교육의 핵심 과제'이다.

(5) 선(善)과 악(惡)에 대한 새로운 해석

나딩스는 남성적 관점에서 잘못 규정되어진 선악관이 수정되어야 한다고 주장한다. 남성들에 의해 규정된 선악관을 '전사의 모델'이라 부르며 이에 따라 남성들이 보이는 용기와 충성심이 전쟁조차도 영예롭게 만들었다고 비판한다.

전사의 모델은 동시에 여성적 관점을 억압하고 진정한 의미의 선악 관념까지도 왜곡시켜 왔다. 예컨대 친절함의 덕은 적군에게 도움을 주는 경우처럼 전사의 모델에 배치될 때에는 악으로 간주되어 왔으며 연민, 반응성, 부드러움 등과 같은 여성의 덕들 또한 약함을 상징하는 것으로 평가되어져 왔다. 이러한 전사의 모델에 의해 왜곡된 선악 관념은 여성의 경험과 관점인 '어머니 모델'에 의해 새롭게 조명되어야 한다. 남성들이 악(惡)을 추상적으로 접근하는데 비해 여성들은 구체적으로 접근함으로써 악에 대한 분석에 있어 여성들이 유리한 위치에 있다. 이러한 관점에서 나딩스는 극복해야 할 악(惡)을 자연적·도덕적·문화적 세 가지로 구분한다.

① 자연적 악은 질병이나 화재, 지진과 같이 자연스럽게 발생하는 고통과 해로운 사건들을 말하며,
② 도덕적 악은 사람들이 의도적으로 또는 부주의로 인해 서로에게 행하는 해악을,
③ 문화적 악은 빈곤, 성차별, 전쟁 등과 같이 사회문화적으로 이념이나 사상, 제도, 관행 등에 의해 가해지는 해로운 악을 말한다.

이러한 악을 극복하기 위해서는 배려의 윤리가 고양되어서, 인간관계를 건강하게 유지하는 데 도움이 되는 정직, 우정, 교제 등 관계적 덕성들이 함양되어야 한다.

남성들에 의해 선(善)으로 간주되었으나 여성들이 보기에는 악(惡)이 되는 것들, 즉 분리와 인간 상호 관계의 무시, 인간 육체 및 욕구에 대한 불신과 학대, 타인과의 구체적인 관계가 아닌 추상적이고 의례적인 것에 대한 집착, 보편적 사랑만을 추구하여 인간적인 사랑을 배척하는 것 등도 극복해야할 대상들이다. 또한 남성들에 의해 약하거나 여성적인 것으로 폄하되어 왔으나 매우 중요한 선들도, 즉 사랑과 애착, 연민과 동정심, 함께 삶을 공유하고 가정과 공동체를 구성하는 것의 우월성 등도 고양되어야 한다.

(6) 배려의 대상들 (동식물 및 지구환경, 사물, 지식·사상에 대한 배려)

: 나딩스의 윤리적 배려는 그 대상을 사람에게만 국한 시키지 않는다.

① 사람에 대한 배려

먼저 사람에 대한 배려의 출발점은 자기 자신에서 시작한다. 즉 자기 자신의 육체적, 정신적, 직업적, 여가적 삶에 대한 배려가 도모되어야 한다. 이어서 친밀한 사람들에 대한 배려를 거쳐 낯선 사람과 멀리 있는 사람들에 대한 배려로 확대된다. 친밀한 사람에 대한 배려는 평등 관계와 불평등 관계로 구분된다. 배우자와 연인, 친구와 동료, 이웃에 대한 배려는 평등관계이지만 부모

와 자식, 교사와 학생들 사이의 배려 등은 불평등관계에 속한다. 그리고 낯선 사람과 멀리 있는 사람들에 대한 배려는 타 지역, 타 국가에서 어려움에 처해 있는 사람들에 대한 배려가 포함된다.

② 사람 이외의 대상에 대한 배려

동식물은 인간의 삶과 상호 의존적이라는 점에서, 더군다나 인간의 삶의 질이 다른 생명체를 양육하는 조건과 분리될 수 없다는 점에서 특히 배려가 요청된다. 나아가 자연환경 전체에 대한 배려를 위해 나딩스는 절제, 민감성, 책임 있는 삶의 자세를 강조한다.

그리고 나딩스는 인간이 만든 세상을 배려한다는 차원에서, 문화와 문명 발달 속에 만들어 낸 물건, 사물, 대상, 도구들도 배려의 대상에 포함시킨다. 따라서 이러한 사물들의 가치를 잘 인식하고 소중하게 다루며 유지 보수하는 일들에 의미를 부여한다.

마지막으로 나딩스는 아이디어에 대한 배려 차원에서 지식, 사상, 학문 등 인간의 사유와 지적 산물에 대한 배려의 필요성을 지적하며 교육의 중요성을 역설한다.

> **참고**
>
> **'윤리적 배려'와 '윤리적 이상'의 관계**
>
> 1. 자연적 배려에서 윤리적 배려로
>
> 나딩스는 사람이 윤리적으로 행동할 수 있게 하는 도덕성의 원천을 감정에서 찾는다. 감정에 기초한 자연적 배려(natural caring)에서 윤리적 배려(ethical caring)로 감정의 전이가 일어나는 것으로 윤리적인 것을 설명한다. 먼저 본능적 배려라는 정조(sentiment)가 있다. 이것은 어머니가 아이를 위해 돌보는 것과 같은 것으로 윤리적인 것이 아니고 자연적인 것이다. 두 번째 정조는 첫 번째의 정조를 기억하면서 생긴다. 우리자신이 배려하고 배려 받았던 최상의 순간을 기억함으로써, 다른 사람의 곤란한 처지를 보고 내 자신의 이익을 돌보는 것과 갈등하면서도 '나는 해야만 한다'라는 감정으로 내몬다. 이것은 학습의 전이에 비유할 수 있는 감정의 전이 같은 것이다.
>
> 나딩스가 말하는 '나는 해야만 한다'라고 하는 도덕적 명령은 의무에서 나오는 것이 아니라, 감정에 기초한다. 예를 들어 아이가 울 때, 엄마는 뭔가 해야 하는 것이 아니라 뭔가 하고 싶다고 느낀다. 어머니는 아이를 사랑하기 때문에 그 아이의 고통을 덜어주고 싶은 것이다. 이러한 감정은 내가 아플 때 나의 고통을 덜고 싶은 것과 마찬가지이다.
>
> 나딩스에게는 '나는 해야만 한다'가 의무적인 명령이 아니고, '나는 원한다'와 함께 일어나는 감정이며, 이것이 도덕적으로 행동하게 하는 원천인 도덕적 감정이다. 예컨대, 의자에 손발이 묶인 사람이 자유롭기 원하면서 뭔가 해야 한다고 할 경우처럼, '나는 해야만 한다'는 도덕적·윤리적 의무가 아니라, 욕망에서 나온 '나는 해야만 한다'이다. 따라서 배려의 근본적인 상황은 자연적인 것이다.
>
> 나딩스는 이와 같이 감정에 기초한 의무감을 충동으로 설명한다. 그러나 이것을 본능적인(instinctive) 것이라고 하지 않고 생래적(innate)이라고 한다. 본능적이라는 것은 숙고하는 의식이 없는 것처럼 되어버리기 때문이다. 생래적인 그 감정은 우리 안에 모두 있고, 배려관계가 발달하면서 점차 발달할 준비가 되어 있다. 나딩스는 도덕성을 향한 성향이나 도덕성에 관한 관심이 배려에서 나온다고 주장한다. 배려에서 우리는 다른 사람을 위해 뭔가를 하는 자연적 본능을 받아들이고 상대방에게 몰두한다. 우리는 그를

받아들이고 그의 아픔이나 행복을 느낀다. 그러나 우리는 이 충동에 빠지지 않고, 우리가 느끼는 것을 거절할 수 있다. 그러나 도덕적이기 원하는 강한 소망이 있다면 그것을 거절하지는 않을 것이다. 그리고 이 강한 도덕적 소망은 보다 근본적이고 자연적인 관계를 맺으려는 욕망에서 나온다. 그러한 욕망이 생기는 데 그 감정을 거절하는 것은 내적 불균형상태에 있는 것이거나 또는 고의로 윤리적 이상을 약화시키는 것이다.

'나는 해야만 한다'라는 감정이 일어나지 않거나, 그러한 내적인 속삭임이 흐릿해질 때가 있다. 아니 그런 경우가 더 많을지도 모른다. 그런데 왜 내가 이럴 때조차 상대방에게 도덕적으로 행동해야 하는가? 여기에 대하여 나딩스는 윤리적 이상(ethical ideal)에서 답을 찾는다. 배려윤리에서 우리를 도덕적이고 윤리적으로 안내하고 지도하는 것은 배려하는 사람의 윤리적 이상이다. 배려윤리에 기초한 도덕교육의 목표는 바로 이러한 윤리적 이상을 유지하고 고양시키는 것이다.

2. 윤리적 이상

왜 나딩스는 도덕적 행동을 안내하는 것으로 원칙 대신에 윤리적 이상에 의존하는가? 배려윤리는 논리나 추론을 피하는 것은 아니다. 우리가 배려할 때 무엇을 하고, 어떻게 하는 것이 최선인지 곰곰이 따지는 추론 과정이 필요하다. 배려하는 대상을 위해 최선을 다하고 싶기 때문에 그렇게 하려고 애쓴다. 우리를 동기화 하는 것은 이성이 아니다. 자연적 배려가 일어나게 하는 것은 상대방을 위한다는, 또 상대방과 함께 한다는 감정이다.

칸트는 이성을 감정의 우위에 두고 원칙에 따라 추론한 의무에서 행동한 것만이 도덕적으로 가치 있으며, 사랑, 감정, 성향은 믿을만한 것이 못된다고 한다. 그러나 배려윤리는 이러한 우위를 바꾸어 놓는다. 가장 바람직한 상태는 자연적 배려이고, 윤리적 배려는 그러한 자연적 배려를 회복하도록 하는 것이다. 이러한 차이가 칸트와 나딩스의 윤리를 다르게 만든다.

나딩스는 우리가 다른 사람을 배려하게 할 수 있는 힘을 보편적인 원칙에서 찾지 않는다. 우리가 남을 배려할 수 있는 것은 머리로 따져서 그렇게 하는 것이 아니라, 남을 배려하고 싶다는 감정에서 남을 배려하게 된다는 것이다. 이런 감정이 생길 수 있게 하는 것이 윤리적 이상이다.

윤리적 이상이란 배려하는 사람이 자기자신을 배려하는 자로서 유지하고 강화하기 위해 노력하는 최고의 자아상이다. 나딩스에 의하면 이러한 이상은 추상에 의해 얻어지는 것이 아니라, 우리가 관계를 맺고 살아가는 삶 속에서 이루어진다. 또 한 번에 완성되는 것도 아니고 끊임없이 이루어져 가는 것이며, 항상 깨지기 쉬운 위험에 노출되어 있다. 따라서 끊임없는 헌신과 노력이 요구된다. 이것은 최상의 상태에서 배려하고 배려 받았던 기억을 통해 강화된다. 내가 누군가로부터 따뜻한 배려를 받았을 때의 고마움과 기쁨, 또는 내가 누군가를 배려했을 때 상대방이 내게 감응해 오는 것을 통해 느끼는 보람과 기쁨 등이 이러한 윤리적 이상을 구성해간다. 이와 같이 구성되어가는 윤리적 이상이야말로 내가 계속해서 배려하는 자로서 살아갈 수 있게 해주는 근원적인 힘이다.

도덕적이기 위해 보편적인 원칙에 의존하지 않고, 윤리적 이상의 힘과 섬세함에 의존하는 것은 자연스럽게 도덕교육을 강조할 수밖에 없다. 우리 모두 교육적인 만남에서 그러한 이상을 길러야 한다. 우리는 서로서로 상호의존하고 있으며, 따라서 개인적인 선을 추구하는 데 있어서도 서로 긴밀하게 의존하고 있다. 내가 얼마나 착할 수 있는가는 상대가 나를 어떻게 받아들이고 나에게 어떻게 반응하는가에 달려있다.

다른 사람과의 관계에서 여러 가지 이유로 힘들게 갈등하면서도 '나는 해야만 한다'라는 감정에 따를 때, 우리는 이 최고의 자아상인 윤리적 이상에 안내되고 있는 것이다. 최고의 자아상은 내가 배려했던 또는 배려 받았던 것에 대한 기억일 수 있다. 또 배려하는 데 있어서 나보다 뛰어난 어떤 사람을 알고 있다면, 최고의 자아상에 대한 그림을 그리는 데 도움이 될 것이다. 또, 최고의 자아상은 내가 이미 했던 것에 제한 받을 수 있고, 우리가 할 수 있는 일에 제한 받기도 한다. 예를 들어 어떤 사람을 배려해야 할 것 같은 마음과 동시에 이것과 갈등하는 이기적인 마음이 들 때, 내가 존경하는 어떤 사람을 떠올리면서 배려하는 자로서 행동하거나, 또는 내가 남으로부터 배려를 받아서 기뻤던 경험을 떠올리며 배려할 수 있게 되는 경우를 말한다.

나딩스가 윤리적인 것의 원천을 신이나 이성, 자기 이익 등에서 찾지 않고, 대신 모든 사람이 가지고 있는 정조와, 그것에 대한 헌신, 그리고 그 헌신을 늘 새롭게 함으로써 가능한 윤리적 이상을 구성하는 것에 의존하지만, 배려윤리 역시 보편적인 것을 전제하고 있다. 배려윤리가 보편적이라고 말하는 것은 태어난다는 사실, 죽는다는 사실, 인간의 물질적 정서적 요구, 그리고 모두가 배려를 받고 싶어한다는 사실이다. 특히 '모두가 배려를 받고 싶어한다'는 사실은 배려윤리학의 근본적인 출발점이다. 이와 같이 배려윤리는 인간의 자연적인 상태에서 출발한다. 이 점에서 나딩스는 자신의 입장을 프래그머티즘적 자연주의(pragmatic naturalism)라고 한다. 인간의 자연적인 상태는 불쌍한 사람을 보면 측은한 마음이 들고, 도와주고 싶고, 보살펴주고 싶은 것이다. 그러나 나딩스가 성선설을 가정하고 있는 것은 아니다. 따라서 모든 인간이 항상 그렇게 행동하지 않는다는 점 역시 인간의 자연적 상태로 인정한다. '나는 해야해'라는 마음이 들지만, 곧 그렇게 하고 싶지 않은 마음과 갈등하게 되고, 그렇게 할 수 없는 여러 가지 이유를 찾기도 한다. 이때 나딩스가 요청하는 것이 윤리적 배려이다. 이것은 칸트가 보편적 원칙에 기초해서 '너는~해야만 한다'라는 식의 의무를 요청하는 것과는 다르다. 끊임없이 윤리적 배려에 헌신할 수 있게 하기 위해 도덕교육에 의지할 수밖에 없다.

추상적인 이성을 강조하는 도덕철학은 합리적인 행위자로서 자유롭게 원칙을 선택할 수 있게 하는 도덕교육을 강조한다. 그러나 도덕성의 원천을 만나는 사람과의 사이에서 갖게 되는 감정에서 찾는 배려윤리에서 도덕교육은 어떻게 하면 다른 사람과 공감할 수 있으며 배려하고 싶은 마음이 들게 하고, 그렇게 하지 않았을 때 마음이 편치 않고 부끄러우며 스스로 떳떳하지 않은 마음이 드는 사람이 되게 하는 것에 초점을 두게 된다. 다른 사람과 감정을 공유하고 공감할 때, '나'는, 칸트가 말하는 것처럼, 이 세계의 입법자로서의 독립적인 자아가 아니라, 나 이외의 사람들과의 관계 속에 있는 '관계적 자아'가 된다.

3. 나딩스의 배려윤리 교육 방법론

(1) 도덕교육의 본질과 목적

나딩스에게 도덕교육의 목적은 배려 관계와 배려하고자 하는 열망을 유지하고 증진시키는 데 필요한 태도와 기능들을 발달시키는 것, 즉 '윤리적 이상'을 고양하고 증진시키는 것이다.

(2) 배려윤리교육의 방법[37]

---

[37] 도덕성의 핵심 요소는 인간에 대한 관심과 배려이다. 그리고 그 인간의 범주에는 타인뿐만 아니라 자신도 포함된다. 성숙한 도덕성은 이처럼 자신과 타인을 균형 있게 배려하는 것을 의미한다. 이러한 수준 높은 도덕성을 함양하기 위해서는 무엇보다 다른 사람과의 따뜻한 대화를 경험할 수 있어야 하고 실제로 타인을 위해 봉사하는 실천의 기회를 가져보아야 한다.

① 배려윤리 교육을 위한 4가지 구성 요소
  ㉮ 모델링(모범 보이기) (modeling)
  배려할 수 있는 능력은 배려를 받아 본 경험에 달려있기에, 교사는 피배려자인 학생과의 배려 관계 속에서 배려하는 방법을 보여주어야 한다. 즉, 교사가 배려의 본보기를 보여주고 경험하게 하는 가운데 학생들이 본받게 하는 것인데, 배려의 태도는 말로 형성되는 것이 아니라 본보기를 통해 형성, 발달하는 것이기 때문이다.

  ㉯ 도덕적 대화 (dialogue)
  나딩스가 말하는 대화란 이해와 공감과 인식을 위한 공동의 탐색활동을 말한다. 도덕적 대화는 형식적 측면에서는 단순한 의견 교환이 아니라 대화의 상대자에게 중점을 두어 서로 격려하고 도와주며 인도하고 추종하는 것을 의미하며, 내용적 측면에서는 도덕적 문제들을 개방적인 방식으로 토의하는 것을 말한다.
  이러한 도덕적 대화에서는 분석적 추론보다 '대인 관계적 추론(interpersonal reasoning)'을 중시한다. 대인 관계적 추론이란 대화의 상대자에게 깊은 관심을 기울이며, 어떤 고정된 하나의 목표를 지니고 있지 않다. 즉, 대화의 결과나 의사결정이 어떻게 나타날지 모른다는 점에서 그야말로 개방적이다.(분석적 추론과의 차이점) 또한 토론에서 이기는 것을 목표로 하는 것이 아니라 서로가 만족을 줄 수 있는 방식에서 주어진 문제를 해결하기 위해 함께 활동한다는 사실 자체를 중요시 여긴다. (대립토의와의 차이점)
  이처럼 도덕적 대화는 서로에게 만족을 줄 수 있는 결론에 이르기 위해 대화의 참가자들이 서로에게 배려를 해줌과 동시에 그들 사이의 관계를 소중히 여긴다.

  ㉰ 실천 (practice)
  교사와 학교는 배려를 실천할 수 있는 다양한 기회를 제공해야 한다. 왜냐하면 학생들은 직접 배려의 행위를 실행해 봄으로써 배려를 더 잘 배울 수 있기 때문이다. 따라서 모든 교사는 각자의 전공영역을 초월하여 학생들에게 다양한 봉사활동의 기회를 제공한다든지, 교실 수업에서는 다양한 협동학습의 기회를 도입해야 한다. 학생들은 협동학습을 통해 배려의 핵심인 관계성에 대한 감각뿐만 아니라 반응성에 대한 감각도 얻을 수 있다.

도제식에 의한 실천학습	어떤 과제에 대한 관련 지식과 경험 및 능력이 풍부한 교사나 부모, 어른 등과 함께 그 지도와 안내를 받으면서 직접 보고 듣고 실천해 보는 가운데 익혀 가는 학습 방식이다.
공동체를 위한 봉사활동	인간의 상호 의존성에 대한 인식, 배려와 보살핌 속에서 더불어 함께 사는 동반자로서의 삶에 대한 체험을 의미한다.
협동학습	협동학습은 학생들이 서로 힘을 모으고 돕는 방법을 체득하며 배려를 실천적으로 경험하면서 관계성과 반응성을 증진시키는 데 기여한다.

  ㉱ 확언 (인정과 격려) (confirmation)
  확언이란 다른 사람의 좋은 장점을 찾아 인정하고 격려, 고무해 주는 행동을 말한다. 인정과 격려는 보다 나은 자아에 대한 비전으로서의 상승을 가져오며 학생들이 분리와 단절이 아니라 지속적인 관계 속에 남아 있도록 해준다.

이러한 인정과 격려가 제대로 역할하기 위해서는, 형식적이고 판에 박힌 격려가 아닌 진실성이 담긴 것이어야 하며 교사가 학생들의 재능과 소질, 적성, 장래 희망 등에 대해 잘 알고 있을 필요가 있으며, 교사와 학생 사이의 관계가 오래 지속되어 연속성이 유지될 필요가 있다.

② 학교 구조의 개선
㉮ 탈전문화

탈전문화란 교사들로 하여금 지역사회의 또 다른 교육자들이라고 할 수 있는 부모들로부터 단절되게 만들고 있는 특수한 언어를 제거하려는 시도이다. 탈전문화를 통해 교사들은 개별 학생들과 더욱 잦은 접촉 기회를 갖게 되고, 마치 어머니와 같은 태도를 갖고 학생들을 대함으로써 진정한 배려의 제공자가 될 수 있다.

탈전문화의 구체적 방안으로는 첫째, 일정 학생들로 하여금 한 교사의 지도 아래서 3년 동안 배우게 한다. 둘째, 3년을 지도한 교사는 1년 동안 현직을 떠나 교육과정 계획, 규율과 관련된 카운셀링, 장학사나 개별적인 학교 행정 업무에 종사하게 한다.

이를 통해 교수와 관리 사이의 벽을 해소하고 학교 안에 따뜻한 배려 공동체를 만들기 위한 구조적 여건이 마련될 수 있기를 기대한다. 즉 학교 경영과 관리를 교사들에게 전적으로 맡김으로서 학교 공동체 안에 위계적 질서 대신 순환과 연쇄라는 개념을 도입해야 한다는 것이다.

㉯ 학교 규칙의 개선

법과 규칙에 대한 단순한 복종은 도덕적 행동을 위한 신뢰할 수 있는 지침이 못되기에, 학교에서의 규칙을 단순히 위반 행위에 대한 처벌과 벌칙의 의미로 사용하는 기존 방식은 개선되어야 한다. 즉, 학교에서의 규칙은 제재가 아닌, 바람직한 행동을 위한 일종의 안내 지침으로서 활용되어야 한다.

4. 나딩스 도덕교육론에 대한 비판

(1) 남녀의 성차에 따른 도덕성의 차이

남녀의 성차에 따라 배려의 도덕을 보는 관점이나 배려의 성향 등에 차이가 있다는 식의 견해, 여성은 연결과 관계, 배려와 책임을 더 중시하고 남성들은 독립·분리·자율성 등과 더 관련 있는 것으로 보는 시각은 실증적 연구들에 의해 입증되지 않고 있다. 다만 성역할 정체감에 따라 정의나 배려 중 어느 한 쪽으로 더 가까운 경향을 보인다는 점은 인정된다.

여성이 더 배려적이고 남성은 배려받는 쪽이라든가, 남성은 이성적이지만 여성은 직관·감정·정서·배려 위주로 사회화되어서 그러한 능력을 주로 발달시킨다는 주장 또한 지나친 단순화이며, 사실은 남성과 여성 모두 이성 및 감성 능력들을 발달시키며 양자의 상호작용 속에서 도덕적 건강함을 유지해 간다고 보는 것이 합당할 것이다.

(2) 정의(正義)에 대한 배려의 우월성

나딩스는 배려가 정의(正義)의 필요성을 줄인다고 주장한다. 즉 사람들이 배려를 받는다면 갈등이 적게 일어난다고 보기 때문이다. 이러한 주장 속에는 배려윤리가 정의윤리에 대립되는 것으로 보며 배려가 정의윤리보다 우월하고 따라서 여성이 남성보다 도덕적으로 더 우월하다는 시각을 드러낸다. 하지만 배려와 정의는 보완과 통합의 관점에서 접근되어야 할 것이다.

(3) 도덕원리와 도덕판단의 부차성

나딩스는 도덕적 직관이나 감정, 도덕적 이상을 추구하는 자아의 힘을 중시하고 도덕원리를 부차적인 것으로 보는가 하면, 도덕적 문제해결에서 배려의 도덕적 태도와 관계 및 공감적 대화를 더 강조하면서 도덕판단을 소홀히 하는 경향을 보인다.

하지만 나딩스의 배려윤리도 '무엇을 해야만 하는가'와 관련하여 다른 존재의 입장과 처지에 공감하고 그의 복지 증진과 인간 완성을 고려하는 배려의 수행을 요구하는 바 이는 타인을 수단으로 대하지 말고 목적으로 대하라는 도덕원리와 별 차이가 없어 보인다.

나딩스가 중시하는 도덕적 태도라는 것도 이미 도덕판단에 전제되어 있다고 할 수 있다. 도덕판단을 위해서는 다른 사람들이 필요로 하는 것이 무엇인지를 확인하고 그에 적절히 반응하는 것이 무엇인지를 고려해야 하기 때문이다.

(4) 배려의 여러 특성들에 대한 의문들

배려는 상호적이어야 하며 배려에 대해 반응할 수 없고 그럼으로써 배려 관계를 완성할 수 없는 낯선 사람, 멀리 떨어져 있는 사람, 동식물, 자연 대상 등에 대해서는 직접적 의무가 없다는 주장, 자연적 배려와 윤리적 배려의 구분에서 가족과 친구 등 잘 아는 가까운 사람들에 대한 배려는 자발적인 것이고, 잘 모르는 사람에 대한 배려는 자발적인 것이 아니라는 견해, 배려자와 배려받는 자 사이의 불평등 관계를 전제로 하는 점, 도덕성 발달에 있어 사회 구조적 측면의 영향에 대해 소홀히 하는 점 등에 대해서도 문제가 제기된다.

도덕의 성립 조건은 그 대상의 반응 여부에 의해 좌우되는 것은 아니다. 배려의 대상이 누구든지, 어디에 있는지, 반응을 할 수 있는지 여부에 관계없이 배려는 도덕적 의무로 받아들여질 수 있고 배려의 자발성 또한 거리나 친밀함 정도보다는 배려 의지의 자율성 여부에 따라 판단되어야 한다.

또한 배려관계에서 불평등 관계를 인정하는 것은 그것이 배려자의 진정한 선의가 전제되지 않는 한 악용될 수 있고 또 지배 복종의 관계를 호도하는 등의 문제를 지닐 수 있기에 바람직한 견해는 아니다.

도덕과 도덕성은 사회적 맥락이나 정치경제적 측면과도 관련을 맺기에 배려자와 배려받는 사람과의 관계에만 중점을 두는 배려윤리론은 사회 구조적, 정책적 관점의 배려윤리론에 의해 보완될 필요가 있다.

(5) 배려는 덕(德)이 아니라는 주장

배려는 덕이 아니라는 주장은 배려를 덕성으로 상정할 경우 관계성이 소홀히 되거나 훼손될 것에 대한 우려와 덕목주입식 도덕교육의 가능성도 방지하고자 하는 의도에서 나온 것이다. 하지만 배려라는 덕은 그 속에 이미 배려의 능력과 관계성을 포함하기에 불필요한 우려로 보인다.

5. 배려윤리론이 도덕교육에 주는 시사점

(1) 도덕과 도덕성 및 도덕교육에 있어 관점의 확대

배려윤리는 도덕 및 도덕성 발달과 도덕교육에 있어 종래의 남성 중심의 편협한 관점에서 벗어나 보다 확대된 인식 틀을 형성할 필요가 있음을 시사한다. 그리고 배려윤리는 여성과 남성이 실제로 본질적으로 다른가 혹은 누가 더 나은가라는 문제를 제기하는 것이 아니라 남성의 경험이 모든 인간의 경험을 대변하는 것으로 상정되는 이론들, 여성의 삶과 목소리를 침묵시키는 이론들에 대한 문제의 제기로 이해되어야 한다. 즉 도덕문제에 대한 남성과 여성의 구분과 차이를 초월하기 위해 변증법적 대화의 필요성을 역설하는 것이다. 이러한 점에서 콜버그류의 이론에 의해 축소된 우리의 도덕 및 도덕교육에 관한 관점을 보다 확대하는 데 의의를 부여해야만 한다.

(2) 정의(正義) 지향의 윤리와 배려 지향의 윤리의 통합적 관점

배려윤리는 정의와 권리 중심의 도덕과 배려와 책임 중심의 도덕이 동등한 관심아래 통합적으로 다루어져야 함을 강조한다.

(3) 도덕교육에 있어 '배려윤리'적 관점과 요소들의 반영

정의의 도덕성과 배려의 도덕성을 조화롭게 길러가는 사람을 지향하는 도덕교육이 필요하다. 즉, 도덕원리와 도덕적 추론 및 합리적 도덕판단에 의거한 문제해결력 증진 못지않게 배려윤리에서 중시하는 인간 사이의 관계성, 상호 의존성과 유대감, 도덕적 감정과 정서, 도덕적 감수성, 관심과 염려, 연민과 동정심 등과 같은 성향적 요소들이 교육내용에 반영되어야만 한다.

(4) 배려윤리교육론의 접근법과 방법들의 활용

콜버그가 '정의로운 공동체 접근'을 제안하듯 배려윤리가 제안하는 '배려공동체'에 의한 도덕교육을 생각해 볼 수 있다. 즉 학급과 학교를 배려공동체로 운영하는 일을 연구하고 실행해 나가는 것이다.

'배려공동체'란 학생들의 체험적 학습을 통해 배려의 덕성을 길러가는 공동체를 말한다. 이러한 공동체를 운영하는데 유용한 방법들은 모범적 본보기, 대화, 실천, 인정과 격려 등의 방법이 권장되며, 배려에 관한 이야기 해주기와 글쓰기, 봉사활동, 친사회적 행동의 지도와 훈육 등도 좋은 방법이 될 수 있다. 아울러 사회윤리학적 관점에 입각하여 학급과 학교에 배려학습에 적절한 구조, 제도, 정책, 규칙 등을 마련하여 운영하는 것 역시 필요한 과제이다.

13 호프만

CHAPTER

1. 공감 이론

(1) 공감의 특성

호프만에 의하면 공감(empathy[38])이란 어떤 단서에 의해 타인의 정서·감정 상태를 직접 받아들이는 정서적 경험으로서 인간의 이타적 성향은 이러한 공감이라는 도덕적 감정에 의해 동기화된다. 따라서 공감은 순간적인 기분이나 심리적 상태가 아닌 이타적 행위나 친사회적 행위로 표현되는 지속적인 과정이다.

또한 이러한 공감은 타인에 대한 단순한 느낌이 아니라 타인의 정서를 더 깊이 파악하고자 하는 인지적 과정을 포함한다. 하지만 이러한 인지적 요소는 타인의 정서적 체험을 인지적으로 이해한다는 목적보다는 정서적 공감 반응을 조력한다는 차원에서 공감 과정에 포함된다. 즉, 공감 과정에서 인지 작용은 관찰 대상의 상황적 단서와 관찰자 자신 속에 각성된 공감 사이를 중개하는 역할을 하는 것이다.

이러한 차원에서 공감은 행위자의 정서적 능력뿐만 아니라 인지적 능력, 그리고 이타적 행위로 나타나는 행위 능력까지 모두 포함하는 것으로서 단순한 느낌이 아닌 능력의 의미를 담고 있는 개념이라 할 수 있다.

> **참고**
>
> **호프만(Martin Hoffman)의 '공감'(Empathy) 개념에 대한 이해**
>
> 호프만에 의하면 인간의 이타적인 성향은 '공감'이라는 도덕적 감정에 의해 동기화 된다. 호프만은 공감을 그 자신의 상황보다는 타자의 상황에 더 적절한 심리적인 반응이라고 정의한다. 이처럼 호프만이 공감을 자신보다 타자에게 더 적절한 정서적인 반응이라고 주장했을 때, 공감은 단순한 타자에 대한 느낌이 아니라 타자의 고통을 이해하고 구분하는 인지적인 느낌을 포함한다. 다시 말해 그가 주장하는 공감은 어느 정도 타자의 정서에 대한 '정확성'을 추구하며 타자와의 정서적 일치를 향해서 가는 '과정'이라고 할 수 있다. 정서주의자인 호프만은 공감 과정에서 타자의 정서를 더 깊이 파악하고자 하는 인지적인 과정도 배제하지 않는다. 따라서 공감과정의 중요한 측면은 서로 간에 정확한 이해를 제공하기 위해 공감의 인지적인 정확성의 측면을 강조하고 있다. 즉 타자의 감정이나 느낌을 대리적으로 느끼는 것을 말하며 공감자의 적극적인 자아의 역할이 강조된다.

---

[38] 사전적 의미로 공감(empathy)이란 무언가에 대해 타인이 느끼고 이해하는 바를, 타인의 관점에서 정서적으로 이해할 수 있는 능력을, 그리고 자신을 타인의 입장에서 상상할 수 있는 능력을 의미한다.

호프만은 공감개념을 초기에는 정서적인 것으로 정의하였다. 하지만 후기 입장에서는 이렇듯 자아의 발달에 따라 정서보다는 인지적인 요소를 더욱 강조하였다. 그러나 이 인지적인 요소는 타자의 정서적인 체험을 인지적으로 이해한다는 목적보다는 정서적 공감 반응을 조력한다는 차원에서 수용되고 있는 것이다. 이는 다시 말해 자신이 타자의 입장에 선다고 상상하는 것 자체가 하나의 인지적 과정으로써 공감적 각성을 촉발시키는 원인이 되며, 인지작용은 관찰 대상의 상황적 단서와 관찰자 자신 속에 각성된 정서 사이를 중개한다는 것이다. 또한 공감이 상대방의 느낌이나 상황에 대한 반응이라는 점을 고려해 볼 때 성숙한 공감자는 자신의 공감적 정서가 자신이 아닌 다른 사람의 느낌 및 반응에 대한 감응이라는 점을 분명히 지각할 필요가 있다. 이는 곧 공감자와 타자와의 분화정도를 나타내주는 인지적인 발달의 수준에 따라 영향을 받는다고 볼 수 있다. 다시 말해 호프만의 이론을 통해 나타나는 공감의 의미는 타자에 대한 적절한 정서적 반응으로 이해된다. 즉, 공감은 타자의 입장이나 관점을 느끼고 반응하는 것이다. 그러므로 공감은 타자와의 관계 속에서 발생하는 심리적인 상태라 할 수 있다.

그리고 호프만은 공감을 순간적으로 사라지는 기분이나 심리적 상태가 아니라 이타적 행위 혹은 친사회적 행위로 표현되는 지속적인 과정으로 간주한다. 또 공감을 할 때 타자의 정서를 정확하게 이해하고 판단할 수 있는 인지적 요소와 정의적 요소가 통합적으로 작용한다고 보고 있다. 따라서 공감은 행위자의 태도에 성향이나 자질로서 내재화 되어서 이타적 행위로 표현되어야 한다. 그러므로 호프만의 공감은 행위자의 정서적 능력과 인지적 능력뿐만 아니라 이타적 행위로 나타나는 행위적 능력을 포함하는 것으로 공감이 단순한 느낌이 아니라, 능력의 의미를 강하게 포함하고 있다. 호프만의 공감은 타자의 고통을 느끼는 것뿐만 아니라 이타적 행위로 나타나야만 하는 정서 상태인 것이다. 결과적으로 공감은 단순한 정서만의 문제가 아니라 감성과 이성이 합하여져 나타나는 것이다.

(2) 공감 각성의 5가지 양식 : 공감 발생의 다양한 메카니즘

: 호프만은 자신의 발달심리학에서 공감이라는 대리적인 감정이 각성되는 형태를 모방, 조건화, 직접적 연상, 매개적 연상, 역할 채택으로 유형화하였다. 피해자의 얼굴 표정, 목소리, 자세라는 단서들은 모방을 통해서 받아들여질 수 있다. 만약 유일한 단서들이 상황적인 것이라면, 조건화나 직접적 연상을 통해 공감적 고통을 느낄 수 있다. 피해자가 고통을 글로서 표현하거나 말로 설명한다면 관찰자들은 언어적 매개나 역할 채택을 통해 공감할 수 있다. 대부분의 상황은 한 가지 이상의 자극을 담고 있기 때문에 여러 가지 각성 형식들이 복합적으로 작용한다고 보는 것이 타당하다. 이들 각성 유형은 아동 발달 수준에 따라, 환경적 자극의 종류에 따라, 공감적 각성이 발생했던 아동의 과거 경험에 따라 다르게 나타나며 무의식적이고 초보적인 원초적인 공감 발생 양식 -모방, 조건화, 직접적 연상- 으로부터 점차 인지적으로 성숙된 발생 양식 -매개적 연상, 역할채택- 으로 변화해간다. 공감이 인지와 정서와의 상호 작용에 의해 일어난다고 할 때 공감의 발달은 미성숙한 각성의 형태에서 성숙한 각성 형태로 발달한다. 즉 공감의 주관적 정서의 경험은 점점 증가하는 그들 자신과는 구분되는 타인에 대한 인지적 분별이 발달하면서 성숙하게 된다. 호프만은 타인에 대한 인지적 분별이 성숙하면서 달라지는 공감적 각성 형태를 5가지로 제시한다.

원초적인 공감 발생 양식

표면적인 단서의 끄는 힘에 토대를 두는 수동적이고 무의식적이고 정의적 반응이다. 모방, 고전적 조건화, 직접적인 연상은 언어 이전의 양식들로 어린 시기에 특히 중요한 것이지만, 어린 시절을 지나서 계속 작동하고 생애에 걸쳐 공감에 중요한 비자발적 차원을 제공한다.

세 가지 양식의 공감은 가장 얕은 수준의 인지 과정을 필요로 하지만, 이 단순한 형태의 공감적 고통은 중요하다. 그것이 중요한 까닭은 인간은 다른 사람의 정서를 무의식적으로 어쩔 수 없이 경험할 수밖에 없기 때문이다. 인간의 고통은 종종 자기 자신의 고통스런 경험 때문에 생기기도 하지만 다른 사람의 고통스러운 경험에 따라서 무의식적으로 자기도 모르게 생기기 때문에 단순한 형태의 공감적 고통 발생 양식은 중요하다. 모방의 경우 미리 그 감정에 대한 경험을 하지 않고서도 고통스러워하는 다른 사람들이 느끼는 것을 함께 느낄 수 있도록 비자발적이고 재빠르게 작동한다. 다음 세 가지 양식들은 아동기에, 특히 얼굴을 마주하는 상황에서 공감을 불러일으키는 데 결정적이다.

① 모방

사람들은 그들 주위에 있는 사람들의 말하기 패턴, 즉 속도, 목소리의 높낮이, 리듬, 얼굴 표현, 목소리 자세를 자동적으로 닮으려는 경향이 있다. 발달연구자들은 출생한지 얼마 안 된 유아들이 다른 사람의 얼굴 표정을 모방한다는 것을 알게 되었다. 즉 유아들은 혀를 내밀고, 입술을 오므리고, 입을 연다. 출생 후 10주쯤에 유아들은 적어도 어머니의 행복과 분노의 얼굴 표정들의 기본적인 특징들을 모방한다. 그리고 9개월 된 아기들은 어머니의 기쁨과 슬픔의 표현들을 따라한다. 사실 사람들은 어떤 자각 없이 다른 어린이들과 어른들의 얼굴 표정들을 따라하는 자연적인 경향성을 가지고 있는 것처럼 보인다. 제임스 레어드(James D. Laird, 1974)는 실험 대상자들의 얼굴 근육의 활동을 연구하였다. 레어드가 발견한 것은 찌푸린 상황에 처한 사람들은 더 노여움을 느꼈고 웃는 상황에 처한 사람들은 다른 사람들보다 더 행복하게 느꼈다는 점이다. 관찰자는 처음에 자동적으로 다른 사람의 감정 표현을 관찰하고 모방하며, 그런 다음 두뇌가 업무를 인계받아 타인의 얼굴, 음성, 또는 자세를 통한 감정표현에서의 아주 미묘한 변화에 따라 자신의 얼굴, 음성, 자세에서의 변화들을 일치시킨다. 관찰자의 얼굴, 음성, 자세에서의 근육 조작의 결과적인 변화들은 타자가 느끼는 것을 느끼도록 만든다. 모방은 어린이들로 하여금 미리 그 감정에 대한 경험을 하지 않고서도 다른 사람이 느끼는 것을 공감하고 느낄 수 있도록 비자발적이고 재빠르게 작동한다. 고통스러워하는 다른 사람을 보는 즉시 오싹해지는 반응이 저절로 나타나듯 다른 사람의 상황에 적절한 반응을 즉각적으로 보여준다. "얼굴을 마주한 만남들에게서는 관찰자의 감정과 그 감정의 표현과 피해자의 감정과 그 감정의 표현 사이의 일치를 보증하는 유일한 공감발생 메커니즘이라는 점이다."(Martin L. Hoffman ,『공감과 도덕발달 -배려와 정의를 위한 함의들』, 68쪽.)

② 고전적 조건화

어머니와 유아 상호 작용에서 어머니의 감정들이 신체적 접촉의 과정에서 유아에게 이동되어 직접적인 육체적 조건화가 일어난다. 긴장과 불안을 느낀 어머니의 몸은 굳어질 것이고,

몸의 경직은 그녀가 안고 있는 아이에게 전달되어 아이도 근심을 경험한다. 어머니의 육체적 긴장이 직접적인 원인 -조건화되지 않은 자극- 이다. 동시에 만들어지는 어머니의 얼굴 표정과 말투는 조건화된 자극이 되는데, 그것은 이후에 신체적 접촉이 없을 때에도 어린이에게 고통의 감정을 불러일으킬 수 있다. 이 현상은 자극의 일반화를 통해 아이들은 어머니가 아닌 다른 사람에게서 받게 된 고통의 단서로 자기의 실제적인 고통을 짝짓게 된다. 어머니가 아기를 다정스럽게 안고 있으면서 얼굴에 미소를 머금을 때, 아이도 좋은 감정을 갖게 된다. 이후로는 어머니의 웃음만으로도 아이로 하여금 좋은 감정을 갖게 할 수 있다. 그리고 자극 일반화를 통해 다른 사람들의 웃음들도 그 아기가 좋은 감정을 갖도록 만들 수 있다. 고전적 조건화는 신체적인 접촉을 통하여 보호자의 정서적 상태가 유아에게 전달되는 현상에 기인하지만, 신체적 긴장과 동시에 만들어지는 얼굴 표정을 통해 조건화가 일어나므로 모방과 마찬가지로 얼굴 표정의 조건화라는 공통점을 가지고 있다. 그러나 모방은 피해자의 얼굴 표정에의 직접적인 반응인 반면 조건화는 피해자가 처한 상황에의 반응일 수 있다.

③ 직접적인 연상

직접적인 연상은 과거의 기억 속에 있는 고통스럽고 괴로운 경험과 연합하여 공감적 고통을 느끼는 현상을 말한다. 고통스럽고 괴로운 경험을 한 후 시간이 지나 우리는 비슷한 상황에 있는 누군가를 관찰한다. 그 사람의 얼굴 표정, 음성, 자세, 또 다른 단서는 우리에게 과거의 경험을 상기시키면서 고통의 감정을 불러일으킨다. 이 때 과거의 경험은 자신의 고통이 타자들의 고통의 단서와 실제로 짝지어지는 이전의 경험이 아니라, 단지 과거에 고통이나 불안의 감정들을 가졌기를 요구한다. 그런데 과거의 감정들은 그것들과 유사한 피해자들의 고통의 단서들이나 상황적 단서에 의해서 지금 불러 일으켜질 수 있다. 어느 정도의 시간적 분리 상태에서 나타나는 공감적 반응이라는 점 때문에 고전적 조건화와 구별된다. "조건화는 자신의 고통이 타자들의 고통의 단서와 실제로 짝지어지는 이전의 경험을 요구한다."

모방, 조건화, 직접적 연상은 중요한 공감 발생의 메커니즘이다. 그것들은 자동적이고, 재빠르게 작동하며, 비자발적이다. 어른뿐만 아니라 말배우기 이전의 유아들이 고통을 당하는 타자와 공감하는 것을 가능하게 한다. 얼굴을 마주 대하는 만남 상황에서 모방은 관찰자의 고통을 분명하게 공감적인 것으로 규정하고 조건화와 연상은 그 고통의 강도를 넓힌다. 모방, 조건화, 직접적 연상에 의한 공감은 수동적이고 비자발적이고 표면적인 단서에 토대를 두고 있으며, 가장 낮은 수준의 인지적 과정을 필요로 함에도 불구하고 강력한 공감 발생 메커니즘이다. 언어와 인지가 최소로 관계하기 때문에 피해자들의 단순한 정서에만 공감하게 만드는 제한된 공감 발생 메커니즘이기도 하다. 이러한 결함은 언어와 인지 발달에 의해 극복되어진다.

인지적으로 성숙된 공감 발생 양식

사람들의 생리적, 인지적, 구조적 유사성 때문에 동일하지는 않지만 유사한 사건들은 유사한 감정들을 촉발시킨다. 서로 다른 문화권의 사람들이나 거의 접촉하지 않은 사람들 사이에서보다, 특히 자주 접촉하는 사람들 사이에서 서로 공감하는 경향이 높다. 그러나 관찰자와 피해자의 삶의 차이점이 실제로 어느 정도 공감의 불일치를 가져오는 때도 있다. 이런 경우에 언어적인 매개와 역할 채택이 중심 단계를 차지하게 된다. 피해자의 말로 표현된 하소연, 피해자의 상태 또는 상황 조건에 대한 제삼자의 설명, 피해자에 관한 개인적인 지식 등에 의해 불러 일으켜지는 공감은 매개된 연상과 역할 채택처럼 더욱 복잡한 처리 과정을 필요로 한다. 언어적 매개와 역할 채택은 인지적으로 진전된 양식들로서 공감 능력의 범위를 확장시키고 현장에 있지 않은 타자에게 공감할 수 있게 한다.

매개된 연상은 피해자에게서 표현된 단서들이나 피해자의 상황으로부터 나온 단서들을 보고 자신의 고통스러운 과거를 연상하는 것인데, 여기서 연상은 피해자에게서 나오거나 피해자의 정보에 대한 의미론적 처리에 의해 매개된다. 역할 채택은 피해자가 받을 고통을 마치 자신이 희생자인 것처럼 상상하면서 그 사람의 입장에 서보려는 의도적인 노력에 의해 야기되는 각성 상태이다.

④ 매개된 연상

네 번째 공감 양식은 언어적 매개를 통해 발생한다. '암에 걸려서 슬프다'라며 피해자로부터 전달된 언어적 메시지들은 피해자의 감정과 관찰자의 경험을 연결해준다. 매개된 연상에서 피해자의 정의적인 고통 상태는 언어를 통해서 소통된다. 언어는 모델의 감정과 관찰자의 경험 사이를 조정하거나 연계한다. 해독된 메시지는 피해자의 얼굴 표정이나 자세 같은 시각적 이미지나 울음소리, 신음 소리 등의 청각적 이미지를 떠오르게 한다. 관찰자는 직접적 연상이나 조건화, 모방을 통해 먼저 시각적, 청각적 단서에 공감적으로 반응한다. 피해자들은 그의 감정을 '슬프다'란 언어로 기호화한다. 관찰자들은 이 기호화된 메시지를 해독하여 그들 자신의 경험과 연결시킨다. 그런데 이때의 '슬프다'라는 말은 다만 그 때에만 피해자의 감정들에 접근할 수 있는 일반적인 범주들이다. 관찰자는 메시지를 해독하면서 순서를 바꾸어서 그 말에 의해서 표현되는 감정의 일반적 범주로부터 그 자신의 특정한 감정과 그가 그런 감정을 가졌던 과거 사건으로 나아간다. 관찰자들의 감정은 피해자들의 감정과 많은 공통점을 가지고 있지만, 말로 기호화하고 기호를 해독하는 과정의 오류 때문에 공감적 정서를 멀게 만들기도 한다. 매개된 연상은 인지적으로 발달된 공감적 고통의 발생 메커니즘이다. 관찰자는 피해자의 입장에서 스스로를 상상한다. 피해자의 곤궁에 대한 지식과 이해는 공감적 정서를 강하게 만든다. 한편 기호화 된 메시지를 해독하는 과정에서 관찰자들은 공감적 정서가 약해지기도 한다. 피해자로부터 표현된 고통의 감정과 과거의 사건 때문에 갖게 된 본인의 특정한 감정이 다르기 때문이다.

⑤ 역할 채택

사람들은 고통을 당하는 누군가를 관찰할 때 동일한 상황에서 자신에 초점을 두어 나는 어떤 감정을 가지게 될지를 상상하거나, 피해자에게 직접적으로 초점을 두고 그가 어떻게 느낄까를 상상한다. 역할 채택은 타인이 받는 고통을 마치 자신이 그 희생자인 것처럼 상상하면서 그 사람의 입장에 서 보려는 의도적인 노력에 의해 야기되는 각성 상태로서 진전된 수준의 인지적 처리를 필요로 한다. 다른 사람의 입장에 서 보는 것이 다른 사람이 느끼는 것의 일부를 느낄 수 있게 만들 수 있다. "피해자의 입장에 서 있는 스스로를 상상하는 것은 피해자의 의미심장한 움직임들에 초점을 두는 것보다 더 강한 공감을 불러일으킨다." 그 까닭은 그것이 피해자의 정서 상태와 관찰자 자신의 곤궁 체계 사이를 직접 연결시키기 때문이다. 그러나 자기에 초점을 두는 역할 채택은 한계가 있다. 처음에 피해자에게 두어진 초점은 점차 자신에게 이동하여 자기의 고통스러운 과거를 되새기느라 피해자에 대한 공감의 과정을 중지시킬 수 있다.39) 한편 타자에 초점을 두는 역할 채택은 다른 사람의 내적 상태를 고려해야 하므로 더욱 인지적인 면을 요구하며, 따라서 나중에 획득된다. 피해자의 성격, 생활 조건, 유사한 상황에서의 행동에 대한 개인적인 정보와 그 타자의 상황에서 사람들은 어떻게 느낄 것인가에 관한 자신의 일반적 지식과 통합시키는 과정은 매우 세련된 인지적 성숙과 목적 지향적 행동을 요구하는 인지적 유형이다.

호프만의 공감 모형 속에서 인지적 역할 취하기는 중요하게 취급되고 있다. 그러나 이 "인지적인 요소는 타인의 정서적 체험을 인지적으로 이해한다는 목적보다는 정서적 공감 반응을 조력한다는 차원에서 수용되고 있다." 호프만은 공감이 인지, 정서, 동기적 요소가 복잡하게 관여하는 복합적 구성체이지만, 그 궁극적인 내용은 상대방의 느낌을 대리적으로 느끼는 정서적 각성 상태에 있다는 점과 그런 정서 상태를 야기하는 중간 매개 과정으로서의 인지적 역할을 강조하였다.

다섯 가지의 공감 각성 형식들은 분리되어 작용하지 않는다. 각성 형식들은 대부분 혼합되어 나타난다. 단 '신생아의 반동적인 울음'의 과정이 주로 유아기에 나타났다 사라지고, '역할 채택'의 경우 상당한 인지적 발달을 전제로 하므로 어린 아동에게 나타나기 쉽지 않다. 어떤 각성 형식이 작용하게 될 지는 전적으로 상황의 특성에 달려 있다. 대상자로부터 얻을 수 있는 피해자의 얼굴 표정, 자세, 목소리의 높낮이 등에서의 강한 표현적 자극이 주어진다면 조건화, 연상, 모방 등에 의해 관찰자들에게 전달될 수 있다. 그런데 감정의 이런 외적 표현들은 어느 정도 통제될 수 있고 타인의 내적 감정을 숨길 수도 있다. 피해자의 말들이 외적 표현으로 나타난 그들의 감정들을 속인다면, 그 어긋남은 관찰자들로 하여금 상태에 관한 감정의 더욱 정확한 평가를 요구하게 만든다. 감정의 외적 표현으로 나타나는 표현적 자극 단서와 언어 표현으로 나타난 단서를 함께 고려할 때 피해자의 고통에 정확한 정서적 반응을 할 수 있다. 그리고 그 반응이 얼마나 정확한가의 여부는 개인의 인지적 능력과 깊은 연관을 가지고 있다. 공감적 정서는 원초적인 메커니즘과 언어로 매개된 연상 둘 다에 의해서 생성되며, 대부분의 상황은 보통 한 가지 이상의 자극을 담고 있기 때문에 공감 각성의 여러 형식들이 복합적으로 작용한다.

---

39) 자기에 초점을 두는 역할채택은 한계를 지닌다. 피해자의 입장에 서서 그와 관련된 개인적인 기억들을 상기해 낼 때, 점차로 그 관심은 피해자에게서 그들 자신에게로 돌려버리게 되기 때문이다. 즉, 나의 고통으로 관심이 더욱 옮겨가게 되더라는 말이다. 이는 자신의 고통스러운 과거에 관해 되새기면서, 점차 자신이 관심의 중점이 되고 역할 채택 과정의 출발점인 피해자에 대한 공감은 중지되기 쉽다는 것이다. 이를 호프만은 '이기적 표류(egoistic drift)'라고 부른다.

(3) 공감적 고통

공감은 공감적 고통(empathetic distress)·동정적 고통·공감에 기반을 둔 죄책감을 모두 포함하는 개념이다.40)

① 공감적 고통이란 타자의 고통이나 불편함에 대한 부정적 반응이다.
② 동정적 고통은 고통스런 상태에 있는 타인에 대한 연민으로서 이러한 고통들은 친사회적인 도덕적 행동을 유발하는 동기로서 작용한다.
③ 공감에 기반을 둔 죄책감이란 타인에게 해를 입히는 반응 속에서 자신에 대한 부정적 반응, 즉 타인에게 해를 입히는 것에 대한 인식에서 유래하는 인간관계적 죄의식을 의미한다.41) 도와줄 수 있는 위치에 있는 방관자들이 공감적 고통을 일으키는 사건들을 수수방관한 것에 대해 책임감을 느끼게 되면 방관자들의 공감적 고통은 죄책감으로 변경된다. 그리고 이때의 죄책감은 미래의 유사한 상황에서 타인을 도우려는 친사회적 행위의 동기로 작용한다.

> **참고**
>
> **'공감에 기반을 둔 죄책감'**
>
> 공감에 바탕을 두는 죄책감(self-blame, guilt)은 다른 사람들에게 해를 끼치는 것을 포함한 범칙(transgression)들에서 **핵심적인 친사회적 동기**이며 매우 중대하다. 공감에 기반을 둔 죄책감은 다른 사람에게 해를 입히는 반응에서의 자신에 대한 부정적 반응이라 정리할 수 있을 것이다. 행동하지 않음에 대한 죄책감이 실존하고 친사회적인 도덕적 동기들로써 작동한다는 점을 시사하는 일화가 있다.
>
> "지난여름 나는 수영장에 있었다. 수영장에서 나오면서 나는 북적이는 사람들 가운데에서 울고 있는 세 살쯤 된 어린이를 보았다. 그는 계속 "엄마, 엄마"라고 말했다. 나는 그 어린이가 길을 잃은 것을 알았다. 나는 기분이 아주 나쁨을 느꼈고, 만약 내가 돕지 않는다면 누군가가 그 어린이를 데려가고 다치게 할 수도 있다는 등 온갖 생각들이 내 마음 속에 일어났다. 만약 내가 그 어린이를 돕지 않고 나중에 그 어린이가 죽었다는 것을 알게 된다면, 나는 망연자실하게 될 것이다. 그래서 나는 건너가서 그 어린이를 도왔다. 나는 그의 엄마를 찾았다."
>
> 여기 사례에 나오는 '나'는 결론적으로 친사회적인 도덕적 행위를 하였다. 그렇게 행동하기까지의 일련의 과정을 살펴보면 그 안에 공감이 있다. 계속 "엄마, 엄마"라고 부르며 우는 아이를 처음 관찰하였을 때의 나는 방관자이다. 그때 나는 기분이 아주 나쁨을 느낀 부분이 공감적 고통이라 생각해 볼 수 있다. 만약 내가 돕지 않았을 때를 생각하고 온갖 나쁜 상황들을 상상해보는 내면의 인지과정에서 공감이 비단 정서의 문제가 아님을 살펴볼 수 있다. 하지만 방관자들이 도와주고자 할 때에서조차, 그들은 우선 그 사건이 일어나는 것을 예방하기 위해서 어떤 일도 하지 않았다는 데 대하여, 그리고 망설였다는 데 대하여 자기 책임으로 돌리게 되고 이것은 관찰자의 공감적 고통을 죄책감으로 변경시킨다. 또한 이 때 느끼는 죄책감은 미래의 유사한 상황에서 도우려는 그들의 동기 부여에 도움이 될 것이다. 이 정도로 죄책감은 자기-강화이며 친사회적인 동기로서의 죄책감에 대한 더 이상의 '학습'에 도움을 준다.

---

40) 공감적 고통은 사회적 인지와 타인에 대한 지각의 발달과 함께 동정적 고통으로의 질적인 변화를 할 수 있다. 피해자의 고통에 공감적 고통을 느끼는 어린아이들은 자신의 공감적 고통을 줄이기 위해서뿐만 아니라 피해자에게 미안하기 때문에 그들을 돕고 싶어 한다. 따라서 이러한 유형의 공감적 고통들은 친사회적, 혹은 이타적 행위에 있어서 중요한 역할을 담당한다.
41) 프로이트에게 죄책감은 초자아를 갖춘 개인이 초자아가 부과하는 도덕적 규준을 위반할 경우에 발생한다고 보는 반면, 호프만에게 죄책감은 자기 자신이 누군가에게 손해나 상처를 주었다는 것을 스스로 인식할 때 느끼는 인간 관계적 고통을 통해 형성된다.

(4) 공감 발달 단계

발달 단계	특 징
전체적 공감	○ 자아와 타인을 구분하지 못하는 유아 단계로서, 자아와 타인을 구분하지 못하기에 타자들의 고통을 자신의 것인 양 반응한다. ○ 전체적 공감은 자신이 타인과 분리된 존재라는 의식이 거의 없기 때문에 성숙한 공감적 반응이라 할 수 없지만, 공감을 성숙시키는 전조이다.
자기중심적 공감	○ 이 단계에서 아동은 자신과 타인을 신체적으로 구분하기에 타인의 고통을 타인의 것으로 인식할 수 있다. 하지만 타인이 곤경에 처해 있다는 것을 식별할 수는 있으나, 타인의 내적 상태가 자신의 것과 동일한 것으로 가정한다. 즉, 공감에 의해 동기화된 행위는 친사회적 행동이기는 하나, 아동은 타인의 내적 상태에 대해서는 혼란을 일으키고 있으며, 그에 대한 반응 역시 자기중심적이다.
타인의 감정에 대한 공감	○ 이 단계에서 아동은 타인의 감정이 자신의 것과는 다르며, 상이한 욕구와 관점에 근거해 있음을 인식한다. ○ 언어 사용의 발달을 통해 크고 보다 복잡한 감정의 범위들을 공감한다. 즉 아동은 피해자의 고통뿐만 아니라 도움을 받지 못한 타인의 욕망까지 공감할 수 있다. ○ 언어 사용의 발달과 더불어 아동의 역할 채택 능력도 발달한다. 따라서 타인의 주관적 경험을 정확하게 추론할 수도 있고, 더욱 상황에 맞는 적절한 반응도 할 수 있게 된다.
타인의 삶의 조건 (상태)에 대한 공감	○ 이 단계에서 아동 혹은 청소년은 자신과 타인을 개별적인 역사와 정체성을 지닌 개인으로 이해하기 시작한다. ○ 이 시기 동안에 공감은 타인이 처해있는 전체적인 상황이나 타인의 복지 상태에 대한 이해에 의하여 촉진된다. ○ 타인의 독립된 정체성을 인식하고, 타인의 쾌락과 고통을 현재의 상황뿐만 아니라 보다 큰 삶의 체험 속에서도 경험한다는 것을 자각한다. 따라서 아동 혹은 청소년은 이러한 자각에 근거하여 보다 강화된 공감적 반응을 행한다. ○ 아동은 타인의 고통 수준이나 궁핍 수준을 개념화할 수 있기에, 사람들의 집단이나 계급에 관한 사회적 개념들, 즉 빈곤층·장애인·혜택을 받지 못한 사람들·무주택자와 같은 사람들의 집단이나 계급에 관한 사회적 개념들을 형성할 수 있다. 따라서 이 시기 동안에 공감은 타인의 삶이 처한 전체적인 상황이나 타인의 복지 상태에 대한 이해에 의하여 촉진된다.

이처럼 공감은 자신이 타인과 분화되는 과정을 중심으로 타인에 대한 인지적 이해의 발달과 맥을 같이하여 발달한다. 즉, 공감이라는 주관의 정서적 경험은 타인에 대해서 점진적으로 발달하는 인지를 매개로 하여 발달한다.

따라서 공감 발달은 정서로서의 공감과 타인에 대한 인지적 의식의 통합을 요구한다. 이러한 통합은 '감정과 인지'의 상호작용적 통합이다. 즉, 관찰자 내부에서 발생하는 공감의 단서는 타인의 상태에 대한 인지적 정보의 구실을 하며, 타인의 상태에 대한 인지적 이해는 관찰자의 공감적 반응을 일으키는 역할을 하는 것이다.

> **참고**
>
> ### 타자의 삶의 조건들에 대한 공감(Empathy for another's life conditions)
>
> 아동기 후반 또는 청소년기에 이르면 자신과 타자를 개별적인 역사와 정체성을 지닌 지속적인 존재로 바라보는 자아와 타자의 개념이 생겨난다. 따라서 이때의 아동은 타자의 인생 전반에 걸친 경험에 비추어 판단하게 된다. 예를 들어, 인종과 관련된 문제에서 흑인 실험 대상자는 흑인들에게 구걸하지 않은 도움을 받았을 때는 그렇지 않지만, 백인들에 의해 구걸하지 않은 도움을 받았을 때는 자존심이 손상되었다.
>
> 위의 사례와 관련하여 호프만은 도움이 필요한 사람들이 항상 도움받기를 원하는 것은 아니며 실제로 도움을 받는 데 상반되는 감정을 가진다고 보고 있다. 이런 상황을 이해하고 공감하는 수준이 바로 타자의 삶의 조건들에 대한 공감(Empathy for another's life conditions)단계라는 것이다.

> **참고**
>
> ### 공감 발달 6단계 (각성 방식이 인지 발달과 결합하면서 형성)
>
> 호프만은 자신의 초기 이론에서 공감 발달을 3단계로 제시했지만, 후기 이론에서는 미성숙 단계(1~3단계)에서 성숙한 단계(4~6단계)에 이르는 총 6단계를 가정하고 있는데 이러한 단계의 계열성이 콜버그처럼 불변적인 것이라고 명시적으로 주장하지는 않는다.
>
> **미성숙 단계: 포유류 공유**
>
> ① 1단계: 전체적 공감(신생아의 반응적 울음)
>
> ② 2단계: 자기중심적 공감(타인의 고통과 공감적 고통 혼동. 자신의 위안을 추구할 수도 있지만 고통받는 다른 사람에게 끌림)
>
> ③ 3단계: 유사 자기중심적 공감(타인의 고통을 구별하지만, 자신을 위로하는 방식으로 타인을 위로)
>
> **성숙한(정교하거나 분별력 있는, 확장된, 진정한 동정적 관심의) 단계: 인간 특성**
>
> ④ 4단계: 현실적 공감(어떤 상황에서 다른 사람이 느끼는 것 또는 일반적으로 느낄 것 같은 것을 느낌)
>
> ⑤ 5단계: 당면 상황을 넘어선 공감(타인의 비참한 삶의 조건과 미래 전망에 대한 느낌)
>
> ⑥ 6단계: 집단에 대한 공감(고통받는 집단의 삶의 조건과 미래 전망에 대한 느낌)

(5) 공감에 기반을 둔 죄책감의 발달

발달 단계	특 징
전체적 공감	아주 초보적인 죄책감만을 경험한다.
자기중심적 공감	아동의 공감적 고통은 자신들이 누군가에게 해로움을 입히고 있다는 것을 지각함으로써 죄책감으로 변형된다.
타인의 감정에 대한 공감	아동이 타인도 내적인 상태를 가지고 있다는 것을 인식함으로써, 즉 고통스러운 내적 상태를 갖고 있는 타인을 인식함으로써 경험하는 공감적 고통은 자신의 행동이 그러한 상태에 대하여 책임이 있다고 개인적으로 여길 때에는 언제나 죄책감을 유발한다.
타인의 삶의 조건(상태)에 대한 공감	다른 사람들이 지금 당장의 상황을 넘어선 어떤 동일성을 지니고 있는 것으로 인식될 때, 그들의 불행에 대한 자신의 공감적 반응은 타인의 곤경에 대한 자신의 책임을 고려하는 것에 의하여 혹은 타인과 관련하여 상대적으로 유리한 자신의 입장을 비교하는 것에 의하여 죄책감으로 변형된다.

2. 뜨거운 인지 : 인지와 공감의 통합 가능성

: 호프만에 의하면 인지와 정서는 공감이 지니는 편향성을 극복하고 불편부당성을 획득하는 과정에서 서로 연결된다.

(1) 공감의 한계 : 공감 편향

공감은 그 자체만으로는 두 종류의 편향을 지닌다.

① '친숙-유사성' 편향	자신과 친숙하거나 자신과 유사한 피해를 입은 사람들에게 더 공감적으로 반응한다.
② '지금-여기' 편향	현재 자신의 눈으로 확인되지 않거나 미래에 일어날 타인의 고통보다는 현재 자신이 직접 관찰할 수 있는 타인의 고통에 더욱 민감하다.

따라서 자신의 행동에 영향을 받을 수 있는 모든 사람들에 대해 동등하게 고려하는 평등한 숙고와 불편부당성을 획득하는 데에는 탈중심화와 같은 인지적 과정의 개입이 필수적이다. 이러한 관점에 근거하여 호프만은 도덕원리와 배려·공감·정서를 포괄하는 이론적 틀을 제시하면서 도덕원리가 뜨거운 인지가 될 수 있다고 주장한다.

(2) 뜨거운 인지

'뜨거운 인지'란 추상적으로 학습된 차가운 도덕원리가 공감적 정서와 결합하여 달구어지는 것을 말한다. 즉, 도덕원리가 희생자, 사건, 기억들, 범죄자, 행동 등 몇몇의 정서적으로 부과된 설명들과 결합함으로써 뜨거운 인지가 된다는 것이다. 이처럼 '도덕원리'와 '공감적 정서'가 결합하게 되면 도덕원리는 주어진 사건에 대한 개인의 정서적 반응을 조절하게 되고, 공감적 정서는 개인이 도덕원리에 좀 더 전념할 수 있도록 만들어 준다. 이로 인해 개인은 협소한 이기적 충동에서 벗어나 지속적이고 안정적으로 도덕적 행위를 하게 된다.

호프만은 이처럼 공감적 정서에 의해 인지가 도덕적 힘을 얻는 방식으로 인지와 정서가 결합할 때 인간은 보다 완전하게 도덕적 행동을 수행하게 된다고 본다.

> **참고**
>
> ### 공감의 또 다른 한계 : 공감 과잉 각성
>
> 호프만은 공감의 한계로 '공감 과잉 각성'과 '공감 편향'을 지적하고 있는데, 이러한 한계는 친사회적 행동에 대한 공감의 기여를 감소시킬 수 있다. 공감 과잉 각성(empathy over-arouse)이란 고통의 단서들이 지나치게 강렬하고 두드러지면, 관찰자의 공감적 고통이 개인적인 고통의 감정으로 변형되는 것을 의미한다. 즉, 관찰자의 공감적 고통이 인내할 수 없을 정도로 고통스러우면 개인으로 하여금 공감적 분위기를 벗어날 수 있게 하는 무의식적인 과정인 '강렬한 개인적 고통의 감정으로의 변형'이 일어날 수 있다는 것이다. 이것은 호프만의 공감적 각성 방식 중 자기중심적 관점채택(다른 사람의 상황에 있는 자신을 상상하는 것, 즉 자기초점화)의 문제점인 '이기적인 표류'에 의해 일어나는 것이다. 특히, 사회복지사들, 말기 암 환자들과 매일 상호작용하는 건강 관리 종사자들, 피해 상담자들 등이 과도한 공감적 각성을 반복적으로 경험할 수 있다. 이러한 사람들 가운데 일부는 공감 과잉 각성으로 인해 '대리로 하는 정신적 외상 장애'나 '연민 피로(compassion fatigue)'를 겪을 수 있다.
>
> 이러한 공감의 한계는 흔히 '공감의 불행한 특성'으로 특징지어져 왔다. 예를 들어 공감 과잉 각성의 경우, 즉 호프만이 지적한 바와 같이 다른 사람의 고통에 대한 지나치게 강렬하거나 거대한 징후는 관찰자로 하여금 감당하기 어려운 고통을 회피하도록 만들어 결국 관찰자의 공감적 고통이 효과적인 도움 행동으로 나아가지 못하게 만들 수 있다. 이러한 공감 과잉 각성은 공감의 각성 수준이 자기조절 능력에 의해 영향을 받는 만큼 전전두엽의 성숙 및 자기조절적 과정의 발달에 의해 극복 가능하다.

3. 공감 발달을 위한 도덕교육 방법과 귀납적 훈육

(1) 아동에게 광범위한 정서적 경험을 할 수 있는 기회를 제공한다.

(2) 아동의 주의를 타인의 감정으로 이끈다. 즉 타인의 고통을 강조하거나 또는 피해자의 입장을 채택하도록 고무하는 훈계 기법을 활용한다.

(3) 아동들을 역할 채택을 위한 기회에 참여시킨다. 즉 타인에 대한 적절한 정서적 반응인 공감 능력의 발달을 위해서는 자신과 타인을 이해하거나 매개할 수 있는 경험이 필요하고 어떤 행위를 하는 것이 바람직한 것인지 판단할 수 있는 능력도 필요한데 그러한 능력이 바로 역할 채택이다.

(4) 아동들에게 타인들의 요구에 눈뜨게 하고, 자신의 욕구에만 몰입하지 않도록 하는 데 도움을 주기 위해 많은 애정을 제공한다.

(5) 아동들을 이타적이며 동정적 감정을 표현하는 모델에 자주 접하게 한다.

(6) 부모에 의한 사회화는 공감 반응을 발달시키고 이기적 욕구와 열망을 극복하는 데 있어 매우 중요한 역할을 한다. 따라서 부모는 '귀납적 훈육'을 통해 아동의 공감 발달을 도모해야 한다. 귀납적 훈육이란 타인에 대한 부정적 효과를 강조하는 것을 통해 아동의 행동을 바꾸기 위한 부모의 중재 기법으로서 이와 관련된 부모의 역할은 다음과 같다.
  ① 부모는 아동의 행동이 타인에게 미칠 결과에 관심을 가지도록 함으로써 피해자에 대한 공감적 인식을 촉진시키는 타인 지향적인 관심을 증진시켜야 한다.
  ② 부모는 질문을 통해 규준과 기준에 대한 적절한 논리를 부여함으로써 자녀에게 도덕 규준을 내면화하고 잘못된 행동에 대한 적절한 죄책감과 피해자를 공감할 수 있는 능력을 발달시켜야 한다.
  ③ 부모는 규범에 대한 행동적 순종을 요구해야 하며, 그 후에 적절한 귀납적 설명을 부여해야 한다. 즉 아동은 규칙에 우선 순종해야 하고, 그 후 아동에게 순종을 뒷받침하는 논리가 설명되어야 한다.
  ④ 부모는 분명하고 합리적인 규칙을 만들며, 그 규칙을 위반했을 때에는 귀납적인 설명 방식에 의한 엄격한 도덕적 구속력으로 제재를 가한다.
  ⑤ 부모의 귀납적 훈육은 온화한 강제의 맥락 속에서 이루어져야 한다.

> **참고**

'귀납적 훈육'의 지·정·행(知·情·行)적 요소

호프만은 일반적인 훈육기법으로 '애정철회(love-withdrawal)'(자녀가 잘못된 행동을 한 후에 애정을 보류하거나 부모로부터 애정 상실에 대한 아동의 불안감을 유발시키는 것)나 '힘에 의한 주장(power-assertion)'(신체적 제재나 강제적 명령처럼 아동의 행동을 통제하기 위해 월등한 힘을 사용하는 것)은 도덕적 성숙을 기하는데 효과적이지 못하지만, '유도(induction)' 기법, 혹은 '귀납적 훈육'(어떤 행동이 나쁜 이유와 그 행동이 타인에게 어떤 행동을 주게 되는지를 강조해 줌으로써 그 행동이 바뀌어져야만 한다는 것을 아동에게 설명해 주는 것)은 도덕성의 세 가지 측면의 발달을 촉진한다고 주장한다.

유도/귀납적 훈육기법이 효과적인 이유는,

① 아이들에게 자신의 행위를 평가할 수 있는 인지적 기준이나 이론적 설명을 제공해 준다.

② 아이들에게 타인에 대한 동정심을 느끼게 하는 데 도움을 준다.

③ 부모들이 애정철회 기법(아이들이 정서적으로 불안해한다)이나 힘에 의한 주장 기법(아이들이 화가 나 있어서 토론하기 어렵다)으로는 실행하기 어려운 도덕적 감정들(자긍심, 죄책감, 수치심 등)에 관해서 대화하는 것이 가능하다.

④ 귀납법을 사용하는 부모들은 다음과 같은 내용들에 관하여 설명해 주게 될 가능성이 크다. 즉 금지사항을 위반할 수 있는 유혹에 직면하였을 때 어떤 행동을 취해야 하는지 그리고 위반 행동을 했을 때에는 어떤 행동을 할 수 있는지 등의 내용을 포함할 수 있다.

그러므로, 호프만의 귀납적 훈육은 아이들에게 도덕성의 인지적, 감정적, 행동적 측면들에 주의를 기울이게 만들고 그러한 측면들을 통합할 수 있도록 돕기에 도덕 사회화의 효과적인 방법이 될 수 있다고 주장한다.

4. 호프만과 콜버그의 차이점

	콜버그	호프만
도덕성의 본질	도덕성이란 사회적 선과 악에 대한 도덕 판단의 능력이다. 구체적으로 말해서 정의에 관한 이성적인 추론 능력, 즉 공정성으로서의 정의의 원리를 가지고 합리적으로 추론하고 그러한 추론의 결과에 입각하여 행동하는 능력이 도덕성인 것이다. 따라서 도덕성은 오직 인지적이고 합리적인 성격만을 지닌다.	도덕성의 본질은 공감 능력이다. 공감이란 자기 자신보다는 타인의 상황에 보다 적합한 대리적인 정의적 반응, 어떤 단서에 의해 타인의 정서나 감정 상태를 직접 받아들이는 정서적 경험이다.
도덕적 문제 상황의 성격과 그것의 해결	도덕적 문제 상황이란 정의가 무엇인지를 판단해야 하는 도덕적 딜레마 상황이다. 이러한 도덕적 딜레마 상황은 합리적인 논쟁을 통해 딜레마에 접근하고, 원리적인 추론을 통해 합의를 모색함으로써 해결된다.	도덕적 문제 상황이란 타인이 위험이나 곤경에 빠져 있고, 우리는 그에게 도움을 줄 수 있는 위치에 있는 방관자 개입의 상황을 의미한다. 이러한 도덕적 문제 상황은 도덕적 정서인 공감을 통해 타인의 고통을 수용하고 이를 해결하고자 노력하는 과정에서 해결된다.
도덕적 동기화 요인	도덕적 동기화를 야기하는 본질적인 요인은 인지이며, 정서는 부차적이다. 여기서 인지란 도덕적 의미의 인지적인 구성을 말한다. 공감·배려·연민·정의감과 같은 도덕적 정서는 도덕적 의미의 능동적인 인지적 구성 과정의 산물일 뿐이다. 따라서 정서적 요소가 도덕적 행위를 산출하는 데 기여하는 것이 사실이라 할지라도, 그것이 지니는 동기화적 속성은 도덕적 의미의 인지적 구성 과정의 산물이므로, 도덕적 동기화와 관련하여 인지가 언제나 정서에 우선한다.	인지는 도덕적 행위를 산출한 데 기여한다. 그런데 여기서 인지는 도덕적 의미의 인지적 구성을 의미하는 것이 아니라, 행위자가 이미 가지고 있는 타인의 심리 상태에 대한 정보를 의미한다. 그러한 정보가 도덕적 행위를 산출하는 데 기여하기 위해서는 공감적 정서가 개입해야 한다. 즉 공감적 정서가 인지에 도덕적 동기화의 힘을 부여할 때에만 인지는 도덕적 행위 산출에 일정 정도 기여할 수 있을 뿐, 인지 그 자체로는 도덕적 행동을 촉발할 수 없다. 이처럼 인지가 도덕적 정서를 산출하는 것이 아니라 도덕적 정서인 공감이 인지에 도덕적 동기화의 힘을 부여하므로, 도덕적 동기화를 야기하는 본질적 요인은 정서이고 인지는 부차적이다.

14 피터스
CHAPTER

1. 도덕교육과 인격

(1) 도덕교육의 본질로서의 인격형성

피터스(Richard Stanley Peters)[42]에게 도덕교육은 교육을 통해 사람을 도덕적으로 만드는 교육적 활동이다. 이 때 도덕적 교육을 받은 사람이 지니길 기대하는 능력과 자질을 '도덕성'이라 한다. 따라서 도덕교육은 이러한 도덕성을 어떻게 의미 규정하느냐에 따라 교육의 목표와 내용, 방법, 평가 등이 결정된다. 즉, 도덕성의 의미를 규정하는 것이 도덕교육의 필수적인 전제 조건이다. 그래서 피터스는 도덕성을 '인습적 도덕성'과 '합리적 도덕성'으로 구분하고, 나아가 이러한 도덕성을 포괄적으로 나타내 주는 개념으로서의 '인격(character)' 등을 중심으로 자신의 도덕교육론을 전개해 나간다.

(2) 인격의 3가지 기능

① 자신의 도덕 생활을 위해 규범을 정하는 입법적 기능
② 신념이나 규범에 따라 도덕적 의무나 선행을 실행하는 집행적 기능
③ 집행적 기능이 실패했을 때의 자기 징벌과 갈등 사태에서 입법의 원리에 따라 판결하는 심판적 기능

(3) 인격형성과 도덕규칙

피터스에 의하면, 건전한 인격 형성을 위해서는 행위를 규율하는 도덕규칙을 받아들여 내면화하고 이를 도덕적 삶으로 구현해 가는 일이 필요하다. 도덕적 삶을 산다는 것은 도덕규칙과 원리를 준수하는 것이고, 이러한 규칙과 원리를 따르는 일이 그 사람에게 있어 내면화되고 성향화되어 일관성과 통합성을 이룰 때 그것이 바로 인격 특성이 된다. 즉, 도덕규칙과 원리를 받아들여 신념을 형성하되, 그 도덕적 신념에 있어서의 통합성을 이루고, 그러한 신념이 행위들로 일관되게 구현됨으로써 실천에 일관성이 기해지는 동시에, 그러한 실천적 삶이 그의 신념에 따라 꾸준히 전개됨으로써 신조에의 충실성이 갖추어질 때, 바람직한 인격을 형성하게 된다는 것이다.

---

[42] 합리적 도덕성과 건전한 인격교육을 강조하면서, 도덕교육의 보수적 입장과 진보적 입장을 결합하고 균형을 도모했다. '인습적 도덕성'으로부터 '합리적 도덕성'으로의 발전, '도덕적 습관 형성'으로부터 '도덕적 이성의 계발'로의 진전, 도덕교육에 있어서 '내용 학습'을 바탕으로 한 '형식 학습'으로의 발전 등을 강조하는 도덕교육론을 제안한다.

2. 도덕성 발달 3단계

: 피터스가 강조한 건전한 '인격'으로서의 바람직한 도덕성은 자아 중심적, 규칙준수, 자율성 성취라는 세 단계를 거쳐 발달해 간다.

(1) 자아 중심적 단계

- 도덕규칙을 자기중심적 관점에서 보고 행동하는 단계이다.
- 벌을 피하고 보상을 얻기 위해 도덕규칙에 순응하는 태도를 보인다.
- 도덕규칙은 벌의 회피와 욕구만족을 위한 수단으로서 인식된다.
- 이 단계의 아동들의 사고는 사물의 존재와 인과성에 대한 원시적 형태의 범주적 개념을 지니기에, 도덕적 삶에 긍정적 영향을 미칠만한 환경 및 자극이 잘 주어져야 한다.
- 아동들에게 도덕적 가치규범에 부합하는 행동들을 모방하고 연습할 기회를 제공하는 가운데, 부적 강화보다는 정적 강화를 부여하여 도덕적 행동에 대한 만족스런 경험을 갖도록 이끄는 한편, 도덕규칙을 엄격하고도 일관성 있게 적용하면서도 아울러 애정으로 돌보고 격려할 필요가 있다.

(2) 규칙준수의 단계

- 도덕규칙의 타당성에 대한 관념은 없으나 규칙을 그 자체로서 바라보고 순응하는 태도를 형성하는 단계이다.
- 도덕규칙은 동료 집단이나 권위적 존재의 의지에 의해 그 근거가 부여된다.
- 아동들의 도덕발달에 있어 중요한 단계인데, 규칙을 따른다는 것이 무엇을 의미하는지에 관한 인식과 자신들의 행위를 규율하는 규칙을 그 자체로서 수용하는 태도를 형성하고, 또 그것을 따르는 일에서 즐거움을 느끼는 동시에 나아가 이를 능숙하게 준수, 실천하는 능력을 발달시켜 가기 때문이다.
- 콜버그 '착한 아이' 지향의 단계에 해당하는 것으로서 자율적 도덕단계로 발전하기 위해서 반드시 거쳐야만 하는 단계이기도 하다.
- 모방과 동일시에 의한 도덕 학습과 도덕규칙의 타당성에 대한 이해 및 도덕적 삶에 대한 반성적 숙고 등이 중요하게 고려되어야 한다.

(3) 자율성의 단계

- 도덕규칙을 그 타당성과 적절성의 측면에서 반성적·비판적으로 검토하여 수용하고, 또 그것에 기초하여 도덕규칙에 대한 자기 자신의 진실 되고 진정한 신념을 형성하는 단계이다.
- 도덕규칙을 자율적으로 실천하는 자세를 형성하게 된다.
- 도덕적 자율성이 발달하기 위해서는 여러 가지 도덕 학습과 경험이 필요하다. 자율성의 하위 요소인 진실성이 발달하기 위해서는 자신이 진실로 원하는 것이 무엇인지를 실제로 해보고, 연민이나 타인에 대한 관심, 동정심 등을 직접적으로 경험해 보도록 하며, 규칙을 반성적

비판적으로 검토하고 도덕원리에 입각해 추론하는 능력을 기를 수 있도록 적절한 자극과 학습이 주어져야 한다. 아울러 강한 의지력을 기르기 위해서는 장기적인 안목에서 즉각적인 만족이나 충동을 연기할 수 있는 능력을 증진시키고 도덕규칙을 일관되게 실천하는 행동 습관을 들여야 하며, 유혹에 저항하는 소극적 의지뿐만 아니라, 도덕적 선을 능동적으로 실천하는 적극적 의지 또한 계발해야만 한다.

3. 건전한 '인격' 형성을 위한 도덕교육적 접근

: 피터스에 따르면 건전한 인격 형성을 위해서는 타율적·인습적 도덕성으로부터 자율적·합리적 도덕성으로의 발달을 도모해야 한다.

(1) 타율적 도덕성

- 외적 권위와 도덕규칙에 대한 엄격한 해석에 기초하여 판단하고 행동하는 도덕성을 말한다.
- 도덕규칙이 개인의 외부에 존재하며 신성하고 변경 불가능한 것으로 이해된다.
- 행동의 동기는 처벌에 대한 두려움이나 욕구만족 또는 외적 보상으로 이루어진다.
- 타율적 도덕성은 인습적 도덕성과 통한다.
- 인습적 도덕성이란 반성이나 비판적 성찰 없이 도덕규칙을 따라하는 성향을 가리킨다.
- 이 단계에서 도덕규칙을 준수하는 이유는 외적인 '권위'나 사람들이 두루 옳다고 말하고 행하는 것에서 찾는다.

(2) 합리적 도덕성

- 반성적 도덕성이라 할 수 있는 것으로서 도덕규범을 합리적 근거 위에서 반성적으로 검토하여 받아들이고, 도덕원리에 입각하여 판단한 규범에 따라 행동하는 도덕성을 말한다.
- 도덕원리와 도덕규칙에 대한 합리적 이해, 단련된 지성, 비판적 사고, 이성적 선택에 근거한 도덕적 실천 등을 중요한 특징으로 하는 것이다.
- 합리적 도덕성은 자율적 도덕성과 연결된다. 자율적 도덕성이란 외적 압력이나 권위에 의해 도덕규칙을 따르는 것이 아니라, 그 의미와 근거에 대한 합리적 이해를 통해 내면화된 도덕규칙에 따라 자기 신념 위에서 자발적으로 행위 하는 도덕성을 가리킨다.

(3) 도덕적 '습관'과 도덕적 '이성'의 관계

- 피터스가 말하는 도덕교육의 궁극적 본질과 목적은 이러한 합리적이고 자율적인 도덕성 단계에 이르도록 이끄는 데 있다. 그러나 이러한 단계에 이르기 위해서는 먼저 인습적이고 타율적 도덕성의 단계를 불가피하게 거쳐야만 한다. 즉 도덕적 존재가 되기 위해서는 어린 시절 바람직한 도덕적 습관을 형성한 후에 그 토대 위에서 도덕적 이성을 계발해야 한다. "어린 아동들은 전통과 습관의 뜰을 지나 이성의 궁전으로 들어갈 수 있고 또 들어가야만 한다."는 것이다.

- 그 이유는 도덕적 습관과 도덕적 이성의 특별한 관계 때문이다. 즉 도덕성 발달의 핵심이 되는 이성의 발달은 태어난 후 한참 뒤에나 찾아오지만, 인간의 도덕적 삶은 그 이전부터 시작되어야만 하기에, 우선적으로 그 사회의 생활양식과 문화, 전통에의 적응과 도덕규칙의 수용과 그에 따른 행위 습관을 먼저 형성하지 않을 수 없기 때문이다. 하지만 이때 도덕교육의 역설이 발생한다.

(4) 도덕교육의 역설(paradox)

도덕교육의 역설이란 '습관형성'과 '이성 계발' 사이에 존재하는 대립에서 비롯된 난제를 일컫는 말이다. 즉 습관은 자동적 행위를 뜻하는 것으로서 이성의 개재를 배제하는 개념인데, 도덕적 습관을 통해 도덕적 이성을 육성한다는 것이 가능한가라는 의문이 제기되는 것이다.

피터스는 이러한 역설을 습관의 다양한 종류를 소개하면서 해소하려 한다. 습관에는 이성적 개재를 배제하면서 기계적 반복만을 내용으로 하는 습관이 있는가 하면, 합리적으로 생각하고 탐구하는 습관, 도덕적으로 느끼고 의욕하고 추구하는 습관 등 도덕적 이성과 합리적·자율적 도덕성의 발달에 중요하게 관련되는 성향과 능력의 습관도 있다. 따라서 제대로 형성된 도덕적 습관은 합리적이고 자율적 도덕성 발달에 토대가 될 수 있다. 뿐만 아니라 도덕적 행위에 필요한 강인한 의지나, 자아통제력, 도덕적 민감성이나 도덕적 열정 등도 습관을 통해 형성되어 있어야 합리적 도덕성이 제대로 발휘될 수 있다.

(5) 합리적 도덕성을 위한 도덕적 습관화

도덕교육의 핵심과제는 도덕적 습관과 합리적 도덕성을 자연스럽게 연결시키는 것이다. 즉 도덕성 발달 후기 단계에서 합리적·반성적 도덕성으로의 발달을 저해하지 않으면서, 동시에 그러한 발달에 꼭 필요한 도덕적 습관화를 어떻게 형성해야만 하느냐가 도덕교육 방법론의 요체라 할 수 있다.

피터스는 주입, 세뇌, 위협과 강압, 조건화 등에 의한 방법들은 습관화에는 효과적이나 도덕성을 인습단계에만 고착화시키고 또한 비정상적인 인격 형성에 기여한다는 점에서 거부한다. 대신에 피터스는 사랑과 신뢰에 바탕을 둔 좋은 인간관계, 엄격함과 자애로움의 균형, 통제와 독립의 조화, 칭찬이나 보상 등과 같은 강화, 설득을 통한 이해의 도모, 훌륭한 행동과 삶의 모습에 대한 모방과 동일시 등의 방법은 도덕적 습관화를 확보하면서 합리적 도덕성으로의 순조로운 이행을 가능케 하는 방법으로서 권장한다. 또한 피터스는 피아제의 이론에 프로이트의 이론을 접목시키면서, 자율적 도덕단계에 진입한 아동들에게 타율적 도덕이나 어울리는 교육을 계속하는 것은 왜곡된 유형의 도덕성을 형성시키게 될 것이라고 경고하면서 학생들이 도덕의 이유나 근거를 이해할 만한 시기가 되면 지체 없이 합리적 관점과 접근에 입각한 도덕교육을 실행해야 함을 역설한다.

4. 도덕의 형식과 내용

(1) 콜버그에 대한 비판

피터스는 바람직한 도덕성 형성에는 형식의 학습만이 아니라 내용의 학습 또한 중요하고 상호 관련이 있다고 주장하며, 콜버그의 도덕교육은 내용의 학습보다는 '경험의 형식'의 발달에만 관심을 보인다고 비판한다. 즉, 내용에 관한 학습 없이는 '도덕성의 합리적 형식 (a rational form of morality)'의 발달을 설명할 수 없다. 기본적인 규범들은 사회적 안정과 개인의 자기 보존을 위해서라도 반드시 가르쳐져야만 한다. 하지만 이러한 실용적인 이유만이 아니라 그러한 기본 규범들의 교육은 합리적이고 자율적인 도덕성을 위해서도 반드시 필요하다. 따라야 할 규칙이 무엇인지 알지 못하고 자율적으로 규칙을 따르는 사람이 될 수 있다는 것은 논리적으로 이해될 수 없기 때문이다. 또한 도덕적 내용과 관련 없이 '도덕의 원리적 형식 (a principled form of morality)'이 형성되기를 바라는 것도 불가능하다. 예컨대 인간존중 같은 원리도 어떤 행위나 신념과 관련된 내용들에 연결되어 있어야, 그것을 비판 또는 정당화할 때 그 기준으로 등장할 수 있는 것이니, 도덕의 원리적 형식이 구체적인 내용과 분리되어 진공 속에서 작동하는 것으로 인식하는 것은 잘못이다. 결국 피터스의 주장에 따르면 내용의 학습을 거쳐 형식의 학습으로 발전되어 가도록 해야만 한다는 것이다.

(2) 형식을 위한 내용들

: 형식의 학습으로 발전하기 위해 습득시켜야 할 구체적인 내용들을 피터스는 다방면으로 제안한다.

① 도덕규칙과 도덕원리의 습득

도덕규칙으로는 어떤 사회적 조건하에서도 정당화될 수 있는 기본 규칙들(살인금지, 진실 말하기, 약속 준수 등), 특정 사회나 특수한 시기와 상황에만 적용되는 상대적이고 특수한 규칙들, 어떤 규칙에 합당한 이유를 부여하는 절차적 규칙 등이 있다. 그리고 도덕원리로서는 공정, 이익고려, 자유, 인간존중 등이 있다.

⑦ 공정의 원리는 실천 이성의 가장 근본적인 원리로서 사람에 대한 차별은 타당한 차이에 근거하여 이루어져야 한다는 원리를 의미한다.

⑭ 이익고려의 원리는 소위 가역성에 기초하는 것으로서 규칙이나 관행을 실행함에 있어서 타인의 입장에서 바라보고 그의 이익과 선, 권리 등을 헤아리는 것을 의미한다. 피터스는 이 같은 타인의 이익고려의 원리에는 흄이 지적한 동정심(sympathy)이나 인간에 대한 감정(sentiment for humanity) 등이 포함되는 것으로 이해하며 합리적 도덕성의 전제 조건으로 간주한다.

㉰ 자유의 원리는 '사람들은 누구나 자신들이 원하는 것을 하도록 허용되어야 한다'는 것으로서 그들 자신이 선으로 믿고 추구하는 것을 제한하는 데는 그 분명한 이유가 주어져만 한다는 원리를 말한다.

(라) 인간존중의 원리는 타인에 대해 마땅히 가져야 할 태도를 의미하는 것이라 할 수 있는데, 타인을 독립적인 행위자로서, 즉 스스로의 운명을 결정하는 주체로서 대우하고 또 그들의 느낌이나 세계관을 존중하는 정신을 함축하고 있다.

피터스는 이러한 도덕규칙과 원리들을 습득시키는 데 있어서도 바람직한 자세나 방법은 합리적 이해를 통한 내면화임을 반복해서 강조하고 있다.

② 합리적 열정(rational passion)의 계발

도덕규칙, 원리에 대한 신념화를 도모하고 실천을 담보하기 위해서는 정의적 요소로서 합리적 열정의 계발이 중요하다. 여기서 '합리적'이라 함은 합리적인 도덕원리에 의거함을 뜻하는 것이며, '열정'이란 그러한 원리에 헌신하고 그것을 진실되게 추구하는 동기를 가리킨다. 이를 위해 도덕원리에 따르는 삶을 살았던 모범적인 사람들의 모습을 접해 보게 하거나 실제로 그러한 삶을 구현해 보기 위한 활동과 역할을 수행해 보도록 지도할 것을 제안한다.

③ 덕성 계발

피터스는 콜버그류의 인지적 도덕발달론에 기초한 원리적 도덕성이 지니는 문제와 한계를 비판하면서, 도덕교육에 인간의 구체적인 도덕적 자질과 품성의 계발, 도덕적 습관의 구축, 인격 도덕성(morality of character-trait)의 형성을 위한 도덕적 덕의 육성 등이 중요함을 역설하면서 계발되어야 할 덕을 네 가지로 소개하고 있다.

(가) 특수한 덕 : 시간 엄수, 청결 단정, 정직, 검소, 예절과 같이 고도로 특수한 덕들이다. 이러한 덕들은 사회적 규칙들이 내면화되고 특수한 유형의 행위들이 습관화되어 나타는 것들이다.
(나) 동기적 덕 : 행동의 동기가 되는 연민과 같은 덕들이다. 이러한 덕들은 내면에서 감정을 일으키고 마음을 능동적으로 작동하게 하는 데 필수적으로 요구되는 것들이다.
(다) 인위적 덕 : 권리나 제도 등과 관련된 보다 일반적 고려를 포함하는 정의, 관용, 사려분별 같은 덕들이다. 피터스는 이러한 덕들을 원리에 대한 민감성의 덕들이라 명명한다. 즉 도덕 규칙의 의미나 정당성에 대한 합리적 이해가 도모되고 그러한 규칙에 대한 반성적 숙고 속에서 그와 관련된 민감성(정의적 요소)이 계발되어야 한다고 본다.
(라) 자기규율의 덕 : 비도덕적 본성에 맞서 발휘되어야 할 용기, 통합성, 인내 등과 같은 보다 높은 수준의 덕들이다. 피터스는 아리스토텔레스가 습관의 중요성을 말했을 때 이러한 덕들을 염두에 둔 것으로 이해한다. 이러한 덕들을 기르기 위한 방안으로는 체험, 연습, 일상생활에서의 반복적 실천에 의한 습관화 등을 강조한다.

15 인격교육론의 특징과 유형

CHAPTER

1장 인격교육론의 이론적 특징

1. 미국 인격교육론의 전개 과정

(1) 전통적 인격교육의 쇠퇴

: 미국은 전통적으로 도덕교육을 인격교육으로 간주하고 수행하여 왔으나 30년대 이후 여러 요인들로 인해 쇠퇴하게 되었다. 그러한 쇠퇴의 요인으로는 진화론의 등장과 함께 도덕에 대해 상대주의적 시각이 대두되었고, 논리실증주의의 영향은 도덕적 가치를 주관적인 것으로 치부하게 만들었으며 60년대부터 두각을 나타낸 개인중심주의(personalism)는 개인의 권리와 자유에 대한 강조 속에 객관적 도덕적 권위와 도덕규범에 대한 신념을 약화시키고 이기적 자아 성취를 부추겼고, 다원주의의 강화는 공교육에서 누구의 가치를 가르쳐야 하는가라는 논란을 일으켰으며 결정적으로는 하트숀(Hartshorne)과 메이(May)가 발표한 '인격교육연구'의 결과 때문이었다. 그들은 인간의 행위는 우리가 인격이라 부를만한 어떤 일관된 내적 상태에서가 아니라 위험의 수준이나 강도와 같은 상황들의 특성에 의해 결정된다는 '상황특수성의 교리(doctrine of specificity)'를 주장하였는데, 이는 도덕적 행위가 통합된 인격적 특성을 나타낼 수 없음을 함축하는 것이었다.

> **참고**
>
> **상황특수성의 교리 doctrine of specificity**
>
> 하트숀과 메이에 의해 5년여에 걸쳐 이루어진 '인격교육 탐구'라는 연구의 목적은, 8~16세 사이의 1만 여명의 아동 및 청소년들에게 다양한 상황에서 거짓말을 하거나 속이거나 훔치도록 유혹하는 상황들을 제시하는 방법을 통해 그들의 도덕적 성품 moral character 을 조사하는 것이었다. 그 결과 아동들은 자신들의 도덕적 행동에서 일관되지 않는 경향을 보여주었다. 그리고 어떤 상황에서 아동이 보여줬던 속이려는 의지는, 또 다른 상황에서 그 아동의 그러한 의지를 예측하는 데 실패하게 했다. 또한 특정 상황에서 속이는 행동을 보인 아동들은 그렇지 않은 아동들과 마찬가지로 속이는 것은 나쁜 것이라고 진술했다. 이러한 점들에 근거하여 하트숀과 메이는 '정직'이란 안정된 성품적 특성 character traits 이라기보다는 주로 상황적 특성에 따르는 특징이라고 결론짓게 되었는데, 이들의 연구 결과를 요약하면

다음과 같다.

① 인간을 정직한 사람과 부정직한 사람으로 구분할 수 없다. 왜냐하면 거의 누구나 때에 따라선 속이기 때문이다.

② 어떤 사람이 한 사태에서 속였다는 사실이 그가 다른 사태에서도 속일 것임을 필연적으로 의미하지 않는다.

③ 사람들이 정직에 부여하는 도덕적 가치는 그들이 '어떻게 행동하는가'와는 아무런 관계도 없다. 속이는 사람도 속이지 않는 사람만큼이나, 또는 그 이상으로 속이는 것에 대해 도덕적으로 비난한다.

④ 결론적으로 도덕적 행위에 있어서 통합된 인격의 특성 내지는 일반성을 나타내는 증거는 발견할 수 없었다.

하지만 이러한 특수성의 교리(doctrine of specificity)는 다른 연구자들로부터 의문시되어왔다. 예를 들어 버튼(Roger Burton)의 연구는 행동의 일관성을 지지해줄 몇 가지 근거를 제공했다. 그에 의하면 어떤 상황(시험에서 부정행위를 고민하는)에서 속이려는 아동의 의지는, 비록 그 상황과 아주 무관한 상황 (운동장에서 축구경기를 하는) 에서는 매우 큰 차이를 보이기는 하지만, 상당히 일관되게 나타난다는 것이다. 또한 블라지에 의하면 도덕적 감정, 도덕적 추론, 도덕적 행동에 관한 측정치들의 상관관계는 연령의 증가에 따라 점진적으로 증가한다는 것이다. 따라서 특수성의 교리가 과장된 측면이 있다고 할 수 있다. 하지만 도덕성의 세 구성 요소들이 모두 연령 증가에 따라 더욱 일관적이고, 상호관계가 긴밀해진다는 발견이 도덕성은 전체적으로 안정적이고 일원적인 특성이라는 것을 의미하지는 않는다. 즉 거짓말을 하거나 다른 도덕적 규범을 위반하려는 의지는, 위반을 통해 성취할 수 있는 목표의 중요성이나 비행 행위에 대한 또래들의 격려의 양과 같은 상황적 요인들에 어느 정도 좌우된다 할 수 있다. 즉, 가장 성숙한 도덕적 성품을 갖춘 사람조차도 모든 상황에서 완벽하게 일관된 행동을 할 가능성은 적다는 것이다.

(2) 합리적 도덕교육의 등장

전통적 인격교육의 쇠퇴 이후 60년대 말부터 도덕교육에 새로운 관심이 콜버그 중심의 인지발달 이론과 래스(Louis E. Raths), 중심의 가치명료화 이론으로 등장하였다. 가치명료화에서는 가치를 부과해서는 안 되고, 학생들이 그들의 가치를 자유롭게 선택하도록 도와야 함을 주장했고, 콜버그는 학생들의 입장에서 어떤 가치들이 다른 가치들보다 나은지를 판단하게 함으로써 도덕적 추론의 능력을 향상시킬 수 있어야 한다고 강조했다.

이 두 이론 모두 가치 주입을 반대하고 '이성이 행동을 동기화시키는 데 있어서 중요한 역할을 한다'는 신념 속에, 도덕교육의 목표를 도덕적 판단력이나 의사결정기능과 같은 사고력 발달에 두는 이성적 혹은 합리적 도덕교육을 강조하게 되었다.

하지만 합리적 도덕교육은 옳고 그름에 대한 분명한 기준을 제시하지 않음으로써 학생들의 도덕적 가치에 혼란을 야기하고 도덕적 문맹을 조장한다거나(킬패트릭), 선택의 자율성만을 강조함으로써 도덕적 사회화를 소홀하게 되어 결국은 사회의 기본 규범에 대한 충성과 헌신을 방기한다는(레밍) 비판을 초래하게 되었다.

(3) 새로운 인격교육의 재등장

1980년대에 들어서면서 개인중심주의적 사고에 대한 비판이 일기 시작하고 점증하는 청소년의 탈선, 마약남용, 폭력의 증가, 매스컴의 선정화, 상업화 등에 대한 염려와 불만이 미국 사회 전반에 팽배하게 되었다. 미국 사회가 겪고 있는 도덕적 혼란과 아노미 증상에 대한 심각한 경고가 사회 각계에서 나타나기 시작했다. 그리고 그에 대한 대책들도 모색되어졌는데, 1990년대에 이르러서는 학교의 도덕교육적 책무를 중심적인 과제로 인식하면서 "좋은 인격"(good character)을 강조하는 새로운 인격교육 운동이 시작되었다.

80년대 이후 베닛(William Bennett)과 위인(Edward A. Wynne)을 필두로 프리챠드(Ivor Pritchard), 킬패트릭(William Kilpatrick), 라이언(Kevin Ryan), 레밍(James S. Leming), 리코나(Thomas Lickona) 등의 학자들과 연구기관들을 중심으로 인격교육이 부활되었다. 이들은 미국 청소년들의 도덕적 비행들이 윤리적 상대주의에 기인하며, 그러한 상대주의의 주범으로 인지발달론과 가치명료화 접근법을 지목한다.

리코나는 '도덕판단이나 도덕적 지식이 도덕적 행위와 관계가 있다는 전제하에 도덕적 사고력이 도덕적 행위를 보장한다고 주장하는 인지발달론'은 도덕적 행위가 단순한 이해나 지식의 산물이 아니라 많은 요인들이 결합된 복합적 결과물임을 간과함으로써 결국은 '알면서도 행위 하지 못하는 불완전한 인간을 양성'하는 잘못을 저질렀다고 비판한다. 또한 리코나는 가치명료화 접근법에 대해서도 도덕적 상대주의를 초래했다는 비판을 가한다. 즉 보편적이고 객관적 가치의 존재를 부정하고 가치의 본질을 개인의 선호로 보는 가치명료화 접근법은 당위와 욕구, 즉 당위와 개인적 선호 사이의 차이를 불분명하게 만들어 도덕적 상대주의를 조장함으로써 학생들을 혼란스럽게 만드는 잘못을 저질렀다는 것이다.

이러한 맥락에서 리코나는 인격교육이 요청되는 이유를 세 가지로 설명한다. 첫째, 가정의 쇠퇴로 인해 도덕적 진공 상태에 빠진 아이들에게 가정에서 배우지 못하는 가치들을 가르쳐야 하며, 그러기 위해 학교는 온정적인 도덕공동체가 되어야 한다. 둘째, 청소년들이 인격 면에서 우려스런 경향들을 보이고 있다. 즉, 성과 폭력 등에서 우려스런 통계물들이 발표되고 있다. 셋째, 이러한 점들을 고려했을 때, 객관적으로 중요한 가치들의 회복 필요성이 증가하였다. 즉, 개인주의와 상대주의로 인해 야기된 미국 사회의 도덕적 쇠퇴를 극복하기 위해서는, 소위 인간 생존에 필수적인 기본적 도덕성으로 널리 공유되고 있는 존경·책임·진실·공정·온정적 배려·시민적 덕 등의 가치들을 자라나는 세대들에게 직접 가르쳐야만 한다.

2. 인격교육론의 일반적 특징

(1) 인격교육론은 오랜 전통을 통해 명백하게 확립되어 있으면서도 명확하게 인지 가능한 올바른 행동의 규칙들이 존재하고 있으며, 그러한 규칙들을 구체적인 상황에 적용하는 것은 문제될 것이 없다는 가정에 근거한다.

(2) 인격교육론은 한 사회에서 소중히 여기는 여러 가치들을 학생들에게 직접 전수하고자 한다. 그리고 이를 위해 직접적인 가르침이나 교사나 성인들에 의한 모범 등을 통해 바람직한 인격 특성들을 발달시키려 한다.

(3) 인격교육론은 다음 세대에게 좋은 인격 특성으로서 덕을 갖추게 하고, 나쁜 인격 특성으로서 악덕을 멀리하게 하는 데 주안점을 둔다. 동시에 올바른 행동을 위한 동기 형성과 올바른 행동의 습관화 등을 강조함으로서 행동에도 관심을 둔다. 이는 사고 과정에 중점을 두는 인지발달론이나 가치명료화와는 달리 행동이나 경험을 중시함을 의미한다.

(4) 인격교육론은 유혹에 맞서 규칙을 실행할 수 있는 의지력이나 자아 통제와 같은 안정된 성격 특성을 강조한다. 아울러 도덕적 지식을 행동으로 옮기는데 필요한 도덕적 정서, 정체성, 선에 대한 애착, 헌신 몰입, 동정심 같은 요소들을 인격 구성의 주요 요소로 간주한다.

(5) 인격교육론은 학생들이 반드시 획득해야 할 인격적 특성들이 존재하며 그러한 특성들이 제2의 천성이 될 때까지 실천할 필요가 있음을 강조한다.

(6) 인격교육론은 도덕적 삶을 도덕적인 사람들과 더불어 살아감으로써 획득된 감정과 행위를 습관처럼 실천하는 삶으로 이해한다.

(7) 인격교육론은 역사와 문화적 전통을 중시한다.

(8) 인격교육론은 인격교육의 최적의 장소로 하나의 '도덕적 공동체로서의 학교'를 주목한다.

(9) 인격교육론은 도덕적 입장이나 관점보다는 덕과 악덕을, 즉 공동체를 하나로 묶어 주는 기본적인 도덕적 가치들에 초점을 맞춘다.

(10) 인격교육론은 학교, 학부모, 지역사회, 종교단체 등을 통합하는 포괄적인 교육적 접근을 시도한다.

(11) 인지발달론이나 가치명료화 접근법처럼 교사를 단순한 촉진자로 보지 않고 도덕 교육자, 지식 전달자, 훌륭한 모범, 사회의 핵심 가치의 창도자 등으로 간주한다.

(12) 인격교육론은 인격 발달을 위해 다양한 접근을 포괄하는 바, 영웅과 위인들에 대한 교훈적인 이야기, 교사나 성인들의 모범, 덕에 대한 직접적 학습, 봉사 활동, 사고 방법의 학습, 공동체로서의 학급과 학교 속에서의 삶 등이 그것이다.

(13) 인격교육론은 낭만적인 인간 개념을 거부한다. 즉 부정직함, 게으름, 비겁함 같은 악덕의 파괴적 힘을 학생들이 인식하고 스스로의 부덕함을 깨닫도록 돕는다.

3. 인격교육 실행방법을 위한 원리

(1) 인격교육은 특별 교과의 설정을 의미하는 것이 아니라 모든 교과의 부분이기에, 기존의 학교교육의 틀 속에서 다차원적이고 범교과적인 활동을 통해 실행되어야 한다.

(2) 학교와 지역사회는 학생들 인격 형성에 중요한 협력자로 활용 되어야 한다.

(3) 긍정적인 교실 환경은 인격교육의 성과를 높여주기에 교사는 교실 환경을 민주적이고 공정한 방식으로 유지하며, 협동학습 같은 수업 기법을 통해 학생들의 상호작용을 고무한다.

(4) 인격교육을 위해서는 교사의 역할이 가장 중요하다. 교사는 자기 교과의 전문가일 뿐만 아니라, 문화적 가치나 유산을 전수해 줄 수 있는 역량 또한 갖추어야 한다. 아울러 지역 공동체와의 결속을 다지는 매개자 역할도 수행할 수 있어야 한다.

(5) 인격교육은 행정적 정책과 실행을 통해서 고무된다. 이와 관련하여 학교장은 인격교육 목적들의 실현을 위해 학교의 전반적인 풍토를 조정하는데 일차적인 책임을 진다.

(6) 인격교육은 행동교육이므로 학생들에게 직접적인 경험과 체험의 기회를 부여해야 한다. 학생들 스스로 행사를 계획·조직·실행하도록 기회를 제공하면서 다양한 봉사활동 체험의 기회도 마련해 주어야 한다.

4. 인격교육을 위한 교수·학습 방법

(1) 교훈적 이야기

교훈적 이야기는 학생들에게 덕의 구체적 모델을 쉽게 인지시켜서 도덕적 표류를 방지할 수 있는 장점이 있다. 이와 관련하여 브루너는 사고를 '명제적 사고'와 '서사적 사고'로 구분한다. 명제적 사고란 공식 교육의 내용을 이루는 것으로서 추상적이고 상황 독립적인 결론에 이르게 하는 논리적이고 과학적인 시도로서 학문 세계에서 중시되는 사고이다. 반면에 서사적 사고는 사람이나 사건, 시간과 장소 등과 연관되어 있으며, 구체적이고 상황 의존적인 사고이다. 따라서 서사적으로 사고한다는 것은 하나의 이야기 형태 속에서 사고하는 것이다. 브루너는 이러한 서사적 사고가 학생들의 도덕적 이해를 발달시키는 데 더욱 적절하고 효과적이라고 보고 도덕교육에 있어 문학이나 교훈적 이야기의 중요성을 역설한다.

위인과 라이언은 문학과 교훈적 이야기가 지닌 인격교육적 의의를 다음과 같이 제시한다.

① 선한 사람과 악한 사람들의 삶에 대한 지적인 이해와 감정적 이해를 가능하게 해주면서 무엇이 그들로 하여금 그렇게 행동하도록 만들었는가에 대한 이해를 돕는다.

② 정의와 동정심 등에 대한 구체적인 감각을 얻을 수 있으며 이야기 속의 주인공에 대한 연구를 통해 모범적인 행동을 배울 수 있다.

③ 사람들에 의해 거부되고 있는 삶에 대한 이해와 감각을 익히게 된다.
④ 주인공과 악한 사람들을 이야기 속에서 만나봄으로써 삶의 도덕적 실상과 이상에 대한 이해와 감정을 심화시켜준다.
⑤ 주인공의 삶에 대한 대리적 경험을 통해 도덕적 상상력과 민감성을 높일 수 있다.
⑥ 묘사된 이야기만이 아니라 삶 자체에 대한 통찰력을 지닐 수 있다.
⑦ 올바른 행동으로 인도 할 도덕적 모델들을 개인의 내면에 저장시켜 준다.

(2) 봉사 활동 학습

인격교육론자들은 '정의로운 행위를 함으로써 정의롭게 된다'라는 아리스토텔레스의 주장에 따라, 구체적인 도덕적 행동을 실천할 수 있는 기회로서의 봉사 활동 학습을 적극적으로 권장한다. 봉사 활동 학습이란 학교 및 지역사회의 요구에 부응하기 위하여 학생들로 하여금 학문적 지식 이전의 경험들을 실생활에 적용하도록 하는 활동을 의미한다.

(3) 인격교육을 위한 교사의 역할

교사는 단지 판단의 중립자나 도덕적 추론의 촉진자가 아니라, 도덕적 권위를 가지고 학생의 삶을 이끌어 줄 수 있는 강한 지시적 역할, 모범으로서의 역할을 수행해야만 한다.
도덕적 문제에 대해 확고한 입장을 표명하여 학생들로 하여금 혼란에 빠지지 않도록 해야 하며, 사회의 가치를 대변해 줄 수 있는 일종의 창도자가 되어야 한다.

5. 인격교육론에 제기되는 문제점

(1) 가르쳐야 할 가치나 덕목들의 선정에만 골몰할 뿐, 실제 상황에서 그러한 가치들이 갈등을 일으킬 수도 있다는 측면에 대해서는 관심이 소홀하다.

(2) 훌륭한 인격은 윤리적인 삶을 살기 위한 필요조건이지 충분조건은 아님을 간과한다.

(3) 인격형성에 필수적인 동정심이나 헌신 몰입 등의 정의적(情誼的) 요소들이 사고와 행동의 간극을 줄여준다고 주장하지만 구체적으로 어떤 역할을 하는지에 대한 충분한 답변을 하지 못하고 있다.

(4) 지나치게 사회화의 측면에만 치중한 나머지 자율성이나 독립성, 비판적인 도덕적 안목의 개발 등을 소홀히 여긴다. 그 이유는 덕의 획득을 지나치게 습관 형성의 차원에서만 파악하려 하기 때문이다. 하지만 덕이 습관화하는 과정에서 숙고와 자발적 결정은 매우 중요한 역할을 수행한다.

(5) 인격교육의 정체가 불투명하며, 그러다 보니 교육과정, 제도, 학습 자료 등을 지나치게 다양하게 제시한다.

(6) 인격교육은 학생들을, 가치들을 일방적으로 수용하는 일종의 백지상태로 여기며 수동적인 존재로 간주한다. 또한 비관적인 인간본성을 상정하는 가운데 단기간에 행동의 변화를 시도하려 하는데 이러한 인간본성관과 학습자관은 비현실적이다.

(7) 인격교육은 사회의 현상 유지를 목표로 하는 보수적 정치 이데올로기에 기반을 두고 있을 뿐만 아니라 순응과 복종 위주의 삶을 강요하는 사회적 정적주의(靜寂主義)에 기반을 두고 있다. 더군다나 도덕문제의 원인을 개인의 인격적 결함에서 찾으면서, 개인이 선한 인격만 구비하면 사회가 저절로 선한 사회가 될 것이라는 낙관적이면서도 개체주의적인 방법론을 채택하고 있다.

(8) 후속 세대에게 전수해 할 전통적인 도덕적 가치가 있음을 주장하는 인격교육론의 입장은 이미 만들어진 진리를 무비판적으로 수용해야 함을 함축한다.

(9) 인격교육은 보상과 처벌을 통해 개인의 행동을 통제할 수 있다고 가정하는 행동주의 이론에 기초해 있다. 그러나 그러한 보상과 처벌을 통한 행동은 학생들의 가치 구조 속에 통합되지 않기에 지속적 실천을 기대할 수 없다.

(10) 이야기를 통해 도덕적 영웅들과 만나는 것이 학생들 인격 발달에 유익하다고 주장하지만, 그러한 주장은 직관적이고 심증적일뿐 정확한 증거에 의해 입증된 바가 없다.

(11) 동일한 연령대에 있는 아동들은 비슷한 발달 수준에 있다고 가정하기에, 학생들의 개별적인 경험들에 기초한 개별화된 교육과정 보다는 학급 단위나 학년 단위 프로그램 개발에 치중한다.

(12) 모든 교사가 덕의 모델이 되지 못하고 있는 현재 실정에 비추어 볼 때 인격교육의 효율성을 기대하기 어렵다.

2장 인격교육의 유형

1. 전통주의적 인격교육

(1) 위인(Wynne)의 입장

① 인간이 인간 내부의 정서적 경향성, 즉 어떤 특질이나 덕목을 소유하고 있으면 그러한 특질은 구체적인 행동 속에 드러난다.
② 사회적 환경은 인격교육에 중요한데, 그 속에서 자라고 살아가는 사람들의 인격 형성에 영향을 줄 뿐만 아니라, 사람들로 하여금 '훌륭한 인격'에 대한 명확한 정의를 내리도록 도와주기 때문이다.
③ 인격교육의 목표는 전통적인 도덕적 가치를 학습자에게 전수하고, 실천하는 데 중점을 둔 교육을 실행함으로써 훌륭한 인격을 가진 인간을 창출하는 것이다. 이러한 점에서 인격교육은 교화적 성격을 지닌다.
④ 인격교육의 목표를 달성하기 위한 구체적인 교육방법으로 '인격 지향적인 교육자 되기', '인격 지향적 교육을 위한 적절한 환경 설계', '예술과 의식(儀式)의 역할' 등을 제시한다.

(2) 베닝가(Benninga)의 입장

① 인격은 직접적인 훈련이나 문화적 전수를 통해 획득된다. 그리고 인격은 개인의 행동을 통해 드러나기 때문에, 훌륭한 인격을 가진 사람은 습관적으로 유덕한 행위를 하는 사람이다.
② 교사는 직접적 모범을 통해 학생을 도덕적으로 가르치면서, 인내, 정직, 친절, 등 다른 관찰 가능한 훌륭한 행위들을 고취시켜야 한다. 모든 교사는 자신의 교육 영역 속에서 책임감이나, 개인적·시민적 가치들을 발달시키면서 동시에 학업 성취와 자기 신뢰를 촉진시키는 학습을 실행해야 한다.
③ 인격교육 프로그램들은 광범위한 학생들의 활동과 참여를 고무시키면서, 그 속에서 학생들이 다른 사람을 이해하고, 다른 사람의 권리와 의견을 존중하며 사회의 제도를 존중하는 것을 배울 수 있는 최상의 기회를 제공해야한다.

2. 왓슨(Marilyn Watson) 의 '공동체주의적' 인격교육론의 입장

: 학생의 인격 발달을 돕기 위한 최적의 맥락을 제공하기 위해서 학교는 배려의 공동체로 거듭나야만 하며, 배려 공동체로서 학교에게 요구되는 과제는 다음과 같다.

(1) 배려적인 관계의 촉진

① 학생 상호 간, 교사와 학생 간에 서로를 잘 알 수 있는 다양한 기회를 가져야 한다.
② 학생들이 흥미를 가지고 참여할 수 있는 교실 차원의 활동을 통해 학급의 단합을 촉진한다. (학급 신문 제작, 학급 역사 작성, 학급 게시판 구성, 교실 축하행사 등)
③ 아동들에게 협력이 어떻게 그들의 학습과 소속감에 도움을 주는가를 경험하게 하고, 남을 돕는 행위에 필요한 규범을 확립시키기 위해 협동학습과 같은 학습방법을 활용한다.
④ 아동들의 수행과 다른 학생들의 수행을 비교하고 순위를 매겨 학생들에게 동기를 부여하는 식의 경쟁적 학습 활동과 전략은 삼가야만 한다.
⑤ 학생 상호 간, 교사와 학생 간에 배려하는 관계를 유지할 수 있는 규율을 확립해야 한다.

(2) 인간적인 가치를 가르치기

① 학생들에게 자신들의 교실이 어떻게 되기를 원하는지, 그리고 자신들과 교사가 이 교실을 어떤 장소로 만들어야 하는지에 대해 생각할 수 있는 기회를 제공한다.
② 학생들이 도덕적이고 사회적인 이해와 기능을 발달시킬 수 있는 규율적 접근을 시도한다. (예를 들어 학생들의 실수에 대해 처벌보다는 그 행위가 타인들에게 미칠 영향을 이해하도록 돕고 감정이입과 입장 채택 기능을 향상시킬 수 있도록 돕는다)
③ 삶에서 인간적인 가치의 역할을 살펴보고, 인정 많고 책임감 있다는 것이 무엇을 의미하는가를 논의하며, 다른 사람들의 삶과 환경을 이해하도록 돕기 위해 문학 작품 등을 활용한다.

(3) 내재적 동기화를 존중하기

① 강제보다 자발적 협력을 강조하고, 보상 · 처벌의 사용을 최소화한다.
② 학생들에게 학급 및 학교의 사안에 대한 결정을 내리게 하거나, 문제를 해결하게 하거나, 자신들이 설정한 목표를 반성해 볼 기회를 규칙적으로 제공한다.
③ 지적이고 사회적이며 도덕적인 차원에서의 향상을 위해 학생 개인의 목표를 설정하고 자신의 향상에 대해 반성해 볼 수 있도록 권장한다.
④ 학생들이 개인적으로 학급, 학교, 공동체, 세계의 행복을 위해 책임감을 갖고 기여할 수 있는 방법을 모색하도록 촉구한다. (교실 가꾸기, 지역 공동체 봉사 활동, 기아 기금마련에 참여 등)

(4) 도덕적 이해를 향상시키기

① 도덕적 지식을 적용할 수 있는 기회를 제공한다.
② 동료들과 교사의 다양한 의견을 접할 수 있도록 도덕적 이슈들에 대한 토론 기회를 자주 부여한다.
③ 도덕적 토론을 위한 맥락으로서 이야기책을 활용하는 것이 좋은데, 학생들은 개인적으로 관여되지 않는 도덕적 상황에서 가장 높은 수준의 사고력을 발휘하는 경향이 있기 때문이다.

3. 루스낵(Rusnak)의 통합적 인격교육론[43]

(1) '통합적 인격교육'의 의미

루스낵은 "통합적 인격교육"이라는 세 단어를 통해 우리가 학교를 어떻게 보아야 하는가를 잘 알 수 있다고 말한다. 우선 '통합적'이라는 단어는 교수와 학습에 있어서 세 가지 핵심적 특징인 사고(thinking)와 감정(feeling)과 행동(action)의 통합적 차원을 강조하기 위해 사용된 용어이고, '인격'이라는 단어는 아동들이 옳고 그름을 분별할 수 있도록 돕는데 우리의 관심을 집중시키기 위하여 사용된 용어이며, '교육'이라는 단어는 인격은 가르칠 수 있고, 또한 가르쳐야만 한다는 점을 강조하기 위해 사용된 용어이다.

(2) 민주사회 도덕적 구성원에게 필요한 사회적 기능들을 촉진하기 위한 6가지 원칙

① 인격교육은 모든 교과의 일부분으로서 모든 교과에 적용된다. 따라서 책임·존중·협동·결단력 등의 좋은 인격 특질들은 모든 교사들이 가르쳐야 한다.
② 통합적 인격교육은 행동 교육이다. 따라서 교실 수업 못지않게 학생들이 자신과 타인에 대한 헌신을 강화할 수 있는 다양한 활동들에 참여할 필요가 있다.
③ 긍정적인(proactive 先導的) 학교 환경은 인격 형성을 돕는다. 따라서 교사는 자신을 학생들에 대한 역할 모델이자 훌륭한 스승으로 인식해야 한다. 그리고 자아실현과 반성을 강조하는 환경을 조성할 필요가 있다.
④ 인격발달은 행정적 정책과 실행에 의해 뒷받침된다. 따라서 행정가들은 학교 및 공동체의 성숙한 인격을 강조하는 정책과 실행에 초점을 맞추고 지도력을 발휘함으로써 모범을 보여야 한다.
⑤ 권한을 부여받은 empowered 교사가 인격 발달을 촉진한다. 여기서 '권한을 부여받은 교사'란 학생들이 보다 나은 인지적·정의적 결정들을 할 수 있게 하기 위해 교사들이 그들 자신의 통찰력과 경험을 사용하도록 권한을 부여받았다는 의미이다. 애초에 '권한 부여 empowerment' 접근법은 구성주의 패러다임에서 나온 것으로 학생들에게 학습의 권한을 부여하는 측면을 강조하는 것이었지만, 통합적 인격교육에서는 권한을 부여받은 교사들이 학생들로 하여금 주어진 상황적 맥락에서 의미를 능동적으로 구성하도록 도울 수 있다는 의미가 강조된다.
⑥ 학부모와 공동체는 학생들의 인격 발달을 위한 중요한 협력자이다.

---

[43] 루스낵과 함께 통합적 인격교육론으로 분류되는 인물은 리코나이다. 리코나에 대해서는 다음 장에서 별도로 다루기로 한다.

16 리코나

1장 도덕성 발달이론

1. 리코나 이론의 '통합적' 특성

리코나(Thomas Lickona)는 콜버그류의 도덕 발달 접근과 래스(Louis E. Raths) 등의 가치 명료화 접근이 도덕교육에서 별다른 성과를 가져오지 못한 채 미국 사회의 도덕성 쇠퇴가 심화되어 가자, 이를 극복하기 위한 차원에서 '인격교육' 운동을 선도하고 있다. 인격교육 운동은 종래의 자유주의적 개인주의 관점에 입각했던 도덕교육에 대한 하나의 반동으로 등장한 것으로서 미국의 전통과 현실을 중시하는 보수적인 도덕교육 운동이라 할 수 있다.

학교 도덕교육은 인격을 형성하는 데 초점을 두어야 한다고 주장하는 리코나는, 인격의 의미와 그 구성 요소 그리고 이를 육성하기 위한 교육적 접근을 모두 '통합적 관점'에서 추구한다. 즉 리코나 인격교육론의 두드러진 특징은 하나의 이론에 의거하여 인격교육을 실행하기보다는 보다 포괄적이고 통합적인 관점에서 교육적 접근을 모색한다는 점에 있다.

리코나의 통합적 관점은 '도덕성 발달론'에도 그대로 나타나는데, '인지발달·행동주의·정신 분석학적' 도덕심리학의 종합을 추구하는 특징을 보인다. 또한 '도덕교육론'에 있어서도, 인지적 도덕 발달론에 입각한 도덕교육론과 전통적인 인격교육론의 장점들을 상호 보완하려는 통합적이고도 절충적 입장을 추구한다.

2. 리코나 도덕성 발달이론

: 리코나(Thomas Lickona)는 콜버그의 제6단계에 이르는 사람이 거의 찾아보기 어렵다는 사실이 경험적으로 밝혀지자 6단계를 생략하고 0단계를 추가하여 0~5단계의 도덕성 발달 이론을 전개한다.

0 단계	자기중심적 추론
1 단계	무조건적 복종
2 단계	이기적 공정성
3 단계	'동조' 혹은 '사람들 상호간의 일치'
4 단계	체제에 대한 책임
5 단계	원리적 양심

(1) 0단계 : 자기중심적 추론 단계 (egocentric reasoning)

① 4세 이하 학생들에게 나타난다.
② 옳음의 기준은 '나는 나 좋은 대로 해야만 한다'는 것이다.
③ 선하게 되어야 하는 이유는 보상을 받고 벌을 피하기 위해서라고 인식한다.
④ 자신이 원하는 것을 얻는 것이 공정이라고 판단하는 등 극히 자기중심적이다.

(2) 1단계 : 무조건적 복종 단계 (unquestioning obedience)

① 유치원 다니는 학생들에게 나타난다.
② 옳음의 기준은 성인이나 권위 있는 존재가 하라는 대로 해야만 한다는 것이다.
③ 선하게 되어야 하는 이유는 고통이나 괴로움(처벌)을 당하지 않기 위해서라고 인식한다.
④ 0단계가 정반대로 전환된 것으로 어른이나 권위 있는 사람들은 명령을 내릴 권리가 있고 아이들은 그 명령에 복종하지 않으면 안된다고 생각한다.

(3) 2단계 : 이기적 공정성 단계 (what's-in-it-for-me fairness)

① 초등학교 저학년 학생들에게 나타난다.
② 옳음의 기준은 '나는 내 이익을 도모해야 한다. 하지만 나에게 공정하게 대하는 사람에게는 나도 공정하게 대해야 한다'는 것이다.
③ 선하게 되어야 하는 이유는 자기 이익, 즉 자신에게 이득 되는 것을 얻는 데에서 찾는다.
④ 1단계가 전환된 특성을 나타낸다. '우리 아이들은 우리의 권리를 찾아야 한다. 부모들은 우리에게 명령해서는 안된다'라는 성향을 나타낸다. 즉 어른들과 자신은 도덕적으로 평등하다고 생각하기에 1단계와는 다르게 어른들의 명령에 무조건적으로 복종하지 않으며, 공정성을 일종의 '주고받기'(tit-for-tat)식으로 이해하게 되는데 우리 문화 속에 미운 7살이라는 표현이 이에 해당한다.

(4) 3단계 : 사람들 상호간의 일치 단계 (interpersonal confirmity)

① 10대 초·중기에 나타난다.
② 옳음의 기준은 '나는 착한 사람이 되어야 한다'는 것이다.
③ 선하게 되어야 하는 이유는 다른 사람들이 자신을 좋게 생각하고(사회적 인정) 나 자신도 스스로에 대해 좋은 사람으로 인정해야(자기 존중) 하기 때문이다.

④ 다른 사람들이 자신에 대해 어떻게 생각하는지에 대해 매우 관심을 보이며 주변 사람들의 기대에 부응하고자 하기에 협동적이고 타인에게 주의를 기울이는 행동을 많이 보인다. 하지만 마땅히 해야만 하는 것과 다른 사람들이 자신에게 기대를 가지는 것 사이에서 무엇이 참으로 옳은 것인지를 분별하는 힘이 약해, 종종 나쁜 친구들 사이에 휩쓸리거나 잘못된 행동으로 나아가는 경우도 있기에 보다 독립적이고 비판적인 사고를 발전시켜 가도록 하는 일이 중요하다.

(5) 4단계 : 체제에 대한 책임 단계 (responsibility to the system)

① 10대 말기에 나타난다.
② 옳음의 기준은 '나는 내가 그 한 부분으로 되어 있는 사회 체제 또는 가치 체제에 대한 나의 책임을 다해야만 한다'는 것이다.
③ 선하게 되어야 하는 이유를 '체제의 붕괴를 막고 자신의 의무를 다하는 사람으로서의 자기 존중을 유지하기 위해서'라고 파악한다.
④ 3단계가 가까운 사람들의 기대에 부응하는 것을 중시하는데 비해, 4단계는 자기가 속한 사회에 대한 책임과 의무를 인식하고 '모든 사람이 그렇게 한다면 전체로서의 체제가 어떻게 되겠는가?'라는 관점에서 옳고 그름을 판단한다. 따라서 충실하게 4단계에 이르면 선량하고 양심적인 시민의 자세를 나타내게 된다. 하지만 원리적 관점에서 현존 질서를 비판하고 극복해 나가는 자세는 미흡하다.

(6) 5단계 : 원리적 양심 단계 (principled conscience)

① 젊은 성인들의 연령대에 해당한다.
② 옳음의 기준은 '나는 모든 개인의 권리와 존엄성에 대해 가능한 최대의 존중을 보이고 또 인권을 보호하는 체제를 지지해야 한다'는 것이다.
③ 선하게 되어야 하는 이유는 모든 인간을 존중하라는 원리에 입각한 양심에서 나오는 의무감에 충실하기 위해서이다.
④ 개인 존중의 원리에 입각하여 선과 의무를 규정지으려 하며, 인권을 확보하는 주요 수단으로서 법에 대한 최고의 존중심을 나타낸다. 하지만 때론 법이 인권보장에 미흡할 경우 그러한 법을 비판하고 수정하고자 노력한다.
⑤ 5단계는 인간에 대한 존중이라는 도덕원리와 강력한 사회적 양심을 법보다 더 우선시하는 특성을 보인다.

3. '도덕발달 접근법'의 10가지 원리

: 도덕교육의 본질은 이러한 도덕성 발달 단계를 순조롭게 발달시켜 나가도록 돕는 데 있다. 리코나는 이처럼 순조로운 도덕성 발달을 위해 일반적으로 고려해야 할 점들을 10가지 원리로 제시한다.

(1) 존중

도덕성의 핵심은 존중이다. 존중은 자기 자신과 타인, 모든 형태의 생명을 그 대상으로 한다. 이러한 존중으로부터 중요한 가치들이 파생되어 나오거나 관련을 맺는다. 존중이 도덕성의 전부는 아닐지언정 도덕적 성숙의 핵심임에는 틀림없다.

(2) 점진적인 단계적 발달

도덕성은 점진적이고도 단계적으로 발달한다. 도덕성은 어린 시절부터 성인에 이르기까지 천천히 지속적으로 단계에 따라 수직적이면서, 또한 수평적으로도 발달해 간다.44) 따라서 도덕교육은 이러한 발달 특성을 인지하고 그에 맞춰 지속적으로 실행해야만 한다.

(3) 상호 존중

아이들을 존중할 뿐만 아니라, 아이들로부터 존중을 요구해야만 한다. 도덕성의 핵심은 존중이고 도덕교육의 출발도 존중으로부터 시작되어야 한다. 존중을 가르치려면 그들을 존중으로 대해야 할 뿐만 아니라, 그에 대한 답례로 존중해 줄 것을 요구해야만 한다. 그럼으로써 아이들은 상호 존중의 태도를 배울 수 있게 된다.

(4) 본보기 (모범)

도덕은 말로 가르치는 것 보다 행동으로 가르치는 것이 효과적이고, 듣고 배우는 것보다 보고 배우는 것이 더 큰 영향을 미친다. 따라서 도덕적으로 추론한 것을 행동으로 옮기게 하는 확실한 방법은 모범을 통해 가르치는 것이다.

(5) 말을 통한 가르침

본보기의 이면에 놓인 가치들과 신념들에 대해 올바른 이해를 형성할 필요가 있다. 말로 가르친 것을 행동하도록 권유해야 하지만, 동시에 행동에 대해서도 말로써 가르칠 필요가 있다. 이처럼 말로써 가르쳐야 하는 이유는 행동으로 옮겨야 할 규범과 가치의 밑바탕에 깔린 이유와 근거에 대해 설명함으로써 도덕적 삶에 대한 합리적 이해와 신념을 형성하고자 하는 것이다.

---

44) 리코나의 도덕성 발달은 수직적 발달만이 아닌 수평적 발달도 있음을 지적한다. 수평적 발달이란 새로 나타난 어떤 단계가 잘 확립되도록 하는 것, 새로운 단계가 보다 넓게 삶의 경험 범주로 확대되고 뻗어 나가는 것, 또는 새로운 단계의 추론을 모든 종류의 상황에 점점 더 일관되게 적용하는 것 등을 말한다. 즉, 수평적 발달이란 어떤 단계에 진입한 사람이 그 단계에서의 도덕적 추론과 사고·판단·행위 능력을 보다 성숙되고 완전하게 이루어 나가는 것을 의미한다.

(6) 생각하는 법을 가르치기

말로 가르치는 것만으로는 도덕적 성장에 부족하다. 스스로 생각하고 판단하는 법을 배우도록 도와야 한다. 이를 위해 도덕적 문제들에 대한 숙고와 토론이 유용한 방법이 될 수 있다.

(7) 책임감

아이들이 책임감을 갖도록 도와야 하는데, 책임감을 갖는다는 것은 도덕적으로 행동함을 의미하기 때문이다. 따라서 책임의 도덕성은 행동의 도덕성과 관련된다. 책임의 대상은 자기 자신과 자기 소유물, 자기 일, 타인의 복리, 공동체의 복리 등이 될 수 있다. 그리고 이와 같은 책임의 도덕성을 성숙시키기 위해서는 그러한 행동을 직접 실행해 보게 하는 것이 필요하다.

(8) 독립과 통제의 균형

아이들이 자의적 결정에 따라 행동하도록 독립성으로 보장하는 것과 어른이 간섭·결정·지시·통제 하는 것 사이에서 균형을 취하는 것이 중요하다. 어디까지나 아이들은 성인이 아니기에 적절한 통제 속에서 독립성을 배우도록 도와야 한다.

(9) 긍정적 자아개념

아이들을 사랑함으로써 그들이 긍정적 자아개념을 형성하도록 도와야 한다. 도덕성 발달은 사랑에서 시작된다. 인간과 세상에 대한 애착감의 뿌리가 사랑이기 때문이다. 이러한 사랑은 아이들이 긍정적 자아개념과 가치 의식 및 내면의 강인함을 발달시키는 토대가 된다.

(10) 행복한 가정

도덕적 성장을 돕는 일과 좋은 가정을 이루는 일은 불가분의 관계에 있다. 좋은 가족생활과 가족의 결속은 좋은 아이들을 키우는 데 매우 중요하다. 가족과 함께 시간을 보내고 가족 구성원들이 서로의 행복과 복리를 증진시킬 수 있도록 상호 헌신하는 일들이 그 자체 도덕적 성장에 긴요한 경험들이 된다.

2장 통합적 인격 교육론

1. '인격'에 대한 '통합적 관점'과 인격교육의 원리들

: 리코나는 현대 사회의 도덕적 타락이 개인의 인격 결함이나 윤리적 문맹 현상에서 비롯된 것으로 이해한다. 인격은 어떤 가치가 특정 상황에서 도덕적으로 선한 방식으로 반응하는 데 필요한 내적인 성향, 즉 덕이 될 때 발달한다. 따라서 인격은 덕으로 구성되며, 충만한 덕을 갖출수록 훌륭한 인격이 형성된다. 이러한 맥락에서 리코나는 '인지발달론'과 '전통적 인격교육론'의 장점들을 상호 보완하려는 통합적 인격교육론을 제시한다. 즉 도덕적 추론 능력의 발달과 습관적 반응 양식으로서의 인격 특성을 형성시키는 것을 목적으로 하는 통합적 인격 교육론을 구축하고자 한다.

　지금까지 인지발달론자들은 주로 도덕적 추론을 연구하였고, 정신분석학적 심리학자들은 죄, 부끄러움, 자존감 등의 감정 영역을 연구해왔으며, 행동주의자들과 사회학습 이론가들은 유혹에의 저항, 공격성향, 이타적 혹은 친사회적 행동 등의 행동적 영역을 주로 연구해왔다. 하지만 리코나에 따르면 인격은 도덕성의 인지적, 정의적, 행동적 측면을 포괄하는 것으로 넓게 정의되어야 한다. 좋은 인격은 선을 알고(정신의 습관), 선을 바라며(마음의 습관), 선을 행하는 것(행동의 습관), 즉 사고와 감정과 행동의 습관을 갖는 것으로 구성된다. 이처럼 리코나의 인격 개념은 도덕성의 인지·정서·행동적 차원을 모두 포괄하는 통합적인 개념인 것이다. 그리고 리코나는 이처럼 포괄적인 의미를 지니는 인격을 통합적으로 형성하기 위한 교육적 원리들을 다음과 같이 제시한다.

(1) 인격교육은 훌륭한 인격의 기초가 되는 핵심적인 윤리적 가치들, 즉 타인배려·정직·공정·책임·자기와 타인에 대한 존중 등과 같은 가치들을 증진시키는 데 목적을 두어야 한다.

(2) 인격은 인간 능력의 인지적·정서적·행동적 측면들을 포괄하도록, 즉 도덕적 사고와 감정과 행동이 종합적으로 길러질 수 있도록 총체적이고 통합적 관점에서 정의되어야 한다.

(3) 학교생활의 모든 측면에서 핵심적 가치들을 적극적으로 교육해야만 한다. 즉 교과교육 뿐만 아니라 여타의 교육 프로그램, 수업과 평가, 교직원들의 모범, 학교 내 규율 정책, 학교 환경의 조성, 학부모와의 관계 등을 종합적으로 고려하여 포괄적으로 시행해야 한다.

(4) 인격교육을 위해서는 학교 자체가 훌륭한 인격을 구비해야 한다. 이를 위해 학교는 품위 있고 온정적이며 정의롭고 서로 돌보는 따뜻한 배려의 공동체가 되어야 한다.

(5) 학생들이 도덕적 행동을 실천하면서 배울 수 있는 기회를 제공해야 한다. 이를 위해 학교는 학생들로 하여금 일상생활 속에서 구체적인 문제들과 관련지어 책임, 공정 등과 같은 가치들

을 서로 논의하고 적용해 보도록 하는 한편, 협동학습, 봉사활동 등과 같은 활동들을 통해 가치들을 체험하면서 실천 성향과 행동 습관을 길러가도록 도와야 한다.

(6) 학생들을 존중하고 학업과 관련하여 성공을 성취할 수 있도록 교육과정이 운영되어야 한다.

(7) 외적 보상이나 처벌 등의 방식에 의존하는 것을 최소화하고 내적 동기를 유발하는 일에 최선을 다해야 한다.

(8) 모든 교직원들은 인격교육에 대해 책임을 공유해야 한다. 인격교육의 장으로서 학교가 학습공동체이자 도덕공동체로 거듭나기 위해서는 비단 교사뿐만 아니라 모든 교직원들이 학교가 설정한 핵심적 가치들과 규칙들을 자각하고 실천해야 한다.

(9) 도덕적 리더십을 확립하고 실천해야 한다. 학교장이나 교감과 같은 학교 경영자나 주요 핵심 교사들, 그리고 여타 교사들은 인격교육의 지도자로서 적절히 기능해야 하며, 학생 자치 기구의 임원들이나 상급 학생들 또한 동료 학생들을 솔선수범하여 이끄는 리더십이 존재해야 한다.

(10) 인격 계발을 위한 교육 활동을 전개해 나감에 있어 가정과 지역 사회의 성원들을 협조자로 활용해야 한다.

(11) 학교는 이러한 인격교육을 실행하면서, 또한 그것이 제대로 이루어지고 있는지 평가함으로써 인격교육의 개선과 발전을 지속적으로 도모해야 한다.

2. 훌륭한 인격을 위한 핵심 가치 : 존중과 책임

리코나 인격교육의 핵심적인 가치는 존중과 책임인데, 이 또한 인격형성을 통합적 접근의 입장에서 추구하는 특징을 드러내는 것이라 할 수 있다. 리코나는 존중(respect)과 책임(responsibility)이라는 가치가 개인적 선과 공동체의 선을 증진시키는 객관적인 가치로서 인류 역사를 통해 보편적이고 공적인 도덕성의 핵심이 되는 것이라고 역설한다. 나아가 이 두 가치는 건전한 개인, 배려적 인간관계, 인간적이고 민주적인 사회, 정의롭고 평화로운 세계 건설에 필수적으로 요청되는 것이라 강조한다.

'존중'이란 어떤 존재의 가치에 대해 경의를 보이는 것으로서 자기에 대한 존중, 타인에 대한 존중, 모든 생명체와 환경에 대한 존중 등이 모두 포함된다.

'책임'이란 존중이 확대된 것으로서 다른 사람을 가치 있게 여기고 그의 복지에 대해 책임을 느끼는 것을 말하는데, 이는 타인에게 해가 되는 일을 하지 않는 것과 적극적으로 타인을 돕는 것 모두를 포함한 타인에 대한 의무의식과 연관을 맺게 된다.

리코나는 이 두 가치의 특수한 형태로서 혹은 두 가치를 행동으로 옮기는 일과 관련하여 여타의 가치가 파생되어 나온다고 보는데 정직·공정·관용·사려분별·자기규율·선행·연민·협동·용기와 그 밖의 민주적 가치들이 그런 것이다.

3. 통합적 인격교육의 구성요소

: 리코나는 지·정·행, 세 부분의 통합으로 이루어진 인격을 육성하기 위해 각 측면마다 인격교육이 목표로 삼아야 하는 구성 요소들을 밝히고 있다.

구성요소	하위요소
인지적 측면	① 도덕적 인식 moral awareness ② 도덕적 가치들에 대한 지식 knowing moral value ③ 관점 취하기 perspective-taking ④ 도덕적 추론 moral reasoning ⑤ 의사결정 decision-making ⑥ 자기이해 self-knowledge
감정적 측면	① 양심 conscience ② 자기존중 self-esteem ③ 감정이입 empathy ④ 선에 대한 사랑 loving the good ⑤ 자기통제 self-control ⑥ 겸양 humility
행동적 측면	① 능력 competence ② 의지 will ③ 습관 habit

(1) 인지적 측면

도덕적 인식	도덕적 인식이란 도덕적 맹목에 반대되는 것으로서, 구체적인 문제 상황에 직면하여 그 속에 도덕적 문제가 내포되어 있음을 인식하고, 나아가 그 문제에 필요한 도덕판단이 무엇인지를 인식하는 것을 말한다. 이러한 도덕적 인식은 두 가지로 구성된다. ① 해당 문제 상황에서 언제 도덕판단이 요구되고 어떤 행위가 옳은 지를 숙고하기 위해 지성을 사용하는 것. ② 올바른 판단과 의사결정을 하는 데 필요한 사실적 지식과 정보를 갖추는 것.
도덕적 가치들에 대한 지식	도덕적 가치들에 대한 지식이란 생명존중, 자유, 책임, 정직, 공정, 관용, 용기, 자기규율, 친절, 용기, 연민 등과 같은 가치들에 대한 지식을 갖는 것을 말한다. 이러한 가치들은 수세대에 걸쳐 전해 내려오는 도덕적 유산들로서 도덕적인 사람이 되는 데 필수적인 것들이다. 그리고 그러한 가치들에 대한 지식을 갖는다는 것은, 그러한 가치가 지니는 의미와 중요성을 알고 있다는 것과 그러한 가치를 구체적인 상황에서 어떻게 적용해야 할지를 아는 것 모두를 포함한다.
관점 취하기	관점 취하기란 타인의 입장에서 사태를 바라볼 수 있는 능력, 타인이 어떻게 생각하고 반응하고 느끼는 지를 상상해 볼 수 있는 능력을 말하는데, 이는 올바른 도덕판단의 필수적인 전제 조건이다.

도덕적 추론	도덕적 추론이란 도덕적이라는 것의 의미와 도덕적이어야 할 이유들을 이해하고 논증하는 것을 말한다. 즉 도덕적 추론이란 해야 할 일과 해서는 안 될 일에 대한 도덕적 이유를 제시하는 것을 말하며, 이러한 도덕적 추론이 높은 단계에 이르면 고전적인 도덕원리에 대한 이해까지 내포하게 된다.
의사 결정	의사결정이란 무엇이 옳은 행위인지 심사숙고를 통해 선택하고 결정하는 것을 말하며, 이러한 능력을 기르기 위해 반성적 사고와 결정하는 기능을 배양하는 것이 필요하다.
자기 이해	자기이해란 자기 인격의 강점과 약점 그리고 그 약점을 보완할 수 있는 방안을 아는 것, 자기 행위를 검토하고 비판적으로 평가할 수 있는 능력의 보유 등을 내포하는 것이다. 리코나는 이러한 자기이해의 지식이 도덕적 인격을 위해 얻어야 할 도덕적 지식 중에서 가장 획득하기 힘든 것이지만 인격발달을 위해서는 필수적인 것이라고 말한다.

(2) 감정적 측면

양심	양심은 무엇이 옳은지를 아는 것과 그 앎을 행동으로 옮기는 것을 의무로 느끼는 마음의 자질을 말한다. 따라서 양심은 인지적 측면만이 아니라 감정적 측면 두 가지로 구성되는 것이다. 성숙한 양심은 도덕적 의무감뿐만 아니라 건설적인 죄책감[45]을 지니는 능력을 포함한다. 그리고 건설적 죄책감을 지닐 수 있는 능력은 유혹에 맞설 수 있도록 도와준다. 또한 양심을 지니고 있는 사람은 도덕적 가치들과 자기 자신을 동일시하고자 노력한다. 따라서 도덕적 가치들은 그들의 도덕적 자아 속에 뿌리내리고 있다.
자기 존중	자기존중은 자기 자신에 대해 긍정적인 자세를 갖는 것을 말한다. 이러한 자기 존중감을 지니고 있는 사람은 타인을 보다 긍정적인 자세로 대한다. 그리고 학생들에게 자기 긍정과 존중의 근거가 재산, 외모, 인기 등이 아니라 책임, 정직, 친절, 선의 실현 능력 같은 도덕적 가치가 되도록 지도하는 것이 중요하다.
감정 이입	감정이입은 타인의 상태에 대해 동일시하는 것 또는 그것에 대해 대리적 경험을 하는 것을 말하는 것으로서 관점 채택의 감정적 측면이라 할 수 있다. 이러한 감정이입의 능력은 타고 나는 것이 아니라 발달해 가는 것으로서, 높은 수준에 이르면 인간 공통의 인간성(humanity)에 기초하여 일반화된 감정 이입의 능력에까지 이르게 된다.
선에 대한 사랑	선에 대한 사랑이란 순수하게 선(善)을 좋아하고 악(惡)을 미워하는 마음을 말한다. 선을 행함에 있어 즐거움을 느끼기에 의무의 도덕성만이 아니라 열망(desire)의 도덕성까지 지닌다. 즉 선을 사랑하는 사람은 타인을 도와주는 것에서 즐거움과 보람을 느끼기에 그러한 사람은 의무가 아니라 자발적 경향성에서 우러나는 행위를 하게 된다.
자기 통제	자기통제·자기규율의 능력이나 자질을 말하는 것으로서, 자신이 도덕적으로 행동하는 것을 원하지 않을 때에도 자신으로 하여금 도덕적 입장을 계속 유지하도록 만들어 준다.
겸양	겸양은 '자기이해'의 감정적 측면에 해당되는 것으로서 진리에 대한 순수한 개방성과 자기 잘못을 기꺼이 고치려는 자세를 내포한다. 리코나는 이러한 겸양이 인류의 악이요 정신적 암이라고까지 불리는 자만심과, 악을 행하고도 그것을 선이라 부르는 자기기만의 악을 극복하는 데 매우 중요하며 따라서 겸양의 덕은 훌륭한 인격형성의 필수라고 강조한다.

---

[45] 건설적인 죄책감은 '파괴적 죄책감'과 구별된다. "나는 내 자신의 도덕적 기준에 맞추어 살지 않았다."는 판단에 대하여 파괴적 죄책감이 "그래서 나는 나쁜 사람이다"라는 생각에 머무는 반면 건설적 죄책감은 "그럼에도 불구하고 나는 더 잘 행동할 것이다."는 생각으로 나아간다.

(3) 행동적 측면

능력	능력은 도덕적으로 판단하고 느낀 것을 효과적인 행동으로 옮기는 것과 관련되는 도덕적 기능이나 능력을 말한다. 예컨대, 갈등을 공정하게 해결하려면 갈등 당사자들이 상호 수용할 만한 해결책을 찾아내는 실천적인 기능(skill)들이 필요한데, 이러한 기능들을 갖추는 것이 도덕적 능력을 지니는 일이 된다.
의지	의지는 도덕적 용기의 핵심 요소로서, 당위라고 인식하는 것을 행동으로 옮기는 데 동원되는 에너지를 말한다. 감정을 이성의 통제 하에 두는 일, 문제 상황을 도덕적 측면에서 바라보고 숙고하는 일, 쾌락보다 의무를 생각하는 일, 유혹이나 부당한 압력에 저항하는 일 등 모두에서 의지가 요구된다.
습관	습관이란 단순한 행동의 반복뿐만 아니라, 사고와 감정의 일관된 유형을 의미하는데, 습관은 일상적인 도덕적 행동들이 의식적으로 선택되기 보다는 거의 습관적으로 일어남을 감안할 때 그 중요성이 심대하다. 학생들이 좋은 습관을 형성하도록 반복적 실천 기회를 부여하는 것이 필요하다.

4. 통합적 인격교육을 위한 도덕교육 방법론

(1) 바람직한 인격형성을 위한 도덕교육의 3가지 목표

① 학생들을 자기중심주의로부터 협동적이고 상호 존중의 관계로 발달시키는 것.
② (도덕 판단·감정·행동 능력에 있어서) 충분히 성숙된 도덕적 행위자로의 성장을 돕는 것.
③ 학급과 학교 내에 공정·배려·참여의 가치에 기초한 도덕공동체를 발달시키는 것.

(2) 학생들에게 길러져야 할 인격의 7가지 도덕적 특성

: 리코나는 인격의 도덕적 특성을 기르기 위해서는, 성인의 권위에 대한 아동의 복종이 매우 중요하다고 주장한다. 리코나에 의하면 복종은 지식이 아동의 마음속으로 들어가기 위해 통과해야 할 관문과 같은 것이다. 즉 바람직한 도덕교육은 먼저 통제와 사회화에 초점을 두고, 그런 연후에 자율적·독립적으로 사고하고 행동하는 법을 배워야 한다는 것이다.

① 자기에 대한 긍정적 느낌으로서의 자기존중
② 다른 사람은 어떻게 생각하고 느낄까를 고려하는 사회적 관점 취하기
③ 올바른 일이 무엇인지를 숙고하는 도덕적 추론
④ 관용, 정의, 연민 같은 중요한 가치에 대한 지식
⑤ 의사소통, 상호 조정, 문제 해결 등 다른 사람과 협동하는 기능들
⑥ 친절, 정직 같은 습관화된 인격 특성들
⑦ 사회화 기관으로서 성인들의 긍정적 영향에 대한 개방성

(3) 인격교육의 목표와 인격 특성을 기르기 위한 4가지 접근 방안

① 자기 존중감 및 공동체 의식의 증진
② 타인을 돕고 그들과의 협력을 학습하는 것
③ 도덕적 숙고
④ 참여적 의사결정

(4) 교사가 교실 상황에서 활용할 수 있는 인격교육 접근방법

① 배려의 제공자, 역할 모델, 훌륭한 스승으로 활동한다.
 : 이를 위해 교사는 학생들을 사랑과 존경으로 대하고, 좋은 귀감이 되며, 친사회적인 행동들을 지지해 주고 유해한 행동들을 교정시켜 주어야 한다.
② 교실 내에 도덕공동체를 만들어야 한다.
 : 이를 위해 교사는 학생들 상호 간에 서로 잘 알도록, 서로 존중하고 보살펴 주도록, 그리고 집단 속에서 자신이 소중한 성원임을 느낄 수 있도록 도와주어야 한다.
③ 도덕적 규율을 실행한다.
 : 이를 위해 교사는 도덕적 추론 능력만이 아니라 자발적으로 규칙에 순응하고 타인을 존중하도록 고무하기 위하여, 교실 내 규칙을 제정하고 실행해 가야 한다.
④ 민주적인 교실 환경을 조성해야 한다.
 : 이를 위해 교사는 교실이라는 장소가 학생들이 생활하고 학습하기에 적합한 장소로 만들기 위하여 학생들을 협동적인 의사결정과 공유된 책임에 관여시킬 수 있어야 한다.
⑤ 교육과정을 통하여 인격을 가르친다.
 : 이를 위해 덕을 가르치기 위한 수단으로서 문학, 역사, 과학과 같은 윤리적으로 풍부한 내용을 활용할 수 있어야 한다.
⑥ 협동학습을 활용한다.
 : 교사는 협동학습을 통하여 타인에 대한 존중과, 입장채택, 공동목표를 위한 협동 능력을 배양해야 한다.
⑦ 학생 본연의 직무와 관련된 양심을 발달시켜야 한다.
 : 교사는 공부에 대한 올바른 인식을 심어주고, 학습을 가치 있게 여기고, 자신의 자질을 계발하도록 고무하고, 자신이 하고자 하는 일이 타인에게 미치는 영향에 대한 감수성과 책임감을 갖도록 도와주어야 한다.
⑧ 도덕적으로 숙고하고 성찰하는 능력을 길러야 한다.
 : 도덕적 숙고는 인격의 인지적 차원들을 발달시키는 데 있어서 필수적이다. 따라서 교사는 독서, 조사나 연구, 작문활동, 도덕적 문제에 대한 토론(딜레마 토론)과 논쟁을 통해 도덕적 사고와 사려깊은 의사 결정 능력을 향상시켜야 한다.
⑨ 갈등 해결 능력을 길러야 한다.
 : 이를 위해 교사는 도덕적 토론 수준을 높여서 도덕적 갈등 문제를 다루어 볼 기회를 증대시킴과 동시에 그러한 문제를 물리적 힘에 의존하지 않고 공정하게 해결하는데 필요한 도덕적 능력을 기르도록 돕는다.

(5) 전반적인 학교 활동 속에서 활용하기 위한 인격교육 접근방법

① 교실을 넘어선 배려 행위를 촉진해야 한다.
: 이를 위해 학교는 이타적인 행위를 고무할 수 있도록 긍정적인 역할 모델들을 활용하고, 학교와 지역 사회에서 봉사 활동을 해보는 기회를 제공한다.
② 학교 내에 긍정적인 도덕 문화와 풍토를 조성한다.
: 이를 위해 학교는 학교장의 리더십, 학생 자치 활동 등 학교 전반적인 풍토를 도덕적으로 조성한다.
③ 부모들과 지역 사회를 인격교육의 동반자로 받아들여 협력적으로 운영해야 한다.

5. 리코나 인격교육론에 제기되는 비판

(1) 인격 구성요소들의 선정 기준이 불분명하고 그 요소들 사이의 논리적 체계성도 미흡하다.

(2) 자신의 도덕교육 방법이 자신이 제기한 통합적 인격 개념에 구체적으로 어떻게 관련되는지에 대한 설명을 제공하지 않는다.

(3) 도덕성을 존중과 책임감이라는 두 가지 가치로 지나치게 단순화 시킨다.

(4) 존중과 책임감을 보편적 가치라고 주장하면서도 입증할 경험적 증거를 제시하지 않는다.

(5) 인격을 인지·정의·행동적 요소들로 이루어진 통합체로 규정하면서도 이를 지지해 주는 경험적 증거를 제시하지 못한다. 나아가 인격의 정의적 요소와 관련하여 도덕적 정서와 밀접한 관련을 맺고 있는 것으로 간주되는 불안과 공포, 수치심, 노여움, 후회 등과 같은 부정적 정서들에 대해서는 어떠한 설명도 제시하지 않는다.

17 '덕 윤리'와 '덕 교육'

CHAPTER

1장 '덕 윤리학'이란?

1. 현대 윤리 이론에 대한 비판

: 공리주의와 칸트주의는 모든 인간이 어떤 보편적인 의무를 갖고 있다는 전제를 공유하고, 도덕적 추론은 원리를 적용하는 문제이며, 덕의 가치는 옳음 혹은 선의 개념으로부터 파생하는 것으로 이해한다. 덕윤리학은 이러한 모든 주장에 대해 반박을 가한다. 따라서 현대 윤리 이론은 덕윤리학(행위자 윤리학)과 의무의 윤리학(원리·규칙·행위의 윤리학)으로 대별될 수 있다.

(1) 도덕적 '의무' 개념에 대한 비판

① 개념적 주장

: 어떤 행위가 의무적이라는 것은 어떤 규칙·법·원리 등이 그 행위가 행해질 것을 명령한다고 볼 수 있다. 즉 의무가 있다고 말하는 것은 규칙이나 법이 있다는 것을 함축한다. 이처럼 의무는 모종의 권위에 의해 부여된 법의 존재를 가정하게 된다. 그러나 행위 윤리학의 도덕적 의무는 입법자가 없이 자유로이 부동하는 것을 함축하는 공허한 개념 또는 속이 텅 빈 개념이다.

② 역사적 주장

: 의무라는 개념은 고대에는 존재하지 않았다. 고대 희랍에서 윤리학은 성품의 탁월성과 관련되었었다. 기독교의 영향으로 신에 대한 개념과 함께, 인간의 모든 제도와 법보다 상위에 있는 법의 존재를 상정하게 되었다. 살인과 방탕을 금하는 명령들은 그 어떤 목적과 상관없이 절대적이고도 보편적인 의무로 인식되어 졌다. 기독교가 쇠퇴한 뒤에도 서구에서는 여전히 도덕적 의무들이 보편타당한 구속력이 있는 것으로 남아 있었다. 푸트 (Foot)는 (그 어떤 목적과도 상관없이) 도덕적으로 해야만 할 어떤 것이 있다고 생각하는 것은 환상이라 주장한다. 도덕적 이유들은 초월적인 법의 힘에서 파생하는 것이 아니라 행위자가 바라는 것 혹은 행위자의 관심사가 되는 것으로부터 파생하는 것이다.

(2) '도덕적 운 (moral luck)'의 문제

: 의무의 개념은 행위에 대한 책임을 중시하고 자발성 개념에 중요성을 부여한다. 즉 행위자의 책임의 경계는 행위자의 통제 하에 있는 것에 의해 결정된다. 하지만 이런 관점은 '도덕적 운의 역설' (paradox of moral luck)로 귀착된다. 즉 우리가 우리의 통제 하에 있는 것에만 책임이 있다면 운의 문제에 대해서는 책임이 없다는 것이다. 하지만 사실상 우리는 우리 삶을 통제할 위치에 있지 않다. 왜냐하면 운이 우리 존재 및 우리 행동의 거의 모든 측면을 지배하고 있기 때문이다.

덕윤리자들이 볼 때, 착하게 사는 사람들은 천성적으로 착한 심성을 타고난 면이 있을 수도 있고, 좋은 환경에서 어려움 없이 자라면서 착한 심성을 습득했을 수도 있고, 또 착하게 살고자 애쓰기도 할 것이다. 한마디로 말해서 우리의 현실은 운을 도덕성으로부터 제외하기 어렵다는 것이다. 이런 점에서 의무 윤리학은 도덕적 행위에 대한 적절한 설명이 되지 못한다.

(3) 자아와 타인의 불균형

슬로트 (Slote)는 도덕적 의무론이 자아-타인 불균형을 이룬다고 비판한다. 칸트 윤리학에 따르면 "행위자가 자신의 행위와 관련하여 평가적으로 자신을 돌보지 않거나 자신을 거부할 것을 요구하고, 실제로 행위자가 자신의 행위의 윤리적 의미를 평가할 때 자기 이익이나 행복으로부터 자신을 소외시킨다." 또한 칸트 윤리학은 행위자 자신의 복지에 관련된 모든 결과들을 행위의 도덕적 평가와 무관한 것으로 간주되어야 한다고 보면서도, 다른 사람의 행위를 평가할 때는 그러한 복지가 고려되어야 한다고 주장한다. 즉 우리는 타인의 행복을 고양할 의무를 갖고 있는 반면에 우리 자신의 행복과 관련해서는 그러한 의무를 갖고 있지 않다는 것이다.

한편 공리주의는 모든 사람들의 복지를 행위자의 복지와 동등하게 고려함으로써 모든 개개인의 복지를 공평하게 다루기에 행위자 중립적인 자아-타아 간 균형이라 할 수 있으나, 이러한 균형은 개인에게 너무 많은 희생을 요구하는 것으로서, 욕구나 경향 등을 지닌 행위자가 수용할 만한 균형은 아니다.

이는 도덕 행위자를 평가절하하는 것이다. 행위자 자신의 복리는 긍정적인 도덕적 가치를 갖고 있지 않고, 타인을 도와주는 도구로만 간주 되기 때문이다.

그리고 칸트 이론체계에서 보면 이는 모순적이다. 모든 인간은 본래적으로 가치가 있지만 나 자신은 타인들에 비해 덜 소중한 존재라는 결론에 이르기 때문이다.

(4) 원리와 규칙에 대한 비판

공리주의와 의무론 모두 포괄적이고 일관된 원리체계를 만들어 내는 이론을 가장 훌륭한 윤리 이론으로 가정하고 있다. 하지만 이러한 원리는 너무 추상적이기 때문에 일상 윤리의 복잡한 상황에 도움이 못 된다.

행위의 원리가 행위를 안내하는데 불충분하고 구체적인 상황에 적용될 수 없는 것이라면, 실생활의 의사결정에서 실제적인 역할을 하는 것은 인격일 수밖에 없다. 즉 올바른 행동을 하는데 필요한 것은 훌륭한 도덕적 인격이다. 원리는 충분한 것도, 필수적인 것도 아니다. 한마디로 말해서 원리는 군더더기다.

스토커 (Stocker)는 현대 윤리 이론이 정신분열증에 가깝다고 비판한다. 이는 '정당화'와 '동기'간의 줄일 수 없는 간극에서 생기는 것이다. 곤경에 처한 친구를 도우면서 행복의 극대화나 의무감이 행위의 동기가 된다면 온전한 정신 상태라 하기 어렵다. 더군다나 우정이라는 가치는 필요도 없어질 것이다. 공리주의나 칸트주의에 따라 사는 사람은 원리, 규칙, 의무에 대해 염려하는 것이지 사람에 대해 염려하는 것이 아니다.

2. 덕윤리학의 기본 가정

(1) 윤리학에서 기본적인 판단은 인격에 관한 판단이다.
(2) 인격 특성의 가치에 대한 어떤 판단은 행동의 옳음 혹은 그름에 관한 판단으로부터 독립된 것이다. (즉 인격특성의 가치는 행위의 가치로부터 파생되는 것이 아니다.)
(3) 덕의 개념은 올바른 행위의 개념을 정당화한다. 즉 덕의 개념은 옳은 행위의 개념에 선행한다.
(4) 덕은 행위자의 복리에서 본질적인 역할을 하고 있다는 관점에서 정당화된다. 즉 덕은 인간의 복리 및 '잘 사는 삶'을 위한 필요조건 혹은 구성요건이다. 따라서 덕윤리학에서 기본 개념은 인간의 번영 (flourishing)이다.

3. 덕윤리학의 특성

(1) 원리 중심 윤리학이 도덕원리나 도덕규칙을 도덕적 삶의 근거로 보는 반면, 덕윤리학은 덕 혹은 인격을 도덕적 삶의 근거로 간주한다. 아울러 덕윤리학은 덕이나 인격이 인간의 행복한 삶을 구성하며 행복에 필수적이라고 이라고 생각한다.

(2) 원리 중심 윤리학이 행위를 중시하는데 비해 덕윤리학은 행위자에 우선적인 관심을 둔다. 이러한 덕윤리학의 관점에서는 '도덕적 삶을 살기 위해 나는 무엇을 해야 하는가?'보다 '나는 어떤 존재가 되어야 하는가?'라는 물음이 근본적인 문제가 된다.

(3) 원리 중심 윤리학이 옳고 그름을 판단하는 것, 즉 행위판단에 초점을 맞추고 있다면, 덕윤리학은 어떤 것이 한 사람을 선하게 혹은 악하게 만드는가, 즉 성품판단에 초점을 맞춘다.

(4) 덕윤리학은 행위의 도덕적 정당화에만 관심을 기울이는 윤리이론의 역할을 부정한다. 즉 덕윤리학을 표방하는 사람들은 윤리이론 없이도 도덕에 대한 설명이 가능하다고 믿으며, 행위의 정당화가 도덕 생활에 있어서의 중심적인 문제라는 점을 받아들이지 않는다. 덕윤리학은 행위의 정당화 방식은 다양한 도덕적 전통에 뿌리내리고 있다는 입장을 취한다. (그리고 어떤 행위가 옳은 행위인지는 도덕적 전통에 따라 상대적일 수 있음을 인정한다.)

(5) 덕윤리학은 도덕생활에 있어서 보편적 도덕원리의 가치를 인정하지 않는다. 덕윤리학은 원리 중심 윤리학에서 상정하는 보편적 도덕원리가 현실로부터 추상된 것으로서 엄격성과 비유연성의 특성을 지니기에 그것은 현실의 도덕 문제를 해결하는 데 도움이 되지 못한다고 본다. 따라서 덕 윤리학은 실제적인 도덕 문제 해결을 위해서는 복잡하고 다양한 현실의 특수성에 대해 민감하게 반응하면서 면밀히 살피고 복합적인 요인을 고려하는 가운데 적절한 해결을 도모해 내는 인간의 능력과 품성이 중시되어야 한다고 주장한다. 이러한 관점에서 덕 윤리학은 도덕판단을 보편적 도덕원리를 구체적인 상황에 적용하는 문제가 아니라, 각각의 상황에서 무엇이 가장 시의적절한 실천인지를 파악하는 일종의 실천적 지혜의 문제로 간주한다.

(6) 덕윤리학은 도덕적인 인간이 되기 위해서는 무엇이 옳고 좋은지에 대한 지적 숙고 능력만이 아니라, 도덕적인 삶을 지향하는 감정적 성향과 올바른 욕구, 그리고 행동 성향과 습관을 갖추어야 한다고 본다.

(7) 덕윤리학은 도덕의 영역과 삶의 다른 영역들 사이에 상관성이 존재한다는 사실을 인정한다.

4. 덕윤리학에 대한 비판

: 행위를 강조하는 이론이 인격의 문제를 무시하기에 불충분하다면 덕윤리학 역시 그 반대 방향에서 불충분할 수 있다. 도덕적 문제들은 대개 우리가 무엇을 해야만 하는 것에 대한 문제들이기 때문이다. 급진적 덕윤리학자들은 덕윤리학이 현대 도덕철학에 대한 하나의 대안이라 주장하지만 여전히 미흡하다는 지적을 받는다.

(1) 덕윤리학은 도덕적 갈등을 다루는 데 있어서 불충분하다.
  : 예를 들어 정직과 배려의 덕이 상충할 때 어느 덕이 우선해야 하는지에 대한 분명한 기준이 없다.

(2) 특정한 자질과 덕목이 중요한 이유에 대한 설명은 덕윤리학의 범위를 넘어선다.
  : 즉 거짓말을 해서 이득을 얻을 수 있을 때 왜 거짓말을 해서는 안되는가? 그렇게 하는 것이 특정한 인격 특성에 위배되는 것이라는 설명만으로 불충분하다. 왜 그러한 정직이라는 인격 특성이 부정직이라는 인격 특성보다 더 나은지에 대한 설명이 필요하기 때문이다. 만일 그것이 전체 복지에 기여하기 때문이라면 공리주의에 기대는 것이고, 정직이 개인에게 최선의 방책이라고 말한다면 윤리적 이기주의에 가깝다.

(3) 급진적인 덕윤리학자들은 모든 행위에 상응하는 덕이 있다고 가정하나 이는 사실과 다르다.

(4) 덕윤리학은 행위보다는 행위자에 초점을 맞춤으로써 특정한 도덕적 지침을 제공할 수 없다.

(5) 행위자들이 특정 상황에서 옳다고 여기는 바가 다를 수 있다는 점에서 행위자 상대적인 경향이 강하다.

(6) 행위자 중심의 도덕적 판단의 경우 근대 사회가 요구하는 보편성의 확보가 어렵기 때문에 주관적으로 흐를 수 있다.

(7) 도덕적으로 유덕한 사람의 행위에서 비극적 결과가 생겨날 수 있다. 즉 유덕한 사람이 그가 가진 덕 때문에 그른 행동을 하는 경우가 있다.

(8) 비도덕적인 행위를 일시적 현상으로 간주하여 행위자를 자기기만에 빠지게 한다.

(9) 선한 인격을 갖추는 것은 자신이 처한 맥락과 관계되므로 도덕적 선이 운에 의존하는 측면이 있다.

(10) 결국 덕윤리학을 하나의 완전한 윤리학으로 규정하기 보다는 기존의 윤리학에 대한 보완이나 부분으로 보는 것이 합리적이다.

2장 덕 교육론

1. '덕 윤리'와 '덕 교육'의 상관성

(1) 인격교육과 덕교육의 비교

인격교육과 덕교육은 자주 혼용되기에 그 개념을 비교해 볼 필요가 있다. 인격교육이 기본적으로 훌륭한 인격특성이나 덕목들을 내용으로 하고 습관과 행위의 실천을 중시하는 등 아리스토텔레스의 덕이론이 강조하는 점들과 상당 부분 일치한다는 점에서 덕교육의 양상을 띠는 것은 사실이다. 또한 미국에서 1980년대 중반 이후 부활한 인격교육이 윤리학에서의 덕윤리의 부활과 어느 정도 상관성이 있을 것이라고 추측할 수도 있다. 그러나 미국에서의 인격교육은 "체계적인 학문적 혹은 이론적 배경의 산물이라기보다는 미국 사회의 문제점을 해결하는 과정에서 모색된 하나의 방안"이라고 할 수 있고, 이런 점에서 보면 인격교육을 덕교육과 동일시하는 것은 무리가 있다. 최근에 논의되고 있는 인격교육은 덕교육적 성격을 어느 정도 가진, 미국적 전통 내에서의 도덕교육이라고 보는 것이 더 정확할 것이다. 따라서 인격교육을 통해 덕교육의 어떤 면들을 파악할 수는 있지만, 덕교육 그 자체를 이해하기는 어렵다. 덕교육의 의미는 기본적으로 덕윤리에 대한 이해를 통해 파악될 수 있다.

(2) 덕윤리의 덕교육적 함의

덕윤리의 특징	덕교육적 함의
① 덕윤리는 인격의 우선성을 특징으로 한다. 행위보다 행위자를 우선시하는 덕윤리는 전형적으로 세 가지 목표를 내세운다. ❶이상적인 사람의 개념을 개발하고 옹호하는 것. ❷그런 유형의 사람이 되는 데 필수적인 덕들의 목록을 개발하고 옹호하는 것. ❸사람들이 그와 같은 적합한 덕들을 소유하게 될 수 있는 방법에 대한 어떤 견해를 옹호하는 것.	• 덕윤리의 세 가지 목표로부터 덕교육의 특성을 다음과 같이 설정해 볼 수 있다. ❶**이상적인 사람**, 즉 훌륭한 성품을 지닌 사람의 개념을 도덕교육의 목표로 제시할 것 ❷그러한 사람이 되는 데 **필수적인 덕목**들을 도덕교육의 내용으로 구체화할 것. ❸그러한 덕목들을 **함양할 수 있는 방법**들을 개발할 것. • 인격의 우선성이라는 덕윤리의 특징이 덕교육에 주는 구체적인 의미로는 행위의 지속성을 확보하기가 용이하다는 점을 꼽을 수 있다. 왜냐하면 덕교육은 성품화를 목표로 하고 만일 성품이 갖추어진다면 행위를 취할 가능성이 더 커지기 때문이다. 또한 동기의 측면에서 볼 때, 유덕한 사람을 도덕교육의 목표로 삼는 것은, 더 자발적으로 도덕적 삶을 영위하는 사람을 육성할 수 있다. 유덕한 사람이 된다는 것은 인격에서 자연스럽게 우러나오는 자발적인 행위를 하는 성향을 가지는 것이기 때문이다. • 유덕한 삶을 사는 것은 경우에 따라서는 유덕한 행위를 하는 것과 구별된다. 경우에 따라서 유덕한 사람은 유덕한 행위를 하지 않을 수도 있기 때문이다. 이런 점에서 행위보다 행위자의 인격에 초점을 맞추는 도덕교육은 엄격주의를 지향하기보다는 행위자의 편에서 유연한, 그리하여 더 설득력 있는 목표를 제시하는 것으로 볼 수 있다. • 도덕교육의 영역에 통상 도덕적이라 부르는 영역 이외의 여러 영역들을 포함시킬 수 있다. 인간의 형성이라는 것이 매우 복합적이기에 포괄적인 형태의 도덕교육을 필요로 하기 때문이다.
② 덕윤리는 인간의 도덕적 삶이 어떤 근본 원리나 일련의 일반적인 원칙들로 환원될 수 없다는 점에서 구체성이나 맥락성을 강조한다.	• 덕교육은 도덕원칙들을 이해하고 구체적인 상황에 적용하는 방법을 가르치기보다는 구체적인 상황에서 적절한 감정과 판단을 내리고 이에 따라 행위 할 수 있도록 가르쳐야 한다.46) • 구체성과 맥락성을 중시하는 덕윤리에 근거한 덕교육은 우리의 상식과 직관에 부합하는, 그리고 유연한 내용을 가르칠 수 있게 해준다. 왜냐하면 덕교육은 인간의 실제 삶에서 드러나는 복잡성이나 특수성을 반영하는 내용을 가르칠 수 있도록 해주기 때문이다. 특히 우리의 삶 속에서 큰 비중을 차지하는 사적인 애착관계들을 공평성이라는 이름 아래 배제하라고 요구하는 대신 인정할 여지를 준다. • 구체성과 맥락성을 강조하는 덕윤리의 성향은 덕교육의 방법에도 영향을 미치는데, 모델링·습관화·내러티브 기법으로 도덕적 민감성을 발달시키고자 한다.47)

---

46) 예컨대 어떻게 행동하는 것이 정직한 것인지는 획일적으로 결정되는 것이 아니기에 누가 어떤 상황에 처해 있느냐에 따라 여러 다양한 행위가 정직의 덕목을 드러낼 수 있게 된다.
47) 문학작품이나 전기문과 같은 내러티브의 제시를 통하여 고립되거나 추상적인 개별적 존재가 아닌 문화적, 역사적 존재로서의 도덕적 정체성의 발달 및 도덕적 감정과 동기화의 발달을 중시하는 것이 주요 방법이 될 수 있다.
48) 예컨대, 아리스토텔레스는 습관화를 통해 덕이 함양될 때 적절한 감정을 갖게 되고 구체적인 상황에서 숙고를 통해 적절한 선택을 하는 판단이 수반되어야 한다고 강조한다.

③ 덕윤리는 도덕성의 인지, 정의, 행동적 요소를 모두 중시하는 통합적인 접근을 취할 수 있는 이론적 토대를 제공한다.48)	• 도덕성 형성과 관련하여 인격교육이 행동적 훈련을, 인지발달론이 지적인 이해를, 배려교육이 정서적 발달을 특히 강조한다면, 덕교육은 도덕성을 이 모든 차원들 간의 상호작용으로 이해한다. • 덕윤리에 근거한 통합적 접근에서 습관과 정서의 함양은 무엇보다 중시된다. 감정은 칸트가 주장한 것처럼 무의미한 것이 아니라 "추구와 회피의 형식적인 대상으로서, 가장 일반적인 의미로 이해된 선과 악의 개념이나 이미지(사고나 지각)를 포함"한다. 이는 감정이나 정서가 행위를 위한 이유를 파악하는 초기의 이해 혹은 지시자로서 가치를 드러내는 데 일정한 역할을 한다는 것을 의미한다. 따라서 덕윤리에 따르면 적절한 감정을 옳게 얻도록 훈련된 사람이 행위를 위한 이유를 더 잘 추론하고 이해할 수 있다는 것이다.
④ 덕윤리가 필연적으로 상대주의적인 형태는 아닐지라도 어떤 형태의 공동체주의에 대체로 연루된다.	• 덕윤리의 이러한 공동체주의적 성향은 전통이나 사회적 관행 등이 도덕적 삶에 미치는 영향을 어느 정도 허용해 주고, 그리하여 덕교육은 단순히 도덕원칙들을 배우는 지적인 이해뿐만 아니라 자신이 속한 공동체의 가치 덕목들을 익혀 나가는 것을 포함한다. • 이런 의미에서 덕교육은 사회화의 일면을 띤다. 덕교육에서는 교육과 사회화가 날카롭게 분리되지 않으며, 따라서 가정과 공동체가 아동들의 양육과 사회화에 연루되는 만큼 도덕교육에도 중대하게 기여한다고 강조한다.

2. '덕 교육적 접근법'의 개념

덕 교육적 접근법이란 사람의 인격이 덕으로 구성된다는 관점에 기초하여 학생들로 하여금 필요한 도덕적 덕을 조화롭게 형성, 발달시켜 가도록 돕는 데 중점을 두고 도덕교육에 임하는 입장을 말한다.

따라서 이 입장에서 도덕교육의 역할은 학생들의 바람직한 인격 형성을 돕는 것인데, 인격은 여러 도덕적 덕의 발달을 바탕으로 이루어지는 것이므로 결국 도덕교육의 본질적 역할은 덕을 조화롭게 형성, 발달시켜 유덕한 인격을 함양하는 것이라 할 수 있다.

3. '덕 교육적 접근법'의 도덕교육적 시사점

(1) 환원주의[49])에 대한 반대

덕 교육적 접근법의 견지에서 볼 때, 인격 내지 도덕성의 세 가지 요소인 선을 아는 것, 선을 열망하는 것, 선을 행하는 것은 분리된 영역 속에서 가능한 것이 아니라 모든 방식에서 서로 영향을 주고받으며 기능하는 것이다.

따라서 덕 교육적 접근법은 인지·정의·행동을 향상시키기 위한 별도의 교육방법을 마련하고 그 결과를 각각 별도로 평가하는 것은 타당하지 않음을 시사한다.

(2) 행위자 중심

덕 교육적 접근법은 도덕교육의 방향이 행동 중심에서 행위자 중심으로 전환되어야 함을 시사한다.

(3) 공동체 중시

덕 교육적 접근법은 덕의 함양과 도덕 공동체와의 상관성에 대한 관심을 촉구함으로써 도덕 생활의 기반 및 이상으로서의 도덕 공동체에 대한 관심을 촉구한다.

(4) 자아와 타인의 균형

덕 개념의 부활은 자아와 타인의 균형성을 정립해 준다. 그동안 도덕적 행동은 마치 남을 위한 행동만을 의미하는 것으로 잘못 규정되어 왔으며, 그 결과 자아와 타인의 불균형성이 제기되었었다. 즉 타인에 대한 의무만이 배타적으로 강조될 뿐 자신에 대한 의무는 소홀하게 여겨졌다. 덕 개념의 부활은 타인의 복리를 위한 행동 못지않게 자신의 복리를 위한 행동을 강조함으로써, 우리로 하여금 도덕 생활의 실상을 보다 현실적으로 파악할 수 있게 해준다.

---

[49]) 도덕성의 인지적 측면과 정의적 측면, 행동적 측면에 따라 서로 다른 평가 방식을 적용하여 결과를 측정한 후, 이를 합하여 학생의 도덕성 정도를 평가해야 한다고 보는 관점이다. 이것은 인간의 도덕성이 지·정·행으로 분리되어 나타나는 것처럼 인식하여, 각 측면에 대해 별도의 준거와 방법을 적용하여 측정한 후 그 결과를 합산하여 평가하려는 태도인데, 이렇게 되면 그 평가의 결과는 통합된 전체로서의 도덕성이나 인격의 의미와는 상당히 다른 어떤 것을 평가하게 될 가능성이 커진다.

4. 덕 함양을 위한 교수·학습 방법

(1) 자기 체험의 기회 확대

덕은 언어적 전달만으로 획득되지 않으며, 삶의 다양한 과정 속에서 인격적이고 직접적인 만남을 통해서, 그리고 다른 사람과의 지속적인 상호작용을 통해서 점진적으로 획득되는 것이다. 따라서 도덕교육에서는 학생들에게 자율적 활동 의지를 조장한 후, 그들이 직접 삶의 현장에 파고들어 자기 체험을 통해 덕을 함양할 수 있도록 촉구하는 방법을 중시해야 한다.

(2) 도덕적 이야기의 활용

도덕적 이야기 활용이란 역사적 사건이나 주변 생활 속에서 발견되는 다양한 도덕적 이야기들이나 문학 작품들을 제시하고, 그 속에 담긴 도덕적 가치들을 학생들에게 전수하는 것으로서 다음과 같은 장점을 지닌다.
① 삶이 준거해야 할 도덕원리와 도덕적 가치 규범이 무엇이며, 그것을 따르는 것이 왜 중요하고 가치 있는 일인지를 명확하게 제시해 줄 수 있다.
② 훌륭한 도덕적 삶의 모형을 제공해 줌으로써 유덕한 인간의 모습을 본보기로 따라 배울 수 있는 기회와 도덕적 이상을 설정하고 이를 추구할 수 있는 기반을 제공해 줄 수 있다.
③ 우리 사회와 인류 역사 과정 속에서 축적되어 온 도덕적 경험, 훌륭한 도덕적 전통과 지혜를 자라나는 세대들에게 직접 전달할 수 있다.

(3) 자기반성의 생활화

자기반성은 덕 교육에서 자기 성찰과 도야의 일환으로서 인격을 고양하는 중요한 방법으로 권장된다.

(4) 도덕적 모범 보이기

교사의 인격은 덕의 실현자로서 학생들에게 그 자체 모범의 대상이기에 덕 교육에 있어 핵심적인 요소로 작용한다. 따라서 교사는 학생들에게 바람직한 도덕적 모범을 제공함으로써 이를 따라 배우도록 해야 한다. 학생들이 도덕적 가치 규범을 행동으로 옮기도록 하는 가장 확실한 방법 중의 하나가 모범으로써 가르치는 것이기 때문이다.

5. 덕 교육적 접근법의 문제점

(1) 덕목의 선택이나 덕의 편성 및 배열에 있어서 자의성이 개입될 여지가 있다.
(2) 덕목 개념에 대한 합의 부재로 인해 덕목 교육의 일관성과 통합성이 결여되어 있다.
(3) 덕 교육에서 교사의 모범을 지나치게 강조한다.
(4) 현재 사회의 덕을 일방적으로 주입하고자하는 보수적 특성이 있다.

18 프랑케나

CHAPTER

1. '의무의 윤리'와 '덕의 윤리' 상보적 추구

: 프랑케나(William K. Frankena)는 자신의 윤리학적 이론 체계를 의무윤리와 덕윤리의 종합으로 설정한다.

(1) 도덕 개념의 본질

프랑케나는 도덕을 어떤 행위나 동기 등의 결과가 행위자 자신을 포함한 다른 사람들과 유정적 존재 sentient being 에 미치는 영향을 고려하는 안목 또는 관점에서 내려지는 평가적 판단의 규범 체계로 이해한다.

(2) 도덕 판단

도덕적 책임판단 (의무판단)	○ 어떤 행위에 대해 도덕적으로 옳다 그르다, 책임 또는 의무가 있다 없다, '마땅히 해야만 한다' 또는 '해서는 안 된다' 등으로 판단하는 경우를 말한다. ○ 윤리학에서 원리나 규칙을 중심으로 하는 의무의 윤리를 표방한다.
도덕적 가치판단 (덕성판단)	○ 행위가 아니라 사람이나 동기, 의도, 성품 등에 대해 도덕적으로 좋다 나쁘다, 유덕하다 악덕하다, 훌륭하다 저열하다 등으로 판단하는 경우를 말한다. ○ 윤리학에서 사람의 도덕적 품성이나 덕목을 중시하는 덕윤리를 표방한다.

(3) 의무윤리와 덕윤리의 상보성

프랑케나는 의무윤리와 덕윤리가 상보적 관계에 있다고 보면서, 의무윤리에 해당하는 입장들은 덕윤리로 변형될 수 있다고 주장한다. 즉, 이기주의, 공리주의, 의무론 등은 어떤 성품이 도덕적 덕인가에 대한 대답에 따라 성품 이기주의, 성품 공리주의, 성품 의무론 등으로 변형될 수 있다는 것이다. 한마디로 말해서 모든 도덕원리마다 이에 상응하는 도덕적으로 선한 성품이 있고, 또한 모든 도덕적으로 선한 성품에 상응하는 도덕원리들이 존재한다는 것이 프랑케나 윤리학의 요지이다.

프랑케나에 의하면 "성품(traits) 없는 원리(principle)는 무기력하며, 원리 없는 성품은 맹목적이다." 원리의 도덕이 중요하지만 그러한 원리를 지향하거나 그에 따른 행위를 가능케 하는 어떠한 성향이 계발되지 않고는 그것의 실천이 어려워진다는 것이다. 단순히 원리만을 알고 행위

할 경우 그 동기가 이해 타산적이거나 충동적 이타심 등, 그 원리가 담고 있는 의의와는 동떨어진 동기에서 실천될 수도 있다. 따라서 그러한 원리에 합당한 덕과 품성 역시 중요하게 고려되어야만 한다.

2. 도덕교육의 본질

(1) 합리적·자율적 도덕인의 육성

프랑케나 도덕교육론은 의무윤리와 덕윤리의 상보적 입장에서 출발한다. 우선 프랑케나는 도덕교육의 본질이 '소크라테스'와 같은 합리적이고 자율적인 도덕인을 길러내는 것이라고 주장한다. 사회적 제도로서의 도덕의 목적은 사회 성원에게 이성적인 자기 규율과 자기 결정을 하게 하는 데 있다. 또한 사회심리학적 관점에서 볼 때 인간은 스스로 주체적인 도덕적 행위자로 발전되어 간다. 그리고 이러한 발달이 점점 더 성숙되면, 소크라테스가 그랬던 것처럼, 사회의 규칙과 가치들에 대해 비판할 수 있는 데까지 이르고 또 음미된 삶과 자율적인 삶을 성취하는 단계에까지 이를 수 있게 된다.

(2) 도덕인의 필수적인 요소들

: 프랑케나는 이처럼 합리적이고 자율적인 도덕인의 육성을 위해 필요한 구체적인 목표들을 제시한다.
① 무도덕(nonmoral)이 아닌 도덕적으로 되는 것, 즉 결정이나 판단과 관련하여 도덕적 관점을 취하는 것.
② 원리나 판단에 의해 삶을 영위하는 성향을 습득하는 것.
③ 행위에 대한 판단과 도덕적 결정을 할 수 있는 도덕적 사고력을 습득하는 것.
④ 도덕 판단과 결정의 궁극적 기초로서 하나 또는 그 이상의 근본적인 일반 원칙·이상·가치에 대한 신념을 지니는 것.
⑤ 얼마간의 구체적 규범, 가치 또는 덕에 대한 신념을 가지고 있는 것.
⑥ 필요한 정서적·지적 능력과 기능 등을 발달시키는 것.
⑦ 도덕적으로 옳고, 선한 것을 행할 수 있는 성향을 지니는 것.
⑧ 반성적인 도덕적 자율성과 자제력 그리고 정신적 자유의 능력을 가지고 있는 것.

이러한 목표들은 한마디로 말해서, 도덕원리나 규칙에 대한 이해와 도덕적 사고, 판단 능력과 함께 그렇게 이해하고 판단, 결정한 것을 행위로 실천하는 도덕적 품성 내지 덕성을 함께 육성해야만 한다는 것이다.

3. '의무 교육'과 '덕 교육'의 상보성

(1) 두 형태의 도덕교육

: 프랑케나는 윤리이론을 의무와 덕으로 구분하듯, 도덕교육 역시 두 가지로 구분한다.

MEX (Moral Education X) (의무윤리교육)	① 선악에 관한 지식을 전수하는 것 또는 어떻게 행위 해야 할지를 알게 하는 것. ② 도덕에 관한 이해를 중심으로 하는 교육으로서, 이해에는 규범에 대한 지식 및 그것에 관련된 사고, 판단이 수반된다. ③ 의무윤리 교육이다.
MEY (Moral Education Y) (덕윤리 교육)	① 학생들의 행위가 선악에 관한 지식에 일치하여 이루어지도록 보장하는 것. ② 이해된 도덕의 실천을 지향하는 교육으로서, 실천에는 행위자의 동기, 의지, 성향, 성품이 전제된다. ③ 덕윤리 교육이다.

(2) MEX 의무윤리 교육의 내용

① 행위를 안내, 지도해 줄 원리 또는 목적들을 알게 해야 한다. 원리나 목적을 가르친다는 것은 규범윤리학의 의무론과 목적론이 함축하는 바를 가르치는 것을 의미한다. 그리고 이러한 도덕적 지식을 가르칠 때에는 그러한 지식 속에 담긴 도덕적 명령의 근거를 알게 함으로써 합리적 도덕성을 형성하도록 하는 일이 중요하다. 또한 도덕의 본질은 이성에 호소하는 데 있으며, 도덕 판단의 특성은 그 판단의 이유를 제시하는 일과 객관적으로 타당한 사실에 기초하여 그 판단의 근거를 주장하는 일, 즉 그것을 정당화하는 데 있다.

② 도덕적 원리를 적용하거나 목적을 실현하는 데 필요한 지식을 제공하는 일 또는 그러한 지식을 스스로 획득할 수 있는 능력을 갖추게 해야 한다. 도덕규칙을 알고 있어도 구체적인 문제 상황에서 그 규칙에 의거한 의사결정을 내리려면 많은 사실적 정보와 지식이 필요하다. 하지만 이러한 사실적 지식은 무한하며 따라서 그 모든 것을 가르치는 것은 불가능하기에 중요한 것은 그러한 지식을 얻을 수 있는 능력을 획득하도록 돕는 일이다. 프랑케나는 이러한 능력을 지적 능력 또는 잘 단련된 지력(well-trained intellect)이라 부른다.

③ 의무가 충돌·갈등할 때 원리(또는 규칙)를 결정하는 능력과 그것을 수정하는 능력을 길러 주어야 한다. 규칙의 결정이란 갈등하는 규칙들 각각의 근거와 정당성을 따져서 보다 타당한 규칙을 결정하거나, 그 어느 것도 가능치 않을 경우 제3의 규칙을 도입하는 것을 말한다. 또한 이러한 규칙을 결정할 수 있는 능력은 기존의 규칙을 수정하거나 아니면 포기하고 새로운 규칙을 창출해 낼 수 있는 능력과도 연결되는데, 규칙의 수정이나 창출은 새로운 상황의 출현이나 새로운 지식 또는 통찰로부터 비롯된다.

④ 도덕적 방향감 또는 도덕의 길(moral direction or way)을 가르쳐야 한다. 이는 도덕적 삶의 전통과 역사적 흐름의 맥락에서 파악되는 어떤 거시적인 방향감(global sense of directedness)을 인식하고 습득하게 하는 것을 말한다. 이러한 방향감 내지 길을 가르치는 일은, 의무의 갈등을 해결하는 문제나 도덕적 자율인이 되는 문제 모두와 관련 있다. 왜냐하면 의무들의 갈등 속에서는 그에 대한 결정이, 미시적으로 분석하고 판단하는 수준을 넘어 거시적인 도덕적 삶의 방향을 택하는 도덕의 큰 길 속에서 이루어질 수 있기 때문이다. 또한 자율적 도덕 행위자가 된다는 것은 무엇이든 자기 멋대로 선택하는 것이 아니라 인간 상호간의 과업에 참여함으로써 이루어지는 것인데 그러한 인간 상호간의 과업은 전통의 토대 위에서 이루어지고 시대와 역사의 발전 속에서 일정한 방향으로 나아가는 경향이 있으니, 이러한 도덕적 방향감 내지 도덕의 길이 도움이 될 수 있다. 프랑케나는 이러한 도덕의 방향 내지 도덕의 길이 도덕규칙과 원리 속에 체현되어 나타난다고 주장한다. 따라서 MEX 유형의 도덕교육의 궁극목표는 이러한 특정 규칙들의 교육을 넘어 이와 같은 도덕의 길과 방향에 대한 이해에 도달하도록 하는 데 있다.

(3) MEY 덕윤리 교육의 내용

① 선악에 관한 지식에 일치하는 행위 성향을 기르도록 해야 한다. 이것은 의무가 '그것을 해야만 한다'고 말할 때 학생들이 '나는 그것을 할 수 있지만, 하지 않을 것이다'라는 태도를 취하지 않도록 하는 교육이라 할 수 있다. 즉, MEX가 의무에 관한 올바른 생각을 형성하는 것이라면, MEY는 옳은 것에 따라 행위 하려는 성향을 발달시키는 것이다. 도덕적 존재가 되려면 도덕적 의무를 잘 아는 것뿐만 아니라, 의무가 명하는 바를 실행하려는 성향과 동기, 의지, 행위 습관 등이 길러져야만 한다.

② 학생들에게 가르쳐야 할 덕을 명료하게 설정하고 집중적으로 추구해야 한다. 프랑케나는 도덕교육이 추구해야 할 덕을 일차적 덕과 이차적 덕, 두 가지로 구분한다. 제일차적 덕(first order virtue)은 정직, 성실과 같은 인격적 특성을 드러내는 것들을 말한다. 제이차적 덕(second-order virtue)은 양심, 도덕적 민감성, 통합성 등과 같이, 도덕 생활의 특정한 영역에 한정되는 것이 아니라 도덕 생활 전체에 관련되는 덕을 말한다.

③ 바람직한 도덕적 삶의 길을 따라 살아가려는 성향을 길러야 한다. 도덕교육이 특정 규칙을 가르치는 일에 한정되어서는 안 되고, 거시적인 도덕적 방향감과 객관적인 도덕의식을 함양하는 데까지 나아가야 한다. 이를 위해 일차적 덕만이 아닌 이차적 덕을 계발하는 데까지 나아가야 한다.

④ 도덕적 이상(moral ideals)에 대한 학습과 경험을 제공해야만 한다. 학생들로 하여금 어떤 종류의 인간이 되어야 하며 어떤 삶을 살아야 하는가를 탐구하게 하기 위해서는, 유덕한 사람을 모방하고 훌륭한 인물의 모습을 따라함으로써 어떤 종류의 존재가 되기를 지향하도

록 해야만 한다. 즉, 도덕적 이상에 대한 학습이 필요한 것이다. 학생들이 도덕적 이상을 갖는다는 것은 어떤 종류의 인간이 되기를 원한다는 것 또는 어떤 인격적 특질을 갖기를 원한다는 것을 의미한다. 도덕적 이상은 성인(聖人)이나 영웅, 역사적 위인이나 모범적 인물, 전기, 소설 등의 등장인물 또는 생활 주변에서 접할 수 있는 사람들의 훌륭한 도덕적 삶의 모습 등이 그 내용이 될 수 있다.

(4) 의무윤리 교육과 덕윤리 교육의 상보성
① 프랑케나에게는 의무윤리와 덕윤리가 분리될 수 없듯이, 이를 반영하는 MEX와 MEY 역시 분리될 수 없으며 상호 보완적으로 결합되어 있고 또 그렇게 되어야만 한다.
② 프랑케나에게 MEX와 MEY는 도덕교육이라는 단일 과정의 두 측면이요, 나중에 결합하는 것이 아닌 처음부터 결합된 상태로 진행되어야 온전한 도덕교육이 된다고 강조한다.

19 뒤르켐
CHAPTER

1. 도덕사회화

(1) 교육의 본질로서의 사회화[50]

뒤르켐(Emile Durkheim)에 의하면 교육이란 하나의 사회적 사실(social fact)로 인식되어야 한다. 즉 교육이란 새로운 세대를 사회적 존재로 길러내는 일을 본질로 하고 사회 존속과 발전을 도모하는 데 그 의의가 있으며, 어린 세대들에 대하여 사회가 요구하는 지적·도덕적·신체적 특성들을 육성·계발하는 데 그 목적이 있다.

인간은 개인적 존재와 사회적 존재로서의 두 가지 측면을 동시에 지니는 데 교육이란 개인적 존재로 하여금 사회적 존재로 되게 하는 데 그 본질이 있는 것이다. 뒤르켐은 '무한한 욕망을 지닌 생물학적 존재로서의 개인적 존재'를 사회적 존재로 되게 하는 것을 '사회화'라고 부르는데 결국 그에게서 교육은 사회화와 다름 아닌 것으로 간주된다.

(2) 도덕사회화

① 사회적 존재로서의 개인

당시 칸트와 밀 등에 의해 주도된 개인주의적 교육학이 자율적 개인을 상정하여 현실과 역사로부터 추상화된 관념적 개인, 개인주의적 개인을 염두에 두고 있는 데 비해, 뒤르켐의 교육론은 사회 속에서 자아와 정체성을 형성하는 개인, 그 사회의 역사와 전통과 구체적인 현실을 반영하는 개인, 그리고 사회 연대성과 사회 공동체의 존속과 발전 등을 중시하는 경향을 보이는데 이는 오늘날 공동체주의와도 맥락을 같이하는 특성을 보인다.

② 도덕은 사회적응을 위한 행동규칙의 체계

뒤르켐에 의하면, 도덕은 특정 사회의 필요에 의해 역사적으로 형성되어 온 일련의 행위의 규칙에 다름 아니다. 도덕규범은 개인들이 존재하기 전부터 이미 존재해 왔으며, 개인들이 공동체 구성원으로 기능하기 위해서는 반드시 공동체가 요구하는 규범에 자신의 행위를 적응하고 조화시키지 않으면 안 된다. 이처럼 뒤르켐은 도덕적 인격의 형성을 도덕사회화(moral socialization)로 이해한다.

---

[50] ※ 도덕교육의 본질, 목적, 내용, 방법 등과 관련된 제 입장들
　ο 도덕사회화 관점 ⇨ 뒤르켐,　ο 자율적 도덕발달론의 관점 ⇨ 콜버그,　ο 통합적 관점 ⇨ 리코나

2. 도덕성의 3 요소

(1) 규율정신 (spirit of discipline)

규율정신이란 도덕규범이 명하는 바를 의무로 받아들이고 그것의 권위를 존중하며 따르려는 경향성을 말한다. 이러한 규율정신은 의무의 도덕을 표상하는데 뒤르켐은 이런 식의 규율정신을 도덕의 근본 요소로 규정한다.

뒤르켐에 의하면, 규율정신은 비단 사회뿐만 아니라 개인의 존립에도 기초가 된다. 즉, 개인이 자신을 존속시키기 위해서는 욕구에 휘둘려 스스로를 파괴하는 일을 막아야 하는데 이를 위한 첫걸음이 자기를 규제하는 것이다. 따라서 자기 억제와 규율은 자유에 대한 구속이 아니라 진정한 자유를 보장하는 것이며, 이런 식으로 규제된 개인들에 의해 형성된 사회라야만 질서와 안전이 보장될 수 있으므로 규율정신은 개인과 사회 모두를 위한 도덕의 근본 요소인 것이다.

규율정신은 또한 민주적 사회 구성원의 기본 자질이다. 즉 규율의 권위를 존중하고 따르는 성향은 인간에 대한 복종이 아니라 공적 시민사회의 비개인적이고 추상적인 규율 그 자체를 존중하고, 그 규율의 권위로부터 오는 도덕적 명령을 의무감에서 실행하는 정신으로서의 성격을 지니기 때문이다.

(2) 사회집단에의 애착 (attachment to social group)

사회집단에의 애착이란 사람들과의 관계맺음을 통해 자신의 정체성을 확립하고, 사람들 속에서 상부상조하는 삶을 지향하는 성향을 말한다. 이는 집단의 부속품화가 되는 것을 의미하는 것이 아니라, 타인을 존중하고 타인의 복리에 기여하려는 성향으로서 타인에 대한 공감과 헌신, 이타심을 발휘하는 성향의 총체를 의미한다. 이러한 사회집단에의 성향은 인간의 본질적인 사회성을 계발하려는 것으로서 인간의 타고난 애타성, 즉 선의 도덕을 표상하는 것이며 진정한 공동체 정신을 함축하는 것이다.

사회집단에의 애착이 아동들의 덕성으로 길러져야하는 이유는, 인간은 사회 속에서 다른 사람과의 교류 속에서만 한 인간으로 성장하고 인격을 형성할 수 있기 때문이다. 아울러 인간성의 고귀하고 가치 있는 측면이라 할 수 있는 이타심과 공감성도 사회 속에서 타인과의 교류 가운데 계발되기 때문이다. 그리고 이러한 공감과 이타성이 사회적 연대감과 공동복지를 추구하는 삶의 바탕이 된다.

(3) 자율성 (autonomy)

① 자율성과 합리적 이해

: 뒤르켐에 의하면 자율성이란 도덕에 대한 합리적 이해를 바탕으로 형성되는 도덕적 인격의 특성을 말한다. 도덕적 행위는 규율존중과 집단에의 애착만으로는 불충분하며, 이성의 바탕 위에서 행위의 이유를 분명하고도 완전하게 깨닫는 것도 필요로 한다. 도덕규범의 본질과 특성, 그 가치와 기능을 합리적으로 이해하게 되면 그것이 더 이상 외적 구속으로 작용하지 않게 되며, 이렇게 하여 그 가치규범에 자발적으로 따르게 됨으로써 자율성을 지닌 도덕적

인격이 탄생되는 바, 진정한 의미에서의 도덕적 인격은 자율성에 이르러 완성된다. 하지만 이러한 도덕적 자율성의 핵심은 지적으로 이해한 '사회의 도덕규칙'에 대한 자율적 준수인 것이지 '자기입법적 규칙'에 대한 자율적 준수가 아니다.

② '자율성'과 도덕의 세속화
: 뒤르켐은 '종교적 도덕'을 신의 명령에 기초한 도덕으로 이해한다. 따라서 절대적 권위를 지닌 종교가 요구하는 행위나 규칙은 무조건적으로 이행해야 하는 대상이지 의심하거나 과학적 탐구 대상으로 삼는 것은 불가한 것이다. 하지만 뒤르켐에 의하면 도덕의 핵심은 자율성에 있으며 자율성의 핵심은 행위자 스스로가 규칙의 내용과 본질을 이해하고 자발적으로 수락하는 데 있다. 더욱이 뒤르켐은 도덕을 자연 현상처럼 과학적 탐구를 통해 지적으로 이해될 수 있다고 주장하며 이러한 바탕위에 세속적 도덕을 확립하려 한다.

3. 도덕성 발달에 필요한 교육내용들

: 도덕성의 요소인 규율정신은 도덕적 '습관'과, 사회집단에의 애착은 도덕적 '정서와 의지', 자율성은 도덕적 '이성'과 관련된다.

도덕성의 요소	도덕성의 교육내용
규율정신	도덕적 '습관'
사회집단에의 애착	도덕적 '정서와 의지'
자율성	도덕적 '이성'

(1) 습관

규율정신은 도덕적 습관의 교육이 필요하다. 그런데 규율정신은 규칙성과 권위라는 요소를 내용으로 성립한다. 여기서 규칙성이란 도덕규범을 일관되게 준수하는 성향을 말하는 것으로서 어떤 상황에서도 지속적이고 반복적으로 실천할 수 있어야 함을 뜻하는 것인데 이러한 규칙성은 습관을 통해 확보될 수 있다. 그리고 권위란 도덕규칙을 명령으로 가하는 힘의 원천을 가리키는 것으로서 권위에의 존중심이 형성되지 않으면 도덕적 실천의 규칙성은 확보되기 어렵다.

(2) 정서

사회집단에의 애착(affection)은 도덕적 정서와 의지의 교육이 필요하다. 이러한 사회집단에의 애착은 일차적으로 인간에 대한 애착의 감정을 기반으로 한다. 뒤르켐에 의하면 선에 대한 사랑과 의지가 구체화될 때 타인에 대한 애타적 감정과 동정심, 공감, 공동체 정신 등으로 나타나게 된다. 인간에 대한 애착의 성향과 사랑, 이타심 등은 정서적 요인으로 구성되기에 집단에의 애착은 도덕적 정서와 감정, 의지의 교육과 밀접히 관련된다.

(3) 이성

자율성은 도덕적 이성의 계발을 필요로 한다. 자율성은 의지의 자율을 의미하고, 뒤르켐에 의하면 이를 위해서는 도덕규범에 대한 올바른 인식이 선행되어야 한다. 즉, 도덕규범의 본질과 가치에 대한 합리적 이해가 수반되어야 한다.

규율정신이 의무의 도덕을, 사회집단에의 애착이 선의 도덕을 표상한다면, 자율성은 합리적 도덕을 표상하는 것으로서 도덕적 이성의 계발과 지성의 연마와 관련된다.

(4) 도덕교육 기관으로서의 학교

뒤르켐은 학교를 제일 적합한 도덕교육 기관이라고 주장한다. 즉 아동의 도덕교육은 가정에서 시작하지만 사적 유대와 혈연 및 온정적 관계를 기반으로 하는 가정을 통해서는 정치사회의 공적 시민으로서의 자질과 도덕적 품성을 길러내는 데 한계가 있다고 보았기 때문이다.

이런 의미에서 학교는 가정과 사회를 연계하는 가교역할을 해야만 한다. 학교집단이 지닌 강제적 성격, 연령과 지역에 있어서의 성원의 동질성, 교육적 작용의 합리성으로 인해 가정이나 시민사회가 가질 수 없는 독특한 도덕교육 기능을 수행할 수 있다. 그리고 초등학교는 가장 근본적이고도 중요한 도덕교육 기관이다. 초등학교 이후 시기는 도덕성의 기초를 마련하기에 너무 늦기 때문이다.

4. 도덕교육 방법론

(1) 규율정신

학생들의 도덕성 함양을 위해 우선적으로 기울여야 하는 노력은 규율정신과 이를 위한 도덕적 습관이다. 습관화를 위해서는 두 가지 조건이 필요한데, '존재의 규칙성에 대한 선호'와 '욕구의 절제와 극기'가 그것이다. 그리고 아동들은 이러한 조건들에 대해 부정적 요소와 긍정적 요소를 자기 안에 모두 가지고 있다.

부정적 요소	규칙성	비규칙성	아동들이 사고와 정서, 행동에 안정성과 일관성을 갖지 못함을 말한다.
	절제	원시적 정신 성향	욕망의 한계를 모르고 즉각적인 충동에 의해 사고하고 행동함을 말한다.
긍정적 요소	규칙성	습관의 피조물로 형성될 수 있는 성향	아동들이 불안정하고 변덕스러우면서도 동시에 변화를 싫어하고 기존에 익숙한 것에 집착하며 같은 행동을 반복하는 성향을 말한다.
	절제	명령적 암시에의 개방성	무언가 위대한 힘의 존재에 접하면 그것을 경외하고 그것이 내보이는 암시를 큰 저항 없이 수용하는 특성을 말한다.

이러한 습관 지향성과 암시에의 수용성은 도덕 행동의 규칙성과 권위에의 순응, 욕구의 억제와 극기를 가능케 한다.

(2) 사회집단에의 애착

칸트와 같은 이성주의 윤리학자들과는 달리 뒤르켐은 인간의 원초적인 정서적 성향을 매우 중시한다. 뒤르켐이 인간 본성과 사회적 자아 속에 원초적으로 존재하는 것으로 본 도덕적 정서는 타인을 고려하는 감정(other-regarding sentiment)과 자애(benevolence) 또는 이타심(altruism)으로 구성되며, 이것이 도덕성의 정의적 기초(affective foundation)가 된다.

인간의 도덕 생활과 사회적 관계, 그리고 사회제도가 이루어지는 근본 이유는 인간에게 있어 사회에 대해 자연적으로 형성된 도덕적 정서가 있기 때문이다. 하지만 인간 본성에는 애타성 외에도 이기성도 있다. 따라서 문제는 이기성을 약화시키고 애타성을 강화하는 것인데 그러기 위해서 학교는 공감성과 애타성의 경험 기회를 부여하며 공동의 노력으로 가치 있는 결과를 창출해 내는 활동을 지속적으로 격려해야 한다.

(3) 도덕적 자율성

자율성을 기르기 위해서는 합리적인 교수가 필요하다. 합리적 교수를 위해 뒤르켐이 제안한 것은 과학교육과 역사교육이었다.

과학교육은 만물에 대한 객관적 이해와 합리적 사고방식의 도야를 가능케 해주며, 이를 통해 사회적 현실과 그 속에서의 인간 행동 및 도덕적 삶의 당위성을 제대로 파악할 수 있게 해주기 때문이다. 역사교육은 사회라는 실체가 지나온 발자취와 그 현존을 인식시켜 사회에 대한 애착을 형성시킬 수 있기 때문이다.

예술교육도 도덕성의 감정적 기초를 마련해 줄 수 있기 때문에 필요하지만 그 기여도는 역사교육과 과학교육에 비하면 이차적인 것으로 간주한다.

(4) 교사의 권위와 처벌

: 뒤르켐은 도덕교육의 중요한 수단으로 교사의 권위와 애정, 그리고 처벌과 보상의 적절한 사용을 제안한다.

① 교사의 권위

교사의 권위는 학생들이 습득해야 할 도덕행위의 규칙성과 자기규제의 근원이 되는데, 교사의 이러한 권위는 반드시 정당하고 도덕적이어야 한다. 즉, 교사의 권위는 존경으로부터 비롯되어야 하는 것이지 물리적 강압이나 위협에 의존해서는 안 된다. 그러한 위협과 강압은 오히려 학생들에게 상처를 남기고 비정상적인 도덕성을 형성하게 만든다.

또한 교사의 권위는 도덕규범 자체에 대한 권위와 존경으로 연결되고 발전되어야 한다. 즉, 권위의 힘이 미치지 않는 상황에서 도덕규범에 대한 준수를 보장하기 위해서는, 인간이 아닌 규범 자체를 존경하고 규범의 권위에 따르는 성향을 기를 필요가 있다. 이를 위해서는 교사 자신도 도덕규범에 종속됨을 보여주는 일이 필요한데, 도덕규범 그 자체에 대한 존경과 권위에의 복종 성향은 시민사회의 비개인적이고 추상적인 법과 제도를 존중하고 준수하는 태도의 근원이 된다.

② 교사의 애정

교사의 애정은 아동들 개개인이 지니고 있는 한 인간으로서의 존엄성과 성장 가능성에 대한 신뢰에서 시작되는 것이다. 이러한 애정은 권위가 억압으로만 작용하는 것을 방지하고 합리적 도덕성으로 성장하는 데 필요한 방안들을 강구하도록 작용하는 힘의 원천이 된다.

③ 처벌

뒤르켐에 의하면 도덕교육에서 처벌은 권위와 관련하여 필수적으로 요청된다. 처벌이란 넓게는 불쾌한 감정적 표현이나 언어적 비난으로부터 신체적·정신적 고통을 가하는 것에 이르기까지 비도적적 행위를 제재하는 모든 조치를 포함한다.

하지만 처벌은 '정당한 권위와 애정에 기초'해야 하는데, 정당한 권위와 애정에 기초한 처벌은 위반 행위에 대한 보복 수단이나, 위반을 예방하기 위한 위협 또는 협박 수단이 되어서는 안 된다. 즉 진정한 처벌은 도덕규범에 대한 교사의 흔들리지 않는 신념을 보여주고, 규범에 대한 의무감의 상실을 방지함으로써 규범 그 자체를 보호하기 위해 사용되어야만 한다.

④ 보상

처벌이 도덕규범의 권위를 보호하기 위한 소극적 제재라면 보상은 적극적 조치이다. 보상은 칭찬과 시인 등 도덕규범에 따르는 행위로 인해 얻게 되는 모든 기쁨과 만족감, 긍지와 자랑스러움을 넓게 포함하는 것인데, 이러한 보상은 바람직한 행위를 정착시키는 데 있어서 처벌보다 더 효과적이다.

20 공동체주의 도덕교육론

CHAPTER

1장 공동체주의의 이론적 특성

1. 자유주의에 대한 비판

: 자유주의는 권력이나 부당한 외적 힘으로부터 인간의 자유를 확보하는 데에는 공헌하였지만 그 자유가 적절히 절제될 때 인간 사회의 진정한 가치가 실현될 수 있다는 측면을 소홀히 함으로써 많은 문제를 야기하게 된다. 가장 큰 문제는 그것이 개인주의를 결과하고 나아가 이기주의로 연결됨으로써 사회 해체의 위기를 노정하고 있다는 점이다.

(1) 자유주의와 개인주의

자유주의는 그 자유의 주체적 향유자로서 개인을 전제로 하기 때문에 자연히 개인주의와 밀접한 관계 속에서 출발한다. 그리고 개인주의는 개인의 존엄성과 가치를 궁극적인 것으로 보고 이의 실현을 위해 진력하는 사상과 운동을 가리킨다. 이러한 개인주의 역사의 발전 과정에서 인간 존엄성과 자유, 평등 사상이 발전하는 데 공헌하였으며, 전제 정치나 부당한 권력으로부터 개인의 생명과 재산을 지키고 각 개인의 독자성과 자율적 삶을 살 수 있는 사회 환경을 창출하는 데에도 큰 영향을 미쳤다.

(2) 개인주의의 특성

하지만 위와 같은 개념의 개인주의는 개인의 사회에 대한 우선성, 사회를 개인의 이익을 위해 존재하는 것으로 보는 도구적 관점, 개인의 자율성 확보를 위해 집단적 통제를 가능한 제한하려는 점, 집단적 동일성이나 순응이나 연대성보다 개인의 독자성, 주도성, 자율성을 더 중시하는 특성 그리고 사회의 기본적 관계를 단결이나 상호 협조보다는 경쟁적 자기 이익의 관계로 보려는 경향 등을 특징으로 한다.

(3) 개인주의와 이기주의

개인주의는 개인만이 궁극적 실체이며 사회는 이차적인 것에 불과하다는 생각을 전제로 한다. 하지만 이것은 인간관계를 분리적이고 단절적인 것으로 만들어 타인에 대한 무관심과 고립된 개인, 자기 소외, 자아와 정체성의 상실, 고독한 군중의 탄생, 그리고 사회의 파편화를 결과하게 만들었다.

또한 타인과의 관계에 있어서 나의 권리와 이익을 앞세우는 개인주의는 자연스럽게 이기주의가 사회적 차원으로 확대되는 발판을 제공하고, 공동선과 사회적 연대보다는 나의 이익 추구를 중시하는 사회풍조를 만연시킨다.

그 결과 내 권리와 이익을 확보하기 위한 치열한 경쟁과 갈등, 가진 자의 없는 자에 대한 지배, 형식적 평등은 보장한듯하지만 실질적 평등은 도외시된 사회, 그리고 합리적 이기주의자들의 이해타산에 기초한 형해화된 사회를 만들어내게 되었다. 이 가운데서 가장 치명적인 것은 공동체의 해체를 우려해야 하는 현실의 도래 이다.

(4) '자유주의적 개인주의 교육'의 문제점

자유주의적 개인주의는 교육의 영역에서도 많은 문제를 초래했는데 교육의 초점이 공동체보다는 개인을 앞세우고, 그 개인의 자율성과 독립성을 확보하기 위해 '함께 더불어 사는 사람'보다는 '저 혼자 잘난 사람'을 기르는 데 치우치게 되었다. 즉, 공동선보다는 개인선, 절제된 자유보다는 욕구의 대상을 향유하고 만끽하는 자유, 사회적 책임보다는 개인적 권리를 우선하는 관점을 고취함으로써 사회적 연대와 결속을 위한 도덕적 토대를 붕괴시키게 되었다.

(5) 공동체주의의 등장

자유주의적 개인주의의 폐해에 대한 극복과 대안을 모색하기 위해 공동체주의가 등장했다. 공동체주의는 자유주의적 근대성에 대한 전면적 비판 속에 정치, 사회, 윤리적 문제 등을 포괄하는 방대한 이론으로 구성되었다.

공동체주의자들은 자유주의자들이 사회 형성에 있어 계약만을 중시함으로써 계약 이외의 것들로부터 오는 사회적 의무들, 즉 가족 구성원들 간의 의무, 공동체와 국가를 지지할 의무 등과 같은 것들의 가치를 소홀히 한다고 비판한다. 나아가 공동체주의자들은 자유주의자들이 개인의 자아를 그가 발 딛고 있는 공동체의 구체적 현실과 맥락, 핵심적인 가치, 역사와 전통 등과 무관하게 추상적, 관념적으로 형성되는 것인 양 가정하고 있다는 점에서도 비판한다.

따라서 공동체주의자들은 인간은 본질적으로 사회적 존재라는 인간관과, 사회는 그 구성원들 모두에게 복된 삶을 가능케 하는 공동의 목적, 공동선, 공동의 가치를 중심으로 서로 돕고, 협력하는 사람들의 구성체라는 사회관에 입각하여 새로운 질서와 구조, 제도, 환경을 가진 인간의 공동체를 창출해 나가고자 한다. 그리고 이러한 관점에 입각하여 그에 걸맞은 도덕교육을 전개하고자 한다.

2. 사회적 인간관과 구성적 자아의 강조 : 샌델 (Sandel)

(1) '롤즈의 자유주의'에 대한 비판

: 샌델의 자유주의 비판은 의무론적 자유주의라 불렀던 칸트 이론과 이를 토대로 사회정의론을 전개한 롤즈에 대한 비판으로 전개된다. 칸트와 롤즈 모두 개인 권리의 우선성, 역사와 현실적 상황으로부터 초월하여 존재하는 자율적인 개인, 선에 대한 개인의 독립적 판단, 그리고 자신의 이익을 추구하는 개인들과 그들의 계약에 의해 구성된 사회 관념 등을 전제로 한다는 점에서 문제가 있다. 이러한 문제의 결정체가 '원초적 입장'이다.

① 개인주의

롤즈의 원초적 입장에서 각 개인들은 상호 무관심하고 서로 독립적이며, 그 상황을 지배하고 있는 가치와 목적들에 의해 구성된다기보다는 스스로의 자유 의지에 의해 그러한 가치와 목적들을 채택하는 존재이며, 이 때 그 개인들이 추구하는 최대의 가치와 목적은 공정으로서의 정의였다. 따라서 무엇이 선이고 정당한 것인지는 사전에 미리 정해져 있지 않고 개인의 판단에 의존하여 결정되는 것이며 그러한 결정의 타당성 여부는 그 과정과 절차의 합리성에 의해 좌우된다. 또한 각 개인들은 상호 무관심하고 독립적 존재이므로 타인과의 필연적인 관계를 맺을 필요가 없으며, 따라서 공동체란 아무 의미가 없거나 개인에 비해 부차적인 것 내지 대립적인 것으로 파악될 수밖에 없다.

② 권리우선주의

공동체에 대한 개인의 우선성은 공동선에 앞서 개인의 이익을 중시하는 사고로 이어지며, 개인의 이익은 그의 권리를 보장함으로써 가능한 것이므로 이는 다시 권리를 최우선으로 하는 관념으로 발전하게 된다.

③ 개인이익 우선주의

그리하여 개인의 이익·권리가 일반 복지·공동선과 충돌할 때 언제라도 전자가 우선시 된다. 그리고 이러한 개인의 이익·권리가 다툼 없이 가장 합리적인 절차에 의해 보장되는 상태가 공정으로서의 정의로 파악되었던 것이다. 이처럼 롤즈의 이론은 개인주의, 권리중심주의, 개인이익 우선주의 등과 같은 자유주의의 본질과 특성을 그대로 대변한다.

(2) 자율적이고 독립적인 자아론 비판

롤즈과 주장했던 사회의 가치와 목적에 우선하여 존재하는 자아론은 잘못되었다. 왜냐하면 선이 무엇인지를 사전에 알지 못하는 한 무엇이 진정 가치 있는 것이고 바람직한 목적인지를 선택할 수 없기 때문이다. 따라서 자아가 추구해야 할 가치와 목적이 자아에 앞서 이미 존재하며, 자아는 사회 속에서 형성되는 것이기에 그러한 가치와 목적 역시 사회공동체의 공동의 가치·목적과 분리될 수 없다. 그리고 공동의 가치와 목적의 궁극적 표현이 바로 공동선으로서, 이는 공동체 구성원들의 구성적 역할을 통해 확인되고 성취되는 것이다. 따라서 사회는 정의가 최우선이 아니라 우정이나 상호 이해, 공동선 등과 같은 공동체의 가치나 목적이 더 우선하는 것으로 이해되어야만 한다.

(3) 사회적 자아

롤즈가 설정하듯 완전히 자율적이고 독립적인 자아란 허구이다. 현실적으로도 인간은 가정, 지역사회, 또는 어떤 문화적 환경 속에서 살고 있기에, 서로가 완전히 무관심하거나 아무런 관계를 맺지 않은 상황으로부터 출발한다는 것은 불가능하기 때문이다. 따라서 개인의 자아란 그가 살고 있는 사회적 유대와 그가 따르고 있는 이상, 그의 삶을 구조화하는 사회적 조직들, 그리고 그의 의식과 행동 습관을 형성하는 전통과 역사 속에서 구성되는 자아, 이른바 사회에 붙박혀 있는 자아, 사회에 뿌리박고 있는 사회적 자아로 파악해야 옳다.

(4) 공동체에 대한 구성적 개념 (constitutive conception of community)

① 롤즈의 도구적 공동체

롤즈로 대표되는 자유주의 이론에서 공동체를 이해하는 데 동원되는 도구적이고 감정적 개념은 잘못된 것이다. 즉 자유주의는 공동체 내에서의 사회적 협동을 개인의 자기 이익을 얻기 위한 도구적 차원에서, 그리고 공동체에 존재하는 우애와 동료 감정 등을 그러한 사회적 협동에 참여하고 그 과정을 증진 시키는 데 필요한 감정적 연대의 차원에서 파악하려 하지만 이는 인간 공동체의 본질을 잘못 이해한 데서 비롯된 것이다.[51]

② 샌델의 구성적 공동체

샌델은 공동체를 구성적 개념으로 이해해야만 한다고 강조한다. 즉, 한 사회의 구성원이 공동체 의식을 갖는다는 것은 단순히 공동체적 감정을 갖고 공동의 목적을 추구하는 것을 넘어 자신의 정체성까지도 공동체에 의해 규정되고 구성됨을 의미하는 것으로 보아야 한다는 것이다. 이러한 구성적 공동체의 구성원들은 공동체 속에서 자신이 어떤 존재인지를 파악하는 가운데, 공동체에 애착을 가지며 자기 정체성을 구성하는 요인들을 발견하게 된다. 따라서 자아와 공동체는 분리되어 있는 것이 아니라 서로 결합되고 융화되어 있는 것이다.

개인의 정체성이 공동체 속에서 구성되는 것이라면 그의 인격 역시 공동체와 분리되어 형성될 수 없다. 개인의 인격과 도덕적 힘도 '자신이 공동체 속에서의 삶을 살고 있다는 점, 그리고 공동체의 역사 속에서 움직이고 있다는 점'에 대한 자기이해(self-understanding)를 바탕으로 구

---

[51] 샌델에 의하면, 도구적 공동체의 관점은 근대사회 이래 발달된 것으로 개인들이 오로지 자신들의 개인적인 목적을 위해서만 협동하는 사적 사회 private society 와 연관된다. 이러한 공동체는 전적으로 '도구적'이다. 감정적(심정적) 공동체의 관점은 롤즈가 주장하는 공동체관으로 도구적 관점과는 달리 참여자들이 '공유된 최종 목적'을 가지지만 '협동' 그 자체를 선(善)으로 간주하기에 공동의 역사와 애착은 없다. 그들의 이해관계는 하나같이 적대적인 것이 아니며, 경우에 따라 상보적이고 중첩적이다. 샌델은 이들 두 공동체관 모두 방식만 다를 뿐, 개인주의적이라 보며 부정적 태도를 보인다. 특히 롤즈가 말한 감정적 공동체는 '차등의 원칙'에 의한 공동자산의 개념에 기초한 것이어서 평등적이고 민주주의적인 공동체관이기는 하나, 견고한 공동체를 구축하는 데는 분명한 한계가 있다고 지적한다.

성된다. 그리고 이러한 인격은 자기의 목적을 제멋대로 선택하지 않으며, 자신이 진정 어떤 존재이며 무엇을 원하는지를 공동체 구성원으로서의 자기 정체성에 비추어 숙고한다. 나아가 이처럼 공동체 구성원으로 자기 목적과 선호를 신중히 생각하는 인격은 필연적으로 공동체의 다른 구성원들에 대한 애착을 갖고 그들이 잘되기를 빌며 그들의 바람이 성취되고 그들의 발전에 도움이 되도록 노력하는 그러한 상호 유대의 감정으로서의 우애를 지니게 된다.

결국 샌델에 의하면 '우리는 공동의 목표와 목적을 언급하지 않고서는 정치적 장치들(제도들)을 정당화할 수 없으며, 시민으로서 그리고 공동의 삶에의 참가자로서의 역할에 주목하지 않고서는 우리 자신을 생각할 수 없다.'

3. 덕 윤리의 회복 : 맥킨타이어 (MacIntyre)

(1) 공동체의 회복

맥킨타이어는 현대 사회의 혼란과 무질서를 자유주의 사회의 도덕에 대한 정의주의적이고 개인주의적인 태도에서부터 찾고 있다. 즉 서로의 생각과 행동을 규율할 수 있는 공통의 가치와 기준을 갖지 못하게 됨으로써 현대 자유주의 하에서 사회는 분열과 혼란을 심화시킨다고 보고 있는 것이다. 그리고 이러한 문제를 극복하기 위해 공동체적 삶의 측면과 덕의 윤리를 주목해야만 한다고 역설한다.

맥킨타이어에 의하면 한 개인의 정체성과 삶의 이야기는 공동체와 밀접하게 관련되어 있다. 즉, 한 개인의 정체성은 진공 속에서 만들어지는 것이 아니라 공동체의 역사와 전통 속에서 형성되는 것이며, 그의 개인적 삶의 이야기는 그가 속한 공동체의 이야기 속에서 그것들과 얽혀서 존재한다. 따라서 한 개인의 삶의 이야기는 공동체의 전통과 역사를 전제로 하고 또 그것과 연관지어 해석될 때에만 그 의미와 가치에 대한 온전한 이해와 정당성 여부에 대한 판단이 가능하게 된다. 따라서 공동체의 삶을 복원해야만 한다. 공동체의 이야기 속에는 우리가 추구해야 할 선이 무엇인지가 담겨 있으며, 이러한 공동체의 이야기를 공유하는 한 구성원들은 선에 대한 공통의 개념을 가지게 된다. 그리고 선에 대한 이러한 공유된 이해가 있는 한 나의 선과 타인의 선이 대립되거나 적대적 관계에 놓일 필요가 없게 되고 자유주의에서와 같은 갈등과 무질서가 등장할 필요도 없게 된다. 이러한 맥락에서 맥킨타이어는 새로운 형태의 지역 단위의 공동체의 복원이 필요함을 암시하고 있다.

(2) 덕 윤리의 회복

맥킨타이어는 공동체 복원과 아울러 덕의 윤리를 회복할 것을 강조한다. 자유주의 사회는 윤리적 상대주의를 극복하기 위해 개인의 자율성과 보편적 윤리 규칙을 가지고 대응하려 했지만 이는 문제를 더욱 증폭시키고 말았다. 따라서 사회의 도덕적 합리성을 회복하기 위해 아리스토텔레스의 덕윤리 전통으로 돌아갈 필요가 있다는 것이다.

아리스토텔레스에게 있어 인간은 어떤 목적으로서의 선을 실현하기 위해 존재하며, 이러한 선을 성취하는 데 필수적이고도 유용한 성품이 덕이었다. 맥킨타이어 역시 이러한 인간 본성에 대한 목적론적 이해와 그 목적으로서의 선의 실현에 긴요한 덕의 획득을 강조한다. 이 때 인간이 추구해야 할 목적으로서의 선과 획득하여야 할 덕은 공동체와 그 공동체의 역사와 전통을 통해 규정되는 것으로 간주된다. 그리고 이러한 견해는 지역적으로 한정된 상황주의적 관점에 입각하고 있다는 비판을 받기도 한다. 하지만 맥킨타이어에게 중요한 것은, 고대와 중세에서 보듯이 각 시대마다 그 사회에서 강조하는 선과 덕목은 달랐어도 언제나 공동체는 중시되었고, 사람들은 선에 대한 공통의 관념과 이를 추구하고 실천하는 데 필요한 덕성을 지님으로써, 자신들의 정체성을 바로 세울 수 있었으며, 윤리적 회의주의나 도덕적 무정부 상태를 벗어나 안정되고 통합된 삶을 살 수 있었다는 점이다.

4. 공동체적 정체성의 강조 : 테일러 (C. Taylor)

(1) 사회와 정통성

테일러에 의하면 현대 자유주의 사회의 자기 파괴적 현상들의 원인은 정통성의 위기(legitimation crisis)에서 비롯되었다고 분석한다. 한 사회의 정통성이란 그 구성원들이 자기 사회에 대해 가지고 있는 모종의 태도와 신념을 가리키는 것으로서, 이는 구성원들이 사회에 대해 잘 알고 인정하는 가운데 그것에 가치를 부여함으로써, 자신에게 주어지는 규율과 부담을 기꺼이 받아들일 때 성립된다. 그런데 현대 사회의 구성원들은 이러한 태도와 신념을 가지 못함으로써 정통성의 위기가 발생한다.

(2) 자유주의 사회의 정체성 위기

자유주의 사회가 맞고 있는 정통성의 위기는 그 구성원들의 마땅히 지녀야 할 현대적 정체성(modern identity), 즉 인간본성과 자유, 합리성, 시민으로서의 능력감에 대해 올바른 관점과 태도를 지니지 못함으로써 발생한다.

① 인간본성과 자유

인간본성이란 원래 인간은 우주적 질서의 한 부분을 구성하는 존재로서 그 본질은 그러한 질서와의 관계 속에서 이해되어야만 하는 것이었다. 그리고 시민의 자유라는 것도 공동체 혹은 국가와 같은 전체와의 관련 속에서 규정되어야 하는 것이었다. 하지만 과학과 개인의 자율성이라는 새로운 개념이 등장하면서 인간은 전체적 질서와의 관계를 무시하고 그 스스로의 내적 목적을 발견하고 그에 따라 삶을 사는 존재로 간주되게 되었다. 이에 기초하여 자유의 개념도 공동체와의 관련 속에서 찾는 것이 아니라 자연 상태에서의 자연적 자유를 향유할 수 있다는 식으로 생각하게 되어 자유의 원자론적 개념으로 나아가게 되었던 것이다.

② 인간 삶의 합리성

인간 삶의 합리성도 원래는 보다 고차적인 욕구와 활동을 따라 보다 건전하고 규율있게 그리고 보다 통찰력 있고 합리적인 방식으로 수행되는 것을 의미했었다. 즉 사물의 마땅한 질서를 따라 이루어지는 적절한 인간 삶의 방식을 의미하는 것이었다. 그러나 자유주의 하에서는 이러한 합리성도 저급한 욕구를 도구적 이성에 의거하여 효율적인 방식으로만 추구하려는 것으로 변질되게 되었다.

③ 시민으로서의 능력감

시민으로서의 능력감도 원래는 전체 공동체의 목적과 공동선을 위해 자신의 역할과 책임을 다하는 가운데 스스로의 개인적 완성을 실현하는 것이었다. 그러나 현대 자유주의 사회에서 시민들은 가치있는 목적을 추구하기 보다는 자신의 선호에만 매몰되어 세속적인 물질주의에 빠져버림으로써 자기 정체성을 확립하는 데 실패하고 있다.

(3) 공동체적 정체성

테일러에 의하면, 자유주의의 이러한 문제를 해결하기 위해서는 자유주의의 인간 본질에 대한 원자론적 개념과 사회에 대한 도구주의적 개념으로부터 벗어나야 하며, 자유주의 전통과 사회제도 속에 공동체주의적 관점을 수용, 결합하는 일이 중요하다. 인간 사이의 따뜻한 관계맺음, 상호보완과 배려, 공동의 노력을 통해 보다 가치 있는 것들을 성취하고자 하는 자세가 필요하며, 그러한 것들을 가정과 이웃과 공동체 속에서의 사회적 결속 체계의 한 부분으로 간주할 때 개인의 진정한 자유도 실현될 수 있음을 자각해야만 한다.

5. 정의와 공동체 관념의 연계와 공동체적 삶에의 참여 : 왈쩌

: 왈쩌(Walzer)는 현대사회 자유주의 문제를 해결하기 위해 정의와 공동체의 관념을 연계하여 논의하려 한다.

(1) 단순평등과 복합평등

왈쩌는 롤즈로 대표되는 자유주의 정의론은 모든 영역에 보편적으로 적용될 수 있는 단일의 평등 원리를 고안해 내고자 하는데, 이는 단순평등 개념에 입각한 것으로서 이론적으로나 현실적으로 바람직하지 못하다고 비판한다. 왈쩌에 의하면 정의의 원리들은 그 형식에 있어 다원적이며 따라서 상이한 사회적 재화들은 상이한 이유에 입각하여, 상이한 절차에 따라, 그리고 상이한 주체들에 의해 분배되어져야 한다. 그리고 이 모든 차이는 사회적 재화에 대한 상이한 이해로부터 비롯되는 것으로서 이는 역사적, 문화적 특수성의 필연적인 산물이다. 즉, 각 사회적 재화는 그것이 의미와 가치를 지니는 고유한 영역이 있는 바, 그 영역을 지배하는 합당한 원리에 따라 재화가 분배되는 한편, 한 영역에서의 분배 원리가 타 영역의 분배 원리에 영향을 미치지 않도록 하는 것이 정의를 실현하는 것이다. 이것이 왈쩌가 말하는 복합평등(complex equality) 개념이다. 예컨대 돈이 많다고 해서 교육이나 의료 혜택도 많이 획득하도록 하는 것은 정의롭지 못한데 돈이 중심이 되는 영역과 교육이나 의료 혜택이 중심이 되는 영역이 서로 다르고 따라서 그 곳에서의 재화 분배는 그에 합당한 원리에 의해 이루어져야 하기 때문이다.

(2) 정의와 공동체의 연관성

복합평등이라는 개념 속에 내포된 이러한 관점은 정의와 공동체가 밀접하게 관련됨을 함축한다. 왜냐하면 왈쩌에게 정의란 특정 공동체 내에서의 공유된 이해와 그 구성원들이 사회적 재화를 배분하는 방식에 기초하여 모색되어야 한다. 왜냐하면 선과 재화는 그 의미와 가치가 공동체 구성원들의 해석과 이해를 통해 창조되는 것이며, 그 자체 사회적 성격을 지니기 때문이다. 따라서 공동체를 전제하지 않는 선·재화·정의에 대한 논의는 공허하고 무의미한 것이다. 결과적으로 왈쩌에게 공동체는 보다 평등하고 정의로운 사회로 나아가기 위한 근본적인 필요조건으로 간주되고 있음을 의미한다.

6. 정치·사회·도덕적 삶의 질서 재정립 : 에치오니

(1) 공동체주의에 대한 자유주의의 비판

자유주의자들은 공동체주의가 전체주의나 집단주의로 빠질 위험성, 전통과 과거에의 지나친 집착 경향, 사회 비판 기능의 취약성, 보수주의적 경향, 공동체에 따라 강조되는 가치가 다름으로써 초래되는 상대주의의 함정에 빠질 위험성, 획일주의적 속성, 그리고 현대성과의 부조화 등의 문제를 지닌다고 비판한다.

(2) 공동체주의와 자유주의의 조화

공동체주의와 자유주의 사이에서 양자의 조화와 균형을 추구하는 노력들이 등장했다. 벨(Daniel Bell), 에치오니(Amitai Etzioni), 셀즈닉(Philip Selznick) 등의 학자들이 그들인데 이들의 이론을 공동체주의적 자유주의, 자유주의적 공동체주의, 신공동체주의라 부른다.

에치오니에 따르면 공동체주의란 도덕적·사회적·정치적 환경을 재정립하기 위한 하나의 사회적 운동으로서, 마음의 변화·사회적 유대의 새로운 혁신·정치적 삶의 개혁을 이루려는 이론적 탐구이자 사회적 운동이다. 즉 그가 표방하는 신공동체주의는 도덕과 사회 그리고 정치라는 세 영역에서 새로운 질서와 삶의 환경을 조성하고자 하는 것이다.

(3) 도덕적 질서의 재건

에치오니는 '개인과 공동체'의 조화와 '나와 우리'의 조화, '도덕 정신'의 부흥 등을 역설한다. 그에 의하면, 개인과 공동체는 상호 보완적이고 상호 구성적이다. 즉, 개인은 완전히 자유로운 것이 아니라 사회적으로 붙박혀 있는 존재이며 공동체 역시 개별적 독자성을 지닌 개인들에 의해 구성되어 진다. 이러한 상호 관련성 속에서 개인에게는 공동체를 고려할 의무가 주어진다. 공동체의 존속과 복지를 위해 구성원 개인들은 자신의 관심과 에너지, 그리고 자원들을 공동의 과업을 위해 헌신해야 할 필요가 있다. 반면에 공동체 역시 의무가 있다. 공동체 구성원들의 복지를 돌보고 그들이 사회적·정치적 삶 속에 참여하고 심의하도록 강화해야만 한다.

이처럼 구성원들의 기본적인 인간적 필요와 욕구를 고려하는 공동체를 에치오니는 반응적 공동체(responsive community)라 부른다. 그리고 이러한 새로운 공동체를 형성하는 데 있어서 도덕의 부흥이 절실하다. 에치오니에게 있어서 공동체란 공유된 도덕적·사회적 가치를 가지고 있는 사회적 관계의 망으로도 규정될 만큼 도덕적 측면이 중요하다. 공동체를 재건하는 일에 있어 사람들 간에 연대성을 강화하고, 고립과 소외를 극복하고, 서로 유덕하게 행동하도록 이끌어 주는 도덕적 목소리 moral voices 들을 각 공동체들 속에 일으켜 세우고, 사회적 질서에 대한 존중과 상호배려의 정신과 같은 시민성을 강화하는 일이 필요하다.

(4) 사회적 질서 재건

에치오니에 따르면, 개인적 권리와 사회적 책임 사이의 균형이 필요하다. 나를 위한 것에 일차적 관심을 두는 '개인의 권리'와 모두를 위한 것에 보다 큰 강조점을 두는 '사회적 책임' 사이에 균형을 이루는 일은 당연하고 바람직하다. 하지만 자유주의 사회에서는 지나치게 개인의 권리가 강조되어 왔던 바, 이제는 그 균형을 회복할 필요가 있다.

(5) 정치적 질서 재건

무엇보다 부패한 정치를 바로 잡고 공공의 이익을 증진시키는 일이 최우선 과제이다. 현대 사회에서 정치는 소수 집단의 자기 이익 추구로 말미암아 왜곡되고 부패되어 있다. 이를 교정하기 위해서는 정치집단의 자체 정화를 기대하는 것은 어리석은 것이기에, 에치오니는 정치체의 내부에서보다는 밖으로부터 가해지는 힘을 통해 정치 영역의 변화를 도모하고자 하며 여기서도 공동체주의적 관점에 입각한 사회운동을 역설한다.

2장 공동체주의 도덕교육론

1. 자유주의 도덕교육론에 대한 공동체주의 도덕교육론의 비판

(1) 자유주의가 도덕교육의 목적으로 간주하는 도덕적 자율성은 도덕의 문제를 개인적인 판단의 문제로 이해함으로써 도덕적 무질서 상태를 초래하며, 구체성이 결여되어 실천력의 한계를 가질 수밖에 없다.

(2) 도덕을 개인적 차원의 문제로만 환원시켜 일상적인 사회적 상호작용들이 지니고 있는 도덕적 차원의 중요성을 간과하고 있다.

(3) 배려, 애정, 공감, 감정이입, 동정심과 같은 도덕성의 비합리적 측면들이 지니고 있는 중요성을 무시하고 있다.

(4) 인격 특성이나 덕 형성에 대한 무관심으로 인해 도덕교육에 있어서 내용 학습의 중요성을 무시하고 있다.

2. 도덕교육에 대한 공동체주의적 관점

(1) 공동체 의식의 함양

자유주의가 개인의 합리적 사고와 판단 능력, 즉 도덕적 자율성의 향상을 목적으로 보편적인 도덕원칙의 획득에 우선적 관점을 둔다면, 공동체주의는 공동체 의식의 함양과 공공이익에의 공헌을 목적으로 도덕적 품성 혹은 인격과 행동의 형성에 우선적 관심을 갖는다.

(2) 인격 형성의 중요성

자유주의가 도덕적 이해와 판단 등 도덕성의 형식적 구조를 강조하여 정의의 절차적 원리를 통한 도덕교육을 강조한다면, 공동체주의는 도덕교육의 내용으로서 덕목을 강조하고 이성 활동의 전제 조건으로 도덕적 습관 형성을 중시한다. 즉 공동체주의는 인격 형성을 도덕교육의 우선적인 목표로 강조한다.

(3) 도덕적 정체성의 모태로서 공동체의 강조

공동체주의는 공동체를 목적 혹은 도덕생활의 이상으로 간주한다. 공동체주의에 의하면 공동체는 개인에게 있어서 도덕적 정체성의 모태가 되는 동시에 도덕적 덕을 시범적으로 보여주는 무대로서, 도덕적 인격은 그러한 공동체의 성원이 되고 그 안에서 생활함으로써 형성된다. 이러한 관점에서 공동체주의자들은 공동체를 도덕교육의 중요한 방법으로 활용할 것을 제안하고, 학교나 학급 자체를 도덕공동체로 만들어야 한다고 강조한다.

(4) 공동체교육의 주요 내용들

공동체주의 도덕교육은 구체적으로 개인의 인격 함양 및 덕의 개발, 역사와 문화적 전통의 존중, 구체적 실천의 중시, 공동체의 다른 구성원들에 대한 책임감 및 배려와 같은 도덕적 정서의 개발, 공적인 문제들에 대한 비판적 숙고 및 참여, 공동체 의식의 개발 등을 내용으로 한다.

3. 공동체주의 도덕교육의 특징 : 헤이스트(Haste)의 입장

(1) 공동체주의 도덕교육의 기본 가정과 목표

① 기본 가정 : 인간은 담론과 사회적 상호작용을 통하여, 그리고 사회적 관계들과 내러티브에 의해 전수된 문화적 목록을 통하여 의미를 창조하는 사회적 존재이다.
② 교육 목표 : 공동체적 생활을 도모하고, 이기심 및 협소한 도구주의를 뛰어넘도록 조장해 주는 가치를 발달시키는 것이다. 이러한 가치들은 개인적 의미를 지닐 뿐만 아니라 공동체 자체를 안정되게 유지시켜 준다.

(2) 공동체주의 도덕교육의 5가지 원리

① 언어와 사회적 실천을 통한 학습
  : 가치들이 내면화되어 일상생활의 부분으로서 실행되도록 해야 한다.
② 사회적 정체성의 촉진
  : 공동체와 그 문화에 관련된 이야기를 들려준다. 그러한 이야기들은 개인에게 의미를 부여해 주고, 그러한 이야기와 설명들이 공유되어 있다는 인식을 제공해 준다.
③ 타인들과 관련되어 있다는 감정
  : 개인들이 책임과 배려를 제공자 및 수혜자로서 경험하고, 그러한 것들을 당연하고도 당위적인 것으로 여기도록 해야 한다.
④ 제도들과 공동체들은 다양한 목적들을 지니고 있다는 인식
  : 공동체 구성원들이 공동체적 과정에 대한 이해를 도모하고 다원주의적 가치들을 조장해 주어야 한다.
⑤ 의미를 창조하는 해석학적 과정에 대한 자기 의식적인 평가 및 인식
  : 공동체 규범에 대한 인식과 그러한 규범들의 진화와 기능에 대한 숙고를 통해 새로운 규범들의 의식적인 창조를 촉진한다.

4. 공동체주의 도덕교육론의 문제점

(1) 자신이 속한 공동체에 대한 소속 의식의 강조는 정의적(情誼的) 유대에 의해 지배되는 당파성을 강화하여 다른 공동체에 대한 배타적 태도를 형성한다.

(2) 개인에게 공동체의 규범에 대한 맹목적인 수용을 강요함으로써, 자신이 속한 공동체에 대한 비판적이고 객관적인 태도를 상실하게 만든다.

(3) 자신이 속한 공동체를 개인의 정체성 확립을 위한 토대로 보는 관점은 다른 공동체에 대한 배타심과 대결의식을 조장할 수 있다.

(4) 개인의 합리성과 자율성을 무시함으로써 객관적 공정이 요구되는 도덕적 문제 상황에서 정의의 문제를 제대로 다루지 못하는 비도덕 인간을 양산한다.

21 구성주의 도덕교육론

CHAPTER

1장 개인적 구성주의

1. 개인적 구성주의 기본 전제

(1) 능동적 지식 구성자로서의 인간

인간은 외부 자극에 맹목적으로 반응하는 존재가 아니라, 높은 수준의 정신적 능력을 소유한 유기체이다. 이러한 인간은 환경과의 상호작용을 통해서 내적인 지식 구조를 창출해 내는 능력을 지니고 태어나며, 이러한 지식 구조를 통해 지각하고 이해하고 행위 하게 된다. 그리고 이러한 구조를 창출해 내는 능력은 성장 과정에서 예정된 시기에 따라 발달해 나간다. 이처럼 인간은 합리적 존재가 될 수 있는 가능성을 지니고 태어난 존재로서, 이러한 인간은 누군가의 지식을 단순히 재생산하는 존재가 아니라 그들 스스로 지식을 구성하는 지식의 구성자이다.

(2) 개인적 구성주의 인식론

① 구성적 인식

지식은 외부 환경으로부터 직접적으로 제공되는 학습의 산물이 아니라, 개인이 물리적 및 사회적 환경과의 상호작용 과정에서 겪는 경험에 대한 해석과 그러한 해석에서 직면하게 되는 부적절함과 모순들을 해결해 나가는 과정을 거쳐 구성되는 것이다. 즉, 지식이란 외부 환경으로부터 수동적으로 받아들여지는 것이 아니라 개인 내부의 인지 과정을 통해 개인에 의해 능동적으로 구성되는 것이다.

② 객관주의의 부정

인식론으로서의 구성주의는 인식론적 '객관주의' 혹은 '반영론'과는 대립된다. 객관주의 혹은 반영론은 세계가 실재하고 구조화되어 있으며, 그 구조는 인식 주체의 정신에 그대로 반영될 수 있다는 입장을 취한다. 이러한 입장에서 세계에 대한 지식은 본질적으로 인식 주체에 독립하여 외부에 존재하는 것으로서, 그것은 객관적 실재가 인간의 정신에 반영됨으로써 성립한다. 인식론으로서의 구성주의는 이러한 객관주의에 반대한다. 구성주의에 의하면, 지식은 외부로부터 내부로 전달되는 것이 아니라 인식 주체에 의해 구성되는 것이다. 즉 지식은 인식 주체의 내적 정신 구조 속에서 모종의 사고 과정을 거치는 가운데 조직화되고 재구성됨으로써 형성되는 것이다. 그리고 이렇듯 지식은 주체의 의해 구성되고 창출되는 것이기에 개인마다 실재에 대한 앎이 다르게 나타날 수 있으며, 그런 만큼 지식의 절대성이나 고정성은 인정되기 어렵다. 따라서 구성주의에는 지식에 대한 상대주의적 관점이 자리하게 되는데, 구성주의자들은 이러한 상대주의의 문제를 사회 속에서 개인들의 상호작용과 의미의 공유성 및 상호주관성의 메커니즘을 통해 극복하고자 한다.

2. 피아제의 개인적 구성주의

(1) 지식에 대한 구성주의적 관점

피아제에 의하면 지식이란 선천적으로 주어져 있는 것이 아니라 인간과 환경 사이의 상호작용을 통해 부단히 형성되고 재구성되는 것으로서, 개인의 내적 인지 과정을 통해 구성되는 것이다. 따라서 지식을 획득하는 과정은 단순히 객관적 실재를 발견하는 과정이 아니라 실재에 관한 지식을 구성하는 과정이고, 개인에게는 자신의 기존의 인지 구조를 확대하고 창조하는 과정이기도 하다.

또한 지식의 발달은 지식에서의 평형 상태를 위해 상호작용하는 동화와 조절이라는 두 가지 과정을 거쳐 이루어진다. 기존의 지식에 모순이 발생하여 교란이 일어나면 인지적 비평형이 일어나는데 이는 지식 발달의 중요한 동기로 작용한다. 비평형은 더 나은 지식의 형식을 산출하는 또 다른 평형으로 개인을 인도하기 때문이다.

(2) 인지발달과 평형화

: 인지 발달을 야기하는 핵심 기제는 평형화이다. 평형화란 모든 인지 발달 과정에서 작동하는 동화와 조절이라는 기제가 상호 연계되고 보완적으로 일어나 양자 사이의 평형을 이루는 것을 말한다.

비평형 상태	평형화	평형 상태
현재 인지 구조와 현재 경험 간의 불일치 (지적 발달을 위한 동기화의 원천)	동화와 조절 사이에 균형을 이루는 자기 규제적 행동의 역동적 과정을 통해 형성	동화의 상태에 도달한 인지적 균형 상태

> **참고**
>
> **용어 이해 : 동화·조절·평형**
>
> (1) 동화 assimilation
>
> : 동화란 환경으로부터 오는 새로운 자극이나 지각, 지식, 정보, 경험 등을 기존의 도식이나 행동양식에 부합되게 하거나 통합하는 인지과정을 말한다. '말(馬)'만 보던 유목민들이 기린을 처음 접하면 자연스럽게 목이 긴 '말'이라는 도식 안에서 인식하려는 것과 같은 것이다.
>
> (2) 조절 accommodation
>
> : 환경으로부터 오는 자극이나 경험이 기존의 도식에 항상 일치하는 것은 아니다. 기존의 도식으로 이해하는 데 실패하면 기존의 도식을 수정하든가, 새로운 도식을 만들어 내게 되는데 이러한 경우를 조절이라 한다. 즉 조절이란 새로운 도식의 창출이나 기존 도식의 변형을 이르는 말이다. 동화는 기존 도식이 확대되고 풍부해지는 것으로서 양적인 변화·성장이라면, 조절은 기존 도식의 변화나 새로운 도식의 등장을 의미하기에 질적인 변화·성장이다. 따라서 인지구조, 즉 사고방식과 행동양식의 진정한 발달은 '조절'에 의해 이루어진다.
>
> (3) 평형 equilibrium
>
> : 동화와 조절은 상호 연계되고 복합적으로 발생한다. 개인이 동화만 하고 조절을 못하면 소수의 커다란 도식만을 발달시켜 사물이나 사건들의 미묘한 차이점들을 인식하지 못하게 되고, 조절만하고 동화를 못하게 되면 작은 도식들은 풍부히 가지지만 그들 사이의 유사성을 찾아 일반화시킬 수 없게 된다. 이러한 난점을 극복하기 위해 동화와 조절이 상호 연계되고 보완적으로 일어나 균형을 유지하게 되는데 이를 평형화라 부른다.

3. 드브리스와 잰 : 피아제 구성주의에 의거한 도덕교육 접근법

(1) 사회도덕적 분위기 (socio-moral atmosphere) 의 중요성

드브리스(R. DeVries)와 잰(B. Zan)은 피아제 구성주의 이론에 기초하여 아동들의 사회도덕성 역시 그 자신들이 구성해 가는 것이며 여기에는 교실의 사회도덕적 분위기가 중요하게 영향을 미친다는 관점에서 출발한다. 아동들은 매일 매일의 사회적 상호작용 속에 실제로 일어나는 일들로부터 자신의 도덕적 이해를 구성해가기에 아동들의 사회도덕성을 발달시키기 위해서는 학급과 학교의 분위기가 아동들의 지적 발달뿐만 아니라 그들의 사회적·도덕적·정의적 발달을 최대한 증진시킬 수 있도록 구성·운영되어야만 한다. 이들에게 사회도덕적 분위기란 학교에서 아동들의 경험을 구성하는 인간 상호관계의 전체적 망을 의미한다.

(2) 사회도덕성 발달을 위한 원리

① 아동 상호간의 협동적 관계

아동들의 도덕성은 도덕적 실재론[52]와 자기중심주의를 특징으로 한다. 따라서 이를 극복하면서 순조로운 발달을 이루도록 하기 위해서는 학급 구성원들 간의 상호 의존적이고 협동적인 관계를 통해 타인의 관점을 수용하는 능력을 발달시켜 가야 한다.

② 아동과 교사간의 자율적 관계

교사와 아동 사이의 관계맺음 방식은 강압과 통제, 복종 중심의 타율적 관계와 상호 존중 및 협동 중심의 자율적 관계가 있을 수 있다. 타율적 방식은 외면적 행동의 사회화, 순응적 사고, 타인 규제에 의존하는 경향, 굴복의 인성만을 강화시키는데 비해, 자율적 방식은 창의적이고 독립적인 사고의 증대, 상호존중의 도덕적 감정에 대한 신념의 증진과 확산, 타인 관점의 수용능력 증대, 규칙에 따른 내적 동기와 행동의 자율규제 강화, 합리적이고 자율적인 도덕성 발달의 촉진 등을 가능하게 한다. 따라서 교사는 지시와 통제보다는 협동적인 관계의 조성과 교사와의 상담, 교사의 아동들에 대한 존중과 의견 교환 등이 가능하도록 학급과 학교의 도덕적 분위기를 조성, 운영할 필요가 있다.

(3) 구성주의적 '사회도덕적 분위기' 형성을 통한 도덕교육 방안들

: 드브리스와 잰은 사회도덕성 발달을 위한 원리들에 입각하여 사회도덕적 분위기 형성을 통한 교육 방안들을 구체적으로 제시한다.

① 공동-활동 시간 group-time 의 활용

공동활동 시간에 교사는 아동들이 서로 배려하고 공정과 정의에 대해 진정으로 관심을 가지면서 공동체 의식을 증진시키도록 할 필요가 있다. 이를 위해 학생들은 자치를 실행하고 사회도덕적 문제들에 대해 생각하는 가운데 사회적·도덕적 추론 능력을 발달시켜 갈 수 있도록 노력할 필요가 있다. 이를 위한 구체적인 방안들은 규칙 만들기, 사회도덕적 토론, 노래 부르기, 의식(儀式) 시간 갖기, 도덕적 이야기를 듣고 실천하기, 집단 내 갈등적인 문제 해결하기 등 다양하게 강구될 수 있다.

② 규칙 만들기와 의사결정 활동의 실천

이러한 활동은 교사와 학생들이 스스로를 규제하고, 협동의 상호 존중 분위기를 만들어 내는 데 기여할 수 있다. 아동들은 규칙의 필요성에 대한 이해와 주인의식 및 공동의 책임감·평등의식·소수 보호와 다수 의견에 따른 결정의 민주성을 발달시킬 수 있다.

아울러 사회적·도덕적 문제들에 대한 토론을 통해 타인의 관점에 대한 수용 능력과 도덕적 추론 능력을 증진시키면서 나아가 갈등 해결하기를 실행하는 것도 바람직한 방안이다. 피아제 평형화 이론에서 갈등은 지식 구성의 핵심적인 요소인 바, 이러한 갈등 해결을 통해 아동들은 관점수용과 인간 상호간의 이해를 증진시켜 나갈 수 있게 된다.

---

[52] 도덕적 실재론 (moral realism) : 도덕규칙이 사물과 같이 실재한다는 생각으로 ①의도보다는 결과에만 관심을 보이고 ②규칙 해석이 엄격하여 규칙은 절대적이며 불변한다고 생각하며 ③도덕적 타율성으로 이어지게 되는데 성인들이 부여한 규칙에 맹목적으로 복종하는 경향을 보이기 때문이다.

③ 훈육 discipline을 통한 교육

훈육은 무조건적인 훈련이나 연습, 체벌과 압박 등을 통한 규율 준수와는 다르다. 훈육에 대한 구성주의적 대안은 협동적 방식으로 다른 사람들과 관계를 맺는 일에 관한 아동들의 확신을 촉진하는 데 있다.

④ 사회도덕적 목표와 인지적 목표를 통합적으로 고려하기

이는 아동들의 사회도덕성 발달과 지적 능력의 발달을 종합적으로 고려하는 것을 의미한다.

2장 사회적 구성주의

1. 사회적 구성주의 인식론 : 거겐

거겐(Kenneth J. Gergen)은 지식 형성에 있어 인간 정신과 객관적 세계 중 어느 한 쪽을 강조하는 입장을 탈피하여, 지식을 인간 정신 내부나 외부가 아닌 바로 사람들 사이에서 찾고자 한다. 즉, 거겐에게 지식이란 사람들의 상호작용과 집합적 조정(negotiation)에 의해 구성된 일련의 공유된 의미이다. 따라서 거겐은 지식 형성과 의미 구성에 있어 사회적 과정의 역할을 중시한다.

거겐에 의하면 대상들은 인식 주체의 이해 개념과 관련 없이 확인될 수 없으며, 그 이해 개념들은 이미 사회 속에 형성되어 존재한다. 그리고 지식의 이러한 사회적 구성에 있어 중요하게 관련되는 것이 언어이다. 그리고 거겐에게 언어는 공동체 내에서 사람들 간의 상호작용을 통해 구성되고 조정되어 공유된 지식을 산출하는 기능을 수행한다.

거겐의 사회적 구성주의(social constructivism)는 지식에 대한 객관주의적 개념에 반대하고 구성되는 것으로 본다는 점에서 주관주의적 성격을 지니기는 하나, 지식과 의미는 개인의 내부에서만 오로지 구성되는 것이 아니라 사회적으로 구성된다는 관점을 취하고 있어서 개인주의보다는 공동체주의적 관점에 입각해 있으며 공동체적 가치를 선호하는 입장에 있다. 일반적으로 사회적 구성주의자들은 실재·지식·학습에 관해 특별한 가정을 하고 있다. 즉, 실재는 발견되는 것이 아니라 사회 구성원들이 세계의 속성들을 함께 고안해 내는 것으로서 그 실재는 인간 활동에 의해 구성된다고 믿는다. 특히 이들은 문화 및 사회적 맥락과의 관계 속에서의 실재에 대한 이해 및 그러한 이해에 기초한 지식의 구성을 강조한다. 이들에게 지식이란 인간이 만들어 내는 산물로서 사회문화적으로 구성되는 것이며 개인들은 서로의 그리고 그들이 살고 있는 환경과의 상호작용을 통해 의미를 만들어 낸다.

따라서 사회적 구성주의자들은 지식 판단에 있어 궁극적인 기준으로서, 상이한 주체들 사이의 합의를 중시한다. 지식의 진실성은 사회 내 대다수 사람들이 동의하는 그러한 구성에 일치해서만이 성립된다고 보기 때문이다. 나아가 사회적 구성주의자들은 개인들 간의 상호주관성(intersubjectivity)을 중시한다. 상호주관성이란 공통의 관심과 가정에 기초하여 개인들이 의사소통적 상호작용을 통해 형성하는 공유된 이해를 의미한다. 이러한 의사소통과 상호작용에 기반을 둔 개인들 간의 상호주관성을 통해 사회적 의미가 구성되는 것이며, 지식의 의미와 진실성은 의사소통하는 집단들 내에서의 조정을 통해 형성되고 발전하는 것이다.

이러한 사회적 구성주의자들에게 학습이란 사회적 과정이다. 즉, 학습이란 학습자 내부에서만 발생한다거나 외적 힘에 의해 수동적으로 형성, 발달되는 것이 아니다. 이들에게 학습이란 사회적 과정으로서, 개인들이 사회적 활동에 참여함으로써만 일어나는 것으로 간주된다.

2. 사회적 구성주의 학습심리학 : 비고츠키

(1) 비고츠키 사회적 구성주의 이론의 특징

학습심리학 측면에서 사회적 구성주의를 대표하는 학자는 비고츠키(Lev Vygotsky)이다. 그 역시 인지발달에 관심을 가지고 지식의 구성주의적 관점을 견지했다는 점에서 피아제와 상통한다. 하지만 비고츠키의 사회적 구성주의는 인지적 구성주의와는 다른 고유한 특징들을 가지고 있다.

① 인간 사고의 사회적 기원성과 지식의 사회적 구성

비고츠키의 사회적 구성주의는 구성주의를 사회문화주의의 관점에서 접근한다. 이는 그가 기본적으로 마르크스주의적 관점에서 심리학을 연구했기 때문인데, 마르크스주의는 '존재가 의식을 결정한다'라는 명제가 말해주듯 인간의 의식·사고·행동에는 그것의 바탕을 이루는 사회문화적·역사적 조건들이 지대한 영향을 미친다고 보고 있다. 비고츠키 심리학에서 이해하는 인간은 사회문화적 토대 위에서 조직화된 존재이며 이를 바탕으로 자기 발전을 도모해 가는 존재이다. 그리고 인간의 지식 역시 사회문화적 필요와 목표를 위해 창출되는 것으로서, 인간의 정신과 지식은 사회적 토대와의 관련 속에서 생성되고 기능하는 것이다.

② 사회적 과정과 관련된 인간 정신기능의 발달
㉮ 인간정신기능의 구분
: 인간의 정신기능은 보다 원시적인 것에서부터 보다 발전된 것으로 발달해 가는데, 비고츠키는 이러한 전제에서 인간 정신 기능을 초보적 정신기능과 고등 정신기능으로 구분한다.

인간 정신 기능	초보적 기능	자연적·생물학적 발달에 의해 이루어지는 것으로서 감각, 자연적 자동적 기억, 비자발적 반응적 주의, 감각동작적 지능 등과 같은 것이 해당된다.
	고등 기능	문화적·사회역사적 발달에 따라 이루어지는 것으로서, 매개된 지각, 자발적 의도적 기억, '논리적으로 문제를 해결하는 사고' 등이 해당된다. 고등 정신기능은 숙고되고 매개되고 내면화된 행동들로서의 특징을 지니는데, 초보적인 하등 정신기능에 기초하여 발달하는 것으로서, 사회문화적 맥락에 의해 결정되는 한편 사람들 사이의 공유된 기능에서 점차 개인 내부의 개별적 기능으로 발달해 가며 도구, 기호 등의 내면화를 포함한다.

㉯ 인간정신기능의 발달
: 인간정신기능과 관련된 비고츠키의 문화 발달 법칙에 따르면, 인간의 정신기능은 두 가지 발달 국면을 거쳐 이루어지게 된다. 처음에는 개인 정신 외부에서 사람들 사이의 관계나 사회적 상호작용을 통해 형성, 발달하게 된다. 따라서 모든 인간 정신기능은 사회문화적 기원성을 갖는 것이다. 사람들 사이의 영역에서 형성된 정신기능이 개인 내적 영역에 자리 잡는 내면화 과정을 통해 고등 정신기능이 발달하는데, 이때 내면화란 사회적 현상을 심리적 현상

으로 변형시키는 과정이라 할 수 있다. 이처럼 고등 정신기능을 포함한 인간의 정신 능력과 기능은 개인 내적으로 구성된다. 즉, 사회적 상호작용 속에서 일어나는 개인 간의 정신과정이 단순히 복사되어 내면화 되는 것이 아니라, 정신 과정 그 자체와 정신의 구조 및 기능들을 변화시키면서 구성된다.

③ 사회적 상호작용의 중요성 강조

인간의 모든 기능은 개인 간의 사회적 관계에서 시작되어 개인 내적으로 자리 잡게 된다. 이는 인간 정신의 발달에는 사회적 상호작용이 발생학적으로 토대가 되며, 인지발달에 근본적인 역할을 한다는 점을 의미한다. 즉 인간의 정신과 사고, 의식, 지식 등은 사회화의 결과로서 비롯된 것임을 의미하며, 이러한 비고츠키의 견해는 사회적 상호작용이 아니라 물리적 환경과의 상호작용을 통한 인간의 지적 능력 발달 쪽에 다소 무게를 더 둔 듯 한 피아제의 이론과 구별되는 점이기도 하다.

인간 정신기능 발달과 밀접히 연관된 사회적 상호작용과 관련하여 비고츠키가 특별히 관심을 보이는 것은 '기호'와 기호의 '매개(mediation)' 메커니즘이다.

비고츠키는 엥겔스(F. Engels)가 강조한 '노동과 도구를 통한 인간 의식의 창조적 활동'으로부터 '심리적 도구'라는 개념을 발전시킨다. 심리적 도구란 인간이 창조해 낸 역사적·문화적 매체물인 기호(sign)들, 즉 언어나 다양한 계산체계들, 기억술, 다수의 상징체계들, 예술 작품들, 도식, 도표, 지도 및 모든 유형의 관습적 기호 등을 말한다. 노동에서 도구가 신체 능력을 확장시키듯 인지활동에서 기호는 정신 능력을 확장시키는데, 그 핵심은 사회적인 것으로서의 기호가 인간의 정신기능을 질적으로 변형시키는 매개물로서 작용한다는 것이다. 결국 문화의 내면화와 정신 기능의 발달은 이러한 기호들을 통한 상호작용과 매개에 의해 이루어지는 것이다. 결국 초보적 정신기능은 상징과 기호에 의한 매개보다는 주로 물리적 환경과의 상호작용을 통해 획득되는 것인데 비해, 고등 정신기능은 사람들과의 상호작용을 통해 그리고 기호체계를 수단으로 하는 문화적 매개 과정을 통해 획득되고 발달해 간다.

(2) 비고츠키 학습·발달이론의 4가지 원리

: 학습과 발달에 관한 비고츠키의 이론은 크게 네 가지 원리를 중심으로 전개된다. 즉 아동들은 지식을 구성하며, 학습과 발달은 사회적 맥락과 분리될 수 없고, 학습은 발달을 주도하는데, 그 속에서 언어는 정신 발달에 핵심적 역할을 한다는 주장이 그것이다.

구성적 지식	**① 아동들은 지식을 구성한다.** 　피아제와 마찬가지로 비고츠키도 인간의 지식과 정신 능력은 객관 대상이 모사됨으로써 형성되는 것이 아니라, 개인의 정신 내부에서 그것들에 대한 이해와 의미가 창출·구성됨으로써 이루어진다고 본다. 　다만 피아제와는 달리 지식 구성과정에서 사회적 상호작용과 기호의 매개, 과거와 현재 사이의 유기적 연계와 역동적 과정 등을 보다 더 강조한다.
사회적 맥락	**② 학습과 발달에 있어 사회적 맥락이나 상황을 중시한다.** 　사회적 맥락이란 ❶학습자가 특정 시공간적 시점에서 사람들과 상호작용하고 있는 즉각적인 수준, ❷가정이나 학교처럼 학습자에게 영향을 주는 사회적 구조의 수준, ❸해당 사회의 문화적 조건이나 특성, 즉 그 사회의 문화가 가지고 있는 언어, 수체계, 과학과 기술의 활용 등의 전반적 문화나 사회적 수준 등으로 구성된다. 이러한 사회적 맥락은 발달에 핵심적 역할을 수행하는 바, 권위적인 환경에서 자란 아동들과 민주적 환경에서 자란 아동들 사이에 의식, 사고, 행동의 차이가 있다는 점이 이를 방증한다. 　인간의 마음 내지 정신은 그 사회의 역사와 문화 발달로부터 비롯되는 계통발생과, 한 개인의 발달 역사와 경험에 따른 개체발생의 결과이며 이는 특정한 사회적 맥락 안에서 다른 사람들과 상호작용한 결과이다.
학습과 발달의 상호성	**③ 학습과 발달은 상호 영향을 주는 역동적 관계에 있다.** 　학습과 발달은 어느 한 쪽이 다른 한 쪽에 대해 일방적인 영향력을 발휘하는 것이 아니라 상호 영향을 주며 양자의 관계는 변증법적으로 통합되는 특성을 보인다. 즉, 아동들의 현재 발달 수준이 학습의 전제 조건이 되는 한편 현재의 학습이 아동들의 발달을 형성하고 촉진시키는 역할도 한다. 따라서 교수자는 학습자의 현재 발달 상태와 수준을 정확히 진단해야 하며, 발달을 위해 필요한 학습 경험과 활동들이 무엇인지 숙고해야만 한다.
언어의 중요성	**④ 언어는 정신 발달에 핵심적 역할을 수행한다.** 　인간 정신발달에 중요한 역할을 하는 기호들 가운데 언어는 그 핵심적인 위치에 있다. 언어는 다른 모든 기호와 마찬가지로 인간들이 자신들의 행동을 규제하기 위해 창조, 발달시켜 온 것으로서 공유된 의미를 담고 있으며, 인간은 이러한 언어를 매개로 한 상호작용을 통해 사회적 지식을 교환하는 동시에 공유된 경험을 촉진하며 인지와 사고능력을 또한 발달시키게 된다.

(3) 자발적 개념과 과학적 개념

비고츠키는 인간정신이 개인 내적 과정으로 내면화되고 구성되는 과정을 설명하기 위해, 자발적 개념과 과학적 개념, 근접발달영역 등의 용어들을 사용한다.

① 자발적 개념 (spontaneous concept)

자발적 개념이란 아동들이 자신의 일상적 경험에 대한 숙고로부터 그리고 주어진 사회문화적 환경 속에서의 자연적 학습을 통해 얻게 되는 개념을 말한다. 이것은 '준개념' 내지 '사이비 개념'이라고도 할 수 있는 것으로서 아동들의 우연적 학습과 자신의 경험에 대한 주관적 숙고나 해석 내지 의미 부여를 통해 형성된 것이기 때문에 흠결이 있고 불완전한 것이며 일반화하는 데 한계가 있다.

피아제가 말하는 동화와 조절 및 평형화는 비고츠키 측에서 보면 이러한 자발적 개념 수준의 지식 획득 메커니즘에 머무르는 것으로 간주된다.

② 과학적 개념 (scientific concept)

과학적 개념이란 문화 속에서 합의되고 인정된 개념이요 공식화된 개념을 말한다. 이것은 교실에서의 교수-학습이라는 보다 구조화되고 특수화된 활동을 통해 발달된 개념으로서 아동들에게 주어진 보다 논리적이고 명료화되고 일반화 가능한 개념이다.

③ 자발적 개념과 과학적 개념의 관계

비고츠키에게 자발적 개념과 과학적 개념을 구별되지만 변증법적으로 상호작용한다. 즉, 자발적 개념은 어느 정도 성숙하여 일정 수준에 도달하면 진화를 위한 구조를 만들어 내면서 과학적 개념으로 발달하게 된다. 그리고 과학적 개념은 이러한 자발적 개념을 토대로 하여 보다 높은 수준의 의식과 정신 과정을 구성하면서 보다 형식적인 추상화와 논리성 및 일반화를 가능케 하는 정신기능으로 발달하게 된다. 따라서 자발적 개념은 과학적 개념의 기초가 되는 반면, 후자는 전자를 바탕으로 이를 다듬어 완성시킨다. 즉 자발적 개념은 과학적 개념을 통해 위로 발전해가는 반면, 과학적 개념은 자발적 개념을 통해 아래로 내려오면서 서로 반대 방향으로 나아가지만 결국은 인간 정신 발달을 위해 상호작용하게 된다.

(4) 근접발달영역 (the zone of proximal development : ZPD)

자발적 개념이 과학적 개념으로 발달하는 데 이른바 근접발달영역(지대)이 관계된다. 근접발달영역이란 독자적으로 문제를 해결함으로써 결정되는 '실제적 발달 수준 (level of actual development)'과 성인의 안내나 보다 능력 있는 또래들과의 공동 노력으로 문제를 해결함으로써 결정되는 '잠재적 발달 수준 (level of potential development)' 사이의 간격을 말한다.

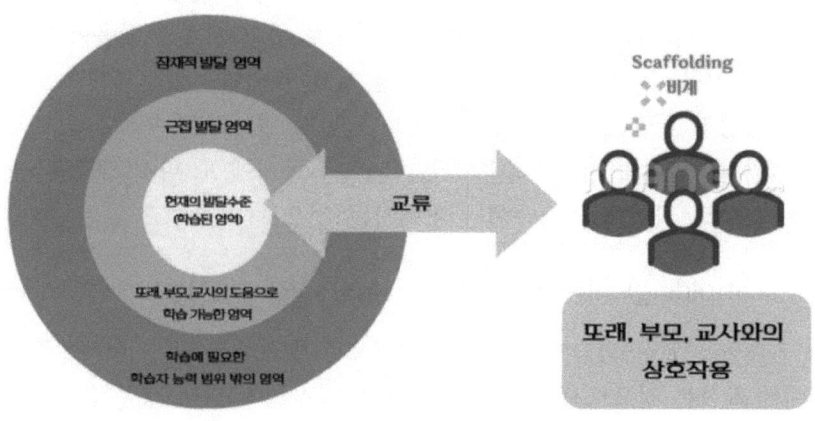

　우리가 두 아이의 정신 연령을 8살로 결정했다고 가정해 보자. 그러나 우리는 여기에서 멈추지 않는다. 오히려 이 두 아이가 8살보다 나이가 많은 아이들을 위한 과제를 어떻게 해결하는지를 측정하고자 한다. 우리는 시범, 유도 질문, 그 과제 해결의 기초 요소들을 도입하는 것에 의하여 그 아이들을 개별적으로 보조해 준다. 성인으로부터 이러한 도움이나 협력을 받아 한 아이는 12살 아이가 풀 수 있는 문제를 해결한 반면, 다른 아이는 9살 아이가 풀 수 있는 문제를 해결하였다. 아이의 정신 연령에서의 이러한 격차, 아동의 실제적 발달 수준과 성인과의 협력 속에서 아이가 수행한 성취 수간 간의 이러한 차이가 바로 근접발달영역이다. 위의 경우에 그 영역은 한 아이가 4인 반면에 다른 아의는 1에 불과하다. 이 아이들은 동일한 정신발달 수준에 있는 것이 아니다. 근접발달영역이라는 우리의 척도 속에 반영되어 있는 이 두 이들 간의 차이는 실제적 발달 수준에서의 두 아이들 간의 유사성보다도 더욱 중요한 것이다. 이러한 연구 결과들은 근접발달영역이 지적 발달의 역동성과 수업 성공을 위해 실제적 발달에 비하여 더욱 중요한 것임을 밝혀 주고 있다.

　비고츠키에게 이와 같은 근접발달영역은 발달과 학습을 위한 중요한 전략개념이 된다. 자발적 개념은 추상화를 위해 위로 움직이고 과학적 개념은 구체화를 위해 아래로 움직인다. 또한 이러한 자발적 개념과 과학적 개념들은 각각 초보적 정신기능이나 고등 정신기능과도 관련된다. 하지만 이러한 개념이나 기능들은 모두 근접발달영역과의 관련 속에서 양자의 변증법적 통합을 통해 보다 높은 수준으로 진보하고 발달하는 것이다.

　비고츠키의 '근접발달영역'이라는 관념 속에는 인간의 지식과 사고와 정신기능들이 모두 사회 문화적 기원성을 갖는다는 관점이 내포되어 있다. 왜냐하면 인간의 지식과 정신기능들은 개인 간(間) 심리학적 영역을 거쳐 개인 내(內) 심리학적 영역으로의 내면화를 통해 학습된다고 보기 때문이다. 즉 인간 지식과 정신기능들은 그러한 것들이 학습되기 위해서는 앞선 지식과 능력을 가지고 있는 사람들과 이를 배우는 사람들 사이에 사회적 상호작용이 필요하고 이 과정에서 언어, 상징 등과 같은 기호의 매개와 담론, 도움과 협력 등이 요청된다고 강조하기 때문이다. 따라서 근접발달영역 개념에서 보자면, 교사는 아동들의 실제적 능력과 잠재적 발달 수준을 진단하는 것이 우선적으로 요구된다. 그런 다음 실제로 그 능력을 발달시키기 위해서 어떤 교육내용을 다룰 것인지, 어떤 학습조건을 창출하고 어떠한 상호작용을 어떤 과정을 거쳐 수행할 것인지, 이러한 상호작용 과정에서 기호와 상징, 매개물들은 무엇으로 하고 어떻게 활용할 것인지 등 다양한 각도에서 학습을 촉진할 수 있는 방안들을 강구할 필요가 있다.

이러한 근접발달영역 개념은 학습의 진행과정을 역동적 변화와 계속적인 진보의 과정으로 파악한다. 즉, 근접발달영역에의 진입·성숙·이탈은 그와 동시에 또 다시 새로운 근접발달영역에로의 모색과 진입 등의 과정들로 계속해서 이어지는 것으로 이해하고 있는 것이다.

(5) 비계설정 (scaffolding) 이론 (발판설정, 디딤판 설정 이론)

근접발달영역 개념은 교수-학습에 있어 비계이론으로 발전하게 된다. 비계설정이란 학습의 발판 내지 도약대를 말하는 것으로서, 비고츠키 이후의 학자들에 의해 개발 강조된 것이기는 하지만, 근접발달영역에서 보다 진보된 성취를 이루기 위해서는 학습의 토대와 조건, 교수-학습 활동, 교사-아동의 상호작용 등에서 적절한 도움과 지원을 제공해야만 한다는 관점이 담겨있다.[53]

오늘날 비계설정 이론은 대체로 아동의 발달수준에 적합한 과제를 선정하고 적절한 조절을 제공하며, 공동의 문제해결과 상호주관성, 따뜻함과 반응, 언어의 매개 등을 중시한다. 그리고 이를 위한 구체적인 방안으로 혼자서는 힘들지만 도움을 받을 경우에는 해결이 가능한 수준의 과제 설정하기, 아동이 이해할 수 있는 말로 문제를 정의해 주기, 어려운 과제에 대해서는 부분적인 해결을 유도하기, 쉬운 과제는 어려움을 체계적으로 증가시키기, 문제를 해결하는 데 필요한 지식 및 인지전략을 가르쳐 주기, 공동활동 중 따뜻하게 반응하기 등이 강조되고 있다.

> **참고**
>
> **피아제와 비고츠키의 차이점**
>
> (1) 아동의 발달과 학습의 선.후 문제
>
> 피아제는 아동의 발달이 개인의 성숙도와 문화에 따라 발달이 다르며 연속적이라고 주장하였다. 그리하여 아동의 발달단계에 따라 현재의 발달단계 이후의 발달단계에 맞는 학습이 이루어지면 교육의 효과가 배가된다는 것이다. 따라서 발달이 학습에 선행한다고 보는 것이다. 이와는 다르게 비고츠키는 언어라는 매개체를 통하여 학습이 이루어지게 되면 사회 구성원들과의 상호작용을 통하여 발전 된다고 하였다. 이는 피아제의 이론에 반하는 내용인 것이다.
>
> (2) 사고와 행동의 관계
>
> 아동의 사고에 있어서 피아제는 어떠한 사고를 함으로써 결과적으로 아동이 그에 맞는 행동을 할 수 있다고 보는 것에 대하여 비고츠키는 사고의 결과로 행동이 나타나는 것이 아니라 어떤 행동을 하는가에 따라 사고가 결정된다고 보았다. 피아제의 이론에서는 사람들과의 관계가 중요하다기 보다는 사물과

---

[53] 예를 들어 우드 D.J. Wood 등은 학습자의 과제를 단순화하기, 학습자를 위해 과제의 관련 특성들을 드러내기, 문제해결을 위한 예시나 모델을 제공학기, 학습자의 과제에 대한 흥미를 끌어내기, 학습자의 특정 대상에 지속적인 추구를 만들어 내기, 교수자에 대한 의존성을 만들어 냄 없이 과제에 대한 좌절을 줄이기, 도움 없이 수행할 수 있는 과제를 설정해 부여하기 등을 구체적인 방안으로 제기하고 있다.

그 사물에 반응하는 유아의 행동이 가장 중요한 인지 발달의 요인으로 보았던 것이다.

(3) 언어와 인지발달의 관계

피아제는 언어가 인지 발달에 부차적인 역할을 수행한다고 보았다. 언어는 사고의 발달을 보다 효과적으로 하도록 해 주지만, 유아가 사용하는 언어는 단순히 인지 발달 단계를 반영해 주는 것에 불과하며, 인지 발달 단계의 발전에는 영향을 미치지 못하는 것으로 보았다. 그와는 반대로 비고츠키는 언어가 인지 발달에 중대한 역할을 하며 언어와 사고가 밀접하게 서로 관련되어 있는 것으로 보았다.

(4) 발달의 주도성과 상호작용성

피아제와 비고츠키의 이론은 모두 인간에게 존재하는 능력과 행동이 개인적 질적 차이로 보는 경향은 같으나 아동들에게 있어 피아제는 아동 스스로 주도적이고 능동적 발달을 하는데 반면 비고츠키는 타인과의 관계에서 영향을 받아 성장하는 사회적 상호작용에 대한 사회적 학습을 중요시 하였다. 그리하여 피아제는 인간을 능동적인 존재로 보아 스스로 발달, 통제한다고 보고 있으며, 환경은 단순히 발달을 돕는 부수적인 요소로 보고 있다. 비고츠키도 수동적이기보다는 능동적인 학습을 강조하였지만 피아제와의 차이는 아동들이 스스로 자신의 발달을 통제하고 발달시켜 나가는 것이 아니라 부모나 선생님 혹은 자신보다 조금 앞선 또래 등의 "발판"과의 상호작용을 통해서 발달되는 것이라고 보았다. 또 아동들의 발달을 이해하려면 그 아동이 처한 문화의 역사적 배경과 사회를 이해해야 한다고 하였다.

(5) 인지발달

피아제에게 인지 발달은 유아의 문화적 맥락과는 관계없이 보편적인 성격을 지니므로 모든 어린이는 열네 살 무렵에 이르러 형식적 조작 단계에 도달한다고 하였다. 비고스키의 관점에서 문화적 맥락은 인지 과정의 유형을 결정한다, 그러므로. 형식적 조작을 요하는 사고를 많이 사용하지 않는 문화에 살고 있는 유아들은 형식적 사고를 발달시키지 않는다고 하였으며, 그가 연구한 형식적 사고가 발달되지 않는 여러 사회들을 비교 문화적으로 연구한 자료들에서 비고스키의 이런 아이디어가 잘 입증된 바 있다.

(6) 발달요인

피아제가 성숙된 형태의 사고 발달을 위해 유아와 물리적 사물과의 상호 작용을 강조한 반면 비고스키는 사람들과의 상호 작용이 유아의 형식적 사고를 결정하는 것으로 보았다. 피아제의 이론에서 사람들은 덜 중요하며, 사물과 그 사물에 가하는 유아의 행동이 가장 중요한 인지 발달의 요인이 된다. 또래들은 인지적인 불일치를 만들어 내기는 하지만 학습 과정에서 필수적인 부분은 아니다. 비고스키의 이론에서도 유아가 사물에 가하는 행동이 발달에 유익한 것으로 보기는 하지만, 이것이 사회적 맥락 속에 포함되고 다른 사람들과의 의사소통에 따라 매개된다는 가정 하에서이다.

(7) 언어관

피아제는 언어는 지적 발달의 원천이라기보다는 지적 발달의 부산물에 불과하다. 언어는 행동을 표상화하고, 공간과 시간으로부터 사고를 해방시키며, 행동을 조직함으로써 범위나 속도의 측면에서 사고의 위력을 증대시킬 수 있다. 하지만, 유아가 하는 말은 현재 그 유아의 인지 발달 단계를 반영해 주는 것에 불과하며, 인지 발달 단계의 발전에는 영향을 미치지 못한다. 이에 반해 비고스키의 이론에서는 언어가 인지 발달에 중대한 역할을 하며 유아의 정신 기능의 핵심을 이룬다고 하였다.

(8) 유아관

피아제가 유아를 세상에 대해 스스로 학습해 나가는 독립적 발견자로 보는 반면 비고스키는 인간 사회에서 자라는 유아들이 완전히 독립적인 발견자와 같은 존재란 될 수 없다고 본다. 대신에 비고스키는 유아의 학습은 문화적 맥락에서 일어나며, 발견되는 대상과 그것을 발견하는 수단은 모두 인류 역사와 문화의 산물이라고 생각했다.

(9) 지식관

유아들이 혼자서 알아낸 것만이 그들의 현재 인지적 위상을 반영하여 준다는 것이 피아제의 주장이다. 따라서 유아들이 지식을 습득하는 방법과 성인에 의해 전달된 지식을 적용하는 방법을 아는 것은 이들의 발달 수준을 결정하는 데 아무런 도움이 되지 못한다. 이에 반해, 비고스키는 문화적 지식을 내면화하는 것은 유아의 인지 발달에 중대한 역할을 한다고 믿었다. 그러므로 유아가 다른 사람과 공유된 활동을 수행하는 것은 독립적인 수행만큼이나 그 유아의 지적 위상을 결정짓는 데 가치 있는 자료가 된다.

(10) 학습발달에 미치는 효과

학습발달에 미치는 효과에 대해, 피아제는 유아의 현재 발달 수준이 유아의 학습 능력을 결정해 주며, 발달 수준은 학습 그 자체에 의해 바뀔 수 없다. 따라서 모든 교육은 유아가 갖고 있는 인지 능력에 맞추어져야 한다. 비고츠키의 관점에서는 학습과 발달의 관계가 훨씬 복잡하다. 지식의 종류나 내용, 그리고 유아의 연령에 따라서 한 걸음의 학습이 두 걸음의 발달을 의미할 수 있다. 경우에 따라서 학습과 발달이 좀 더 고른 속도로 나아갈 수도 있다. 하지만 교육은 언제나 유아의 현재 능력보다는 새롭게 생기는 능력에 맞추어 가야 한다고 하였다.

(11) 협동학습

협동학습에 있어서 피아제는 "더 나이 든 아동이나 성인과의 상호 작용이 더 유익하다고 하였으며, 구체적 조작기에 이르러 자기중심성을 극복하게 될 때까지 또래들과 진정한 의미의 협동적 상호 작용이 불가능하다"고 보았다. 비고츠키는 "성인 혹은 혼합 연령 아동과의 협동에서 또래들과의 갈등은 상호 작용하는 협력자끼리 논쟁을 해결하고 공동의 의견을 모으는 경우에만 이해를 증진 시킨다"고 하였으며, "또래간의 협동이 가능해지는 시기는 정해져 있지 않으며, 새로운 인지 능력은 모든 연령에서 가능하다"고 하였다.

구 분	피아제	비고츠키
인지발달	유아의 문화적 맥락과는 상관없이 보편적	문화적 맥락은 인지 과정의 유형을 결정
인간관	아동은 세상에 대해 스스로 학습해 나가는 독립적인 발견자이다.	아동들이 "발판"과의 상호작용을 통해서 발달되는 것이라고 보았다
학습과 발달	발달수준이 학습능력을 결정하며 학습이 발달 수준을 바꿀 수 없다.	학습이 발달을 주도 한다.
상호작용	아동과 물리적 사물과의 상호작용을 강조 한다.	사람들과의 상호작용이 형식적 사고를 결정한다.
언어와 인지발달	언어는 인지발달의 부산물이다.	언어는 인지 발달에서 주도적인 역할을 한다.
환경	자연적이고 생물학적인 환경을 강조한다.	사회적이고 역사적인 환경을 강조한다.
문화적환경과 인지발달의관계	아동의 인지발달은 문화적 맥락과 관계없이 보편적인 성격을 띤다.	문화적 맥락이 아동의 인지과정의 유형을 결정한다.

협동학습	아동이 구체적 조작기에 이르러 자기중심성을 극복 할 때까지 또래들과의 협동적 상호 작용은 불가능하다.	또래간의 협동이 가능한 시기는 정해져 있지 않으며 새로운 인지 능력은 모든 연령에서 가능하다.
발달요인	성숙한 형태의 사고 발달을 위해 유아와 물리적 사물과의 상호 작용	사람들과의 상호 작용이 유아의 형식적 사고를 결정
언어관	언어는 지적발달의 부산물	언어는 인지발달에 중대한 역할을 하며 유아의 정신 기능의 핵심
유아관	유아를 세상에 대해 스스로 학습해 가는 '독립적 발견자'	유아의 학습은 문화적 맥락에서 일어나며 발견되는 대상과 발견하는 수단은 모두 '인류 역사와 문화의 산물'
지식관	유아가 스스로 알아낸 것만이 현재 인지적 위상을 반영	문화적 지식을 내면화 하는 것은 유아의 인지 발달에 중대한 역할
학습발달에 미치는 효과	유아의 현재 발달 수준이 유아의 학습 능력을 결정	학습과 발달의 관계가 훨씬 복잡하다. 지식의 종류나 내용 유아의 연령에 따라서 한 걸음의 학습이 두 걸음의 발달을 의미

3. 사회적 구성주의에 입각한 도덕교육 접근법 : 태펀

(1) 비고츠키 근접발달영역 개념과 도덕발달

태펀(M. B. Tappan)은 비고츠키 중심의 사회적 구성주의론에 입각한 도덕교육 접근법을 제시한다. 태펀은 인지적 도덕발달 접근법과 인격교육 접근법이 나름 중요한 공헌을 함에도 불구하고 여러 약점들을 지닌다고 비판하면서 사회문화적 구성주의 관점이 현대 도덕교육의 여러 난제들을 극복하는데 유익한 잠재성을 가지고 있다고 주장한다. 이러한 관점에서 태펀은 인지발달론이 강조하는 '발달'과 인격교육론이 강조하는 '교육'이라는 두 개념을 조화시키는 가운데, '학습이 이루어지는 맥락과 문화' 및 '도덕 발달에 있어 사회적 상호작용' 관념을 도입한다. 그리고 이를 위한 구체적인 교육방안으로 비고츠키의 근접발달영역의 관점과 내러티브와 이야기법을 결합하여 아동들의 도덕발달을 촉진시키는 접근을 제시하였다.

또한 태펀은 비고츠키 근접발달영역에 내포된 사회문화적 접근의 핵심적인 가정을 두 가지로 이해한다. 하나는 고등 사고기능은 심리적 도구로서 인간의 정신적 활동을 촉진하고 변형시키는 언어 및 대화에 의해 매개되어 진다는 것이며, 다른 하나는 고등 정신기능은 사람들 사이의 간정신적 (inter-mental) 과정이 개인들 속에 정신 내적 (intra-mental) 과정으로 내면화됨으로써 형성, 발달하는 관계로 그것의 기원은 사회적 상호작용 속에 있다는 것이다. 그리고 이처럼 개인의 내부에 정신기능이 자리 잡게 되는 과정에서의 핵심은 아동들이 능력 있는 성인이나 동료들과 함께 언어적 매개를 통해 공동활동하는 것이라고 보았다.

(2) 근접발달영역과 '안내된 참여'

위와 같은 분석을 토대로 태편은 아동들의 도덕발달을 위해 '도덕적 기능(moral functioning)'이라는 개념을 상정하면서, 근접발달영역을 통한 '안내된 참여(guided participation)'가 필수적임을 강조한다.

태편이 말하는 '도덕적 기능'은 비고츠키의 고등 정신기능과 의미상 관련되는 것으로서, 태편은 지적 발달이 고등 정신기능을 향해 나아가듯 도덕 발달 역시 도덕적 기능의 성숙을 지향해야 한다고 주장한다. 여기서 '도덕적 기능'이란 도덕적 삶의 성향을 일컫는 것으로서 도덕적 사고와 감정, 행동을 모두 포함한다. 그리고 그러한 도덕적 기능은 고등 정신기능과 마찬가지로 특정한 사회문화적, 역사적 맥락 속에 상황 지워진 문화적 실천이나 실천적 활동으로 구성되어진다. 즉, 도덕적 기능 역시 도덕적 언어와 대화를 통해 사람들이 생각하고 느끼고 행동하는 방식에 따라 형성되는 것이다. 따라서 이러한 도덕적 기능은 사람들 사이의 간정신적 과정을 통해 상호작용하는 가운데 개인의 정신 내부에 내면화되는 것이기에 이 때 바로 근접발달영역에서의 '안내된 참여'가 중요한 메커니즘으로 작용한다는 것이다.

태편이 말하는 '안내된 참여'에는 안내를 돕는 사람들과 아동들이 함께 노력한다는 의미가 함축되어 있다. 그리고 이러한 '안내된 참여'는 아동들과 그들을 돕고 배려하는 사람들의 공동 활동 속에서 아동들의 현재의 이해와 기능들이 새로운 이해와 기능들에 도달하도록 연결해 주는 것과, 아동들이 책임성을 보다 역동적으로 증진시킬 수 있도록 그들의 참여적 활동을 마련하고 구조화하는 것이 서로 밀접하게 관련되어 있다. 이러한 관점에는 도덕적 기능의 발달은 사회문화적이며, 그것의 발달에는 실천적 활동이 중요하게 관련된다는 점이 함축되어 있다. 즉 안내된 참여와 그 속에서의 상호작용 또는 대화를 통해 아동들이 그들보다 유능한 사람들의 도움을 받으면서 그 사회문화 속의 지식과 기능뿐만 아니라 가치들도 내면화하게 된다고 보는 것이다. 그리고 이러한 상호작용과 대화 속에서 아동들은 자신들의 도덕적 발달을 촉진시키기 위해 능동적인 역할을 하는 것으로 간주된다. 그리하여 태편은 근접발달영역과 내러티브를 함께 고려한 구성주의적 도덕교육 방안을 강구한다.

(3) 구성주의적 도덕교육 방법으로서의 내러티브

근접발달영역 개념은 학습 과정과 관련되는 것으로서 그 내용 자체에 대해서는 말해주는 바가 없다. 그래서 태편은 모든 학습은 근본적으로 대화적 본질을 지닌다는 관점에서 비고츠키의 사회적 구성주의에 입각한 도덕교육의 내용과 방법을 모색한다. 그리하여 태편은 도덕적 내러티브, 이야기, 신화, 시 등이 아동들의 도덕발달에 긍정적 효과를 미치는 도덕적 행위 모델들을 제공한다고 강조한다. 또한 내러티브가 우리의 문화적 도구로서 핵심적인 요소들을 내포하고 있다는 점, 그것이 행위와 상호작용을 가능하게 하고 발달 과정을 돕는 상징, 언어, 대화의 형식 등을 제공한다는 점, 그리고 이러한 도덕적 내러티브들이 사람들의 생생한 도덕적 경험의 중요한 측면들을 나타내 주는 한편 그러한 경험들을 결정적인 방식으로 매개, 형성해 준다는 점 등을 장점으로 내세운다. 아울러 아동들이 내러티브들을 내면화하는 가운데 도덕적 이해와 기능 및 행동들을 구성하고 발전시켜 가게 됨 또한 강조한다.

결국 태편은 비고츠키의 관점이 인지적 도덕발달 접근법과 인격교육 접근법의 중간적 입장에 있음을 지적하면서, 그 핵심은 아동들의 보다 높은 수준의 관념들을 능동적으로 구성한다는 점과 어른들에 의한 안내와 지원 또한 아동들의 도덕 발달 과정에 필수적임을 강조하는 것으로서 '교육'과 '발달' 사이의 이론적 연계성을 명시적이고도 일관되게 드러낸다고 주장한다.

4. 구성주의에 입각한 도덕교육의 기본 원리

(1) 도덕교사는 학생들과의 관계에 있어서 상호 존중적이며 비권위적인 관계를 형성해야만 한다. 도덕교사는 학생들이 직면하는 도덕적 문제들을 스스로 해결하도록 고무시켜 주고, 아동의 도덕적 관점을 존중해 주어야 한다.

(2) 도덕교사는 학생들의 자발적이고 일상적인 도덕적 질문들을 중시해야 하며, 실제 생활의 복잡함을 반영하고 있는 도덕 문제에 초점을 맞추어 의미 있는 도덕 문제를 제시하고, 그것이 실생활의 도덕 문제와 관련될 수 있도록 해야 한다.

(3) 도덕교사는 학생들이 도덕적 대화와 토론에 능동적으로 참여하도록 고무시켜 주어야 한다. 왜냐하면 도덕적 대화와 토론을 통해 학생들은 도덕성 발달에 필요한 인지적 갈등을 느끼게 되며, 자기중심적인 사고에서 벗어나 타인의 역할을 취해 볼 수 있는 역할 채택 능력을 기를 수 있기 때문이다. 또한 도덕적 대화와 토론 과정에서 도덕교사는 새로운 유형의 사고를 시범 보여줄 수 있으며, 학생들의 도덕성 발달 수준에 부합하는 여러 형태의 수행보조를 해 줄 수 있기 때문이다.

(4) 도덕교사는 학생들이 협동하여 과제를 해결할 수 있는 기회를 부여해 주어야 한다. 왜냐하면 수평적 의사소통에 바탕을 두고 있는 협동학습은 학생들에게 상호 존중에 바탕을 둔 사회적 상호작용의 기회를 부여해 주기 때문이다. 그러한 사회적 상호작용은 도덕적 지식과 이해의 구성에 있어서 학생들의 다양한 시각을 경험하고 자신이 구성한 지식과 이해의 타당성을 검토해 보는 기회를 제공해 준다.

(5) 도덕교사는 학생들의 반성적 추상화를 중시해야 한다. 왜냐하면 학생들은 자신의 도덕적 경험과 그러한 경험에서 사용한 자신의 의도나 전략 등에 대하여 반성적으로 성찰을 해봄으로써 보다 고차적인 도덕적 지식과 이해를 구성할 수 있기 때문이다. 따라서 교사는 자신의 도덕 경험을 이야기해 보는 것, 가치지를 기입해 보게 하는 것 등과 같은 다양한 성찰의 시간과 기회를 부여해 줌으로써 학생들의 반성적 추상화를 촉진시켜 주어야 한다.

(6) 도덕교사는 학급과 학교가 민주적이고 도덕적인 풍토가 될 수 있도록 해야 한다. 따라서 도덕교사는 학생들이 교실과 학교생활을 통해 상호 존중과 안정적 분위기에서 다양한 민주적·도덕적 경험을 체험해 볼 수 있는 기회를 제공해 주어야 한다.

22 도덕적 자아/정체성 이론

CHAPTER

> **참고**
>
> **'도덕적 자아' 이론의 등장 배경**
>
> (1) 소극적 도덕교육에 대한 반성
>
> : 미국의 도덕 및 인격교육 프로그램들이 반사회적 행위의 예방에만 지나치게 관심을 두고 있다는 지적과 함께, 이러한 문제 예방적 성격의 처방책은 학생들에게 도덕적인 목표를 설정하고 도덕적 정체성을 형성하며 지속적인 도덕적 헌신에 책임 있게 참여할 수 있도록 하기 위한 적절한 동기화를 제공할 수 없다는 한계가 있다는 비판이 제기되었다.
>
> (2) 도덕적 동기화와 도덕적 자아
>
> - 동기화의 핵심적 요소는 일상적인 행위 규제에 필요한 신념 체계를 넘어서는 그 이상의 신념 체계이다. 그러한 신념체계를 위해서는 즉, 아동이나 청소년들이 자신의 도덕적 목적에 충실하려면 도덕적 정체성이라는 도덕적 목적에 대한 신념을 형성 시킬 필요가 있다. 이러한 문제 인식에 기반 하여 도덕적 자아 내지 도덕적 정체성이 중요한 개념으로 강조되게 되었다.
> - '도덕적 자아'(moral self)나 '도덕적 정체성'(moral identity)은 도덕적 판단과 도덕적 행동을 연결하는데 핵심적 역할을 제공한다. 즉 도덕적 정체성은 자신의 자아 개념과 일치되게 행동하려는 책임감을 생산하기에, 도덕적 행동을 위한 중요한 원천으로 고려되고 있다.
> - 자기 정체성의 중심적 부분으로서 도덕성을 상정하는 사람일수록 자신의 도덕적 이상이나 목표와 부합되는 삶을 추구하며, 도덕적 판단을 행동으로 옮기려는 강한 책임감을 갖기 때문에 자신이 옳다고 생각한 것을 행동으로 옮길 가능성이 높다는 것이다.
>
> (3) 도덕성과 도덕적 자아
>
> : 도덕적 자아나 정체성에 관한 영역이 도덕발달 연구에서 관심을 모으는 또 다른 이유는, 개인의 도덕적 특성을 인지(認知), 정의(情誼)로 이분하는 것이 아니라 통합적으로 이해할 필요성이 강조되는 근래의 상황과도 관련 있다. 최근의 도덕 심리학자들의 견해에 따르면, 도덕성은 행동이나 신념체계가 아닌, 한 인간의 자질로서 더 적절하게 인식된다. 게다가 도덕성은 한 사람의 한 가지 측면 즉, 판단이나 정서나 의지 가운데 하나만 가지고 표현될 수 있는 것이 아니라고 본다. 이 각각의 것들이 필요한 것들이지만, 이러한 다양한 요소들은 개인의 입장이나 경향에 따라 통합되고, 그럼으로써 신념이나 욕망, 가치와 목표의 복합망을 하나로 통일할 수 있게 된다. 본질적으로 개인의 도덕성에서 요구되는 것은 도덕적으로 옳은 것을 이해하는 것(understand)뿐만 아니라 도덕적인 사람이 되는 것에 관심을 갖는 것(care)도 포함된다. 이런 이유에서 도덕적 자아(혹은 정체성) 연구는 개인의 도덕성과 관련하여 도덕적 특성을 도덕판단이나 공감 등으로 분리하여 논의했던 이전의 연구들과는 달리 보다 포괄적으로 이해하고자 한다.

1장 데이먼의 도덕적 자아 이론

1. 도덕적 자아의 의미 : 도덕성과 자아의 통합

데이먼(Damon)에 의하면 도덕적 자아란 도덕성과 자아라는 상이한 두 개념 체계가 통합됨으로써 형성되는 것으로서, 도덕적 원칙이나 원리를 사용하여 정의된 자아이다. 데이먼에 따르면 아동기로부터 청소년기로의 이행은 도덕성과 자아가 분리와 부조화로부터 통합으로 진행하는 과정이다. 아동들은 도덕성과 자아를 구분되는 개념 체계로 이해하지만, 청소년기 동안 자아를 보다 도덕적인 측면에서 바라보면서 도덕성과 자아의 체계는 점차 통합하게 된다. 이러한 관점에서 볼 때, 개인에게 나타나는 도덕적 신념과 도덕적 행위의 불일치의 근본 원인은 이러한 도덕적 자아의 부재 혹은 불완전한 형성 때문이라 할 수 있다. 즉 도덕적 신념이 자아와 통합되지 않았기에 그러한 불일치가 발생한다는 것이다.

또한 데이먼은 도덕성과 자아가 통합되는 심리적 과정을 설명하기 위해 신체적·활동적·사회적·심리적, 네 가지 자아를 구분하여 설명하는데 이러한 자아들은 발달적 계열성을 보이지만 그러한 발달은 단선적인 것이 아니라 모든 영역에서 각각 4 수준이 존재하기에 사실상 다차원적인 성격을 지닌다.

2. 4가지 자아의 특성

자아의 유형	신체적 자아 Physical Self	활동적 자아 Active Self	사회적 자아 Social Self	심리적 자아 Psychological Self
자아이해의 주안점	신체적 특징이나 개인적 소유물	개인적인 능력 및 타인과의 관계	사회적 인성의 관점. 즉, 사회적 상호작용의 특성이라는 맥락에서의 자기 이해	신념 체계, 개인 철학, 사회적 관계 또는 사회적 인성 특질에 관한 도덕적이고 개인적인 선택들
자기표현의 사례	나는 키가 110cm야. 나는 힘이 무척 세. 난 예쁜 곰인형을 가지고 있어.	난 영리한 소년이야. 난 성적이 우수해. 난 현재 우리 학교 축구부에 속해 있어.	난 개방적인 성격을 가지고 있어. 나는 다른 사람이 부탁을 하면 거절을 못해.	나는 기독교인이야. 나는 평화주의자야. 나의 생활신조는 다른 사람에게 정신적으로나 물질적으로 피해를 주지 않는 거야.

3. 도덕적 자아 형성의 과정

(1) 아동기 자기 이해의 특징

신체적이고 활동적인 자기 진술이 특징이다. 즉, 자신이 어떤 존재인가를 밝힐 경우 물질이나 활동적 세계로부터 나온 범주들을 사용한다. 그래서 자신의 신체상 특징이나 소유물, 거주지 및 거주 형태, 복장, 특징적으로 참여하는 활동들의 측면에서 스스로를 정의하는 경향을 보인다.

또한 이 시기의 자신에 대한 사회적이고 심리학적인 진술은 대부분 자신이 소속된 집단이나 자신의 심리 상태를 나타내는 정도에 그친다. 즉, 자신이 다른 사람들과 어떻게 상호 작용하고 자신의 도덕적 신념이 무엇인지에 관하여 거의 언급하지 않는다. 자신이 관여하는 활동이나 감정적 상태에 대해서는 언급하면서도 정의, 책임, 타인의 행복에 대한 관심 등과 관련해서는 거의 언급하지 않는다.

결국 아동기에서 도덕성과 자아는 통합이 이루어지지 않는다. 이러한 통합의 결여는 자신이 해야 한다고 말한 것과 자신이 실제로 행한 것 사이에 불일치와 비일관성으로 귀결된다.

(2) 청소년기의 특징

① 타인의 평판에 대한 관심

청소년들은 사회에서 다른 사람들의 기대 수준과 의견에 대해 민감해 져서 자신에 대한 '평판'에 큰 관심을 보이는데, 그 가운데 특히 도덕적인 측면을 우선적으로 고려하게 된다. 즉 청소년들은 다른 사람들이 그들 자신에게 타인의 행복에 대한 책임감, 특히 자신과 가까운 사람들의 행복에 대한 책임감을 갖도록 기대한다는 점을 인식하게 된다. 따라서 이러한 경우에 청소년들이 책임감을 갖는다는 것은 다른 사람들의 기대 수준을 감안한다는 것이며, 자신에 대한 평판을 향상시킬 필요성을 느낀다는 것을 의미한다.

② 이데올로기적 선호

청소년기 도덕성 발달의 두드러진 특징은 이데올로기적 선호를 갖는다는 점이다. 그래서 온갖 철학, 정치, 도덕 이론들을 엮어보는 데 관심을 보인다. 예를 들어 도덕 영역에서는 상대주의, 공리주의, 완전론, 금욕주의 등의 이데올로기들에 관심을 보이기 시작해서 대학 기간 동안 심화된다.

③ 자아와 도덕성 통합을 위한 중요한 변화의 발생

(가) 자아에 대한 '사회적 인성'의 관점이 부각된다.

: 청소년기의 자아는 사회적 상호작용의 특성이라는 맥락에서도 조망되는데, 이때의 사회적 상호 작용의 방식이 도덕적 함축을 갖는다. 예를 들어 자신을 '의심이 많은 사람'이라거나 '의심 없이 개방적인 사람'이라고 특징 짓는 것은 사회적 상호작용적 자아가 도덕적 맥락과도 연결되어 있음을 의미한다. 사회적 상호 작용의 유형과 도덕성 간의 이러한 연결은 도덕성 자체가 사회적 상호 작용의 중요한 규제자이기 때문에 불가피한 것이다. 따라서 사회적 상호 작용에서의 자아의 개념은 자아를 도덕적 측면에서 인식하도록 이끈다.

㈏ 자신의 자아를 신념 체계, 철학, 도덕적 기준(원리)에 기초하여 정의하려고 한다.
: 청소년기에는 철학, 정치, 도덕적으로 복잡한 이데올로기적 이론들을 엮어볼 뿐만 아니라 진지하게 수용하기도 해서 이러한 이론들이 자아를 정의하는 데 매우 중요한 원천이 되기도 한다. "나는 기독교인이다", "나는 비폭력주의자이다" 등과 같은 진술은 청소년기 자아 개념을 조직하는 주된 원칙을 반영한다. 이러한 신념 체계는 삶의 모든 영역에서 그들의 선택과 해석에 영향을 미칠 수 있다. 신념 체계의 많은 부분은 근본적으로 도덕적인 성격을 갖기 때문에 이러한 신념 체계가 도덕적 함축을 갖는 것은 분명하다. 따라서 청소년기에는 도덕성과 자아라는 분리된 개념 체계가 비로소 통합적 과정을 거치게 된다.

(3) 도덕성과 자아의 불완전한 통합

데이먼은 통합의 절대적인 부족, 즉 도덕성과 자아가 평행선을 그릴 경우에는 도덕적-사회적 병리가 발생할 수 있다고 지적하며, 부분적인 통합은 대부분의 사람들이 왜 자신의 도덕적 신념에 따라서 혹은 자신들이 실제로 옳다고 판단한 것에 따라 언제나 행동하는 것은 아닌지를 설명해 준다고 주장한다.

아울러 이러한 통합은 성인기에 언제나 완성되는 것은 아님을 강조한다. 오히려 완전한 통합은 사실상 성인기에도 달성하기 어려우며 지속적인 도전의 과정을 거치게 된다고 말한다.

결국 데이먼의 도덕발달 및 통합에 관한 이론은 사람들이 왜 자신들의 도덕적 신념에 따라 행동하는데 실패하는지를 심리학적 관점에서 설명하고 있는데, 그 이유는 도덕적 신념이 자아와 통합되지 않았기 때문이며, 이는 곧 그러한 신념이 자신의 것이 아님을 의미하는 것이다.

4. 도덕교육에 대한 통합적이고도 포괄적인 접근법

: 데이먼은 오늘날의 인격교육이 '통합적이고도 포괄적인 접근법'을 채택해야 한다고 주장하면서 구체적인 방법들을 제시한다.

습관과 반성의 통합	• 도덕발달의 연구에서 습관과 반성을 둘러싼 논쟁은 행동주의적 전통과 인지주의적 전통의 충돌을 의미한다. 즉 행동주의는 규칙에 대한 순응과 행위의 습관화를 위한 조건화를 강조하는 반면, 피아제와 콜버그는 추론 및 자율적 판단을 위한 개인의 능력을 강조한다. • 데이먼은 이러한 대립적 논쟁을 극복하고 도덕적 가르침의 목적을 습관과 반성, 덕과 이해, 자신의 현재 및 미래의 삶에 기여할 수 있는 자아 정체성·판단·정서·동기화·행동 체계를 갖춘 전인적 아동을 길러 내는데 인격교육의 초점이 맞춰져야 한다고 주장한다.
개인과 공동체의 통합	• 한편에서는 도덕성을 개인의 생물학적이고 유전적인 요소에 내재되어 있는 것으로 이해하는 극단적인 입장과, 다른 한편에서는 도덕적 진리를 공동체에 내재되어 있는 것으로 인식하면서 과도한 개인주의가 사회적 문제의 원인이며 따라서 도덕교육의 과제는 상호 의존성에 대한 인식과 문화적 전수가 되어야 한다는 또 다른 극단적인 입장이 대립적인 관계를 형성하고 있다. • 데이먼에 따르면 개인과 공동체를 둘러싼 도덕 철학적 대립은 미신이다. 사회에 따라 개인과 공동체를 강조하는 정도는 다를 수 있을지언정, 아동들은 자신들이 속한 사회적 조건 속에서 학습할 뿐만 아니라 각자 자신의 개인적 양심에 따르도록 교육받는 점에서 본다면, 도덕성은 개인과 공동체의 상호 작용의 산물이다. 따라서 개인화와 사회화는 인간 삶에서 "한데 얽힌(interwind)" 측면이다. • 이러한 두 측면은 원래 상보적이지만, 변증법적 상호 작용이 요구되기도 한다. 즉 개인은 타인과의 관계라는 맥락 속에서 자아를 구성하지만, 동시에 그 개인은 이러한 관계적 맥락의 한계를 넘어설 수도 있어야 한다. 따라서 교사들에게 도덕성은 공동체적 가치를 가르치는 것일 뿐만 아니라, 아동 개인의 확고한 도덕적 정체성을 갖도록 돕는 것으로 인식되어야 한다.
(도덕적 기준으로서) 세속주의와 종교의 통합	• 진보주의 시대의 개막으로 공교육은 세속주의를 채택하면서 종교 교육을 거부했다. • 하지만 데이먼에 따르면 도덕교육은 도덕적·정신적(spiritual)·종교적인 관점을 포괄해야 한다. 즉 학생들은 도덕적인 문제에 직면했을 때, 자신들의 지적이고 도덕적 기준뿐만 아니라 그들의 신앙적 전통을 사용하도록 권장되어야 한다.

2장 블라지의 도덕적 정체성 이론

1. 블라지 정체성 이론의 특징

(1) 블라지 vs 데이먼

도덕성과 자아의 통합을 강조한다는 점에서 블라지(A. Blasi)는 데이먼과 유사하지만, 도덕성 내에서 도덕적 추론의 중심적 역할을 고수한다는 점에서 그리고 도덕적 추론과 도덕적 동기화와 도덕적 정체성간의 관계를 강조하는 점에 있어서는 데이먼과 차이점을 보인다. 이러한 차이점은 블라지가 콜버그적 전통을 강조하면서도(도덕적 추론의 역할) 그러한 전통을 확장시키려는 것을 (도덕적 추론과 도덕적 정체성의 관계 강조) 의미한다.

블라지에 따르면 "책임 판단으로부터 행동으로의 이행은 자기 일관성54) (self-consistency) 에 의해 지지되는데, 이러한 자기 일관성은 자아 형성에서 중심적인 것"이라고 보면서 도덕적 인지로부터 행동으로의 이행에 있어 자아 개념을 도입한다.

(2) 블라지 vs 콜버그

① 도덕적 행위 산출 과정에 대한 콜버그 입장 비판

블라지는 도덕성 발달 단계와 도덕적 행위가 서로 관련이 있다는 콜버그 입장에 기본적으로 동의하지만, 그 관련성이 콜버그의 생각과는 달리 매우 약하다고 주장한다. 즉, 도덕 판단과 도덕적 행위 사이의 일관성은 도덕적 추론과는 다른 동기의 개입으로 이루어진다. 도덕적 판단과 추론은 도덕적 문제 상황을 평가하는 작용은 하지만 직접적으로 행위를 유발하지는 않는다.

② 도덕적 동기화와 관련된 콜버그와 블라지의 입장 차이 (by, Lapsley)

콜버그는 행동을 위한 도덕적 동기화는 도덕적 원리의 처방적 성격에 대한 충실에서 오는 것이기 때문에 행동으로 옮기지 못하는 것은 '원리'를 배반하는 것을 의미한다.

하지만 블라지는 행동을 위한 도덕적 동기화를 자신의 도덕적 정체성의 결과로 보았기 때문에 행동으로 옮기지 못하는 것은 '자아'를 배반하는 것을 의미한다.

이처럼 블라지는 콜버그와 같이 도덕적 이해가 도덕적 동기화를 위한 힘을 제공하고 그러한 동기화는 도덕성의 측면에서 내재적이라는 점을 인정하지만, 콜버그와의 차이점은 도덕적 이해는 자아의 구조 속으로의 통합, 즉 도덕적 정체성을 통해 도덕적 동기화를 위한 힘을 제공하게 된다는 것이다. 즉 도덕적 이해는 도덕적 정체성의 형성을 돕고, 도덕적 정체성은 개인의 책임감을 향상시키며, 자신이 알고 있고 믿는 것을 행동으로 옮기도록 하는 도덕적 동기화를 촉진시킨다.

---

54) 블라지에 의하면 인간은 자신의 자아감에 일치하여 살고자 하는 자연적인 경향성이 있는데, 이를 자기 일관성이라 부른다. 따라서 개인의 자아가 도덕적 내용과 관련될 때, 자기 일관성의 경향은 도덕적 행동을 동기화시키는 핵심적인 힘으로 작용한다.

(3) 도덕적 정체성과 도덕적 동기화

블라지에 따르면 도덕 판단을 행동으로 옮기려면 행위자에게 자기 일관성(자아 일치)에 대한 내적 요구라는 동기화가 있어야만 한다. 그리고 이러한 자기 일관성을 위한 동기는 도덕적 헌신에 근거한 도덕적 정체성으로부터 나온다.

결국 도덕 판단을 행동으로 옮길 책임이 자신에게 있다고 생각하는 도덕적 책임은 자신의 정체성의 결과물이며, 도덕적 행동을 위한 동기적 원천은 자기 일관성이다.

이처럼 콜버그에게 행위의 도덕적 동기화는 도덕원리에 대한 충실함에서 기인한다면, 블라지에게 도덕적 동기화는 도덕적 정체성의 결과이다.

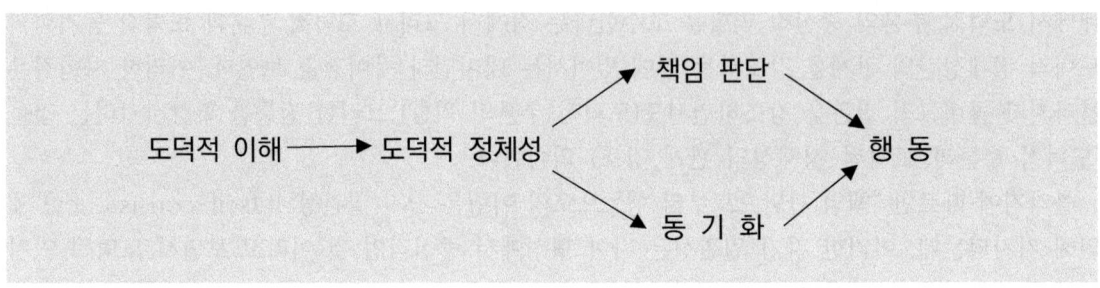

2. '도덕적 정체성' 형성 과정

블라지의 도덕적 자아 모델은 책임(responsibility)과 통합(integrity)을 도덕적 행동의 기초 개념으로 간주한다. 책임이란 자신의 도덕 판단에 따라 행동할 의무를 뜻하는 개념으로, 블라지에 의하면 도덕적 책임은 본질적으로 자신의 정체성과 도덕성의 통합의 결과물이다. 그리고 통합은 '자아와 일치된 행동'에 내재하는 전체성과 개인적 완전성을 의미하는 개념이다. 즉, 통합이란 성격을 구성하고 있는 여러 부분들이 자아를 중심으로 전체적인 하나가 되는 것을 의미한다. 그리고 '도덕적 통합'이란 한 개인의 동기 체계 내로 도덕성을 통합하는 것이며, 이러한 통합 과정을 거쳐 도덕적 정체성이 형성된다. 이러한 도덕적 정체성의 핵심이 도덕적 자아이며, 도덕적 이해가 성격의 중심으로 통합되었을 때 개인은 강한 도덕적 의지를 소유하게 된다.55)

---

55) 블라지의 도덕적 통합이라는 면에서 보면, 도덕성이라는 것은 도덕적 이해, 즉 객관적이고 보편적인 도덕 원리나 가치에 관한 인지적 추론이나 판단을 지칭하며, 도덕성이 성격에 통합되어 간다는 것은 도덕적 가치에 관한 객관적 이해가 개인의 주관적 성격, 즉 정서나 동기, 욕구 등으로 이루어진 심리체계로 통합되어 간다는 것을 의미한다. 이 통합의 과정에서 자아의 어떤 욕구는 옳고 선한 것을 실현하는 데에 방해가 되기 시작하며, 다른 어떤 욕구는 주관적으로도 옳고 객관적으로도 옳은 것이 되어 도덕적 기준으로서의 힘을 획득한다. 이와 같이 자아의 욕구 또는 동기가 주관적으로뿐만 아니라 객관적으로도 옳은 것이 되었을 때, 다시 말하여 무엇이 옳은 행위인가에 대한 객관적 이해와 그 행위를 하고자 하는 주관적 욕구가 일치하였을 때에 도덕적 이해와 개인적 동기 사이에 진정한 통합이 이루어진다고 볼 수 있다. '도덕적 자아'(moral self)라는 용어는 도덕적 가치에 대한 동기나 욕구가 개인의 자아개념과 통합되어 자기정체성의 핵심적 위치를 차지하는 상태를 가리킨다. 이와 같이, 블라지는 도덕성과 성격의 통합 과정에서 자아가 수행하는 통합적 기능과 역할을 강조하고 있으며, 블라지의 도덕발달론을 '도덕적 자아' 이론이라고 부르는 이유가 여기에 있다.

> 사람들은 대상이나 다른 사람, 사건에 관한 욕구(일차적 욕구들)를 가진다. 뿐만 아니라 그들은 욕구에 대한 욕구, 즉 반성적 욕구들(이차적 욕구들)을 가진다. 그리고 우리는 자발적인 것에 대해 반성하고 거리를 두며 우리에게 자연스럽고 우리가 원했던 것을 선택한다. 그렇게 함으로써 우리는 행위자답게 동기들과 욕구들을 구조화하고(의지를 구조화하고), 우리의 정체성을 확립하기 시작한다.
> 고차적 의욕들을 갖는 것은 객관, 즉 보편적 규정성을 통합하는 것으로 보이며, 독특하게 주관적인 것은 객관에 의해 부과되지 않고 주체의 자유의지에 의해 선택된다. 자유로운 선택에 의해 사람들은 자신의 정체성을 형성하고 따라서 자신의 의지 자체를 만든다. 그것은 객관적 도덕 실재의 견지에서이지 복종, 내면화, 사회화의 견지에서 이루어지는 것은 아니다.

블라지의 도덕적 정체성 형성 이론에서 핵심은 '이차적 욕구'라는 개념이다. 인간이 어떤 일차적 욕구를 느낄 때, 인과적으로 반응하지 않고 그 욕구를 반성적으로 평가하여 자신의 일부와 동일시할 때 바로 이차적 욕구가 발생한다. 따라서 이차적 욕구는 그 자체로서 자아의 인지적 활동의 소산이다. 또한 이차적 욕구는 인지적 특징을 지니면서도 본래적으로는 욕구이기에 동기적 힘마저 갖는다. 따라서 자아가 특정 도덕적 이상이나 가치에 근거하여 일차적 욕구를 반성을 통해 동일시한다면, 그러한 경우가 바로 도덕적 정체성의 작용이자 도덕적 정체성의 형성 과정이 된다.

이처럼 도덕적 이해를 개인 성격 내로 통합하여 도덕적 정체성을 형성하는 과정은 자아의 자율적 선택을 통해 일어나는 것이며, 그리고 도덕적 이해가 개인에 통합될 때에는 도덕적 이상에 대한 관심이나 욕구로 통합되기 때문에 동기적 힘을 얻게 된다.

참고

정체성 성숙에 따른 변화들

블라지는 정체성 성숙에 따라 다음과 같은 중요한 변화들이 발생한다고 소개한다.

① 자아감은 신체적 특징, 관계, 행동과 같은 외적인 정체성 내용보다 가치와 목표 같은 내적이고 심리적인 정체성 내용에 더욱 근거하게 된다.

② 자아는 더욱 조직화되고 통합적인 것이 된다. 이때 중요한 것은 어떤 것들은 다른 것들에 비해 자신의 자아감에 더욱 중심적이고 본질적인 것이 되는 방식으로 정체성 내용의 위계적 조직화가 이루어진다는 것이다. 그 결과 자신이 가장 신경을 쓰는 정체성 내용은 자신의 핵심적인 자아로 자리 잡게 된다.

③ 정체성이 성숙해짐에 따라 자기 일관성을 향한 강한 욕구가 생겨난다. 자신의 정체성에 대해 강화된 소유감과 지배감이 발생함에 따라 자신은 정체성을 보호하고 일상생활에서 정체성을 실현할 책임이 있다고 느끼게 만든다. 즉 정체성이 성숙해짐에 따라 자기 일관성을 향한 강한 욕구가 생겨나게 된다는 것으로서, 자신의 핵심적인 자아에 대한 충실성이 강해진다.

3. 도덕적 자아 모델의 의의

블라지는 콜버그와 같이 도덕적 이해가 도덕적 동기화의 힘을 제공하고 그러한 동기화는 도덕성의 측면에서 내재적이라는 점을 인정한다. 차이점은 도덕적 이해가 도덕적 정체성을 매개로 하여 도덕적 동기화를 위한 힘을 제공하게 된다는 것이다. 즉 도덕적 이해는 도덕적 정체성 형성을 돕고, 도덕적 정체성은 개인의 책임감을 향상시키며, 아는 것을 행동으로 옮기도록 하는 도덕적 동기화를 촉진시킨다는 것이다. 이러한 방식으로 객관과 주관, 보편과 개인, 이성과 정의 측면들이 통합된다. 이러한 통합이 블라지에게는 도덕적으로 성숙한 개인의 표상이 된다.

이러한 자아 모델은 결국 도덕과 행위자 사이의 연관성을 강조하는 이론으로서, 도덕이 개인의 주관적 의식과의 연관 없이는 도덕적 동기적 힘을 가질 수 없음을 밝히고 있다. 그러므로 도덕을 주관적 의식에 통합한 사람의 도덕 판단의 경우는 도덕적 행위로 이어질 충분한 동기적 힘을 지니게 된다. 즉 도덕을 단순히 알고 이해한 것만으로는 행위 구속력을 지닐 수 없고, 도덕이 개인의 정체성으로 확립될 때 비로소 도덕적 지식이나 이해도 동기적 힘의 추가적 지원을 얻게 된다. 이러한 도덕적 정체성의 이론적 특징을 고려한다면, 블라지는 콜버그와 마찬가지로 도덕적 인지를 중시하면서도 도덕적 추론, 도덕적 동기, 도덕적 정체성간의 관계에 대한 이해를 증진하고 있기에 콜버그 이론을 확장한다고 평가할 수 있다.

4. 도덕적 의지로서의 인격 모델

: 블라지는 2004년 연구를 기점으로 도덕적 자아 모델을 새롭게 정립하는데 이를 '도덕적 의지로서의 인격 모델'이라 부른다. 이는 도덕적 의지가 도덕적 정체성의 핵심임을 의미하며, 도덕적 욕구가 다른 욕구나 신념들과 함께 작용하여 도덕적 정체성을 형성하는 과정에 대한 설명이기도 하다. 도덕적 의지로서의 인격 모델은 다음과 같은 특징을 지닌다.[56]

(1) 도덕적 의지로서의 인격 모델은 욕구의 위계 구조에 근거하여 도덕적 의지가 형성되는 과정을 설명한 모델이다. 한 사람에게는 기본적으로 다양한 욕구들이 있지만 사람들은 갈등하는 욕구들을 반성하여 자신의 의지를 만들고 그에 따라 행동한다. 일차적 욕구를 반성하여 생성된 이차적 욕구는 자아의 결정을 통해 자신의 일부가 되길 원하는 이차적 의욕(volition)이 된다. 이러한 이차적 의욕의 형성은 의지의 형성을 의미한다. 도덕적으로 행위 하고자 하는 욕구가 다른 욕구들과의 경쟁 속에서 우선적으로 선택될 때 도덕적 의지가 형성된다.

---

[56] 블라지의 도덕적 인격은 도덕적 욕구로서의 의지(도덕적 의지), 자아통제의 의지(자아통제력), 자기통합으로 구성되며 이 가운데 핵심은 도덕적 의지이다. 도덕적 의지는 도덕적 욕구에 근거하기에 기존의 심리학에서 연구해 왔던 자기통제의 의지에 국한되지 않는다. 왜냐하면 도덕적 의지는 도덕적 선을 능동적으로 욕망하고 그에 따라 행동하려는 경향을 보이는 의지이기 때문이다. 자기통합은 성격을 구성하는 여러 부분들이 조화롭고, 완전한 전체로 통합되는 것을 의미한다. 자아가 분열되지 않고 하나가 된다면, 자아는 내적으로 일관성을 얻게 된다.

(2) 도덕적 의지로서의 인격 모델은 안정된 도덕적 행위 경향성인 도덕적 인격의 존재를 인정한다. 즉 도덕적 인격은 도덕적 욕구로서의 의지(도덕적 의지57)), 자아통제의 의지(자아통제력), 자기통합58) (self-integration)으로서 구성되며, 이중 도덕적 인격의 핵심은 도덕적 욕구로서의 의지, 즉 도덕적 의지이다. 자아통제의 의지와 자기통합은 그 자체로서 도덕적이거나 비도덕적이지도 않다. 그것들은 도덕적 의지와의 결합을 통해서만 도덕적 정체성을 형성해 나간다. 도덕적 정체성은 덕과 인격의 심리적 토대이다. 도덕적 인격은 도덕적 의미를 지닌 정직, 성실 같은 낮은 수준의 덕 이외에도 인격의 안정성과 보편성을 위해 의지와 관련된 덕과 자기 통합의 높은 수준의 덕을 필요로 한다. 도덕적 의지는 도덕적 이상을 열망하고 추구하는 욕구로써 능동적이다. 이러한 의지는 욕구에 대한 억제를 의미하는 자기 통제의 의지와 다르다. 자기 통합성은 성격을 구성하는 여러 부분들이 조화롭고, 완전한 전체로 통합되는 것을 의미한다. 자아가 분열되지 않고 하나가 될 경우, 자아는 내적으로 일관적이다. 이러한 자기 통합에 의해 자신의 신념이나 소중한 가치나 이상들이 자아와 일체화되어, 자아의 중심이자 근본인 도덕적 정체성이 형성되는 것이다.

(3) 도덕적 인격의 핵심이 도덕적 의지이기에, 이유를 논박하는 반성은 필수적이다. 블라지는 도덕적 직관에 호소하는 이론들을 비판하면서, 콜버그와 마찬가지로 이유에 근거한 반성의 중요성을 강조한다. 블라지의 도덕적 의지는 도덕적 이해에 근거한 반성을 통해 형성되는 것이기 때문이다. 따라서 블라지는 도덕적 이해에 근거하여 반성적으로 검토되지 않은 채 자동적으로나 무의식적으로 이루어지는 행위에 대해서는 도덕적 가치를 부여하지 않는다.

---

57) 도덕적 의지는 도덕적 선을 욕망하고 그에 따라 행동하려는 경향을 보이는 의지이다.
58) 자기통합은 성격을 구성하는 여러 부분들이 조화롭고, 완전한 전체로 통합되는 것을 의미한다. 자아가 분열되지 않고 하나가 된다면, 자아는 내적으로 일관된다. 이러한 자기통합의 결과로서 자신의 신념이나 소중한 가치나 이상들을 자아와 일체화하고 자아의 중심이자 근본을 이루는 도덕적 정체성이 형성되는 것이다.

23 사회 정서 학습

CHAPTER

1. 사회 정서 학습의 의미

: 사회 정서 학습이란 학생들의 성공적이고도 행복한 삶을 위해 사회 정서적 유능성 혹은 사회 정서 역량을 증진시키고자 등장한 것으로서, 학습자들이 자신의 정서를 인식하고 조절하며, 타인에 대한 관심과 배려를 보여주고, 긍정적인 대인관계를 형성하며, 책임 있는 의사 결정을 내리고 주어진 상황에 생산적으로 대처하기 위해 필요한 지식·태도·기술들을 획득하는 과정을 의미한다. 달리 말해서 사회 정서 학습은 자신과 타인을 어떻게 대하고 타인과의 관계를 어떻게 유지해 나가야 하는가를 포함한 삶의 기술을 학습하기 위한 과정이다.

2. 사회 정서 학습의 목표

: 사회 정서 학습은 다섯 가지 핵심 역량과 이를 구성하는 하위 기술 및 태도를 개발하는 것을 목표로 한다.

핵심 역량	하위 기술
(1) 자기 인식	① 자신의 정서를 인식하고 이름 붙이기 ② 자신이 느끼고 있는 정서의 이유 및 상황에 대해 이해하기 ③ 내면의 힘(강점)을 인식하고, 자신·학교·가족·지원 네트워크에 대한 긍정적 정서를 결집시키기 ④ 자신의 필요와 가치에 대해 알기 ⑤ 자신에 대해 정확하게 인지하기 ⑥ 자기 효능감 갖기 ⑦ 영성(삶의 의미 및 목적감) 갖기
(2) 자기 관리	① 불안, 분노, 우울을 말로 표현하고 이런 감정들에 대처하기 ② 충동, 공격성, 자기 파괴적이고 반사회적인 행동 통제하기 ③ 개인적 또는 대인 관계의 스트레스를 조절하기 ④ 주어진 과제에 집중하기 ⑤ 장·단기 목표 설정하기 ⑥ 깊이 생각하고 철저하게 계획하기 ⑦ 피드백을 통해 행동 수정하기

		⑧ 긍정적 동기를 결집시키기
		⑨ 희망과 낙관주의를 활성화시키기
		⑩ 최선의 상태를 향해 나아가기
(3) 사회적 인식		① 다양성 존중하기
		② 타인에 대한 존중 보여주기
		③ 주의 깊게 그리고 정확하게 듣기
		④ 타인의 정서에 대해 공감하고 민감성 증대하기
		⑤ 타인의 관점, 견해, 정서를 이해하기
(4) 관계 관리		① 관계에 있어 정서를 조절하고 다양한 정서와 견해를 조화시키기
		② 사회-정서적 단서들에 대해 민감성 보이기
		③ 정서를 효과적으로 표현하기
		④ 분명하게 의사소통하기
		⑤ 타인을 사회적 상황에 참여시키기
		⑥ 관계 형성하기
		⑦ 협력해서 일하기
		⑧ 자기 주장, 리더십, 설득 발휘하기
		⑨ 갈등, 협상, 거절 관리하기
		⑩ 도움을 제공하고 요청하기
(5) 책임 있는 의사 결정		① 상황을 민감하게 분석하고 문제를 명확하게 확인하기
		② 사회적 의사 결정과 문제 해결 기술을 실행하기
		③ 대인 관계적 장애물에 대해 생산적이고 문제 해결적 방식으로 반응하기
		④ 스스로 평가하고 반성하기
		⑤ 개인적으로나 도덕적으로 책임감 있게 행동하기

3. 사회 정서 학습의 교육적 장점

(1) 사회 정서 학습을 통해 증진된 사회 정서적 유능성은 학생들에게 정서를 조절하고, 사회적 문제를 창의적으로 해결하며, 효과적인 협력자가 되도록, 그리고 자기주장을 하면서도 책임 있는 사람이 될 수 있도록 해준다.
(2) 사회 정서 학습은 부정적인 행위(부적절한 문제 행위, 정서적 고통 등)를 감소시키는 반면, 긍정적인 행위(향상된 사회 정서적 기술, 자신과 타인에 대한 향상된 태도, 교실 내에서 향상된 행위 등)를 증진시킨다.
(3) 사회 정서 학습은 비언어적 의사소통 기술, 사회적으로 유능한 행위, 사회적 의미 및 추론을 포함하여 다양한 기술들을 향상시킨다.
(4) 사회 정서 학습은 학업 수행과 성취 결과의 향상, 교과 지식에 대한 심층적 이해, 다른 학생들과 협업하여 학습하는 능력의 향상, 학교생활에 보다 참여적인 태도 고양, 학습 방해 행위의 감소 등과 같은 긍정적인 결과를 가져온다.

4. 사회 정서 학습의 도덕교육적 시사점

(1) 도덕교사들은 자신의 삶의 경험(특히 정서적 경험)에 대한 내러티브적 성찰과 공감 및 역할 채택을 바탕으로 한 도덕적 대화의 기회를 제공하기 위해 사회 정서 학습에서 강조하고 있는 안전하고 지지적이며 배려적인 학교 및 교실 풍토를 조성하는 방법을 활용할 필요가 있다.
(2) 도덕교사는 교과서에서 다루는 교과 지식과 사회 정서 학습이 긴밀하게 연결될 수 있는 단원이나 주제를 가르칠 때, 도덕성 및 사회 정서 기술을 향상시킬 수 있는 기회로 활용할 필요가 있다.
(3) 도덕교사는 수업시간을 통해 올바른 정서 형성을 위한 감정 코칭[59]의 전문가가 될 필요가 있다.
(4) 도덕교사는 사회 정서적 역량 혹은 유능성의 측면에서 학생들에게 역할 모델이 되어야 하고, 삶의 기술을 가르치기 위한 기술을 습득하기 위해 지속적으로 노력해야 한다.
(5) 도덕교사는 어떤 문제 사태를 도덕적인 관점에서 조망하고 해결하도록 돕기 위해, 학생들에게 자신의 내부에서 발생하는 정서에 대해 자유롭게 이야기를 나눌 수 있는 기회를 제공할 필요가 있다.
(6) 도덕교사들은 학생들의 일상생활에서 자연스럽게 일어나는 순간들을 사회 정서 학습을 위한 기회로 활용할 필요가 있다.
(7) 도덕교사는 긍정적인 사회적 상호작용의 과정에서 효과적으로 습득될 수 있는 도덕적 가치 및 정서, 도덕적 관점에서의 자기 관리 기술, 문제 해결 기술 등을 계발시킬 수 있도록 협동 학습이나 프로젝트 학습, 역할 놀이 등의 협력적·참여적 교수-학습 전략을 활용할 필요가 있다.

---

[59] 감정 코칭이란 존 카트맨에 의해 개발된 기술로서, 다섯 단계를 통해 학습자의 정서적 유능성을 향상시키기 위한 실천적 지침을 제공한다. ❶단계 : 학습자의 상태를 알아차려라. ❷단계 : 그 순간을 가르침 및 안내를 위한 기회로 삼아라. ❸단계 : 공감을 가지고 귀 기울여라. ❹단계 : 학습자에게 이러한 정서에 대해 이름을 붙이도록 도와라. ❺단계 : 문제를 해결할 최선의 방법을 찾도록 도와라.

24 윌슨
CHAPTER

1. 도덕성 요소 이론

(1) 도덕성의 통합적 성격

: 윌슨(J. Wilson)에게 도덕성이란 도덕 문제에 대처하는데 적합한 어떤 절차이다. 달리 말해서 도덕성이란 도덕적인 문제들을 합리적으로 해결하는 능력이다. 여기서 '합리적'이란 다음과 같은 의미를 지닌다. ① 이유에 근거해서 행위 하는 것. ② 다른 사람들의 이해에 관련된 이유 때문에 행위 하는 것. ③ 논리적으로 타당한 것. ④ 사실들을 인지하고 그것들을 직시하는 것. ⑤ 이 모든 기능들을 응용하는 것과 그것들을 행동으로 전환시키는 것. 따라서 윌슨에게 '합리적'이란 논리적으로 타당한 근거에 입각하여 행위 하는 것을 의미하고 같은 맥락에서 도덕성은 단순한 합리적 판단력이 아니라 도덕적 문제들에 대해 이성적으로 대처해 나가는 도덕적 사고 능력으로서, 지·정·행의 요소를 모두 포함하고 있는 통합적 도덕성인 것이다.

(2) 도덕성의 구성 요소 : 4범주 16요소

도덕성의 범주	도덕성의 요소
PHIL 자신과 동등하게 타인을 고려하는 것	❶ PHIL-HC : 사람의 개념을 갖는 것
	❷ PHIL-CC : 사람의 개념을 행동을 위한 우선적인 도덕원리로서 주장할 수 있는 것.
	❸¹ PHIL-RSF-PO : 사람의 개념을 도덕원리로 주장함에 있어서 사람을 지향하는 방향에서 지지하는 것.
	❸² PHIL-RSF-DO : 사람의 개념을 도덕원리로 주장함에 있어서 의무를 지향하는 방향에서 지지하는 것.
EMP 정서·감정을 인지하는 것	❶ EMP-HC : 다양한 정서나 감정의 개념을 갖는 것.
	❷ EMP-1-Cs : 나의 정서나 감정을 의식적으로 인지하는 것.
	❸ EMP-1-Ucs : 나의 정서나 감정을 무의식적으로 인지하는 것.
	❹ EMP-2-Cs : 타인의 정서나 감정을 의식적으로 인지하는 것.
	❺ EMP-2-Ucs : 타인의 정서나 감정을 무의식적으로 인지하는 것.

GIG 사실적 지식과 사회적 기술을 습득하는 것	❶ GIG-1-KF : 도덕적 결정과 관계있는 사실들에 관한 지식을 갖는 것.
	❷ GIG-1-KS : 사실적 지식들에 대한 출처를 아는 것.
	❸ GIG-2-VC : 언어적 의사소통과 관련한 사회적 기술을 아는 것.
	❹ GIG-2-NVC : 비언어적 의사소통과 관련한 사회적 기술을 아는 것.
KRAT 위의 요소들을 실제 사태에서 사용하는 것	❶ KRAT-1-RA : 도덕적 문제 사태를 타당하게 인지할 수 있는 것.
	❷ KRAT-1-TT : 도덕적 문제 사태에 관해 철저하게 사고하는 것. (PHIL, EMP, GIG를 사용하여 사고하는 것)
	❸ KRAT-1-OPU : 어떤 행동을 할 것인지 판단하여 결정하는 것.
	❹ KRAT-2 : 결정을 행동으로 옮기는 것.

① 제1범주 : PHILL[60] (타인을 나와 동등하게 고려하기)

PHILL이란 타인의 이익을 나의 이익과 동등하게 고려하는 것, 즉 타인에 대해 관심을 가지는 도덕성의 범주이다. 타인의 이익을 나의 것과 동등하게 고려하는 것은 가장 기본적인 도덕원리이다. 이러한 PHILL은 3가지 하위 요소로 구성된다.[61]

❶ PHIL-HC 사람의 개념 이해하기	내가 다른 사람에 대한 관심을 가진다는 것은 내가 그를 나와 동등한 존재로 인식하고 대우하는 것을 의미한다. 이는 내가 '사람' 개념을 옳게 그리고 정확하게 이해하고 있을 때 가능하다. '사람'이란 이성적 생물로서, 언어 사용자이며 자기 감정을 가진 존재이다. 이러한 특성을 가진 존재자면, 그를 '사람'의 범주에 분류해야 하며, 어떠한 이유에서도 그를 차별해서는 안 된다.
❷ PHIL-CC 사람의 개념을 도덕원리로 주장하기	이 요소는 '나와 동등한 사람을 나와 동등하게 고려해야 한다'를 절대적·규정적·보편적 (overriding·prescriptive·universalize) 도덕원리로 인정할 것을 요구하는 요소이다. 그런데 이 요소는 어떤 사람이 도덕 사태에 직면했을 때, 그가 실제로 도덕원리에 따라 결정하는가는 배제한다. 이 요소는 단지 도덕원리를 인지적·이론적 차원에서 주장하고 있는가의 문제에만 관련될 뿐이다.
❸ PHIL-RSF (PO & DO) 사람의 개념을 도덕원리로 지지하는 감정을 가지기 (사람 지향적 차원과 의무 지향적 차원)	'사람의 개념을 도덕원리로서 지지하는 감정'이란 기본적 도덕원리에 애착하는 감정이다. 이러한 감정은 '사람 지향적인 것'과 '의무 지향적인 것'으로 구분된다. 의무 지향적인 사람은 도덕원리의 준수를 의무로 보고, 의무를 수행하는 것이 타인에게 이익이 된다는 생각에서 규칙을 지지하는 감정을 가진다. 이에 비해 사람 지향적인 사람은 다른 사람을 동정하고 사랑하고 동일시하는 것이 타인의 이익을 고려하는 것이라는 생각에서 규칙을 지지하는 감정을 지닌다. 이러한 사람은 타인 안에서 자신의 즐거움을 찾는다. 즉 자신의 의무를 수행하는 것에서보다는 타인을 행복하게 해 주는 것에서 자신의 행복을 찾는다.

---

[60] PHIL은 philos에서 따온 말이다. 이 용어는 윌슨이 그리스어에서 따온 말이다. 그러나 이 용어 자체가 그리스어로 어떤 특정 의미를 가지는 것은 아니라고 한다. 기존의 용어와의 혼동을 피하면서 보다 분명하게 그의 도덕성 요소의 개념을 나타내기 위한 용어로 해석된다. 뒤 이어 제시될 EMP, GIG, KRAT 역시 그런 맥락에서 이해한다.

② 제2범주 : EMP[62] (사람들의 감정을 인식하기)

EMP는 자신 및 타인의 정서 및 감정을 인식할 수 있는 통찰력과 그러한 인식을 정확하게 말할 수 있는 능력이다.[63]

❶ EMP-HC 정서의 개념 이해하기	EMP-HC는 다양한 정서를 갖는 것으로, 정서의 개념을 가진다는 것은 스스로가 느끼는 어떤 감정에 대해서 설명할 수 있음을 의미한다. 이러한 정서 개념의 이해는 정서 인식을 위한 필요조건이다. 정서는 신념, 징후, 행동으로 구성되는 것으로, 이 세 가지 구성 요소를 통해 사람들이 가진 정서를 인식할 수 있다.
❷ EMP-1&2 나와 타인의 의식적· 무의식적 정서를 인식하기	EMP-1이란 나의 의식적·무의식적 정서를 인식하는 능력이고, EMP-2는 타인의 의식적·무의식적인 정서를 인식하는 능력이다. 나와 타인의 정서를 제대로 인식하기 위해서는 정서의 개념적 구성 요소인 신념, 징후, 행동을 상호 관련 시킬 수 있어야 하는데, EMP를 계발한다는 것은 바로 이러한 능력을 계발하는 것이다. EMP-2는 타인이 어떤 생각을 하며, 무엇을 느끼는지 등을 추론하는 것, 즉 내가 타인이 느끼고 있는 정서를 인지할 수 있는가의 문제와 관련되는 것이지, 타인이 느끼고 있는 정서를 내가 실제로 느낄 수 있는가의 문제와 관련되는 것이 아니다. 즉 그것은 타인이 느끼고 있는 정서가 무엇인가를 인지하여 정확하게 서술할 수 있느냐에 한정된다.

③ 제3범주 : GIG[64] (사실적 지식과 사회적 기술 습득하기)

GIG는 도덕적 결정을 행동으로 실천하는 과정에서 요구되는 방법적 기술이나 능력으로서의 도덕성을 의미한다.[65]

GIG-1 사실적 지식	이 요소는 도덕적 문제 사태에 관련된 사실을 행위자가 아는가의 문제와 관련된 도덕성의 요소이다. 행위자에게 이러한 지식이 있을 때, 그는 자신의 행위의 결과가 어떻게 될 것인가에 대해 합리적으로 생각할 수 있고, 나아가 그에 따라 옳은 도덕 판단도 할 수 있다. GIG-1은 다시 GIG-1-KF와 GIG-1-KS로 구분된다. GIG-1-KF는 사실에 관한 지식을 말하는 것이고, GIG-1-KS는 사태에 관련된 사실의 정보 원천을 어디에서 찾을 수 있는가에 관한 지식을 말한다.

---

61) PHIL-HC에서 HC는 Having Concept의 약자이다. 그리고, PHIL-CC에서 CC는 Claiming Concept를 의미한다. PHIL-RSF-PO에서 RSF는 Rule(principal) Supporting Feeling을, PO는 Person-Oriented를 의미한다. PHIL-RSF-DO에서 RSF는 Rule(principal) Supporting Feeling을, DO는 Duty-Oriented를 의미한다.
62) EMP는 그리스어 empathe에서 따온 말이다.
63) EMP-HC에서 HC는 having concept을 의미한다. EMP-1-Cs에서 1은 나를 가리키고, Cs는 consciousness의 약자이다. EMP-1-Ucs에서 1은 나를 가리키고, Ucs는 unconsciousness를 줄인 말이다. EMP-2-Cs에서 2는 다른 사람을 가리키고, Cs는 consciousness를 의미한다. 그리고 EMP-2-Ucs에서 2는 다른 사람을 가리키고, Ucs는 unconsciousness를 의미한다.
64) GIG는 그리스어 gignosco에서 따온 말이다.
65) GIG-1-KF에서 KF는 knowledge of facts를 의미한다. GIG-1-KS에서 KS는 Knowledge of sources를 의미한다. 그리고, GIG-2-VC에서 VC는 verbal communication을 의미한다. 마지막으로, GIG-2-NVC에서 NVC는 non-verbal communication을 의미한다.

GIG-2 사회적 기술	이 요소는 '무엇을 아는가'가 아니라 '어떻게 하는가를 아는가'의 문제와 관련된 것으로서 연습을 통해 습득될 수 있는 사회적 기술이다. 이것은 주로 대인관계에서의 의사소통 기술과 관련된다. 의사소통 기술에는 언어적 의사소통 기술과 비언어적 의사소통 기술이 있으므로 GIG-2는 GIG-2-VC와 GIG-2-NVC로 구분된다. GIG-2-VC는 타인과의 언어적 의사소통에 제시된 도덕적 상황에 대처하는데 필요한 기능 요소를 인지하는 것을 뜻하는 것으로, 이는 언어적 의사소통과 관련한 사회적 기술을 아는 것이다. 그러한 사회적 기술은 개인이 사회 생활을 하면서 부딪치는 다양한 상황에서 필요한 지식으로 지시하기, 사과하기, 격려하기 등 여러 상황적 맥락 안에서 타인과 의사소통 하는데 사용되는 기술을 의미한다. 반면에 GIG-2-NVC는 비언어적 의사소통 기술을 말하는 것으로, 대인관계에서 의사소통할 때 적절한 자세, 태도 등을 가지고 적절한 억양 및 색조의 목소리로 말하는지에 관한 기술이다.

④ 제4범주 : KRAT[66] (도덕적 문제를 인식, 사고, 판단하여 행동하기)

KRAT는 앞서 살펴본 세 범주에 비해 비교적 동적으로 작용하는 도덕성의 범주이다. 이것은 개인이 도덕적 문제 사태에 직면하여 다른 사람을 나와 동등하게 고려하고, 나와 타인의 정서를 인지하고, 사실적 지식과 사회적 기술을 사용하여 그것이 도덕적 문제 사태인가를 인지하는 것에서부터 도덕적 사고를 거쳐 도덕 판단을 내리고 그에 따라 행위 하는 것에 이르는 일련의 도덕적 문제 해결의 과정에서 요구되는 도덕성의 요소이다. 이런 점에서 볼 때, KRAT의 부족은 도덕 판단이 옳게 이루어지지 못한 경우와 도덕 판단은 옳게 했으나 그것을 행동으로 옮기지 못하는 경우의 근본 원인이 된다.

이러한 KRAT는 문제 사태에서 그것을 '도덕적 문제로 인식하기'(KRAT-1-RA)에서부터 '도덕적 사고'(KRAT-1-TT)를 거쳐 '도덕적 판단'(KRAT-1-OPU)을 하고, 이를 '행동으로 옮기기'(KRAT-2)에 이르기까지 문제 해결의 과정 전체와 관련된 요소이다.[67]

KRAT-1-RA 도덕적 문제인가를 타당하게 인식하기	도덕 사태란 다른 사람들의 이익이 문제가 되어 그들의 이익을 위해 행동해야 하는 사태이다. 이러한 도덕 사태에 대한 인식은 단순한 인식이 아닌 옳고 타당한 인식을 의미한다. 따라서 KRAT-1-RA란 타인의 이익이 문제가 되고 있는 사태에서 그 사태를 타인의 이익을 고려(PHILL)해야 하는 사태로 타당하게 인식하는 도덕성의 요소이다. 요컨대 이것은 PHILL의 견지에서 도덕적 상황을 기술하는 것이다.
KRAT-1-TT 도덕적 문제에 대해 철저하게 사고하기	이 요소는 올바른 도덕 판단을 내리기 위해 도덕적 문제 사태에 대해 철저하게 사고하는 과정을 거치는 것이다. '철저한 도덕적 사고'란 PHILL, EMP, GIG 등의 도덕성 요소들을 충분하고 타당하게 사용하여 이루어지는 사고를 말한다.[68]

---

[66] KRAT은 그리스어 kratos (권력과 힘을 상징하는 신)에서 따온 말이다.
[67] KRAT-1-RA에서 RA는 relevantly alert 를 의미한다. 그리고, KRAT-1-TT에서 TT는 thinking thoroughly를 의미한다. KRAT-1-OPU에서 O,P,U는 각각 overriding, prescriptive, universalize를 의미한다. KRAT-2에서 2는 동기 및 행동을 가리키는 말이다.

KRAT-1-OPU 도덕적 문제를 정당하게 결정하기	이 요소는 도덕적 행동에 이르기 직전 어떤 행동을 해야 할 것인가를 판단하고 자신의 행동을 결정하는 것이다. 이러한 판단이 옳고 정당한 판단이 되기 위해서는 세 가지 준거를 만족시켜야 한다. ❶ 도덕판단은 타인의 이익 고려를 우선적 원리로 삼아야 한다. (Overriding) ❷ 도덕판단은 규정적이어야 한다. 즉 도덕판단은 자신에게 명령을 내리는 것이어야 한다. (Prescriptive) ❸ 도덕판단은 보편적이어야 한다. 즉 도덕원리와 도덕판단은 나만의 것이어서는 안 되며, 모든 사람을 위한 것이어야 한다. (Universal)
KRAT-2 도덕적 문제를 판단대로 행동하기	이 요소는 KRAT-1-OPU가 작용하여 이루어진 도덕적 결정을 행동으로 옮기는 동기적 기능을 하는 도덕성의 요소이다. 즉 어떤 무의식적 역동기나 역논리가 작용하여 이미 이루어진 도덕적 결정을 행동으로 옮기는 것을 방해하려는 감정이 작용할 때에도 그러한 유혹을 극복하여 결정대로 행동해야 한다는 도덕적 동기가 작용하는 요소이다.

이상에서 살펴본 도덕성의 4범주 16개 요소는 도덕적 문제를 해결하는 절차이다. 4범주의 도덕적 요소들은 각각 의미 있는 과정을 포함한 단계로 행동에 이르기까지 일련의 과정을 거쳐서 진행된다. 각각의 4가지 범주들은 각각 독립적이면서도 유기적으로 연결되어 있고, 이는 그 하위 요소들 역시 독립적이면서도 유기적으로 이어진다. PHILL을 바탕으로 EMP단계가 이루어지고, 이를 바탕으로 GIG가 실행되고, 이는 KRAT를 통해 구체적으로 실현된다. 각각의 구성 요소들은 각각 다른 범주로 구분되지만 선행하는 단계를 바탕으로 그 다음 단계가 실현되면서 연결된다. 4범주가 이어지면서 하나의 절차적인 과정을 형성하게 되는 것이므로 4범주의 단계들은 다른 요소들과 동떨어져 따로 작용하지 못한다. 이처럼 윌슨은 개인의 도덕적 행동이 그 이면에 이러한 논리적이고 유기적인 단계를 거쳐서 진행된다는 것을 4범주 16요소로 개념화하여 정리했다. 결국 이 단계들은 합리적인 의사결정을 위한 사고의 단계라고 정의할 수 있다.[68]

---

68) 다음과 같은 것들을 고려하는 과정이 이러한 사고의 예가 된다.
- 이 사태에서는 어떻게 하는 것이 타인의 이익을 고려하는 것이 될까? (PHILL)
- 사태에 관련된 이 사람은 실제로 무엇을 느끼고 있는가? (EMP-2)
- 내가 지금 느끼고 있는 것은 정말로 그를 도와주고 싶어 하는 마음인가, 아니면 나를 드러내고 싶어서인가? (EMP-1)
- 내가 그를 효과적으로 도울 수 있기 위해서는 어떤 사실들을 알아야 하는가? (GIG-1-KF)
또는 어떤 사실들을 찾아야 하는가? (GIG-1-KS)
- 내가 그를 도와주기 위해서는 어떤 태도(GIG-2-NVC)로 어떤 말(GIG-2-VC)을 하여야 할까?

2. 도덕교육론 (포괄적 가치교육론)

(1) 도덕교육의 목표

: 도덕교육의 목표는 도덕성의 요소를 계발 또는 증진하는 것이다. 즉 학생들이 자신의 판단과 행동이 도덕적으로 올바르다고 생각하는 타당하고 합리적인 이유를 제시하고, 이를 통해 부모나 교사의 지시를 받지 않고도 그들 스스로가 도덕적 문제에 직면했을 때 그것을 합리적으로 해결할 수 있는 능력을 길러 주는 것이다.

따라서 도덕교육은 학생들로 하여금 도덕적으로 올바르게 문제 상황에 대처하는 방식과 사고의 절차, 태도 등과 관련된 능력들을 기르게 하고, 이를 통해 학생들이 스스로 도덕적 품성, 태도, 인식 능력 등을 길러 무엇이 타당한 이유인가를 알고서 주체적으로 올바른 판단과 행동을 할 수 있는 능력을 갖게 하는 과정이라 할 수 있다.

(2) 도덕교육 방법

① 4가지 도덕교육 방법

: 도덕적 사고하기, 토의하기, 규칙 및 계약 지키기, 가정 모형 적용하기

도덕적 사고하기	교사가 도덕성의 요소들을 의식적이고 명시적으로 학생들에게 인식시켜 도덕적 물음에 바르게 대답하는 데서 요구되는 기술, 특성 등을 깨닫게 하고 도덕적 문제 해결을 연습시키는 방법이다.
토의하기	"그는 무엇을 해야 하는가?" 또는 "그것이 바로 그 경우인가?"와 같은 형식으로 일반화될 수 있는 여러 문제에 대해 가능한 대답을 이끌어내기 위한 방법이다. 윌슨은 토의하기를 도덕성의 요소 가운데 KRAT-1, 즉 도덕적 문제를 인식하고 사고하여 판단하는 요소를 계발시킬 수 있는 방법으로 이해한다.
규칙 및 계약 지키기	규칙 및 계약 지키기는 사회적 맥락에서 다른 사람들에 대한 관심, 즉 타인들의 이익을 나의 것과 동등하게 고려하는 태도(PHILL)를 개발하는 데 유용한 방법이다. 그리고 규칙이나 계약을 준수하지 못했을 때, 타인의 감정이 어떠할까를 알아차릴 수 있는 마음(EMP)을 함양하고, 사회적으로 어떤 영향을 미치게 될까를 이해하도록(GIG) 돕는다. 이러한 마음과 이해를 가지고 도덕적 문제를 인식하고 판단하여 행동하는 도덕성을 함양하는 것이 도덕교육의 목표이다.
가정 모형 적용하기	이는 전통적 가정 구조의 특징을 학교 공동체에 적용하는 방법이다. 소속감, 자아 정체성, 개인적 접촉, 권위, 스트레스의 해소, 협동, 참여 등을 구조적 특징으로 지니는 전통적 가정 모형을 기숙사나 학교에 적용하게 되면, 학생들에게 타인에 대한 관심을 도덕원리로 지지하는 감정(PHIL-RSF)을 길러 줄 수 있고, 나아가 학생들에게 도덕적 문제를 인식, 사고, 판단하는 능력(KRAT-1)과 함께 도덕적 동기(KRAT-2)를 계발시켜 줄 수 있다.

② 도덕교육 방법과 관련된 윌슨의 통합적 접근법

윌슨이 도덕교육 방법을 4가지로 제시한 것은 그의 도덕성 요소들의 구성적 특징과도 관련된다. 그의 16가지 요소들은 인지·정의·행동적 측면들이 담고 있다. 따라서 이러한 도덕성 요소를 계발하는 도덕교육 역시 어느 한 가지 방법에만 의존할 수 없다. 즉 도덕교육의 방법은 통합적이어야 한다.

윌슨에 의하면 4가지 도덕교육 방법 가운데 도덕적 사고하기·토의하기·규칙 및 계약 지키기는 학술적 접근법에 속하고, 가정 모형 적용하기는 사회적 접근법에 속한다. 그리고 윌슨은 학술적인 것과 사회적인 것이 도덕교육에서 상호 조화롭게 이루어져야 한다고 주장한다. 즉 실제적 생활환경에서의 학습과 교실 수업을 통한 이론적 학습이 통합적으로 활용되어야 한다는 것이다. 이와 관련하여 윌슨은 교사의 권위에 대해서도 긍정적인 관점을 취한다. 그는 도덕교육에 있어서 학생의 자율성 고양을 목적으로 교사의 역할에 대해 중립적이기를 기대하며 교사의 권위를 부정적인 시각으로 보는 입장을 잘못된 입장으로 간주한다. 자율성의 계발은 합리적 사고와 밀접하게 관련되어 있으며, 따라서 도덕교육에 있어서 합리적 접근은 필요하지만 그것이 곧 교사의 합리적 권위를 부정하거나, 권위적 역할을 부정해야만 하는 것을 의미하지는 않는다. 교사가 학생들로 하여금 합리적 사고에 기초하여 자율적이 될 수 있도록 가르치기 위해서는 합리적 권위를 가져야 한다. 교사에게 이러한 권위가 있어야 질서를 유지하고 규율을 실행할 수 있는 것이며, 이러할 때에야 도덕교육도 가능하다. 그렇다면 윌슨이 말하는 교사의 권위는 어떤 성격을 지니는가? 윌슨은 합리적 절차에는 권위가 있다고 본다. 왜냐하면 합리적 절차는 이성에 기초하기 때문이다. 그러므로 교육에서 합리적 절차의 대표자로서 행동하는 교사는 권위를 가질 수 있다. 교사가 이러한 권위를 가질 때, 그는 학생들에게 합리적 절차가 요구하는 지식, 기술, 능력을 계발시켜 줄 수 있다. 이러한 그의 생각은 교육자가 궁극적으로 인정할 수 있는 권위는 이성 자체라는 관점에서 비롯된다.

25 도덕적 지능 이론

CHAPTER

1. 전통적 단일 지능 이론

전통적 단일 지능 이론에서 지능은 인간에게만 독특하게 부여된 하나의 실체로 간주된다. 이는 정신과 육체의 이분법이라는 관점에서 지능을 오직 정신적 과정으로만 파악하고자 하는 것이다. 이러한 전통적 단일 지능 이론은 인지 발달과 도덕성 발달 간의 긍정적인 상관관계를 입증하고자 한다. 즉 도덕성 발달을 인지 발달의 한 기능으로 이해하고자 하는 것이다. 따라서 전통적인 단일 지능 이론은 도덕성 발달이 하나의 상이한 상징체계 혹은 독립적인 지능이라는 것을 거부한다.

2. 가드너 : 다중/복합 지능

가드너는 전통적인 단일 지능 이론을 거부하고 '다중 지능' 혹은 '복합 지능'이라는 개념을 사용한다. 그에 의하면, 지능은 단일 과정이 아니라 문제 해결 기능이자 문화적 산물들을 창조해내는 능력이다. 문제 해결 기능으로서의 지능은 성취해야 할 목표에 대한 적절한 수단을 찾아내는 상황에 우리가 접근하는 것을 가능하게 해 주며, 문화적 산물의 창조 능력으로서의 지능은 지식을 획득·전수하고, 자신의 견해나 감정을 표현하는 것과 같은 기능에 있어서 결정적인 것이다.

가드너는 모든 아동은 자연적으로 그들로 하여금 상이한 방식으로 학습하도록 만드는 능력 혹은 복합 지능을 지니고 있다고 주장한다. 그는 이러한 복합 지능으로서 음악적 지능, 신체적·운동적 지능, 논리·수학적 지능, 언어적 지능, 공간적 지능, 대인 관계적 지능, 자기 이해적 지능을 제시하고 있다. 가드너는 각각의 지능은 독립적인 수직 발달사, 생물학적 기반, 상징체계를 지니고 있다고 본다. 하지만 가드너는 도덕성을 하나의 자율적 지능이 아니라 인간관계적 지능의 한 측면으로 간주한다.

3. 샐로비와 존 메이어 : 정서 지능

샐로비와 존 메이어에 의하면, 정서 지능이란 사회 지능의 한 하위 요소로서 자신과 타인의 감정과 정서를 평가하는 능력, 자신과 타인이 가지고 있는 감정과 정서의 내용을 구별할 수 있는 능력, 사고와 행동의 방향을 결정하기 위하여 감정과 정서에 관련된 정보를 활용할 수 있는 능력들을 총칭하는 용어이다.

4. 보스 : 도덕적 지능

(1) 보스는 현대 도덕교육이론이 단일 지능 이론에 기반을 두고 인지 활동에만 관심을 두고 있는 것에 반대한다. 보스에 의하면 도덕적 지능이란 본래적 가치의 소유자인 자신 및 타인들에 대한 존중이다. 여기서 존중은 추론뿐만 아니라 배려, 유덕한 성향, 감정이입, 도덕적 민감성, 도덕적 결정에 따른 행위 등과 같은 특성을 모두 포함하고 있는 개념이다. 보스는 이러한 존중이 옳고 그름에 대한 직관적인 지식으로부터 유래하는 것으로 본다.[69] 따라서 인간존중은 분석적 사고 과정의 산물이 아니라 자명한 것이다.

(2) 보스에 의하면 도덕적 지능은 일상생활 속에서 여러 가지 방식으로 나타난다. 따라서 도덕적 지능이 높은 사람은 다양하게 나타나는 도덕적 지능의 여러 측면을 성공적으로 통합하는 능력을 가지고 있는 사람이라 할 수 있다.

(3) 보스는 도덕적 지능을 하나의 독립적 지능으로 간주하고, 그것을 발달시키기 위한 구체적인 방법으로 봉사 활동에의 참여, 이야기의 활용, 실생활 문제에 초점을 맞춘 토론, 일기 쓰기 등을 제시한다.

(4) 보스의 도덕적 지능 개념은 도덕성 연구 및 도덕교육의 실천과 관련하여 다음과 같은 시사점을 지닌다.
  ① 도덕성 연구와 관련하여 볼 때 도덕적 지능을 하나의 독립된 지능으로 간주해야 하며, 도덕적 지능에 대한 연구는 환원주의적 입장에서 벗어나 통합적인 측면에 관심을 가져야 한다.
  ② 도덕교육의 실천과 관련하여 보자면, 도덕교육은 일상생활 속에서 다양하게 현시되고 있는 도덕적 지능의 여러 측면들을 통합하는 능력을 발달시키는 데 초점을 맞추어야만 한다.

5. 콜즈 : 도덕적 지능 이론

(1) 도덕적 지능의 성격

 : 콜즈(Robert Coles)에 의하면, 도덕적 지능이란 다른 사람이 세상을 보는 대로 볼 수 있고, 다른 사람의 눈을 통해 세상을 경험할 수 있으며, 그러한 경험을 통해 습득한 지식을 행동으로 옮길 수 있는 능력으로서, 다른 사람들에 대해 말하고, 그들을 고려하는 방식에서 재치 있고 예의 있고 관대한 마음을 가질 수 있는 능력이다. 따라서 높은 도덕적 지능을 소유한 사람이 곧 선한 사람이다. 왜냐하면 높은 도덕적 지능을 가진 사람은 다른 사람에게 친절하고, 자신을 다른 사람에게로 확대하여 생각할 수 있는 사람, 즉 자신과 마찬가지로 다른 사람을 존중하고, 인간의 상호 관계를 깨닫고 그것을 실천하는 사람이기 때문이다.

---

[69] 보스에 의하면 도덕적 직관은 양심을 통하여 현시되는데, 양심은 통상 두 가지 측면을 지닌다. 양심의 인지적 측면은 우리에게 옳고 그름을 알려 주고, 보편적인 도덕원리를 가르쳐 주는 반면, 양심의 정의적 측면은 우리에게 도덕적 승인과 거부, 동정심, 죄의식을 느끼게 만들어 준다.

(2) 도덕적 지능 발달의 원리

콜즈에 의하면 도덕적 지능은 유아기에서 시작하여 초등학교 시절에 거의 완성 단계에 이르며, 과거에 목격한 경험을 마음속에서 재생하거나 과거의 경험을 미루어 새로운 심상을 만드는 마음의 작용인 도덕적 상상을 통해 발달한다.

이러한 도덕적 상상을 자극할 수 있는 주요한 자원은 도덕적 행동에 대한 목격이다. 아동은 성인의 행동에 대한 도덕적 목격자이다. 즉 아동은 인간이 어떻게 행동해야만 하는가의 단서를 성인에 대한 관찰을 통해 발견하다. 이처럼 아동의 도덕적 상상은 그들이 목격하는 성인의 행동을 통해 이루어진다. 따라서 아동의 도덕적 지능은 그들이 도덕적 사태에 처했을 때, 그들이 과거에 목격한 어른의 행동을 상상함으로써 발달한다. 이런 점에서 아동의 도덕적 지능발달의 기본 원리는 목격에 기초한 상상인 것이다. 그리고 황금률 또한 도덕적 지능 발달의 원리가 된다. 왜냐하면 황금률의 작용에는 감정이입과 역지사지가 수반되며, 또한 목격과 상상도 수반되기 때문이다. 그리고 콜즈는 인간의 도덕성 발달은 쌍방향적이라고 주장한다. 즉 도덕교육은 성인은 교육하고 아이는 배우는 일방적인 방식이 아니라는 것이다.

(3) 도덕교육론

① 도덕교육의 목표
: 도덕교육의 목표는 선한 사람이 되게 하는 것인데, 콜즈에게 선한 사람이란 도덕적 지능이 발달한 사람이므로, 콜즈에게 도덕교육의 목표는 도덕적 지능의 개발을 통해 선한 사람이 되게 하는 것이라 할 수 있다.

② 도덕교육의 내용
: 도덕교육의 내용은 선한 사람을 구성하는 개념 및 특징과 관련되는데, 선한 사람의 특성은 다음과 같다.

❶ 선한 사람이란 예의 바르고, 자비롭고, 동정심이 있고, 다른 사람을 돌보아 주고, 온정적이고, 허세 부리지 않은 사람이다. 즉 타인을 생각하고 배려하고 관용을 베푸는 사람이다.

❷ 선한 사람은 선하다고 생각한 바를 행동으로 옮기는 사람이다. 왜냐하면 도덕적 지능은 사회적 상황과의 상호작용을 통해 구체적인 행동을 표현되는 것이지, 추상적 원리와 같은 형태로 이루어지는 것이 아니기 때문이다. 따라서 도덕적으로 선한 사람, 즉 높은 도덕적 지능을 지닌 사람은 관대함, 친절함, 사려 깊은, 자비심, 동정심 등과 같은 인격 특성과 관련된 '명사'를 '동사'로 바꿀 줄 아는 사람이다.

❸ 선한 사람이란 선을 실천하는 사람이지만, 선행을 드러내거나 선한 사람임을 내세우거나 선행을 한다고 스스로 만족해하는 사람은 아니다.

이와 반대로 선하지 않은 사람의 특징은 과도한 자기중심성이라 할 수 있다. 좀 더 구체적으로 말해서 충동적이고 지나치게 많은 것을 요구하고, 남의 일에는 무관심하고, 자신의 일에만 신경을 쓰는 사람인데 이런 사람의 특징을 보다 더 구체적으로 나열하면 다음과 같다.

❶ 자신인 알고 있는 지식이나 깨달음을 행동으로 옮기지 않는 사람
❷ 자신의 관심과 목표를 자신의 의무와 관련시키지 못하는 사람
❸ 황금률에 따라 살지 못하는 사람
❹ 감정이입을 잘 못하는 사람
❺ "항상 자기 자신에 대해 생각하고 다른 사람들은 그들 자신에 대해 걱정하라"는 식으로 살아가는 사람
❻ 원하는 것을 얻기 위해 자기보다 약한 사람을 골라 이용하며 못살게 구는 사람
❼ 나쁜 짓을 하고는 자기는 살짝 빠져나가 결국 다른 사람을 곤경에 처하게 하는 사람
❽ 속임수에 능하고 잔인한 사람
❾ 곤경에 처한 사람을 도와주지 않는 사람

③ 도덕적 지능 발달을 위한 도덕교육 방법

본보기에 의한 학습	본보기에 의한 학습은 아동의 도덕적 지능 발달을 위한 매우 유용한 방법인데, 왜냐하면 본보기로 작용하는 어른의 행동은 아동에게 목격되고, 그것은 아동들의 도덕적 상상을 자극하여 도덕적 지능의 발달을 촉진시킬 수 있기 때문이다. 아동의 도덕적 지능은 주위에서 직접 보거나 들은 내용을 마음 깊이 새겨 두는 배움의 과정을 통해서 발달한다. 따라서 부모나 교사가 할 수 있는 최선의 도덕교육은 학생들에게 도덕적 행동의 모범을 보이는 것이다.
윤리적 자기반성의 생활화	도덕적 지능을 높이기 위해서는 윤리적 관심과 윤리적 자기반성을 행할 수 있도록 해주어야 한다. 그런 방식으로 형성된 자기 반성적인 정신은 어느 시점에 이르러서는 실행하는 자아가 된다.
이야기의 활용	아동의 도덕적 지능발달을 위해서는 아동에게 선의 이미지와 기준점을 제공해 줄 수 있는 풍부한 도덕적 이야기들을 활용하여 도덕적 상상력과 윤리적 자기반성의 능력을 키워야 한다.
봉사 활동	아동들에게 도덕 문제에 관한 실생활 경험의 기회를 부여하는 것도 도덕적 지능발달을 위해 매우 효과적이다. 실생활에서 선한 행위를 실천해 볼 수 있고, 도덕적 모범을 목격할 수 있는 기회를 부여할 수 있기 때문이다.

26 커셴바움

CHAPTER

1. 가치교육에 있어서 포괄적 접근법의 의미

커셴바움(H. Kirschenbaum)이 제안하고 있는 포괄적 접근법이란 도덕교육과 가치교육에 대한 여러 가지 다른 접근법들이 나름대로의 장점과 중요성을 지닌다는 가정아래, 전통적인 방식의 도덕교육과 새로운 방식[70]의 장점들을 취하고, 종합하고, 개선해 나가는 방식을 의미한다.

2. 포괄적 가치교육의 네 가지 측면

(1) 내용에 있어서 포괄적이다. 개인적 가치 선택에서부터 도덕적 이슈에 대한 윤리적 문제들에 이르기까지 모든 가치 관련 이슈들을 포함한다.
(2) 방법론에 있어서 포괄적이다. 단순히 가치를 주입하고 시범 보이는 방법만이 아니라, 책임 있는 의사 결정과 그 밖의 삶의 기능들을 촉진해 주는 방법들을 통해 아동과 청소년들이 독립성을 기를 수 있도록 해준다.
(3) 가치교육이 학교생활 전반(교실, 과외 활동, 진로 교육, 상담, 시상식 등)에 걸쳐 이루어진다는 점에서 포괄적이다.
(4) 가치교육이 지역사회 전반(부모, 종교 단체, 민간 지도자, 지역사회 모든 기관들)을 통해 이루어진다는 점에서 포괄적이다.

3. 포괄적 가치교육의 방법

: 가치 주입, 모델링, 가치와 도덕성 촉진, 가치발달과 도덕적 소양을 위한 기능들의 신장 등이 있는데 이러한 방법들은 전혀 새로운 것들이 아니라, 전통적인 방법과 현재의 방법들 가운데에서 최상의 것들만 골라 놓은 것이다.

---

[70] 새로운 방식이란 60년대와 70년대에 등장한 가치교육의 새로운 접근법을 말하는 것으로서, 전통적 가치들을 주입하고 모델링하는 단순한 방식 대신에, 학생들이 스스로 가치들을 명료화하고, 보다 고차적인 수준의 도덕적 추론을 학습하며, 가치 분석 기능들을 학습하는 것을 도와주어야 한다는 입장들을 말한다.

(1) 가치와 도덕성을 주입하는 방법

학생들이 도덕적으로 사고하는 방법을 배우기 전에 그들에게 내면화해야 할 도덕적 가치·신념·삶의 기준들을 가르쳐야 한다는 것이 주입인데, 이러한 주입은 가르침의 유용한 방법이지만 교화[71]와는 엄연히 다르다.

주 입	교 화
자신이 믿고 있는 것(신념) 그리고 그러한 믿음을 지니게 된 이유에 대하여 의사소통한다.	자신이 믿고 있는 것을 전적으로 권위에 근거하여 의사소통한다.
다른 견해들을 공정하게 취급한다.	다른 견해들을 불공정하게 다룬다.
다른 견해를 지닌 사람들을 존중한다.	타인의 견해들을 중상 모략한다.
이유와 존중심을 갖고 회의적 질문에 답한다.	엄격함과 조롱으로 회의적 질문에 답한다.
바람직한 가치들에 대한 접촉 가능성을 늘리고 그렇지 못한 가치들에 대한 접촉 가능성을 줄이기 위해 환경을 부분적으로 구조화한다.	바람직한 가치들에 대한 접촉 가능성을 늘리고 그렇지 못한 가치들에 대한 접촉 가능성을 줄이기 위해 환경을 전적으로 통제한다.
어느 정도 한계를 두면서 바람직한 가치들과 관련한 긍정적인 사회적·감정적 학습 경험들을 만들어 낸다.	바람직한 가치들과 관련된 긍정적인 사회적·감정적 학습 경험들을 극단적으로 만들어낸다.
납득이 가는 한도 내에서 규칙과 상벌을 제공한다.	극단적으로 규칙과 상벌을 제공한다.
상대방이 동의하지 않아도 의사소통의 통로를 열어 둔다.	상대방이 동의하지 않으면, 대화의 통로를 차단한다.
다른 행위를 어느 정도 허용해 준다. 만약 허용 가능한 수준을 넘어서면 변화 가능성을 열어 둔다.	다른 행위를 허용하지 않는다. 만약 허용 가능한 수준을 넘어서면 영구적으로 추방한다.

(2) 가치와 도덕성을 모델링하는 방법

① 모델링을 위한 교사의 역할과 자세
  - 교사는 자신이 가르치는 학생들을 위한 좋은 역할 모델이 되어야 한다.
  - 또한 학생들은 과거의 유덕한 역할 모델들을 배워야 하기에, 교사는 가치와 도덕성을 직접 모델링하는 역할을 넘어서, 역사나 문학 속에 내재된 혹은 당대의 실존 인물들 같은 모델들을 학생들에게 제시해 줄 수 있는 문지기 역할을 해야 한다.

② 학생이 모델을 모방하고자 하는 동기
  - 모델 모방 동기로는 ❶ 본뜨기, ❷ 애정과 승인을 받기 위하여, ❸ 두려움과 처벌을 피하기 위하여, ❹ 다른 보상을 얻기 위하여, ❺ 긍정적 연상과 동일시, ❻ 대안을 의식적으로 선택

---

[71] 일반적으로 교화(indoctrination)란, 교조(과학적이거나 합리적인 밑받침이 없는 신념)에 관한 사실이나 현상을 비도덕적인 방법으로 주입시키는 일을 의미한다. 이러한 교화의 결과는, 교화된 학생이 자신이 갖고 있는 신념에 대한 이유나 증거를 제대로 갖추고 있지 못하며, 또한 아주 폐쇄적인 태도를 지니고 있어서 합리적인 검증이나 검사를 위해 열려있지도 않게 된다.

하기 등 6가지가 있다.
- 이 가운데 교사는 두려움과 처벌을 이용한 모델링은 피해야 한다. 이런 방법은 사실상 상대방을 권력이나 힘으로 굴복시켜야 한다는 모범을 보이는 것이기 때문이다.
- 애정과 승인, 다른 보상에 대한 기대, 긍정적 연상과 동일시는 '교화'로 변질될 위험성이 있기에 분별 있게 활용해야 한다.

(3) 가치와 도덕성을 촉진하는 방법

: 주입과 모델링이 가치 갈등이나 도덕적 딜레마에 대한 해답을 가르쳐 주거나 시범 보이는 것이라면, 촉진은 학생들 스스로 최상의 해답을 발견하도록 도와주는 활동이다. 즉 학생들의 자율적 사고와 의사 결정력을 높여 주기 위한 활동으로서, 학생들로 하여금 그들이 배운 가치들의 지혜를 인식하고 그것을 구두로 표현할 수 있으며 그러한 가치들에 입각하여 결정을 내리고 그러한 결정에 따라 생활하고자 다짐할 수 있는 기회를 제공해 주는 활동이라 할 수 있다. 이러한 촉진은 세 가지 목표를 지향한다.

① 학생들 스스로 생각하는 방법을 배울 수 있고 자신들의 삶 속에서 만족스런 가치 결정을 내릴 수 있도록, 즉 가치 실현을 할 수 있도록 도와준다.
② 의사 결정 및 가치 실현을 위한 하나의 도덕적 맥락을 가르치거나 일깨워 준다.
③ 학생들이 이전에 접했던 도덕적, 인격적, 공민적 가치들을 내면화할 수 있는 기회를 제공해 준다.

(4) 가치 발달과 도덕적 소양을 위한 기능들을 신장하는 방법

: 가치 발달과 도덕적 소양을 위한 기능들을 신장한다는 것은 자신의 가치를 실현하고, 나아가 사회 속에서 건설적이고 도덕적으로 행동할 수 있는 기능들을 가르친다는 것으로서, 그러한 기능들에는 비판적 사고, 창의적 사고, 명확한 의사소통, 단호함, 또래의 압력에 저항하기, 협동, 갈등 해결, 학문적 능력과 지식, 사회적 기능들이 있다.

27 하이트

CHAPTER

1. 하이트(Heidt)의 사회적 직관주의

(1) 사회적 직관주의의 특성

인지 혁명 이후 도덕 심리학 분야를 지배한 것은 콜버그의 연구 결과였다. 인간의 인지(cognition)는 암묵적인 이해로부터 분명한 구두 표현으로 발달한다는 피아제의 관점을 채택한 콜버그는 의식적인 도덕 추론의 관점에서 측정한 발달 단계에 근거하여 도덕 인지에 대한 그의 독특한 관점을 제시하였다. 하지만 이러한 인지 발달 관점은 곧 많은 도전을 받았다. 레스트(Rest)는 DIT(Defining Issues Test) 개발 과정에서 암묵적 지식(tacit knowledge)의 중요성을 인식하였고, 이것은 이후에 인지에 대한 이중 처리 이론(dual process theory)에 의해 재확인되었다. 사회 신경과학의 대표 이론으로 부상하고 있는 이중 처리 이론은 도덕적 의사결정에는 인지적 처리와 정서적 처리가 모두 관계하며, 그러한 결정을 내릴 때 상이한 뇌 부위가 활성화된다는 것을 입증하였다. 이중 처리 이론은 도덕성에 관한 합리주의 이론이 고려하지 않았던 직관이나 순간적 판단에 근거한 도덕 판단과 행위를 더 잘 설명하는 강점을 갖는다. 이와 관련하여 많은 심리학자, 사회학자, 신경과학자, 생물학자는 도덕적 의사결정이 실제로 합리적인 고려와 거의 무관하며 오히려 심의보다는 정서에 의존하는 직관적인 과정에 달려 있다는 확신을 지지하는 연구 결과를 발표하였다. 이렇듯 한동안 아주 무시되고 편향과 오류의 원천으로 여겨져 왔던 정서가 우리의 사회적 판단과 도덕 판단만이 아니라 인지 전반에서 중요한 역할을 수행한다는 주장이 등장하면서 도덕 직관의 역할, 본질, 중요성에 대한 다양한 개념화가 활발하게 이루어졌다. 그 가운데 최근에 우리의 주목을 끌고 있는 가장 대표적인 이론은 하이트의 사회 직관주의 모델이다.

하이트는 직관의 중요성을 주장했을 뿐만 아니라 도덕 추론에 대한 전통적인 이해 방식에 이의를 제기하였다. 하이트는 도덕 추론에 대한 합리주의 모델에 반대하는 증거를 제시하면서, 그 대안으로 사회 직관주의 모델을 제시하였다. 그의 모델은 개인이 실행하는 사적인 추론을 중시하지 않고 사회적 영향력과 문화적 영향력을 강조한다는 점에서 일종의 사회적 모델이다. 한편 그의 모델은 도덕 판단이 일반적으로 신속하고 자동적인 평가인 직관의 결과라고 본다는 점에서 직관주의 모델이다. 이에 대해 하이트는 다음과 같이 설명한다. "사회 직관주의의 사회적 부분은 도덕 판단이 대인 관계적인 과정에서 연구되어야만 한다는 사실을 제안한다. 도덕 추론은 대개 타인의 직관에 영향을 주기 위해 사용되는 사후 과정이다. 사회 직관주의 모델에서 인간은 근친상간에 대해 생각할 때 전광석화 같은 혐오감을 느끼며, 무언가 잘못되었다는 것을 직관적으로 안다. 그리고 언어적 정당화를 위한 사회적 요구에 직면했을 때, 인간은 사건의 진실을 정확하게 규명하려는 판사보다는 오히려 소송을 제기하려는 변호사가 된다."

하이트가 제시하는 사회 직관주의의 핵심 특징은 다음의 6가지 명제로 구성된다. 첫째, 도덕적 진리들이 존재한다. 둘째, 사람들이 도덕적 진리들을 파악할 때, 논리적 추론과 반성 과정에 의해 파악하는 것이 아니라 오히려 지각(perception)과 더욱 유사한 과정에 의해 파악한다. 인간은 도덕적 진리들이 존재하고 그것들이 참임에 틀림없다는 사실을 이의 없이 자명한 것으로 파악한다. 셋째, 도덕 정서를 포함하여 도덕 직관이 도덕 추론보다 먼저 나오는 것이고, 그것은 도덕 판단의 직접적인 원인이 된다. 넷째, 도덕 직관은 인지의 한 유형이지 추론의 한 유형이 아니다. 다섯째, 도덕 판단은 대인 관계적 과정으로 연구되어야만 한다. 도덕 추론은 대개의 경우 타인의 직관에 영향을 주기 위해 우리가 사용하는 사후 과정이다. 여섯째, 도덕 추론이 도덕 판단의 직접적인 원인이 되는 경우는 드물다. 도덕 행동은 도덕 추론보다는 도덕 정서와 함께 변화하는 것이다.

이에 하이트는 사회 직관주의를 설명하는 데 핵심적인 도덕 판단, 도덕추론, 도덕 직관의 개념을 규정한다. 먼저 도덕 판단은 어느 문화나 하위문화가 의무적인 것으로 규정하고 있는 일군의 덕과 관련하여 우리가 내리는 어떤 사람의 행동이나 성품에 대한 평가(좋음 대 나쁨)를 의미한다. 도덕 추론은 도덕 판단에 이르기 위해 사람에 대해 주어진 정보를 변형하는 것으로 이루어진 의식적인 정신 활동을 의미한다. 도덕 추론이 의식적인 과정이라는 것은 그 과정이 의도적이고, 노력을 필요로 하며, 통제 가능하기에, 추론을 하는 사람이 추론이 실행되고 있음을 인식할 수 있다는 뜻이다. 끝으로 도덕 직관은 증거를 찾고 평가하는 또는 결론을 추리하는 단계를 거쳤다는 어떤 의식적인 인식이 없는 가운데 타인의 성품이나 행동에 대한 감정(좋아함-싫어함, 좋음-나쁨)의 평가가 의식에서 또는 의식의 주변부에서 갑자기 출현하는 것을 의미한다(Haidt & Bjorklund). 이를 토대로 하이트는 직관 체계와 추론 체계의 차이점을 다음과 같이 제시하였다.

〈직관 체계와 추론 체계의 일반적 특징〉

직관 체계	추론 체계
신속하고 노력이 필요하지 않음.	느리고 노력이 필요함.
처리가 무심결에 이루어지고, 자동적으로 작동함.	처리가 의도적 이루어지고, 통제할 수 있음.
처리에 접근할 수 없고, 단지 결과만을 인식할 수 있음.	처리에 의식적으로 접근할 수 있고, 볼 수 있음.
주의를 기울일 자원을 필요로 하지 않음.	주의를 기울여야 할 한정된 자원이 필요함.
병행적인 분산 처리	연속적인 처리
유형 정합(pattern matching), 은유적이고 전체적인 사고	상징 조작(symbol manipulation), 진리 보존적이고 분석적인 사고
모든 포유류에게 공통적인 것임.	2세 이상의 인간 및 훈련을 받은 일부 원숭이에게 고유한 것임.
맥락 의존적임.	맥락 독립적임.
기반(platform) 의존적임(직관을 수용하고 있는 뇌와 신체에 의존적임).	기반 독립적임(처리 과정이 규칙 준수적인 어떤 유기체와 기계에 전달될 수 있음).

(2) 사회적 직관주의의 타당성

도덕 심리학에서 사회 직관주의와 합리주의 간의 쟁점 사항은 도덕 판단의 형성에서 추론과 직관의 상대적인 중요성이다. 사회 직관주의는 추론이 전형적인 도덕 판단의 형성에 기여하는 역할을 수행할 수 있음을 거부하지 않는다. 사회 직관주의가 거부하는 것은 추론이 도덕 판단에서 가장 중요한 역할을 수행한다는 합리주의자의 설명이다. 합리주의자는 추론을 일상적인 도덕 판단의 가장 중요한 원인으로 파악한다. 〈그림 1〉은 보통 사람들의 도덕 판단 과정을 나타내는 모델이다. 이것은 도덕 판단이 내려지는 인과적인 과정을 서술하려는 추상적인 구조를 의미한다. 〈그림 1〉은 사회 직관주의 모델이 도덕 직관에 초점을 맞추지만, 추론을 전혀 배제하지는 않는다는 사실을 여실히 보여준다. 〈그림 1〉에서 연결 5와 6은 사적인 추론이 도덕 판단을 형성하는 두 가지 경로를 보여준다. 이것은 주로 합리주의 모델이 강조하는 내용이다. 그러나 하이트는 추론에 의한 판단이나 사적인 성찰이 사후 정당화 추론에 비해 매우 드문 것이라고 주장한다.

[그림 1] 도덕 판단에 관한 사회 직관주의 모델[72]

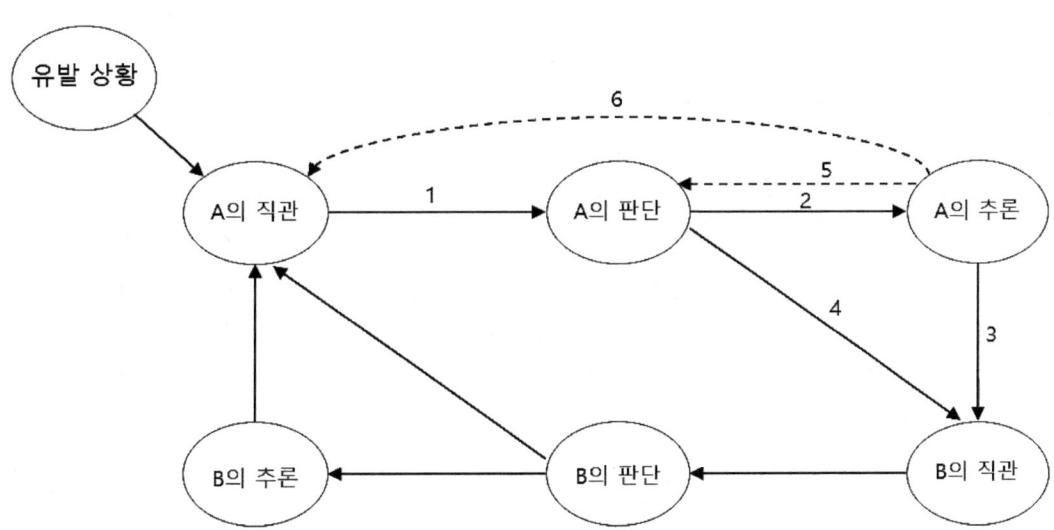

〈그림 1〉에서 연결 1~4는 도덕 판단을 내리는 과정을 반영하고, 사회 직관주의가 수행하는 현저한 역할을 보여준다. 사회 직관주의 모델은 도덕 판단을 개인이 환경을 지속적으로 평가하여 신속하고 직관적으로 판단을 내릴 수 있는 과정을 통해 내려지는 것이라는 신념을 수반한다. 이것을 설명하는 것이 연결 1이다. 연결 2는 도덕 추론이 도덕 직관 이후에 발생하고, 노력을 필요로 하는 사후 과정, 즉 개인은 자신이 이미 내린 결정을 위한 지지 근거를 모색하는 과정임을 보여준다. 연결 3은 사람들의 추론(연결 2)이 타인의 직관에 인과적인 영향을 미칠 수 있음을 보여준다. 사람들은 이미 자신이 내린 도덕 판단을 타인에게 정당화하기 위해 언어적으로 도덕

---

[72] 1은 '직관적인 판단' 연결을, 2는 '사후 추론' 연결을, 3은 '추론에 의한 설득' 연결을, 4는 '사회적 설득' 연결을, 5는 '추론에 의한 판단' 연결을, 그리고 6은 '사적인 성찰' 연결을 나타낸다.

추론을 활용한다. 연결 4는 타인이 내린 도덕 판단의 영향을 받는 것을 나타낸다. 이것은 우리가 집단 규범에 대한 동조나 타인을 도덕적으로 동일시하는 것을 통해 타인의 판단이 개인의 판단을 형성하는 것을 보여준다.

하이트는 도덕 판단을 설명하면서 사회 직관주의가 합리주의에 비해 더 나은 이론이라는 것을 입증하기 위한 4가지 중요한 이유를 제시하였다. 이를 간략하게 요약하면 다음과 같다. 첫 번째 이유는 인간 인지에서의 자동성에 대한 상당한 연구 결과가 축적되어 있다는 사실이다. 인지 활동의 대부분은 자동적이고 의식의 영향을 받지 않는다는 상당한 연구 결과가 축적되어 있다. 만약 우리의 정신이 어떤 기능을 자동적으로 수행한다면, 그 밖의 다른 활동들을 위해 필요한 의식적 처리의 부족한 자원을 부분적으로 해소시켜 줄 수 있기에, 자동적인 처리는 매우 효율적인 것이다. 우리의 사회 인지(social cognition) 역시 자동적이라는 연구 결과도 축적되어 있다. 많은 도덕 판단은 사회적 맥락에서의 행동에 대한 판단이기 때문에, 상당수의 도덕 판단 역시 자동적이라고 추정할 수 있다. 도덕 판단에 대한 합리주의의 설명은 심의적인 의식적 추론에 초점을 맞추고 있기 때문에 하이트는 합리주의자들은 도덕 판단에서 자동성을 수용하는 데 어려움을 겪는다고 생각한다. 두 번째 고려 사항은 사회 인지에서 우리는 일반적으로 우리가 이미 전념하고 있는 주장을 변호하기 위해 의식적인 심의 추론을 채택하고, 상당

시간 동안 우리가 이미 전념하고 있는 주장을 뒷받침할 증거를 선별적으로 검색한다는 것이다. 하이트와 비요르크룬트(Haidt & Bjorklund)에 따르면, 일반적으로 사람들은 증거에 입각하여 설명 가설을 세우기 전에, 모든 관련된 증거를 편견 없이 검토하면서 진실을 찾고 자신의 판단을 내리기 위해 추론을 활용하는 이상적인 과학자처럼 행동한다고 상상하는 것을 좋아한다. 그러나 우리는 논쟁에서 한 입장을 찬성하고 다른 입장을 반대하는데 전념하는 변호인 모드에서 우리가 기능한다는 사실을 종종 쉽게 발견한다. 사회 인지에서 볼 때, 우리가 이미 전념하고 있는 판단이 추론을 추동한다. 하이트의 도덕 판단에 대한 사회 직관주의 설명은 사회 인지에 대한 이 일반적인 설명을 확장한 것에 불과하며, 그것은 판단이 전형적으로 추론을 추동한다고 말하기 때문에 사회 인지에 아주 잘 들어맞는다. 그러나 도덕 판단에 대한 합리주의 설명은 일반적으로 도덕 추론이 도덕 판단을 추동한다고 말하기 때문에 사회 인지에 대한 일반적인 설명과 일치하지 않는다. 세 번째 고려 사항은 지금 내린 판단에 도달한 과정을 설명하도록 요청받은 사람들이 관련이 있을 수 없는 요소를 인용하기에 중요한 요소를 무시하는 경향이 있다는 증거가 존재한다는 것이다. 하이트는 사람들이 판단의 원인에 대해 거짓말을 하고 있다고 비난하지 않는다. 오히려 그는 사람들이 작화하는 것을 비난한다. 종종 우리는 우리가 내린 판단의 사실상의 직관적인 원인을 알지 못한다. 그래서 우리 자신에 대한 설명을 요구받을 때, 우리는 우리에게 가장 그럴듯한 판단의 원천으로 보이는 요소를 인용할 수 있다. 그렇게 함으로써 우리는 이것이 우리의 판단의 실제 원천이라고 확신할 수 있다. 그러한 행동의 유행은 '우리의 도덕 추론의 대부분은 의식적으로 그리고 의도적으로 일어난다는 일반인의 믿음'과 '그것이 대부분 직관에 의해 이끌려 나온 것이라는 사회 직관주의자의 주장' 간의 차이에 대하여 하이트가 설명하는 방식의 토대가 된다.

합리주의에 대한 하이트의 최종적인 고려는 도덕 판단보다는 도덕 행동에 관한 것이다. 그는 도덕 추론과 도덕 행동이 약하게 연관되어 있을 뿐이며 도덕 행동은 도덕 판단보다 도덕 정서와 더 밀접하게 연관되어 있다는 증거를 소개한다. 그러한 증거는 도덕 판단이 일반적으로 도덕 행

동을 설명한다고 생각하는 많은 합리주의자들에게는 수용하기 어려운 것이다. 그러나 그것은 도덕 정서가 도덕 판단을 형성하는 데 있어서 도덕 직관의 활동을 동반한다고 가정하고, 도덕 판단이 전형적으로 도덕 행동을 유발한다고 생각하는 사회 직관주의자들에게는 쉽게 수용될 수 있는 것이다.

이렇듯 사회 직관주의 모델은 현대의 이중 처리 이론과 전적으로 양립가능하다. 이중 처리 이론과 마찬가지로, 사회 직관주의 모델은 직관적인 과정이 일상의 도덕 판단을 신속하고 용이하며 전체적인 방식으로 다루는 자동 활성화 과정임을 상정한다. 직관이 갈등을 일으킬 때 또는 사회적 상황이 어떤 시나리오의 모든 측면에 대한 철저한 조사를 요구할 때, 주로 추론 과정이 요청된다. 추론은 사적으로 실행될 수 있으며(연결 5와 6), 그러한 단독의 도덕 추론은 철학자들 사이에서 그리고 인지에 대한 높은 필요를 가진 사람들에게 공통적인 현상이다. 도덕 추론은 서로의 언사에 도전할 수 있는 사람들 사이, 즉 사회적 무대에서 자연스럽게 발생하는 것이고 새로운 직관을 촉발시킬 수 있다(연결 3과 4). 사회 직관주의 모델은 의식적인 사적인 추론에 초점을 맞춘 전통적인 관점을 거부하는 대신에 도덕 판단의 형성에서 도덕 직관과 타인의 역할을 강조한다.

(3) 도덕 직관의 기원과 발달

하이트는 '소규모의 본래적으로 준비되고, 정서적으로 유인가를 갖는 도덕 직관'에 근거한 도덕성에 대한 도덕감(moral sense) 접근법을 옹호한다. 하이트는 사회 직관주의 모델이 추론을 일부 포함하지만, 강조점에 있어서 합리주의 모델과 큰 차이가 있다고 믿는다. 합리주의자들은 실제 행동이 추론에 있다고 말하지만, 사회 직관주의자는 실제 행동이 신속한 직관, 직감, 도덕 정서에 있다고 말한다. 하이트는 우리가 직관적인 도덕 판단을 내리는 두 가지 기제로 마음속의 직감(gut feeling)과 은유 및 체화를 언급한다.

한편, 하이트는 도덕 직관의 토대를 정당화하려고 도덕 기반 이론(moral foundation theory)을 제시한다. 이 이론은 사람들 간의 도덕적 관심의 차이를 배려/해악, 공정/부정행위, 충성심/배신, 권위/전복, 신성함/타락, 자유/억압이라는 6가지의 도덕 기반 관점에서 설명한다. 하이트는 인지 인류학자가 주장하는 모듈성(modularity) 개념을 차용하여 도덕 직관의 선천성을 설명한다. 여기서 모듈은 모든 동물이 뇌 속에 갖고 있는 작은 스위치와 같다. 이 모듈은 특정한 생태적 자리에서 생존에 중요한 어떤 유형이 나타나면 그 스위치가 켜지도록 되어 있다. 특정한 유형을 감지하면 모듈은 신호를 보내서 그 동물의 행동을 적응적인 방식으로 변화시킨다. 이렇듯 하이트는 모듈 개념을 사용하여 보편적인 도덕적 미각 수용체(taste receptors)를 설명한다. 그는 '인간의 도덕성 혹은 바른 마음은 마치 6가지 미각 수용체를 지닌 혀와 같다.'고 말한다.

도덕 직관의 기원과 발달에 관한 설명으로 하이트는 진화와 문화화를 제시한다. 달리 말해, 하이트는 도덕발달이 선천성과 사회 학습 간의 상당한 조합을 통해 이루어진다고 믿는다. 여기서 그가 말하는 선천성은 '경험에 앞서 구조화 된 것'을 의미한다. 하이트에 따르면, 우리가 사용하는 언어처럼 인간의 도덕성은 매우 사회적인 종에게 주요한 진화적 적응이다. 따라서 사회 직관주의 모델은 도덕성을 학습된 것이라기보다는 생겨나는(emergent) 것으로 파악한다. 즉, 인간의 도덕성은 뇌와 신체의 다양한 영역에 들어있는 것이고, 이것은 특정 문화로부터의 투입과 형성을 요구한다. 그러므로 도덕 직관은 타고난 것인 동시에 문화화된 것이다. 이에 대해 하이트는 다음과 같이 주장한다. "도덕 발달은 기본적으로 내생적인 직관의 '성숙'과 '문화적인 형성'의 문제다. 사람들은 성인기에 옳음과 그름에 관해 분명한 명제적 지식을 습득할 수 있지만, 그것은 도덕적 명제의 자명한 진리를 신체적·정서적으로 느끼게 되는 아동 후기와 청소년기의 민감한 시기 동안에 자신의 또래와 공유하고 있는 감각·운동 및 여타 형태의 암묵적 지식을 포함하고 있는 관습 복합체에 참여하는 것을 통해 주로 가능해진다."

2. 하이트 도덕심리학의 이론적 특징과 문제점

(1) 도덕심리학의 3가지 원칙과 6가지 도덕성 모듈

하이트 도덕심리학의 이론적 특징은 그가 제시한 '도덕심리학의 세 가지 원칙' 속에서 잘 살펴볼 수 있다. 무엇보다 하이트 이론의 특징은 '사회적 직관주의 모형(The Social Intuitionist Model; SIM)'을 통해 구체적으로 드러난다. SIM에 따르면 도덕 판단이 '숙고적(deliberative) 도덕 추론'이 아닌 '빠르고 자동적인 도덕적 직관'에 의해 이루어진다는 것이다. 그래서 하이트 도덕심리학의 첫 번째 원칙은 이러한 사회적 직관주의 모형을 통해 "직관이 먼저이고, 전략적 추론은 그 다음이다."로 설정된다.

이어서 하이트는 이러한 사회적 직관의 근원 혹은 원천에 대하여 '도덕성 기반 이론(Moral Foundation Theory; MFT)'을 제시한다. 이에 따르면 직관은 진화적 스토리를 가지고 있다. 즉, 인간에게는 일련의 도전적인 적응과제가 주어지고 그 과제를 수행하는 과정에서 자연선택의 결과로, 선천적으로 프로그래밍된 특수한 기능들이 출현하였다는 것이다. 이렇게 선천적으로 프로그래밍된 특수한 기능들이 바로 직관의 원천이다. 하이트는 선천적으로 프로그래밍된 특수한 기능들을 '도덕 모듈'이라는 개념으로 설명하는데, 일련의 연구를 통해 하이트가 도출한 6가지 '도덕성 기반' 혹은 '도덕 모듈'은 ①배려/피해, ②공정성/부정, ③충성심/배신, ④권위/전복, ⑤고귀함/추함, ⑥자유/압제 등이다. 이러한 도덕성 기반 이론을 바탕으로 하이트는 도덕심리학의 두 번째 원칙, 즉 "도덕성은 단순히 피해와 공정성의 차원에만 국한되지 않는다."라는 원칙을 제시한다. 그리고 여기서 하이트는 도덕성 기반과 정치적 이념(진보와 보수) 사이에는 유사한 상관관계가 있고, 사회적·이념적 분열의 근저에는 이러한 상이한 도덕 체계와 도덕적 세계관이 자리 잡고 있다고 주장한다. 그리고 이러한 주장을 경험적 근거에 의해 객관적, 과학적으로 뒷받침하고 있는데, 그에 따르면 실제로 국가 혹은 문화에 따라 정치적 이념과 도덕 매트릭스 간에 강한 유사성과 일부 차이점을 드러낸다. 다시 말해서 문화나 국가의 경계를 가로질러 도덕 매트릭스와 정치적 이념 간에 유사한 상관관계가 광범위하게 나타났으며, 문화에 따라 각각의 모듈을 강조하는 정도 면에서는 차이가 있다는 점이 확인되었다. 특히 유사한 상관관계 측면에서 볼 때, 진보 진영에서는 배려, 정의, 자유 기반에 더 민감하게 반응한다. 그리고 배려, 정의, 자유 기반의 보편주의 도덕(universalist morality)을 강조한다. 반면에 보수 진영에서는 모든 도덕성 기반에 민감하게 반응한다.

한편 하이트에 의하면, 인간은 정치적, 도덕적, 문화적, 종교적 성향 등을 포함하여 동일한 유형의 어떤 성향을 지닌 사람들끼리는 뭉쳐서 일정한 집단을 이루고 그 집단 내의 구성원들에게는 강한 이타성을 보이는 반면, 다른 유형의 어떤 성향을 지닌 집단에게는 강한 배타성을 보인다. 이러한 양상은 선과 악의 대결 구도로 전개되어 무자비한 폭력적 양상을 드러내기도 한다. 하이트는 이렇게 다양한 유형의 정치적, 도덕적, 문화적 성향의 이면에 유사한 도덕 모듈의 발현 패턴이 자리 잡고 있다고 주장한다. 이러한 도덕 모듈은 '집단 내 이타성'과 '집단 간 배타성'이라는 이중적 양상을 촉발시킨다. 하이트는 이러한 양상을 도덕 심리학의 세 번째 원칙, 즉 "도덕은 사람들을 뭉치게도 하고 눈멀게 한다."로 제시한다.

(2) 이론적 장점

이러한 하이트 도덕심리학의 강점은 '정서에 기반한 도덕적 직관'과 '도덕 매트릭스'에 대한 이해 및 통찰을 기반으로 다른 사람이나 집단과 조화로운 삶을 살아가도록 돕는다는 점에 있다. 타자에 대한 진정한 이해 및 그들과의 조화로운 삶의 출발점은 내가 가진 인간 중심적, 내집단, 자기중심적 편향성과 여타의 인지편향성, 도덕적 합리화와 자기기만 등을 발견하는 것에서 시작한다. 어떤 상황에 대한 도덕 판단은 타당한 논리와 근거에 의해 이루어지기보다는 인류의 진화 스토리에 의해 내 몸에 프로그래밍된 것(즉, 오래전부터 생성된 진화적 직관이나 선천적인 도덕 모듈)이 사회적으로 구성된 덕의 구체적인 목록들(즉 자신이 속한 문화적 관습)과 맞물려 형성된 도덕성에 기초해서 이뤄지기 때문에[73], 자신이 인간 종(human species)으로서, 그리고 문화화된(enculturated) 존재로서 가지고 있거나 가지고 있을 만한 편향성에 대해 스스로 '의심해' 보아야 한다.

또한 타인의 도덕 매트릭스적 특성에 관심을 갖고 그 특성을 이해한다면 새로운 소통의 통로를 마련할 수 있다. 하이트가 주장하는 바와 같이, 나의 도덕 매트릭스가 인간 종 중심적, 사회·문화적, 개인적 차원의 영향을 받아 만들어진 것처럼 상대방의 도덕 매트릭스도 이런 이유에서 존재한다는 것을 이해하고 받아들인다면, 옳고 그름이 분명하지 않고 숙의가 필요한 문제에 대해 감정 소모를 하면서 비생산적인 대화를 하지 않아도 된다. 이런 점에서 하이트의 직관과 도덕 매트릭스에 대한 설명은 지나친 감정 소모로 인해 에너지가 소진되는 것을 예방할 뿐만 아니라, 생산적이고 건설적 대화를 바탕으로 사회적 연대와 협력, 사회적 자본 등을 증진시킬 수 있는 잠재적 이점이 있다.

이와 같이 하이트는 우리가 얼마나 편견에 휩싸여 있고 자기 자신을 객관적으로 바라보는 데 한계가 있는 존재인지에 대해 날카롭게 지적함으로써 우리로 하여금 인간 존재에 대한 인식과 성찰의 계기를 마련해 주고 있다. 또한 도덕 발달이 자기중심적 사고의 한계를 벗어나는 일련의 과정이라는 관점에서 보자면, 이러한 발달을 촉진시키기 위한 노력이 얼마나 실현되기 어려운 일인지를 알려주고 있다.

---

[73] 하이트에 의하면 "도덕적 체계란 가치·미덕·규범·관습·정체성·제도·첨단 기술 등이 '진화한 시리적 기체'와 서로 맞물려 있는 것을 말한다. 이 둘은 도덕적 체계로서 함께 작용하여 개인의 이기심을 억제하거나 규제하며, 나아가 협동적인 사회가 만들어질 수 있게 한다."

(3) 이론적 문제점

하이트 이론에 대해 일반적으로 제기되는 문제점은, ①인간의 단면만을 지나치게 강조하고 있다. ② 자신의 주장을 뒷받침하는 논증 과정에서 가설 수준의 근거를 제시하는 경우도 있다. ③인간이 지닌 편향성의 한계를 극복할 수 있는 교육적 대안을 제대로 제시하지 못한다.

여기서 세 번째 한계점과 관련하여 하이트는 인간의 이성 능력을 코끼리를 탄 기수에, 그리고 정서나 직관을 코끼리에 각각 비유한 후, 합리주의 모델에서 강조하는 도덕적 추론 능력 향상이 아니라 코끼리를 길들일 수 있는 교육방법을 강조하면서 구체적으로, 마음챙김(mindfulness) 명상, 심리요법(특히 인지행동치료(cognitive behavioral therapy)), 지속적인 실천(특히 봉사활동)등을 제시하고 있다. 하이트에 의하면 이러한 접근은 자동적으로 혹은 무의식적으로 이루어지는 판단 및 행동의 오류 가능성을 줄여줄 수 있고, 보다 행복한 삶을 영위하기 위한 토대를 마련해 준다는 장점이 있다는 것이다.74)

『바른 마음(The Righteous Mind)』에서 하이트는 정치적 양극화와 사회적 분열을 극복하고 예방하기 위해 도덕 매트릭스의 차이에 대한 인식을 음양조화적 관점에서 할 것을 주문하고 있다. 즉, 하이트는 자신의 집단과 다른 정치적 입장을 지닌 집단을 동양철학의 음양(陰陽)의 관계로 바라볼 것을 제안한다.

3. 하이트 이론에 대한 나바에츠의 평가

(1) 하이트 사회적 직관 개념의 공로

하이트와 일군의 학자들은 도덕적 기능에 있어 사회적 직관 모델(SIM)을 제안하고 있다. SIM에 따르면, 사회적 직관은 이유나 추론의 도움 없이 옳음과 그름에 대한 감각을 빠르게 실어 나른다. 하이트의 말을 빌리면, "도덕적 판단은 빠르고 자동적인 직관의 산물이며 차후에 느리고 의식적인 도덕적 숙고가 일어나게 된다." 직관적인 의사결정은 추론을 수반할 수도, 그렇지 않을 수도 있다(하지만 추론은 마치 변호사처럼, 자신의 판단을 지지할 논거를 찾는 것을 포함한다). 사실, 도덕적 판단은 분산 인지(distributed cognition)의 형태를 통한 사회적 과정으로 가장 잘 설명된다. 드문 경우에만, 특히 전문적인 역할이 요구되는 사람들에게 있어, 추론이 사적인 반성에 사용되거나 판단을 형성하는 방법으로 사용될 것이다. SIM 패러다임은 처음에 특이한 장면의 모음을 통해 수집된 데이터에 기초하였고 그것은 실험 참가자들에게 혐오를 유발하도록 제작되었다. 예를 들어, 한 시나리오는 성인 형제자매간의 합의된 성교에 관한 내용을 담고 있었다. 또 다른 시나리오는 뺑소니 사고로 죽은 반려견을 먹는 내용을 포함하고 있다. 이처럼 구역질을 유발하는 행위의 사례로 이뤄진 질문지를 접한 실험참가자들은 해당 행위가 옳은지 그른지를 판단

---

74) 마음챙김 명상은 특정 경험에 의해 발생하는 판단과 반응을 잠시 멈추고, 지금 이 순간에 대해 관찰함으로써 자신의 습관적인 인지과정 및 정서 반응을 메타적으로 인식하고 조절할 수 있는 능력을 함양할 수 있도록 도우며, 인지행동치료 역시 자신이 가졌던 도덕적 신념이 가진 한계 및 문제점, 인지편향 및 오류에 대해 비판적으로 검토함으로써 자신의 자동적인 사고패턴과 정서 반응 양식을 바꿀 수 있도록 돕는다.

하고 이유를 설명해야 했다. 참가자들은 전형적으로 옳고 그름에 대해 빠른 판단을 내렸다. 그러나 이유를 설명하려는 그들의 시도는 혐오스러워 보이는 해당 행동으로부터 아무런 위해가 결과되지 않는다는 설명에 의해 무효화되었고, 참가자들은 많은 사례에서 그들에 판단에 대한 이유를 제시하지 못했다. 이러한 현상은 소위 '도덕적 말막힘 현상(moral dumfounding)'으로 불린다.

하이트의 사회적 직관에 대한 관점과 추론과의 관계 및 '도덕적 말막힘 현상'은 영향력을 발휘해왔다. 직관주의에 대한 여타의 접근들은 도덕 판단에 있어서 숙고적인 반성의 기각 및 직관의 우선성을 지지하기 위해 하이트의 자료에 의존해왔다. 도덕적 직관주의의 주요 견해를 위와 같이 제시한 나바에츠(Narvaez)는 도덕적 직관주의의 기여와 비판을 다음과 같이 제시하고 있다. 우선 그녀가 도덕적 직관주의의 공로에 대해 언급한 부분은 다음과 같은 점들이다. 도덕적 직관주의는 다음의 몇 가지 측면에서 큰 공헌을 한다. 첫째로, 도덕적 직관주의는 일정한 도덕 판단을 형성하는 데 있어 직관의 중요성을 입증하고 있다. 도덕적 기능을 설명하기 위해 도덕적 직관주의가 '직관-정서적인 체계'를 아우르는 것은, 도덕심리학을 오랫동안 지배해 온 과도한 '이성주의 접근'에 대한 유용한 교정에 해당된다. 두 번째로, 도덕적 직관주의는 인간 기능에 있어 '암묵적 과정'의 우선성을 나타내고 있다. 최근에 발견된 다양한 심리학적 근거들은 도덕적 행위를 일으키는 과정을 포함하여 인간 정보 처리의 대부분이 자동적으로 일어남을 뒷받침하고 있다. 세 번째로 도덕적 직관주의는 이성주의 접근이 설명하기 어려운 자료들을 보유하고 있다. 실험실 상황의 대학생들로부터 얻은 데이터를 활용하여, 도덕적 직관주의 연구는 사람들이 타인에 대한 판단을 신속하게 해낸다는 점을 보여주었는데, 이는 명시적인 추론이 생략된 정서적 접근/회피 반응에 기초하고 있다. 하지만 추론 우선의 관점은 이러한 현상을 설명해 내기 위해 매우 곤란을 겪고 있다. 네 번째로, 데이터에 대한 신뢰할 수 있는 해석을 제시하고 있는데, 도덕적 직관주의 입장은 이유와 숙고가 타인에 대한 도덕적 판단에 중심이 된다는 견해에 도전하고 있다. 다섯 번째로 가장 중요한 기여로, 도덕적 직관주의의 데이터들은 직관(intuition)이 어떻게 도덕 영역을(in the moral domain) 호도(mislead)할 수 있는 지를 보여주고 있다.

(2) 하이츠 사회적 직관 개념의 한계점

이어 나바에츠는 도덕적 직관주의의 한계에 대해 다음과 같은 네 가지의 논점을 중심으로 비판하고 있다. 첫째, 직관에 대한 광범위하고 모호한 논의 즉 '직관' 개념 정의의 엄밀성 차원과 관련된 문제, 둘째, 사회적 직관 모델(SIM)이 일반적인 도덕 기능에 대해 지나치게 간단하게 설명하고 있는 측면, 셋째, 추론과 숙고와 관련한 연구결과들에 대한 간과, 넷째, SIM이 도덕적 덕성을 문화화와 동일시하고 있는 부분 등이다. 각 논점에 대한 나바에츠의 견해를 살펴보면 다음과 같다.

우선 도덕적 직관주의는 직관에 대해 지나치게 넓고 부정확하게 논의하고 있다. 하이트에게 도덕적 직관은 "의식 속으로 갑자기 나타나거나, 또는 의식의 가장자리에 있는, 평가적인 감정(좋아하거나 싫어하는, 좋거나 나쁜 등의)으로 검색 단계, 증거의 고려, 결과의 추론 등의 의식적 주의가 없는 것"이다. 하지만 이것은 개념적 지식을 포함한 모든 '암묵적 과정'이 직관임을 의미하는가? 인간은 언어에 귀속될 수 없는 상당한 양의 개념적 지식을 보유하고 있다. 우리가 학습하고 알고 있는 것의 상당 부분이 다차원적인 암묵적 시스템을 포함하고 있으며, 이것은 우리의 지식과 이해(understanding)의 대부분을 함축적(tacit)인 것으로 만든다. 암묵적 시스템 속에 있는 지식은 언어 중추에서 활성화 되거나 혹은 되지 않을 수도 있고 따라서 '언어'적 설명에 접근 가능하거나 혹은 그렇지 않을 수도 있지만, 이것은 전문적 장인의 기술과도 같이 '행동'을 통해 명확하게 드러나게 된다. 결과적으로, 개념적 지식을 오로지 설명을 제공하는 능력의 관점에서만 특징짓는 것과 언어로 표현할 수 없는 지식을 정서적 반응을 나타내는 것으로만 특징짓는 것은 오해의 소지가 있다.

둘째, SIM은 일반적인 도덕 기능에 대해 지나치게 간단하게 설명하고 있다. 하이트는 처음에 도덕 판단을 "문화나 하위문화에 의해 의무적인 것으로 상정된 일련의 덕목들에 대한 존중으로 구성된 개인의 행동이나 인격에 대한 좋고 나쁨의 평가"라고 정의했다. 친숙하지 않은 시나리오에서 그 혹은 그녀에 대한 행동에 따라 낯선 사람을 도덕적으로 평가하는 것은 도덕 이론을 구축하기에는 제한된 문제이자 태스크 세트(task set)이다(Narvaez). 최근에 하이트는 SIM을 개인으로 하여금 '직관'과 의식적 '추론' 두 가지 모두를 사용하여 숙고할 수 있도록 하는 도덕적 선택 모형으로 확장했다. 그럼에도 불구하고 이것이 어떻게 일어나는 지는 불명확하며, 보다 더 확장적으로 이해될 필요가 있다. 그러나 도덕성의 다른 영역들, 예컨대 도덕적 동기화, 도덕적 정체성, 공감과 도덕적 행동 등은 SIM에서 다루어지지 않고 있다.

셋째, 추론과 숙고와 관련한 연구결과들에 대한 간과 측면이다. 정신적 몰두(mental preoccupation)에 대한 연구는 개인들이 관계적 문제를 포함한 도덕적 이슈들에 대해 대부분의 시간을 숙고하고 있다고 제안했다(Klinger). 칸트 이후의 도덕 철학적 논의는 자주 도덕적 의사결정에 대해 언급했다. 도덕적 의사 결정은 그의 책임이 무엇이며(Frankfurt) 대안들 중에서 어떤 행동 선택이 최선인지 (Rawls), 어떤 개인적 목표와 계획을 세울 것인지 알아내는 것 (Williams), 다층적인 고려사항들을 조화시키는 것(Wallace), 도덕적 의사결정과 행동의 질을 평가하는 것(Blum), 구체적 도덕적 목표를 향한 과정에 대한 모니터링 또는 주의를 조절하는 것과 같은 메타인지적인 기술들을 활용하는 것(Kekes) 등을 포함한다. 이러한 유형의 활동들이 초기 혹은 수정된 SIM 모델의 어디에 포함될 수 있는지는 명확하지 않다. 이것들을 직관 또는 추론에 묶어 놓는 것은 불완전하다.

마지막으로 나바에츠가 하이트의 SIM이론에 대해 비판적 견해를 제시하는 것은 도덕적 덕성을 문화화와 동일시하고 있는 부분이다. 도덕발달의 역사에서 가장 비판적인 논의 중 하나는 사회적 적응과 도덕 발달간의 구별에 관한 것이다(Kohlberg). 나바에츠가 보기에 20세기의 행동주의자나 심리분석적인 전통과 유사하게, SIM은 사회적 적응에 초점을 기울이는데 (예를 들어 하이트는 "충분히 문화화된 사람이 덕스러운 사람이다."라고 언급하고 있다), 그럴 경우 에는 콜버그와 같은 '도덕성 발달 전통'과는 달리, 히틀러를 규탄하거나 마틴 루터 킹 목사를 지지할 방법이 없다. 후 인습적인 사고가 평가 절하되고 있다는 것이다. 하이트의 설명처럼 사람들이 자주 말로 표현될 수 없는 지식을 통해 행동하는 경우가 많지만, 그렇다고 해서 이러한 경우들이 말로 표현될 수 없는 그러한 지식은 내부의 두뇌 모듈에 기초한 완전히 충동적인 감정적 반응이거나 비이성적인 지식으로 구성된 것임을 의미하지는 않는다. 나바에츠에 따르면 암묵적 지식은 복합적(the complexities of implicit knowledge)이며 따라서 암묵적 지식의 유형에 대한 구분이 반드시 필요하다.

나바에츠가 보기에 직관에 관한 하이트의 논의는 정교함이 부족하다. 컬럼비아 백과사전

(Columbia Encyclopedia)에 나타난 직관에 대한 개념 정의는 「ⓐ 감각적 지각과 구분되는 보편적인 원리에 대한 이해, ⓑ 공간과 시간의 직관과 구분되는 감각 지각(칸트), ⓒ 의식이 진화된 본능(conscious evolved instinct), 자기 자신 혹은 외부 세계에 대한 중재되지 않은 이해(Bergson)」와 같다. "도덕적 진실에 대한 노력 없는 파악(Haidt)"이라는 도덕적 직관주의에서의 직관에 대한 정의는 위 개념 정의들 중 어느 것과도 명확하게 부합되지 않는다. 한편 호가드(Hogarth)는 영역을 초월하여 직관적 과정의 기저를 이루는 자동적 정보 처리의 세 가지 수준 혹은 체계(기본적, 원초적, 정교한 자동적 사고)를 발견했다. 기본적 시스템(the basic system)은 신체 기능을 조절하는 본능적 행동들로 구성되는데, 이를테면 혈당의 감소로 인해 배고픔이 촉발되는 느낌이 음식을 찾게 하는 의식적인 욕구로 이어지는 것과 같다. 외부적 사건에 의해 촉발된 생존 메커니즘 역시 여기에 해당될 수 있다. 두 번째 시스템인, 원초적 정보 처리 시스템(the primitive system)은 자극의 다양한 종류의 하위 상징적(subsymbolic) 과정을 포함하는데, 공변동(covariation)과 사건의 빈도의 기계론적 처리로부터 경험된 체계의 암묵적 규칙에 관한 추론(예를 들어 문법)에 이르기까지 다양하다. 기본적이고 원초적인 시스템은 이것이 동기화, 교육 또는 지능에 따라서 많은 차이가 나지 않고, 다른 많은 동물들도 이것을 지니고 있기에 계통발생적으로 오래된 것으로 보인다. 세 번째 시스템, 정교화된 무의식(sophisticated unconscious)은 경험 및 의미·감정에 주의를 기울임으로서 구조화된다. 자기 성찰적인(introspective) 연구는 자극 배열에 있어 의미(meaning)가 세부사항(details)에 대해 우선적으로 인식된다는 점을 제안하는데(Neisser), 이를테면 아무런 노력 없이 행동유도성(affordance)을 지각할 수 있는 능력 등이 해당된다. 행동유도성은 유기체와 환경 사이의 접점으로 인식된다. 쉽게 발견되는 행동 유도성은 강당에서 출구의 위치를 알아차리는 것, 대화의 취지 파악, 논평에서 함의점 도출 등을 포함한다. 우리가 흔히 '이해(understanding)'라고 부르는 것은 정교화된 무의식에 속한다. 이러한 시스템을 통한 암묵적 학습의 결과, 과업에 있어 이전의 학습이 수행자에게 의식적으로 분명하지 않더라도 선행 경험의 효과가 나타나게 된다. 암묵적 지식의 시스템은 거의 대부분의 경우에 비언어적인 수준에서 활성화되며, 이는 인간이 자신들이 말로 표현할 수 없는 것을 알고 있음을 의미한다. 이해는 초기의 반사로부터 더 차별화되는 개념적 구조로 발달해 가는데, 암묵적인 것에서부터 언어화된 이해로 옮아가게 된다. 여기서 논의된 깊은(deep) 무의식적 지식의 유형은 충동적인 감정 반응이나 비이성적인 지식으로 분류될 수는 없다. 암묵적 지식은 빠른 지각과 현상의 해석을 가능하게 한다. 이것의 내용은 인과성의 이해를 기반으로 설명과 예측을 촉진시킨다(Hogarth). 이 같은 광대한 지식의 기초로부터 직관(언어적 설명 없이도 아는 느낌)이 출현한다.

(3) 추론과 직관의 조화의 필요성

나바에츠는 도덕적 직관주의의 기여와 한계에 대해 지적하고, 도덕적 추론을 중시하는 입장의 공과(功過)에 대해서도 아울러 언급한 후, 전문적인 도덕적 기능에 추론과 직관이 모두 필요하다는 자신의 최종 결론을 도출해 내고 있다.

나바에츠가 보기에 추론이 필수적이긴 하지만, 직관 홀로 있을 때와 마찬가지로, 도덕적 기능의 전부를 설명할 수 없다고 본다. 따라서 그녀는 성숙한 도덕적 기능 형성을 위해 도덕적 추론과 도덕적 직관 양자 간의 파트너 관계를 설정해야 함을 결론적으로 주장하고 있다. 그리고 추론과 직관의 양자를 조화시킨 도덕적 기능 중 하나로 바로 '도덕적 숙고(moral deliberation)'를 제시하고 있다.

숙고(deliberation)는 직관의 신호와 이성의 구성을 평가하며 그들의 타당성을 면밀히 조사할 수 있도록 한다. 직관적 태도에 대해 '이유'는 합리성을 평가하도록 하며, 반면에 직관은 추론의 결과에 대하여 평가적인 신호를 제공한다. 숙고는 자주 당사자가 선택항을 평가하고 목표와 반응을 모니터하는 과정에서 직관과 추론, 원리와 목표, 가치와 능력 사이에서의 전환의 문제가 된다. 숙고의 과정에서 지각은 바뀌고, 당사자의 직관이나 추론이 변환될 수 있다.

또한 직관과 추론이 조화된 도덕적 숙고로서 '도덕적 상상(moral imagination)'의 의미와 중요성에 대해 나바에츠는 다음과 같이 강조하고 있다. 그녀에 의하면 도덕적 상상은 숙고의 정교화된 형태이다. 그것은 대안적 행위 경로에 대한 극적인(dramatic) 리허설을 통해 이루어지는데(결과를 예측하는 사고실험, 내면화된 사회적 행동 등), 직관과 추론 양자를 모두 활용하게 된다. 더 숙련되고 정제된 도덕적 숙고는 더 풍부한 가능성과 더 믿을만한 평가의 보고(寶庫)가 된다. 도덕적 직관은 올바른 환경과 적절한 지도와 동반될 때 변화할 가능성이 있다. 새로운 정보는 직관을 단단히 뒷받침할 추론의 원인-결과 고리를 바꿀 수 있으며, 이는 상이한 직관을 이끌어 낸다. 추론 역시 직관에 의해 변화될 수 있다. 감정은 타인에 대한 특정 디테일(세부 사항)에 강조점을 두는데, 이는 선택항을 좁히고 특수한 행위 경로를 가장 중요한 것으로 만든다. 대부분의 경우에 있어 특정 도덕적 의사결정 상황에서 어떤 복합적인 요소들이 역할을 수행하고 있는지 알아내기는 어렵다. 분위기와 에너지, 사회적 영향력, 현재의 목표와 선호, 환경적 어포던스, 맥락적 단서의 질, 당사자의 사회적 지위, 자아상과의 논리적 정합성, 이전의 역사 등의 요소가 주의를 바꾸거나 직관 및 추론에 모두 영향을 줄 수 있다고 나바에츠는 결론짓는다.

28 니산

1. 니산의 '도덕적 균형 모델'

도덕 심리학에서 인지발달론은 여러 장점에도 불구하고 도덕판단과 행동의 괴리 문제를 만족스럽게 설명하지 못한다. 예를들어 우리는 자신의 도덕판단을 행동으로 옮기지 못하는 경우가 많을뿐만 아니라 자신이 지지하는 도덕적 가치나 원칙에 어긋나는 도덕적 잘못도 너무 쉽게 저지르는데 인지발달론은 이런 현상을 제대로 설명하지 못한다. 이러한 도덕적 실패 경향을 설명하는 데 유용한 것이 니산(Nisan)의 도덕적 균형(moral balance) 모델이다. 도덕적 균형 모델의 핵심 논지는 자신을 위한 도덕적 기준은 특정 행동의 중대성이 아니라 개인의 도덕적 균형, 즉 자신의 현재 도덕적 지위에 대한 평가와 관련된다는 것이다. 도덕적 지위에 대한 평가는 최근의 특정 기간에 개인이 수행한 도덕적으로 중요한 행동의 총합에 기초한다. 이 모델의 기본 가정은 개인은 향상 만족하다고 생각하는 수준에서 자신의 도덕적 지위를 유지하기를 바란다는 것이다. 도덕적으로 중요한 행동의 실행 여부를 결정할 때 가장 중요한 고려 사항은 그 행동이 자신이 지각하는 도덕적 지위를 용납할 수 없는 수준으로 떨어뜨릴 수 있는지에 달려 있다.

도덕적 균형 모델에 따르면, 인간의 도덕성은 '선을 행하고 싶은 것'과 '선을 행하는 것에 관련된 비용을 지불하고 싶지 않은 것' 사이의 균형 잡힌 행동이다. 도덕적으로 행동하려는 욕구가 관련된 비용을 압도하는 경우가 있지만, 때로는 심지어 꽤 비슷한 환경에서도 관련된 비용이 너무 많거나 선을 행하는 것이 자신에게 충분히 유리해 보이지 않을 수 있다. 도덕적 균형 모델에서 도덕적 자아 가치(moral self-worth) 또는 도덕적 자기 정체성(moral self-identification)은 도덕적 행동이 필요할 때를 나타내는 척도 중 하나로 여겨진다. 여기서 개인의 도덕적 자아 가치는 개인이 자신을 얼마나 도덕적이라고 지각하는 정도를 나타낸다. 그러므로 도덕적 균형 모델에 따르면, 우리는 자신의 도덕적 균형과 개인적으로 수용할만한 도덕성 수준, 즉 그 밑으로 떨어지는 것을 허용하지 않는 일정 수준을 비교한다. 이러한 수준은 흔히 이상적인 도덕 판단보다 아래에 위치하는데, 우리는 이에 근거하여 행동의 옳고 그름을 주로 판단한다. 또한 우리는 자신이 행한 도덕적 행동의 역사에 기초하여 자신의 도덕적 균형을 계산한다. 니산의 도덕적 균형 모델은 도덕적 자기 면허(moral self-licensing) 이론과 도덕적 세정(moral cleansing) 이론을 통해 이미 경험적인 근거를 마련한다.

2. 도덕적 균형 모델의 이론적 틀

니산의 균형모델은 3가지 핵심 사항을 토대로 삼는다. 첫째, 제한된 도덕성(limited morality) 개념은 사람들이 도덕적으로 적절하다고 스스로 판단하는 것에서 어느 정도의 일탈을 허용한다는 것을 가리킨다. 그러한 일탈은 의지의 나약함에서 유래하는 것이 아니며 도덕 공동체에서 벗어나는 것을 함의하지도 않는다. 둘째, 도덕적 균형 개념은 사람들이 주어진 시간의 범위에서 도덕적으로 관련된 그들의 모든 행동에 근거하여 그들 자신에 대한 일종의 도덕적 균형을 계산한다는 것을 뜻한다. 이러한 균형은 그들이 더 밑으로 내려가는 것을 허용하지 않는 개인적인 기준(personal standard)과 비교된다. 셋째, 균형 잡힌 정체성(balanced identity) 개념은 여러 가지 당위적인 고려의 상충(예: 도덕성과 개인적 가치의 상충)에서 사람들은 그들의 정체성의 모든 구성 요소 간의 만족스러운 균형을 유지하게끔 해주는 선택지를 고른다는 것을 함축한다. 정체성 구성 요소의 현재 균형에 따라, 사람들은 도덕적 고려보다 개인적 고려를 더 선호할 수도 있다.

(1) 제한된 도덕성(limited morality)

니산은 일상적인 관찰과 경험 연구를 토대로 제한된 도덕성 개념을 제안한다. '제한된 도덕성'이라는 개념은 도덕적 명령(moral imperative)의 타당성과 힘을 수용하는 사람들이 항상 도덕적으로 적절한 행동을 그들에게 요구하지 않는다는 사실을 포착한다. 어떤 시기와 상황에서 우리는 도덕적 명령에서 벗어나는 것을 스스로에게 허용한다. 우리는 일반적으로 도덕적 성인이 되는 것을 기대하지 않는다. 우리는 어느 정도의 도덕성 수준을 우리 자신에게 요구하는 것이지 도덕적 완벽을 요구하는 것이 아니다. 동시에 우리는 자신이 더 밑으로 타락하는 것을 허용하지 않는 한계를 설정한다. 이 한계는 다소 유연하지만, 무제한의 위반 행동을 차단하는 장벽 역할을 담당한다. 그래서 우리는 미끄러운 경사길로 끝없이 미끄러져 내려가지 않으면서 또는 자신을 나쁜 사람으로 지각하지 않으면서 도덕적으로 일탈하는 것을 어느 정도 허용한다. 이처럼 제한된 도덕성 개념은 우리가 도덕적 명령을 인식하고 우리 스스로가 도덕 공동체의 구성원임을 지각하면서도, 도덕적 명령에서 우리가 쉽게 벗어나는 현상을 설명하는 데 유용하다.

제한된 도덕성 개념은 사이먼(Simon)의 '제한된 합리성' 개념과 어떤 면에서 상응한다. 사이먼은 인간에 대해 경제학자들이 가정하는 합리적 피조물 개념에 도전하면서, 행동 모델을 제안했다. 행동 모델에 따르면, 인간의 합리성은 제한적이다. 인간의 합리성은 상황과 인간의 계산 능력에 의해 매우 제한을 받는다. 사이먼은 제한된 정보 처리 능력으로 인해 우리가 효용 극대화라는 합리적 원칙 대신에 만족의 원칙을 채택한다고 주장했다. 다시 말해, 개인이 결정을 내릴 때 합리성은 제한되며, 이러한 한계 때문에 합리적 개인은 최적보다는 만족스러운 결정을 선택한다.

그러나 제한된 합리성과 제한된 도덕성 간에는 중요한 차이가 있다. 제한된 합리성이 인지적 결함에 의한 것이라면, 제한된 도덕성은 동기적인 이유에 의한 것이다. 우리가 도덕적으로 완벽해지는 것은 사실상 매우 어렵다. 인간은 육체와 정신, 본능과 이성, 이기적 성향과 도덕적 성향 사이에서 투쟁한다. 상반되는 힘이 인간의 본성에 내재하므로 도덕적으로 완벽해지는 것은 불가능하다. 모든 사람은 때때로 연약해진다. 그러므로 도덕적으로 선하다는 것이 도덕적으로 완벽하다는 것을 의미하지 않는다. 도덕적 균형 모델에서 도덕적으로 선한 사람은 나름대로 합리적인 도덕적 균형을 유지하는 사람이다.

(2) 도덕적 균형

도덕적 균형이라는 개념은 도덕적으로 관련된 행동에 기초해서 특정 시기 동안 도덕적 균형을 따져보는 것을 뜻한다. 도덕적 일탈을 고려할 때, 사람들은 자신의 현재 도덕적 균형과 스스로 그 밑으로 떨어지면 안 된다고 생각하는 개인적인 기준선을 비교한다. 우리가 이것을 더 알기 쉽게 이해하려면, 도덕 판단(moral judgment)과 도덕 선택(moral choice)을 구분하는 니산의 설명에 주목할 필요가 있다.

니산에 따르면, 도덕 판단은 특정 상황에서 어떤 방식으로 행동하는 것이 옳다고 지각하는 것과 관련된다. 예를 들어, 우리는 콜버그의 하인즈 딜레마에서 도덕 판단의 예를 찾을 수 있다. 이 딜레마에서 약을 훔쳐서 아내의 생명을 구하는 것 혹은 약을 훔치지 않는 것 가운데 어느 것이 도덕적으로 옳은 것인지의 질문에 대한 대답이 바로 자신의 도덕 판단이다. 도덕 판단은 사람들에게 의무감을 고취하고, 다른 고려를 압도한다. 그러나 사람들은 자신의 도덕 판단에 상반되게 행동하는 경우를 자주 경험한다. 도덕적으로 올바르게 판단한다고 해서 그에 상응하는 도덕 행위를 우리가 반드시 선택하는 것은 아니다.

한편, 도덕 선택은 도덕적 자아 정체성을 유지하려는 의지의 영향을 받는다. 우리는 적절한 도덕 판단에 따라 행동해야겠다는 의무감을 느끼지만 동시에 자신의 도덕적 자아 정체성에 심각한 손상을 입히지 않는 한, 어느 정도 일탈의 여지를 자신에게 부여한다. 도덕 판단은 행동과 관련이 있고, 옳은 것이나 틀린 것으로 구분된다. 반면에 도덕적 자아 정체성에 대한 효과성 차원에서 행동을 평가할 경우, 즉 도덕 선택의 경우 행동은 연속성을 가지게 되어 매우 좋은 행동(자신의 도덕적 자아 정체성을 강화하는)에서부터 매우 나쁜 행동(도덕적 자아 정체성에 심각한 손상을 입히거나 도전하는)까지 아주 다양하다. 도덕적 자아 정체성에 의한 행동 판단은 도덕적 정체성이 만족스럽게 남아 있는 한, 어느 정도의 도덕적 일탈 행동을 자신에게 허용한다.

니산은 사람들이 주어진 시간대에서 도덕적으로 관련된 자신의 관여와 누락을 양적으로 평가하여 일종의 도덕적 균형을 스스로 계산한다고 주장한다. 이러한 도덕적 균형 모델에 따르면, 우리는 자신의 도덕적 균형을 개인적으로 수용할 만한 도덕성 수준, 즉 자신이 그 밑으로 떨어지는 것을 허용하지 않는 수준과 비교한다. 이 수준은 보통 일반적인 도덕 판단 수준보다 낮으며, 우리는 그것에 따라서 행동의 옳고 그름을 판단한다. 또한, 우리는 최근의 도덕적 행동에 근거하여 자신의 도덕적 균형을 계산한다. 좋은 행동은 도덕적 균형을 높이고, 나쁜 행동은 도덕적 균형을 떨어뜨린다. 이때 우리는 행동의 횟수와 중요성도 고려한다. 자신의 도덕적 자아 정체성을 유지하려는 시도로써 우리는 나름의 도덕적 균형을 유지하거나 심지어 더 높은 도덕적 균형에 이르기를 열망한다.

(3) 균형 잡힌 정체성

우리는 흔히 도덕적 고려가 도덕 외적인(nonmoral) 고려와 상충할 때, 도덕적 고려가 도덕 외적인 고려를 압도할 것이라고 기대한다. 하지만 이러한 기대는 탈맥락적인 도덕 판단에만 해당하며, 실제 상황에서 도덕 선택에는 잘 부합하지 않는다. 앞에서 언급했듯이, 도덕 선택은 도덕적 자기 정체성의 유지 원칙에 근거한다. 다시 말해, 실제 상황에서 도덕 선택은 자신이 좋은 사람, 선한 사람이라는 자기 지각을 유지하는 것에 좌우된다. 그래서 도덕 선택의 기저 원리는 '내가 이렇게 행동해도 나는 여전히 좋은 사람인가?', '내가 이렇게 행동해도 내가 원하는 유형의 사람으로 남아 있을 수 있는가?'라는 식의 질문을 토대로 삼는다.

이러한 맥락에서 니산은 정체성과 관련된 가치들 가운데 둘 이상의 가치 간의 상충은 균형 잡힌 정체성 원리에 근거하여 결정된다고 주장한다. 이것은 우리가 자신의 모든 정체성 요소 사이에서 최적의 균형 상태로 이끄는 대안을 선택하는 경향이 있음을 의미한다. 예를 들어, 요즘 나는 연구 교수를 신청하여 미국에서 연구 활동을 해야 할지 아니면 한국에 남아 연로하신 노부모를 보살펴야 하는지의 문제로 고민한다. 내가 연구자로서 자아실현과 관련된 정체성 요소를 선택하면, 장남으로서 노부모를 제대로 보살펴야 하는 도덕적 고려를 위반하게 된다. 하지만 노부모를 보살필 것을 결정하면, 교수로서 학문 활동에 전념하고자 하는 가치를 무시하게 된다. 균형 잡힌 정체성 개념에 따르면, 이 상황에서 나는 개인적 정체성의 전반적인 균형에 최소한으로 피해를 주는 대안을 선택한다. 도덕 딜레마에서 우리는 대안적인 선택지를 평가하고 비교하면서 자신의 현재 정체성에 가장 피해를 적게 주는 행동을 선택한다.

3. 도덕적 균형 모델에 대한 경험적 근거

니산의 도덕적 균형 모델은 도덕 판단과 구별되는 도덕 선택 모형이다. 여기서 선택은 무엇을 도덕적으로 적합하지 않은 것으로 판단하는지가 아니라, 적합하지 않은 것으로 판단되는 행동의 실행 여부에 관한 것이다. 이 모델은 우리가 어떤 행동을 수용할 만한 도덕적 수준으로 지각하는 한, 적절한 행동으로 판단되는 것에서 의도적으로 벗어나고자 하는 경향성을 잘 포착한다. 이 모델은 우리가 나름의 도덕적 균형을 유지하면서 산다는 것을 강조한다. 그래서 사람들은 비도덕적인 행동을 한 후에 위반 행동을 하지 않으려고 하지만, 도덕적으로 행동한 후에는 위반 행동을 더 많이 하려고 한다.

이후 여러 학자는 실험 연구를 통해 니산의 도덕적 균형 모델의 타당성을 입증하였다. 자신에 대한 도덕적 이미지가 확립되면, 그 도덕적 이미지를 잃을 염려 없이 부도덕한 행동이 허용된다(도덕적 자기 면허). 반대로, 한 사람이 다른 사람들에게 비도덕적으로 보일 때, 도덕적 이미지를 회복하기 위해 후속적인 긍정적인 행동이 필요하다(도덕적 세정이나 보상). 도덕적 자기 면허와 도덕적 세정은 도덕적 자기조절 과정의 일부로서 수렴적으로 작용할 수 있다. 도덕적 자아 가치가 위협받을 때 도덕적 세정은 도덕적 자아 개념을 회복하고, 도덕적 자아 가치가 너무 높을 때 도덕적 면허는 행위자가 도덕적 행동을 하는 것을 제한하여 개인 나름의 편안한 수준으로 돌아갈 수 있도록 한다.

(1) 도덕적 자기 면허 이론

도덕적 자기 면허는 한 사람이 소유한 덕의 증거가 그 사람에게 덜 도덕적인 방식으로 자유롭게 행동하도록 만들 때 발생한다. 사람들은 지금 자기가 하려는 행동이 도덕적으로 의심스러울 수 있다는 위협을 받을 때, 자기의 흠 잡을 데 없는 과거 행적이 도덕적으로 의심스러운 행동에 관여하는 경향을 증가시키도록 과거의 도덕적 행동으로부터 자신감을 얻을 수 있다. 이렇듯 도덕적 자기 면허는 과거의 도덕적 행동이 사람들에게 자신이 비도덕적이라고 느끼거나 남에게 비도덕적으로 보이는 것에 대해 전혀 걱정하지 않고 잠재적으로 비도덕적인 행동을 저지르게 할 때 발생한다.

그렇다면 도덕적 자기 면허가 발생하는 이유는 무엇인가? 도덕적 자기 면허에 대해 두 가지 다른 이론적 설명이 존재한다. 도덕적 신용의 관점(Jordan)에서, 긍정적 행동은 은유적인 도덕적 은행 계좌에 잔고 축적을 초래하여 개인들이 전반적인 긍정적 균형을 잃지 않은 채 부정적인 행동을 나중에 범할 수 있게 한다. 도덕적 자격의 관점(Monin & Miller)에서, 이전의 도덕적 행동은 후속하는 부정적 행동에 대한 해석을 바꾸어 그것을 덜 해로운 것으로 인식하게 만든다.

오늘날 도덕적 자기 면허에 대한 대부분 문헌은 이전의 선행이 사람들에게 도덕적 자기 존중에서 안정감을 느끼도록 유도하기 때문에 도덕적 자기 면허가 발생한다고 주장한다. 예를 들어, 사람들이 그들의 과거 행동이 동정심, 관대함, 또는 편견이 없음을 보여준다고 확신할 때, 그들은 무정하거나 이기적이거나 편협함을 느끼는 것에 대한 두려움 없이 도덕적으로 의심스러운 방식으로 행동할 가능성이 더 크다.

도덕적 자기 면허는 개인적 행동과 사회적 행동 모두에서 발생한다. 그것은 복지, 고용, 애매한 인종적 태도, 자선 기부, 소비자 구매, 녹색 소비와 관련된 일상적인 행동에서 잘 나타난다. 예를 들어, 환경친화적인 제품을 선택하는 기회는 이후의 부정직함을 증가시켰고, 도움을 주는 데 동의하는 것은 사람들의 자선 기부를 감소시켰으며, 흑인 정치인(오바바 대통령)을 지지하는 것은 흑인보다 백인을 선호하려는 사람들의 의지를 증가시켰다. 분명히, 도덕적 자격을 확립하는 기회는 그들의 도덕성에 의문을 제기할 수 있는 행동에 대한 사람들의 자기 통제와 억제를 감소시켰다(Blanken).

도덕적 자기 면허는 세 가지 핵심 요소를 내포한다(Effron & Conway). 첫째, 면허를 느낀다는 것은 자신의 신용을 떨어뜨리는 것에 대한 두려움 없이 행동하거나 생각을 표현하는 것이 허용된다고 인식하는 것을 수반한다. 둘째, 도덕은 사람들이 원하는 행동 방식과 당위적으로 행동해야 하는 방식 간의 상충을 나타내는 덕과 관련된 영역(예: 정직, 편견, 환경보호주의, 자기 통제)을 폭넓게 가리킨다. 따라서 도덕적 자기 면허는 사람들이 그들의 덕에 대한 증거를 제공함으로써 분명하게 덜 유덕한 방식으로 행동할 자유를 부여한다. 모든 면허 효과가 도덕적 면허 효과는 아니다. 예를 들어, 특정 집단의 멤버십은 반드시 자신의 덕에 대한 증거를 제공하지 않고도 특정 의견을 표현할 수 있는 자격을 부여할 수 있다. 셋째, 자기 면허 효과는 사람들 스스로가 자유롭게 행동할 수 있을 때 발생한다. 다른 사람의 위반 행동을 용서하는 것은 도덕적 면허를 수반할 수 있지만, 도덕적 자기 면허를 수반하지는 않는다.

초기의 연구는 도덕적 면허의 원천으로 선행에 초점을 맞추었지만, 최근의 연구는 세 가지 추가적인 원천을 밝혀낸다(Effron & Conway). 첫째, 사람들은 사후 가정적인 위반 행동, 즉 그들이 할 수 있었지만 하지 않았던 나쁜 일에 대해 성찰하고 난 후에 면허를 받은 행동을 할 수 있다. 한 연구에서 노골적인 인종차별적인 행동을 포기하는 기회를 얻은 백인 참가자들은 그러한 기회가 없는 사람들에 비해 그 후에 인종적으로 덜 민감한 견해를 표현했다. 또 다른 연구에서, 이전에 회피했던 건강하지 않은 선택에 대해 성찰한 참가자들은 통제 주제에 대해 성찰한 사람들에 비해 그 후에 더 나쁜 다이어트 계획을 세우고 따랐다. 둘째, 사람들은 그들이 수행하려고 계획한 선한 행위의 사전 가정적인 덕에 대해 성찰할 수 있을 때 면허를 가지고 행동할 수 있다. 예를 들어, 대학생들은 나중에 헌혈하겠다고 맹세한 후에 노골적으로 편견을 드러낼 가능성이 더 컸다. 셋째, 사람들은 대리적인 적(vicarious virtues), 즉 내집단 성원이 수행한 선행으로부터 면허를 얻을 수 있다. 예를 들어, 한 집단 구성원에 의한 편견 없는 행동은 다른 고도로 식별된 집단 구성원들이 인종적으로 의심스러운 견해를 더 편안하게 표현하도록 할 수 있다. 종합하면, 이러한 발견은 사람들이 선한 행동을 하지 않고도 그들 자신에게 면허를 주는 데 상당한 유연성을 가지고 있다는 것을 보여준다. 그것은 단지 과거의 악행을 반성하고, 선행을 기대하거나, 집단 구성원의 선행을 회상하는 것으로 충분하다.

요약하면, 사람들은 자기가 가진 덕의 증거를 지적할 수 있을 때(선한 행동이나 계획, 사후 가정적인 위반 행위, 심지어 내집단 구성원에 의해 행해진 선한 행위), 덜 유덕하게 행동하려고 한다. 사람들이 자기의 덕에 대한 증거가 필요할 때, 그들은 더 유덕하게 행동하거나 유덕하게 행동하기로 계획하거나, 사후 가정적인 위반 행동을 고안하거나, 과거의 행동을 도덕적 자격이나 신용으로 재해석함으로써 덕의 증거를 만들어낼 수 있다. 이러한 도덕적 자기 면허는 사람들이 도덕성을 중시한다는 증거보다는 그들이 부도덕하지 않다는 증거로서 덕의 증거를 해석할 때 발생할 가능성이 가장 크다.

(2) 도덕적 세정 이론

도덕적 세정은 과거의 위반 행동에 반응하여 도덕적 자기 가치를 회복하는 것을 목표로 하는 행동을 묘사한다. 사람들은 자기 이미지를 유지하고 그들이 지각한 자아상과 그들이 원하는 도덕적 자아 사이의 명백한 차이를 제거하도록 동기를 부여받는다(West & Zhong). 지노(Gino)와 그 동료들은 최근의 연구에서, 실제로 싫어하는 대의명분을 지지하는 주장을 하는 것처럼 진실하지 않은 방식으로 행동한 참가자들은 그들이 비도덕적이고 불순하다고 느꼈고, 결과적으로 자선 단체에 기부하려는 그들의 의지와 신체적인 세정에 대한 그들의 욕구가 더 강해졌다는 것을 입증했다. 이렇듯 도덕적 세정에 관한 연구는 과거의 위반 행동에 반응하여 관찰되는 무수한 행동을 이해하고자 한다.

도덕적 세정 행동은 세 가지 중요한 범주로 분류된다. 첫째, 자신의 잘못을 세정·정화하는 가장 직접적인 방법은 단순히 잘못된 것을 바로잡는 것인데, 이것을 배상 세정(restitution cleansing)이라고 부른다. 배상 세정은 자극적인 도덕적 위협 자체를 제거하는 것을 직접적인 목표로 삼는다. 테트록(Tetlock)과 그 동료의 연구는 신성한 가치를 위반하는 것을 상상할 때, 사람들은 이러한 가치를 다시 확언하도록 동기 부여가 된다는 사실을 발견했다. 예를 들어, 신생아를 매매하거나 장기 거래를 위한 시장을 고려하는 것은 사람들이 신성한 가치를 시장화하려는 시도나 정책에 반대하는 집회에 더 기꺼이 참여하도록 이끌었다.

둘째, 행위 세정(behavioral cleansing)은 도덕적 자아의 여러 차원에 걸쳐 상쇄하는 것을 포함하며, 하나의 하위 영역의 위협은 별도의 하위 영역을 강화함으로써 완화된다. 많은 세정 반응은 배상 세정보다 훨씬 덜 직접적이다. 도덕적 자아 가치를 회복하는 것은 일반적으로 외부 관찰자에게 불투명한 방식으로 도덕적 성품의 여러 다른 차원에 걸친 상쇄를 포함할 수 있다. 도덕적 세정 문헌에서 하위 영역 간의 이러한 상쇄 경향은 행위 세정으로 설명된다. 사람들은 난폭운전에 대한 잘못된 피드백을 받은 후 지역사회 봉사에 참여하고 싶은 강한 욕구를 경험하고, 과거의 안전하지 않은 성행위를 떠올린 후 노숙자 쉼터에 기부할 가능성이 더 증가했다. 이러한 효과는 도덕적 부채와 신행의 균형을 이루는 형태로 특징지어졌다. 이 개념 구인에서 도덕적 자산은 대체 가능성이 매우 크다. 한 도덕 영역에서 악행으로 축적된 부채는 완전히 무관한 영역의 신용으로 상쇄될 수 있다.

셋째, 상징 세정(symbolic cleansing)은 육체적 또는 의식적 세정과 같이 자극적인 도덕적 위협과 상징적으로만 연관된 배상 행동을 포함한다. 이를테면, 고백 성사와 같은 종교적 의식은 상징적으로 과거의 죄를 씻고 미래의 위반을 허가하는 역할을 할 수 있다. 쫑과 릴젠퀴스트(Zhong & Liljenquist)는 참가자들에게 과거의 잘못을 회상하도록 한 다음, 그들 중 절반은 패혈증 예방용 천을 사용하여 손을 씻을 기회를 주었다. 그들은 신체적인 세정이 말 그대로 이후의 아원봉사 행동을 감소시킨다는 사실을 발견했다. 이 연구는 도덕적 자기 존중에 대한 위협은 신체적 세정에 대한 욕구를 자극한다는 것을 보여준다. 또한, 신체적 세정이라는 순수한 상징적 행위는 더 직접적인 세정 행동이나 행위 세정의 행동에 대한 욕구를 대체하는 것으로 나타났다.

또한 도덕적 세정 행위는 지각된 도덕적 자아상과 도덕적 기준점 사이의 비교 결손을 제거하려는 욕구에서 동기 부여가 된다(West & Zhong). 단기적 도덕적 자기 이미지는 도덕적 위반 행동에 반응하며 반복적으로 도덕적 기준점과 비교된다. 세 가지 범주의 도덕적 세정 행위는 지각된 도덕적 자아와 도덕적 기준점 사이의 상대적인 비교 결핍을 감소시키는 대안적인 경로를 나타낸다.

도덕적 세정에 관한 연구는 사람들이 긍정적인 도덕적 자아상을 달성하기 위해 어떻게 다양한 형태의 단기적 견제와 균형을 사용하는지를 조사한다. 이러한 행동 유형은 우리가 긍정적인 자아상을 원한다는 점에서 인간 본성의 더 나은 천사에 대해 말하는 동시에 우리의 더 해로운 특서, 즉 진정한 보상비용을 부담하지 않고 도덕적 자아상을 고칠 수 있는 기발하고 지략있는 방법에 대해서도 말해준다.

4. 도덕적 균형 모델의 시사점

니산의 도덕적 균형 모델은 우리가 어떤 행동을 수용할 만한 도덕적 수준으로 지각하는 한, 적절한 행동으로 판단되는 것에서 의도적으로 벗어나고자 하는 경향성을 잘 포착한다. 이 모델은 우리가 나름의 도덕적 균형을 유지하면서 산다는 것을 강조한다. 그래서 사람들은 비도덕적인 행동을 한 후에 위반 행동을 하지 않으려고 하지만, 도덕적 행동을 한 후에는 위반 행동을 더 많이 하려고 한다. 니산의 도덕적 균형 모델은 도덕적 자기 면허와 도덕적 세정 이론을 통해 경험적 근거를 확보하였고, 행동 윤리학에서 제한된 윤리성 개념에 근거한 도덕교육 방법을 발전시키는 데 크게 이바지했다.

도덕적 균형 모델에서 도덕 선택은 주로 정체성 유지 원칙을 따른다. 우리는 나름의 도덕적 균형의 기준선을 그리고 있다. 그래서 그 선 밑으로 떨어질 위험이 없는 경우에는 도덕적으로 의심스럽거나 문제가 되는 행동에 기꺼이 관여한다. 이전의 선한 행동은 이후의 행동에 일종의 도덕적 자기 면허를 부여하고, 이전의 악한 행동은 이후의 도덕적 세정 행동을 자극한다.

도덕적 균형 모델에 근거한 도덕교육은 제한된 도덕성 개념을 굴대로 삼으면선 개인의 도덕적 균형의 기준선을 상향 이동시키는 것을 목표로 삼는다. 이러한 목표 달성을 위해서는 학생들의 도덕적 자기 정체성 형성과 발달을 촉진하고, 이전의 선한 행동이 도덕적 자기 면허가 아닌 도덕적 자기 일관성을 향상하도록 해야 하며, 악한 행동을 배상하려는 도덕적 세정 동기를 강화하고, 비도덕적 행동을 이끄는 사회적·심리적 과정에 대한 올바른 인식을 재고해야 한다. 또한, 정의 공동체 접근법에서 잘 드러난 바와 같이, 도덕을 최우선으로 생각하고, 도덕적 규범과 원칙을 장려하며, 도덕적·친사회적 동기를 강화하는 환경과 맥락을 설계하는 것은 좋은 사람이 나쁜 일을 하지 않도록 돕는 데 필수적이다.

PART 02

도덕·윤리 교수학습 방법이론

01 협동학습

CHAPTER

1. 협동학습의 교육적 의의

(1) 협동학습(cooperative learning)의 의미

교육 일반적인 차원에서 협동학습이란 이질적인 학생들로 구성된 소규모의 집단을 구성하여 공동의 노력과 협력을 통해 배움과 발전을 도모해 나가는 구조화되고 역동적인 학습 양식으로서, 도덕성의 인지적 측면은 물론 정의적 측면의 발달을 위한 포괄적인 학습방법이다.

도덕교육의 차원에서 협동학습이란 건전한 도덕성 내지 유덕한 인격 함양에 도움을 주기 위해 학생들로 하여금 공동의 과제나 목표 성취를 지향하도록 하는 가운데 상호 협력적으로 학습과 활동을 수행하게 하는 도덕교육의 한 형태이다.

(2) 협동학습의 일반적 특징

① 협동학습은 본질적으로 학생들 사이의 긍정적 상호의존성 및 상호작용성과 개별적 책무성을 특징으로 한다. 즉 협동학습은 공동의 목표를 향한 협력과 책임 완수를 기본 원리로 하는 학습 방법이다.
② 협동학습에서 집단 구성원들은 동등한 지위를 누리며, 학습 활동에 대한 책임 또한 동등하게 갖는다.
③ 협동학습에서는 대체로 능력이나 관심 등에서 이질적인 집단 구성을 강조하는데, 그 이유는 서로 간의 상호작용을 촉진하고 소집단 간의 격차를 줄이기 위해서이다.
④ 협동학습에서는 과제 해결 때만이 아닌 지속적인 협력 관계를 강조한다.
⑤ 협동학습은 일련의 학습 과정을 관찰, 분석, 조정, 피드백 하는 교사의 역할을 강조한다. 이 점에서 협동학습은 학생들에게 거의 전적으로 학습 활동을 맡기는 학습 구조와는 구별된다.
⑥ 협동학습 과정에서 학생들은 리더십, 협동심, 의사소통 능력, 상호 신뢰 등을 직접 배우게 된다.
⑦ 협동학습에는 학생 서로 간의 경쟁 개념이 거의 없다. 이 점에서 협동학습은 경쟁 학습 방식과는 구별된다. 하지만 협동학습이 모든 형태의 경쟁을 거부하는 것은 아니며 적절하지 못한 경쟁만을 거부하는 것이다.
⑧ 협동학습은 하나의 절대적인 수업 방식이 아니다. 즉 협동학습은 기존의 교육과정의 틀 속에서 이루어지는 것이지 협동학습을 위한 새로운 교육 과정을 요구하는 것은 아니다.

(3) 협동학습의 기본 요소

① 집단 이질성	협동학습 집단의 크기는 상대적으로 작고, 가능한 이질적이어야 한다. 한 집단은 보통 4~5명으로 구성되는 것이 바람직하며, 각 집단은 남녀 학생과 상이한 능력 수준의 학생들로 구성되는 것이 바람직하다.
② 집단 목표와 상호 의존성	집단이 획득해야 할 목표들로 점수나 인정서 같은 것들이 주어지며, 집단 구성원들은 서로의 도움 속에서 이 목표를 달성할 수 있어야 한다.
③ 촉진적 상호작용	긍정적인 상호 의존성을 확보하기 위해서는 촉진적 상호작용이 필요하다. 서로를 고무하고 촉진하기 위해서는 동료의 교수(가르침), 일시적 도움, 정보와 자료의 교환, 타인의 추론에 대한 도전, 피드백, 서로의 학습 동기를 부추겨 주는 것 등의 상호작용이 실행되어야 한다.
④ 개별 책무	집단 구성원은 집단의 목표를 달성하는 데 저마다 기여해야만 한다. 그러한 기여는 개별 학생들이 성취한 점수의 합이나 평균을 집단의 점수로 간주한다든지, 각 구성원이 주어진 프로젝트의 각 부분들에 대해 책임을 지게 하는 것 등에 의해 실현될 수 있다.
⑤ 대인 관계적 기능	학생들이 대면적 상호작용을 위한 방법을 모를 때에는 긍정적인 상호 의존성과 촉진적 상호작용이 제대로 일어날 수 없다. 따라서 학생들은 리더십, 의사결정, 신뢰 형성, 명확한 의사소통, 갈등 관리 등과 같은 기본적인 기능들을 지니고 있어야 한다.
⑥ 성공을 위한 동등한 기회	협동학습의 성공은 이질적 능력을 지닌 학생들의 긍정적인 상호작용, 촉진적 상호작용, 개별적 책무 등에 달려 있는데, 이를 위해서는 모든 학생들에게 자신들의 집단에 기여할 수 있는 기회를 골고루 부여하는 것이 중요하다. 예를 들어 이전 성적에 비해 향상된 것만큼 상점을 부여한다든지, 다른 집단과 게임을 하더라도 다른 집단의 실력이 비슷한 학생과 경쟁해 보게 한다든지, 학생의 현재 수준에 맞는 학습 과제를 부여하는 것 등을 통해 성공을 위한 기회가 구성원 모두에게 동등하게 부여되어야 한다.

(4) 협동학습의 교육적 장점

① 협동학습의 도덕교육적 장점에 대한 주요 학자들의 입장

피아제	어린 아동에게서 전형적으로 나타나는 도덕적 실재론 혹은 타율적 도덕성으로부터 보다 성숙한 단계인 자율적 도덕성으로 발달해 나가는 데 있어서 관건이 되는 것은 아동들의 탈중심화 능력이며, 그러한 능력은 아동 상호 간의 협동과 책임을 조장해 줄 수 있는 집단 활동과 자치제도와 같은 프로그램을 통해 가능하다. 개별화되고 경쟁적인 학교 교육은 아동들의 자기중심성을 강화시켜 주는 역기능을 보이기에, 집단 활동 속에서의 협동을 통해 학교의 구조를 개선해 나가는 노력이 필요하며, 그러한 노력 자체는 학생들의 지적 발달은 물론 도덕성 발달에 있어서 긍정적인 역할을 수행한다.
나딩스	협동학습은 따뜻한 배려의 윤리를 발달시키는 데 매우 유용한 방법이다. 학생들은 하나의 협동적인 학습 집단을 이루어 공부함으로써 서로를 아끼고, 도와주고, 보살펴 주는 가운데 따뜻한 배려의 발달에 필수적인 관계성, 수용성, 책임감 등과 같은 윤리적 특성을 배울 수 있게 된다.
리코나	협동학습은 교과 내용의 학습과 도덕성 발달을 동시에 이룰 수 있는 유용한 수단이다. 협동학습은 훌륭한 인격의 두 핵심 요소인 '존중과 책임'의 발달에 매우 효과적이다. 즉 협동학습을 통해 학생들은 학습 과제 해결에 있어서 서로를 존중해 주는 것을 배울 수 있을 뿐만 아니라 공동 과제 해결에 있어서 개인적이고 집단적인 책임감을 고양시킬 수 있다. 또한 지속적인 협동학습을 통해 교사는 교실을 하나의 응집력 있는 공동체로 만들어 나감으로써 인간관계에서의 갈등 해소는 물론 도덕적 상호작용을 원활하게 해줄 수 있다.
아동 발달 프로젝트 (CDP)	협동학습의 도덕교육적 유용성에 관련된 최초의 체계적인 연구인 아동 발달 프로젝트의 연구결과에 의하면, 협동학습은 인간관계에 필요한 기능이나 친사회적 가치를 발달시키는 데 매우 유익한 학습 방법이다.

> **참고**
>
> **아동 발달 프로젝트 (Child Development Project)**
>
> 1979년 초반에 교육 연구자, 심리학자, 교사 교육자, 전직 교사로 구성된 소규모 집단은 학생의 사회·도덕 발달을 지원하려고 아동 발달 프로젝트라고 불리는 초등학교 프로그램을 개발하였다. 이 프로젝트는 캘리포니아의 샌 라몬(San Ramon) 교외에 소재하는 3개의 초등학교에서 시작하여, 나중에는 캘리포니아, 플로리다, 켄터키, 뉴욕의 총 24개 학교에서 실행되었다. 아동 발달 프로젝트 연구진은 독립된 교과로서 도덕을 가르치는 방식을 버리고, 초등학교 교육과정과 학급 경영 절차에 도덕교육을 통합하는 획기적인 방법을 채택하였다. 아동 발달 프로젝트는 아동 발달과 학습에 관련된 몇 가지 독특하면서도 상호 일관된 이론적 기초에 출발하였다. 아동 발달 프로젝트는 듀이의 이론에 근거하여 교실을 더욱 민주적인 곳으로, 콜버그의 이론에 근거하여 더욱 정의로운 곳으로, 나딩스의 이론에 근거하여 더욱 배려하는 곳으로, 그리고 피아제와 비고츠키의 이론에 근거하여 더욱 구성주의적인 곳으로 만드는 데 초점을 맞추었다. 그리고 아동 발달 프로젝트의 목적은 학교를 '학습자들의 배려 공동체'로 만들기 위해 고안된 포괄적 프로그램을 체계적으로 실행하는 것이었다.

즉 아동 발달 프로젝트는 교실과 학교 그리고 가정 환경 속에서의 체계적인 변화를 통해 아동의 도덕적·사회적 발달을 고양하려는 하나의 포괄적인 연구 프로젝트인 것으로서 다음과 같은 특징을 지닌다.

첫째, 아동 발달 프로젝트는 아동들로 하여금 개인적 욕구들과 사회적 욕구들을 조정할 수 있는 능력을 길러 주는 데 초점을 맞추고 있다.

둘째, 아동 발달 프로젝트는 전통적인 인격교육의 방식과 인지발달적 관점을 창조적으로 통합하여 적용한다. 즉 그것은 친사회적 가치들에 대한 교사와 성인들의 직접적인 가르침과 지도 활동으로서의 인격교육적 관점들과 아동들이 그러한 가치들에 대하여 논의하고 숙고해 보며 실생활에 적용해 보는 기회를 제공해 주는 것으로서의 인지발달적 관점들을 창조적으로 결합한 것이다.

셋째, 아동 발달 프로젝트는 다음과 같은 다섯 가지 프로그램들을 활용하였다. ① 교실 관리의 방식으로 발달적 훈육75)을 활용하였다. ② 정규 수업 방식으로 협동학습을 활용하였다. ③ 아동들이 생활 속에서 친사회적 행동을 실천할 수 있는 다양한 기회를 부여해주기 위해 상급생이 하급생 돕기, 지역사회 봉사, 학교 환경 미화 활동 등 타인을 돕는 활동을 전개하였다. ④ 문학 작품이나 토론 그리고 직접 경험을 통하여 아동들이 타인들을 이해하고 공감할 수 있는 능력을 가질 수 있도록 도왔다. ⑤ 문학과 역사 그리고 개인적인 모범 사례들을 통하여 아동들이 친사회적 가치들의 중요성을 이해하고, 가치와 행동 간의 관계를 인식할 수 있도록 친사회적 가치들에 초점을 맞추는 활동을 전개하였다.

② 협동학습의 도덕교육적 유용성
 ㈎ 협동학습은 학생들을 자기 스스로 도덕규범을 발견하고 창조하며 구성하는 적극적이고 능동적인 존재로 인식하는 인간관에 기초해 있다. 따라서 이러한 인간관은 학생들 스스로 도덕규칙이나 가치들을 체험할 수 있는 다양한 기회를 제공해 주어야 한다는 점을 함축한다. 이처럼 협동학습은 학습자에 대한 긍정적인 견해를 지니고 있다는 장점과 더불어 그동안 도덕교육에서 무시되어 왔던 학생들의 다양한 참여 기회와 경험을 강조하고 있다는 점에서도 유용한 학습 방법이라 할 수 있다.
 ㈏ 협동학습은 도덕성의 인지적·정의적·행동적 영역을 동시에 포괄할 수 있는 통합적이고 체계적인 학습 방법이다. 즉 문제해결 능력, 사고력 등의 인지적 영역뿐만 아니라 인간관계 개선, 자아 존중감, 교과목에 대한 선호, 교사에 대한 신뢰, 학습 동기, 정신적 건강과 같은 정의적 영역에서도 긍정적인 효과를 기대할 수 있다.
 ㈐ 협동학습은 도덕적 행동에 필수적인 다양한 사회적·인간관계적 기능들의 숙달을 위해 유용한 학습 방법이다.
 ㈑ 협동학습은 가치습득에 있어서 중요한 역할을 담당하는 응집력 있는 공동체를 만들어 준다. 학생들은 협동학습을 통해 집단에 대한 애착 및 소속감을 갖게 되고, 집단 속의 다른 구성원들에 대한 배려와 이해를 발달시키며, 구성원들과의 상호작용을 통해 매우 긍정적인 또래 집단의 규범 문화를 창조해 감으로써 도덕성이나 가치의 발달에 중요한 역할을 수행한다.

---

75) 일반적으로 훈육(discipline)이란 사회집단의 규범이나 과업 수행 및 상황이 요구하는 행동에 어긋나는 행동을 개선하는 활동을 의미하며, 학교에서 훈육은 학생들이 특정한 행동 강령을 따르고 파괴적인 행동에 관여하는 것을 그만두도록 훈련시키기 위해 실행되는 가르침과 활동을 의미한다.

(마) 협동학습은 진정한 도덕적 탐구 공동체를 가능하게 해 준다. 협동학습을 통해 학생들은 도덕적 탐구 공동체의 일원으로서 존재하는 법, 사고하는 법, 기능하는 법 등을 배울 수 있게 된다. 그리고 도덕적 탐구 공동체 안에서 생활하는 가운데 학생들은 자율성의 발달에 있어서 필수적인 도덕적 정체성을 발견하게 된다.

(바) 협동학습은 기본 원리로서 상호 의존성과 개별적 책임감을 강조함으로써 인간이 본래 관계적 존재이고 책임적 존재임을 인식하게 해준다. 이처럼 협동학습은 인간의 도덕적 숙고와 성찰을 촉진시켜 주는 학습방법이다.

(사) 협동학습은 학생들의 도덕성 발달 및 정서 발달 그리고 학습력 증진에 도움을 줌으로써 도덕교육을 전반적인 학교 교육 과정들과 연계시켜 줄 수 있는 매개 역할을 한다. 또한 협동학습에서 강조하는 집단 및 개인의 목표 달성은 협동과 배려, 상호신뢰에 바탕을 둔 민주적인 학교 문화를 만들어 가는 데 기여할 수 있다. 따라서 협동학습은 오늘날 우리 교육에서 지향하고 있는 열린 교육의 기본 이념 및 원리들과도 일맥상통한다고 볼 수 있다.

2. 협동학습의 유형들

기본적인 협동학습 모형	❶ 동료교수법 (Peer Tutoring)
	❷ 함께 학습하기 (LT : Learning Together)
과제 중심 협동학습 모형	❸ 직소우 Ⅰ 모형 (Jigsaw Ⅰ)
	❹ 집단탐구법 (집단조사법) (GI : Group Investigation)
	❺ 협동을 위한 협동학습 (Co-op Co-op)
보상 중심 협동학습 모형	❻ 직소우 Ⅱ 모형 (Jigsaw Ⅱ)
	❼ 학생 팀-성취 학습(STAD : Student Teams-Achievement Division)
	❽ 팀대항 협동학습 (TGT: Team-Games-Tournament)

(1) 동료교수법 (Peer Tutoring)

이 모형은 학업이나 기타의 자질 등에서 보다 나은 학생이 그보다 못한 학생을 가르치고 도와줌으로써 함께 성장과 발전을 도모하는 협동학습의 가장 초보적인 형태라 할 수 있다.

동료교수법은 학생들 사이의 긍정적인 상호작용을 고무시키는 한편 학생들이 서로 도우면서 배우게 하는 장점도 지닌다. 그리고 이것은 가장 위험 부담이 적은 협동학습의 형태로서 보다 복잡하고 정교한 협동학습을 위한 기초가 된다.

동료교수법은 하루 중 어느 때라도 사용될 수 있고 교사와 학생 사이의 고정적인 관계에서 벗어날 수 있으며, 지적이고 심리적으로 보다 거리가 먼 교사보다는 보다 가까운 동료 학생에게 더 잘 배우게 되는 효과를 거둘 수 있다.

하지만 동료교수법은 가르치는 학생과 배우는 학생 사이의 긍정적인 인간관계나 래포(rapport:상호신뢰와 감정적 친밀함을 느끼는 인간관계) 형성의 문제, 가르치는 학생이 지적 우월감을 가지고 배우는 학생을 대할 가능성의 문제, 가르치고 배우는 학생들 사이의 지적 수준의 차이 문제 등과 같은 단점이 있다.

(2) 함께 학습하기 (LT : Learning Together)

이 모형은 5~6명의 이질적인 학생들이 하나의 집단을 만들어 과제를 공동으로 해결하는 방법으로서, 협동과 응집력 있는 공동체 그리고 그 속에서의 공동의 목표를 향한 상호작용과 협력적 노력을 강조하는 협동학습의 한 유형이다.

함께 학습하기에서 학생들은 주어진 과제를 해결하기 위해 학습하거나 탐구한 결과를 답안지나 보고서 형태로 제출한다. 이 과정에서 학생들은 여러 가지 방식의 협동 행위를 하게 된다.

그리고 교사는 학생들의 협동 행위에 대한 결과를 보상하는데, 이때 평가와 보상은 집단별로 이루어진다. 이처럼 함께 학습하기는 학생들의 협동적 행위에 대한 보상을 통해 협동을 격려하고 조장하는 것을 기본으로 한다.

(3) 직소우 I 모형 (Jigsaw I)

① 개념 및 특징

직소우 I 모형은 아론슨(Aronson)과 그 동료들에 의해 개발된 것으로서, 전통적인 경쟁적 학습 구조와 개별학습 구조를 협동학습 구조로 바꾸어 집단 구성원들이 서로에 대해 주요한 학습 자료원이 되는 동시에 누구도 동료들의 도움과 협동이 없이는 학습이 불가능한 구조를 가진 학습 방법이다.

이 모형에서 소집단은 대체로 5~6명으로 구성되고, 학습의 기본 구조는 학습 과제 및 학습 자료, 의사소통 훈련, 전문가 집단과 모집단, 소집단 리더, 개인적 평가와 보상 등을 주축으로 구성된다. 그리고 이 모형은 집단 보상이 없고, 집단 점수나 향상 점수 등도 사용하지 않으며, 학생들은 단지 주어진 과제와 학습에 대해 개별적 평가만을 받게 된다는 특징을 지닌다.

② 운영 방식

소집단에 과제가 주어지면 이를 소주제로 분할하여 구성원들이 각각 맡은 후 그 부분에 대해 전문가가 되어 탐구한다.

이후 각 전문가들이 모여 전문가 집단 속에서 서로 정보와 의견을 교환하여 전문성을 더욱 심화시킨 후, 모집단에 돌아와 다른 구성원들에게 자신이 습득한 내용들을 가르친다.

③ 운영 절차

❶ 학습 과제를 하위 요소로 분할한다.
❷ 분할된 소주제를 소집단의 구성원들에게 분배한다.
❸ 소집단의 구성원들은 자기 맡은 과제에 대한 전문가가 되어 탐구한다.
❹ 탐구 후 각 전문가들이 모여 전문가 집단 속에서 서로 정보와 의견을 교환하여 전문성을 더욱 심화시킨다.
❺ 자신이 속한 소집단으로 돌아와 다른 구성원들에게 자신이 습득한 내용을 가르친다.

④ 장점

이 모형은 소집단 구성원 각자가 과제의 일부를 책임지고 분담해서 수행하는 가운데 소집단 전체의 목표를 성취하도록 조직화되어 있기 때문에, 학습 과정에서 소외되는 학생이 발생하지 않으며 모두가 활발하게 상호작용한다는 장점이 있다.

그리고 동료 학생들과 학교에 대한 애정과 자아 존중감이 증가되고, 인지적 학습 효과와 더불어 정의적 측면에서도 좋은 성과를 보인다는 장점이 있다.

(4) 집단탐구법 (집단조사법) (GI : Group Investigation)

① 개념 및 특징

: 샤란(sharan)에 의해 개발된 것으로서 집단 내 구성원들의 협동적 상호작용을 바탕으로 공동 조사 내지 공동 탐구를 수행하게 하는 교수학습 방법으로서, 다음과 같은 특징을 지닌다.

• 집단과정과 탐구과정이 결합된 수업 모형으로서 학생들로 하여금 집단 과정을 통해 탐구 활동을 함으로써 소기의 교육적 성과를 거두고자 한다.

집단 과정	여기서의 집단 과정이란 '아이디어와 지각의 상호 교환, 집단 조직, 과업 결정, 작업 분담, 의견 교환, 갈등의 해결, 책임 분담, 지도자·기록자·요약자로의 역할 분담, 각 집단이 발견한 것을 상호 교환하는 방법의 결정 및 준비 역할, 의견 교환' 등으로 구성된다.
탐구 과정	탐구 과정은 '중요한 문제나 가설의 설정, 문제의 답을 추구하는 데 필요한 정보와 그 정보를 획득하는 방법의 결정, 정보를 수집하고 기록하기, 정보 분석, 결론의 도출, 새로 발견한 것에 비추어 문제를 재구성하고 탐구의 강점과 약점을 토의하기' 등으로 구성된다.

집단조사법은 학생들이 공부할 주제의 선택과 정보의 조직 및 이해, 탐구의 실제적인 과정과 탐구 결과의 발표 등에 있어 능동적인 역할을 할 수 있게 해준다.

집단조사법은 관심 사항에 대해 의문 갖기, 넓고 다양한 정보원에서 대답 찾기, 탐구 내용과 과정을 함께 계획하고 활동하기, 개인적 경험과 지식의 관점에서 해답을 이해하기, 정보와 아이디어 교환에 있어 동료와 상호작용하기 등에 있어 학생들에게 풍부한 기회를 제공해 줄 수 있으며, 그 결과 학생들의 학업 성취를 증진시키고 나아가 고급 사고력을 함양하고 사회적 상호작용 능력을 증대시킨다.

② 운영 방식

학생들은 소집단에 부여된 과제를 해결하기 위해 탐구 계획을 세우고 역할을 분담하며 정보 찾기, 집단 토론, 분석과 종합 등의 활동을 전개하게 된다.

그리고 탐구 결과를 요약하고 정리해서, 함께 보고서를 작성하여 전체 구성원들 앞에 제출하고 발표하게 된다.

이 과정에서 학생들은 그들의 정보와 발견물을 서로 교류하고 상호 이해를 촉진시키는가 하면 서로 도우면서 공동의 목표를 달성하기 위해 함께 일한다.

③ 운영 절차

❶ 탐구 문제의 설정	• 학생들의 지적 수준과 경험에 걸맞으면서도 학생들의 문제의식과 호기심을 자극할 수 있는 탐구 문제 설정 • 교사는 수업을 통해 학습되어야 할 내용을 고려하여 탐구 문제를 주의 깊게 선택
❷ 탐구 계획의 수립	• 탐구 집단을 조직하고 탐구 문제를 세분화한(탐구 문제를 세분화한다는 것은 각 집단이 탐구할 구체적인 주제를 설정하고 수행과제를 할당함을 의미) 후 이를 어떻게 접근하고 결과를 산출하며 그 산출된 결과를 어떻게 보고할 것인지 등에 대한 계획 수립 • 탐구 집단을 조직할 때에는 다양한 재능과 특성을 가진 학생들로 구성하고, 소외되는 학생이 없으면서도 협동이 잘 이루어질 수 있도록 조직
❸ 탐구의 실시	탐구 활동 중에 교사의 관심과 지도가 필요하며, 교사는 탐구 활동이 의도한 대로 추진되는지 살펴보면서 잘못된 방향은 바로잡아 주고 어려움을 극복할 방안을 안내하는 등 적절한 자문과 격려가 필요.
❹ 탐구 결과 발표 및 논의	각 집단이 탐구한 결과와 그 과정에서 얻어진 경험들을 서로의 논의와 교류를 통해 세련화, 내면화하고 최초 설정한 학습 문제를 중심으로 그것들을 종합
❺ 종합 정리 및 평가	• 탐구 결과를 종합하여 정리하고 탐구 활동 및 결과에 대해 평가 • 종합된 결과를 게시하거나 학급 또는 학교 신문에 싣는 등 다양한 방식으로 발표 • 평가를 통해 더욱 훌륭한 탐구를 하는 데 필요한 능력과 자질을 기를 수 있도록 함

(5) 협동을 위한 협동학습 (Co-op Co-op)

① 개념 및 특징

이 모형은 케이건(Kagan)에 의해 개발된 것으로서, 한 학급에서 정한 전체 과제를 몇 개의 소집단이 나누어 맡아 협력적으로 해결하기 위해 소집단별로 협동학습을 하는 유형의 협동학습 방법이다.

학생팀성취 협동학습이나 직소우 II와 같은 협동학습에서는 자신이 속한 소집단의 성공을 위하여 협동을 하기 때문에 이러한 유형의 협동학습에서는 학습과 협동이 성공을 위한 수단으로 기능한다.

그러나 협동을 위한 협동학습에서는 학생들이 학급 전체의 과제를 해결하는 데 공헌하기 위해 소집단 협동을 하고 결과물을 산출하는 것이기에 학습과 협동 자체가 목적이 되며 이런 의미에서 '협동을 위한' 협동학습이라고 부르는 것이다.

이 모형은 분업의 원리를 통해 각 소집단들이 전체 주제와 관련된 소주제를 학습하여 전체 학급에 공헌하는 방식으로 학습과 학습 동기를 동시에 증진시키고자 한다.

또한 이 모형은 학생들의 자연적인 호기심과 지성, 표현력 등을 발전시킬 수 있는 조건을 제공하는 것이 진정한 교육의 역할이라는 철학적 관점에 기초하고 있으며, 소집단 속에서의 협동과 그것을 통해 얻은 이익을 학급 전체가 함께 나누는 경험을 중시한다.

② 운영 방식

먼저 교사가 학급 전체 수준에서 탐구해야 할 주제를 설정하고 이를 설명 내지 소개한 후, 학급 전체의 토론을 거쳐 전체 주제를 해결하는 데 필요한 하위 주제들을 설정한다.

그런 다음 학생들은 자신이 관심 있는 하위 주제를 선택하고 그것을 다루는 소집단의 구성원이 된다. 그리고 각 소집단들은 집단 형성을 위한 다양한 활동을 하면서 사회적 기능을 익힌다.

소집단 구성원들은 그 집단에서 정한 하위 주제들을 다시 세분화하여 소주제를 설정하고 이를 집단 구성원들 각자가 맡는다.

이후 각 소집단의 구성원들은 개별 학습과 탐구를 하고난 뒤 이를 소집단별로 토론 등을 통해 정리한 후 보고서를 만들고 발표 준비를 한다.

마지막으로 소집단별로 학급에 대해 발표하고 전체 토의를 통해 학급 수준에서 정한 과제에 대한 탐구를 정리하고 마무리한다.

③ 운영 절차

❶ 학습 주제 소개	• 학습 주제 선택·소개 • 학생들의 관심을 자극할 수 있고 자발적 학습 동기를 유발할 수 있는 자료 활용
❷ 학생 중심 학습 토론	• 토론을 통해 다양한 소주제 산출 • 언급된 소주제 가운데 최종적으로 다룰 주제 결정
❸ 모둠 구성을 위한 소주제 선택	• 소주제 가운데 자신이 학습하고자 하는 주제 선택
❹ 소주제별 모둠 구성 및 모둠 세우기 활동	• 학생들이 선택한 주제를 중심으로 모둠을 구성하고 모둠별로 모둠 세우기 활동을 통하여 모둠의 공동체 의식을 기름

❺ 소주제 정교화	• 모둠 내에서 모둠 토의를 통해 자신들이 맡은 소주제를 정교한 형태로 구체화하고 연구 활동 계획을 수립
❻ 미니 주제 선택과 분업	• 모둠원들은 정교화된 소주제를 수행하기 위해 소주제를 미니 주제로 만듦 • 모둠원 각자가 자신이 원하는 미니 주제를 담당하여 역할을 분담함
❼ 개별 학습 및 준비	• 각자 담당한 소주제에 대한 개별 학습 • 발표 준비
❽ 모둠 내 미니 주제	• 미니 주제에 대한 연구 결과 발표
❾ 발표	• 모둠 토의 시 이끔이, 기록이, 칭찬이, 지킴이 등의 역할을 분담하여 효과적으로 발표를 진행
❿ 모둠별 발표 준비	• 모둠별 발표 보고서 작성 • 다양한 형태로 발표 준비
⓫ 모둠별 발표	• 모둠별 발표 • 교실 전체가 주제에 대한 토의
⓬ 평가와 반성	• 평가 시 교사 평가 방식뿐만 아니라 동료 평가 방식도 도입하여 다면적이고 종합적인 평가가 이루어질 수 있도록 함 • 부족한 부분에 대한 보완 기회 부여

④ 장점

협동을 위한 협동학습은 학생들의 도덕적 사고 능력을 배양한다는 장점을 지닌다. 이 모형에서 학생들은 학습 대주제에서부터 소주제에 이르는 세분화되고 정교화된 학습 과정을 통해 과제를 수행한다. 이러한 학습 과정을 통해 학생들은 자연스럽게 도덕적 사고 능력을 훈련할 수 있는 기회를 가질 수 있다.

협동을 위한 협동학습을 통해 학생들은 도덕적 규범을 타율적으로 받아들이는 수동적 자세가 아니라 자율적이고 능동적으로 받아들일 수 있는 자세를 기를 수 있다. 이 모형에서는 협동학습의 기본 원리에 따라 구조화된 틀 안에서 수업이 진행되기에 그러한 틀 안에서 학생들은 도덕적 의미를 자율적으로 구성할 수 있다.

협동을 위한 협동학습 과정에서 이루어지는 남을 배려하는 사회적 기술 훈련 등을 통하여 학생들은 학습 과정에서 여러 가지 도덕적 경험을 할 수 있다.

⑤ 유의 사항

교사와 학생 간의 의사소통이 원활하게 진행되어야 한다. 협동을 위한 협동학습의 성공 여부는 교사가 학생 활동을 어느 정도 피드백 할 수 있느냐에 달려 있기 때문이다.

수업을 진행하는 데 시간이 많이 필요하므로 교육과정의 재구성을 통해 과제 활동을 할 수 있는 충분한 시간을 확보해야 한다.

교사는 학생들이 자기 주도적으로 학습할 수 있도록 지도해야 한다. 즉 교사는 학생들에게 정답을 제시하는 것이 아니라 질문을 통해 스스로 답을 찾아갈 수 있도록 도와주어야한다.

이 모형이 성공적으로 진행되려면 평가 방안이 잘 뒷받침되어야 한다. 왜냐하면 이 모형에 따른 정교한 수행평가 채점기준표가 없으면 수업은 산만해지거나 의도했던 수업 효과를 가지지 못할 수도 있기 때문이다. 또한 수행평가 채점기준표를 만들 때 유의해야 할 점은 개인적인 책임을 강조하여 개인 역할 기여도에 따라 같은 소집단 모둠원이라도 다르게 평가할 수 있어야 한다는 것이다. 또한 개인 평가와 소집단 평가가 잘 조화될 수 있도록 해야 한다.

(6) 직소우 II 모형 (Jigsaw II)

① 개념 및 특징

슬래빈(Slavin)에 의해 개발된 것으로서 '직소우 I'을 보완, 발전시킨 것이다. 직소우 I 모형은 집단 구성원들 사이의 과제 상호 의존성은 높았으나 보상 체계가 미흡하여 진정한 의미에서의 협동을 이끌어 내는 데 한계가 있다는 평가를 받았다.

슬래빈은 이를 보완하기 위해 직소우 I 형의 과제 상호 의존성을 그대로 유지하면서, 집단 보상을 제공하여 협동의 상호작용을 증대시키고자 하였다. 따라서 이 모형은 기존의 모형에서는 없던 향상 점수와 팀 표창 같은 장치를 가지고 있으며, 이러한 점에서 직소우 II 형은 직소우 I 형을 학생 팀-성취 학습 모형과 팀-대항 협동학습 모형에 통합한 것이라 할 수 있다.

또한 직소우 II에는 I에서와 같은 소집단 리더에 대한 훈련, 집단 의사소통 기능, 집단 구성 기능 등이 중요하지 않다고 보아 제외시켰다.

② 운영 방식

학습 과제와 그에 관한 정보나 자료를, 직소우 I 과는 달리, 일단 집단 구성원들이 모두 접한 연후에 이를 소주제로 분할하여 각자 전문가로서 담당하게 한다.

그리고 각 전문가들이 집단을 구성하여 정보와 의견을 교환하면서 전문성을 심화시킨 후 모집단으로 돌아와 다른 구성원들에게 전달하고 가르치는 활동을 하게 된다.

③ 운영 절차

❶ 모든 학생들은 동일한 내용의 학습 내용을 숙지
❷ 숙지한 학습 내용을 소주제로 분할하여 각 학생들에게 할당
❸ 각 학생들은 자신이 할당받은 소주제의 전문가가 되어 전문가 팀을 구성하여 정보와 의견을 교환하면서 전문성을 심화
❹ 소속된 소집단으로 돌아와 전문가 팀에서 논의한 내용을 다른 구성원들에게 자세하게 설명
❺ 학생들은 동료의 도움을 받지 않은 가운데 개인별로 평가를 받고, 그러한 평가를 통해 얻은 점수들이 모여 팀의 점수가 되고 결과에 따라 보상을 받음

④ 장점

직소우 Ⅱ에서는 개인별로 평가를 치르게 되는데, 평가 결과는 개인 점수만 산출하는 것이 아니라 기본 점수와 향상 점수, 소집단 점수도 산정하여 보상을 한다. 따라서 이 모형에서는 과제 상호 의존성과 보상 상호 의존성이 동시에 추구될 수 있고, 구성원들의 역할과 개별 책무성과 분명하게 나타나게 된다.

또한 개개 구성원들은 자기가 맡은 소주제에 대해 전문가가 될 뿐만 아니라 집단의 전체 성취도 향상에도 기여하게 됨으로써 협동성과 자아 존중감을 기르는 데에도 유용하다.

(7) 학생 팀-성취 학습 (STAD : Student Teams-Achievement Division)

① 개념 및 특징

슬래빈(Slavin)에 의해 고안된 학생팀성취 학습은 이질적인 요소들로 이루어진 네 명의 학생들을 하나의 팀으로 구성하여 학습 활동을 전개해 나가는 방식으로 다음과 같은 특징을 지닌다.

학생팀성취 학습은 보상 체제를 적절히 운용함으로써 학습 동기를 유발하고 협동학습을 촉진하다.

이 모형은 기본적으로 교사에 의한 교수, 소집단, 퀴즈, 개인 향상 점수, 소집단 보상이라는 다섯 가지 요소로 이루어지는데, 이로 인해 소집단 내의 학생들은 함께 학습하고, 서로의 학습에 대해 책임을 지며, 학습 목표 달성과 소집단별 성공을 이루어 내기 위해 노력하게 된다.

여기서 소집단의 성취 정도는 구성원들의 향상 점수에 의해 계산된다. 따라서 소집단의 성공 여부는 개인들 간의 도움에 달려 있고 서로의 도움 없이는 소집단이 성공할 수 없기 때문에 개별적 책무성이 강조된다. 그리고 소집단의 성취 정도는 구성원들의 향상 점수에 의해 계산되기 때문에 기본적인 학업 능력에 관계없이 누구나 노력 정도에 따라 균등하게 소집단의 성공에 기여할 수 있다.

② 운영 방식

교사는 먼저 전체 학생들을 대상으로 수업을 한 후, 서로 이질적인 학생들로 소집단을 구성하여 후속 학습을 하게 된다.

소집단에는 리더가 있고 각 구성원들은 기록 담당, 자료 담당 등의 역할을 분담한다.

그리고 교사가 제공한 학습 과제지를 놓고 구성원들 모두가 최선의 점수를 얻기 위해 서로 가르쳐주고 도우면서 학습한다. 따라서 개인에 대한 집단의 책임과 집단에 대한 개인의 책임이 모두 강조된다.

소집단 학습이 끝난 후 구성원들은 교사로부터 개별적으로 시험을 치른다.

시험 결과 개인 보상은 없고 소집단 보상만 받게 되는데 이 때 교사는 사전에 학생들의 성취 정도에 따른 팀점수 부과에 관한 명확한 기준과 다양한 방식을 가지고 있어야 하며 학생들에게도 이를 충분히 인식시켜 놓아야 한다.

평가 후 교사는 다양한 포상 방식을 통해 소집단을 격려하고 보다 나은 발전을 촉진한다.

③ 운영 절차

> ❶ 전체 학생들을 대상으로 한 교사의 수업
> ❷ 소집단 구성. 소집단에는 리더가 있고 각 구성원들은 기록 담당, 자료 담당 등의 역할을 분담
> ❸ 교사가 제공한 학습 과제를 놓고 소집단의 구성원 모두가 최선의 점수를 얻기 위해 협동학습 전개
> ❹ 소집단 학습이 끝난 후 구성원들은 교사로부터 개별적으로 쪽지 시험을 치름
> ❺ 시험 결과 개인 보상은 없고 소집단 보상만 받게 됨. 이때 교사는 사전에 학생들의 성취 정도에 따른 팀 점수 부과에 관한 명확한 기준과 다양한 방식을 가지고 있어야 하며 학생들에게도 이를 충분히 인식시켜야 함
> ❻ 평가 후 교사는 다양한 포상 방식을 통해 소집단을 격려하고 보다 나은 발전을 촉진

(8) 팀대항 협동학습 (TGT: Team-Games-Tournament)

① 개념 및 특징

이 모형의 전체적인 구조와 절차는 '학생 팀-성취' 학습과 비슷하지만 마치 체급별 운동경기와 비슷한 경쟁을 도입하고 있다는 점에서 차이점을 보인다.

그리고 '학생 팀-성취' 학습은 개인적인 퀴즈 해결을 위해 학습을 하고, 소집단 구성원들의 향상 점수로 학습 동기를 강화시키며, 학습 능력에 관계없이 열심히 노력한 구성원이 향상 점수를 통해 자신의 소집단에 기여하는 반면에, 팀대항 학습에서는 개개 구성원들이 팀 간 게임에서 좋은 성적을 얻기 위해 공부를 하고, 팀 대항 게임에서 얻은 점수로 학습 동기를 강화시키며, 다른 소집단의 비슷한 능력을 가진 경쟁자와 게임을 하여 자신의 소집단에 기여하게 된다.

이 모형은 게임 형식으로 진행된다는 점에서 학생들의 관심과 흥미를 증진시키는 장점이 있으며, 또한 소집단에 손해와 기여라는 다양한 경험을 하는 가운데 자신이 속한 소집단의 성취를 위해 열심히 협동하는 자세를 기를 수 있는 장점이 있다. 반면에 학생들 사이에 우월감과 열등감을 조장할 가능성이 있다는 단점 또한 존재한다.

② 운영 방식

교사의 수업 안내와 지도, 소집단 구성 및 협동학습 등은 '학생 팀-성취' 학습과 동일하다. 즉 교사가 수업의 기본 방향과 학습할 과제, 자료, 학습의 중점, 평가 등에 대해 안내를 한 다음 학생들로 하여금 소집단을 구성하여 역할을 분담하고 주어진 과제에 대해 서로 돕고 가르치면서 협동적으로 학습을 수행하도록 이끈다.

그러나 그 이후에는 '학생 팀-성취' 학습과는 달리 개별적인 시험을 치르는 것이 아니라 팀 간에 경쟁을 하게 된다. 즉 각 소집단별로 능력에 따라 구성원들을 상·중·하 정도로 나누고 이들의 능력 수준별로 팀별 토너먼트식 대항을 벌이는 것이다.

평가는 이러한 게임을 거쳐 각 소집단별 성적을 산출하는 것으로 하게 된다.

각 능력별 게임에서 1위를 한 학생은 다음 게임에서는 한 단계 오른 능력군에 참여하여 게임을 하고, 중간은 그대로 머물며, 하위를 한 학생은 한 단계 낮은 능력군의 게임에 임하게 된다.

③ 운영 절차

❶ 교사가 수업의 기본 방향과 학습할 과제, 자료, 학습의 중점, 평가 등에 대해 안내

❷ 서로 이질적인 학생들로 소집단 구성 후 협동학습

❸ 각 소집단별로 능력에 따라 구성원들을 상·중·하 정도로 나누고 이들의 능력 수준별로 팀별 토너먼트식 대항을 벌임

❹ 게임을 거쳐 각 소집단별 성적 산출

❺ 각 능력별 게임에서 1위를 한 학생은 다음 게임에서는 한 단계 오른 능력군에 참여하여 게임을 하고, 중간은 그대로 머물며, 하위를 한 학생은 한 단계 낮은 능력군의 게임을 하게 됨

02 역할 채택과 역할 놀이

CHAPTER

1장 역할 채택의 교육적 의의

1. 역할 채택의 의미

역할 채택이란 자신과 타인의 관점을 구별하고 타인의 관점에서 자신을 포함한 외부 세계를 볼 수 있는, 즉 타인의 입장에 서서 타인의 사고나 감정 또는 타인이 처한 상황을 추론하는 심리적 과정이다. 이러한 역할 채택의 능력은 대인 관계에서 타인의 감정이나 행동을 이해하고 예측하며 이를 충족시키는 행동으로 이루어지도록 도움으로써, 서로 간에 보다 친밀한 관계를 이루어 가는 데 기여할 뿐만 아니라 상대방의 고통을 덜어주는 행동으로 발전할 수 있는 동기를 제공하기도 한다.

2. 다양한 역할 채택 이론들

(1) 미드(Mead)

미드에 의하면, 역할 채택은 구체적이고 특수한 타자의 역할 채택으로부터 일반화된 타자의 역할 채택으로 발달한다. 이 발달 과정은 곧 자아의 발달 과정으로서, 역할 채택 발달 과정을 거치면서 자아는 좁은 자아에서 보다 넓은 자아로 확장되어 간다.

미드에 따르면 자아상이 도출되는 최초의 역할 채택 단계는 놀이단계이다. 놀이 단계에서 아동은 특정한 인물의 역할을 채택한다. 즉 아동은 놀이과정에서 한 인물의 특징 내에서 어떤 것을 말하다 이내 다른 인물의 입장이 되어 그에 답하곤 한다. 그런데 놀이 단계에서 아동은 단지 제한된 수의 타인으로 자신의 입장을 볼 수 있을 뿐이다. 그 후 생물학적 성숙과 역할 채택 연습에 의하여, 조직된 활동에 참여하는 몇몇 타인들의 역할들을 채택해 볼 수 있는 단계인 게임단계에 이르게 된다. 특정한 인물의 역할을 하는 놀이와는 다르게 게임 단계에서는 그 게임에 속한 모든 인물의 역할을 채택하게 된다.

역할 채택 발달의 최종 단계는 한 사회 속에서 자명한 일반화된 타자나 일반화된 태도 또는 공동체의 역할을 채택하는 단계이다. 여기서 일반화된 타자란 한 집단의 보편적인 태도가 조직된 것으로서, 그것은 개인에 의해 행위의 기준으로 받아들여지게 된다. 이 단계에서 개인은 일반화된 타자의 입장에서 숙고해 봄으로써, 타인을 관찰하는 주체의 입장에서 벗어나 타인에 의해 관찰되는 객체의 입장이 되고, 그로 인해 개인은 자신이 마음속에 품고 있는 좋지 못한 행동들을 미리 수정할 수 있게 된다. 이처럼 역할 채택의 직접적 효과는 개인이 그 자신의 반응에 대해 행사할 수 있는 통제에 있다.

미드는 이러한 역할 채택이야말로 사회를 존속시키는 과정이라고 본다. 그에 의하면 사회는 일반화된 타자의 입장으로 자기 자신을 평가하는 과정에 의존한다. 일반화된 타자의 입장에서 자신을 하나의 객체로서 바라보고 평가하는 능력이 없다면, 사회적 통제는 단지 특수하고 즉각적으로 현존하는 타인들의 역할 채택으로부터 연유된 자기 평가에만 의존하게 되며, 이는 보다 큰 집단들 사이의 다양한 활동들을 조정하는 작업을 아주 어렵게 만들게 된다. 이렇듯 미드는 역할 채택 능력을 행위의 방식들을 상호 간에 상상적으로 시연함으로써 협동, 적응, 나아가 사회 존속을 용이하게 해 줄 수 있는 행위들을 선택할 수 있는 능력으로 개념화 한다.

(2) 피아제(Piaget)

피아제는 자신의 인지발달론에서 제기된 탈중심성과 자기중심성의 개념을 통해 역할 채택 이론을 전개한다. 그에 의하면 탈중심화란 초기 아동기에 있어서 자기중심성을 극복하는 능력으로서, 이타주의의 발달은 탈중심화하는 능력을 발달시키는 것이며, 그럼으로써 다른 사람의 관점에서 세상을 보는 것과 관련된다.

인지발달론에 근거하여 역할 채택 능력의 발달을 설명하는 피아제의 입장을 정리하면 다음과 같다. 전조작기까지 아동의 인지적 특징은 자기중심적이다. 자기중심성은 사회적 관계와 관련하여, 여러 가지 조망이나 관점을 고려하지 못하는 결과로 나타나게 된다. 아동의 역할 채택 능력이 발달하기 위해서는 무엇보다도 상이한 역할들 사이의 불일치와 그로 인한 갈등을 아동이 경험해야만 한다. 피아제에 의하면, 아동은 그러한 불일치와 갈등을 해결하기 위해 관점들을 구별할 수 있어야 하고, 단일 관점으로부터 벗어날 수 있어야만 한다. 즉 탈중심화가 이루어져야만 하는 것이다. 그리고 그렇게 될 때 개인은 다양한 대인적 관점을 이해하는 능력을 갖게 된다.

피아제에 의하면 형식적 조작기 아동의 사고 과정은 현실에 제한을 받지 않는다. 그래서 형식적 조작기의 역할 채택은 구체적 역할을 하지 않고도 타인을 고려하는 능력으로 나타난다.

> **참고**
>
> **피아제 : 도덕성 발달과 역할채택 능력의 관계**
>
> 피아제는 어린 아동들을 도덕적 실재론자(moral realist)로 묘사한다. 옳음과 그름, 선악에 대한 아동들의 판단이 그들이 관찰할 수 있는 것 혹은 그들에게 실재하는 것에 근거하여 있기 때문이다. 예를 들어 타인들의 의도나 감정들은 직접 관찰될 수 있는 것이 아니다. 따라서 도덕적 실재론은 아동들로 하여금 어떤 행동을 평가할 때, 그러한 행동들을 유발시킨 '이유'나 '동기'보다는 관찰 가능한 '결과'에만

근거하여 판단하게 만든다. 그래서 어린 아이는 누군가 실수로 자신의 발을 밟은 것을 의도적으로 밟은 것과 동일하게 나쁜 것으로 인식한다. 어린 아동들이 타인의 의도나 감정들을 파악하기 위해서는 자신을 탈중심화하고, 타인의 관점을 취해 보는 능력을 필요로 한다. 도덕적 실재론은 또한 규칙들을 글자 그대로 해석하게끔 만든다. 즉 규칙들에 담겨져 있는 정신이나 속뜻을 제대로 인식하지 못한다. 예를 들어 '다른 아이를 때려서는 안 된다'는 규칙을 아주 협소하게 이해해서 발로 차거나 꼬집는 것은 그 범주에 들어가지 않는다고 생각하게 된다.

피아제는 관찰 가능한 대상들에 근거한 판단으로부터 의도와 동기에 근거한 판단으로 이동해 가는 것을 발달적 진보로 파악했으며, 그러한 진보는 타인들의 입장을 취해 보는 능력의 발달로 인해 가능해진다고 보았다. 그리고 그러한 발달이 상호 존중에 의해 특징지어지는 협동적인 관계의 맥락 속에서 조장될 수 있음을 암시한다.

(3) 콜버그(Kohlberg)

콜버그에게 있어서 역할 채택이란 개인으로 하여금 다른 사람의 눈을 통해 보인 것처럼 그 자신의 행동에 반응할 수 있게 해주는 활동, 즉 주체가 사고와 행동을 구조화하는 호혜적 활동을 의미한다.

콜버그는 도덕적 갈등의 본질은 둘 또는 그 이상의 자아들 사이의 경쟁적이고 대립적인 주장들로부터 기인하는 것이며, 이러한 갈등을 공정하게 해결하는 열쇠가 되는 것은 도덕적 행위자의 발달 단계에 근거하고 있으면서 여러 방식으로 야기될 수 있는 역할 채택 능력에 달려 있다고 주장한다. 따라서 콜버그는 도덕원리란 공정과 상호성으로서의 정의를 중심으로 하여 조작된 역할 채택의 인지 구조적 형식이라는 주장에까지 이르게 된다. 그리고 그는 역할 채택 기회를 증진시키는 사회적 제도들의 중요성을 강조하면서, 아동들에게 역할 채택의 발달과 고양을 위한 기회를 제공해 줄 수 있는 것은 집단이나 제도적 활동에 직접적인 참여라고 강조한다.

결국 콜버그에 의하면 도덕성 발달은 아동의 구조화 경향과 환경의 구조적 특징 간의 상호작용에 의해 이루어지는 것이며, 사회적 상황에서 타인의 역할을 채택하는 능력이야말로 도덕성 발달을 위한 결정적인 요인이다.

우리는 가역적인 도덕판단에 이를 수 있는 과정을 '이상적인 역할 채택'이라 부른다. 6단계 도덕판단은 모든 행위자들이 황금률에 의해 지배·조절된다는 가정 아래에서 각각의 행위자의 주장을 역할 채택하는 것에 기초를 두고 있다. 또한 이상적인 역할 채택이란 인간 존중과 공평성으로서의 정의의 자세를 필요로 하는 궁극적인 의사 결정 절차이다. 관련된 모든 사람들이 도덕적 태도 또는 정의의 개념에 지배를 받거나 그들이 기꺼이 다른 사람의 역할을 채택하려는 한, 이러한 방식으로 얻어진 의사 결정은 그들의 관점에서 볼 때 '옳다'는 의미에서 '평형화' 상태에 있다.

(4) 프뢰벨 Fröbel

: 프뢰벨은 역할 채택을 자기와 타인 사이의 상호 관계를 타인의 눈을 통해 이해하는 능력으로 정의한다. 이러한 점에서 역할 채택 능력의 발달은 타인이 주어진 상황에서 무엇을 할 것인

가와 특히 자신의 행위가 어떻게 그 자신에 대한 타인의 태도에 영향을 미칠 것인가에 대해 더욱 잘 지각하게 되는 것을 말한다.

① 역할 채택 3단계

프뢰벨은 자신의 연구를 통해 역할 채택 능력이 세 단계를 거쳐 발달함을 보인다. 첫 번째 단계는 외부의 객체뿐 아니라 자아에 대한 인식을 가질 수 있는 자아 인식의 단계이고, 두 번째 단계는 자아가 타인을 객체로 볼 뿐만 아니라 주체로서 보는 발견의 단계이며, 세 번째 단계는 자신과 타인 모두 다른 사람의 관점을 계속해서 고려할 수 있음을 인식하는 단계이다.

② 역할 채택 기능의 5가지 구성요소

프뢰벨은 역할 채택에 사용되는 하위 기능들에 대한 이론을 체계화하여 다섯 가지 구성 요소들을 밝혀내면서, 개인이 역할 채택에 실패하는 이유는 이 요소들 가운데 어떤 것을 결여하고 있기 때문이라고 말한다.

요소	내용
존재 요소	한 사람의 사고, 감정, 지각들은 다른 사람들의 경험들과는 동일하지 않다는 사실을 인식하는 것을 말한다. 즉 자기의 관점과는 다른 타인의 관점이 존재할 수 있다는 가능성을 인식하는 것이다. 이러한 인식 수준에 도달한다는 것은 자기중심성으로부터 탈자기중심성으로의 근본적인 변이를 나타내는 것이다.
요구 요소	자기 자신의 입장과 다른 사람의 입장은 얼마든지 다른 수도 있다는 생각을 가짐으로써, 타인의 관점을 추론해 볼 필요성을 인식하는 것을 말한다.
예측 요소	다른 사람의 역할 특질들에 관한 정확한 단안을 내리는 데 필수적이라고 할 수 있는 실제적인 역할 채택 기능의 행사를 의미한다. 달리 말해서 이는 주어진 상황에서 상대방의 적절한 역할이 무엇인지 추론하기 위해 가능한 모든 사회적 정보를 이용하는 것이다.
유지 요소	비록 다른 사람의 역할 특질에 대한 정확한 단안이 내려졌다 하더라도 자신의 입장이 의식에 선점 당하는 경향성이 존재하므로, 타인에 대한 추론적 지식이 주어진 상황에서의 역할 채택 목표를 성취하는 데 충분하게 보류되도록 중시되어야 한다. 이러한 과정을 유지라 한다.
적용 요소	추론된 그리고 확고하게 유지된 지식을 상황적 목표의 성취를 위해 사용하는 방법을 아는 것을 말한다. 즉 추론을 통해 얻어 낸 타인에 대한 정보를 자신의 행동을 위해 이용하는 것이다.

(5) 셀만(Robert Selman)의 사회입장주의

: 셀만은 사회적 입장 채택(Social Perspective Taking : 사회적 조망 수용)을 하나의 독립된 기능으로 보고, (사회적 입장 채택 능력과 도덕 판단과의 관계를 다룬 연구를 통해, 실험 대상의 54%는 입장 채택 수준과 도덕추론 단계가 일치를 보였지만 46%는 입장 채택 수준이

도덕추론 단계보다 한 단계가 더 높음을 확인하면서, 입장 채택이 도덕추론을 위해 필요는 하나 충분한 것은 아닌 하나의 독립된 능력임을 밝혔다.) 또한 그것은 불변의 계열성을 지니면서 다음과 같이 단계적으로 발달한다고 주장한다.

0 단계 (3~6세)	미분화된 자기중심적 입장 채택
1 단계 (6~8세)	분화되고 주관적인 입장 채택
2 단계 (8~10세)	자기 반성적 입장 채택
3 단계 (10~12세)	제3자적, 상호적 입장 채택
4 단계 (12~15세)	입장 채택의 질적 체계 혹은 심층적 사회적 입장 채택
5 단계 (15세 이상)	상징적 상호작용 입장 채택

① 0 단계(3~6세) : 미분화된 자기중심적 입장 채택

이 단계의 아동은 개인에 대한 미분화된 개념을 가지고 있어서 타인의 물리적·심리적 특성을 명확히 구분하지 못한다. 따라서 이 단계의 아동은 자신의 주관적 견해와 타인의 주관적 견해가 다르다는 것을 알지 못하기에, 자신의 입장과 타인의 입장을 구별하지 못한다. 그리고 이 단계의 아동의 '관계에 대한 개념'은 자기중심적이다. 그래서 이 단계의 입장 채택은 자신이 과거에 경험한 바를 타인에게 단순히 투사하는 수준에 머물고, 타인이 같은 상황에서 다르게 판단한다는 것을 이해하지 못한다.

② 1 단계(6~8세) : 분화되고 주관적인 입장 채택

이 단계에서 아동은 동일한 사회적 상황을 자신과 타인이 다르게 해석할 가능성이 있다는 것을 안다. 또한 의도적 행위와 비의도적 행위를 구별하고, 개인들이 지닌 독특한 주관이 심리적 생활을 변화시킨다는 인식을 가진다. 이와 같이 이 단계에서 아동은 어떤 상황에서 타인의 반응과 자신의 반응이 서로 다를 수 있다고 생각한다. 하지만 자신과 타인의 입장을 동시에 고려할 수는 없으며, 타인의 주관적인 상태를 물리적 관찰에 의해서만 파악하려 든다. 또한 자신을 타인의 입장에서 볼 수 있는 능력은 아직 존재하지 않는다.

③ 2 단계(8~10세) : 자기 반성적 입장 채택

이 단계에서 아동은 개인들은 각자 독특한 가치와 목적의 체계를 갖고 있기에 다르게 느끼고 생각한다는 것을 인식한다. 그래서 아동은 자신의 행동이나 동기를 타인의 관점에서 생각할 수 있는 능력을 갖게 된다. 아동은 타인들 또한 아동의 입장에서 자신을 볼 수 있다는 것을 알기 때문에, 아동 자신의 동기나 목적에 대한 타인의 반응을 예측할 수 있다. 따라서 이 단계의 아동은 자신의 사고와 감정에 대해 반성적으로 사고할 수 있고, 타인의 관점으로 자신의 생각과 감정을 고려할 수 있다. 또한 이러한 예상이 타인에 대한 자신의 관점에 영향을 미친다는 것을 깨닫는다.

아동 자신이 타인을 하나의 주체로서 볼 수 있듯이, 타인도 아동 자신을 하나의 주체로서 볼 수 있다는 호혜적인 이해가 발달하며, 이로써 자신을 객관적으로 보고 자기 반성적인 관점을 취할 수 있다. 타인이 그를 하나의 주체로 볼 수 있다는 사실에 대한 인식은 타인에 대한 아동의

행동에 영향을 준다. 그러나 두 개인은 각기 자신과 다른 사람을 볼 수 있으나 그들 사이에 있어서의 관계 체제는 아직 형성되지 않은 상태이므로, 이러한 생각은 동시에 상호적으로 일어나지 않으며 단지 순서대로 일어난다. 또한 타인이 자신과 같이 생각할 수 있고, 자신의 생각에 대해 조망할 수 있음을 이해하게 되며 자신이나 타인 모두 원하지 않는 일을 할 수도 있음을 인지하지만 두 사람의 상황을 떠나 제3자적 조망으로 상황을 보는 것은 불가능하다.

④ 3 단계(10~12세) : 제3자적, 상호적 입장 채택

이 단계에서 입장 채택의 상호관계가 형성된다. 아동은 이제 자신과 타인의 견해를 동시에 고려할 수 있다. 따라서 자신을 행위자와 대상자로 동시에 생각할 수 있고, 행동을 하면서 그것이 자신과 타인에게 미칠 영향에 대해서 반성하며 동시에 자신에게 다시 반영시킬 수 있다. 이러한 제3자의 관점은 자신을 보다 객관적으로 볼 수 있게 해 준다. 이 단계의 아동들은 호혜적인 관점들이 서로 조정될 필요가 있음을 인지하고, 사회적 만족이나 이해, 해결 방안 등은 상호 이해를 통해서 효율적으로 조정되어야 한다는 사실을 믿게 된다.

⑤ 4 단계(12~15세) : 입장 채택의 질적 체계 혹은 심층적 사회적 입장 채택

이 단계에서 아동은 일반화된 관점이나 집단의 평균적인 구성원이 취하는 관점인 일반화된 타자의 입장을 지니게 된다. 즉 아동은 공동체 속의 다른 사람들이 그들의 사회적 지위에 관계없이 채택하게 되는 입장을 고려할 수 있게 된다. 그것은 공통적으로 공유하고 있는 가치, 태도, 신념들의 통합으로 이루어진다. 그래서 단지 특수한 이중적 상호작용만을 관찰하는 3단계의 입장을 넘어서는 사회 체계 입장이 가능해진다. 사회적 개념은 연인, 친구 또는 단순히 안면이 있는 사람 등의 다양한 상태 속에서 존재하는 관계들에 관한 지식들을 포함한다.

⑥ 5 단계(15세 이상) : 상징적 상호작용 입장 채택

이 단계는 사회적으로 근거한 입장들의 상대성이 분별되는 단계이다. 이 단계에서 사회적·규범적·법적·도덕적 관점들에 대해 복합적인 상호 이해적 입장을 추상화 할 수 있으며, 그가 속해 있는 사회의 한계들을 넘어서는 입장이 채택될 수 있다.

이처럼 셀만에게 사회적 입장 채택 능력은 불변의 단계 계열을 통해 발달하며, 그러한 발달은 본질적으로 자기와 타인의 관계를 지각하는 질적으로 상이한 수준으로의 진보라 할 수 있다. 그리고 사회적 입장 채택은 단순히 두 사람이 상이한 견해를 갖는다는 것을 인식하는 것이 아니라 양자가 어떤 관련성을 가지고 있고 조화된 견해를 유지하기 위해 어떻게 행동해야 하는가를 아는 것을 의미한다. 즉 역할 채택의 발달은 진보적인 구조 발달의 과정이며, 그 과정에서 역할 채택의 주요한 기능은 자기 자신의 입장과 타인의 입장 사이에 통용되는 관계에 관한 이해를 증진시키는 것이다. 그러므로 각 발달 수준에 있어서 관심이 되는 것은 아동이 어떻게 그 자신과 타인의 입장을 구분하는지의 문제뿐만 아니라 여러 입장들이 아동에 의해 조정되는 방식이라 할 수 있다.

그래서 셀만은 사회적 입장 채택은 자신에게서 타인으로의 관점의 이동이라는 피아제식의 설명 이상의 것이라고 강조한다. 셀만은 사회적 입장 채택 발달 단계와 피아제가 제시한 인지 발달 단계 사이에 일정한 관련성이 있음을 인정한다. 하지만 그는 실험을 통해 동일한 인지 발달 단계에 있는 아동들이 상이한 사회적 입장 채택 단계에 있는 것을 확인함으로써 그러한 관련성이 절

대적은 아니라고 주장한다. 그에 의하면, 그러한 차이는 아동이 다른 사람의 관점으로 상황을 보도록 격려하며, 어른과 동료가 그들의 관점을 분명히 하는 일상의 경험에 의해서 나타나는 결과이다. 이러한 셀만의 입장에서 피아제의 인지 발달은 사회적 입장 채택 능력의 발달에 필수적이지만 충분조건은 아니다. 따라서 사회적 입장 채택 능력을 발달시키기 위해서는 인지 능력의 발달과 함께 다른 사람의 관점을 채택해 볼 수 있는 기회가 주어져야 한다.

3. 역할 채택의 도덕교육적 의의

역할 채택은 규범의 사회적 의미를 학생 스스로 내면화할 수 있는 경향성을 증대시킬 수 있다. 그리고 그것은 기본 덕목들 간의 갈등 상황에서 학생들로 하여금 여러 도덕적 가치들의 입장과 그 가치를 발생시킨 배후의 이면적 요소들에 공감해 보도록 함으로써 직접적 교화의 위험에서 벗어날 수 있는 가능성을 제시해 준다. 또한 역할 채택에는 인지와 정의의 과정이 병존하므로, 역할 채택은 두 요소 간의 상호작용을 통해 보다 원숙하고 자율적인 도덕 판단을 가능하게 한다.

2장 역할 놀이 모형

1. 개념 및 기본 가정

: 역할 놀이는 샤프텔(Shaftel) 부부가 학생들로 하여금 인간의 존엄성, 정의감, 애정 등과 같은 민주적 관념을 일상생활에서 실천할 수 있도록 하리라는 기대 속에서 개발한 모형이다. 이러한 역할 놀이는 어떤 가상적인 역할을 수행하게 함으로써 문제시되는 태도나 행동을 변화시키려는 교육기법으로서 다음과 같은 가정들 위에 기초한다.

(1) 학생들은 삶에서 부딪치는 상황을 극복할 능력을 소유하고 있다. 따라서 교사는 학생들로 하여금 스스로 의사결정을 내리게 하고 자신들의 실수로부터 배우도록 허용해 주어야 한다. 즉 교사는 학생들에게 해답을 제공하는 것이 아니라 학생들 스스로 그것을 발견할 수 있도록 하고, 자신들의 선택과 대안과 그 결과들을 인식하게 함으로써 점차 더 높은 수준의 의사 결정을 내리는 방식으로 나아갈 수 있도록 안내해야 한다.
(2) 삶 속의 여러 문제들을 현명하게 다루는 능력은 신장될 수 있다.
(3) 역할 놀이에서 선택되어 시연된 행위는 옳지도 나쁘지도 않다. 인간의 문제는 단순한 것이 아니라 매우 복잡한 것이고, 역할 놀이에서 이루어지는 행위는 무대에서 일어나기 때문에 사건의 역사, 감정적 분위기, 배경 등 모든 것에서 행위를 이해하기 위해 고려되어야만 한다. 사람들은 통찰력이 변화할 때에만 행동을 바꾸기 때문에 역할 놀이에서 시연된 행위를 가지고 옳고 그름을 판단해서는 안 된다.
(4) 학생들은 인간 상호 간에 일어나는 여러 가지 평범한 문제를 정의하고, 그것에 직면하여 대처해 나갈 수 있다.
(5) 학생들은 자신의 행동과 타인의 행동에 영향을 미치게 될 가치, 충동, 두려움, 외적인 영향력 등을 깨닫게 된다.
(6) 학생들은 가상적인 상황 행동을 통해 자신의 이상, 의견, 행동 등을 평가해 볼 수 있다.
(7) 학생들은 가상적인 어떤 역할을 통해 문제나 상황을 깊이 이해할 수 있게 된다.
(8) 역할 놀이 방법을 배움으로써 학생들은 대인 관계 기술을 향상시키고 자신과 타인의 동기에 대한 이해력을 높일 수 있다.

2. 특징

(1) 역할 놀이는 학생들에게 다른 사람의 감정, 태도, 욕구, 가치, 인식 등을 표현해 보게 함으로써 타인의 입장에서 그의 상황을 상상해 볼 수 있게 하고, 자신의 행동이 타인의 행동에 미치게 될 감정적 영향을 깨닫게 하는 유용한 방법이다.

(2) 역할 놀이는 탐구의 과정이며 의사 결정의 실천이다. 역할 놀이는 현실 상황의 연습으로서 사회 연극이라고도 말할 수 있다. 학생들은 그러한 역할 놀이에 참여함으로써 자신들의 삶 가운데서 일어나고 있는 일들을 탐구해 보고, 만약 다른 사태가 벌어지면 어떤 일들이 벌어질까에 대해 고려해 보기도 하며, 또 역할 놀이 참가자들의 잘못으로부터 배울 수 있는 기회를 갖는다.
(3) 역할 놀이를 통해 학생들은 행위의 원인과 결과에 대한 앎, 자기 자신 및 타인의 감정, 태도, 욕구, 가치, 인식에 대한 통찰력의 발달, 자아 개념의 개선, 바람직한 사회적 가치에 대한 이해의 심화, 집단 응집력의 강화, 가치문제 해결에 대한 다양한 접근 방식의 터득, 문제 해결과 합리적 의사 결정에 관한 기능과 태도, 능력의 발달 등을 이룰 수 있다.
(4) 역할 놀이를 통해 참가자와 관찰자 모두가 서로의 느낌을 탐색하고, 태도·가치·지각을 통찰하며, 문제 해결의 기능과 태도를 습득하고 나아가 그것이 활용되는 교과의 내용도 탐색할 수 있는데, 이 과정에서 가장 근본적인 것은 느낌의 표출이다. 즉 서로 느낌을 생성하고 인식하는 내면적인 심리 과정의 표출이 가장 중요하다.

3. 기대 효과

(1) 역할 놀이를 통해 학생들은 자신들이 행한 선택의 결과를 탐색함으로써 더 쉽게 인과관계를 파악할 수 있다. 선택에 뒤따른 토론에서 문제 해결을 위한 다른 대안의 제안은 학생들에게 여러 의문을 제기할 기회를 준다. 이러한 의문에 대한 분석을 통해 학생들은 자신들이 행동하는 이유에 대해 이해하게 되고, 또 자신들의 행동이 가져올 결과에 대해 점점 더 민감해진다. 이 같은 방법을 통해 학생들은 인간 행동을 설명하는 표면적인 방법으로부터 인간행동의 기본적인 역동성을 고려하는 접근 방법으로 옮겨 가도록 도움을 받을 수 있다.
(2) 역할 놀이는 다른 사람의 감정에 대한 민감성을 발달시킨다. 이러한 민감성은 타인과 집단의 행동에 대한 관심을 발달시키는 토대가 된다.
(3) 교사는 역할 놀이를 통해 현재 사회 여건 하에서 표현하기 어려운 행동을 해 보게 함으로써 학생들의 불만족을 완화하거나 해소할 수 있다.
(4) 역할 놀이를 통해 학생들은 자신들의 자아 개념을 향상시킬 수 있다.
(5) 역할 놀이를 통해 학생들은 다른 사람에게 자신의 의사를 자유롭게 표현할 수 있으며, 다른 사람도 동일한 권리가 있다는 것을 자각한다.
(6) 역할 놀이를 통해 학생들은 여러 가지 해답이 있을 수 있는 상황에서 최선의 문제 해결 방식에 대한 자신의 의사를 행동이나 말로써 다른 사람에게 전할 수 있다.
(7) 역할 놀이를 통해 학생들은 주어진 문제에 관해 자신의 의견을 발표하면서 여러 가지 다른 해결 방법의 결과에 대해 토론할 수 있게 된다.
(8) 역할 놀이를 통해 학생들은 주어진 상황에서 여러 가지 다른 경로의 행동들이 일어날 수 있다는 점을 감안하게 된다.
(9) 학생들은 역할 놀이에 자진해서 협조적으로 참여하여 역할 놀이를 자신의 경험과 연결하여 해석하고 평가하고 묘사하게 된다.

4. 모형 구조와 운영 방식 (샤프텔의 역할놀이 모형)

역할놀이 수업 모형
❶ 역할놀이 준비
❷ 역할놀이 참가자 신청
❸ 무대 설치
❹ 참여적 관찰자로서의 청중의 준비
❺ 역할놀이 시연
❻ 토론 및 평가
❼ 재연
❽ 경험의 공유와 일반화

(1) 역할놀이 준비

- 역할 놀이 첫 단계로서 역할놀이를 위한 분위기를 조성하고 문제 상황을 설정하는 단계이다.
- 교사는 학생들의 생활 경험과 잘 연결된 문제 상황을 설정하고 이를 설명한다. 문제 상황이 아동들의 생활 경험과 잘 연결될수록 그들의 관심과 지적 호기심을 불러일으킨다. 하지만 어른들에게나 있을 법한 일이거나 사회적 문제들을 들고나오면 의욕만큼 아동들의 이해도가 뒷받침되지 않기에 수업이 실패할 가능성이 높다.
- 문제 사태는 규범 간의 갈등과 여러 가지 행동 방안이 모색될 수 있는 내용을 내포할 필요가 있다. 또한 문제 사태는 다양한 곳에서 구해올 수 있지만 실제 사건을 소재로 할 때는 특정 개인이 피해를 입지 않도록 주의해야 한다.
- 문제 상황이 설정되면 교사는 이를 역할을 맡은 사람이나 관중 모두에게 똑같이 설명해야 한다. 문제 상황과 그 배경을 모두가 정확히 인지하고 있어야 문제 해결을 위한 생각과 행동도 가능하고 논의도 일관성을 유지할 수 있기 때문이다.

(2) 역할놀이 참가자 선정

- 역할놀이에 참가할 연기자를 선정한다. 이때 누가 어떤 역할을 맡을 것인지는 가급적 아동들의 의견과 자발적 참여에 맡기는 것이 바람직하다.
- 해당 역할의 특징에 따라 그것을 적절히 수행할 수 있는 아동이 맡도록 하되 지나치게 모범 답안을 말하는 유형의 아동은 때로는 피하는 것이 좋다.

(3) 무대 설치
- 간단한 소도구들을 이용하여 역할놀이가 시연될 무대를 설치한다.
- 본래 역할놀이는 대본이나 사전 연습 없이 진행되는 것이나, 교사는 사전에 배역을 맡은 아동들에게 자신이 해야 할 역할을 숙지하고 있는 있는지 확인하고 그들이 상황에 몰입할 수 있도록 도와준다.

(4) 참여적 관찰자로서의 청중의 준비
- 청중의 자세를 잘 준비시키는 것도 매우 중요하다. 청중들이 무심한 방관자나 지나친 간섭자가 아닌 참여적 관찰자가 되어, 놀이 과정에 귀 기울이고 정확히 이해하고 해석하고 판단하고 평가할 수 있는 청중이 되도록 이끌어야 한다.
- 이를 위해 교사는 사전에 주의 사항을 환기시키고, 역할놀이 과정에서 중점을 두고 봐야할 것은 무엇인지, 역할놀이가 끝난 후 어떤 점들을 논의할 것인지를 안내해 줄 수도 있다.

(5) 역할놀이 시연
- 연기자들은 자기가 맡은 역할을 시연하면서 다른 역할자가 하는 말과 행위에 반응을 한다. 이때 중요한 것은 훌륭한 연기력이 아니라 어떤 생각과 행동이 자연스럽게 표출되고 어떤 해결 방안이 제시되느냐이다. 연기자들은 이러한 점들에 유념하면서 자기의 느낌과 생각, 견해를 나타내도록 이끌어져야 한다.
- 역할놀이 전개 도중 본래적 취지나 방향과 맞지 않는 상황이 벌어지는 경우 교사는 적절한 조치를 취해야 한다. 연기자가 당황하여 자기 역할을 잊어버리거나 터무니없는 행동을 할 경우에도 교사는 놀이를 중단시키고 필요한 조언을 해 주어야 한다.

(6) 토론 및 평가
- 역할놀이를 했으면 반드시 그 과정에서 일어난 일을 중심으로 토론한다. 역할놀이를 하거나 관람하면서 아동들은 자기 나름대로 생각에 변화를 일으켰을 수도 있는데, 이를 보다 명료하게 인식, 심화시키고 정착되도록 하기 위해서는 서로의 견해를 주고받으며 보다 심층적으로 자신의 생각을 반추해 보는 과정이 필요하기 때문이다.
- 논의 과정에서는 어떤 가치 관점과 규범적 입장에 동의하는지, 그 이유는 무엇인지, 어떤 해결 방안을 모색해야 좋을지 등에 대해 토의를 벌인다. 토의와 평가 과정에서 나온 새로운 관점과 아이디어에 기초하여 역할놀이를 다른 각도에서 재연해 볼 수도 있다. 그리고 다시 토론과 평가를 반복하여 문제가 바람직한 결말을 맺을 때까지 역할놀이를 진행한 후 종료한다.

(7) 재연

- 배역을 맡은 학생들은 토론 과정에서 다른 학생들이 내놓은 의견 등을 참조하여 자신의 주장이나 견해를 바꾸어 역할을 해 볼 수 있다. 이러한 재연을 통해 학생들은 문제 해결의 관점이나 방향, 방법 등을 달리 시도해 볼 수 있다. 아니면 참가자를 완전히 다른 학생들로 바꾸어 해 볼 수도 있다. 참가자의 교체로 또 다른 관점과 주장, 문제 해결 방안이 나올 수도 있기 때문이다.
- 재연이 끝난 후 다시 토론을 하고 필요하면 몇 번이든 역할놀이가 이어질 수도 있다. 이러한 과정을 통해 학생들은 문제해결의 다양한 방식이 존재함을 깨닫는 동시에 새로운 통찰력도 얻을 수 있다.

(8) 경험의 공유와 일반화

- 역할놀이 마지막 단계는 구성원들이 논의를 통해 일반화를 도출하는 과정이다. 즉 역할놀이 후 학생들이 개별적으로 느낀 바를 서로 교류하고 논의하여 어떤 공통된 인식을 형성하는 작업이다.
- 교사는 학생들이 무엇을 새로이 배웠는지, 받아들일 수 있는 주장과 견해는 무엇이고 그렇지 못한 것들은 어떤 것들인지, 그리고 그 이유와 근거는 무엇인지, 문제 해결 방안으로 적절한 것과 그렇지 못한 것은 무엇인지, 그 문제 사태와 관련된 가치규범이 뜻하는 바가 무엇이고 그것이 왜 소중하며 존중되어야 하는지 등을 논의하면서 경험의 공유와 일반화를 도모할 수 있도록 이끌어야 한다.

03 도덕적 딜레마 접근법

1. 개념 및 특성

: 도덕적 딜레마 접근법이란 콜버그 이론에 기초하여 학생들로 하여금 자신들이 속해 있는 현재 단계보다 한 단계 높은 단계의 추론을 활용할 수 있도록 하기 위해 도덕적 딜레마를 이용하는 수업 기법을 말하는 것으로서, 여기서의 도덕적 딜레마들은 학생들의 인지적·도덕적 불균형을 유발하여 도덕 발달을 자극하게 된다.

콜버그에게 도덕성은 도덕적 추론이나 도덕적 판단능력과 같은 것이다. 따라서 그에게 도덕성 발달은 도덕적 판단능력의 발달인 것이고, 이러한 발달의 과정은 도덕적 딜레마에 직면하여 발생하는 인지적 비평형화가 인접한 바로 위 단계의 도덕적 사고를 접함으로써 인지적 평형화를 이루는 과정이기도 하다. 따라서 교실에서 이루어지는 학습활동이 학생들의 도덕성 발달을 도모하고자 한다면 학생들로 하여금 인지적 비평형화를 초래하는 도덕적 딜레마에 직면하게 하고, 보다 높은 단계의 도덕적 사고를 경험하게 해야 한다.

도덕적 딜레마 토론 수업 모형은 이러한 콜버그 이론에 기초한 것으로서 학생들의 도덕적 추론 능력과 도덕성 발달을 도모하기 위한 하나의 방법으로서 다음과 같은 특성을 지닌다.

(1) 도덕적 딜레마 토론 수업 모형은 보편화 가능한 도덕원리에 의거해 이루어지는 도덕적 추론 능력 또는 도덕적 판단 능력의 신장을 목적으로 한다.
(2) 이러한 수업 모형은 반성적 사고의 과정을 통해 자신의 삶의 준거를 도덕적 관점에서 정립할 수 있도록 해준다.
(3) 이러한 수업 모형은 토론자들 간의 상호 존중과 협력을 바탕으로 한 상호작용을 통해 타인 존중 및 참여적 의사 결정 능력 등을 포함한 민주 시민의 자질을 향상시킬 수 있는 중요한 기회를 제공한다.
(4) 이러한 수업 모형에서 교사는 학생들이 동료들의 주장에 대해 논평이나 반론을 제시해 보도록 고무시켜 주는 촉진자 역할을 수행한다. 좀 더 구체적으로 교사는 학생들이 도덕적 갈등에 초점을 맞춰 그것에 직면하도록 돕거나, 학생들이 도덕적 갈등에 대해 추론해보고 해결할 수 있는 더 나은 방법을 찾도록 돕고, 학생들이 채택한 사고 과정의 적절성과 부적절성을 비판적으로 검토하도록 고무하며, 학생들이 지금까지 해 온 것보다 더 효과적인 숙고와 문제 해결 절차를 학생들에게 제시하는 일 등을 수행한다.

2. 모형의 구조와 운영 방식

도덕적 딜레마 토론 수업
1. 예비단계 : 도덕적 문제 사태의 제시
2. 도덕적 토론의 도입 (초기 발문 전략) (1) 도덕적 이슈를 강조하기 위한 질문 (2) 이유를 묻기 위한 질문 (3) 상황을 복잡하게 만들어 주는 질문
3. 도덕적 토론의 심화 (심층 발문 전략) (1) 정제된 질문 refining question (심층 탐색 질문) 　① 명료화 탐색 clarifying probe 　② 특정한 이슈의 탐색 issue-specific probe 　③ 이슈간의 관계 탐색 inter-issue probe 　④ 역할 교환 탐색 role-switch probe 　⑤ 보편적 결과 탐색 universal-consequence probe (2) 다음 단계의 주장을 강조하는 질문 (3) 명료화와 요약 (4) 역할 채택을 위한 질문
4. 실천 동기 강화 및 생활에의 확대 적용

(1) 예비단계 : 도덕적 문제 사태의 제시

① 도덕적 문제 사태로 다양한 딜레마를 제시한다. 그리고 교사가 활용할 수 있는 딜레마에는 가상적 딜레마, 내용에 근거한 딜레마, 실생활 딜레마 세 가지 유형이 있다.

가상적 딜레마	사실이 아닌 가상적 상황을 예로 드는 것으로서, 학생들 입장에서는 자아-관여의 기회가 적기에, 즉 딜레마에 제시된 상황이 자신과는 아무런 상관이 없기에 객관적이고 초연한 입장에서 자유로운 토론을 하기가 용이하고, 딜레마의 해결과 관련된 원리들을 일반화할 수 있다는 장점이 있다.
내용에 근거한 딜레마	이성계의 위화도 회군 결정과 같이 특정 교과목에서 발견한 자료들을 근거로 한 딜레마로서, 딜레마 속의 역사적 인물이 지녔던 도덕적 측면들을 생생하게 보여줄 수 있는 장점을 지닌다.
실생활 딜레마	실제 생활 속에서 학생들이 접하기 쉬운 문제들을 이용하는 것으로서, 학생들로 하여금 학습 동기를 유발하기 용이하며, 감정적 관여를 최고로 느끼게 해 준다는 장점이 있다.

② 딜레마를 선정할 때는 우선 학생들의 발달 수준에 맞는 내용인지, 문제의 해결책에 대해 학생들이 너무 쉽게 동의할 가능성은 없는지, 딜레마가 너무 개인화되었거나 연령에 적합하지 않아 학생들이 다루기에 부담이 될 가능성은 없는지 등을 신중하게 검토한다.

③ 하지만 딜레마 토론에서 가장 중요한 것은 학생들이 자신의 추론을 이성적으로 정당화할 수 있도록 도와주는 교사의 수업 기술로서, 딜레마 토론에서는 교사의 질문 기술이 매우 중요하다. 딜레마 토론에서의 질문은 초기 발문 전략과 심층 전략으로 구별되는데, 전자는 학생들의 도덕의식을 개발하기 위한 것이라면, 후자는 도덕적 추론에 구조적 변화를 꾀할 수 있는 토론상의 핵심 요소들에 초점을 맞춘다.

(2) 도덕적 토론의 도입 (초기 발문 전략)

: 토론의 초기 단계에서 교사는 학생들에게 다음과 같은 다양한 질문들을 제기하는 가운데, 네 가지 역할을 수행해야 한다. ❶ 학생들이 도덕적 딜레마를 이해하고 있는지 확인할 것. ❷ 딜레마에 담긴 도덕적 요소들을 학생들이 직면할 수 있게 도울 것. ❸ 학생들의 의견들 배후에 있는 이유를 이끌어낼 것. ❹ 이유를 제시한 학생들이 상호작용할 수 있도록 고무할 것.

① 도덕적 이슈를 강조하기 위한 질문들

: 이러한 질문들은 학생이 도덕적 딜레마를 이해하고 있는지 확인하고, 주어진 딜레마에 대하여 학생 자신이 분명한 도덕적 입장을 취하도록 도와주기 위한 것들이다.

> [예] 하인즈의 딜레마76)를 예로 든다면, "하인즈의 아내는 지금 어떤 상태인가?" "약사의 입장은 어떠한가?" "하인즈가 반드시 그 약을 훔쳐야만 하는가?" "다른 사람의 생명을 구하기 위해 약을 훔치는 것은 나쁜 것인가?" 등의 질문이 이에 해당한다.

② 이유를 묻기 위한 질문들

: 이러한 질문들은 학생들에게 도덕적 문제에 대한 그들 자신의 입장을 지지해 주는 이유들을 설명할 것을 요구한다. 따라서 그 질문은 '왜'에 초점을 맞춘다. 이러한 질문은 비록 의견이나 판단의 내용은 같더라도 그 이유는 서로 다를 수도 있음을 학생들이 인식할 수 있는 좋은 기회가 된다. 이러한 질문과 답변을 통해 학생들은 서로가 도덕 문제에 대해 상이한 사고방식을 가지고 있음을 알게 되고, 그러한 차이점의 인식이 딜레마 토론에 대한 관심과 흥미를 높여주게 된다.

> [예] "왜 너는 하인즈의 행동이 옳다고, 혹은 잘못이라고 생각하니?"

---

76) 유럽에서 어떤 부인이 어떤 암으로 죽어가고 있었다. 그러나 이 병을 치료할 수 있다고 생각되는 약이 한 가지 있었다. 그 약은 같은 마을의 어떤 제약업자가 최근에 발명한 라듐의 일종이었다. 그 약은 제조 단가가 높은 것이었는데 그 약제사는 제조 경비의 열 배에 상당하는 가격으로 그 약 값을 매겼다. 라듐 값으로 200달러의 원가가 들었으나 몇 회 복용량의 값을 2000달러로 정해 놓은 것이다. 암으로 앓고 있던 그 부인의 남편 하인즈는 그가 알고 있는 모든 사람들에게 돈을 구하러 다녔으나 겨우 약값의 반인 천 달러 밖에 준비하지 못했다. 하인즈는 약사에게 아내가 죽어가고 있으니 약을 좀 싸게 팔 것과 나머지 금액은 나중에 지불할 수 있게 해달라고 애원했다. 그러나 약사는 "안됩니다. 내가 그 약을 발명했고 그것으로 돈을 벌려고 하오."라고 대답하자 이 남편은 절망했다. 그리하여 그는 아내의 생명을 구하기 위해 약국에 침입하여 약을 훔쳤다.

③ 상황을 복잡하게 만들어 주는 질문들

: 이러한 질문들은 원래의 도덕적 문제들을 더욱 복잡하게 만드는데 목적이 있는데, 두 가지 유형의 질문이 있다.

㈎ 본래의 문제에다 새로운 정보나 상황을 추가하는 것이다. 피아제에 의하면 상황의 복잡성이 인지적 불균형을 유발시킬 수 있다. 그리고 이 경우 학생들은 인지적 재평형화를 위한 적극적인 적응 기제(동화와 조절)를 활용하게 된다.

> [예] "하인즈의 아내가 특별히 하인즈에게 약을 훔쳐오라고 부탁을 한 것이라면, 그래도 네 입장은 똑 같니?"

㈏ 학생들이 도덕적 문제를 회피하려는 성향을 방지하기 위하여 사용되는 질문이다. 딜레마 토론의 초기 단계에 학생들은 '과연 무엇이 옳은 것인가'라는 질문에 정면으로 대응하는 것에 심리적 불편을 느껴, 딜레마 상황을 임의적으로 변형시킴으로써 심리적 불편함을 모면하려 든다. (예를 들어, "하인즈가 열심히 공부해서 신약을 개발하면 다 해결된다.") 따라서 이런 경우에는 학생들이 도덕적 문제에 정면으로 대응할 수 있게 해주는 질문들이 필요하다.

> [예] "하인즈에게는 훔치는 것 외에는 약을 손에 넣을 수 없는 상황이다."

(3) 도덕적 토론의 심화 (심층 발문 전략)

: 초기 전략을 통해 학생들을 도덕적 논의에 참여시키고 어느 정도 도덕의식이 형성되었다고 판단될 때, 도덕적 추론의 구조적 변화를 위해 사용되는 전략이 심도에 초점을 맞추는 심층 발문 전략이다. 특정한 도덕적 문제에 대한 심층적인 탐색은 학생들로 하여금 내적 대화를 촉진시켜, 도덕적 추론의 구조적 변화를 일으킬 수 있다. 따라서 교사는 하나의 문제에 대해 여러 관점에서 진지하게 숙고할 수 있게 하여 다음 단계로의 수직적 발달을 촉진해 줄 필요가 있다.

① 정제된 질문 (refining question) (심층 탐색 질문)

: 학생들의 도덕적 판단에 대해 단순히 '왜?'라는 질문과 답변만으로는 단계 변화를 조장하기 어렵다. 학생들은 여러 사람들로부터 나온 확장된 논의들을 들을 필요가 있다. 그래야만 학생들은 다양한 추론들을 이해하고 서로의 논리에 대해서도 이의를 제기할 수 있기 때문이다. 이러한 목적을 위해 사용되는 것이 바로 정제된 질문들이다. 이것은 한 문제에 대해 여러 측면에서의 분석과 논의를 수반하고 있기에 '심층 탐색 질문' (in-depth probe question)이라고도 불린다.

명료화 탐색 clarifying probe	● 학생들이 사용하는 말의 의미가 애매모호하거나, 발언 내용 뒤에 숨겨진 이유들을 분명하게 전달하지 못할 때, 학생들에게 분명하게 설명해줄 것을 요구하는 질문들이 제기될 수 있다. [예] 만약 하인즈가 약을 훔친다면(혹은 훔치지 않는다면) 심각한 문제가 발생할 수 있다는 말이 구체적으로 어떤 문제가 발생한다는 말인가?
특정한 이슈의 탐색 issue-specific probe	● 지금 문제시되고 있는 사태와 관련된 하나의 특정한 도덕적 이슈를 탐색하기 위한 질문들을 제시할 수 있다. 교사가 이와 같이 특정한 이슈에 심층적으로 초점을 맞추게 될 때, 학생들은 그들의 신념 기반에 대해 충분하게 탐색해 볼 수 있는 기회를 가질 수 있다. [예] 모든 도둑질은 잘못인가? 가까운 가족의 생명을 구할 의무와 낯선 사람의 재산을 지켜줄 의무 가운데 어떤 의무가 더 중요한가?
이슈간의 관계 탐색 inter-issue probe	● 이러한 질문은 두 가지의 도덕적 이슈 사이에 갈등이 발생했을 때, 그것을 해결하도록 촉구하기 위한 질문이다. 교사는 두 가지 이슈들의 가치 위계를 설정할 것을 학생들에게 요구하고, 학생들은 경쟁적인 이슈들 가운데 어느 것이 더 도덕적으로 우선적이고 중요한지를 선택하고 그에 대한 이유를 정교하게 만들 수 있어야 한다. [예] 가족에 대한 의무보다 법을 지킬 의무가 더 중요한가? (3단계와 4단계의 갈등 상황 시)
역할 교환 탐색 role-switch probe	● 이 질문은 학생들로 하여금 지금까지 자신들이 취했었던 관점에서 벗어나 딜레마 속의 다른 사람의 입장을 취해 보도록 요구하는 것으로서, 피아제와 콜버그에 의하면 이러한 역할 교환 탐색은 인지적 자기중심성에서 벗어나 타인의 관점을 고려해 보는 능력 혹은 탈중심화(decentering) 능력을 길러주는 데 아주 유용한 방법이다. [예] 만일 여러분이 약사(혹은 부인)라면 지금 여러분이 가진 생각과 결정에 동의하겠는가?
보편적 결과 탐색 universal-consequence probe	● 이 질문은 학생들로 하여금 그들이 선택한 내용을 모든 사람들이 따르도록 보편적으로 적용한다면 어떤 일이 일어날 것인가에 대해 심사숙고해 볼 것을 요구한다. 이러한 질문은 학생들이 모든 사람에게 수용될 수 있는 공정한 판단을 내릴 수 있도록 해준다. 따라서 이러한 질문은 학생들이 내린 도덕 판단의 논리적 타당성을 검증해 볼 수 있는 기회를 제공한다. [예] 만일 모든 사람들이 지인들의 생명을 구하기 위해 남의 물건을 훔친다면 어떤 일이 생길까?

② 다음 단계의 주장을 강조하는 질문들
　: 소위 '+ 1 전략'77)이라고 알려진 이 질문은 학생들의 현재 추론 단계보다 한 단계 더 높은 단계의 추론에 접하게 하는 것이다.

---

77) 블래트 효과라고도 한다. 블래트 효과란 학생들이 현재 발달 단계보다 하나 높은 단계에서 도덕적 해결책을 논의하게 함으로써 한 단계 높은 단계의 사고를 획득할 수 있다는 것이다. 이러한 +1전략이 효과가 있는 이유는 아동의 도덕적 추론에 비평형적 요소, 즉 인지적 갈등을 가져옴으로써 아동은 더 평형화되고 다음 단계에 나타나는 도덕적 태세를 취하도록 동기화되기 때문이다.

> [예] 지금까지 우리는 하인즈 딜레마에서 착한 남편, 좋은 남편이 되기 위해서는 과연 약을 훔쳐야만 하는가에 대해 생각해 보았다.(3단계) 이제 이 문제를 다른 시각에서 볼 수는 없을까? 법은 남의 재산을 훔치는 것을 금하고 있는데 왜 그런 법이 제정되었을까? 법의 관점에서 하인즈의 결정에 대해 생각해 볼까?(4단계)

③ 명료화와 요약
: 학생들이 특정한 이슈에 대해 토론하고 있는 중에도 교사는 그 과정을 주의 깊게 지켜보면서 적절한 시기에 나서서 학생들이 주장하는 내용을 잘 다듬어 의사 전달이 용이하게 이루어질 수 있도록 해 줄 필요가 있다. 특히 교사는 토론 내용을 적절하게 요약해 줌으로써 학생들이 논의 중인 문제의 본질로부터 벗어나지 않도록 이끌어 주어야 한다.

> [예] 지금까지 여러분은 좋은 남편의 입장과 법의 입장에서 생각해 보았다. 하나는 좋은 남편이 되기 위해 아내가 원하는 것, 아내를 위해 할 수 있는 것을 고려해야 한다는 것이고, 다른 하나는 법은 어떤 상황에서도 존중되어야 한다는 의견이었다.

④ 역할채택을 위한 질문들
: 이러한 질문들은 학생들의 관점 채택 능력을 자극하기 위한 것인데, 심층 발문 전략에서 역할채택을 강조하는 이유는 학생들을 자기중심성에서 벗어나게 하기 위해서이다. 콜버그에 의하면, 도덕 발달은 역할채택의 양과 질에 달려있다. 따라서 교사는 학생들이 타인의 관점·사고·느낌·권리 등을 다양하게 고려해 볼 수 있게 해야 한다. 교사는 역할놀이를 통해 실질적인 역할채택 경험을 해보게 할 수도 있다.

> [예] 만일 이 딜레마에 등장하는 인물이 자신과 여러분의 어머니라면 어떤 결정을 하겠는가? 선택이 달라질 수 있는가?

3. 문제점

(1) 도덕적 딜레마 토론 수업 모형은 도덕성의 인지적 측면을 발달시키는 데는 유용하나 정의적이고 행동적인 측면을 발달시키는 데는 한계가 있다.
(2) 토론 중에 반대 입장이 가진 긍정적인 측면들을 학생들이 인정하지 못하게 되는 경우가 발생했을 때, 교사가 취하는 중립성은 학생들이 자신의 주장만을 고집하는 상대주의를 유발할 수도 있다.
(3) 도덕적 딜레마 토론이 진지하게 진행되지 않을 경우 상대방을 이기기 위한 논쟁에만 머무를 수 있다.
(4) 도덕성 발달이 반드시 언어적 활동에 의해 이루어지는 것은 아님을 간과하고 있다.
(5) 배당된 수업 시간이 충분하지 않을 경우 깊고 폭넓은 토론이 불가능하다는 현실적 문제도 있다.

4. 모형 적용 시 유의 사항

(1) 교사는 학생들의 발달 수준에 적합한 도덕적 딜레마를 활용해야 한다.

(2) 교사는 교화의 가능성을 배제해야 한다.
: 딜레마 토론이 학생 중심의 개방성과 창의성을 존중하는 수업으로 설계되었더라도 교사가 단계의 특성 그 자체를 가르칠 가능성은 잔존한다. 따라서 콜버그가 말하는 단계의 특성이 수업의 내용으로 변한다면, 교사는 교화를 하고 있는 것이다.

(3) 교사는 권위주의 발생 가능성을 배제해야 한다.
: 토론을 하면서 교사가 결론을 이미 내려놓은 방향으로 학생들의 사고를 유도할 수도 있다. 그러한 유도를 위해 제한된 질문만을 던질 수도 있다. 이를 피하기 위해 교사는 학생들이 딜레마 상황의 본질에 접하도록 이끌고, 학생들의 서로 다른 견해들이 자유롭게 발표되도록 해야 한다.

(4) 교사는 상대주의의 발생 가능성을 배제해야 한다.
: 딜레마 토론이 개방적이고, 가치 갈등의 문제에 대한 상이한 주장들이 허용되기 때문에 상대주의적인 결론에 이르게 될 위험성이 있다. 토론 중인 학생들이 서로 더 이상 토론을 하지도 않고, 서로의 추론에 대해 간섭하지도 않게 되면 상대주의에 빠진 것과 다를 바 없다. 따라서 교사는 학생들이 계속적인 탐구 활동을 할 수 있도록 다양한 방법들을 동원하여 자극해 주어야 한다. 즉 도덕적 딜레마를 바라보는 다양한 관점들이 있음을 인식시키되, 동료들의 의견을 경청하고 유사한 사례를 찾아보며 성인들의 의견을 구하는 등 문제를 보다 합리적이고 바람직한 방향으로 해결할 수 있도록 유도해야 한다.

04 콘스탄츠 딜레마 접근법

CHAPTER

1. 개념 및 특성

: 콘스탄츠 딜레마 토론 모형(Konstanz Method of Dilemma Discussion: KMDD)은 독일의 도덕심리학자인 린트(G. Lind)에 의해 개발되었다. 린트는 콜버그와 마찬가지로 도덕적 행동은 도덕적 이상이나 원리들에 의해 인도되어야 하며, 도덕적으로 성숙한 사람의 행동은 발달된 추론 능력을 통해 정보를 제공받아야 한다고 생각했다. 또한 그는 도덕적 행동에서 인지와 정서는 분리될 수 없지만 구별되는 측면 또한 존재한다고 보았다. 여기서 정서적 측면은 도덕적 이상이나 원리들에 대한 개인의 선호나 태도를 의미하며, 린트는 이를 '도덕적 지향'(moral orientation)이라 불렀다. 그리고 인지적 측면은 이상과 원리에 근거하여 일관되게 추론하고 행동하는 능력을 의미하는데 린트는 이를 '도덕적 역량'(moral competence)라고 불렀다. 이 두 측면을 도덕성의 이중측면 모델(Dual-Aspect Model)이라고 한다.

린트의 이론은 비록 어떤 개인이 자신의 입장을 정당화하기 위해 가장 고상해 보이는 높은 수준의 판단 근거(예: (안락사의 경우) 고통에서 벗어나도록 돕는 것은 모든 이들의 가장 중요한 의무이다.)를 활용한다 해도, 상대방이 제시한 동일한 논리의 근거(예: (안락사의 경우) 생명 보호는 모든 이들의 가장 중요한 의무이다.)를 일방적으로 거부한다면 그 사람의 도덕성을 높다고 보기 어렵다는 점을 전제한다. 예컨대 안락사의 문제를 다루고 있는 어떤 사람이 찬성 측과 반대 측의 입장을 지지하는 다양한 원리들의 수준을 평가하여 각각의 수용 여부를 일관성 있게 결정한다면 그는 도덕성이 높다고 볼 수 있지만, 안락사를 반대하는데 사용된 원리는 수용하고 같은 원리가 안락사를 찬성할 때는 거부한다면 그 사람의 도덕성은 높다고 볼 수 없다는 것이다.

즉 린트에게 도덕성이란 찬성과 반대 입장의 토대가 되는 도덕원리의 수용 여부에 대한 일관성, 즉 낮은 단계에 대해서는 낮게 지향하고 높은 단계에 대해서는 높게 지향하는 판단 경향이 직면한 도덕적 문제 사태의 찬반 입장에 일관되게 적용되는 것, 다시 말해 도덕 판단의 질적 수준이 담보되는 일관성을 의미한다. 그리고 이러한 논의를 토대로 도덕성의 이중측면, 즉 '도적적 지향'과 '도덕적 역량'을 모두 키워주기 위해 개발된 딜레마 토론 방식의 교수·학습모형이 콘트탄츠 딜레마 토론 모형이다.

2. 모형의 특징과 장점

콘스탄츠 딜레마 토론 모형의 가장 큰 특징은 수업의 시작 단계에서부터 찬성·반대 양측의 입장을 분리하여 토론을 촉발시킨다는 점이다. 왜냐하면 이 모형은 도덕적 딜레마에 대한 의견 일치보다는 도덕적 원리 혹은 단계에 의해 결정되는 찬성 또는 반대 입장에 대한 평가에 중점을 두기 때문이다. 이러한 특징은 다음과 같은 유용성을 지닌다.

(1) 보다 높은 순준의 도덕 원리를 탐색하고 지향하도록 유도한다. 이 수업 모형은 전체 토론 전에 같은 입장을 채택한 동료 학습자들끼리 모여 논의하는 활동을 통해 자신들의 입장을 정당화할 수 있는 가장 높은 수준의 판단 근거를 탐색하도록 유도한다. 그 후 전체 토론을 통해 자신의 결정과 정당화 근거를 논리적으로 전개하고, 더 나아가 자신의 입장과 정반대인 상대방이 제시하는 가장 높은 수준의 정당화 근거를 확인하도록 한다. 이러한 활동은 학생들로 하여금 자신이 알고 있던 도덕 원리보다 더 높은 수준의 도덕 원리를 이해하고 지향하도록 돕는다.

(2) 도덕 원리 혹은 판단의 근거를 일관되게 수용 및 거부하는 능력을 키워준다. 이 수업 모형은 전체 토론이 모두 종료된 후, 딜레마 상황 속 주인공의 결정에 대해 찬성하는 입장과 반대하는 입장을 바꿔서 채택해보도록 구조화되어 있다. 이러한 활동은 자신의 입장을 지지하는 도덕 원리 혹은 추론 단계를 상반되는 입장에도 일관되게 적용해보도록 훈련시킨다. 즉 이 모형은 상대방이 제시한 근거 중 가장 설득력 있고 매력적인 근거들을 의도적으로 검토 및 평가하고 수용 여부를 결정하도록 함으로써 도덕적 추론의 일관성을 높여주고자 한다.

3. 모형의 구조와 운영 방식

도덕적 딜레마 토론 수업	
1. 도입 :	(1) 도덕적 문제 사태의 제시
2. 전개 :	(2) 개인별 숙고
	(3) 딜레마 명료화
	(4) 첫 번째 투표
	(5) 첫 번째 소그룹 활동
	(6) 전체 토론
	(7) 두 번째 소그룹 활동
	(8) 최종 투표
3. 마무리 :	(9) 정리 및 성찰

콘스탄츠 딜레마 토론 모형은 위와 같은 9개의 단계로 구성되며, 총 90분 동안 진행된다. 린트는 이 모형을 구성하는 각각의 단계가 '지지'(문제와 과업을 명료하게 설정하기, 같은 생각을 가진 사람들과 토론할 수 있도록 허락하기, 모든 사람이 볼 수 있도록 주장 적기, 칭찬하기, 정교하게 도움주기 등)와 '도전'(어려운 결정을 이해하고 판단하기, 공개적으로 입장 취하기, 공개적으로 투표하기, 경청하기, 자신의 감정과 의견을 타인에게 이해시키기 등)의 활동을 번갈아 가면서 제공하기 때문에, 학습을 위한 개인의 흥분 수준을 최적화시킨다고 말한다.

(1) 도덕적 문제 사태의 제시

도덕적 판단을 요구하는 도덕적 딜레마 제시 (반현실적인, 결정하기 쉽지 않은, 하지만 분명한 결정으로 끝나는 도덕적 딜레마 제시)

> -교사 : '한 소년이 10년간 자신과 함께한 애완견이 위암에 걸린 것을 알았다. 큰 비용을 들여 수술을 해도 6개월 동안 고통스럽게 살 수밖에 없다는 의사 선생님의 조언을 듣고 고민하던 중 안락사를 결정했다.' 여러분은 주인공의 결정에 찬성합니까 반대합니까?
> - 학생 : 찬성/반대 합니다.
> - 교사 : 그럼 지금부터 왜 찬성 또는 반대하는지 토론하는 시간을 갖겠습니다.

(2) 개인별 숙고

① 딜레마 속 주인공의 입장에 공감

> -교사 : 여러분은 주인공이 이 결정을 내리는 데 얼마나 고민스러웠을 것이라고 생각하나요?
> -학생 : 10년이나 정이 들었으니 많이 고민스러웠을 것 같습니다.

② 주인공의 결정에 대한 개별 숙고 및 자신의 입장 결정

> -교사 : 여러분은 주인공의 결정에 찬성하나요? 반대하나요? 그 이유는 무엇인가요?
> -교사 : 나중에 주인공의 결정에 대하여 토론할 시간을 드리겠습니다. 우선 여러분의 생각을 정리해 보세요.

(3) 딜레마 명료화

딜레마의 주요 내용 확인 (등장인물, 주인공이 고민하고 있는 문제, 주인공의 결정 확인)

> -교사 : 다 정리했으면, 이 딜레마에 대해 함께 살펴봅시다. 등장인물은 누구인가요?
> -학생 : 소년, 의사, 애완견입니다.
> -교사 : 주인공 소년은 무엇을 고민하고 있나요?
> -학생 : 애완견을 안락사 시킬지 말지 고민하고 있습니다.
> -교사 : 그래서 어떤 결정을 내렸나요?
> -학생 : 안락사를 시키기로 결정하였습니다.

(4) 첫 번째 투표

① 찬성과 반대 입장에 대한 투표

> -교사 : 여러분은 주인공의 결정에 찬성하나요? 반대하나요?
> -교사 : 고민스럽나요? 하지만 우리는 실제로 항상 어떤 결정을 해야 합니다. 주인공의 결정에 찬성하는 사람 손? 반대하는 사람 손?

② 같은 입장을 가진 사람들끼리 모이기

> -교사 : 그럼 지금부터 같은 생각을 가진 사람들끼리 모이도록 하겠습니다.
> -교사 : 우선 책상을 가운데를 바라보게 돌리고, 찬성하는 사람은 오른쪽, 반대하는 사람은 왼쪽 책상에 앉으세요.

(5) 첫 번째 소그룹 활동

① 3~4명으로 구성된 소그룹으로 구성

> -교사 : 주변에 있는 사람 3~4명과 모여 모둠을 만들어봅시다.

② 주장을 정당화하기 위한 근거 모으기

> -교사 : 모둠을 만들었으면 지금부터 상대편을 설득시키기 위한 다양한 근거들을 모아봅시다.
> -교사 : 찬성하는 사람들은 왜 주인공의 결정이 옳은지, 반대하는 사람은 왜 옳지 않은지 '최소 3개 이상'의 근거를 마련해 보세요.
> -교사 : 자신이 생각한 근거를 친구들과 공유하고, 가장 설득력 있다고 생각하는 근거를 선택해보세요.

(6) 전체 토론

① 두 가지 토론 규칙 설명
 규칙1 : 어떤 말이라도 제시할 수 있음. 하지만 의견을 말한 사람에 대한 비난 금지
 규칙2 : 탁구경기 방식, 즉 양측이 번갈아 가면서 주장하기

② 학급 전체 찬반 토론

(7) 두 번째 소그룹 활동

① 다시 3~4명으로 구성된 소그룹 활동

② 가장 설득력 있는 상대의 근거 선정 및 평가

> -교사 : 토론은 상대방을 이기기 위해 하는 것이 아닙니다. 가장 좋은 선택을 하기 위해 의견을 나누는 것입니다. 이를 위해 상대방의 의견도 꼼꼼히 따져봐야 합니다.
> -교사 : 칠판에 기록된 내용을 보면서, 상대편의 근거 중 가장 설득력이 있고, 기꺼이 받아들일 수 있는 근거를 2개 선택해봅시다.

(8) 최종 투표

① 개인별 혹은 소그룹별로 가장 마음에 드는 상대의 근거 보고

> -교사 : 모두 선택해보았나요? 그럼 상대편이 제시한 근거 중 어떤 근거가 가장 설득력 있었는지 모둠별로 발표해보도록 하겠습니다.

② 주인공의 결정에 대한 최종 투표

> -교사 : 그럼 다시 한번 주인공의 결정에 대한 찬반 투표를 진행하겠습니다. 토론은 상대방을 이기기 위한 것이 아니라 가장 좋은 선택을 하기 위해 의견을 나누는 것입니다. 주인공의 결정에 찬성하는 사람 손? 반대하는 사람 손?

(9) 정리 및 성찰

① 변화된 자신의 입장, 정당화 근거 정리

> -교사 : 이제 모든 활동이 끝났습니다. 토론 후, 여러분의 입장은 바뀌었나요? 아니면 그대로 인가요?
> -교사 : 토론 후, '자신의 입장'과 '상대방의 입장' 중 기꺼이 받아드릴 만한 근거를 각각 1개씩 선택하고, 그 근거를 토대로 주인공에 대한 자신의 생각을 정리해봅시다.

② 수업 마무리

> -교사 : 오늘 다룬 주제는 토론할만한 가치가 있었나요? 이 수업을 통해 무엇을 배웠나요?
> -교사 : 앞으로 결정하기 어려운 문제에 직면했을 때, 여러 사람들의 의견을 경청하고 상대방이 제시하는 근거가 충분히 설득력이 있다면 기꺼이 받아들이도록 노력합시다.

4. 모형 적용 시 유의 사항

콘스탄츠 딜레마 토론 모형은 콜버그 딜레마 토론 모형과 함께, 도덕과 교과 역량 중 '도덕적 사고 능력'을 키워주는데 유용하게 활용될 수 있는데, 이 모형을 수업에 활용할 때에는 다음과 같은 사항들에 유의할 필요가 있다.

(1) 콘스탄츠 딜레마 토론 모형이 그 효과를 발휘하기 위해서는 앞서 제시한 9단계를 충실히 따라야 한다. 여러 연구들은 이 모형의 일부 단계를 생략할 경우, 학생들의 도덕적 판단 능력을 유의미하게 상승시키지 못한다는 점을 보고하고 있다. 따라서 교사는 어떤 단계도 생략되지 않도록 수업을 재구성할 필요가 있다.

(2) 딜레마를 활용한 모든 형태의 도덕 수업에서는 도덕적 추론을 자극하는 도덕적 딜레마를 얼마나 잘 만드느냐가 최대의 관건이다. 따라서 교사는 도덕 수업을 통해 다루고자 하는 핵심 가치 및 내용 요소와의 관련성과 함께, 아래에 첨부된「딜레마 제작 원칙」을 꼼꼼히 따져가면서 좋은 도덕적 딜레마를 제작 및 발굴하기 위해 노력해야 한다.

(3) 콘스탄츠 딜레마 토론 모형은 찬·반 양론의 형식을 띠고 있어 학습자들로 하여금 토론을 대결 구도로 인식하게 할 수 있고, 따라서 상대방의 의견을 경청하기 보다는 자신의 주장을 강요하고 상대방을 설득시키는 것에만 관심을 갖도록 할 수 있다. 하지만 이 모형의 종국적인 목적은 상대방이 제시하는 도덕적이고 합리적인 근거를 기꺼이 받아들이게 하는 데 있다. 따라서 토론의 진행 과정에서 '토론은 상대방을 이기기 위해서 하는 것이 아니라, 가장 좋은 선택을 위해 의견을 나누는 것임'을 반복적으로 강조할 필요가 있다.

(4) 콘스탄츠 딜레마 토론 모형은 1~2회의 교육적 처치만으로도 학생들의 도덕적 판단 능력을 유의미하게 상승시키는 것으로 알려져 있다. 하지만 이 모형이 활용된 수업에 지속적으로 참여하지 않을 경우, 학생들의 판단 능력은 유지되지 않으며, 오히려 감소하기도 한다. 따라서 교사들은 도덕적 사고 능력을 목표로 하는 차시에 이 모형을 정기적으로, 지속적을 활용할 필요가 있다.

> **참고**
>
> 「딜레마 제작 원칙」
>
> 1. 짧은 이야기 구도를 갖고 있는가?
> 2. 문어체보다는 구어체를 사용했는가? 때때로 불완전한 문장으로 끝냈는가?
> 3. 이야기에는 주인공이 반드시 한 사람만인가?
> 4. 주인공은 반드시 먼저 등장해야 하고, 다른 인물들은 "그 또는 그녀"로 표기해서 구분이 쉽도록 했는가?
> 5. 만약 보조역할을 할 사람이 필요하다면 집단의 대명사(선생님, 엄마 등)로 표기했는가?
> 6. 주인공의 눈으로 이야기를 만들었는가? 이야기를 듣는 사람보다 주인공은 더 많은 것을 알고 있는가?
> 7. 결론은 주인공의 최종적인 결정으로 끝냈는가?
> 8. 그 결정은 불가피했으며, 모종의 압력에 의해 주인공은 최종적인 결정을 하게 되었는가?
> 9. 그러한 주인공의 결정에 대항할만한 다른 마땅한 이유가 있는가?
> 10. 딜레마 속에서 비윤리적 결정(technical solution, non moral solution)은 폐기될 수 있는가?
> 11. 이야기는 심리학적으로 실제적이어야 하며, 듣는 사람들에게 감성적인 호소력을 불러일으킬 수도 있는가?
> 12. 상식을 벗어나거나 극단적인 사례가 사용되지 않고 있는가?
>
> ※ 위의 12가지 질문에 대해 모두 '예'라고 답할 수 있어야 교육적이면서도 도덕적인 딜레마가 될 수 있다.

05 가치명료화 접근법

CHAPTER

1. 개념 및 특성

: 래스(Louis Raths)와 그의 제자 사이몬(Sidney Simon), 사이몬의 동료 하민(Merill Harmin)과 사이몬의 제자 커센바움(kirschenbaum) 등에 의해 개발된 가치명료화 접근법(values clarification approach)[78]은 학생들에게 전수되어야 할 일군의 가치들을 제시하는 것이 아니라, 그들이 옹호하고 소중히 여기는 가치들을 스스로 발견하게끔 하는 방법에 의하여 사회의 도덕적 혼란에 대처해 나가고자 한다. 즉 가치명료화란 학생들로 하여금 자신들이 지니고 있는 가치가 무엇인지 명료하게 인식할 수 있도록, 그리고 선택한 가치를 소중하게 여겨 가치와 행동 사이에 일관성이 있도록 도와줌으로써 학생들로 하여금 가치 지향적 삶을 살 수 있도록 해 주는 학습 방법으로서 다음과 같은 특성을 지닌다.

(1) 가치명료화는 가치의 개인적이고 주관적 속성을 강조한다. 즉 가치명료화에 따르면 가치들은 개인적 경향성이나 선호를 나타내는 것으로서, 개인들이 가치를 결정하는 것이지 종교나 사회 그리고 전통 등과 같은 외적인 요인들이 가치를 결정하는 것은 아니라는 것이다.

(2) 가치명료화는 절대적 가치의 존재를 부정하기에, 특정 가치를 강조하여 가르치기보다는 가치를 획득하는 과정, 즉 개인의 가치화 과정(process of valuing)을 중시한다. 가치화 과정이란 어떤 가치가 개인에게 선택되어 그의 일정한 행위 양식으로 정립되기까지 거치게 되는 일련의 내면화 과정을 일컫는데, 학교는 이 가치화 과정과 관련된 능력과 태도를 배양함으

---

[78] 가치명료화 모형은 가치를 전달, 주입하는 기존의 가치 교육방법에 대해 반기를 들고 1978년 래스 등이 발표한 새로운 가치교육 방법이다. 이는 엄격한 금욕주의를 특징으로 하는 기독교적 전통 위에 건립된 미국이 세계대전과 경제 대호황과 공황, 가정의 변화, 교통·통신의 발달 등에 의하여 가치관의 혼란이 발생하며, 지금까지 도덕적으로 옳다고 여겨진 가치가 실제로 옳은 것이라고 규정할 수 있는지, 옳다고 해도 그것을 학교에서 가르쳐도 되는지 등 기존의 가치 교육에 대한 회의로부터 출발하였다. 래스와 하민, 사이먼은 가치를 확고부동한 신념이 아닌 어떤 특정한 환경에서의 경험의 결과로 나타나는 생활양식으로 정의하고, 한 개인이 처한 시간과 공간에 따라 어떠한 경험을 갖게 될 것인지 그리고 어떤 가치나 생활양식이 그에게 가장 적합한지 확신할 수 없기 때문에, 가치를 획득하는 가장 효과적인 과정에만 관심을 기울여야 함을 역설하였다. 즉 가치명료화는 역동적인 사회의 변화로 인하여 무엇이 옳은지에 대한 합의가 어려운 가치 혼란의 시대에서, 가치 자체를 교육하는 것을 거부하고 학습자가 스스로 자신의 가치를 발견하고 선택하여 추구할 수 있는 과정인 '가치화 과정'을 가르치는 것을 목적으로 한다. 하지만 이러한 가치명료화는 각자 스스로 원하는 것이 가장 좋은 것이며 옳은 것이므로 존중해주어야 한다는 상대주의적 관용을 넘어서는 급진적인 특성을 보인다는 비판과 함께, 가치명료화는 '도덕적 가치'와 '도덕과 무관한 가치'를 구분하지 않고 양자를 동일한 가치화 과정으로 다루는 것은 심각한 문제라는 비판이 뒤따른다.

로써 학생들의 가치 혼란을 감소시키고 일관된 가치 체제를 형성하도록 도와야 한다고 강조한다.

(3) 가치명료화는 가치 수용뿐만 아니라 가치에 대한 숙고를 요구한다. 따라서 가치명료화는 학생들을 가치에 대한 보다 깊은 숙고로 이끈다.

(4) 가치명료화는 인지적 측면의 도덕교육 못지않게 규범의 이해, 선택, 평가, 판단, 결정에 따라 규칙의 준수를 요하는 상황에서 구체적인 행동으로 옮겨질 수 있도록 하는 동기, 성향, 태도의 형성을 가능하게 하는 학습 방법이다.

(5) 선택·존중·행동으로 이루어지는 가치화 과정은, 심사숙고하여 선택한 것을 존중하고 행동으로 옮기는 데 있어서 일관성을 요구한다. 이렇게 행동으로 옮겨진 가치는 실생활에서 그 중요성 및 유용성을 검증받는다. 또한 학생이 겪게 되는 경험의 변화와 재구성은 또다시 새로운 가치를 개발할 필요성을 제공한다. 이처럼 선택·존중·행동의 순환적 과정을 거쳐 이루어지는 가치의 실현과 도덕성의 성장은 독특한 개인적 차원에서 이루어지는 것이다. 따라서 가치에 대한 개인적 결정과 이와 일관된 형태의 행위에 대한 강조는 다원화된 사회에서 도덕적 혼란에 대처해 나갈 수 있는 힘을 길러준다. 즉 끊임없이 변천하는 현대 사회에 있어서 학생들은 고정된 일군의 가치들을 배우는 것이 필요한 것이 아니라, 가치화 과정을 필요로 한다는 것이다.

(6) 일반적으로 가치화 과정은 가치화 과정에서 중요 요소가 된다고 보는 선택(choosing), 존중(prizing), 행위(acting) 등의 3가지 측면에 따라 7단계의 가치화 과정을 제안한다.
- 여기서 선택이란 이성적으로 심사숙고하여 행동과 삶의 방향을 결정하는 것이며,
- 존중은 그 선택한 바를 감정적, 정서적으로 수용하여 소중히 하면서 기꺼이 실행하고자 의욕하는 것이며,
- 행위는 그렇게 선택하고 존중하는 것을 실제로 행동으로 옮겨가며 삶을 영위하는 것을 말한다.
- 따라서 이 모형은 지성·정서·행동의 세 측면을 모두 고려하는 관점이다.

선택	❶ 자유롭게, ❷ 대안들로부터, ❸ 각 대안들의 결과를 고려한 후에.
존중	❹ 선택한 것을 소중히 여기고 그 선택에 대하여 행복하게 여기면서, ❺ 선택한 것을 다른 사람들에게 기꺼이 자신감 있게 말하기.
행위	❻ 선택한 것에 입각하여 어떤 것을 행하면서, ❼ 생활의 어떤 유형 속에서 반복적으로 행하기.

이후 가치명료화에 대한 비판(상대주의 조장)에 맞서서, 커센바움은 사고와 의사소통이라는 하위 과정들을 추가하게 되는데, 이러한 변화는 가치화 과정의 사회적 맥락을 더욱 중시하고 있음을 보여준다.

사고	❶ 다양한 수준에서 사고하기, ❷ 비판적으로 사고하기, ❸ 높은 수준에서 도덕적으로 추론하기, ❹ 확산적 혹은 창조적으로 사고하기.
감정	❶ 존중하고 소중하게 여기기, ❷ 자기 자신에 대하여 좋은 감정을 갖기, ❸ 자신의 감정들을 인식하기.
선택	❶ 여러 대안들로부터, ❷ 결과들을 고려하면서, ❸ 자유롭게, ❹ 성취 계획.
의사 소통	❶ 명확한 메시지를 보낼 수 있는 능력, ❷ 감정이입 : 타인의 준거 체제를 경청하고 채택하기, ❸ 갈등해결
행위	❶ 반복적으로, ❷ 일관성 있게, ❸ 우리가 행동하는 영역 속에서 능숙하게 행동하기.

2. 모형의 구조와 운영 방식

가치명료화 수업 모형
1. 도덕적 문제 사태 제시하기
2. 선택하기   (1) 자유롭게 선택하기   (2) 여러 대안들로부터 선택하기   (3) 대안들의 결과를 심사숙고하여 선택하기
3. 존중하기   (1) 선택한 바를 소중히 하고 기뻐하기   (2) 선택한 바를 다른 사람들에게 기꺼이 확언하기
4. 행위하기   (1) 선택한 바를 행위로 옮기기   (2) 삶의 양식으로 반복해서 행위하기

(1) 도덕적 문제 사태 제시하기

: 문제 사태를 제시하되 문제 사태는 규범 간의 갈등 요소들이 담겨 있고 여러 가지 행동의 방안들이 강구될 수 있는 것이어야 한다.

(2) 선택하기

: 선택하기란 이성적으로 심사숙고하여 행동과 삶의 방향을 결정하는 것으로 다음과 같은 절차로 구성된다.

자유롭게 선택하기	가치가 가치로 인정받기 위해서는 반드시 자유롭게 선택되어야 한다. 어떤 사람이 자유롭게 가치를 선택했다고 느끼면 느낄수록 그 사람은 더욱더 그 가치가 자기 자신에게 중요하고 의미가 있다고 생각할 것이기 때문이다.
여러 대안들로부터 선택하기	가치에 대한 규정은 개인이 선택한 것에 근거를 두고 있다. 만약에 선택해야 할 아무런 대안이 없다면 선택이라는 것은 불가능하다. 따라서 선택의 여지가 없을 경우 어떤 것을 가치의 범주에 포함시키는 것은 의미가 없다. 선택을 하는 상황에서는 대안이 많으면 많을수록 가치 있는 것을 발견하기가 훨씬 쉽다.
각 대안들의 결과를 고려한 후 선택하기	어떤 것이 가치가 되려면 결과에 대한 이해를 바탕으로 하여 가치가 선택되어야 한다. 각 대안의 결과를 고려하여 선택할 경우에만 신중한 선택이 될 수 있다. 여기서는 인지적 요소가 중요하게 작용한다.

(3) 존중하기

: 존중하기란 이성적으로 선택한 바를 정서적으로 받아들여 소중히 하면서 기꺼이 실행하고자 의욕 하는 것으로 다음과 같은 절차들로 구성된다.

선택한 것을 소중히 여기고 기뻐하기	개인은 자신이 선택한 가치를 마음에 간직하고 소중하게 여기며 그것을 존중하고 사랑해야 하는데 그렇지 않다면 선택된 가치는 선택한 사람의 삶을 가치롭게 하는 진정한 가치가 될 수 없다.
선택한 것을 다른 사람들에게 기꺼이 자신감 있게 확언하기	자신이 선택한 가치를 부끄럽게 생각하거나 또는 자신의 선택이 다른 사람에게 알려지는 것을 꺼린다면 그것은 진정한 자신의 가치가 될 수 없기 때문이다.

(4) 행위하기

: 행위하기란 선택하고 존중하는 것을 실생활 속에서 행위로 옮기면서 삶을 영위하는 것을 말하며 다음과 같이 구성된다.

선택한 바를 행위로 옮기기	어떤 것이 자신의 가치가 된다는 것은 그 가치가 그 사람의 생활에 영향을 미치는 것을 의미한다. 실제 생활 속에 영향을 미치지 못하는 것은 가치가 될 수 없다. 즉 어떤 것이 생활 속에서 실제 행동으로 나타나지 않으면 그것은 결코 가치라 할 수 없다.
반복 행위에 따라 자신의 생활양식으로 굳히기	어떤 것이 가치의 수준에 도달하게 되면, 그 가치를 지니고 있는 사람의 생활 속에서 반복된 행위로 드러나야 한다. 즉 가치는 여러 가지 상황에 일관되고 지속적인 행위로 드러나야 하는 것이다.

3. 래스(Raths)의 명료화 질문

(1) 자유로운 선택

① 그것은 여러분이 원한 것입니까?
② 여러분은 이 신념을 어떻게 형성하게 되었습니까?
③ 이러한 결정이 최선이라고 생각합니까?

(2) 여러 대안들로부터의 선택

① 여러분은 대안들을 고려하였습니까?
② 다른 의견을 가진 사람들에게 어떻게 대답하겠습니까?
③ 여러분이 그것을 할 수 없다면 차선의 선택은 무엇입니까?

(3) 대안들의 결과를 고려한 후에 선택

① 그 접근의 이점과 단점은 무엇입니까?
② 1년 후에도 동일한 방식으로 느낄 것이라고 생각합니까?
③ 여러분이 그렇게 행동하면 주위 사람들에게 어떤 영향을 미칠 거라고 생각합니까?

(4) 선택한 것을 소중히 여기고 기뻐하기

① 이 가치가 여러분에게 얼마나 중요합니까?
② 진정으로 일어났으면 하고 바라는 것은 무엇입니까?
③ 여러분이 지금 이 가치를 논하고 있는 방식이 자랑스럽습니까?

(5) 선택한 것을 다른 사람에게 기꺼이 자신감 있게 확언하기

① 이 가치에 대해 누군가에게 말한 적이 있습니까?
② 다른 사람이 여러분의 관점에 대해 기꺼이 알도록 하겠습니까?
③ 이 가치에 대한 입장을 기꺼이 공개하겠습니까?

(6) 선택한 바를 행동으로 옮기기

① 선택한 가치를 위해 무엇인가를 하고 있습니까?
② 여러분은 자신의 목표를 이루기 위해 무엇을 하겠습니까?
③ 첫 번째 해야 할 일은 무엇입니까?

(7) 반복 행동에 따라 자신의 생활양식으로 굳히기

① 생활하면서 이러한 문제를 일반적으로 어떻게 해결합니까?
② 이 가치를 행동으로 옮기고 싶습니까?
③ 이와 같은 방식으로 일관되게 행동하고 있습니까?

4. 가치를 명료화할 수 있도록 도와주는 다양한 전략들

(1) 가치지 기입

: '가치지'(value sheet)는 학생들의 관심과 주의를 명료화해야 할 문제들로 유도하는 전략들 가운데 하나이다. 가치지 기입을 통해 학생들은 자유롭게 심사숙고하여 이성적인 선택을 내리고 그러한 선택과 일치하는 행동을 하도록 자극을 받게 된다.

가장 단순한 형태의 '가치지'는 자극을 주는 지문과 일련의 후속 질문들로 이루어진다. 여기서 지문의 목적은 교사가 학생들에게 가치가 함축되어 있다고 생각되는 문제를 제기하는 것이고, 후속 질문들의 목적은 그 문제에서 개별 학생들을 가치 명료화 과정으로 유도하는 데 있다.

[예] '정직'의 가치

우리는 정직해야 한다는 말을 많이 듣고 있습니다. 다음의 질문에 대한 당신의 생각을 적어보시오.
- 개에게 한 약속을 지키지 않은 사람은 정직하지 못한 사람인가?
- 남을 속인 적이 없다고 해서 그 사람을 정직하다고 할 수 있는가?
- 거짓말을 하면 10만원을 준다고 해도 거절한 사람은 100만원을 준다고 해도 역시 거절할 것인가?
- 당신에게 정직하지 않은 사람은 다른 사람들에게도 정직하지 않은가?

(2) 순서 정하기

: 순서 정하기는 의사 결정을 내리는 연습을 할 수 있을 뿐만 아니라 사람들마다 선호하는 것이 다르다는 것을 알게 되고, 많은 논쟁이나 토론을 거치지 않으며, 우정에 금이 가지 않게 하는 가운데 자신이 선호하는 것을 나타낼 수 있게 해 주는 장점이 있다.

교사는 순서 정하기를 요구하는 상황 장면이 담긴 학습지를 학생들에게 나누어주고, 그 상황에서 학생들 자신의 선호도에 따라 순서를 정하게 한다. 이때 교사는 학생들이 자신의 선택 이유를 명료화하도록 요구해야 하며, 필요한 경우에는 학생들에게 여러 사람 앞에서 그 이유들을 공적으로 확언할 수 있게 할 수도 있고, 그 상황에 내재한 도덕적 의미와 선택의 중요성에 대하여 토론을 전개할 수도 있다.

[예] 누구를 구명보트에 태울 것인가?

> 15명의 인원을 태우고 바다 한 가운데를 지나던 배가 폭풍우에 휘말려 파손되어 침몰 위기에 놓였다. 하지만 구명보트에는 6명만이 탈 수 있다. 누구를 태울지 결정할 권한이 여러분에게 주어졌다. 누구를 선택할 것인가?

① 이 배의 나이든 선장으로서 오랜 세월동안 바다에서 항해를 했다.
② 심각한 부상을 입은 환자이며 기상학자이다.
③ 젊은 여자이며 여행이 끝나면 곧 결혼할 예정이다.
④ 전에 정신과 치료를 받은 경험이 있으나 지금은 하버드 대학에서 건축학을 공부하고 있는 남자이다.
⑤ 연예계에서 은퇴한 선수로 나이든 남자이며 성격이 매우 낙천적이다.
⑥ 과거에 남에게 사기를 쳐서 감옥에 갔다온 적이 있는 생물학자이다.
⑦ 가족이나 친척이 전혀 없는 나이든 여자로 시골에서 의사 생활을 하고 있다.
⑧ 머리가 아주 나쁜 편이지만 천하장사로 씨름 대회에서 몇 번 우승한 경력이 있다.
⑨ 정치계의 유명 인사로 현재 어떤 기업으로부터 정치자금을 받은 혐의로 수사를 받고 있는 중이다.
⑩ 돈이 매우 많은 부자이며 고국에는 많은 가족과 일가친척이 있다.
⑪ 고리대금업자로 정신 치료 분야에서 뛰어난 업적을 이룬 정신과 의사이다.
⑫ 컴퓨터 프로그래머로 평소에 선행을 많이 해서 표창을 받은 적도 있다.
⑬ 평범한 가정주부이며 집에서 가족을 돌보는 것을 기쁘게 여기며 살고 있다.
⑭ 고등학교 졸업반으로 언론계에 진학할 계획을 가진 젊은 여자이다.
⑮ 성격이 매우 괴팍하고 이기적이지만 요리를 하면 남에게 친절해지는 요리사이다.

5. 적용 시 유의할 점

: 가치명료화 접근법이 요구하는 교사의 역할

(1) 가치명료화를 활용할 때 교사는 가치를 가르치려고 시도해서는 안 되며, 심지어 하나의 역할 모델이 되려고 시도해서도 안 된다. 교사의 역할은 적절한 발문을 통해 학생들의 기능을 발달

시키는 것이며, 여기서 말하는 기능이란 가치화 과정의 하위 요소들을 의미한다. 그러므로 가치명료화 접근은 교사를 도덕적 진리의 원천이나 대변자 혹은 도덕적 심사숙고의 모형으로 여기는 것이 아니라, 적절한 발문 절차를 통해 개개인들이 하나의 가치로운 인간(valuing person)이 되는데 필요한 기능들을 발달시키도록 도와주는 일종의 훈육사-임상치료사(trainer-therapist)로 보고 있다.

(2) 교사는 수업 지도에 있어서 보다 객관적인 태도로 학생들과 대화해야 한다. 교사는 가치화 과정을 강조하고 설명할 수 있지만 자기 주관을 강요할 수는 없으며, 학생들의 신념이나 태도, 생각들을 비판 없이 수용해야 한다.

(3) 교사는 학생들의 가치명료화를 위한 대화에서 언어적 표현에 유의해야 한다. 명료화 반응을 위한 표현들을 잘 기억하고 학생들과 대화해야 한다.

(4) 교사는 수업 지도 중에 언제나 가치중립적이어야 할 필요는 없다. 교사의 생각도 학생들의 가치판단에 유용한 정보가 될 수 있기 때문이다. 여기서 중요한 것은 학생들의 생각을 단절시키지 않고 교사의 지혜를 고려할 수 있게 하는 것이다.

6. 문제점

(1) 가치명료화는 무이론적이다. 가치가 단순한 선호의 문제와 구분하기 힘들다는 지적이 있을 정도로 가치의 본질과 속성에 대한 철학적 분석에 소홀하다.

(2) 가치명료화론자들은 도덕적 가치와 행동 사이의 관계를 명확히 설명하지 못한다. 즉 이들은 도덕적 행동으로 이어지기 위한 현실적 제약들은 무시한 채 가치화 과정이 이루어지면 곧 행동으로 연결된다는 주장만을 내세운다.

(3) 가치명료화는 학생들이 가치를 지니고 있지 않을 가능성을 무시한다. 이들은 학생들이 이미 가치를 지니고 있다는 묵시적 가정하에 수업을 진행하지만 어린 학생 중에는 아직 가치를 형성하지 않았거나 옳고 그름의 구분이 명확하지 못해 교사의 지도를 필요로 하는 이들도 있다.

(4) 가치명료화는 인지 발달 과정을 고려하지 않는다. 도덕적 대안들의 범위와 그 대안들에 고려되는 가치들에 대한 사고는 어느 수준 이상에 도달해야만 가능한 것인데 가치명료화는 그러한 점이 고려되지 않는다.

(5) 가치명료화는 도덕적 상대주의를 조장할 수 있다. 가치보다는 가치화 과정에 초점을 맞추는 가치명료화는 개인적 선호를 무비판적으로 정당화시켜 주는 것으로 도덕원리와 개인적 선호 간의 차이를 불분명하게 만들 수 있다.

06 가치갈등 접근법

1. 개념 및 특성

가치갈등 접근법은 학생들이 가치갈등 상황에 처했을 때 올바르게 판단하고 적절한 가치를 선택하는 도덕적 판단력을 기르기 위한 학습 방법이다. 일상생활에서 발생하는 도덕적 문제들은 대부분 둘 이상의 가치나 규범 간의 갈등을 풀어야 해결을 볼 수 있는 것들로 구성되어 있다. 이러한 도덕 문제들을 해결하려면 그에 적절한 도덕원리나 가치규범을 적용할 줄 알아야 할 뿐만 아니라, 갈등하는 규범들 사이에 어느 것이 우선하는지, 아니면 모든 것을 충족시켜야 하는지, 아니면 상충하는 가치와 규범들 사이에 최소한의 손상을 보면서 조화를 이루어야 하는지, 그리고 왜 그래야만 하는지 등에 관해 타당한 판단을 내릴 수 있는 능력이 필요하다. 가치갈등 수업 모형은 바로 이러한 도덕원리나 규범의 적용과 사고 및 판단 능력의 육성을 목표로 한다.

2. 올리버와 쉐이버의 '법리적 모형'

(1) 가치갈등 수업 모형의 원천이 되는 것은 올리버와 쉐이버의 '법리적 모형'인데, 올리버와 쉐이버는 바람직한 사회질서 속에서 복합적이고 논쟁적인 문제들을 해결하기 위해서는 서로 대화하는 가운데 성공적으로 그 차이를 해소시켜 갈 수 있는 시민들이 필요하다고 보았다. 그리고 그러한 능력을 지닌 시민의 모습을 유능한 재판관의 자질과 같은 것으로 상정하였다. 즉 올바른 가치판단은 이성적이고도 공정한 입장에서 사안을 판단하는 재판관이 하는 일과 같은 것으로 간주했던 것이다.

(2) 또한 올리버와 쉐이버는 인간 사회에서 발생하는 대부분의 논쟁과 갈등은 정의의(definitional) 문제와 가치의(value) 문제, 사실의(factual) 문제를 중심으로 발생한다고 보았다.

정의의 문제	관련 당사자들 사이에 사용되는 가치 용어나 개념이 서로 다른 의미로 사용됨으로써 발생하는 문제
가치의 문제	당사자들 사이에 지지하는 가치에 대해서 입장 차이가 있음으로 해서 생기는 문제
사실의 문제	어떤 견해 또는 가치 주장의 타당성을 입증할 수 있는 경험적이고도 사실적인 근거가 확보될 수 있는가를 둘러싸고 일어나는 문제

따라서 논쟁이나 갈등의 문제를 합리적으로 해결하기 위해서는, 사용되는 용어나 개념의 의미를 명확히 하거나 합의를 도출하는 일과(정의의 문제), 각각의 가치 입장을 지지하는 사회적 가치 규범이나 도덕원리가 무엇이며 어떤 가치 입장이 더 근원적인 도덕원리로부터 지지를 받고 있고 또 어느 것이 더 중하거나 우선적으로 적용되어야 하는지 등을 검토하는 일(가치의 문제), 그리고 상충하는 관점들과 주장들이 사실적 증거에 입각하여 그 타당성을 확보하는 일(사실의 문제) 등이 강구되어야 한다.

이 가운데 가장 어려운 것은 가치의 문제이다. 올리버와 쉐이버는 이와 관련된 문제의 합리적 해결을 위해 어떤 가치를 바라볼 때 이를 최선의 상태로부터 최악의 상태에 이르기까지 다차원을 이루고 있는 것으로 보아야 한다는 점, 대부분의 가치 갈등은 가치에 대한 다차원적 관점에 입각하여 상충하는 가치들이 각각 최소한의 침해를 받으면서 조화 내지 타협을 이루어 낼 때 해결되는 경우가 많다는 점을 강조한다.

(3) 위와 같은 관점을 전제로 올리버와 쉐이버는 합리적 합의를 바탕으로 가치 갈등의 해결에 이르는 과정을 상정하여 8단계의 과정과 절차로 구성되는 법리적 모형을 제시한다.

단계	절 차	내 용
1	구체적 사태에서 일반적 가치 추출하기	주어진 구체적 가치 갈등 사태를 보고 그 사태에 관련된 일반적 가치가 무엇인지를 발견하는 활동이다. 이를 위해서 학생들은 일반적 가치 용어를 그 법률적 의미나 논리적 의미로 이해하고 있어야 한다.
2	일반적 가치 개념을 차원화하기	추출한 가치 개념들을 각각 서로 다른 차원으로 차원화함으로써 문제 사태에서 어떤 가치가 얼마나 침해를 받고 있는지 그 침해된 정도를 확인한다.
3	가치 간의 갈등을 확인하기	주어진 사태에서 갈등하는 두 개 이상의 가치를 확인하는 활동을 말한다. 좀 더 구체적으로 어떤 행위나 의사 결정이 A라는 특수한 가치를 지지하고 있으며 동시에 그것은 다른 B라는 가치를 어기고 있음을 확인하는 과정이다.
4	가치 갈등을 유형화하기	어떤 특수한 가치 갈등을 그와 유사한 다른 가치 갈등과 관련지어 그 사이의 유사성에 따라 당면하고 있는 사태를 유형화하는 활동을 말한다.

5	당면한 사태와 유사한 다른 사태를 발견 혹은 창안하기	당면한 문제 사태와 유사한 다른 사태를 찾아보거나 때로는 만들어 내는 활동을 말한다. 이러한 활동은 어떤 가치 입장을 고수하는 사람에게 자기 입장의 일관성을 검토할 수 있는 기회를 준다는 점에서 매우 의미가 있다.
6	자기의 가치 입장을 결정하기	이상의 활동을 통해 당면한 문제 사태에 관한 자신만의 가치 입장을 취하게 되는 것을 말한다.
7	가치 입장을 지지하는 사실적 가정의 타당성을 검사하기	선택한 가치 입장의 근거가 되는 사실적 지식의 타당성을 검토하는 활동을 말한다.
8	진술의 적합성을 검사하기	자기가 취하는 가치 입장을 정당화하기 위해 사용되는 여러 가지 진술이 그 가치 입장에 적합한가를 점검하는 활동으로서 갈등 사태 분석 전략의 마지막 과정이다.

3. 적용 시 유의할 점

(1) 교사는 학생들에 특정 규범을 강요하거나 주입하고자 해서는 안 된다. 교사는 특정 가치나 규범의 대변자가 아니라 가치 결정에 이르는 과정의 안내자요, 사고와 판단의 조력자로서 역할을 수행해야 한다.
(2) 가치갈등 해결을 위한 수업은 모두가 합의해서 결론을 얻거나, 서로의 입장이 양립된 채 결론을 보류한 상태로 끝날 수밖에 없다. 이때 교사는 학생으로 하여금 계속해서 더 생각할 수 있도록 사고를 자극해야 하며, 무리하게 어떤 결론을 이끌어 내기 위해 유도해서는 안 된다.
(3) 학생들이 자신이 주장한 입장에 대한 근거나 이유를 대기보다는 자기 본위적인 결론을 내리거나 상대방의 의견에 대해 무조건 반대하려는 경우가 생기지 않도록 사전 토론 수업에 대한 지도가 요구된다.

4. 가치갈등 모형과 가치명료화 모형의 공통점

(1) 특정한 가치의 내용보다 가치를 도출하는 과정을 중시한다.
(2) 학습자들 사이의 상호작용과 학습자들의 능동적 탐구를 중시하는 학습자 중심의 수업 모형이라 할 수 있다.
(3) 학생들의 가치에 대한 이해를 돕고, 가치를 올바로 선택하고 판단하는 능력을 길러준다.
(4) 학생들이 자발적으로 이해하고 선택한 가치에 대한 지식이 행동으로 이어질 수 있는 경향성을 높여 준다.

07 가치분석 접근법

1. 개념 및 특성

(1) 가치분석(value analysis)[79] 접근법은 학생들이 자신이 가진 가치의 논리적 정당성을 주장하고 그것을 지지하는 것을 중요하게 생각하는 도덕교육 접근법으로서, 자신이 지닌 가치의 논리적 정당성을 입증하는 가운데 자신이 선택한 가치의 근거를 숙고하게 되고, 그렇게 함으로써 가치의 선택과 행동에 일관성을 지닐 수 있다고 본다.

(2) 가치분석 접근법은 가치를 이해하기 위한 인지적이며 합리적이고 과학적인 접근법으로서, 가치판단의 합리성을 확보하기 위해 사실적 증거의 문제를 중시하는 한편 의사결정에 사용된 가치원리의 정당성을 확보하고자 노력한다.

(3) 가치분석 접근법의 목표는 이처럼 학생들로 하여금 과학적·논리적 사고를 통해 가치를 학습하도록 하는 데 있다.

2. 쿰즈와 묵스의 가치분석 모형

(1) 가치분석의 목표

가치분석의 목표는 학생들로 하여금 가치와 관련된 합리적인 의사결정을 하도록 돕는 것이고, 그에 필요한 능력과 성향을 계발하며 가치갈등을 해결하는 방법을 학습토록 하는 것이다.

(2) 합리적 가치판단의 조건

쿰즈(J. R. Coombs)와 묵스(M. O. Meux)는 도덕적 문제 해결을 위한 합리적 가치판단에 관해 연구하면서, 가치분석에 의한 합리적 의사결정이라는 학습 모형을 발전시켰다. 이 모형의 특

---

[79] 가치분석 접근법은 미국에서 가치명료화 접근법의 유행이 지나간 후 교사들의 관심을 끌기 시작한 수업 방식이다. 가치명료화는 학생들로 하여금 자신이 추구하고 싶은 가치를 심사숙고하여 스스로 선택하고, 선택한 가치를 소중히 여기며 그 가치에 따라 일관성 있게 살아가도록 하는 가치화 과정을 중시한다. 하지만 그것은 가치를 개인적 선호와 선택의 문제로 바라보기에 도덕적 상대주의를 조장할 수 있다는 비판을 받아왔다. 이러한 비판 속에서 도덕적 상대주의를 피하고 가치 선택의 정당성을 마련하기 위해 쿰즈 등의 가치교육론자들이 개발한 수업 모형이 가치분석 모형이다. 즉 이 모형은 왜 특정 가치를 선택하고 추구해야 하는지 혹은 자신의 결정에 따라 행동해도 되는지에 대한 충분한 이유를 제시하면서 논리적 정당성을 확보해가는 과정, 즉 가치분석 과정을 중요하게 생각한다.

징은 가치판단의 합리성을 확보하기 위해 사실적 증거의 문제를 중시하는 한편 의사결정에 사용된 가치원리의 정당성을 확보하고자 노력한다는 점이다.

즉, 이들에게 있어 인간 사회의 갈등은 사실적 주장의 '진실성'과 사실의 '관련성 및 타당성', 그리고 특정 가치 기준의 해석과 판단에 내포된 가치 원리의 '수용가능성'을 둘러싸고 일어난다. 따라서 그 갈등을 극복하고 결정의 합리성을 확보하기 위해서는 두 가지 조건이 필요하다. 하나는 사실 문제를 규명하는 것이며, 다른 하나는 가치 원리의 수용 가능성 여부를 고려하는 것이다. 전자는 사실판단의 문제고 후자는 가치판단의 문제인데 이 양자는 상호 관련이 있다. 사실판단과 가치판단이 상호 관련된다면 가치판단의 합리성을 확보하기 위해서는 사실적 정보와 지식의 양이 많을수록 바람직하며 동시에 과학적 탐구와 검증을 거친 진실된 것이어야 한다. 이러한 이유에서 쿰즈와 묵스는 가치판단을 뒷받침하는 사실의 수집과 그것의 진실성 및 가치문제와의 적절한 관련성 등을 역설한다.

하지만 사실 탐구를 통해서 해당 가치문제와 관련된 판단의 경험적 타당성의 근거는 확보할 수 있지만, 그것만으로는 가치판단의 도덕적 정당성은 확보되지 않는다. 도덕적 정당성이 확보되려면, 가치판단이 바람직한 가치원리에 입각하고 있는지가 검토되어야 한다.

요컨대 합리적 가치판단이 가능하기 위해서는 다음과 같은 4가지 조건을 충족시켜야 한다.

첫째, 판단을 지지하는 것으로 밝혀진 사실은 확실하게 증명된 것이어야 한다.

둘째, 사실은 타당성(관련성)이 있어야 한다.

셋째, 다른 조건이 동일하다면, 판단의 과정에서 고려된 사실의 범위가 클수록 그 판단이 옳을 가능성은 더 커진다.

넷째, 판단에 적용된 가치원리는 판단을 내린 사람에게 수용될 수 있어야 한다.

3. 쿰즈와 묵스의 가치분석 모형 절차

쿰즈와 묵스는 '사실규명'과 '가치원리의 정당화 및 수용가능성'이라는 두 가지 조건을 고려한 가치분석법을 제시하고 있다.

쿰스와 묵스 가치분석법
1. 가치문제의 확인과 명료화
2. 사실의 수집 및 조직화
3. 사실의 타당성(관련성) 평가
4. 잠정적 가치 결정
5. 가치원리 검사

(1) 가치문제의 확인과 명료화

가치문제가 모호하고 명확하지 않는 경우는 가치판단을 어떤 관점에서 해야 하는가가 명확하지 않을 경우이거나, 가치 대상이 분명하지 않을 경우이거나, 가치 대상을 지칭하는 용어가 불명확한 경우에 발생한다. 특히 용어가 분명하지 않을 경우에는 용어를 정의하고, 용어가 지시하는 대상과 지시하지 않는 대상의 구체적인 예를 제시하여 가치문제를 명료화한다.

(2) 사실의 수집 및 조직화

가치 대상에 관한 사실을 수집할 때는 사실적 주장과 평가적 주장을 잘 구분하여 가능한 넓은 범위의 사실들을 수집해야 한다. 넓은 범위의 사실 수집은 여러 사람들로부터 전문가적 자문을 구하면 좋다. 논란이 되고 있는 가치문제의 결정과 관련된 사실들은 복잡하므로 이를 범주별로 분류하고 조직하는 것이 좋으며, 이를 위해 '사실수집표'를 활용하는 것이 바람직하다.

[예] 쿰즈의 사실수집표

기본적 관점	긍정적		부정적		보조적 가치판단
	일반	특수	일반	특수	

(3) 사실의 타당성 평가

수집된 사실들 중에서 가치결정과 관련된(타당한) 사실에는 특수한 사실, 일반적 사실, 조건적 사실이 있다. 이러한 사실을 평가하기 위해서는 사실을 평가할 준거를 분명하게 형성하는 것이 중요하다. 사실 평가 준거를 명료화하는 방법으로 쿰즈는 증거 카드를 제시한다. 증거 카드에는 단순형과 복잡형이 있는데, 단순형은 가치판단, 판단되고 있는 대상에 대한 사실, 사실의 타당성을 검사하기 위한 준거로 구성된다. 증거 카드를 만들면 학생들이 중점을 두고 해야 할 과제가 분명하게 드러나므로 학생들에 성취감 및 자신감을 제공할 수 있다. 또한 여러 가지가 의미 있는 맥락에서 상호 관련되어 있는 것이 잘 드러나 학생들이 쉽게 이해할 수 있게 된다.

[예] 쿰즈의 증거 카드
❶ 단순형 증거 카드

가치판단	구호금은 도덕적으로 옳지 않다.
사　실	구호금은 일을 하지 않는 사람들에게 돈을 주는 것이다.
준　거	일을 하지 않은 사람들에게 돈을 주는 제도는 도덕적으로 옳지 않다.

❷ 사실의 지지 및 반대 증거를 나타내는 증거 카드의 뒷면

지지 (긍정적)	반대 (부정적)
디트로이트 구호 대상자들은 매월 100달러를 받는데 직업이 없다(일을 안 한다). 시카고 구호 대상자들은 매월 200달러를 받는데 직업이 없다(일을 안 한다).	구호 대상자 중에는 직업이 없이도 열심히 일하는 사람이 있다.

❸ 사실의 지지 및 반대와 준거의 찬성 및 반대를 나타내는 증거 카드의 뒷면

지지 (긍정적)	반대 (부정적)
디트로이트 구호 대상자들은 매월 100달러를 받는데 직업이 없다.	구호 대상자 중에는 직업이 없이도 열심히 일하는 사람이 있다.
준거를 믿는 이유	준거를 믿지 않는 이유
이러한 제도는 인간의 존엄성 및 자아 존중감을 훼손시킨다. 이러한 제도는 개인의 발전을 위한 노력을 방해한다.	사람들이 통제할 수 없는 제도의 희생자가 될 때 그들의 생활수준을 향상시키는 것은 도덕적으로 잘못된 일이 아니다.

(4) 잠정적 가치 결정

(5) 가치원리 검사

가치판단은 평가자가 가치판단에 수반된 가치원리를 수용할 수 있어야 합리적이다. 평가자가 가치원리의 수용 가능성을 검사하는 방법으로 쿰즈는 새 사례검사, 포함관계 검사, 역할교환 검사, 보편적 결과 검사를 제시한다.

새 사례검사	판단에 사용된 가치원리가 유사한 다른 사례에 일관되게 적용될 수 있는가를 검토하는 것이다.
포함관계 검사	판단에 사용된 가치원리가 보다 일반적 가치원리로부터 타당하게 연역될 수 있는가를 따져 보는 것이다.
역할교환 검사	판단에 사용된 가치원리가, 그 원리에 기초한 결정에 의해 심각하게 영향 받을 사람들과 입장을 바꿔 놓고 생각해 본 것인가를 살펴보는 것이다.
보편적 결과 검사	모든 사람들이 그러한 가치원리에 따라 행동할 경우 그 보편적으로 나타날 결과를 받아들일 수 있겠는가를 검토해 보는 것이다.

(6) 쿰즈 가치 분석 수업 모형의 한계

가치 분석은 정의적 측면과 행동적 측면에 대하여 큰 관심을 기울이지 않는 단점을 지닌다.
첫째, 학생들은 가치분석을 일종의 학문적 연습이라고 생각할 수 있다. 즉 학생들이 교실 안에서는 분석적인 절차를 통해서 움직이다가도 교실 밖에서는 불합리한 방식으로 행동할 수도 있는 것이다. 아마도 가치 분석이 일상적인 문제에로 실행될 수도 있지만, 쿰즈는 이러한 문제를 진지하게 논의하지 않는다.

둘째, 가치분석 모형은 정의적 성분이 부족하다. 쿰즈는 감정과 관련된 자아심리학자들의 연구 결과들을 참고하면서도 자아 발달에 관한 그의 논의는 개념적·인지적 관심사에만 제한되어 있다. 따라서 쿰즈는 감정이입, 진정성, 정체성 파악 등과 같은 자아 관련 기능들을 소홀히 한다. 가치 상황에 학생들이 감정을 끌어들이는 문제나 공상과 상상력이 가치 분석에 동원될 수 있는 방법 등에 관한 문제에 거의 주목하지 않는 것이다. 따라서 이 접근법은 지나치게 논리적이며 '지성 편중'적이다.

이러한 측면에서 쿰즈의 모델은 정의적인 관심사들을 수용하기 위해 고려 모형, 가치 명료화 등 다른 접근법들에 의해 보충될 수 있을 것이다.

4. 가치 분석 수업 모형의 일반적 절차 (유병렬)

가치분석 수업 모형
1. 도덕적 문제 사태의 제시
2. 가치문제의 확인과 명료화
3. 자기 입장의 설정 및 사실적 타당성 탐색
4. 잠정적 가치 결정 및 가치 원리의 검사
5. 입장의 수정 및 의사결정
6. 실천 동기 강화 및 일상생활에의 확대 적용

(1) 도덕적 문제 사태의 제시

가치판단을 요하는 도덕적 문제 사태를 제시한다. 문제 사태를 분석하면서 어떤 일이 무슨 이유로 문제가 되고 있으며, 누가 무슨 주장과 행동을 하고 어떤 상호작용 관계가 있는지 등을 숙지한다.

(2) 가치문제의 확인과 명료화

문제 사태에 관련된 가치문제가 무엇인지 확인하고 명료화하는 단계이다. 가치문제를 분명히 진술하고 그 속에 담긴 용어나 개념을 분석하면서 그 의미를 명확히 한다.

예를 들어 '규칙을 위반해서라도 반 대항 축구 시합에서 승리하는 것이 옳은가?'라는 문제 사태의 경우 규칙, 위반 등과 같은 용어의 의미를 분명히 한다. 그러기 위해 개념분석 기법 등이 활용될 수 있다.

(3) 자기 입장의 설정 및 사실적 타당성 탐색

주어진 가치문제에 대해 자신의 입장을 설정하고 그 사실적 타당성을 따져 보는 단계이다. 자신의 입장에는 사실적 근거에 의한 주장의 정당성이 확보되어야 한다.

예를 들어 규칙을 위반하면서라도 승리를 이루는 것이 옳다거나 그르다는 입장을 세웠을 경우 이를 입증할 수 있는 사실적 근거들을 제시하도록 한다. 예컨대 승리했지만 양심의 가책으로 오히려 고통스러웠다는 경험, 한 사람이 규칙을 지키지 않아 여러 사람들이 고통을 당한 사례 등등의 사실적 증거를 들 수 있다.

(4) 잠정적 가치 결정 및 가치원리의 검사

자신의 주장에 대해 사실적 증거를 들어 타당성을 검토한 다음에는 잠정적인 가치 결정을 하고 그것의 바탕에 깔린 가치원리를 네 가지 검사기준, 즉 새 사례검사, 포함관계 검사, 역할교환 검사, 보편적 결과 검사 등으로 검토한다.

예를 들어 올림픽 경기에서 약물 복용하고 금메달을 딴 선수를 인정할 수 있겠는지(새 사례검사), 그 가치원리가 '운동선수는 규칙을 준수하면서 정정당당하게 경기하는 스포츠맨십을 가져야 한다'는 식의 상위 원리로부터 논리적으로 타당하게 연역될 수 있는지(포함관계 검사), 상대방 팀의 규칙 위반으로 우리 팀이 패배해도 받아들일 수 있겠는지(역할교환 검사), 누구나 모두가 그런 식으로 규칙을 위반한 결과들을 수용할 수 있겠는지(보편적 결과 검사) 등을 검토해 본다.

(5) 입장의 수정 및 의사결정

자신이 의거한 가치원리가 타당한지를 검사한 다음에는 입장의 수정 및 의사결정의 단계로 나아간다. 이 단계에서는 자신의 주장에 결함이 있거나 정당성이 부족할 경우에는 이를 수정하면서 보다 타당한 관점에 입각한 가치판단이나 의사결정을 하게 된다.

(6) 실천 동기 강화 및 일상생활에의 확대 적용

마지막으로 교사는 가치분석 수업을 통해 학생들이 내린 가치판단 내지 의사결정을 실천에 옮기도록 동기를 부여하고 또 구체적인 생활 속에 확대 적용하면서 실천해 나가도록 이끈다.

08 개념분석 접근법

● 개념 및 특성

(1) '개념'의 의미와 도덕교육적 함축

개념은 인간의 사고와 판단의 근간을 이룬다. 개념이란 사물이나 사건, 현상, 대상들이 지닌 공통적인 속성이나 특징에 따라 이를 분류하거나 범주화하여 나타낸 추상적인 단어나 어구를 가리킨다. 이러한 개념은 사실적 정보와 지식의 획득은 물론 비교, 분류, 종합, 평가와 같은 고등 사고 기능과 이를 바탕으로 이루어지는 추론과 판단, 문제 해결과 의사결정 등에서 그것들의 전제 내지 핵심적 요소로서의 기능을 수행한다.

또한 개념은 사고의 결과로 얻어진 것이면서 동시에 사고를 성립시킨다. 아울러 개념은 일종의 의미형성이요 사물과 현상에 대한 의미 부여의 한 메커니즘이 되기도 한다. 그러므로 그가 어떤 개념을 가지고 있느냐 하는 것은 그가 그 문제에 대해 어떻게 생각하고 판단을 내리며 어떤 행동을 할 것인가에 심대한 영향을 미친다.

개념의 이러한 특성은 도덕적 삶에도 마찬가지이다. 예컨대 정의라는 도덕규범에 대해서 그것을 어떻게 인식하느냐에 따라 사람들의 도덕적 판단과 행위는 얼마든지 달라질 수 있는 것이다. 즉 정의의 개념을 타당한 이유나 근거 없이 사람을 차별하지 않는 것으로 이해하는 사람과, 강자의 이익을 대변하는 것이 곧 정의라고 이해하는 사람은 정의가 문제되는 상황을 이해하는 시각과 해결 방안에 대해서도 엄청난 차이를 보이게 된다.

도덕교육에 있어 도덕적 가치규범에 대한 올바른 개념적 이해를 도모하기 위해 개념 분석 접근법이 요청되는 이유를 이러한 점들에서 찾아볼 수 있다.

(2) 개념분석 접근법의 특징

개념분석 접근법은 학생들이 습득하여 가지고 있는 도덕적 개념들의 의미를 묻고 그에 대한 답변을 유도한 뒤 계속된 질문을 통해 그 답변이 충분하지 못하다는 것을 깨닫게 하는 과정에서 사고의 폭을 넓게 하여 학생들이 갖고 있는 도덕적 개념들의 의미를 높은 수준에서 사고하도록 하는 학습 모형이다.

이러한 점에서 그 원형은 소크라테스에서 찾아볼 수 있다. 소크라테스는 정의와 덕 등의 도덕적 개념들의 참다운 의미를 분석하면서 이에 대한 올바른 이해를 도모하고자 했다. 그러는 가운데 소크라테스는 적절한 질문을 던지고 이를 숙고하게 하는 사람으로서의 역할을 수행하면서 사람들로 하여금 도덕적 개념과 원리를 알고 올바른 추론과 판단을 하도록 이끌었는데 이러한 모습이 바로 개념분석 모형을 운영하는 바람직한 본보기라 할 수 있다.

● 모형의 구조와 운영 방식

개념분석 수업 모형
1. 분석될 가치 개념 확인
2. 개념의 전형적인 사례와 반대되는 사례 찾기
3. 개념의 경계 사례 확인
4. 관련 개념 생각해 보기
5. 가상적 사태 생각해 보기
6. 분석된 의미의 수용 여부 검토 및 결과 정리

(1) 분석될 가치 개념 확인하기

무엇보다 먼저 할 일은, 개념적 문제와 규범적 문제를 분명히 구분하면서 분석될 가치 개념을 확인하게 해야 한다.

예를 들어, 용돈을 아껴 쓰는 절약을 택할 것인가 친구 생일 선물을 사주는 우정을 택할 것인가의 문제는 규범적인 문제지만, 절약과 우정이 무엇을 의미하는 것인지를 밝히는 일은 개념적 문제이다. 그리고 전자의 문제는 후자의 문제가 답해져야만 해결이 용이하다.

따라서 개념분석 모형 수업을 전개할 때는 먼저 해당 문제 사태에서 분석될 가치 개념을 부각시켜 그 해결의 필요성과 준비를 갖추도록 하는 일이 필요하다

(2) 그 개념의 전형적인 사례와 반대되는 사례 찾기

문제가 되는 개념의 올바른 의미를 이해하기 위해, 그 개념과 관련된 전형적인 사례와 반대되는 사례를 찾아본다.

이는 어떤 개념을 제대로 이해하기 위해서는 그 개념에 해당되거나 해당되지 않는 속성, 특징, 본보기 등을 찾아내어 정확히 파악하는 일이 필요하기 때문이다.

예를 들어 절약에 해당되는 여러 행동 사례와 반대에 해당되는 사례들, 우정에 해당되는 사례와 반대 사례들을 교사와 학생들이 발표하면서 검토한다.

이처럼 많은 사례를 논의하는 과정에서 학생들은 자신의 생활을 반추해 보게 되고 '절약과 낭비', '우정과 적대'가 가지는 일반적인 특징과 의미에 대한 이해와 사고의 틀을 형성하는 가운데 해당 가치규범의 내면화를 도모하게 된다.

(3) 그 개념의 경계에 해당되는 사례 확인하기

문제가 되는 개념에 해당하는 전형적인 사례와 반대되는 사례를 구체적으로 들면서 의미를 형성한 뒤에는 그 경계에 해당하는 경우들을 검토하면서 개념의 의미를 보다 명료화시킨다.

여기서 경계에 해당된다 함은 그 개념 적용과 관련하여 애매모호함을 느끼는 경우를 말하며, 그러한 경우들을 분석하는 일은 그 개념의 의미 이해를 보다 세련되게 하는 데 도움이 된다.

(4) 그 개념과 관련된 개념 생각해 보기

문제가 되는 개념과 관련된 도덕 개념을 논리적으로나 경험적으로 분석해 본다.

예를 들어 절약하는 사람은 보통 절제와 검소한 생활을 하는데, 절제와 검소는 어떤 공통 요소를 지니며 어떤 점에서 다른가 등의 문제를 분석하면서 절약이라는 도덕적 개념의 의미를 보다 명료하고도 깊이 이해하게 한다.

(5) 가상적인 사태 생각해 보기

가상적인 사태를 검토하는 이유는, 그 도덕 개념의 실제적 적용을 생각하면서 의미를 깊이 이해하게 하고 또 내면화시키고자 하는 데 있다.

예를 들어 화재로 어려움에 처한 이웃을 돕기보다는 돈을 아끼는 것이 진정한 절약에 해당하는가와 같은 가상적인 사태에 비추어 도덕 개념을 생각해보는 일은, 실제로 경험해 보지 않은 일까지 가상하여 개념의 의미를 점검해 볼 수 있기에 깊은 이해 형성에 도움이 된다.

(6) 분석된 의미의 수용 여부 검토와 정리하기

지금까지 분석된 도덕 개념의 의미를 일상적인 언어생활에 비추어 그것이 수용할 만한 것인가를 검토한다.

수업 과정에서 분석을 통해 개념의 의미에 합의를 보았다 하더라도 그것이 일상의 언어생활과 동떨어지거나 의사소통에 장애를 주는 정도의 것이라면 일단 그 수용 여부를 다시 생각해 볼 필요가 있다.

이러한 과정을 거친 후 마지막으로 분석된 도덕 개념의 의미를 체계적으로 정리하여 마무리한다.

09 배려 수업 모형

CHAPTER

● 개념 및 특성

(1) 배려 수업 모형은 배려윤리에 기초한 교수학습 모형으로서, 정의적 영역 중심의 교수학습에 활용해 볼 수 있는 모형이다. 배려 수업 모형은 정의(正義) 중심 윤리에서 간과되었던 타인에 대한 보살핌, 연민, 동정심, 상호의존성과 유대감, 도덕적 책임과 인간관계 등을 중시하는 정의적(情誼的) 영역의 교육에 적합한 수업 모형이다.

(2) 배려 수업 모형은 학생들에게 머리로 생각하는 능력보다 가슴으로 느끼는 태도를 길러 줌으로써 지식과 사고를 행동으로 표출시키는 중요한 심리적 동인을 제공해 준다. 따라서 다른 수업 모형에 비해 도덕적 행동 및 실천으로 이어지게 하는 데 효과적이다.

(3) 배려 수업 모형은 교사와 학생, 그리고 학생과 학생 간에 상호 존중에 바탕을 둔 배려적인 인간관계에 중점을 둠으로써 학생들이 자신의 의견이나 신념을 동료들과 공유할 수 있고, 저마다 능동적인 도덕적 의미 구성이 이루어질 수 있는 환경을 제공한다. 따라서 배려 모형은 안전하고 협동적인 교실 분위기를 만드는 데 도움을 준다.

● 모형 구조 및 운영 방식

배려 수업 모형
1. 도덕적 문제를 상호관계의 측면에서 파악하기
2. 자신의 감정을 살피고 상대방의 감정을 공감하기
3. 상대방의 필요에 몰두하고 이를 보다 넓은 배려의 관계에서 고려하기
4. 상대방을 위해 자신이 할 수 있는 일을 찾아보고 이를 실천해 보기

(1) 도덕적 문제를 상호관계의 측면에서 파악하기

도덕적 문제 상황을 설정할 때 문학 작품이나 자신의 삶의 경험에서 온 딜레마와 같이 구체적인 상황적 맥락이 있는 문제 사태를 활용하는 것이 바람직하다.

그리고 도덕적 문제 사태를 분석하고 해결 방안을 모색함에 있어서 인지적 접근에서와는 달리 관계된 사람들에 초점을 맞추고, 특히 관여된 사람들이 어떠한 관계인지에 주의를 기울이게 한다. 이는 인지적 접근처럼 구체적인 도덕적 문제 사태를 분석하여 그로부터 추상적인 원리들을 도출하고 그것의 타당성을 검토해 보는 과정과는 다르다. 이 단계에서는 주어진 도덕적 문제 사태를 추상화하는 것이 아니라, 그 사태를 좀 더 구체화하여 관여된 사람들의 상호 관계를 파악해 본다.

(2) 자신의 감정을 살피고 상대방의 감정을 공감하기

이 단계는 자신을 상대방과 동일시하여 상대방의 감정을 느껴 보는 단계이다.

여기서 교사는 학생들로 하여금 도덕적 문제 사태에 관련된 사람들의 입장에서 생각하고 느껴 보게 한다. 특히 공경에 처한 사람들의 입장이 되어 그 상황에서 그들이 어떻게 느낄 것인지를 상상해 보게 한다. 이 때 읽을거리만이 아니라 다양한 시청각 자료들도 활용하여 학생들이 다른 사람들이 느끼는 바를 공감할 수 있도록 한다.

(3) 상대방의 필요에 몰두하고 이를 보다 넓은 배려의 관계에서 고려하기

이 단계는 상대방의 필요에 따른 배려의 행동 찾기, 배려의 좋은 점 이해하기, 자기 생활 반성하기로 구성된다.

이 단계에서 교사는 상대방이 처한 상황을 잘 파악하고 상대방에 필요한 것이 무엇인지를 잘 이해한 다음 상대방에게 직접 배려하는 행동을 다양하게 찾도록 한다. 또한 상대를 위한 배려의 행동은 상대뿐만 아니라 배려를 하는 자신, 그리고 더 넓게는 사회 구성원 모두에게 이익이 됨을 이해하도록 한다.

또한 이 단계에서는 학생들이 자신의 행동에 대한 반성도 자연스럽게 할 수 있도록 자신의 행동을 반추할 수 있는 기회를 부여한다.

(4) 상대방을 위해 자신이 할 수 있는 일을 찾아보고 이를 실천해 보기

이 단계는 일상생활에서 자신이 할 수 있는 배려의 행동 찾기, 모범적 예화 제시, 자기 다짐 및 실천 의지 강화 등으로 구성된다.

여기서의 주된 활동은 지금까지 상대를 위해 배려하는 마음을 키워왔던 것을 구체적으로 실천할 수 있는 일을 생각해 보고 계획까지 세워 보는 것이다. 따라서 교사는 실천 계획을 보다 구체화시켜 세부적인 계획을 세울 수 있도록 안내한다. 또한 배려의 실천 의지를 강화시키기 위해 모범 예화를 제시하거나 도덕규범을 다시 한 번 상기시켜 준다.

● **유의 사항**

(1) 배려 수업 모형은 학생들에게 배려하는 마음을 키우는 데 중점을 두는 것인 만큼 학생들이 인정에 치우쳐 행동하거나 도덕적 상대주의에 빠질 위험성 등을 경계해야 한다.

(2) 교사와 학생 간의 관계에 있어 상호 존중적이고 비권위주의적인 관계 형성이 중요하다. 그리고 교사는 학생들이 직면하는 도덕적 문제 사태를 스스로 해결하도록 고무시켜 주어야 한다.

(3) 배려 교육을 위해서 교사는 학생들이 생활 속에서 경험하는 다양한 문제의식을 중시해야 한다. 나아가 학생들의 목소리에 귀 기울이고 그들과 함께 느끼고 있음을 확신시켜 주어야 한다.

CHAPTER 10
내러티브 접근법과 '도덕적 이야기' 수업 모형

김민웅 임용윤리

내러티브 접근법

● 내러티브 접급법의 개념과 특성

맥킨타이어에 따르면 인간은 본질적으로 이야기를 말하는 동물이요, 이야기를 통해 인간 삶과 행위를 이해하고 의사소통하며 의미 부여와 그 이해를 공유하는 한편, 역사와 공동체 속에서 자신의 정체성을 형성해 가는 존재이다. 또한 인간은 이야기를 통해서만 인간과 행위와 사회를 이해할 수 있고, 또 그것을 통해서만 덕에 관한 교육을 실행할 수 있다.

이처럼 도덕교육에서 말하는 내러티브 접근법이란 도덕적 이야기하기를 통해 학생들의 건전한 도덕성 내지는 바람직한 인격의 함양에 기여하고자 하는 방법적 접근이다. 여기서 내러티브는 단순히 입으로 말하는 이야기 외에도 문학 작품처럼 글로 쓴 것, 영화, 연극, 드라마, 다큐멘터리 등의 영상물, 춤, 동작 등 언어적 표현 양식을 뛰어넘는 다양한 형식의 이야기들을 포함한다. 이러한 점에서 그것은 스토리텔링과 구분된다.

● 내러티브 접근법의 이론적 배경

(1) 브루너 (Bruner)

브루너는 내러티브가 인간의 의사소통과 학습에 있어서 가장 보편적이면서도 강력한 형식 가운데 하나라고 주장한다.

브루너에 의하면 인간의 정신적 생활은 두 가지 질적으로 상이한 사고 양식으로 이루어져 있는데, 명제적 사고와 내러티브적 사고가 그것이다. 이 둘은 상호보완적이기는 하나 서로 환원될 수 없는 속성을 지닌다.

명제적 사고 propositional thinking	명제적 사고는 추상적이고 상황 독립적인 진리를 확인시키고자 하는 논리적 논증으로 구성되어 있다. 즉 명제적 사고는 논리·과학적이며 패러다임적인 특성을 가지고 있어서, 지식 획득을 위해 이론적이고 형식적인 해석과 함께 일반적이고 추상적인 패러다임을 목표로 한다.

내러티브적 사고 narrative thinking	내러티브적 사고는 구체적인 인간 및 인간들 사이의 상황을 표현하고 동시에 그것들의 구체적 타당성을 입증하는 것을 목표로 한다. 또한 내러티브적 사고는 현실에 대한 묘사이며, 진실에 가까움을 목표로 하는 일종의 보는 방식이다. 따라서 이러한 사고 양식은 상상력 그리고 인간의 의도에 대한 인식과 시공간 속의 특수한 것들에 대한 평가를 요구한다.

이와 같은 명제적 사고는 학문 세계에서 중시되는 반면, 내러티브적 사고는 인간 도덕 발달에서 중요한 역할을 수행한다.

그리고 이러한 역할을 수행하는 내러티브의 주요한 속성은 내재적 계열성이다. 내러티브는 주인공이나 행위자로서의 인간을 포함하고 있는 독특한 사건·정신적 상태·일의 연속으로 구성되어 있다. 따라서 하나의 내러티브는 인간의 행동이 행위자에 의해 통제되는 목표를 지향하고 있다는 것을 강조하기 위한 수단, 계열적 순서의 설정 및 유지, 인간의 의사소통에 있어서 규범적인 것과 그렇지 않은 것에 대한 민감성, 이야기하는 사람의 입장으로 근접하게 해 주는 모종의 것을 필요로 한다.

이러한 관점에서 보면, 콜버그는 도덕 문제에 대한 접근 방법에 있어서 명제적 사고와 내러티브적 사고가 질적으로 상이한 것임을 인식하지 못한 채, 그것을 오직 명제적 사고로만 환원시키는 오류를 범하고 있다 할 수 있다.

(2) 사빈 (Sarvin)

사회심리학자 사빈은 인간의 행위를 이해하기 위한 일반적 은유로서의 내러티브의 적절성을 강조한다. 어떤 사람의 삶은 이야기로서 해석될 수 있으며, 그러한 내러티브적 모형은 사회심리학 연구에 있어서 많은 적절성을 가지고 있다. 사빈에 의하면 심리학에서 내러티브 모형은 개인들의 역사적 맥락에 근접하게 만들어 주며, 이야기·드라마·문학·역사 속에서 발견되는 인간의 사회적 행동들에 대한 통찰력을 가질 수 있게 해준다.

사빈에 의하면 사람들은 그들 자신의 삶에 대한 내러티브를 작성한다. 즉 사람들은 자신들의 삶을 이야기나 내러티브로 해석한다. 지나온 추억이나 앞으로의 계획들 모두가 내러티브적 구성 방식에 의해 안내된다. 사빈에게 있어서 도덕적 선택은 개인이 자신의 삶을 하나의 이야기로서 이해하는 데 있어서 주어진 도덕적 쟁점들이 갖는 적절성을 이해하는 것으로 설명되고 있다.

사빈에 의하면 내러티브는 도덕교육에 있어서 두 가지 중요성을 지닌다. 첫째 실천적 선택과 행동이 요구되는 곳에서 내러티브들은 규칙이나 격언보다 더 나은 안내와 지침을 제공해 준다. 규칙이나 격언들은 경험들을 축약하고 일반화한 것이지만 내러티브들은 그러한 축약들이 의미하는 바를 상세하게 해명하고 설명해준다. 즉 우화나 일화는 우리로 하여금 사회 질서에 관한 일반화들을 이해할 수 있게 해준다. 그것들은 맥락화된 설명으로 그러한 질서를 잘 예증해 주기 때문이다. 둘째, 내러티브들은 격언이나 규칙의 타당성을 검사하는 도구로서 즉, 논증으로서 사용될 수 있다. 내러티브들은 인간 경험에 있어서 특수한 것과 일반적인 것을 매개해 주는 중개자이기에 내러티브적 사고 양식은 회피가 아니라 오히려 발전시키고 세련되게 만들어야 할 대상이다.

(3) 툴빙 (Tulving)

심리학자 툴빙은 브루너의 명제적 사고와 내러티브적 사고와 유사하게 인간의 기억을 의미론적(semantic) 기억과 삽화적(episodic) 기억으로 구분한다. 의미론적 기억은 세계에 대한 지식과 함께 하며, 개인의 정체성과 과거로부터 독립적인 반면에, 삽화적 기억은 개인의 사건들과 행위들에 대한 기억의 기록이며 순차적으로 반복된다. 두 기억 형식이 지니는 차이점은 다음과 같다.

의미론적 기억	삽화적 기억
• 개념적으로 조직된다.	• 공간적으로 조직된다.
• 우주와 관련하여 언급된다.	• 자아와 관련하여 언급된다.
• 사회적 합의에 의해 입증된다.	• 개인적 신념에 의해 검증된다.
• 사실과 개념을 단위로 구성된다.	• 사건과 에피소드를 단위로 구성된다.
• 기억의 내용은 인식하는 어떤 것이다.	• 기억의 내용은 기억하는 어떤 것이다.

툴빙의 기억에 관한 이론 역시 도덕적 문제를 해석하고 기억하는 방식이 콜버그가 주장했던 것처럼, 논리 과학적인 방식으로만 환원될 수 없음을 보여준다.

(4) 길리건

길리건은 도덕교육에 있어서 내러티브의 중요성을 강조하며, 내러티브 도덕심리학의 지평을 여는 독창적인 연구를 수행했는데, 그녀에 의하면 내러티브는 사람 사이의 관계에서 발생하는 갈등의 표현과 그 해결의 중요한 도구이기도 하다.

도덕적 이야기 수업 모형

● 개념 및 특성

도덕적 이야기 수업 모형이란 도덕적인 이야기를 말하고 듣고 논의하는 가운데 옳고 좋은 삶에 대한 탐구를 하도록 고안된 도덕과 수업의 한 형태이다. 이 모형은 내러티브 접근법에 이론적이고도 실제적인 근거를 두고 있는 것으로서, 도덕적 이야기를 통해 가치규범과 덕에 관한 이해를 심화시키고 도덕적 문제 해결에 필요한 사고력과 판단력을 제고하는 동시에, 도덕적 모델의 제공과 감동 감화를 통해 도덕적 심정을 깊게 하고 실천 의욕과 행동 성향을 증진시키고자 하는 모형이다.

● 장점

(1) 도덕적 이야기들은 상상력을 통해 감동을 불러일으킴으로써 학생들의 정서적인 측면의 인격 발달에 도움을 준다.
(2) 개인이 실생활의 도덕 경험을 이야기하도록 안내될 때, 그는 자신의 도덕적 이야기의 저자로서 고유한 도덕적 권위를 형성하고 발달시킬 수 있는 기회를 가지게 된다. 그리고 도덕 경험의 표현 과정을 통해 개인은 자신의 경험을 깊이 있게 생각하고 반성해 보며, 자신의 도덕적 사고와 감정, 행위에 대하여 책임감을 고양시켜 나갈 수 있다.
(3) 도덕적 이야기 수업 모형은 도덕교육에 있어 구체적 삶 속에서 일어나는 실생활 중심의 탄력적인 접근을 가능하게 함으로써 실제적인 도덕적 실천으로 연결되는 지·정·행의 통합적 인격을 형성하는데 매우 효과적인 수업 모형이다.

● 모형 구조 및 운영 방식

도덕적 이야기 수업 모형
1. 도덕적 문제 상황 및 사례 제시
2. 도덕적 주제 확인
3. 느낀 점 이야기 하기
4. 자신의 경험 발표하기
5. 도덕적 이야기 만들기

(1) 도덕적 문제 상황 및 사례 제시

학생들에게 도덕적 이야기를 끌어낼 수 있는 사례나 상황을 제시한다. 제시되는 상황이나 사례는 학습자에게 감동이나 감화를 줄 수 있는 이야깃거리이어야 한다.

(2) 도덕적 주제 확인

주제에 대한 이해를 위해 발문하는 단계이다. 발문은 도덕적 주제를 확실하게 인지할 수 있는 것이어야 한다.

(3) 느낀 점 이야기하기

이 단계에서 학생들은 이야기 속의 등장인물에 대해 감정이입을 시도하기도 하고 주인공의 입장이 되어 보기도 하는 정서적 역할 채택을 하게 된다. 이 단계에서 교사는 두 번째 단계와는 달리 개방적 질문을 활용한다.

(4) 자신의 경험 발표하기

이 단계에서 제시된 이야기와 유사한 학생 자신들의 다양한 경험을 발표하게 한다. 즉 이 단계는 학생 중심의 도덕적 이야기하기 단계이다. 이 단계는 앞선 단계에서 다룬 도덕적 지식과 도덕적 주제에 대한 이해를 바탕으로 도덕적 주제를 자신의 삶 속에 적용하는 단계이다.

(5) 도덕적 이야기 만들기

이 단계는 구조화된 자신의 도덕적 이야기 혹은 유사한 상상의 이야기를 만드는 단계이다. 즉 이 단계는 네 번째 단계에서 발표되었던 내용을 중심으로 해서 학생들로 하여금 도덕적 주제와 관련하여 자신과 자신의 생활을 돌아보고 스스로를 반성하면서 자신의 경험에서 잘한 점은 무엇이고 잘못한 점은 무엇인지를 이야기 형식으로 표현하는 단계이다.

11 봉사활동학습 접근법

CHAPTER

● 개념

　봉사활동 학습(service-learning)은 학생들이 학교나 지역사회에서 봉사 활동을 전개하고, 그러한 경험들에 대한 숙고·반성·성찰을 통한(이런 점에서 단순한 자원봉사와는 다르다) 학습과정으로서 학생들이 학교에서 배운 교과 지식을 실생활에 적용하는 과정을 통하여 봉사활동의 대상이 되는 지역사회뿐만 아니라 활동 주체인 학생들 자신에게도 의미 있는 변화를 가져오게 하는 학습 활동이다.

● 도덕 교육적 의의

(1) 학생들은 봉사활동학습을 통해 학교교육에서 습득한 도덕적 지식을 실천해보고 변화시킬 수 있는 직접적인 기회를 갖게 된다. 즉 봉사활동학습을 한 학습자들은 실제 상황에서 활용 불가능 할 수 있었던 '무기력한 관념들'을 도덕적 행동의 실천을 통해 새로운 상황과 조건에서 활용 할 수 있는 '살아있는 관념들'로 바꿀 수 있게 된다.
(2) 학생들은 봉사활동학습을 통해 도덕적 반성 및 성찰의 습관을 가지게 된다. 이러한 도덕적 반성과 성찰의 습관은 학생들로 하여금 도덕적 무관심과 나태를 막을 수 있게 한다.
(3) 학습자들로 하여금 도덕적 행위자가 되기 위해 갖추어야 할 다양한 발달적, 사회적 기능을 습득할 수 있게 한다. 봉사활동학습 중에 학습자들은 비판적 사고력, 문제해결능력, 갈등해결능력, 사회참여기능 등의 사회적 기능들을 습득하게 되는데 이러한 사회적 기능들은 도덕적 행위를 하는 데 있어 필수적이다.
(4) 학생들이 덕의 습득에 필수적인 긍정적 역할 모델들에 대한 관찰과 동일시의 기회를 접할 수 있다.
(5) 학교, 학부모, 지역사회를 하나의 유기적인 학습 공동체로 만들어준다
(6) 학교에서 배운 지식들을 다른 사람들을 위해 실천하는 기회를 제공함으로써 상호 신뢰와 협동, 참여와 배려, 민주적 의사결정 등에 기반을 둔 새로운 학교문화를 창조하게 해준다.

● 봉사활동 학습의 실행 원리 및 절차

(1) 실행 원리

시그몬 Robert L. Sigmon	① 봉사활동을 계획할 때 지역사회의 요구사항들을 우선적으로 고려해야 함을 함축한다. ② 봉사활동을 제공하는 학생들 자신은 물론 수혜자들과의 협동적인 발달을 목적으로 삼아야 한다. ③ 학습목표의 명확한 정의와 사려 깊은 숙고 및 공동노력이 필요하다.
에벌리 Donald J. Everly	① 봉사활동 학습을 계획 및 조직하는 사람들은 실행될 봉사활동에 우선적으로 강조점을 두어야 한다. 왜냐하면 만약 참가자들이 어떤 활동이 효과적이지 못하다고 생각하게 된다면, 그러한 봉사활동으로부터 유익한 결과를 얻는 것이 어렵기 때문이다. ② 모든 학생들이 봉사활동 학습에 참여할 수 있어야 한다. ③ 봉사활동은 학생들에게 해볼만 한 가치가 있는 도전적인 것으로 여겨져야만 한다. ④ 학생들의 봉사활동 학습에 대한 평가는 학생들의 참여 시간에 근거해서는 안 되며, 구체적인 학습 증거에 기반을 두고 이루어져야만 된다.

(2) 실행 절차 (퍼트만 Carl I. Fertman)

준비 preparation	① 구체적인 봉사활동을 특정 학습 결과들과 연계하고, 그것을 학생들이 수행할 수 있도록 준비해야 한다. ② 교사는 학생들에게 특정 봉사활동에 필요한 사전 정보들을 제공하고, 그에 필요한 기능들을 훈련시키며, 역할 놀이 등을 통해 활동 중에 발생할 수 있는 문제점들을 현명하고 신속하게 대응할 수 있는 방법들을 미리 체험해 보도록 준비시켜야 한다. ③ 학생들은 봉사활동을 실행하는 방법, 자신들의 활동을 통해 혜택을 입게 될 사람들, 지역사회 주민들의 실제적인 요구 사항들, 자신들의 활동과 관련된 사회적 상황들, 봉사활동의 장소에 대한 정보, 봉사활동 중에 발생할 수도 있는 문제점 등에 대해 사전에 숙지하고 있어야 한다.
봉사활동 service	① 봉사활동의 유형으로는 직접적·간접적·개별적·집단적 봉사활동 및 시민적 활동 Civic action(민주 시민으로서의 참여적 활동) 등이 있다. ② 봉사활동은 학생들에게 도전적이고 유의미하며 흥미 있는 것이어야 한다. ③ 봉사활동은 학생들로 하여금 자신들의 활동이 적절한 것이고 중요한 것이라는 인식을 지닐 수 있게 해주는 활동이어야 한다. ④ 학생들이 실행할 봉사활동을 선정할 때는 다양성을 중시해야 한다.
반성 reflection	① 반성이란 봉사활동과 학습을 통합하는 기제로서 학생들의 행동, 실천, 실행업적에 대한 숙고된 자기 평가 활동이다. ② 학생들로 하여금 반성 및 성찰의 기회를 갖도록 하는 것은 그들의 자아감을 깊고 넓게 해주며, 따라서 학생들은 반성을 통해 자신들의 장점을 계속 살려 나가고, 자신들이 아직 미진하여 더욱 발달을 필요로 하는 분야들을 위해 새로운 목표를 설정할 수 있는 통찰력을 지니게 된다.

	③ 학생들의 반성 및 성찰활동은 교사들에게서 학생들이 봉사활동을 통해 얻은 지식들을 확인할 수 있는 기회를 제공한다. ④ 교사들은 포트폴리오 등 여러 형식의 자기 평가 전략을 활용하여 학생들의 반성 및 성찰 활동을 도와야 한다. ⑤ 학생들의 반성 및 평가활동은 일회적인 것이 아니라 규칙적인 것이 되어야 한다. ⑥ 반성활동은 학생들의 활동경험을 본래 의도하고 있는 학습 목표들과 연관시키는 하나의 분명한 목적을 지닐 수 있도록 구조화되어야 한다. ⑦ 반성활동을 위해 선택된 방법들은 의도하는 학습 목표들과 상응하는 것이어야 한다. ⑧ 모든 학생들이 반성 및 성찰활동에 참여하도록 해야 하며, 그러한 경험이 그들 자신의 삶과 연관될 수 있어야 한다. ⑨ 반성 및 성찰 활동은 봉사활동이 끝난 직후에만 행해져서는 안 되며, 봉사활동의 전체과정에서 지속적으로 이루어져야 한다.
축하 celebration	학생들이 공로를 인정받게 되는 단계이다. 봉사 경험에 대한 감상문, 봉사활동과 관련된 자료, 봉사 경험을 담은 사진 등을 전시하고 학생들의 봉사활동을 통해 혜택을 받은 사람들을 학교로 초청하여 학생들에게 감사의 글이나 말을 들려주는 활동 등 매우 다양한 방법들을 활용할 수 있다.

12 경험 학습 모형

CHAPTER

● 개념 및 특성

경험학습이란 학생들이 학습 대상에 대해 읽거나 듣거나 쓰는 정도에 그치지 않고 직접 접하면서 체험을 통해 배우는 학습 형태를 말한다.

도덕교육에서 경험학습 모형은 학생들에게 적절한 도덕적 경험을 제공함으로써 그들의 도덕적 자각과 의식을 깊게 하고 사고와 판단 능력 및 행동 실천력을 높이고자 하는 데 그 기본 관점이 있다.

이 모형은 인간은 자신의 환경과의 상호작용 경험을 바탕으로 학습하고 성장, 변화한다는 피아제의 이론에 기초하고 있다. 따라서 교사는 학생들이 도덕적 성장과 변화를 위해 양질의 경험을 얻을 수 있는 학습 환경을 제공하고 그 경험을 적절히 해석하고 교류해서 일반화시킬 수 있도록 지도할 필요가 있다.

이를 위해 교사는 학생들의 흥미와 경험을 토대로 학습 활동 계획을 수립하며 학생들이 직접 조작해 볼 수 있는 구체적이고 다양한 자료를 제공해 줌으로써 그들이 공동작업 활동을 통해 학습을 수행해 나가도록 하는 일도 중요하다.

● 모형의 구조와 운영 방식

경험 수업 모형
1. 경험 학습의 주제 설정하기
2. 경험 학습 계획 세우기
3. 경험 학습 실시하기
4. 경험의 교류와 논의를 통해 경험을 공유하고 일반화하기
5. 종합 정리 및 평가하기

(1) 경험학습의 주제 설정하기

문제 사태를 제시하고 경험을 통해 학습할 문제를 설정한다. 문제 사태는 학생들의 이해 수준에 맞고 관심과 흥미를 유발할 수 있어야 한다.

학습할 문제는 문제 사태의 개요를 파악하면서 무엇을 알아볼 것인지를 설정하는 가운데 확인한다.

예를 들어, 장영실에 관한 이야기를 제시하고 개요를 파악하면서 위대한 업적의 밑거름으로 창의적인 생활 태도에 대해 알아보자는 식의 학습 문제를 설정할 수 있다.

(2) 경험학습 계획 세우기

계획 수립은 교사가 단독으로 할 수도 있고 학생들이 논의하여 결정할 수도 있다. 다만 학생들이 협의하여 결정하도록 할 경우 교사는 여기에 참여하여 실행 가능하고 의미 있는 계획이 되도록 조언을 한다.

의미 있는 계획이 되기 위해서는 그 계획이 해당 수업에서 다루고자 하는 도덕규범과 관련하여 양질의 경험을 할 수 있도록 짜여 져야 한다는 것을 말한다.

예를 들어, 창의적인 생활 자세와 관련한 경험학습 차원에서 유용한 물건을 만들어 '우리 반 발명 대회' 같은 것을 개최하는 계획을 수립해 볼 수 있다.

(3) 경험학습 실시하기

실질적인 경험학습을 실시한다.

이 과정에서 교사는 계획한 대로 경험학습이 진행되고 있는지, 아동들이 가르치고자 하는 도덕규범과 관련하여 중요한 경험을 하고 있는지 살피고 필요에 따라 지도와 조언을 한다.

예를 들어, 창의적으로 유용한 물건을 만들어 보는 활동을 실제로 전개한다.

(4) 경험의 교류와 논의를 통해 경험을 공유하고 일반화하기

경험학습 수업 모형의 가장 중요한 부분이다. 학생들은 자기의 개별 경험을 구체적으로 발표하고 이에 따른 느낌과 생각을 말하고 다른 사람의 경험에 공감이나 의문을 제기하는 가운데, 이해를 심화시키고 여러 가지 다른 측면에서의 해석도 제기해 보게 된다.

이처럼 서로의 경험을 교류하고 논의하는 가운데 학생들의 개별경험이 정련, 심화되고 확대되는 동시에 의미 있는 경험의 일반화가 이루어지게 된다.

여기서 중요한 것은 이러한 경험의 교류와 논의가 가르치고자하는 도덕규범과 관련지어 전개되어야만 한다는 점이다.

예를 들어, 창의적으로 물건 만들기를 하였다면 그 과정에서 얻어진 경험이 창의적인 자세라는 도덕규범의 의미와 타당성을 알아보는 일, 창의적인 생활과 관련하여 사고하고 판단하고 실천하는 일 등을 중심으로 논의되고 교류되어야 한다.

(5) 종합 정리 및 평가하기

경험에 관한 교류와 논의를 거친 후에는 이를 종합하여 정리하고 결과 산출과 학습 과정에 대한 평가를 해 본다. 이때의 종합 정리도 수업에서 다루는 도덕규범과 관련지어 이루어져야 한다.

예를 들어, 창의성의 의미와 중요성은 무엇이며, 창의적인 사람이 되는 데 필요한 자질을 무엇이며 어떤 노력들이 필요한가 등의 문제를 중심으로 종합하고 정리한다.

13 고려 모형

CHAPTER

● **고려 모형80)의 이론적 입장 : 맥페일 (Peter McPhail)**

(1) 도덕교육의 본질과 목표

맥페일에 의하면, 도덕교육은 개인을 자신과 타인에 대한 두려움과 불신으로부터 해방시켜 주는 것이며, 학생들로 하여금 사랑을 주고받을 수 있는 능력을 키워 주는 것이다. 따라서 도덕교육은 단지 규칙이나 금지 사항을 분석하거나 도덕적 문제를 합리적으로 해결하는 능력의 발달에만 관심을 두어서는 안 되며, 오히려 사랑과 감정이입, 타인들에 대한 적극적인 고려 등에 초점을 맞추어야만 한다.

(2) 교육의 목표와 인간의 기본적 욕구

맥페일은 자신의 연구를 통해 인간은 기본적으로 좋은(유쾌한) 대우를 받고자 하며, 나쁜(불쾌한) 대우를 피하고자 하는 존재임을 밝히고 있다. 여기서 좋은 대우란 인간의 욕구, 감정, 관심에 대한 고려를 나타내는 것이며, 나쁜 대우란 그러한 고려가 결여된 상태를 나타내는 것이다. 이러한 점에 근거하여 맥페일은 타인들과 사이좋게 지내는 것, 즉 사랑하고 사랑받는 것이 인간의 기본적 욕구라 규정하고, 교육의 일차적 목표는 이러한 인간의 기본적 욕구를 충족하도록 돕는 일이 되어야 한다고 주장한다.

(3) 인본주의와 행동주의의 통합

맥페일에 의하면, 학생들은 중요한 타인들이 다른 사람들에게 어떻게 행동하고 있는가를 관찰하는 것으로부터, 즉 그들의 모범적인 모습으로부터 도덕적 가치를 학습한다. 그래서 그는 "도덕은 감염되는 것이지 가르쳐지는 것이 아니며, 학생은 교사의 가르침보다는 교사의 인품이나 행실로부터 더 많은 것을 배운다"라고 주장한다. 이는 도덕교육의 방법과 관련하여 관찰학습과 사회적 모델링의 중요성을 강조하는 것인데, 맥페일은 이와 함께 도덕교육에서 인간적 성숙, 진실, 통찰, 창의성의 필요성을 강조함으로써 인본주의 심리학81)의 원리들을 활용하고 있다.

---

80) 고려 모형은 맥페일과 그의 동료가 기술한 라이프라인 시리즈의 내용에 근거한 것으로, 도덕교육에 있어서 고려나 배려와 같은 도덕적 감정을 강조하는 정의적 접근의 한 사례이다.
81) 1960년대에 들어서면서, 제1의 심리학이라 불리는 프로이트의 정신분석을 근간으로 하는 정신 역동주의의 결정론적이고 본능적인 인간관과, 제2의 심리학이라 불리는 행동주의의 기계론적 인간관에 반감을 가진 학자들이, 인간의

이러한 것들을 통해 학생들 사이에서 의심, 조심, 방어, 적개심, 근심이 점차 사라지게 만드는 치료 성격의 교실을 도덕적으로 전염성 있는 교실의 본질적 성격으로 규정한다.

(4) 도덕교육에 있어서 인지적 접근에 대한 반대

맥페일에게 있어서 도덕은 추론 방식이 아니라 인격 유형(인성 양식)을 포함하는 것으로서 그것이 추구하는 것은 충돌하는 요구들의 균형을 맞추는 것이 아니라, 다른 이들과의 자연스러운 조화를 실현하는 것이다. 따라서 도덕교육의 목표는 하나의 도덕적 양식, 즉 참으로 친밀하게 행동하는 방식을 발달시키는 것이다. 이런 점에서 도덕적으로 교육한다는 것은 학생들로 하여금 갈등을 일으키고 있는 주장들을 조정하도록 도와주는 것이 아니라, 다른 사람들과의 자연적인 조화를 성취할 수 있도록 도와주는 것이다. 이런 점에서 도덕교육의 핵심은 사려 깊은 사람의 양식을 개발하고 다른 사람을 적극적으로 배려하도록 학생들을 교육시키는 데 있다고 할 수 있다.

● 라이프라인 시리즈

: 맥페일의 라이프라인 시리즈는 점차 복잡한 사회적 상황들을 제시하고 있는 세 가지 분야로 구분되는데, "타인의 입장에서 보기", "규칙들을 입증하기", "여러분은 어떻게 행동해야 했을까?" 등이 그것이다.

(1) 타인의 입장에서 보기

'타인의 입장에서 보기'는 학생들이 가정이나 학교, 이웃 생활에서 겪을 수 있는 인간관계적 문제들을 역할 놀이나 극적 재현을 활용하여 따뜻한 배려와 고려가 나타나는 태도와 행동을 형성하도록 도와주기 위한 것이다. 이 분야는 민감성, 결과, 관점이라는 세 단원으로 이루어진다.

① 단원 1 : 민감성 (감수성)

이 단원은 개인 대 개인 사이에서 벌어지는 다양한 상황들로 구성되고 매 상황 아래에는 "당신은 어떻게 하겠는가?"라는 질문이 던져진다. 그리고 각각의 상황에서 학생들이 보이는 반응은 도덕적 분류라는 용어 아래로 다양하게 범주화된다.

㉮ 민감성 카드에 포함된 상황의 사례 및 도덕적 분류

> 상황 사례 : 당신과 같은 나이의 친한 소년/소녀가 어떤 이유로 매우 당황해 하는듯하다. 당신은 어떻게 하겠는가?

자유 의지와 자아실현에 초점을 두고 인간을 연구하는 인본주의 심리학을 제창했다. 제3의 심리학이라 불리는 인본주의는 인간이 자신의 문제를 해결하고, 잠재력을 실현하고, 삶을 긍정적으로 변화시킬 수 있는 능력을 가진 자율적인 존재라고 본다. 인본주의 관점을 취하는 성격 이론가들은 개인은 세상을 지각하는 각자의 고유한 틀을 가진 자유롭고 능동적인 존재이며, 이렇게 사람마다 고유하고 독특한 지각이 각자의 행동을 결정한다고 보았다. 인본주의 관점에 속하는 대표적인 학자로는 인간 중심 접근을 제시한 로저스(Rogers)와, 욕구 위계를 제시하고 이를 바탕으로 한 자아실현 접근을 제안한 매슬로가 있다(Maslow).

반 응	도덕적 분류
아무 것도 하지 않는다.	수동적
불안함을 느끼지만 무엇을 해야 할지 모른다.	수동적 감정적
어른 누군가에게 상황을 지적한다.	성인 의존적
내 친구들에게 이 일을 이야기한다.	동료 의존적
당사자에게 마음을 가라앉히라고 말한다.	공격적
그 소년/소녀를 놀린다.	매우 공격적
그/그녀를 피한다.	회피적
친구에게 무슨 일인지 물어보려 한다.	미숙한 실험적
뭔가 곤란한 일을 알아채지 못한 것처럼 하면서 그/그녀에게 말을 걸어보려고 시도한다.	세련된 실험적
친구를 위로한다.	인습적 성숙한
당사자의 진행되는 일에 관심을 가지려 함과 동시에 부탁하면 도움이 되어주려고 한다.	창의적 성숙한

(나) 교사가 민감성 카드로 가르치기 위한 절차

❶ 고려해야 할 상황을 소리 내어 읽거나 칠판에 쓴다.

❷ 학생들에게 이런 상황에서 어떻게 하겠는지를 종이에 기록하도록 요구한다.

❸ 암시된 행동 과정을 묻거나 또는 종이들을 모은 다음 시작할 하나를 고른다.

❹ 유사한 응답을 보인 한 집단의 학생들에게 상황·응답 이후에 일어남직 하다고 생각한 바에 대하여 역할놀이를 권한다.

❺ 그 응답에 대한 그리고 역할놀이의 어떤 다른 측면들에 대한 학급의 비판을 시작한다.

❻ 역할놀이나 학생들에 의해 암시된 상세 응답들에 대한 토론을 계속한다. 단, 관심이 강하게 유지되는 한에서만 그렇게 한다.

❼ 학급과 교사의 순서로 다소간의 요약을 한다. 다만 이 업무의 초기 단계에서 교사가 하나의 응답에 대하여 눈에 띄게 집착하는 일이 조장되어서는 안 된다. 서로 다른 행동과정들에 대한 찬반양론을 논의하고 학생들로 하여금 최종적으로 판단하게 하는 게 더 낫다.

② 단원 2 : 결과

이 단원은 보다 많은 인간관계적 문제들을 다루는 상황 카드들로 구성된다는 점에서 민감성 상황과 차이를 보인다. 결과 카드에 있는 기본적인 물음은 "다수에게 무슨 일이 일어날 것 같은가?"이다. 이 단원의 목적은 학생들로 하여금 도덕적 문제들에 대하여 제3자의 입장에서 보다 객관적인 입장을 취해 보도록 하는 데 있다.

> 상황 사례 : 어떤 사람이 자신이 기를 수 있는 여유가 있는지 여부를 고려하지 않은 채 강아지를 산다. 다음에 무슨 일이 일어날 것 같은가?

③ 단원 3 : 관점

이 단원은 성(性)에 대한 태도, 세대 갈등, 인종·문화·종교·정치적 갈등 등과 같은 다양한 상황들을 포함한다. 이 단원의 목적은 학생들이 어떻게 반응할 것인지에 대한 그들의 견해를 제시하기 이전에 다른 사람의 입장을 취해 보도록 촉구하는 데 있다.

> **상황 사례1 : 소녀의 입장**
> 나는 집안의 외동딸이며 어머니가 병원에 입원해 계시는 동안 집을 돌보고자 한다. 나는 남동생도 집안일에서 자신의 할 몫을 받아들여야 한다고 생각하며, 그래서 그에게 청소와 접시 닦기를 돕도록 요구하였다. 그는 이런 것들이 남자가 할 일이 아니라고 생각한다면서 거절하였다.
> 당신 자신을 소녀의 입장에 두어 보시오. 당신은 그것에 대해 어떻게 행동하고 말하며 느꼈겠는가? 무엇이 이런 상황에 대하여 남동생과 누이 둘 다에게 만족스러운 해법일 수 있겠는가?

> **상황 사례2 : 소년의 입장**
> 내 누이는 어머니가 병원에 입원해 있는 동안 집을 돌보고자 한다. 그녀는 내게 청소와 접시 닦기를 돕도록 요구했지만, 나는 그런 것들은 여자의 일이라고 생각하기에 하지 않을 것이다.
> 당신 자신을 소년의 입장에 두어 보시오. 당신은 그것에 대해 어떻게 행동하고 말하고 느끼겠는가?

(2) 규칙들을 입증하기 (규칙 시험하기)

'규칙들을 입증하기'의 목적은 청소년들에게 그들이 어른의 지위를 얻고자 또는 다른 어른들과 대등하게 살며 일하고자 시도할 때 흔히 생기는 여러 가지 문제들에 대한 해법을 산출해 낼 기회를 주는 데 있다.

즉, '규칙들을 입증하기'는 학생들이 성인들의 지위로 다가섬으로써 그들이 학교, 가정, 직업이라는 사회적 환경 속에서 접하게 되는 복잡한 문제들을 제시하고 있으며, '규칙과 개인', '너는 무엇을 기대하고 있니?'(당신을 무엇을 예상하는가?), '너는 내가 누구라고 생각하니?'(당신은 나를 누구라고 생각하는가?), '누구의 관심에서, 나는 왜 그렇게 행동해야만 하나?'(누구의 관심사인가? 나는 왜 해야 하는가?)라는 다섯 가지 단원으로 구성되어 있다.

① 단원 1 : 규칙과 개인

이 단원은 '폴'이라는 학생이 자신의 책무를 처리하는 중에 경험하는 갈등에 관한 짧은 상황들로 구성되어 있으며, 그러한 상황들은 규칙에 따라서 도덕적으로 행동하는 개인들의 중요성을 다루고 있다. 이 단원이 다루는 주제들은 다음과 같다.

❶ 규칙이라는 관념의 복잡성, 규칙이란 법률, 규정, 원칙 특히 사회 규칙을 포함하며 이들 갖가지 종류의 규칙들은 다양한 방식으로 도덕의 일부가 된다.

❷ 서로 다른 규칙들이 충돌할 때 발생하는 문제들의 본질과 범위

❸ 규칙이 기호와 충돌할 때 발생하는 문제들의 본질과 범위

❹ 일반적으로 도덕에 있어서 결정의 중요성

- 상황 사례 : 폴은 학교 기금 모금 운동을 돕고 있었다. 그날은 수요일이었는데, 그는 리츠와 영화관에 가기로 약속했었다. 그렇지만 그는 무일푼이었다. 폴이 범행 현장에서 붙잡혔을 때 그는 기금에서 몇 달러를 훔치고 있었으며, 교장선생님께 호출되었다. 교장선생님은 폴의 부모에게 전화하여 상황에 대해 이야기하였으며, 폴을 일주일간 정학시킬 것임을 통보하였다.

- 질문

❶ 당신은 교장선생님이 이 상황에서 공정하게 처신하였다고 생각하는가? 아니면 불공정하게 처신하였다고 생각하는가? 당신이 교장 선생님이라면 어떻게 했었겠는가?

❷ 당신은 폴의 부모가 이 상황에 대하여 어떻게 반응하리라고 생각하는가? 당신은 폴의 부모들 또한 그를 벌할 것이라고 생각하는가? 만일 그렇다면 어떻게?

❸ 당신이 아는 사람들이 깨뜨린 몇몇 규칙들에 대해 생각한 다음 말해 보시오.
  ㈎ 당신 생각에 그들이 받는 처벌이 공정했던 경우
  ㈏ 아니면, 당신 생각에 '이랬으면 공정한 처벌이었을 텐데'라고 아쉽게 여겨지는 경우

❹ 규칙을 깨뜨리고도 잡히지 않은 사람들에 대해서는 어떤가? 다음의 상황들을 이용해 보시오 : 학교에서, 영화관에서, 가정에서

- 해야 할 일
폴과 교장선생님 간에 일어날 수 있었던 대화를 역할놀이 해보시오.

② 단원 2 : 너는 무엇을 기대하고 있니? (당신은 무엇을 예상하는가?)

이 단원의 목표는 학생들이 성인 사회의 규범과 구조에 대하여 보다 분명하게 살펴보도록 돕는 것이다. 이 단원은 두 부분으로 구성되는데, 첫째 부분은 사회적 및 도덕적 기대를 다루며, 둘째 부분은 법적 기대를 다룬다.

이 단원에서 묘사된 갈등들은 특히 아버지가 자녀들에 대해 소홀히 하는 일이 갖는 심리적·법적 함의, 의무 교육에 대한 쟁점, 성인기의 법적 연령, 학생들의 사물함이 예고 없이 검색 당하는 일을 막을 수 있는 학생들의 권리, 자신의 상관으로부터 이용당하고 있는 노동자의 선택 등을 포함한다. 이 자료를 가지고 학생들은 사회적 관계에 있어서 비교적 복잡한 문제들을 토론한다.

③ 단원 3 : 너는 내가 누구라고 생각하니? (당신은 나를 누구라고 생각하는가?)

이 단원은 인격·인지 및 자아규정이라는 쟁점을 다루며, 단순 이미지 고정시키기, 속죄양 만들기, 대중적 인물 이상화하기, 의사소통 붕괴 등과 같은 관념들을 탐구한다.

이 단원의 목적은 청소년들이 자신과 다른 이들에 대한 표상을 중요하고도 유일무이한 개인으로서 확립하게 도와줌으로써, 그들로 하여금 갈등 상황 및 충돌하는 기대치에 잘 대처하도록 촉진하는 것이다.

④ 단원 4 및 단원 5 : 누구의 관심에서, 나는 왜 그렇게 행동해야만 하나? (누구의 관심사인가? 나는 왜 해야만 하는가?)

단원 4는 집단 관계에 초점을 맞추어 학생들로 하여금 집단 활동의 개인적 및 정치적 중요성을 발견하도록 하고, 그 같은 활동이 산출할 수 있는 갈등에 대해 숙고하도록 돕는 것을 목표로 한다. 단원 5는 부모, 집단, 사회규칙, 미디어, 신화, 학문의 권위를 중심 주제로 삼아 청소년들의 생각에서 권위의 역할을 탈신비화시키는 것을 목표로 한다.

(3) 여러분은 어떻게 행동해야 했을까? (당신은 무슨 일을 했었겠는가?)

: 이 부분은 생일, 고독한 감금, 체포, 거리의 장면, 1966년 남베트남의 비극, 병원에서의 광희라는 여섯 가지의 역사적 사건들로 구성되며, 그러한 사건들은 도덕적 숙고를 위한 도약판을 제공하리라 기대된다.

14 사회행위 접근법

CHAPTER

● **개념 및 목표**

뉴만 (Fred Newman)에 의하면, 사회행위(Social action) 접근법이란 개인적·사회적·정치적 행위의 요소들을 강조하는 도덕교육 이론으로서, 민주사회 한 시민으로서 공공정책에 영향을 미칠 수 있는 방법을 가르치는 것을 목표로 하는 학습 방법론이다.

좀 더 구체적으로 사회행위 접근법이 지향하는 목표는, 자신의 환경에 영향을 미칠 수 있는 '환경적 능력'(environmental competence)을 발달시킨 적극적 시민들을 양성하는 것이다. 사회행위 모형은 자신의 환경에 영향을 줄 수 있는 능력(환경적 능력)과 '자신을 어느 정도나 도덕적 행위자[82]로 인식하느냐' 사이에는 직접적인 관계가 있다고 본다. 이러한 관점에서 볼 때, 자신의 환경적 능력에 대해 불신감을 지닌 사람은 도덕적 문제들에 관심을 가질 수 없다. 따라서 환경적 능력에 대한 자신감을 가지는 것은 도덕적 민감성의 발달을 위한 필수 조건이며, 개인은 환경적 능력을 발달시켜 나가는 과정에서 도덕적 가치를 습득한다고 볼 수 있다.

이러한 도덕적 의미를 지니는 환경적 능력은 다음과 같은 세 가지 유형을 포함한다.

신체적 능력	그림 그리기, 집짓기와 같이 물건에 영향을 줄 수 있는 미적·기능적 능력
인간관계적 능력	친구를 돌보거나 집을 파는 것과 같은, 양육 관계나 경제적 관계 등을 통해 사람에 영향을 줄 수 있는 능력
시민적 능력	공공 선거과정이나 이익집단을 통해 공공 업무에 영향을 줄 수 있는 능력

이 세 종류의 환경적 능력들 가운데 사회행위 모형이 특별히 관심을 기울이는 능력은 시민적 능력과 관련된 사회적 행위(social action) 혹은 시민적 행위인데, 여기서 말하는 사회적 행위란 공공업무에 대해 영향력을 발휘하고자 하는 모든 행위, 즉 공공정책에 영향을 미칠 목적으로 행해지는 전략적 행위를 의미한다.

---

82) 뉴만은 도덕적 행위자를 자신의 이익과 다른 사람들의 이익 사이에서, 또는 갈등을 일으키고 있는 각 당사자들의 권리 사이에서 일어날 수 있는 갈등들을 포함하고 있는 상황 속에서 자신이 무엇을 할 것인가에 대하여 심사숙고하는 사람으로 규정한다. 이러한 도덕적 행위자들은 자신들의 사회 속에서 행위 할 수 있으며, 자신들이 직접 경험하거나 타인들이 경험하고 있는 부정의들을 다룰 수 있다는 것을 느껴야만 한다. 이처럼 인간들은 사회행위들을 통해서 도덕적 민감성과 가치들을 발달시키게 된다.

● 시민적 능력의 3가지 구성요소

(1) 정책 목표의 공식화

: 정책 목표를 공식화하기 위해 요구 되는 두 가지 기본 요소는 '도덕적 심의'와 '사회정책 조사'다.

① 도덕적 심의란 윤리적으로 정당한 목표에 이르기 위하여 정책과 원리들을 심사숙고하는 개방적 토의를 의미한다. 도덕적 심의가 윤리적으로 정당한 목표에 이르기 위해서는 실재적 가치들에 대한 합리적 논의 못지않게 높은 가치에 대한 애착이 필수적이다.

② 사회정책 조사는 어떤 정책들의 결과들이 어떻게 나타날 것인가를 결정하는 데 있어서 필수적인 것이다. 그것은 어떤 정책의 결과에 대하여 확인하고자 시도하는 것으로서, 이를 통해 학생들은 여러 대안으로 제시된 사회적 행위들의 가능한 결과에 대해 고찰하게 된다. 이러한 조사는 전혀 예상치 못한 모순된 결과를 산출하기도 하는데, 그 이유는 개인들이 종종 제한된 정보에 근거하여 결론을 내리기 때문이다.

(2) 자신의 목표를 지지하기 위한 노력(활동)

① 정치적·법적 과정에 대한 지식(게임의 규칙)

'정책 목표의 공식화'를 통해 하나의 목표에 이르게 되었다면, 자신이 세운 목표를 지지하는 여러 활동을 수행함으로써 그러한 목표를 성취해야 한다. 자신이 세운 목표를 지지하기 위해서는 우선 게임의 규칙에 정통해야 한다. 즉 공식적 혹은 비공식적인 정치적·법적 과정들에 대한 지식을 가져야 한다. 여기서 공식적 과정을 안다는 것은 하나의 의안이 법률이 되는 방법, 결의사항이 호감을 얻을 수 있는 방법 등을 아는 것이고, 비공식적 과정을 안다는 것은 내편이 될 수 있는 영향력을 지닌 인물을 아는 것을 의미한다.

② 변호 기술(옹호 기술)

지향하는 목표를 체계적이고 합리적인 방법으로 변론할 수 있는 옹호(변호) 기술이 필요하다. 이는 활동가들의 입장을 일반인들에게 설득시킴으로써 대중들이 활동가들의 메시지에 일체감을 갖고 정서적으로나 인지적으로 활동가들의 입장에 부합하게 하는 데도 필요하다.

③ 집단 과정에 대한 지식과 기능

이러한 지식과 기능들은 개인이 기존의 조직에 참가해야 하는지 아니면 새로운 집단을 구성해야 하는지 여부를 결정하는 데 도움을 준다.

④ 조직 운영 및 관리에 관한 지식과 기능

이러한 지식과 기능은 활동가로 하여금 그들의 시간과 노력을 보다 효율적으로 사용하게 하는 데 도움을 준다.

(3) 심리-철학적 관심사의 분석(및 결정)

: 사회행위에 참여하는 시민은 다음과 같은 몇 가지 심리-철학적 딜레마를 해결해야 한다.
① 관심사에 포함된 전념과 개방성과 관련된 딜레마

이를 해결하기 위해서는 어떤 프로젝트에 전념하는 것과 건설적인 비판에 대하여 적당한 양의 개방성을 유지하는 것 사이에 적절한 균형을 이룰 줄 알아야 한다.
② 사람 대 목표 혹은 제도와 관련된 딜레마

이를 해결하기 위해서는 프로젝트에 참여한 모든 사람에 대해 어떤 연민 의식을 유지해야 한다. 하지만 또한 중요한 것은 행동 대원들이 활동의 전반적인 취지를 잊지 말아야 한다는 점과, 다른 이들의 요구에 지나치게 민감하게 반응하지 말아야 한다는 점이다.
④ 권력 사용과 관련된 딜레마

이를 해결하기 위해서는 리더는 자신의 권력이 다른 사람에게 상처를 줄 수 있음을 깨닫고 리더십의 역할을 남용하지 않도록 노력해야 한다.
⑤ 개인적 동기와 사회적 정당화 간의 관계에서 생겨나는 딜레마

이를 해결하기 위해서는 반드시 프로젝트에서 자신의 역할을 결정하기 이전에 개인적 동기와 프로젝트가 추구하는 목표 사이의 충돌을 면밀하게 살펴야만 한다.

● 사회행위 학습 모형 및 절차 (사회행위 학습을 위한 코스)

절 차	특 징
정치적·법적 과정 코스	① 정치체계의 실재에 대한 학습, 즉 입법 과정에 대한 공식적 구조 및 로비와 협상과 같은 비공식적 구조에 대한 내용의 학습 ② 자료를 수집하는 기술의 개발과 타당한 결론을 이끌어 내는 능력의 개발 ③ 도덕적 심의에 관한 기술 개발
커뮤니케이션 코스	글, 언어 이외의 표현을 통해 개인 내부, 개인 상호, 집단, 대중이라는 네 가지 맥락에서 적용될 수 있는 상호 의사소통 기술의 발달 도모
지역사회 봉사 인턴십	① 지역사회 봉사 인턴십을 통해 학생들은 정치적·법적 과정 코스에서의 정부 기관의 제도적 과정을 분석할 수 있고, 커뮤니케이션 코스에서의 적절한 언어 기술에 입각하여 일할 수 있는 경험을 하게 됨 ② 지역사회 봉사 인턴십 코스를 통해 학생들은 자신의 지원 업무의 경험을 나눌 수 있고, 공통의 문제에 대하여 토론할 수 있으며, 학기 동안에 시민 행위 프로젝트로 발전할 가능성이 있는 쟁점들을 탐색하기 시작함
시민적 행위 프로젝트	정치적 유세, 타협, 자금 모금, 회의 주재 등 공공 정책에 영향을 미칠 수 있는 방법의 학습

문학 행위 프로젝트	소설, 시, 전기, 드라마 등을 통해 '의미 있는 사회 변화란 무엇인가?' '개인이 사회변화의 중요한 변수일 수 있는가?' '사람들은 어떻게 처신해야 할까?' 등과 같은 쟁점을 다루는 코스
공공 메시지	학생들이 프로젝트에 참가하면서 얻은 성과를 강조하고, 그들의 경험을 일반 대중에게 설명하기 위한 목적을 지닌 코스

● 사회행위 학습 코스에 포함된 학생 프로젝트

프로젝트	특 징
답사 연구	학생들은 현장 여행, 인터뷰, 초청 연사, 지역사회 기관에서의 비공식적 발언, 여타의 수단을 통해 정보를 수집하면서 지역사회에 대해 조사한다.
자원 봉사	학생들을 다른 이들에게 직접 도움이 되는 관계로 자리매김 시킨다.
사회행위 프로젝트	학생들에게 창도적인 입장을 취하도록, 또 그 입장에 일치하는 변화에 영향을 미치고자 시도하도록 요구한다.

이와 같은 3가지 프로젝트는 자아·타인·사회로 점점 그 범위가 확대되는 발달적 유형을 띠고 있다. 답사 연구는 개인이 관련된 정보를 수집하기 위해 지역사회를 연구하기에 보다 자기지향적이다. 자원봉사는 개인이 다른 이들을 돕거나 돌볼 수 있기에 더 많은 참여를 수반한다. 창도 역할에서 학생들은 보다 광범위한 사회적 맥락과 관계된 관심사에 관여하는 자율적 행위자로서 등장한다.

그리고 이러한 프로젝트에 대한 평가는 4가지 측면에서 이루어진다.

능숙성	시민적 행위와 관련된 지식과 기술에 대한 숙달을 강조
생산성	프로젝트를 완성하는 일의 중요함을 강조
지속성	프로젝트를 진지하게 다루기 그리고 활동에 충분히 관여하기
만족 가능성	학생이 프로젝트에서 얻은 즐거움의 총계

● 사회행위 모형 적용을 통해 기대되는 능력

(1) 말이나 글로써 효과적으로 상호 의사소통한다.
(2) 공공의 관심이 되는 문제들에 대한 정보를 수집하고 논리적으로 해석한다.
(3) 정치적·법적 의사 결정 과정들을 묘사한다.
(4) 논의의 여지가 있는 공공의 쟁점이나 전략에 대한 개인적 결정을 정의 및 입헌민주주의의 원칙들과 관련지어 합리적으로 정당화한다.
(5) 다른 사람들과 협력하여 일한다.

(6) 자신과 다른 사람의 구체적인 개인적 경험들을 시민 행위에서 부딪힌 개인의 딜레마를 해결하는 데 도움이 되는 방식으로, 그리고 그 경험들을 보다 일반적인 인간적 쟁점과 관련시키는 방식으로 논의한다.
(7) 특별한 쟁점에 대하여 영향력을 발휘하도록 요구되는 경우 정선된 전문적 기술들을 활용한다.

● **교사의 역할**

(1) 일반적 자원으로서의 역할 (자원 인사 resource person)

 교사는 절차나 전략에 관한 정보뿐만 아니라 지역사회 안에서의 인물, 장소, 재원에 관한 정보를 제공해 주어야 한다.

(2) 전문 상담원의 역할

 교사는 학생들이 직면하는 개인적 문제들이나 심리-철학적 딜레마를 해결하는 데 도움을 주어야 한다.

(3) 전문가 자원 (expert resource) 으로서의 역할

 교사는 환경 또는 인종상의 자기 결정과 같은 특수한 영역에서의 전문가 자원으로서 역할 해야 한다.

(4) 행동 대원으로서의 역할

 교사는 사회 행위 프로젝트에 적극적으로 개입함으로써, 학생들에게 프로젝트에 적극 참여할 수 있는 동기와 모델을 제공해야 한다.

15 ICT 활용 학습방법

CHAPTER

● **도덕교육에서 ICT 활용 방향**

(1) 도덕과 교육이 주가 되고 정보통신기술은 그 성과와 효율성을 높이기 위한 지원과 보조의 차원에서 고려되어야 하며, 궁극적으로는 학생들의 도덕적 덕성과 인격을 형성하고 발달시키는 데 초점을 두고 ICT를 활용해야 한다.
(2) 정보통신기술은 지·정·행이라는 도덕성의 세 요소를 통합적으로 추구하는 가운데 도덕과 교수학습의 질과 성과를 제고하는 방향에서 활용되어야 한다.
(3) 정보윤리에 관한 의식과 그 실천 방향의 함양이 같이 추구되어야 한다.
(4) ICT를 활용할 때에는 정보통신기술교육 운영지침에 의거함은 물론 학생들의 지적, 신체적 발달 정도를 고려하여 그 범위에서 가능하고도 필요한 정보통신 관련 활용 능력을 기르면서 동시에 이를 수업에 적용하도록 해야 한다.

● **도덕교육에서 ICT 활용 방향과 원리**

(1) ICT를 활용한다고 해서 기술이나 매체에만 의존하여 도덕적 삶에 관한 깊은 사고와 탐구, 교사와 학생 그리고 학생들 상호 간의 면대면 관계와 인격적 접촉이 소홀히 되지 않도록 한다. 이를 위해 ICT 활용에만 전적으로 의존하지 말고 인격과 인격의 접촉, 마음의 교류를 통한 건전한 가치관의 형성, 깊은 도덕적 사고와 통찰의 경험, 깊은 감화와 모범을 통한 가치의 내면화, 바른 삶의 모습과 진정한 가치에 대한 깊은 체험, 바람직한 가치규범에 대한 실천 의지와 행위 실천 성향의 증대 등이 이루어지도록 한다. 그리고 협동학습과 같은 집단 활동을 적극 적용하여 인격적 만남과 교류가 소홀히 되지 않도록 한다.
(2) 도덕과 교육에서 ICT를 활용할 때에는 사전에 세밀한 계획과 준비를 갖추어 충실한 수업 과정 운영이 될 수 있도록 한다.
(3) 학생들의 정보통신기술 관련 소양 정도를 미리 고려하고 필요한 능력을 사전에 습득하도록 하는 동시에 교사 자신도 평소에 끊임없는 관심과 연구와 실행을 통해 정보통신기술을 능숙하게 활용할 수 있는 능력을 배양해야 한다.
(4) ICT를 활용한 도덕과 교육이 원활히 이루어지는 데 필요한 제반 조건과 환경을 갖추도록 노력해야 한다.
(5) 학생들로 하여금 정보윤리를 실천하도록 하고 교사 스스로도 정보윤리와 관련하여 적절한 윤리적 모델로서의 역할을 다해야 한다.

16 프로젝트 접근법

● 개념과 특징

(1) 개념

① 프로젝트(project) 접근법이란 프로젝트를 통한 학습을 의미하고, 여기서 프로젝트란 하나의 토픽이나 테마[83]에 대한 심층적인 연구를 의미한다. 이러한 방법은 16세기 유럽의 건축학교에서도 실행되었지만, 현대적 의미에서의 프로젝트 접근법의 기원은 듀이의 실험학교와 스팀슨 Stimson의 홈 프로젝트에서 비롯되었다.

② 1918년 킬패트릭(Kilpatrick)은 프로젝트의 본질을 전심을 다하는 유목적적 활동으로 설정하고, 목적 설정과 프로젝트 진행 과정에서 학습자 스스로가 주체적인 역할을 수행하고 스스로 내적 동기 부여가 되어 활동에 전념하게 된다는 점을 강조했다.

③ 1960년대 영국의 플라우덴 보고서는 프로젝트에 의한 학습활동이 아동들의 흥미와 호기심을 자극할 뿐만 아니라, 교사를 교수자가 아닌 안내자 혹은 촉진자로서의 역할을 하도록 하고, 교과목의 분절화를 최소화하여 아동의 인격적 통합에 도움을 주고 있다고 높이 평가했다.

④ 1980년대에 차드(Chard)는 프로젝트 방법이라는 말이 제한적이고 획일적인 행동 지침을 가리키고 있다고 비판하면서, 교사와 아동이 협조하여 수업을 진행할 수 있는 다양한 방법들을 포괄하여 프로젝트 접근법이라 불렀다.

(2) 특징

① 차드 (Chard)

차드는 교육과정에는 아동이 교사에게 필수적으로 의존해야 하는 부분과, 보다 독립적으로 활동할 수 있는 부분이 있다고 주장한다. 즉 교육과정에는 아동의 학습 욕구를 충족시켜 줄 수 있는 두 가지 측면이 있다는 것이다. 하나는 기능의 획득을 목적으로 하는 것이고 다른 하나는 획득된 기능의 적용을 목적으로 하는 것인데, 전자를 체계적 교수(systemic introduction)라 부르고 후자를 프로젝트 활동이라 불렀다. 차드는 교육이 올바르게 이루어지기 위해서는 이 양자가 상호보완적인 학습 기회를 제공해 줄 수 있어야 한다고 주장하면서, 이 둘의 차이점을 다음과 같이 설명하였다.

---

[83] 토픽과 테마는 프로젝트의 내용을 이룬다. 일반적으로 토픽은 보다 구체적이고 일상적인 것으로서 어떤 연구를 위한 중립적인 출발점인 반면에 테마는 구체적인 주제에 관한 연구를 해 나가는 과정에서 관련되어지는 보다 추상적인 개념이나 아이디어를 의미한다.

	체계적 교수	프로젝트 활동
목적	기능의 획득	기능의 적용
활동 수준	수업 수준에서 활동	독립적 수준에서 활동
교사의 역할	교사가 아동의 활동을 지시함	교사가 아동의 활동을 안내함
아동의 역할	지시에 따름	여러 대안들 중 선택함
동기유발 유형	외적 동기 유발을 중시함	내적 동기 유발이 활동 특성을 결정함
주안점	교사는 아동의 부족한 면에 유의함	교사는 아동의 능력을 토대로 하여 프로젝트를 진행함

이처럼 프로젝트 접근법에서는 학생들이 학습의 전 과정에 있어서 주도권을 갖고서 토픽이나 테마 혹은 쟁점 등에 관한 탐색 활동을 실행하고, 그 결과를 표현하는 활동을 중시하는 특징이 있다.

또한 프로젝트 접근법은 개별 학생에 의해, 소집단에 의해, 학급 전체에 의해 이루어질 수도 있으며, 비교적 장기간에 걸쳐 이루어질 수도 있고 1~2시간에 이루어질 수도 있는 특징이 있다. 아울러 프로젝트 접근법은 이미 고정된 교육과정의 논리를 따르기보다는 교사의 수행 보조와 학생들의 주도권을 바탕으로 하나의 교육과정을 만들어내는 측면이 강하다.

② 리코나 (Lickona)

프로젝트의 교육적 가치에 대해 리코나는 학교에서 학습한 도덕적 지식이 수면 상태에 머물러 있는 것이 아니라 각성되어 활성화된 상태가 되게끔 만들어 줄 수 있는 장점이 있다고 설명한다. 따라서 학생들은 프로젝트를 통하여 활동적인 가치 (operative values)의 중요성을 깊이 인식할 수 있게 된다. 또한 학생들은 학습 과정에서 주도권을 가지고 스스로 탐색할 도덕적 문제를 선택·탐색·표현함으로서 도덕 생활의 필수 요소인 자율성을 신장시킬 수 있으며, 도덕적 지식의 적용과 수평적 확장 과정에서 협동심, 비판적 사고력, 문제 해결력, 인내심, 책임감, 긍정적 자아개념, 자존심, 사회적 관심 등과 같은 도덕적 자질들을 체험해 볼 수 있게 된다.

● **운영 절차 및 방법**

: 차드는 프로젝트 접근법의 실행절차를 예비 계획, 1단계, 2단계, 3단계로 제시하고 있다.

(1) 예비 계획

: 토픽, 즉 학습 내용을 결정한다.
① 토픽은 교사와 학생들이 의견 조정을 하여 선정하는 것이 바람직한데, 토픽을 선정할 때에는 다음과 같은 준거를 참고해야 한다.

- 학생들의 일상생활이나 직접 경험과 관련된 친숙한 주제인가?
- 주제와 관련된 실물, 현장 견학, 함께 이야기를 나누거나 활동할 수 있는 전문가 등을 주변에서 쉽게 찾을 수 있는 주제인가?
- 여러 교과 영역이나 학문 영역을 통합적으로 다룰 수 있도록 하는 주제인가?
- 학생들 간에 서로 다 잘 이해하고 도울 수 있는 상호 협동의 기회를 제공하는 주제인가?
- 탐구와 조사 활동을 위한 충분한 기회를 제공할 수 있는 주제인가?
- 문제 해결의 기회를 제공하는 주제인가?
- 구성, 조사, 극화놀이, 표현 활동 등을 위한 아이디어를 제공하는 주제인가?
- 아동들이 실생활에서 그 중요성을 이해하도록 도와줄 수 있는 주제인가?
- 학생들이 학교 밖에서도 지식이나 정보의 자원을 찾아보도록 고무시키는 주제인가?
- 학부모와의 의사소통을 촉진하는 주제인가?
- 사회적으로 중요하고 시의 적절한 주제인가?

② 토픽은 한 학급에서 하나 이상이 동시에 연구될 수도 있다. 또한 하나의 중심 토픽을 설정하고 개별 학생이나 소집단 학생들이 연구할 하위 토픽이 제시될 수도 있는데, 이 경우 교사는 협동학습의 이점을 살릴 수 있는 기회도 얻을 수 있다.

③ 예비계획에서 중요한 점 가운데 하나는 교사가 토픽에 대한 자기 자신의 경험, 지식, 아이디어들을 떠올려보고 이를 마인드맵이나 개념 지도로 조직해 보는 것이 필요하다. 그런 다음 교사가 만든 마인드맵이나 개념 지도를 학생들과 공유하여 교사와 학생 공동의 마인드맵이나 개념 지도를 만들 필요가 있다. 이것은 교사가 학생들의 흥미와 욕구를 존중한다는 의미를 갖는다.

(2) 1단계 : 시작 단계

: 학생들의 토픽에 관한 이해가 어디에 기초하고 있는가를 분명하게 확인하는 단계이다.

중심 활동	교사의 관심	학생 활동
- 마인드맵이나 개념 지도에 관한 최초 토의 - 마인드맵이나 개념 지도를 이용한 주제망 구성 - 질문 목록표 작성	- 프로젝트 주제와 관련된 학생들의 사전 경험 내용은 무엇인가? - 그 주제에 대해 학생들이 이미 알고 있는 것은 무엇인가? - 그 주제에 대해 학생들이 알고 싶어 하는 것은 무엇인가? - 학부모들이 이 활동에 어떤 식으로 참여할 수 있는가?	- 개인적 경험 회상 - 개인적 기억 묘사 - 교사와 친구들과 함께 서로의 생각이나 경험을 공유함 - 개인적으로 질문할 내용 찾기

(3) 2단계 : 전개 단계

: 교사의 지도를 받으면서 학생들은 각자의 수준에 맞게 개별적으로 또는 다른 학생들과의 협력 속에서 활동한다. 학생들은 주제와 관련된 문제의 심층 탐색을 위해 현장 견학이나 전문가와의 만남을 실행할 수 있다. 그리고 학생들은 학습 결과를 그림, 음악활동, 연극, 연구 보고서 형식 등을 활용하여 표현할 수 있다.

중심 활동	교사의 관심	학생 활동
• 현장 견학 전의 예비 토의 • 현장 견학 • 현장 견학 후의 사후 활동 • 전문가와의 만남	• 어떤 새로운 경험을 직접 학생들에게 부여할 수 있는가? • 학생들이 획득할 수 있는 새로운 이해는 무엇인가? • 어떻게 하면 교육과정의 목적을 가장 잘 실현할 수 있는가? • 개인의 흥미와 학습 욕구에 맞도록 어떻게 활동을 다양화할 수 있는가?	• 현장 견학을 위한 준비 • 현장 견학 활동: 현장 견학 노트에 스케치 • 현장 견학 추후 활동: 스케치 해 온 것을 정교화하기, 보고서를 쓰고 삽화 그리기, 서적을 통한 연구 • 전문가 면담

(4) 3단계 : 정리 단계

: 학생들이 프로젝트 전 과정을 통해 성취한 결과나 결론을 다른 사람들에게 제시하고 의견을 교환한다.

중심 활동	교사의 관심	학생 활동
• 결론이나 결과 발표를 통한 주변 사람들과의 공유 • 지식의 내면화	• 프로젝트의 결론 및 결과를 주변 사람들과 어떻게 공유할 것인가? • 새롭게 획득한 지식의 내면화를 위해 학생들에게 가장 적합한 상상적 활동은 무엇인가? • 학생들이 주제에 관하여 잘 이해하지 못한 부분은 무엇이며, 이를 위해서는 무엇을 어떻게 하여야 하는가?	• 프로젝트 활동 과정의 모든 결과물 또는 결론을 검토함 • 프로젝트 전 과정을 통해 이루어진 활동을 평가하고 전시를 위해 자신의 대표적인 작품을 스스로 결정함 • 다른 사람들이 이해하고 감상할 수 있도록 프로젝트에 의한 학습을 재창조함 • 그리기, 쓰기, 말하기 등을 통한 새로운 지식의 내면화

● **적용 사례**

(1) 프로젝트 접근법에 유용한 학습 주제의 예

- 생명 경시 풍조 현상에 대해 조사해 보기
- 남북 이질화 실상에 대해 조사해 보기
- 우리나라 전통 예절에 대해 조사해 보기
- 환경 문제의 실장과 대책에 대해 조사해 보기
- 인권 탄압 실상에 대해 조사해 보기
- 유전 공학의 문제점에 대해 조사해 보기
- 자신이 존중하는 인물의 도덕적 삶에 대해 조사해 보기
- 도덕적 삶에서 중요한 '사랑과 관용의 자세'에 대해 조사해 보기

(2) 실제 적용 사례 : '사랑과 관용의 자세'에 대해 조사해 보기

① 예비 계획

  (가) 교사는 마인드맵과 개념 지도를 활용하여 사랑과 관용의 의미에 대하여 심사숙고한다. 이때 교사는 윤리학 사전을 비롯한 각종 사전을 통하여 사랑과 관용에 대한 사전적 정의를 파악한다.

  (나) 교사는 학생들과 함께 사랑과 관용에 대한 브레인스토밍[84]을 통해 학습할 주제에 대한 주제망을 만든다. 이때 교사는 학생들이 해석하여 인지한 사랑과 관용의 의미를 확인하여 부족한 점이 없는지를 진단한다.

  (다) 교사와 학생에 공동 노력에 의해 만들어진 주제망을 사용하여 몇 가지의 큰 아이디어로 분류, 정리하고 각 부류의 아이디어를 잘 표현할 수 있는 용어를 만들어 본다. (예: 더불어 사는 태도, 베풀 줄 아는 태도, 용서할 수 있는 능력 등)

② 시작 단계

  (가) 학생들과 함께 수행 과제를 설정한다. 일례로 다음과 같은 프로젝트를 설정할 수 있다. 역사적 사건이나 인물, 동화나 소설 속 이야기, 자신의 생활 경험, 방송이나 신문에 보도된 사건 등을 이용하여 사랑과 관용의 정신을 드러낼 수 있는 희곡을 만들어 공연한다.

  (나) 교사는 학생들의 희망에 따라서 소집단을 조직할 수 있고 소집단 프로젝트를 만들 수도 있는데, 이때 교사는 소집단 구성원들이 서로 목적의식을 공유하고, 소집단 내에서의 역할 분담이 잘 이루어질 수 있도록 도와준다.

---

[84] 브레인스토밍은 참석자들이 새롭고 기발한 의견들을 자유롭게 제시한 뒤에, 평가나 토의를 통해 적절한 의견을 선택하는 토의이다. 말 그대로 브레인스토밍은 일반적인 상식과 기존 질서의 틀을 과감하게 무너뜨리고, 무의식 속의 생각들을 이끌어내는 자유 발상 과정을 통해 진정한 문제 해결에 이를 수 있다.

③ 전개 단계
  ㈎ 학생들은 자신들에게 부여된 프로젝트를 완성하기 위해 적합한 소재를 찾고, 스토리와 대사를 만든다.
  ㈏ 학생들은 현장 견학이나 전문가와의 만남을 통하여 프로젝트 완성에 필요한 정보를 구할 수 있다.
  ㈐ 각 소집단은 합의를 통해 희곡을 만들고, 만들어진 대본에 따라 연습을 실행한다.

④ 정리 단계
  ㈎ 전체 학생들이 모인 자리에서 각 소집단은 자신들의 희곡을 공연한다.
  ㈏ 전체 학급들이 모인 자리에서 학습 내용에 대한 토론, 프로젝트에 관련된 내용에 대하여 토론하게 한다. 이때 교사는 다음과 같은 질문을 할 수 있다.

- 사랑과 관용에 대해서 새롭게 알게 된 점은 무엇인가?
- 사랑과 관용에 대한 학습을 통해 얻게 된 새로운 다짐은 무엇인가?
- 프로젝트를 통하여 자신이나 친구에 대해 새롭게 알게 된 점은 무엇인가?
- 프로젝트 활동 과정에서 직면한 어려움은 무엇이었으며, 그것을 어떻게 해결했는가?
- 다음 기회에 이 주제와 관련하여 해보고 싶은 프로젝트는 무엇인가?

  ㈐ 교사는 각 소집단의 회의록, 포트폴리오, 공연 내용 등을 수행평가 자료로 활용하여, 학생들의 학습을 적절하게 평가하고, 피드백을 제공해 준다.

17 논쟁수업 접근법
CHAPTER

1. 개념 및 특성

논쟁수업 모형은 1960년대 존슨 형제(Johnson, D. W & Johnson, R. T)가 비판적 사고 능력 및 건설적 갈등 해결 능력을 신장하기 위해 개발한 교수·학습 이론이다. 논쟁수업 모형은 기존의 토론 수업 모형이 학습자 개인의 합리적 추론 및 판단 능력을 신장하는 데에는 유의미하지만, 자신의 판단의 적절성을 재검토하고 자신과의 다른 견해를 가진 타인과 의사소통하고 모두가 동의할 수 있는 결론을 도출하는 능력을 신장하기에는 부족하다는 문제의식에 기초하고 있다. 그들은 이러한 문제의식에 입각하여, 상반된 입장이 갈등을 일으키는 논쟁적인 이슈에 있어서 타인과의 협력적 의사소통을 통한 비판적·합리적 의사결정 능력 신장을 목표로 하는 논쟁 학습, 즉 논쟁수업 모형을 개발하였다.

존슨 형제는 사회심리학 및 사회인지 이론 등에 기초를 두고 협동학습 구조하에서 논쟁적인 문제를 가르치는 데 유용한 구조화된 학문적 논쟁수업의 전략을 제시하였다. 이러한 논쟁수업 모형은 논쟁적인 토론 문제를 다루는 수업모형으로서, 지금까지 '찬반(pro-con) 논쟁', '찬반 토론, 건설적 토론, 찬반 논쟁 학습, 건설적 논쟁, 건설적 토론, 논쟁 문제 수업, 논쟁 중심 교육' 등으로 일컬어져 왔다. 여기서 논쟁적인 문제란, 다양한 혹은 상반된 견해가 이분법적으로 맞서 충돌하는 이슈를 의미한다. 그리고 이러한 논쟁이 한 사람의 아이디어, 정보, 결론, 이론, 견해가 다른 사람의 그것과 양립할 수 없는 경우, 두 사람이 자신의 가장 합리적인 판단을 반영하는 합의에 도달하려 할 때 건설적 논쟁이 가능해진다.

존슨 형제는 논쟁을 건설적으로 해결하는 과정의 특징을 지배적인 입장에 대한 일방적 합의를 추구하는 '동의-추구(concurrence-seeking)' 과정과 다른 사람의 견해에 비개방적이며 본래의 입장을 고수하는 '경쟁적 논쟁(competitive debate)'과 비교하며 설명한다. 그들은 다른 유형의 학습 방식과 달리 논쟁수업을 통해 참여자들이 협력적 맥락(cooperative context)에서 문제해결을 시도하기 때문에, 논쟁에 참여한 모든 사람의 견해가 반영된 가장 합리적인 합의에 도달할 수 있다고 가정하며, 논쟁학습 모형의 참여자들 간 협력적이고 긍정적인 상호의존성을 강조한다.

이렇게 건설적으로 논쟁을 해결하고 합리적인 의사결정을 내리기 위해 인지적으로 가장 적합한 '모든 사람이 동의할 수 있는 결론을 도출'하기 위해 존슨 형제가 설계한 건설적 논쟁(constructive controversy)의 절차는 다음과 같다.

(1) 정보의 조직 및 결론 도출 : 최근의 정보, 경험, 관점에 근거하여, 제한된 경험과 불 완전한 정보를 기초로 잠정적 초기 결론을 도출함.
(2) 자신의 입장 제시 및 옹호 : 자신의 견해를 제시, 정당화, 옹호하며 지지를 호소함.
(3) 반대 입장으로부터의 도전 : 서로의 입장을 비판적으로 분석하며 반대 관점에 이의를 제기하고 논박함.
(4) 개념의 갈등과 불확실성 : 다른 관점을 경험한 후 자신이 가진 견해의 정확성에 대한 개념적 갈등, 불균형, 불확실성을 경험함.
(5) 지적 호기심과 관점 채택 : 불확실성을 해결하기 위한 지적 호기심을 통해 더 새롭고 분명한 정보를 경험하고 적합한 인지적 관점과 추론으로 변경함.
(6) 재개념화, 종합, 통합 : 모든 다양한 대안들을 종합하여 기존의 인지적 관점과 추론을 재개념화함으로써, 질적으로 나은 통합적 결론을 도출함.

2. 모형의 특징과 장점

존슨 형제가 보고한 논쟁수업 모형의 교육적 효과는 인지적 측면과 정의적 측면으로 구분될 수 있는데, 인지적 측면의 교육 효과로는 '의사결정과 문제 해결의 질적 성장과 성취, 인지적 · 도덕적 추론, 전문적 지식 교환, 관점 채택, 창의력, 논쟁 해결 과정이 갖는 가치에 대한 학습'이며, 정의적 측면의 교육 효과로는 '열린 마음, 이해 향상을 위한 동기부여, 문제와 과제에 대한 태도 변화, 건설적 논쟁 절차에 대한 긍정적 태도, 대인관계적 매력과 사회적 지지 향상, 자기존중감'이 있다. 이러한 논쟁수업 모형을 도덕과 수업에 활용할 때 기대할 수 있는 도덕교육적 효과는 다음과 같다.

(1) 논쟁수업 모형은 자신의 견해에서 벗어나 도덕적 문제 사태를 다양한 관점으로부터 조망할 수 있는 '도덕적 추론 능력'을 신장할 수 있다. 논쟁수업 모형은 타인과의 협력적 상호작용을 핵심으로 한다. 이 과정에서 자신과 상반된 견해를 경험하고 그들의 관점을 채택하는 과정에서, 이전까지는 경험하지 못했던 관점에서 문제에 접근함으로써 보다 수준 높고 적절한 인지적 추론을 할 수 있게 된다. 따라서 논쟁수업 모형은 자신과 상반된 견해에 대한 폭넓은 고려를 통해 보다 높은 수준의 도덕적 추론을 촉진할 수 있다는 도덕교육적 의미를 지닌다.

(2) 논쟁수업 모형은 자신의 견해에 대한 상반된 입장으로부터의 비판에 직면하고, 타인의 관점을 채택해보는 과정을 포함하고 있기 때문에 자신과 다른 견해를 가진 타인에 대한 '열린 마음'을 가지고, 그들과 협력적인 관계를 형성함으로써 통합적인 결론을 도출하려는 개방적인 태도를 신장할 수 있다. 자신과 다른 견해를 가진 타인에 대해서 열린 마음을 갖는 것은 타인 및 공동체와 더불어 살아갈 수 있는 능력인 도덕성의 기초가 되기 때문에, 논쟁학습 모형은 가장 기초이면서도 본질적인 도덕적 역량을 신장하는 데 기여할 수 있다는 점에서 도덕교육적 의미가 있다.

(3) 논쟁수업 모형은 타인과 좋은 관계를 형성하는 데 장애가 될 수 있는 '자신의 입장을 옹호, 타인의 견해에 대한 비판 및 반박' 과정이 포함되어 있기는 하지만, 궁극적으로는 타인과의 협력적인 의사결정을 도모하기 위한 것이기 때문에 논쟁에 참여하는 과정에서 타인으로부터의 사회적 지지를 받는 데 유의미한 것으로 나타났다. 이는 다양한 견해를 종합·통합하는 협력적이고 긍정적인 상호의존의 의사결정 경험을 통해 타인으로부터 지지를 받을 수 있을 뿐만 아니라, 이를 기반으로 하여 타인과 원만한 관계를 형성하는 기반을 마련할 수 있다는 점에서 도덕교육적 의미를 갖는다.

그러나 이와 같은 논쟁수업 모형은 지금까지 주로 사회과교육에서 연구되고 실행되어왔다. 그러나 비판적 사고 능력 및 합리적 의사결정 능력 신장을 목표로 하는 논쟁수업 모형은 반드시 도덕교육적 맥락에서 적용될 필요가 있다. 왜냐하면 비판적 사고는 분명 지적인 덕목이지만, 그 자체로 도덕적인 것은 아니기 때문에, 만약 '더 바람직한' 사람을 기르려는 교육의 주된 목표에 비판적 사고가 기여해야 할 부분이 있다면 그것은 도덕적 목표를 향상시키는 것이어야 하기 때문이다. 실제로 우리는 뛰어난 합리적·비판적 사고 능력이 부도덕한 목적을 달성하기 위해 활용되는 경우들을 목도해왔다. 따라서 논쟁수업 모형이 그 자체로서 도덕교육적 효과를 갖기도 하지만, 논쟁수업을 통해 신장하고자 하는 학습자들의 인지적 능력이 도덕적으로 활용되기 위해서는 반드시 공동선을 지향하는 도덕교육의 맥락에서 적용될 필요가 있다.

3. 모형의 구조와 운영 방식

논쟁수업
1. 도입 : (1) 수업의 준비
2. 전개 : (2) 소집단 내의 미니소집단 구성 (3) 미니소집단의 주장 및 근거 발표 (4) 미니소집단별 토론 (5) 미니소집단의 입장 교환
3. 정리 : (6) 소집단 의견의 합의점 도출

(1) 수업의 준비

① 논쟁 주제와 그 주장에 대해 상반되는 두 입장을 정하고, 각 입장에 대한 정보와 자료 준비
② 한 소집단을 4명으로 구성

- 도덕적 판단을 요구하는 도덕적 문제 사태의 제시 : 최근 인터넷 악플로 세상을 떠난 연예인들에 대한 기사를 보여주고, 이 문제의 원인에 대해 함께 논의한다. 아울러 하나의 해결 대안으로 '인터넷 실명제'에 대해 생각해 보도록 한다.
- 교사 : 악플을 해결하기 위한 방법으로 인터넷 실명제는 적절할까요?

(2) 소집단 내의 미니소집단 구성

각 미니소집단은 상반되는 입장을 선택하고 주어진 정보와 자료, 제한된 경험과 자신의 관점에 의해 입장을 정리한 후, 이를 뒷받침할 자료와 이론을 조사

- 교사 : 인터넷 실명제를 찬성하는 학생 2명과 반대하는 학생 2명이 각각 미니소집단을 구성하고, 이렇게 구성된 4명이 하나의 소집단을 구성합니다.

(3) 미니소집단의 주장 및 근거 발표

소집단 내에서 미니소집단이 각각 자신들의 주장과 근거를 발표

(4) 미니소집단별 토론

① 소집단 내에서 미니소집단별로 토론
② 상대방의 입장을 분석, 비판하고 자신의 주장에 대한 상대방의 비판에 반박하는 과정에서 상대방의 주장을 경청, 인지적 분석, 개념 갈등과 불확실성 체험

- 교사 : 인터넷 실명제에 대한 찬성 입장과 반대 입장은 각각 자신의 견해를 다양한 논거를 제시하며 주장해봅시다. 이 과정에서 상대측 견해를 설득해봅시다.
- 교사 : 자신의 견해와 상반된 입장을 비판하고 반박해봅시다. 이때 합리적인 논거를 들어 상대측 견해를 설득해봅시다.

(5) 미니소집단의 입장 교환

미니소집단은 입장을 바꾸어 상대방이 주장하지 못했던 자료나 논리를 제시함

- 교사 : 이번에는 자신이 비판했던 상반된 입장이 되어 의견을 개진해봅시다. 앞선 토론에서는 제시하지 못했던 주장과 근거를 제시하거나 기존의 입장을 보완해봅시다.
- 교사 : 반대 입장의 되어보니 의견이 달라졌나요? 의견이 달라진 학생은 어떻게 달라졌는지 발표해 봅시다.

(6) 소집단 의견의 합의점 도출

두 미니소집단은 이제까지 나타난 여러 관점과 주장을 하나의 주장으로 종합하여 합의점을 도출

- 교사 : 인터넷 실명제에 대해 지금까지 제시된 찬성 및 반대 주장을 모두 종합하여 악플 문제를 해결할 수 있는 방법을 도출해봅시다. 각 소집단별로 도출한 합의점을 발표해봅시다.

4. 모형 적용 시 유의 사항 및 교사의 역할

논쟁수업 모형은 학습자들의 비판적 사고 및 합리적 의사결정 능력을 신장하는 것을 목표로 한다. 따라서 논쟁수업을 진행할 때 교사는 학생들에게 무엇이 옳고 추구할만한 것인지에 대한 자신의 견해를 전달하지 않는다. 다만 학생들이 논쟁적 이슈에 대해 스스로 판단하고 자신과 상반된 견해를 경청함으로써 상반된 관점을 모두 포함한 결론을 도출할 수 있도록 독려해야 한다. 그러나 유의해야 할 점이 있다면, 비판적 사고가 언제나 도덕적으로 사용되는 것은 아니기 때문에, 교사가 공식적으로 도덕적 자세를 취해야만 하는 쟁점이 있다는 사실이다. 이러한 주제를 다룰 때 교사는 비판적 사고가 '도덕적 헌신'을 통해 작동할 수 있도록 논쟁의 주제를 비판적으로 다루어야 하며, 도덕적인 비판적 사고 능력을 신장하기 위해서는 대면하고 있는 문제에 대해 학생들의 이성뿐만 아니라 행동을 동기화하는 마음과 감정도 함께 교육해야 한다.

이 외에도 교사가 논쟁수업을 준비하고 진행할 때 수행해야 할 역할은 다음과 같다.

(1) 교사는 논쟁의 주제를 선택할 때 학생들의 관심, 경험, 전문 지식, 삶과의 관련성, 발달 수준, 이슈의 사회적 영향 등을 고려하여 선택해야 한다. 특히 논쟁수업에서 활용할 수 있는 주제는 양립할 수 있는 견해가 존재하면서도 반드시 모든 관점이 반영된 '모두가 합의할 수 있는 가장 합리적인 결론'을 도출할 수 있는 문제여야 하기에, 일반적이면서도 논쟁이 전개될 수 있는 도덕적 문제 사태를 선정해야 한다.

(2) 교사는 학생들이 논쟁에 참여하기 위해 필요한 태도와 능력을 준비시켜야 한다. 논쟁수업의 과정은 자신의 입장을 주장하고 정당화하는 것에서 끝나지 않고 자신과 상반된 견해로부터의 비판과 반박에 직면하며, 이후 자신과 상반된 관점을 채택해보는 경험을 통해 다양한 견해를 모두 반영한 통합적 결론을 도출해야 하는 것이다. 따라서 이 과정에서 필요한 인내와 의사소통 기술 등을 충분한 연습을 통해 준비시켜야 한다. 그뿐만 아니라 원활한 논쟁이 이루어질 수 있도록 교사는 학생들이 논쟁 주제와 관련한 다양한 자료와 출처를 제시함으로써 배경지식을 습득하도록 해야 한다.

(3) 논쟁수업의 핵심은 제기된 다양한 견해의 종합 및 통합을 통한 합리적 의사결정을 내리는 것에 있기 때문에 학습자들이 다양한 견해가 자유롭게 제시되고 다른 견해를 경청하고 존중할 수 있도록 지적으로 안전한 환경을 조성해야 한다.

(4) 교사는 토론을 중재하는 과정에서 학생들이 주제와 관련한 거의 모든 관점에 노출될 수 있도록 해야 한다. 따라서 교사는 학생들로부터 중요한 경쟁적인 입장이 모두 제시될 수 있도록 발문 등을 활용하여 유도할 수 있어야 한다.

(5) 논쟁수업은 상반된 견해가 모두 제시되어야 하는 만큼 논쟁이 소수의 학생들 주도로 전개되지 않도록, 이야기를 주도하는 학생들의 참여는 필요에 따라 제한하면서도 참여에 소극적인 학생들의 견해를 이야기하게 함으로써, 학생들이 동등하게 참여할 수 있는 방법을 도모해야 한다.

(6) 교사는 교육적으로 중립적인 입장을 취하되, 논쟁수업이 원활하게 진행될 수 있도록 자신의 개인적인 견해를 표현하면서도 그것은 단지 하나의 의견일 뿐이라는 사실을 학생들에게 분명하게 보여줄 수 있어야 한다. 논쟁수업 모형은 논쟁 과정에서 제기된 모든 견해가 정당화 및 비판의 대상으로 포함되기 때문에, 교사가 자신의 입장과 근거를 기꺼이 제시하여, 학생들로 하여금 하나의 의견으로서 자유롭게 검토할 수 있도록 해야 한다.

★ 철저한 개념이해식 강의

김민응 임용윤리

PART 03

도덕·윤리과 평가

01 교육과정의 평가지침

CHAPTER

● 2012년 교육과정 평가 지침

(1) 도덕과 평가의 목적은 학생들의 도덕성 및 인성 발달 수준을 측정하여 개별 학생, 학급, 학년 집단에 적합한 교육적 처방을 제시하고 교육 내용과 교수학습 방법 및 절차를 개선하여, 궁극적으로는 학생들의 도덕성 발달과 유덕한 인격의 함양을 촉진하는 데 있다. 따라서 평가 목표와 내용 특성 및 학생들의 발달 수준에 적합한 평가 방법을 활용하고 학생 개인과 집단의 도덕 학습 성취 수준을 면밀히 분석하여 개선과 발전을 도모함으로써 학생들의 도덕성 및 인성을 발달시키는 데 기여할 수 있도록 한다.

(2) 도덕성의 인지적, 정의적, 행동적 측면에 대한 통합적 평가를 실시한다. 인지적 측면에서는 도덕적 가치·덕목의 의미에 대한 이해, 도덕적 사고력과 판단력, 가치판단의 합리성 등을 평가한다. 정의적 측면에서는 도덕적 민감성과 열정, 도덕적 가치·덕목의 내면화 정도 등을 평가한다. 행동적 측면에서는 도덕적 가치·덕목에 따른 행동 능력과 실천 습관화 정도 등을 평가한다.

(3) 다양한 평가 방법과 기법 및 도구를 적절히 활용하여 객관적이고도 신뢰성 있는 평가를 실시한다. 선택형과 서술형을 포함한 지필 평가, 행동 관찰, 자기 보고, 구술·논술 평가, 포트폴리오, 토론 및 발표에 대한 평가, 상호 평가 등 다양한 방법을 활용하여 도덕성을 종합적으로 평가하도록 한다. 특히, 논술 평가를 위해서는 도덕과의 특성이 드러나는 논술 문항과 객관적인 채점 기준을 제작한다.

(4) 평가 내용과 방법이 교육 내용과 일치하도록 유의한다. 평가 내용과 방법은 도덕과에서 강조되고 있는 도덕적 성찰 및 탐구 능력을 높이는 것과 일관되어야 한다. 도덕과 평가에서 활용하는 선택형 문항, 서술형 및 논술형 문항을 제작할 때에는 수업 목표와 평가 목표의 일치, 학습 내용과 문항 내용의 일치, 학습 내용과 문항 내용의 초점 일치, 교육 내용의 중요도와 문항 수준의 일치를 확인하도록 한다. 특히 문항 내용, 기술 언어가 학생들의 발달 수준에 적합하도록 한다.

(5) 학교 등급이나 학년 특성에 적합한 평가 요소를 고려하여 평가하도록 한다. 초등학교와 중학교 저학년에서는 주로 도덕적 덕목 및 규범의 이해, 도덕적 문제 해결, 도덕적 정서 및 도덕적 실천 등의 요소를 고려하여 평가한다. 중학교 고학년에서는 주로 도덕적 개념 및 원리의 이해, 문제 파악 및 인식, 탐구 설계 및 수행, 자료 분석 및 해석, 결론 도출 및 평가, 가치판단 및 의사 결정 등의 요소를 고려하여 평가한다.

(6) 공감 능력, 소통 능력, 갈등 해결 능력, 관용, 정의 등 인성 핵심 역량 평가는 프로젝트형 접근을 활용할 수 있다. 프로젝트형 접근은 기본적으로 도덕적 탐구와 성찰에 유용하고, 실천·체험 중심의 참여 활동을 통해 학생들은 도덕적 의미를 구성하고 반성적 자기 성찰을 할 수 있으므로 유의미한 수행평가로 사용할 수 있다.

(7) 성취 기준을 평가의 실질적인 기준으로 활용하여 상호주관성이 확보된 가운데 평가가 이루어지도록 한다. 성취 기준은 도덕성의 인지적·정의적·행동적 측면을 고르게 고려하면서 설정한 것으로서, 교육 내용의 범위와 수준, 성취 대상이 되는 능력과 특성, 평가의 목표와 초점, 문항 내용의 범위와 깊이를 정하는 준거가 된다. 따라서 평가 목표 구체화, 문항 내용 구성, 문항 정답률 설정, 문항 배점 결정의 기준으로 활용하도록 한다.

(8) 평가 방법과 기법 및 도구를 사용할 때는 그것의 주된 용도와 장단점을 살펴 가장 적절히 활용하도록 한다. 특히 논술형 평가를 활용할 때는 단편적인 지식이나 하나의 정답만을 요구하기보다는 학생들이 생각한 바를 논리적으로 조직하여 표현하는 능력과 학습 내용에 대한 종합적 이해와 고차적 학습 결과를 측정하도록 한다. 문항을 제작하면서 동시에 채점 기준을 만들되, 도덕과의 특성을 반영하여 도덕적 지식, 도덕적 민감성, 도덕적 문제의 창의적 해결 방안 모색, 도덕적 실천 의지 등이 포함되도록 한다.

(9) 평가 결과는 학생들의 도덕성 발달을 도모하고 교수학습을 개선하는데 필요한 자료로 활용할 수 있도록 한다. 평가 결과는 수업 목표의 성취여부를 파악하고 이에 따른 앞으로의 교육 목표와 내용 및 방법과 교수학습 계획 등 전반적인 교육 활동을 개선하고 교사의 자기 평가와 자율 장학에 쓰이도록 하는 동시에 궁극적으로는 학생들의 인격적 성장을 돕는 자료로 활용하도록 한다.

● **2015년 교육과정의 평가 지침**

(1) 도덕과 평가는 좁게는 도덕과의 교과 역량과 기능이나 도덕적 탐구 및 성찰과 실천을 함의하는 도덕함을 진단하고, 넓게는 도덕성과 인성을 평가하여 학생들의 지속적인 도덕적 성장을 촉진하고, 궁극적으로 도덕적 인간과 정의로운 시민을 육성하는 데 그 목적이 있다.

(2) 도덕성의 인지적·정의적·행동적 측면에 대한 통합적 평가를 실시한다. 단순히 학습내용에 대한 지식과 이해 정도를 재는 것이 아니라 학습 내용에 대한 가치화·조직화·인격화가 어느 정도 이루어졌는지, 학습 내용과 관련된 도덕적 사고 능력은 어느 정도 향상되었는지를 통합적으로 평가해야 한다.

(3) 수행평가는 학생의 학습 과정과 결과를 종합적으로 평가하는데 유용하다. 도덕과 교사는 교수학습 방법과 평가를 포괄하는 다양한 수행평가 방법을 활용해야 한다. 선택형과 서술형, 논술형을 포함한 지필 평가, 자기 보고, 구술 평가, 토론 과정 및 발표에 대한 관찰 평가, 학생 상호 평가, 면접법, 포트폴리오 등 다양한 방법을 활용하여 도덕성과 인성을 종합적으로 평가하도록 한다.

(4) 도덕과 평가 결과는 학생들의 도덕성 발달을 도모하고 교수학습을 개선하는 데 필요한 자료로 활용할 수 있도록 한다. 다시 말해 평가 결과는 수업 목표의 성취 여부를 파악하고, 이에 근거하여 교육 목표와 내용, 방법과 교수학습 계획 등 전반적인 교육 활동을 개선하고, 교사의 자기 평가와 자율 장학에 쓰일 수 있으며, 궁극적으로 학생들의 인격적 성장을 돕는 자료로 활용할 수 있다.

02 수행평가

CHAPTER

수행평가 Performance Assessment

● 수행평가의 개념과 특징

(1) 수행평가(Performance Assessmen)t의 개념

① 마자노 (Marzano, Pickering, McTighe) 등은 "수행평가는 학생들로 하여금 자신들의 지식을 표현하고, 지식과 기능 그리고 정신의 습관을 다양한 맥락에서 사려 깊게 적용할 수 있도록 기회가 부여되는 여러 가지 과제와 상황들에 언급된다"고 정의한다.
② 미쉘 Mitchell 은 "수행평가는 학생들이 알거나 할 수 있는 것 혹은 교육 프로그램의 질에 관하여 정확한 정보를 제공하는 방법들의 모음"이라고 정의한다.
③ 우리나라 교육부에서는 수행평가를 "평가자가 학습자들의 학습 과제 수행 과정 및 결과를 직접 관찰하고 그 관찰 결과를 전문적으로 판단하는 평가 방식"으로 정의한다.
  ㈎ 여기서 학습 과제란 학습자들에게서 성취되기를 기대하는 교육목표와 관련되는 것으로, 가능한 한 실제 생활에서 보다 의미 있고, 중요하고, 유용한 과제들을 의미한다.
  ㈏ 수행이란, 학생이 단순히 답을 선택하는 것이 아니라, 학생 스스로 답을 구성하는 것, 산출물이나 작품을 만들어내는 것, 태도나 가치관을 행동으로 드러내는 것 등을 의미한다.
  ㈐ 관찰이란, 학습자가 수행하는 과정이나 그 결과를 평가자가 읽거나, 듣거나, 보거나, 느끼거나 하는 활동을 의미한다.

> **참고**
>
> **수업과 평가의 상호 관련성 (드레설 Dressel)**
>
> | 수 업 | 평 가 |
> |---|---|
> | 수업은 그것이 학생들에게 의도한 변화를 이끌어 낸 것만큼 효과적이다. | 평가는 그것이 학생들에게서 변화의 정도에 관한 증거를 제공한 것만큼 효과적이다. |
> | 학생들이 현재 행동의 부적당함을 이해하고, 새로운 행동 유형의 중요성을 분명하게 인식할 때, 새로운 행동 유형이 가장 잘 학습될 수 있다. | 평가가 자기 평가를 제공하고 고무시켜줄 때에 학습에 가장 큰 도움을 줄 수 있다. |
> | 개별 학생들의 현재 행동 유형과 그러한 행동의 이유를 인정하고 있는 교사에 의해 새로운 행동 유형이 가장 잘 촉진될 수 있다. | 평가는 그것이 부적당한 행동의 주요 유형과 그러한 행동이 나오게 된 원인을 밝혀줄 때 좋은 수업의 실행에 가장 큰 도움을 줄 수 있다. |
> | 학습은 사고와 행위를 필요로 하는 문제나 활동을 개별 학생들에게 고무시켜 줄 때에 가장 잘 이루어진다. | 평가는 그것이 개별적인 주도권을 허용하고 고무시켜 줄 때에 학습에 가장 큰 도움을 줄 수 있다. |
> | 교수 및 특정한 행동의 학습을 위한 근거를 제공해 주는 활동은 그러한 행동의 적합성을 고취하고 평가하는 데에도 가장 알맞은 것이다. | 특정한 행동을 평가하기 위한 목적에서 만들어진 행동이나 연습은 그러한 행동의 교수·학습에도 유용한 것이다. |

(2) 수행평가의 특징

: 교육부는 수행평가의 특징을 8가지로 제시하고 있다.

① 수행평가는 학생이 문제의 정답을 선택하는 것이 아니라, 자기 스스로 답을 작성 (서술 혹은 구성) 하거나 행동으로 나타내도록 하는 평가 방식이다.

② 수행평가는 추구하고자 하는 교육 목표의 달성 여부를 가능한 한 실제 상황 하에서 파악하고자 하는 평가 방식이다.

③ 수행평가는 교수·학습의 결과뿐만 아니라 교수·학습의 과정도 함께 중시하는 평가 방식이다.

④ 수행평가는 단편적인 영역에 대해 일회적으로 평가하기보다는, 학생 개개인의 변화·발달 과정을 종합적으로 평가하기 위해 전체적이면서도 지속적으로 이루어지는 것을 강조하는 평가 방식이다.

⑤ 수행평가는 개개인을 단위로 해서 평가하기도 하지만, 집단에 대한 평가도 중시하는 평가 방식이다.

⑥ 수행평가는 학생의 학습 과정을 진단하고 개별 학습을 촉진하려는 노력을 중시하는 평가 방식이다.

⑦ 수행평가는 학생의 인지적인 영역 (창의성이나 문제 해결력 등 고등 사고 기능을 포함) 뿐만 아니라, 학생 개개인의 행동 발달 상황이나 흥미·태도 등 정의적인 영역, 그리고 운동 기능 영역에 대한 종합적이고 전인적인 평가를 중시하는 평가 방식이다.

⑧ 수행평가는 기억, 이해와 같은 단순 사고 능력보다는 창의, 비판, 종합과 같은 고등 정신 능력의 측정을 중히 여기는 평가 방식이다.

● 수행평가의 도입 의의

(1) 수행평가는 학생이 인지적으로 아는 것뿐만 아니라 아는 것을 실제로 적용할 수 있는지 여부를 파악할 수 있도록 해준다.
(2) 수행평가는 지식이나 능력을 평가함과 아울러 교수·학습 활동을 개선할 수 있는 장점이 있다.
(3) 수행평가는 학습자 개인에게 의미 있는 학습 활동이 이루어지도록 해 준다.
(4) 수행평가는 교수·학습 목표와 평가 내용을 보다 직접적으로 관련시켜 준다.
(5) 수행평가는 창의성이나 문제 해결력 등 고차적 사고 기능에 대한 평가와 학습 과정에 대한 평가를 위해 적합한 기법이다.
(6) 수행평가는 학생 상호 간의 지나친 경쟁을 지양하고 학생 상호 간의 협력을 유도할 수 있다.
(7) 수행평가는 학생들의 인지적 영역뿐만 아니라 행동 발달 상황이나 흥미, 태도 등 정의적 영역, 그리고 체격이나 체력 등 신체적 영역에 대한 종합적이고 전인적인 평가를 가능하게 한다.

> **참고**
>
> **수행평가 도입의 필요성 (교육부, 1999)**
>
> (1) 21세기 지식·정보화 사회에 대비한다.
>
> 미래 정보화 사회에서는 단편적·사실적 지식을 암기하고 이해하는 능력보다는 정보의 탐색, 수집, 분석, 비판, 종합, 창출 능력, 자기주도적인 평생 학습 능력, 효율적인 의사소통 능력, 협동적 문제해결 능력 등이 절실하게 요구된다. 특히 정보화 사회에서 요구되는 종합적이고 다양한 고등 정신 능력은 새로운 방식의 평가 방법을 필요로 하며, 수행평가는 이와 같은 고등 정신 능력을 측정하는 데 적합하다.
>
> (2) 학교 교육의 정상화를 도모한다.
>
> 우리 교육은 고등 정신 능력, 바람직한 태도 및 정서 함양 등 전인적 인간 양성을 목표로 제시해 왔으나, 교육방법과 평가는 이러한 능력이나 품성 함양을 위한 방향으로 진행되지 못했다. 수행평가는 전인적 인간 양성이라는 교육 목표의 달성 여부를 평가하는 데 적절한 방법이다.
>
> (3) 수업과 평가의 긴밀한 연계를 돕는다.
>
> 수업과 평가의 연계를 위해서는 수업하는 과정에서 교수·학습 활동과 접목될 수 있는 새로운 평가가 요구되는데 수행평가는 이를 위한 적절한 평가 방법이다.
>
> (4) 보다 의미 있는 평가 결과를 제공한다.
>
> 기존의 지필식 평가는 가능한 부분만을 간접적으로 평가하므로, 교육 목표나 내용의 중요한 부분을 평가하는 데 한계를 지닌다. 하지만 수행평가는 학생의 종합적인 능력을 정확하고 타당하게 파악하고, 수업 개선에 도움이 되는 의미 있는 평가 결과를 제공할 수 있다.

(5) 진리관·지식관·학습관의 변화에 부응한다.

포스트모더니즘 철학의 대두에 따라 기존의 객관적·절대적 진리관은 주관적·상대적 진리관으로 바뀌게 되었으며 이에 따라 학습관도 변화하게 되었다. 학습은 더 이상 학습자의 외부에 객관적이면서 독립적으로 존재하는 지식 체계를 수동적으로 수용하는 과정으로 간주되지 않는다. 학습이란 지식의 요소들을 받아들여 학습자 개개인의 경험에 의해 능동적·주관적으로 구성해 나가는 과정으로 해석하게 되었다. 수행평가는 구성적 반응을 요구하는 것이므로, 이와 같은 진리관·지식관·학습관의 변화에 잘 부합한다.

● 도덕과 교육에서 수행평가가 지니는 의의

(1) 수행평가는 평가 과정에 있어서 학생의 역할에 대한 변화된 관점을 제시해 준다.
: 전통적으로 학생들은 교사가 부여하는 시험을 치르는 수동적인 사람으로 여겨져 왔지만 수행평가는 평가 과정에서 학생의 능동적인 역할을 강조하고 있다. 즉 수행평가는 학생들이 평가 활동에 능동적으로 참여하게 된다. 그리고 이때의 평가 활동은 학생들의 취약성을 드러내는 것보다는 오히려 학생들이 할 수 있는 것을 직접 관찰할 수 있도록 설계된 활동을 의미한다. 이는 학생들에게 시험에 대한 불안감을 감소시켜 주고, 할 수 있다는 자긍심과 자기 존중감을 높여 주게 되는데 이러한 자기 존중감은 리코나가 지적한 바와 같이 도덕적 인격의 중요한 구성 요소이기도 하다. 이처럼 수행평가는 학생들이 패배 의식이나 자기 비하 등으로부터 벗어나 건전한 자아감 및 자존감을 지니게 할 수 있다.

(2) 다양한 수행평가의 방식들은 학생들마다 상이한 능력, 학습 양식, 문화적 배경에 부합하는 적절한 평가 방안을 제시해 줌으로써, 학생들에게 다양성과 융통성의 가치를 존중하고 체험해 볼 수 있게 하는 기회를 부여해 줄 수 있다.

(3) 수행평가는 학생들에게 그들의 삶에 있어서 의미 있고 가치 있고 적절하다고 여겨지는 과제를 부여해 줄 수 있는 장점이 있는데, 이는 학생들에게 질문을 제기하고, 판단을 내리며, 문제를 다시 고려하고, 가능성을 조사해 보는 등의 다양한 활동 경험들을 제공해 준다.

(4) 수행평가는 도덕과 교사의 역할에 대하여 변화된 관점을 제시해 준다.
: 전통적인 평가는 교사 중심의 교실 분위기와 관련 있었으나 수행평가는 학생 중심의 교실 분위기와 더욱 결부되어 있다. 학생 중심의 교실 분위기 속에서의 교사의 역할은 학생들이 자신들의 학습에 대한 책임을 지도록 도와줌으로써 궁극적으로 학생들이 자신의 도덕성에 대한 자기 평가자가 되도록 하는 데 있는 것이다.

(5) 수행평가는 도덕과 교육에 대한 학부모들의 관심과 참여를 높여 줄 수 있다.
: 예를 들어 포트폴리오 평가를 통해 도덕과 교사는 학부모들을 도덕과 평가 과정에 관여시킬 수 있다. 또한 수행평가의 결과는 학부모들에게 개별 아동의 도덕적 진보와 전망에 대한 구

체적인 정보를 제공해 줄 수 있기에 도덕교육자로서의 학부모들이 지니는 에너지와 역량을 보다 잘 활용할 수 있다.

(6) 수행평가는 도덕과 평가에 대한 비전을 확대시켜 준다.
 : 이것은 평가의 이유, 내용, 평가 방법이라는 세 가지 방식으로 구분할 수 있다.

평가의 이유	전통적인 평가방식은 평가의 목적이나 이유를 책무(교육에 투자한 돈의 가치를 얻고 있는가), 감시·감독(현재 우리는 잘 하고 있는가), 배치(어떤 학생이 어떤 대학에 가는데 적합한가)만을 중시했지만 수행평가는 여기에 모델링의 중요성을 강조한다. 즉 교사들이 어떤 내용을 어떻게 가르치기를 우리가 바라고 있는지, 그리고 학생들은 무엇을 어떻게 배우기를 우리가 바라고 있는지를 그대로 모델링해 주고 있다.
평가의 내용	평가의 내용과 관련하여 전통적으로는 '평가되지 않을 것이라면 가르칠 가치가 없다'는 입장을 견지했다. 그래서 교사들은 쉽게 평가될 수 있는 피상적인 내용 지식이나 기능만을 수업하는 오류를 범했다. 하지만 수행평가는 '학습할 가치가 있는 것이라면 평가될 가치가 있다'는 입장을 견지한다. 따라서 학생들이 작문을 잘 하기를 바란다면 작문을 평가해야만 한다고 보는 것이다. 그 동안 우리는 도덕성을 인지적·정의적·행동적 요소의 총화로서 간주하면서도 실제로 평가에서는 정의적 영역이나 행동적 영역을 소홀히 하였지만 수행평가는 이런 식의 평가 방식이 그릇된 것임을 암시한다. 그러한 영역이 중요하다면 가르쳐야하고, 가르쳤다면 그에 대한 평가는 반드시 해야만 하는 것이다.
평가의 방법	평가의 방식과 관련하여 수행평가의 여러 방식은 도덕성의 정의적·행동적 영역을 측정하는 데 도움을 줄 수 있기에 도덕과 평가에서의 환원주의적 오류나 인지주의적 오류를 극복하게 해 줄 수 있다. 또한 수행평가는 도덕과 평가 방식의 다양화에 기여할 수 있다. 단순한 지필평가나 간단한 형식의 실기 평가를 넘어, 관찰, 보고서, 포트폴리오, 토론 및 토의 평가, 자기 평가, 논술 등의 다양한 방법들을 활용할 수 있다.

(7) 수행평가는 시험 test 인 동시에 활동 (activity)이 될 수 있기에, 도덕과 교수·학습 방법의 쇄신에 기여할 수 있다.
 : 일례로 학생들에게 가치지를 기입해 보게 하는 것은 활동인 동시에 시험이 될 수도 있다. 가치지 기입을 통해 학생들이 자신의 가치를 명료화해 보는 경험을 제공해 줄 수 있으며, 동시에 그러한 학생들의 수행도 테스트할 수 있는 것이다. 이처럼 수행평가가 활동인 동시에 시험이라는 사실은 이상적인 수행평가 방안이 곧 가장 훌륭한 교수 방법임을 일러준다. 이를 통해 학생들은 학습 활동과 평가 활동의 심각한 분리로부터 벗어날 수 있게 된다.

> **참고**
>
> **도덕과 평가와 관련된 오류들**
>
> 1. 환원주의
>
> : 도덕성의 인지적 측면과 정의적 측면, 행동적 측면에 따라 서로 다른 평가방식을 적용하여 결과를 측정한 후, 이를 합하여 학생의 도덕성 정도를 평가해야 한다고 보는 관점이다.
>
> 이것은 인간의 도덕성이 지·정·행으로 분리되어 나타나는 것처럼 인식하여, 각 측면에 대해 별도의 기준과 방법을 적용하여 측정한 후 그 결과를 합산하여 평가하려는 태도인데, 이렇게 되면 그 평가의 결과는 통합된 전체로서의 도덕성이나 인격의 의미와는 상당히 다른 어떤 것을 평가하게 될 가능성이 커진다.
>
> 2. 인지주의
>
> : 도덕과 평가를 함에 있어 '무엇을 평가해야 하는가'라는 문제와 관련하여 도덕적 지식이나 도덕과를 통해 가르쳐지는 학문의 구조 내지 핵심적인 관념들을 평가해야 한다고 보는 입장이다. 이러한 인지주의적 입장을 취하게 되면 대체로 도덕적 지식, 이해, 사고, 판단력의 정도를 평가하는 데 초점을 두게 되므로, 도덕적 실천이나 도덕 생활 자세, 도덕적 품성 등에서는 탐탁치 못한 학생임에도 불구하고 지적으로 영리하거나 도덕 시험 점수가 높으면 마치 덕성을 지닌 학생인 양 평가되는 문제를 낳는다. 이는 도덕성의 인지적 측면만을 대상으로 삼아 평가함으로써 발생하는 바람직하지 못한 결과이다.
>
> 3. 객관주의
>
> : 평가자를 불신하는 관점 위에서 객관성을 확보하기 위해 지필 평가, 그것도 특히 4지 선다형이나 단답 형식의 객관식 평가에 치우치는 경향을 말한다.

● 도덕과 수행평가 방법들

(1) 서술형 및 논술형 검사

① 개념 및 특성

: 학생으로 하여금 출제자가 제시한 답을 선택하도록 하는 평가 방식이 아니라, 학생이 답이라고 생각하는 지식이나 의견 등을 직접 서술하도록 하는 평가 방식이다.
학생의 창의성, 문제 해결력, 비판적 사고력, 정보 수집력 및 분석력 등 고등 사고 기능을 평가할 수 있다.
도덕적 추론 및 실천적 지혜와 같은 도덕적 사고 능력에 대한 평가, 입장 채택 및 공감을 바탕으로 한 도덕적 민감성에 대한 평가, 확언과 다짐을 통한 도덕적 실천 의지의 정도를 측정할 수 있다.

② 유의 사상

: 도덕과 교사가 서술형과 논술형 평가 문항을 제작하는 기술이 부족하거나 채점의 객관성과 신뢰성을 확보하기 위한 노력을 소홀히 하거나 혹은 도덕과에서 추구하는 교육적 본질에 대

한 고려 없이 논리적 사고와 비판적 사고, 작문 능력만을 중요한 평가 관점으로 고려한다면 서술형과 논술형 평가는 도덕과 평가를 위한 유용한 수단으로 활용될 수 없다. 채점의 객관성과 신뢰성을 확보하기 위한 방법으로는 미리 채점 기준을 세워 놓고 모범 답안을 작성하는 것, 여럿이 공동으로 채점하여 평균을 내는 방법을 활용하는 것 등이 있을 수 있다.

서술형 및 논술형 문항 제작 시에는, 가급적 무엇을 쓸 것인지 방향과 표적을 명확히 하고 문항을 구조화시켜 제시하는 것이 바람직하다.

> **평가 문항의 예**
> 절대론적 윤리설과 상대론적 윤리설에서 옳은 행위와 그른 행위를 판단하는 기준은 무엇이라고 보는지 400자 이내로 서술하시오.

(2) 구술시험

: 구술시험이란 특정 교육 내용이나 주제에 대해 학생 자신의 의견을 발표하도록 하여 학생의 준비도, 이해력, 표현력, 판단력, 의사소통 능력 등을 직접 평가하기 위한 방법이다.

> **평가 문항의 예**
> 인간 본성에 대한 주장과 관련하여 성선설과 성악설 가운데 자신의 입장을 한 가지 선택하여 발표해 본다. 발표 시간은 3분 이내로 한다.

평가 기준표 예

평가 요소	점수 상	점수 중	점수 하	비고
준 비 도 (구술시험을 위해 관련 자료 등 준비를 제대로 하였는가?)	2	1	0	
이 해 력 (질의한 내용을 제대로 이해하고 발표하는가?)	2	1	0	
조 직 력 (발표할 내용을 제대로 조직하여 체계적으로 발표하는가?)	2	1	0	
표 현 력 (자신의 의견을 제대로 표현하는가?)	2	1	0	
판 단 력 (주어진 시간 안에 적절히 발표하는가?)	2	1	0	
의사소통 능력 (다른 사람들의 시선을 끌면서 설득력 있게 발표하는가?)	2	1	0	
발표 태도 (다른 사람들 앞에서의 발표 태도는 바람직한가?)	2	1	0	
계				

(3) 토론법

: 토론법이란 교수·학습 활동과 평가 활동을 통합적으로 수행하는 대표적인 수행평가 방법으로서, 특정 주제에 대해 학생들이 서로 토론하는 것을 보고 평가하는 것을 말한다. 수행평가에서는 특히 찬반 토론법을 많이 상용하는데, 찬반 토론법이란 서로 다른 의견을 제시할 수 있는 토론 주제를 가지고, 개인별이나 소집단별로 찬반 토론을 하도록 한 다음, 토론을 위해 사전에 준비한 자료의 다양성이나 충실성, 토론 내용의 충실성과 논리성, 반대 의견을 존중하는 태도, 토론 진행 방법 등을 총괄적으로 평가하는 방법이다.

따라서 교사는 이슈 중심 접근법에서 제시된 것과 같은 사회적 쟁점을 활용하는 것이 바람직하다.

평가 문항의 예

동성애는 도덕적으로 문제가 있는가?

평가 기준표 예

평가 요소	점수			비고
	상	중	하	
준 비 도 (찬반토론을 위해 관련 자료 등 준비를 제대로 하였는가?)	2	1	0	
이 해 력 (토론할 내용을 제대로 이해하고 발표하는가?)	2	1	0	
조 직 력 (토론할 내용을 제대로 조직하여 체계적으로 발표하는가?)	2	1	0	
표 현 력 (자신의 의견을 제대로 표현하는가?)	2	1	0	
판 단 력 (상대편이 발표한 내용의 핵심을 제대로 파악하고 대응 하는가?)	2	1	0	
의사소통 능력 (다른 사람들의 시선을 끌면서 설득력 있게 발표하는가?)	2	1	0	
토론 태도 (상대방의 의견을 존중하면서 토론을 진행하는가?)	2	1	0	
계				

(4) 면접법

: 면접법이란 평가자와 학생이 서로 대화를 통해서 얻고자 하는 자료나 정보를 수집하여 평가하는 방법이다. 즉 평가자가 학생을 직접 대면하여 질문하고 학생이 대답하는 과정을 거친다는 면에서 구술시험과 같으나, 구술시험은 주로 인지적인 영역을 중심으로 한 학업성취도를 평가하기 위한 방법이라면, 면접법은 주로 정의적인 영역이나 신체적인 영역에 대한 것을 평가하기 위한 방법이라고 할 수 있다.

① 면접 방식은 한 명의 평가자와 한 명의 학생이 일 대 일로 하거나, 다수 대 일로 하거나, 일 대 다수로 하거나, 다수 대 다수로 하는 면접 등이 있다.

② 면접의 종류

구조화된 면접	• 사전에 계획을 세우고 그 계획에 따라 면접을 진행하는 방법을 말한다. • 면접의 사전 계획에는 면접 목적, 질문 내용을 구조화한 조사표, 질문 순서, 질문 방법, 면접 시의 주의 사항 등이 설정된다. • 이 면접 방식에서 면접자는 정해진 질문에서 벗어나 임의로 질문한 후 그에 대한 반응을 기록하는 것은 금지된다.
비구조화된 면접	핵심적인 질문만을 사전에 정해 놓고 나머지는 면접자의 자율에 맡기는 방식이다.

③ 면접법의 장점은 보다 심도 깊은 정보를 얻을 수 있다는 점, 사전에 예상할 수 없었던 정보나 자료를 얻을 수 있다는 점, 진행상 융통성을 발휘할 수 있다는 점 등을 들 수 있다.

> **평가 문항의 예**
> 교사는 학생들에게 미완성 문장을 제시하고, 그 문장을 완성하게 하는 가운데 면접을 진행할 수도 있다.
> • 내가 소중하게 여기는 가치는 (   ) 이다.
> • 내가 존경하는 인물은 (   ) 이다.
> • 인간 복제에 대한 나의 입장은 (   ) 이다.

(5) 관찰법

: 관찰은 학생을 이해하고 평가하기 위한 가장 보편적인 방법 중 하나이다. 교사들은 늘 학생들을 접하고 있으며 개별 학생 단위로나 집단 단위로 항상 학생들을 관찰하게 된다. 특히 나이가 아주 어리거나 지적 능력이 아주 낮은 학생들을 대상으로 평가하기 위해서는 평가하기 위한 상황을 의도적으로 마련할 수 없는 경우가 많기에 인위적이 아닌 자연적인 상황에서의 관찰법을 자주 사용하게 된다.

객관적이고 정확한 관찰을 위해서는 관찰 대상을 있는 그대로 기술하는 일화기록법이나, 체크리스트나 평정 척도 등을 이용하기도 하고, 경우에 따라서는 비디오 녹화 후 분석하기도 한다.

자유기록	학생들의 태도와 행위에 관한 사례를 될 수 있는 대로 상세하게 기록하는 방법
체크리스트	관찰하려는 태도나 행동의 단위를 미리 상세히 분류하고 그러한 태도나 행동이 나타날 때 체크하거나 빈도로 표시하게 하는 방법
평정척도법	관찰하고자 하는 도덕 행동을 일정한 기준에 의해 평정 단계 척도로 설정해 놓고 관찰 결과 드러난 도덕 행동을 이 단계에 따라 평정하는 기법

> **평가 문항의 예**
>
> 교사는 학생들로 하여금 직업윤리가 그 어느 분야보다도 더 필요하다고 생각되는 분야를 선택하여, 그와 관련되는 문제 상황을 역할극으로 연출해 보게 하고, 그 과정과 결과를 관찰 평가할 수 있다.
>
> - 역할극 내용의 타당도
> - 역할극에의 참여 정도
> - 타인 존중 태도

(6) 자기평가 및 동료평가 보고서법

① 자기평가(self-evaluation) 보고서법이란 개별 학생 스스로가 특정 주제나 교수·학습 영역에 대하여 학습 과정이나 학습 결과에 대한 자세한 자기평가 보고서를 작성·제출하도록 한 다음, 그것을 이용하여 교사가 평가하는 것을 말한다. 예를 들어 학생들에게 어떤 교육프로그램을 이수하게 하면서 자기 스스로의 학습 과정이나 학습 결과에 대해 자기평가 보고서를 작성하여 제출하도록 한 후 그것을 교사가 평가하는 것이다.

이러한 자기평가 보고서는 학습자로 하여금 자신의 학습 준비도, 학습 동기, 성실성, 만족도, 다른 학습자들과의 관계, 성취 수준 등에 대해 스스로 생각하고 반성할 기회를 제공할 뿐만 아니라, 교사로 하여금 본인이 시행한 해당 학습자에 대한 관찰이나 평가가 타당했는지를 비교·분석해 볼 수 있는 기회를 제공해준다.

② 동료평가(peer-evaluation) 보고서법은 동료 학생들이 상대방을 서로 평가하도록 하여 작성한 보고서를 이용하여 교사가 학생들을 평가하는 것을 말한다. 특히 학생수가 많아서 담당 교사 혼자의 힘으로 모든 학생들을 평가하기 어려울 때, 자기평가 보고서와 동료평가 보고서를 활용하여 학생을 평가할 수 있다. 예를 들어 체육 실기시험을 치르면서 동료 학생들로 구성된 5명의 평가위원들에게 평가를 하게 한 후 가장 높은 점수와 낮은 점수를 제외한 나머지 3명의 평가위원 점수를 성적에 반영할 수도 있다. 이때 학생들이 평가한 점수를 교사가 직접 평가한 점수와 합산하여 학생의 최종 성적에 반영한다면 교사의 주관성을 배제할 수 있을 뿐만 아니라 학생들로부터 성적 처리 방식이 공정하다는 인식도 이끌어낼 수 있다.

평가 문항의 예

환경 보전을 위해 지난 1주일간 어떤 행동을 했는지 정직하게 평가해 봅시다.

- 재활용 하기
- 쓰레기 분리수거 하기
- 일회용품 사용하지 않기 등

(7) 연구 보고서법

: 연구 보고서법이란 개별 과목과 관련되거나 범교과적인 연구 주제 중에서 학생의 능력이나 흥미에 적합한 주제를 선택하여 그 주제에 대해서 자기 나름대로 자료를 수집하고 분석·종합하여 연구 보고서를 작성·제출하도록 하여 평가하는 방법을 말한다. 이때 연구는 개인적으로 할 수도 있고, 소집단별로도 할 수 있다.

이러한 연구 보고서법을 흔히 프로젝트법이라고도 하며, 학생들은 연구를 수행하고 보고서를 작성하는 과정에서 연구하는 방법, 정보수집 방법, 자료 종합 및 분석 방법, 보고서 작성 방법 등을 익힐 수 있으며, 보고서 발표회나 보고서 상호 교환을 통해서도 많은 것을 배울 수 있다.

평가 문항의 예

우리 마을의 환경오염 실태를 조사하여 제출하시오. 환경오염의 원인, 유형, 실태, 대책이 잘 드러나게 보고서를 작성하시오.

평가 기준표 예

평가 요소	평가 관점	점수		
		상	중	하
연구 영역 및 내용	보고서에 진술한 연구내용이 해당 지역의 실정에 얼마나 필요한 것인가?	2	1	0
자료 수집 능력	해당 지역에 관한 자료나 정보를 얼마나 다양하게 수집하였는가?	2	1	0
자료 분석 및 종합 능력	수집한 자료나 정보를 분석하거나 종합하는 능력은 어느 정도인가?	2	1	0
보고서 작성법	보고서 작성법에 맞도록 보고서를 작성하였는가?	2	1	0
계				

(8) 포트폴리오 portfolio

: 포트폴리오법이란 자신이 만들거나 작성한 작품이나 보고서를 지속적이면서도 체계적으로 모아 둔 개인별 작품집 혹은 서류철을 이용한 평가 방법이라 할 수 있다.
이 평가 방법은 단편적인 영역에 대해 일회적으로 평가하지 않고 학생 개개인의 변화·발달 과정을 종합적으로 평가하기 위해 전체적이면서도 지속적으로 평가하는 것을 강조하는 대표적인 수행평가 방법으로서 다음과 같은 효과를 기대할 수 있다.

① 학생들은 자기 자신의 변화 과정, 자신의 강점과 약점, 성실성 여부, 잠재 가능성 등을 스스로 인식할 수 있다.
② 교사는 학생들의 과거와 현재의 상태, 그리고 미래의 발전 방향을 쉽게 파악하여 조언할 수 있다.
③ 교수학습과 평가를 통합하여 학습의 과정을 종단적으로 평가할 수 있다.
④ 학생과 교사 간의 대화와 협동을 촉진시키며, 학생의 성취와 발전을 평가하는 데 용이하다.
⑤ 학생의 학습 산출물을 광범위한 관점에서 파악 가능하다.
⑥ 건전한 평가의 필요조건인 근거의 실재성, 역동성, 종단적 장기성, 다면성, 상호작용성, 풍부성 등을 만족시킨다.
⑦ 포트폴리오 제작으로 학생들이 직접 학습 활동에 참여하며, 그에 대한 책임감을 갖게 한다.
⑧ 학생들의 효과적인 학습에 필요한 개인적 자질을 개발하도록 돕는다.

평가 문항의 예

다음 사항을 고려하여 생명 존중의 실천에 대한 활동 일지를 작성하시오.
- 기간 : 4월~6월
- 대상 : 집에서 키울 수 있는 식물 중 하나를 선택
- 최소 1주일에 한 번 자신이 선택한 식물의 변화상을 기록한다.
- 식물을 키우는 과정에서 자신이 노력한 행동들과 식물의 변화를 통해 느낀 점들을 진솔하게 기록한다.

직지 김민응 임용윤리④
도덕교과교육론

| 정 가 | 24,000원 |

초 판 발 행	2025년 3월 14일
편 저	김민응
발 행 자	구봉철
발 행 처	도서출판 G북스
등 록	1997년 3월 27일
주 소	서울특별시 동작구 노량진로 190 (서울사무소)
전 화	(02)812-3400 (서울사무소)
팩 스	(02)812-3497 (서울사무소)

도서출판 **G북스**는 **(주)와이에스디**의 임프린트입니다.

I S B N 979-11-7356-031-6 (13190)

※ 이 책의 일부 또는 전체를 무단전재, 복사, 복제하는 것은 저작권법 제136조에 의거하여 5년 이하의 징역 또는 5,000만원 이하의 벌금에 처하거나 이를 병과할 수 있습니다.